Geschichte und Gesellschaft
Sonderheft 6
Preußen im Rückblick

Geschichte und Gesellschaft

Zeitschrift für Historische Sozialwissenschaft

Sonderheft 6:
Preußen im Rückblick

Vandenhoeck & Ruprecht in Göttingen

Preußen im Rückblick

Herausgegeben von

Hans-Jürgen Puhle
und
Hans-Ulrich Wehler

Vandenhoeck & Ruprecht in Göttingen

Wiedergabe der Urkunde auf dem Umschlag mit Genehmigung des Märkischen Museums, Berlin

CIP-Kurztitelaufnahme der Deutschen Bibliothek

Preußen im Rückblick / hrsg. von Hans-Jürgen Puhle u. Hans-Ulrich Wehler. – Göttingen : Vandenhoeck und Ruprecht, 1980.
(Geschichte und Gesellschaft : Sonderh. ; 6)

ISBN 3-525-36405-9

NE: Puhle, Hans-Jürgen [Hrsg.]

Gesamtherstellung: E. Rieder, Schrobenhausen.

Inhalt

Vorbemerkung

Das Thema „Preußen“ hat in den letzten Jahren wieder eine eigentümliche Publizität gewonnen. Eine ganze Reihe von populärwissenschaftlichen Büchern ist dazu erschienen, und in Berlin wird – offenkundig inspiriert vom Erfolg der Stuttgarter Staufer-Ausstellung – mit großem Aufwand eine umfassende Preußen-Ausstellung vorbereitet, die im August 1981 eröffnet werden soll. Wie man hört, soll daneben und unabhängig davon, aber ebenfalls öffentlich gefördert, eine kleinere Ausstellung auch die „Opfer Preußens“ in Erinnerung bringen.
Preußen war schon immer umstritten. Das neu erwachte lebhafte Interesse an Preußen, dessen Ursachen eine genauere Untersuchung wert sind, hat uns angeregt, die Autoren um Beiträge zu diesem Band über Preußen im Rückblick zu bitten. Es erschien vor allem lohnend, danach zu fragen, was denn eigentlich das besondere „Preußische“ gewesen ist, und an exemplarischen Fällen oder sektoralen Ausschnitten die „spezifisch preußischen“ Leistungen und Grenzen, Entwicklungen oder Fehlentwicklungen, auch die Abweichung von den Entwicklungswegen vergleichbarer Staaten bzw. die Übereinstimmung mit ihnen zu untersuchen. Infolgedessen überwiegt in den hier vorgelegten Aufsätzen die kritische Bestandsaufnahme und die Distanz des Vergleichs. Beides zeichnet die Behandlung des Themas noch nicht sonderlich lange aus.
Es ist bemerkenswert, daß es keine handbuchartige Gesamtdarstellung und Zusammenfassung des gegenwärtigen Forschungsstands zur preußischen Geschichte gibt, wie sie z. B. zur bayerischen Geschichte inzwischen vorliegt. Dieser Umstand scheint nicht nur darauf zurückzuführen zu sein, daß Preußen seit 1947 endgültig nicht mehr existiert (oder seit 1932, 1918 oder sogar 1870/71, wie mit unterschiedlichen Maßstäben argumentiert worden ist). Auch als Preußen noch in Macht und Ansehen stand, hat es – trotz des editorischen Monumentalunternehmens der Acta Borussica – eine solche Darstellung eigentlich nicht gegeben. Die Gründe dafür mögen zum Teil in der spezifischen Regionenbezogenheit der deutschen (d. h. der rheinischen, brandenburgischen oder schlesischen usw.) Landesgeschichte und deren Desinteresse am preußischen „Kunststaat“ zu suchen sein oder auch in der von Anfang an starken Voreingenommenheit der „borussischen“ Geschichtsschreibung zugunsten einer „deutschen Sendung“ Preußens, die dessen vom weiteren Deutschland isolierte Behandlung eigentlich verbot. Einem solchen Handbuch am nächsten kommt zweifellos Otto Hintzes Band „Die Hohenzollern und ihr Werk“, der 1915 als Festschrift zum 500-Jahres-Jubiläum der hohenzollernschen Herrschaft in der Mark Brandenburg erschienen ist und insgesamt den damaligen Forschungsstand und das damalige Forschungsinteresse souverän, quellenbezogen (wenn auch

aufgrund des Fehlens von Belegen schwer nachprüfbar) und umfassend wiedergibt.

Abgesehen von ein paar seltenen und sehr kurzen Einführungen oder Leitfäden ist während der letzten fünfundsechzig Jahre kein neuer Versuch gemacht worden, eine ähnliche Zusammenfassung zu schreiben, obwohl die auf Preußen bezogene Einzelforschung in dieser Zeit, und vor allem während des letzten Vierteljahrhunderts, erhebliche Fortschritte gemacht hat, die eine neue Synthese schon lange notwendig erscheinen lassen. Es liegt sicher auch am Fehlen einer solchen zeitgemäßen – wie zeitgebundenen – Sammlung unseres verläßlichen Wissens über Preußen, an der hohen Spezialisierung der neueren monographischen Studien und der unübersichtlichen Verstreutheit wichtiger Aufsätze, daß die Legendenbildung über Preußen auch heute noch munter ins Kraut schießt. Nicht nur die roman- oder kolportagehaften, oft sentimentalen Aufgüsse, welche die zahlreichen populären Preußen-Bücher gegenwärtig anbieten, stricken weiter an alten Mythen und Vorurteilen, die von der Forschung längst widerlegt oder relativiert worden sind. Auch ein so gescheiter und seriöser Autor wie Sebastian Haffner idealisiert noch die angeblich systematisch entworfene, zweckrationale „Modernität" des preußischen Ancien Régime ganz so, wie es in der akademischen Zunft zuletzt außer Hintze auch Fritz Hartung und Carl Hinrichs getan haben. Sein Buch: „Preußen ohne Legende" (Hamburg 1979) könnte im Hinblick auf das Ancien Régime gut und gern „Preußen als Legende" heißen.

Wie eng begrenzt die „Modernität" in Wirklichkeit gewesen ist, wieviel Leerlauf, Flickwerk, Interessenwahrung und Traditionalismus ins System eingebaut waren, hat im Anschluß an Eckart Kehr, dessen Studien über Wirtschaft und Politik der preußischen Reformzeit (1931/32) im Manuskript verschollen sind, schon 1958 Hans Rosenberg aufgezeigt, dessen Buch „Bureaucracy, Aristocracy and Autocracy" zu einem der wichtigsten Marksteine der neueren Preußen-Forschung geworden ist. Ebenfalls grundlegend neue Erkenntnisse haben uns die Arbeiten von Gordon Craig über die preußische Armee (1955), von Otto Büsch über die „soziale Militarisierung" Preußens im 18. Jahrhundert (1962) und von Reinhart Koselleck über die Verwaltungsreformen im Vormärz (1967) vermittelt. Daneben haben in den letzten zwei Jahrzehnten Untersuchungen überwiegend jüngerer Historiker aus der Bundesrepublik und der DDR ebenso wie ausländischer, vor allem nordamerikanischer, Historiker breite Bereiche der preußischen Geschichte in neues Licht gerückt und (meistens leider nur) die Fachwelt mit Ergebnissen konfrontiert, die der Hintzeschen Zusammenfassung von 1915, den alten Schulbüchern oder den überlieferten Legenden oft diametral widersprechen. Besonders intensiv sind die folgenden Sektoren bearbeitet worden: Verfassungs-, Verwaltungs- und Finanzgeschichte (auch im Vergleich), wirtschaftliche und politische Eliten, Agrargeschichte und Industrialisierungsgeschichte einzelner Regionen, staatliche

Gewerbe- und Wirtschaftspolitik, ländliche und industrielle Arbeitsverfassung und Sozialpolitik, agrarische Interessenpolitik, Minderheiten- und Erziehungspolitik sowie bestimmte Probleme der Sozialgeschichte.
Die hier vorgelegten Beiträge können selbstverständlich weder ein vollständiges Résumé der neueren Preußen-Forschung geben noch gar das nicht existierende Handbuch ersetzen. Sie behandeln exemplarisch einige „klassische“ Themen aus mehr als drei Jahrhunderten preußischer Geschichte: Die wichtigsten „Säulen“ des preußischen Staates (Militär, Adel/Landjungertum) werden ebenso untersucht wie zentrale Umbrüche und Ausschnitte seiner vorkonstitutionellen Zeit (Aufklärung, Reformpolitik, Staat und Kirche), die Verfassungsordnung seit 1850 und einige besonders „preußisch“ geprägte gesellschaftliche Sektoren des Kaiserreichs (ländliche Arbeitsverfassung, Arbeitsmarkt und Wanderung, industrielle Interessengruppen). Insgesamt sollen die Aufsätze zu einer problemorientierten Diskussion über Preußen beitragen, zugleich beharren sie gegenüber der nostalgischen Verklärung von Preußens Gloria auf einer zentralen Aufgabe historischer Analyse: der nüchternen „Traditionskritik“ (Schulin).

H.-J. Puhle/H.-U. Wehler

Preußen: Entwicklung und Fehlentwicklung

von Hans-Jürgen Puhle

„Man muß dem Herren mit Leib und Leben, mit Hab und Gut, mit Ehr und Gewissen dienen und alles daransetzen als die Seligkeit, die ist vor Gott, aber alles andere muß mein sein.“ Friedrich Wilhelm I.

„Das Emporkommen des preußischen Staates ist mit einer Unsumme von Opfern an menschlichem Glück erkauft worden.“ Carl Hinrichs

„Aber die Geschichte verlangt einen beschleunigten Fortschritt von den jüngeren Kulturstaaten, die mit den älteren in gleicher Front marschieren wollen.“
Otto Hintze[1]

I. Der Historiker lernt, geschichtliche Entwicklungen in ihren zeitlichen und räumlichen Dimensionen sorgfältig differenziert wahrzunehmen und scheut sich im allgemeinen vor allzu groben, generellen Aussagen. Es muß ihm deshalb auch schwerfallen, auf gedrängtem Raum einige allgemeine, zusammenfassende Bemerkungen über „Preußen schlechthin“, Preußen als Ganzes (und nicht die Kurmark, Ostpreußen oder die Rheinlande) im Überblick über eine höchst wechselhafte Entwicklung von mehreren Jahrhunderten zu machen, über seine Leistungen und Versäumnisse, Stärken und Schwächen und seine Bedeutung für den Verlauf der neueren deutschen und europäischen Geschichte.

Wenn dies dennoch – im Bewußtsein der möglichen Unzulänglichkeiten, Vereinfachungen und Fehlurteile – hier versucht wird, dann vor allem deshalb, weil zum einen eine neuere Synthese, welche die z.T. sehr bedeutenden Forschungsergebnisse der letzten Jahrzehnte etwa im Stil von Otto Hintzes zumindest in Anlage und Methode immer noch vorbildlichem Werk von 1915 zusammenfassen könnte, nicht vorliegt.[2] Und zum anderen, weil es gerade angesichts der gegenwärtigen, teils literarisch-populären,

1 C. Hinrichs, Preußen als historisches Problem (1956), in: ders., Preußen als historisches Problem, Hg. G. Oestreich, Berlin 1964, 15–39, bes. 30; ders., Friedrich Wilhelm I. (1938), ebd., 40–72, bes. 56; O. Hintze, Die Hohenzollern u. ihr Werk, Berlin 1915/ Moers 1979, 403. – Hans Rosenberg habe ich für seine außerordentlich hilfreiche und konstruktive Kritik des Manuskripts dieses Beitrags zu danken.

2 Hintze, Hohenzollern u. ihr Werk. Die einzige, insgesamt lesenswerte, neuere Kurzdarstellung der preußischen Geschichte, die mir bekannt ist, stammt aus der DDR: G. Vogler u. K. Vetter, Preußen. Von den Anfängen bis zur Reichsgründung, Berlin 1979[6] (1970[1]).

teils nostalgischen „Preußen-Welle" auf dem Büchermarkt und im Ausstellungskalender (bei der es sich möglicherweise nur um eine Art modisch-zyklischer Revision der seit 1945 zunehmend konkret gewordenen Preußen-Kritik handelt) sinnvoll und notwendig erscheint, einige systematischere Fragen zu stellen und zur umfassenderen Prüfung einiger Verknüpfungs- und Erklärungsversuche anzuregen. Auch dürften in einer Zeit, in welcher der preußische Staat schon seit über 33 Jahren nicht mehr existiert, preußische Geschichte keine selbstverständliche Disziplin mehr ist und sich die Mehrzahl der Deutschen, sicher auch Schüler und Studenten unter „Preußen" nichts Genaues mehr vorstellen können („Borussia" heißen heute allenfalls Fußballklubs und ein paar nostalgisch-elitäre Studentenverbindungen), zusätzliche und stärker vermittelte Begründungen dafür nötig sein, warum die Beschäftigung mit Preußen sich noch lohnt, möglicherweise zum Verständnis der Gegenwart und ihrer Probleme sogar unerläßlich sein kann.

Preußen ist nicht mehr selbstverständlich. Preußen ist Geschichte. Preußen ist heute sogar vielen Historikern außerordentlich fern gerückt, bzw. die Historiker haben sich von Preußen fortbewegt. Daß der preußische Staat durch das Gesetz Nr. 46 des Alliierten Kontrollrats in Deutschland vom 25. Februar 1947 aufgelöst worden ist[3] – einer der ganz seltenen Fälle der durch Dekret verfügten und auch von den Betroffenen kaum umkämpften völligen Auslöschung eines rund drei Jahrhunderte hindurch etablierten und auf allen Ebenen organisierten selbständigen Staatswesens –, ist zweifellos der Gelassenheit und der Ausgewogenheit des historischen Urteils über Preußen zugutegekommen. Abgesehen von ein paar ewig Gestrigen verherrlicht heute niemand mehr Preußen aus Gründen der Staatsräson oder der Politik, wie es im 19. Jahrhundert im Zeichen der kleindeutschen Einigung unter preußischer Führung vor allem bei prononciert „borussischen" Historikern oder Festrednern sich eingebürgert hatte und später noch bis in den Zweiten Weltkrieg hinein in nationalistischer Erweiterung und Verformung als implizite oder explizite Identifikation Preußens mit Deutschland fortgesetzt worden war. Auch die nach 1945 zeitweilig modische pauschale Verdammung Preußens, das „seit jeher Träger des Militarismus und der Reaktion in Deutschland gewesen" sei (so das zitierte Kontrollratsdekret), als Wurzel allen Übels und als kompletter Bösewicht im Drama der Gegenwartsgeschichte ist mit der zunehmenden Distanz zur preußischen Wirklichkeit selbst bei den kritischsten Autoren einer stärker differenzierten Beurteilung gewichen. Ein so geschichtsbewußter und für Kontinuitäten sensibler Mann wie der General de Gaulle hat zuletzt die Nachkriegskonnotationen in höchst ironischer Weise sogar umgedreht und – in mancher, aber doch eher formaler und stilistischer Hinsicht nicht ganz ohne ein Körnchen Wahrheit darin – von der DDR als „Prusse" gespro-

3 Amtsblatt des Alliierten Kontrollrats in Deutschland Nr. 14 v. 31.3.1947.

chen, während die Bundesrepublik für ihn „Allemagne" blieb – ein interessanter Versuch verbaler Dissoziation zweier zuletzt historisch eng ineinander verschlungener Gebilde. Selbst die überwiegende und nur im katholischen, vor allem im südlichen Deutschland gelegentlich durchbrochene Fixiertheit der deutschen Neuzeithistoriker auf Preußen, die auch methodisch nicht ohne Folgen geblieben ist, hat während der letzten Jahrzehnte aus verschiedenen Gründen spürbar abgenommen.[4]

Preußen provoziert zumindest unter Historikern keine Emotionen mehr und scheint im Ganzen ein „normaler" Gegenstand der Geschichtswissenschaft geworden zu sein. Und doch fasziniert es, nicht nur die historisch Gebildeten in fernen Entwicklungsländern, die aus diesem – wie es ihnen erscheint – Paradebeispiel von State Building und zweckgerichtet applizierter Entwicklungsdiktatur von oben, diesem oft fast unglaublich erscheinenden Märchen vom Aufstieg eines Staats aus bitterer Armut und Zerrissenheit bis an den Rand kontinentaler Hegemonie mit allem Ruhm und allem Elend, die dazugehören, gelegentlich ihre Hoffnungen für die Zukunft nähren und mitunter – was hierzulande viel zu wenig bekannt ist – tatsächlich aus manchen preußischen Vobildern und Mustern, vom Verwaltungsaufbau über die innere Kolonisation bis zur staatlichen Industrieförderung, etwas lernen können, was immerhin besser funktioniert als die meisten der entsprechenden britischen oder nordamerikanischen Vorbilder.[5] Der Verfasser bekennt, daß die Betrachtung des Verlaufs der preußischen Geschichte auch ihn fasziniert, obwohl er überhaupt nicht „preußisch" erzogen worden ist. Woher kommt diese Faszination?

Ihr Grund scheint mir kaum in großen Episoden voller Glanz und Ruhm zu liegen, in bunter Vielfalt, Bewegtheit und Spannung, erregenden künstlerischen Leistungen, wie sie die französische, spanische oder britische Geschichte bieten können. Preußen hat davon wenig, es bleibt eher – und durchgehend – düster. Was aber beeindruckt, ist die in der Regel durchgreifende Konsequenz einer im Ganzen geradlinigen und (im Gegensatz zu manchen Eintagsimperien) kontinuierlichen Entwicklung, der Versuch, aus der Not entstandene und oft zunächst als Flickwerk konzipierte Problemlösungen und Institutionen systematisch und immer unter Wahrung der etablierten Interessen weiterzuentwickeln und auszubauen, oft auch die

4 Die Aufarbeitung der Geschichte eines Staates, dessen politische und ökonomische Entwicklung straff zentralisiert von oben aus dem Kabinett des Herrschers oder von der staatlichen Bürokratie gesteuert wird, wird selbstverständlich die Akten der Staatsführung und der Bürokratie als wichtigsten Quellenbestand zuerst berücksichtigen müssen. Das gilt sowohl für die politische Geschichte als auch für sehr weite Bereiche der Sozial- und Wirtschaftsgeschichte und schließt bekanntlich die Gefahr ein, daß die vornehmliche Berücksichtigung dieser Haupt- und Staatsaktionen in späteren Zeiten, in denen auch nichtstaatliche Agenten stärker intervenieren, möglicherweise einseitig und unzeitgemäß wird.

5 Vgl. dazu R. Löwenthal, Staatsfunktionen u. Staatsform in den Entwicklungsländern, in: ders. Hg., Die Demokratie im Wandel der Gesellschaft, Berlin 1963, 164–92.

disziplinierte Dynamik der dazu mobilisierten Energien, in den Anfängen vor allem das Artifizielle, die Konstruktion, die Rigidität des Entwurfs, dem die soziale Wirklichkeit zunächst zwar keineswegs immer entsprach, aber doch später, im 19. Jahrhundert, als der Entwurf bereits zu verblassen begann, zunehmend Rechnung trug. Ein wesentliches Element dieses Entwurfs war die eindimensionale, oft geradezu monomanische Zwecksetzung, die als „Staatsinteresse“ definiert wurde und, obwohl sie meistens in bezug auf ihre Inhalte diffus und formal blieb, die Unterordnung aller anderen Zwecke und Lebensäußerungen forderte und zunehmend auch zu erwirken versuchte, oft unmenschlich und abstoßend. Partieller, zuweilen durch religiöse oder rigide ethische Skrupel modifizierter Machiavellismus ohne jede florentinische Grandezza, aber ebenso ruchlos, scheinrational und interessenpolitisch gerechtfertigt und oft erfolgreich.

Die andere Seite ist die Tragik des Unzeitgemäßen, die daraus resultiert, daß diese Prinzipien, die in ihrer Verbindung realtypisch das „preußische System“ charakterisieren und wesentlich zum aufstrebenden Staat einer vorindustriellen Wirtschaft und Gesellschaft gehören, konsequent auch im 19. Jahrhundert und noch bis in die erste Hälfte des 20. Jahrhunderts hinein beibehalten wurden, spätestens jedoch seit der Sabotage der Hardenbergschen Reformen durch Adel und Bürokratie (also etwa seit 1816) nicht mehr flexibel und erneuerungsfähig waren und seitdem die Reformfähigkeit und die Anpassung des preußischen Systems an neue Herausforderungen, vor allem die Industrialisierung und deren Folgen, eher eng begrenzt und verhindert haben. Dieselben Maximen, die den Aufbau und den Fortschritt Altpreußens im 17. und 18. Jahrhundert geleitet hatten, trugen im 19. und 20. Jahrhundert unter veränderten Bedingungen entscheidend bei zu jenem spezifischen Bündel preußischer „Rückständigkeit“, das seinerseits – und weil Preußen das kleindeutsche Reich seit 1866 dominierte – zu einem wichtigen Konstitutionselement der Vorgeschichte der nationalsozialistischen Machtergreifung geworden ist. In diesem Zusammenhang liegt – vermittelt – auch heute noch ein weiterer wichtiger Grund dafür, von Preußen betroffen zu sein.

Was ehemals – trotz mancher Vorbehalte und der im 18. Jahrhundert oft noch erheblichen Distanz zwischen normativem Anspruch und alltäglicher Lebenswirklichkeit – manchen als das „Modell Preußen“ gegolten hatte, verkam, stagnierte, degenerierte. Einige der nach 1880 schon hoffnungslos altmodischen aristokratischen preußischen Konservativen haben das am deutlichsten gespürt und ausgesprochen, aber in ihrer überwiegend unkreativen Rückwärtsgewandtheit geschehen lassen. Die eigentliche Tragik liegt darin, daß diese für die preußische Staatlichkeit am Ende fatale Konsequenz kaum zu vermeiden gewesen ist, zumindest so lange nicht, wie man am „System Preußen“ festhielt, das ganz wesentlich auf einer spezifischen Form des arbeitsteiligen Herrschaftskompromisses zwischen Krone und Adel, Militär und Bürokratie und der entsprechenden institutionalisierten wechselseitigen Interessenwahrung beruhte. Überspitzt gesagt: Das preußische System war vor allem aufgrund der Rigidität und Konsequenz seiner Bauprinzipien und Lebensgesetze langfristig auf Untergang programmiert, in deutlichem Gegensatz etwa zum britischen System. Was fasziniert, ist auch die Dekadenz, selbst wenn sie grauer ist und eintöniger als etwa die der späten Habsburgermonarchie. Eine genauere Betrachtung des Niedergangs und der Zunahme des Epigonalen in der Architektur und Baukunst in Preußen seit dem zweiten Drittel des 19. Jahrhunderts könnte das handgreiflich illustrieren.[6] Oder man vergleiche nur einmal Wilhelm II. mit Friedrich Wilhelm I., den sprunghaften, bramarbasierenden, konzeptionslosen, spätimperialen Monarchendarsteller mit dem eigentlichen Erfinder des „preußischen Systems", dem monomanischen Uniformierer und Disziplinierer mit der bürgerlichen Arbeitsethik, dem pietistischen Asketen mit Common Sense und einer fast übergroßen persönlichen Leidensfähigkeit. Größere Gegensätze sind kaum vorstellbar. Aber beide stehen für Preußen, jeweils in ihrer Zeit.[7]

II. Was ist oder war nun Preußen? Zunächst einmal eine unregelmäßige, in permanenter Expansion begriffene Ansammlung von oft unterschiedlichen, bunt zusammengewürfelten Territorien, die zwischen dem 15. Jahrhundert und 1866 in Abständen von jeweils dreißig bis fünfzig Jahren schon nicht mehr mit dem jeweils vorherigen Stand identisch war und erst allmählich zu jenem relativ einheitlich verwalteten norddeutschen und mitteleu-

6 Eine der letzten kreativen und funktionalen Schöpfungen der nachschinkelschen preußischen Architektur ist sinnigerweise das 1848–51 nach Plänen des Schinkel-Mitarbeiters Carl Ferdinand Busse erbaute neue Zuchthaus (heute Justizvollzugsanstalt) in Münster.

7 Selbstverständlich sollte auch in der abstraktesten Vogelschau über Preußen „schlechthin" von den Hohenzollern die Rede sein, die den Aufbau des preußischen Staates inspiriert, geleitet und auch entscheidend durch ihre jeweilige Persönlichkeit geprägt haben. Natürlich hatten sie Helfer und waren in vielen Entscheidungen nicht „frei". Andrerseits bestimmt in einem zentralistischen vorkonstitutionellen System derjenige, der in der Zentrale sitzt, den Stil und setzt Prioritäten. Die vergleichsweise junge Dynastie aus Schwaben hat Preußen erst „gemacht", Territorien gesammelt, Institutionen gebaut, expansive Dynamik freigesetzt und vor allem: Sie hat ihre eigene Elite herangebildet und diszipliniert. – Die Herrscher zwischen Friedrich Wilhelm I. und Wilhelm II. deuten, ohne „logische" Folge, eine gewisse Variationsbreite an: Auf Friedrich II., der sowohl ein intellektueller Condottiere mit geradezu unverschämtem Glück war wie auch stetiger, reflektierter und disziplinierter Arbeiter, folgt die große Ausnahme unter den regierenden Hohenzollern: Friedrich Wilhelm II. war eher lethargisch, spendierfreudig und kein Asket; das Jahrzehnt der „galanten" Epoche unter seiner Regierung brachte Preußen einen ähnlich bedeutenden Zuwachs an Kunstdenkmälern wie die Regierung Friedrichs I., allerdings auch eine Menge religiöser Sektiererei und Korruption in die Regierung. Friedrich Wilhelm IV., der „Romantiker", war ein reflektierter, aber instabiler ideologischer Kopf mit religiösen Neigungen und konservativen Freunden. Friedrich Wilhelm III. und Wilhelm I., unter deren Regierung bedeutsame Umwälzungen stattfanden, entsprachen im Ganzen eher dem Typ des zurückhaltenden, fast britisch-konstitutionellen Monarchen, gerade weil sie intellektuell nicht brillierten und ihre Berater regieren ließen.

ropäischen Staat, zu jener europäischen Großmacht geworden ist, die wir im späten 19. Jahrhundert vor uns sehen.[8] Was diese Territorien zusammenhielt, war seit den Tagen des Großen Kurfürsten (1640–88) die relativ einheitliche und auf die monarchische Spitze hin zentrierte Verwaltung, die insbesondere von Friedrich Wilhelm I. (1713–1740) ausgebaut wurde zu jenem „preußischen System", das hier der Kürze wegen nicht in seiner Entstehungsgeschichte beschrieben, sondern nur als vergröberter Realtypus skizziert werden kann. Eine solche realtypische Skizze steht immer in der Gefahr, einerseits den Wandel eines „Systems" in der Zeit nicht genügend zu berücksichtigen und seine Entwicklungsstufen nicht genügend kontrastiert voneinander abzusetzen und andererseits auch die jeweilige Distanz zwischen den normativen oder dekretierten Intentionen und der Alltagswirklichkeit möglicherweise allzusehr zu verschleiern. Sie ist mithin leicht kritisierbar. Ihr Nutzen kann jedoch darin liegen, daß sie die Aufmerksamkeit für die Wahrnehmung des „Typischen" auch unter vergleichenden Gesichtspunkten schärft.

Was das „preußische System" sei, war und ist umstritten. Es herrscht nicht einmal Einigkeit darüber, ob es wenigstens noch zum Zeitpunkt seiner Entstehung als vergleichsweise „modern" oder durchweg als rückständig und überholt einzuordnen ist. Noch die letzten, methodisch reflektierten, vergleichenden und keineswegs mehr unkritischen Vertreter der „borussischen" Geschichtsschreibung, Otto Hintze und Carl Hinrichs, haben die „modernen" Züge betont: Für Hintze war die preußische Geschichte ein „Paradigma für die Ausgestaltungen und Abwandlungen des Lebens eines modernen Staates überhaupt". Das System Friedrich Wilhelms I. war für Hinrichs die „erste vollständige historische Verkörperung der protestantisch-bürgerlichen Arbeitswelt mit ihrer nüchternen Zweckmäßigkeit, ihrer

8 Es handelt sich im wesentlichen um folgende Gebiete: die alte Kurmark (seit 1415 im Besitz der Hohenzollern, bis 1440 um kleinere angrenzende Territorien erweitert), die Neumark (1455) sowie Cottbus, Crossen und Ruppin; Kleve, Mark, Ravensberg, Ravenstein (1614/66); das Herzogtum Preußen (1618, später: Ostpreußen); Hinterpommern, Magdeburg, Halberstadt, Minden, Hohnstein (1648/66); Mansfeld (1680); Schwiebus (1686); Vorpommern (1720/1815); Moers, Lingen (1702); Tecklenburg (1707); Ostfriesland (1744); Schlesien (1742); Westpreußen (ohne Danzig und Thorn), der Netze-Distrikt u. d. Bistum Ermland (1772); die Gebiete der zweiten und dritten polnischen Teilung: „Südpreußen" (1793) und „Neuostpreußen" (1795), die nach 1806 verlorengingen und nur zum Teil nach 1815 neu als Provinz Posen zu Preußen kamen; nach dem Reichsdeputationshauptschluß 1803 die Territorien Münster, Paderborn, Hildesheim, Eichsfeld, Nordhausen, Quedlinburg, Erfurt; Westfalen, die Rheinlande, Teile der Lausitz und Sachsens (1815); Lauenburg (1865); Schleswig, Holstein, Hannover, Kfm. Hessen und Hessen-Nassau sowie Frankfurt (1866). Im strengen Sinne nicht zu Preußen gehörten die Hohenzollernschen Lande Ansbach u. Bayreuth (bis 1806), Sigmaringen und das schweizerische Neuenburg (Neuchâtel 1707–1857). – Preußen hatte 1712 rund 1,6 Mio. Einwohner, 1786: 5,4 Mio., 1816: 10,5 Mio. und 1871: 24,7 Mio.

rationalen Organisation, ihrer rechenhaften Ökonomie".[9] Die Interpretation der Züge exemplarischer Modernität und implizit kapitalistischer Rationalität als der in eindeutiger Weise dominanten Entwicklungslinien resultiert überwiegend aus einer stark an Absichten und Intentionen orientierten Quellenbearbeitung und läßt auch ähnliche Errungenschaften in anderen und keineswegs nur protestantischen Staaten (z.B. in Frankreich und im Habsburgerreich) weitgehend unberücksichtigt. Schon Max Weber hat darauf hingewiesen, daß in Preußen neben den „rationalen" Komponenten noch umfangreiche vorbürgerliche, vormoderne, im 19. Jahrhundert auch keineswegs mehr nur zweckmäßige oder rechenhafte Relikte weiterbestanden: in der Agrar- und Landarbeitsverfassung, im Militär oder in den wechselseitigen Garantien der überkommenen Privilegien der Träger des Herrschaftskompromisses.

Die orthodox marxistisch-leninistische Preußen-Historiographie unserer Tage erklärt dagegen das preußische System schlechthin zu „Feudalabsolutismus" und weist den bürgerlichen Elementen lediglich instrumentelle, dienende Funktionen zu, die im Widerspruch zu den eigentlichen bürgerlichen Klasseninteressen gestanden hätten.[10] Demgegenüber ist korrigierend auf die eigentümlichen feudal-bürgerlichen Mischungsverhältnisse im preußischen System hinzuweisen, die Zähmung des Adels durch die Krone zunächst im monarchischen, später im bürokratischen Absolutismus, auf die kapitalistischen Elemente in der Gutswirtschaft, die Strukturprinzipien bürokratischer Herrschaft und die frühen Professionalisierungstendenzen. Auch die Tatsache ist erwähnenswert, daß eine erfolgreiche bürgerliche Revolution in Preußen nicht nur deshalb so aussichtslos und unwahrscheinlich war, weil das handelnde und unternehmerische Bürgertum so schwach war, sondern auch, weil das preußische System von Anfang an bestimmte bürgerliche, kapitalistische und moderne Elemente antizipiert und sich eingebaut und damit die Staatsmacht wesentlich finanzkräftiger und stärker gemacht hatte, als sie es 1688 in England oder 1789 in Frankreich war.[11] Die Rolle des Spätkömmlings gab hier größere Stabilität.

Was war nun das „preußische System"? In seinem Entstehungskontext war es zunächst eine Spielart des autokratischen, dynastischen Absolutismus, die sich nach 1740 zum bürokratischen Absolutismus fortentwickelte. Absolutismus, Bürokratisierung und merkantilistische Wirtschaftslenkung hat es freilich nahezu überall in Kontinentaleuropa gegeben. Die große Ausnahme war hier Großbritannien, wo die Bürokratie des Stuart-Absolutismus nach 1640 zerschlagen wurde. Ähnliches gilt für andere Kennzeichen Preußens: die Adelsprivilegien, Autoritarismus und Unterdrückung, die

9 C. Hinrichs, F. Hartung zum 75. Geburtstag, in: ders., Preußen, 398–411, hier: 401; ders., Preußen als historisches Problem, ebd., 15–39, hier: 32.
10 Vgl. Vogler u. Vetter, 69, 74 u. passim.
11 Vgl. dazu bereits J. Droz, L'Allemagne et la Révolution Française, Paris 1949.

Wirkungen der Aufklärung oder die Reformen von oben. Die preußischen Besonderheiten können genauer bestimmt werden: Sie umfassen *erstens* einen spezifischen Institutionenbau, in dem sich nach 1640 allmählich der Übergang vom Patrimonialstaat mit feudalen Zügen zum modernen Territorial- und „Steuerstaat“ (Schumpeter) vollzog. Die Bürokratie als Motor des Staates wurde „von oben“, von der dynastischen Spitze her geschaffen und diszipliniert (im Gegensatz zu England). *Zweitens* dominierte in diesem Institutionengefüge und in der Bürokratie spätestens seit dem Regierungsantritt Friedrich Wilhelms I. (1713) eindeutig die militärische Komponente über die zivile (im Gegensatz zu Frankreich und der Habsburgermonarchie) und machte das Leben in Preußen in einer umfassenden Weise zum Leben in permanenter Kriegsanalogie. *Drittens* war der Anspruch der Krone, seit Friedrich II. der des „Staats“, auf die unbedingte Gefolgschaft und den „Dienst“ der Untertanen vergleichsweise stark ausgeprägt, ebenso die zunehmenden Versuche, entsprechende Kontrollmöglichkeiten und Sanktionen einzuführen und den „Innendruck“ von oben zu erhöhen. *Viertens* gestand die Krone in Preußen den landadligen Junkern, die sie politisch entmachtete und in Heer und Beamtenschaft in Dienst nahm, als „Trostpreis“ (Rosenberg) die Wahrung ihrer ökonomischen und sozialen Interessen und Privilegien sowie die Fortsetzung der Herrschaft über ihre Gutsbezirke zu (im Gegensatz zu Japan, aber auch zu Frankreich).[12]
Fünftens erwies sich das durch die hier skizzierten Konstellationen charakterisierte System als nur beschränkt reformfähig und begann im Gegensatz zu England oder Frankreich seinen Weg in die Industrialisierung, ohne daß vorher eine erfolgreiche bürgerliche Revolution stattgefunden hätte. Andererseits industrialisierte Preußen in erheblich größerem Umfang und wesentlich schneller als das ebenfalls nicht revolutionierte Rußland oder die Habsburgermonarchie, so daß die traditionellen Konstellationen des „Systems“ noch eine deutlich prägende Kraft im gesamten Industrialisierungsprozeß ausüben konnten und ihrerseits auch von diesem Prozeß verformt wurden. Insofern gehört es auch zu einer späteren Ausprägung des „preußi-

12 Vgl. H. Rosenberg, Bureaucracy, Aristocracy and Autocracy. The Prussian Experience 1660–1815, Cambridge/Mass. 1958 u.ö., 39, 120; J. Schumpeter, Die Krise des Steuerstaates, in: Zeitfragen aus dem Gebiet der Soziologie 4.1918, 1–71; A. Gerschenkron, Europe in the Russian Mirror. Four lectures on Economic History, Cambridge 1970, 62ff.; ders., Economic Backwardness in Historical Perspective, Cambridge/Mass. 1966, bes. 5 bis 30 (dt. auch in: H.-U. Wehler Hg., Geschichte und Ökonomie, Köln 1973, 121–39) u. 31–51. Zum Vergleich vor allem auch R. Braun, Taxation, Sociopolitical Structure, and State-Building: Great Britain and Brandenburg-Prussia, und: W. Fischer u. P. Lundgreen, The Recruitment and Training of Administrative and Technical Personnel, in: C. Tilly Hg., The Formation of National States in Western Europe, Princeton 1975, 243–327 u. 456–561; R. Bendix, Preconditions of Development: A Comparison of Japan and Germany, in: ders., Nation-Building and Citizenship. Studies of Our Changing Social Order, London 1964, 177–213; S.N. Eisenstadt, The Political Systems of Empires, London 1963, 22ff., 157ff.

schen Systems", daß Bürokratisierung, Disziplinierung, Professionalisierung und Staatsintervention zunächst noch fehlende Industrialisierungsvoraussetzungen „ersetzen" konnten, später jedoch aufgrund ihrer im Industrialisierungsprozeß vergrößerten Eigendynamik verstärkt auf Staat und Gesellschaft insgesamt zurückwirkten.

Der ursprüngliche brandenburg-preußische Institutionenbau und der Herrschaftskompromiß zwischen Krone und Adel resultierten zu einem großen Teil aus der Zersplitterung der Territorien und aus dem Bestreben der Hohenzollern, ihre Macht im Land zu befestigen und ihren Finanzbedarf zu decken. Dazu mußten sie zu einem relativ späten Zeitpunkt einen neuen Staat bauen und versuchen, ihm effiziente und vor allem nicht zu teure Institutionen zu geben. Deshalb standen bereits unter den bedeutenden Reformen des Großen Kurfürsten nach 1640 die militärische Reorganisation und die Zentralisierung von Regierung und Verwaltung nebeneinander und waren vornehmlich im finanziellen Bereich eng ineinander verzahnt. Die institutionelle Verankerung der Regelmäßigkeit der Steuereintreibung durch die Kommissarien (aus denen später die Landräte und die städtischen Steuerräte hervorgingen) ergänzte die Einrichtung des stehenden Heers. Die Territorialverwaltungen wurden vereinheitlicht und die Stände gezähmt; dafür blieb der Landadel seit 1667 von den hohen Akzisezahlungen ausgenommen und die Steuerlasten wurden allgemein in Stadt und Land auf die schwächeren, unteren Schichten abgewälzt. Friedrich Wilhelm I. führte die von seinem Großvater begonnene Arbeit weiter und machte Preußen endgültig von den größeren, etablierten Mächten unabhängig und selbständig, indem er begann, die Armee voll aus dem eigenen Land zu finanzieren.[13]

Das stehende Heer und dessen Bedürfnisse wurden zum Angelpunkt des Staates und seiner Verwaltung. Der preußische Militarismus entfaltete sich. Das Militär lebte aus dem Lande, Militärverwaltung und Finanzverwaltung und deren Institutionen wurden auf Kreis-, Provinz- und gesamtstaatlicher Ebene (1722 im Generaldirektorium) aufeinander bezogen und miteinander koordiniert. Die in der Regel von bürgerlichen Pächtern erwirtschafteten Erträge der königlichen Domänen, die den größten Teil der Staatseinnahmen ausmachten, Kolonisationspolitik, staatliche Förderung von Handwerk und Manufakturen und die gezielte Ansiedlung geworbener oder aus religiösen Gründen verfolgter Einwanderer dienten der Vermeh-

13 Noch bis 1713 war die Aufstellung größerer Truppenkontingente, etwa der, die der spätere Friedrich Wilhelm I. als Kronprinz im Lager des Prinzen Eugen bei Malplaquet (1709) kommandierte, von den Subsidien fremder Mächte abhängig gewesen. Blieben die Gelder aus, mußten, wie seit den Tagen des Großen Kurfürsten, große Teile der Truppen abgerüstet und aufgelöst werden. Insgesamt vgl. G.A. Craig, The Politics of the Prussian Army 1640–1945, N.Y. (1955[1]), 1964, 1ff., dt. Die preuß.-deutsche Armee, Düsseldorf 1960/Kronberg 1980; H. Rosenberg, Bureaucracy, Aristocracy and Autocracy. The Prussian Experience 1660–1815, Cambridge Mass. 1958 u.ö., 88ff.

rung der Staatseinnahmen für das Militär. Ebenso wie die Finanz- und Zivilverwaltung wurde auch das gesamte Wirtschafts- und Alltagsleben unter den Primat des Militärischen gestellt und durchgreifend militarisiert.[14]
Die Kommandogewalt des Königs über die Armee war unumschränkt, und sie blieb es trotz mancher Einschränkungen der königlichen Macht in anderen Bereichen bezeichnenderweise bis 1918. Der König verabschiedete die meisten fremden Glücksritter und gewöhnte seine „Junkers", den landsässigen niederen Adel, an den Offiziersdienst in seiner Armee, mit sanftem Zwang und Drohungen, durch die Allodifizierung der Lehen, das Rittergutsgesetz, die Anerkennung der Grundsteuerfreiheit (der sog. Generalhufenschoss blieb auf Ostpreußen beschränkt), der eigenen Gerichts- und Verwaltungshoheit der Gutsbezirke und anderer damit verbundener Privilegien sowie die Einrichtung der sog. Landschaften als Hypothekenbanken. Die Junker herrschten auf ihren Gütern weiterhin paternalistisch als unumschränkte „Herrn im Haus" über dieselben Bauern und Tagelöhner, die ihnen nach Einführung des Kantonsystems (1733) auch militärisch als Soldaten unterstellt waren. Die Sozialbeziehungen in der Armee wurden mit denen im ländlichen Gutsbezirk identisch gemacht, die militärischen Beziehungen durchdrangen das Alltagsleben. Die Offiziere bekamen Prestige, weil sie von Adel waren, der Adel behielt sein Ansehen, weil er dem König diente und von ihm ausgezeichnet und belohnt wurde, primär in der Armee, aber eng daran angelehnt auch in der zivilen Verwaltung, vor allem im Landratsamt und in den Provinzialverwaltungen. Das preußische Herrschaftskartell war fertig. Seine Grundstrukturen hatten trotz mancher späterer Modifikationen Bestand.[14a]
Ob die Motivation des preußischen Militarismus eher defensiv oder offensiv war, ist insbesondere im Hinblick auf die späteren Jahre nach 1740 noch durchaus umstritten. Die Hohenzollern sind einerseits als dynastische Macht- und Expansionspolitiker, als Räuber, Aggressoren und permanente Unruhestifter interpretiert worden, andererseits als treusorgende Landes-

14 Vgl. Rosenberg, passim; O. Büsch, Militärsystem u. Sozialleben im alten Preußen 1713–1807, Berlin 1962; Hinrichs, Friedrich Wilhelm I.; P. Baumgart, Epochen der preußischen Monarchie im 18. Jh., in: Zeitschrift für Historische Forschung 6. 1979, 287–316; G. Oestreich, Strukturprobleme des europäischen Absolutismus, in: ders., Geist u. Gestalt des frühmodernen Staates, Berlin 1969, 179–97. Zur Ideengeschichte Friedrichs II. vgl. F. Meinecke, Die Idee der Staatsräson in der neueren Geschichte, München 1963, 321–400.

14a Zum preußischen Institutionenbau vgl. außer Braun u. a. G. Schmoller, Preußische Verfassungs-, Verwaltungs- und Finanzgeschichte, Berlin 1921, u. O. Hintze, Der Commissarius und seine Bedeutung in der allgemeinen Verwaltungsgeschichte (1910), u. ders., Der österreichische und der preußische Beamtenstaat im 17. und 18. Jh. (1901), in: ders., Staat und Verfassung, Göttingen 1962², 242–74 u. 321–58; ders., Der Ursprung des preußischen Landratsamts in der Mark Brandenburg (1915) u. ders., Der preußische Militär- und Beamtenstaat im 18. Jh. (1908), in: ders., Regierung und Verwaltung, Göttingen 1967, 164–203 u. 419–28.

väter, die sich bemüht haben, einem übermächtigen „Außendruck“ standzuhalten und im „harten Konkurrenzkampf des flüssigen Staatensystems“ (C. Hinrichs) zurechtzukommen. Der „Außendruck“ ist empirisch schwer nachzuweisen. Fest steht dagegen, daß die Armee – wie in jedem Entwicklungsland – wichtige innenpolitische Sozialisierungs- und Disziplinierungsfunktionen hatte, daß sie ein vergleichsweise billiges Verwaltungsinstrument war und daß Preußen stärker und relativ unabhängig geworden ist, indem es expandierte, vor allem unter Friedrich II. Imstande war es dazu wesentlich, weil seit dem Regierungsantritt Friedrich Wilhelms I. zunehmend die Kräfte und Mittel konzentriert worden waren, man mit den Beständen gerechnet und die Ausgaben an den Einnahmen orientiert hatte. Das Konzept des Königs lief darauf hinaus, das, was an Land, Geld und Leuten, an Macht und Substanz noch fehlte, durch Sparsamkeit, Uniformität, Drill und die sprichwörtlich berüchtigte „stramme Haltung“ zu ersetzen. Der Spätkömmling unter den Mächten mußte, um konkurrenzfähig zu werden, in schnellerem Tempo fortschreiten, und das verlangte größere Opfer.
Diese Opfer wurden allerdings nicht immer gebracht. Der König, dessen Lieblingsmarginalie „cito!“ war, plante in einem unterentwickelten Land. Die Uniformität der Lebensverhältnisse war im 18. Jahrhundert keineswegs Wirklichkeit; auch in der Bürokratie gab es noch viel „Obstruktion und trainiertes Mittelmaß“ (Rosenberg). Die Finanz- und Wirtschaftspolitik war bis ans Ende des 18. Jahrhunderts noch überwiegend konservativhausväterlich orientiert und erlaubte keine großen Sprünge; Friedrich II. verwirrte das institutionelle System vollends durch seine Kabinettsregierung, und Desorganisation war häufig die Folge. Zeitweise mußte sogar das französische Regiesystem eingeführt werden, weil die „preußischen“ Mittel versagten. Dagegen stand jedoch der von Friedrich Wilhelm I. formulierte normative Anspruch, die monomanische Zwecksetzung, die – abgesehen vom „Seelenheil“ – z.B. in den „Conduitenlisten“ zur Überwachung der Untertanen nahezu total nach den Menschen zu greifen versuchte, die rhetorische Nacktheit eines rigiden Staatsinteresses, das von Friedrich Wilhelm I. (z.B. im Domänenedikt von 1713) noch patrimonial und gelegentlich despotisch, von Friedrich II. bereits unpersönlich und abstrakt begriffen wurde. Da Preußen sich aber keine „Mission“ zuschrieb, blieb es Selbstzweck, was die im aggressiven Expansionismus angelegten Tendenzen zu *offener* amoralischer Machtpolitik verstärken konnte. Wenn der tendenzielle Totalitätsanspruch des preußischen Staates auch selten Wirklichkeit gewesen ist, ist er doch seit den Zeiten Friedrichs II. immer wieder als ein zentrales, die preußische Lebenswirklichkeit regulierendes Prinzip ausgegeben und von den Kritikern entsprechend kritisiert worden. Dabei hat er immerhin so viel Eigengewicht bekommen, daß er zum festen ideologischen Bestandteil des preußischen Systems geworden ist, den auch heute noch viele Autoren mit der Wirklichkeit verwechseln.
Der Anspruch der „Staatsräson“ und der alle Lebensbereiche durchdrin-

gende Militarismus auf der Basis des Herrschaftskompromisses zwischen der Krone und dem grundbesitzenden Adel sind in dieser Ausprägung und Kombination spezifische Charakteristika des Absolutismus in Preußen. Seine größten Leistungen hat dieses „preußische System" *erstens* im Aufbau effizient arbeitender staatlicher Institutionen, in der Integration der territorialen Vielfalt zum Staat überhaupt (State Building), *zweitens* in der relativ langfristigen Sicherung institutioneller und sozialer Stabilität und *drittens* in der Durchsetzung religiöser Toleranz und verläßlicher rechtlicher Regelmäßigkeit vollbracht. Aber alle diese Leistungen sprengten nie den durch den Herrschaftskompromiß vorgegebenen Rahmen, haben ihre spezifischen Kosten gehabt und weisen auch deutliche Grenzen auf, die noch genauer betrachtet werden müssen.

III. Preußische Geschichte ist nicht nur die Geschichte von Fortschritt und Modernisierung. Sie ist gleichzeitig und vor allem auch die Geschichte von deren Begrenzungen. In Preußen hatte alles seine Grenzen: die Aufklärung und die Toleranz, der Rechtsstaat und die Verfassung, die individuellen Freiheiten und das Koalitionsrecht, Pluralismus, Revolutionsversuche und Reformfähigkeit, auch die Effizienz des Systems, die Entfeudalisierung ebenso wie vor allem die Bürgerlichkeit der Gesellschaft nach dem Eintritt in die Epoche der bürgerlichen Gesellschaft.

Die Bereitschaft des preußischen Staates zu einer vergleichsweise großen religiösen Toleranz resultierte zunächst weitgehend aus dem Menschenbedarf des Staates und aus dem Umstand, daß in Brandenburg-Preußen seit der Konversion des Kurfürsten Johann Sigismund im Jahre 1613 eine calvinistisch-reformierte Dynastie über vornehmlich lutheranische Untertanen herrschte, deren Bekenntnis sie respektierte. Der reformierte Aktivismus der Hohenzollern und ihrer engeren Verwaltungselite nahm jedoch nicht jene bürgerlich-radikalen, republikanischen und unternehmerischen Züge an wie im westeuropäischen Calvinismus, sondern wurde bereits seit dem Ende des 17. Jahrhunderts zunehmend umgeformt zu diversen Spielarten jener für das spätere Preußen so charakteristischen „Dienst"-Religion, die lutherische und calvinistische Elemente miteinander verschmolz, das monarchische Prinzip nicht antastete, eine eigenständige kirchliche Selbstverwaltung in engen Grenzen hielt und einerseits Offizierskorps und Beamtenschaft in puritanischer Weise disziplinieren half, andrerseits für die Nicht-Eliten den Trost der Lutherschen Gnadenlehre bereithielt. Sie fand ihre erste volle Ausprägung im Halleschen Pietismus der Spener und Francke, der unter Friedrich Wilhelm I. eine Art offiziöser Staatsreligion wurde, im 19. Jahrhundert dann in der pietistischen Erweckungsbewegung, der ein großer Teil der preußischen Elite (vom König bis zum jungen Bismarck) anhing, seit 1817 auch organisatorisch in der unter dem Patronat des Königs vollzogenen Kirchenvereinigung der preußischen „Union", die in einigen ehemals preußischen Territorien heute noch besteht. Im Mittelpunkt ihrer praktischen Forderungen stand der „Dienst“ an der Gemeinschaft und am Staat, wie ihn ähnlich für aufgeklärtere Geister auch das Pflichtethos Friedrichs II. oder die popularisierte Kantsche Morallehre proklamierten.

Aufgrund der von Staats wegen vor allem aus ökonomischen Gründen geförderten Einwanderung von Niederländern, Hugenotten, Böhmen, Salzburgern und anderen Protestanten und einer auch territorial unterschiedlichen Vielfalt konfessioneller Nuancen innerhalb eines breiten protestantischen Spektrums schien auf der einen Seite Toleranz gegenüber protestantischen Minderheiten ratsam. Sie wurde in der Regel auch auf die vor 1740 zahlenmäßig unerheblichen Katholiken ausgedehnt, während die preußischen Juden noch bis ins 19. Jahrhundert hinein unter einer Sondergesetzgebung standen, dic auf „Umerziehung“ abzielte, welche im faktischen Assimilationsprozeß überwiegend bereits erfolgt war. Pluralismus in Preußen wurde, sofern es ihn gab, wesentlich innerhalb der protestantischen Kirche praktiziert.[15] Auf der anderen Seite wurde diese Kirche seit dem Tod Friedrichs II. zunehmend verstaatlicht und auf allen Ebenen unter Patronat gestellt, vom König als „Summus Episcopus“ bis zum Gutsherrn in seinem Distrikt. Die Altlutheraner, welche die Agende der unierten Kirche nicht akzeptieren wollten, wurden zur Auswanderung gezwungen. Das Bündnis von Thron und Altar formierte sich. Nach 1815 kam es in katholischen Gegenden gelegentlich zu zugespitzten „Kirchenkämpfen“ zwischen Regierung und katholischer Hierarchie, deren größter der Bismarcksche „Kulturkampf“ werden sollte.

Auch die geistigen Freiheiten hatten Grenzen. Polizeiliche Überwachung und Zensur konnten jederzeit tätig werden, wenn die Regierung es für angebracht hielt. In der Absicht, mit den Freigeistereien der friederizianischen Zeit aufzuräumen, verbot der Rosenkreuzer Wöllner, Minister Friedrich Wilhelms II., Immanuel Kant die öffentliche Erörterung von religiösen Fragen. Friedrich II. hatte immerhin noch den Philosophen Christian Wolff zurückgeholt, den sein Vater von der Universität Halle vertrieben hatte. Bücher und Zeitschriften wurden beschlagnahmt, vor allem im Vormärz, in der nachmärzlichen Restaurationszeit, während des Kulturkampfs und der Sozialistenverfolgung. Daß in Preußen dennoch auch in der Bismarckzeit und vor allem in dem Vierteljahrhundert vor dem Ersten Weltkrieg ein politisches und Meinungsklima herrschte, in dem in der Regel – Prozesse wegen Majestätsbeleidigung etc. waren eher seltene Ausnahmen und meistens sehr konkret gezielt – öffentlich schärfste und bissigste Kritik geübt werden konnte an allem, was Preußen heilig war, auch am Kaiser und König, macht die ausgeprägte politische „Kompartmentalisierung“ deutlich und deutet zumindest an, daß auch noch am Ende der Monarchie, als viele Kämpfe und Gegensätze sich zuspitzten, ein gewisses Maß an lite-

15 Vgl. den Beitrag von R. v. Thadden in diesem Band.

rarischer Duldsamkeit nicht aufgegeben wurde, und sei es auch nur deshalb, weil die Mächtigen es gewohnt waren, sie sich zu leisten, weil sie ungefährlich war. Ein vollendeter Polizeistaat war Preußen nie, trotz zahlreicher Ansätze dazu, auch wenn „Demagogen", Sozialdemokraten, „kontraktbrüchige" Landarbeiter und gelegentlich Katholiken von der Polizei verfolgt wurden.

Seit der Zeit Friedrichs II. war Preußen durchweg ein „Rechtsstaat" zumindest in dem Sinne, daß man sich auf die Geltung der Gesetze und ihre Anwendung durch die Gerichte verlassen konnte, daß Maßnahmen der Obrigkeit gerichtlich überprüft werden konnten und daß jedermann Zugang zu dem für ihn zuständigen Gericht hatte. Die Folter war abgeschafft, es wurden keine „Hexen" mehr verbrannt, und jene Willkürakte, die Friedrich Wilhelm I. noch hatte begehen können, waren in dieser Form auch dem König nicht mehr möglich. Preußen war freilich kein Rechtsstaat in dem Sinne, wie er sich in den westeuropäischen Ländern mit erfolgreichen bürgerlichen Revolutionen in enger Verbindung mit der Durchsetzung von Liberalismus und Parlamentarismus herausbildete. Möglicherweise hat die Tatsache, daß es den „Rechtsbewahrstaat" (Birtsch)[16] in Preußen schon gab, sogar mit dazu beigetragen, die politische Schlagkraft des preußischen Liberalismus im 19. Jahrhundert zu schwächen. Das „Allgemeine Landrecht" wurde schon vor seiner Einführung in entscheidenden Punkten verwässert, die Patrimonialgerichtsbarkeit des Gutsherrn über „seine" Bauern und Arbeiter und deren Familien blieb (bis 1848) ebenso bestehen wie das feudale Jagdrecht und zahlreiche andere Standesprivilegien. Vor Gericht war keineswegs jeder Büger „gleich" und einen sozial begründeten „Bias" in der Rechtsprechung, Standes- oder „Klassenjustiz" hat es noch im Preußen der Weimarer Republik gegeben, wobei der seit der Zeit Friedrich Wilhelms I. beherrschende allgemeine Prozeß der Monopolisierung der „Standesehre" beim Militär, beim in der Regel adligen Offizier, als preußisches Spezifikum deutlich durchscheint.[17]

Die preußischen Modernisierungsanstrengungen sind ein Produkt von Preußens Rückständigkeit. Der preußische Staat hat modernisiert, sogar erheblich, zunächst im Bereich der Landwirtschaft, des Domänenausbaus, der inneren Kolonisation, Infrastrukturplanung und „Landeskultur", in der militärischen und Verwaltungsorganisation und im Gewerbesektor, bei der Errichtung von Manufakturen und in der Industrieförderung, im Schul- und

16 G. Birtsch, Zur sozialen u. politischen Rolle des deutschen, vornehmlich preußischen Adels am Ende des 18. Jh., in: R. Vierhaus Hg., Der Adel vor der Revolution, Göttingen 1971, 82–87, hier: 84.

17 Zu diesem Komplex vgl. außer Rosenberg vor allem die umfassende Studie von R. Koselleck, Preußen zwischen Reform und Revolution, Stuttgart 1975². Ferner E. Kehr, Zur Genesis der preußischen Bürokratie und des Rechtsstaats, in: ders., Der Primat der Innenpolitik, Hg. H.-U. Wehler, Berlin (1965) 1976³, 31–52. Zum Phänomen der „Standesehre" vgl. auch den Beitrag von R.M. Berdahl in diesem Band.

Ausbildungswesen, in der Förderung von Naturwissenschaft und technischer Forschung und Anwendung, im Bereich der Bau-, Gewerbe- und Fabrikinspektion bis hin zu Arbeitsschutzgesetzen und der Einführung der Sozialversicherung für Arbeiter, in der Organisation der Kapitalbeschaffung für die Industrie und der Kanalisierung organisierter Interessen und als Auftraggeber großen Stils. Die Aufzählung ist keineswegs vollständig, mag aber hier genügen. Die Anstöße zu diesen Betätigungen sind in Preußen aufgrund der territorialen Zerrissenheit, der bis weit ins 19. Jahrhundert noch spürbaren gesamtwirtschaftlichen Rückständigkeit und der Schwäche unternehmerischer Energien in der Landwirtschaft und im städtischen Bürgertum in der Regel „von oben", von der Staatsspitze, gekommen und durch deren Agenturen, Bürokratien und nachgeordnete Institutionen in die Praxis umgesetzt worden. Von oben gesteuerte Entwicklung und selbstverständliche Staatsintervention in Wirtschaft und Gesellschaft hinein, in manchen Regionen sogar der Aufbau von Wirtschaft und Gesellschaft erst durch die Staatsmacht, wurden so von Anfang an zu Bestandteilen der Tradition preußischer Politik. Sie blieben es auch überwiegend zunächst noch nach dem Durchbruch der Industrialisierung, teils weil diese die Kraft und die Macht der von ihr profitierenden Schichten noch nicht so umfassend gestärkt hatte, daß sie der Staatsmacht hätten als wirkliche Rivalen gegenübertreten können, teils auch, weil die Staatsmacht wesentlich Macht noch eines vorindustriell ausgerichteten Staates blieb, der entsprechende Kanäle für die Partizipation breiterer bürgerlicher Schichten nicht vorsah.[18]

Die sonst in ihrer Konzeption oft originellen und meistens auch leistungsfähigen Muster des preußischen Institutionenbaus hatten dort ihre Grenzen, wo Partizipation, Bürokratiekontrolle oder gar Parlamentarisierung zur Debatte standen, ein Umstand, der die institutionelle Reformfähigkeit Preußens im 19. und 20. Jahrhundert erheblich herabgemindert hat. Was hingegen ohne weiteres möglich war, waren sich gegenseitig moderierende bürokratische Kollegialorgane und jene charakteristischen halboffiziellen, korporativen Konsultationsorgane wie das Landesökonomiekollegium, die Landwirtschafts- und Handwerkskammern, Ansiedlungs- und Enquête-Kommissionen, ja sogar die Ausschüsse zur Lenkung der Kriegswirtschaft im Ersten Weltkrieg. Die in diesen Gremien angestrebte Koordination von Staatsmacht und privaten organisierten Interessen (zunächst unter Ausschluß aller Nicht-Produzenten!) entsprach ebenso wie die in Preußen überhaupt günstigen Entstehungsbedingungen für schlagkräftige pressure groups der aus der Vergangenheit erklärbaren Stärke neoständischer

18 Vgl. zum Gesamtprozeß u.a. J. Kocka, Vorindustrielle Faktoren in der deutschen Industrialisierung. Industriebürokratie u. „neuer Mittelstand", in: M. Stürmer Hg., Das kaiserliche Deutschland, Kronberg 1977², 265–86. Für die spätfriederizianische Zeit vgl. jetzt auch I. Mittenzwei, Preußen nach dem Siebenjährigen Krieg, Berlin 1979.

Denkmodelle und dem aus dem traditionellen Machtkartell resultierenden Grundsatz, für wichtige Entscheidungen jeweils die Zustimmung der „besitzenden Klassen" (J. v. Miquel) einzuholen. Die entscheidende, lange verweigerte Ausweitung dieses Prinzips auch auf die Arbeiterschaft und deren Organisationen im Ersten Weltkrieg, als Arbeitskraft außerordentlich knapp und die darüber Verfügenden entsprechend mächtig geworden waren, war nur konsequent. In diesem Zusammenhang ist es auch kein Zufall, daß dieser Schritt eingeleitet wurde durch die Einbindung der Gewerkschaften in die „Zentralarbeitsgemeinschaft", nicht aber durch ein „politisches", parlamentarisches Bündnis zwischen Regierung und SPD.[19]

Die traditionelle und nach dem Einsetzen der Industrialisierung wesentlich beibehaltene zentrale Rolle der preußischen Staatsmacht im Entwicklungsprozeß ihrer Gesellschaft, die zur Erfüllung dieser Zwecke angesammelte vielseitige Expertise ihrer Bürokraten und die dazu geschaffenen, oft korporativen, quasi-ständischen oder (wie schon in der Gutsherrschaft) gemischt öffentlich-privaten institutionellen Kanäle haben entscheidend dazu beigetragen,

– daß die Verwaltungsbehörden des von Preußen dominierten Deutschland die ihnen seit der Hochindustrialisierung zunehmend zugewachsenen neuen Planungs-, Wohlfahrts- und Versorgungsaufgaben zu einem großen Teil haben schneller, besser präpariert und effizienter wahrnehmen können als z.B. die zunächst wesentlich schwächeren und unerfahreneren angelsächsischen Verwaltungen (sofern es diese überhaupt gab), und

– daß sich der sektoral verklammerte organisierte Kapitalismus in ganzer Breite in Deutschland eher durchgesetzt hat als anderswo.

Beides zusammen bedeutet, daß die Staatsmacht ihre Schutzfunktionen zugunsten der Schwächeren und Unorganisierten theoretisch eher wahrnehmen konnte, daß gleichzeitig aber schon alle Vorteile immer stärker auf seiten der wirksam Organisierten, der stärkeren und größeren Interessenten waren.[20]

Auf der anderen Seite war der Primat der Staatsmacht und die relative Schwäche der staatsunabhängigen gesellschaftlichen Kräfte mit erhebli-

19 Vgl. dazu H.A. Winkler, Pluralismus oder Protektionismus? Verfassungspolitische Probleme des Verbandswesens im deutschen Kaiserreich, in: ders., Liberalismus u. Antiliberalismus, Göttingen 1979, S. 163–74; H.J. Puhle, Parlament, Parteien u. Interessenverbände 1890–1914, in: Stürmer Hg., 340–77; ders., Von der Agrarkrise zum Präfaschismus, Wiesbaden 1972; G.D. Feldman, Army, Industry and Labor in Germany 1914–1918, Princeton 1966, bes. 197ff., 253ff.

20 Dazu ausführlicher E. Barker, The Development of Public Services in Western Europe 1660–1930, London 1944; H.J. Puhle, Vom Wohlfahrtsausschuß zum Wohlfahrtsstaat, in: G.A. Ritter Hg., Vom Wohlfahrtsausschuß zum Wohlfahrtsstaat, Köln 1973, S. 29–68; ders., Politische Agrarbewegungen in kapitalistischen Industriegesellschaften, Göttingen 1975, bes. 28ff., 240ff.; die Beiträge von J. Kocka u. H.-U. Wehler in: H.A. Winkler Hg., Organisierter Kapitalismus. Voraussetzungen und Anfänge, ebd. 1974, 19–57.

chen Hypotheken beladen. Dieser „starke Staat“ war der Staat des alten preußischen Machtkartells, und er wahrte selbstverständlich die Interessen der Krone, des grundbesitzenden Adels, der Bürokratie und des Militärs, wesentlich in ihrer hergebrachten Zuordnung im „preußischen System“. Preußen blieb bis 1850 ein militärisch dominierter, vorkonstitutioneller Obrigkeitsstaat, in mancher Hinsicht auch noch danach, da die Verfassung in vielen Bereichen keinerlei Änderung der sozialen Wirklichkeit mit sich brachte. Insbesondere die direkte Kommandogewalt des Königs wurde weder durch die preußische Verfassung von 1850 noch durch die späteren Verfassungen des Norddeutschen Bundes (1867) und des Deutschen Reiches (1871) beschränkt. Die Armee stand bis 1918 außerhalb der Verfassung. Von skrupellosen Konservativen wurde sie sogar als antikonstitutionelles Korrektiv verstanden, wie das berühmte Wort Oldenburg-Januschaus vom „Leutnant und zehn Mann“ belegt, die jederzeit imstande sein müßten, auf Befehl des Königs den Reichstag zu schließen. Die im Bauprinzip des preußischen Staates angelegte Militarisierung des Alltagslebens bestand weiterhin, nicht nur in der militärischen Dominanz der Prestigeskala (wie etwa beim „Hauptmann“ von Köpenick), in der häufigen personellen Identität von Offizieren und Gutsbesitzern, im hohen Ansehen des Reserveoffiziers in den bürgerlichen und Bildungsberufen oder in den auch im Zivilleben beibehaltenen besonders „zackigen“ militärischen Umgangsformen, sondern auch in den steigenden Zahlen der zivilversorgungsberechtigten „Militäranwärter“, die vor allem als Volksschullehrer und im unteren und mittleren öffentlichen Dienst unterkamen.[21]

Ein militärisch rigides Verständnis von Befehl und Gehorsam und entsprechend harte Sanktionsdrohungen durchdrangen auch die zivile Bürokratie, stärkten deren Korpsgeist[22] und betonten deren hierarchische, gegenüber dem „Publikum“ oft arrogante Züge, schwächten gelegentlich wohl auch – besonders in den unteren und mittleren Rängen – die Entwicklung eines Typs des verantwortungsbewußt mitdenkenden Verwaltungsbeamten und damit die institutionelle Flexibilität. Infolge der seit Friedrich Wilhelm I. als Norm vorherrschenden, im 19. Jahrhundert auch in der Wirklichkeit zunehmend total (auch in der „Freizeit“) auf den ganzen „Staatsdiener“ ausgreifenden Dienstethik und ihrer Vermittlungsmechanismen waren die preußischen Beamten bemerkenswert wenig „korrupt“, was die instrumentelle Verläßlichkeit, Effizienz und Sparsamkeit der Maschinerie, nicht aber immer deren Menschlichkeit gestärkt hat. Der Umstand besagt auch nur, daß sich der einzelne kleine Bürokrat nur äußerst selten gegen Gewährung von Vergünstigungen außer der Reihe und außerhalb der Vorschriften be-

21 Vgl. dazu auch den Beitrag von M. Messerschmidt in diesem Band.

22 Im Unterschied zum Korpsgeist der französischen Bürokratie, der sich wesentlich an Schulen und Karrierewegen („grands corps“) orientiert, war der preußische wesentlich militärisch inspiriert.

stechen ließ. Die „systemische Korruption" war demgegenüber groß, sie gehörte teilweise sogar zum ursprünglichen Herrschaftskompromiß des Systems: Wie für den Adel und den Großgrundbesitz gab es auch für Beamte Privilegien, außerdem teilweise noch heute bestehende zusätzliche Versorgungsleistungen und exorbitante Vergünstigungen bis hin zu den offiziell geduldeten Steuerhinterziehungen der Landräte, ihrer Anverwandten und Freunde.[23] Möglicherweise hielt sogar der hohe Grad systemischer Korruption die individuelle Korruptionsrate so niedrig.

IV. Preußens eigentliche Herrenschicht blieb bis 1918 der grundbesitzende Adel, der auch in Militär und höherer Karrierebürokratie dominierte. Er blieb es auch nach den Reformen des frühen 19. Jahrhunderts und noch nach dem Durchbruch der Industrialisierung seit der Jahrhundertmitte. Jene Bürgerlichen, die als Grundbesitzer, Bankiers, Kaufleute oder Unternehmer aufstiegen und einflußreich wurden, suchten sich in aller Regel dem Adel anzuähneln. Viele von ihnen kauften ein Rittergut (oder mehrere), verheirateten ihre Kinder adlig oder wurden selber nobilitiert.[24] Adelsopposition und konservative Karrierebürokratie zusammen sind auch entscheidend beteiligt gewesen an der Verwässerung und teilweise engen Begrenzung, vor allem auch der späteren bremsenden Kanalisierung der Reformmaßnahmen zur „Reorganisation" des preußischen Staates nach dem Zusammenbruch Altpreußens im Jahre 1806: Es ist durchweg nicht so gewesen, daß eine insgesamt liberale und aufgeklärte Bürokratie den Staat nach einem zusammenhängenden Konzept hätte von Grund auf reorganisieren wollen und daß erst später eine konservative „Kehre" eingesetzt habe. Zwar hat der Schock der vernichtenden Niederlagen der Armee durch Napoleons Truppen und des darauf folgenden Zusammenbruchs ebenso wie das Vorbild der napoleonischen Reformen in den Preußen umgebenden Gebieten der preußischen Elite verdeutlicht, daß der Staat dringend „reorganisiert" werden mußte.[25] Die Leitlinien dieser auf das alte Preußen vor 1806 zugeschnittenen Reform waren jedoch zu einem großen Teil auf Bewahrung oder Wiederherstellung ausgerichtet, wie überwiegend

23 Dazu P.C. Witt, Der preußische Landrat als Steuerbeamter 1891–1918, Bemerkungen zur politischen und sozialen Funktion des deutschen Beamtentums, in: I. Geiss u. B.J. Wendt Hg., Deutschland in der Weltpolitik des 19. u. 20. Jh., Düsseldorf 1974², 205–19.

24 Dazu außer den Romanen von T. Fontane u.a. H. Rosenberg, Die Pseudodemokratisierung der Rittergutsbesitzerklasse, in: ders., Machteliten u. Wirtschaftskonjunkturen, Göttingen 1978, 83–101.

25 Dieser Schock wird z.B. deutlich in den Worten der Königin Luise: „Es wird mir immer klarer, daß alles so kommen mußte, wie es gekommen ist. Die göttliche Vorsehung leitet unverkennbar neue Weltzustände ein, und es soll eine andere Ordnung der Dinge werden, da die alte sich überlebt hat und in sich selbst als abgestorben zusammenstürzt. Wir sind eingeschlafen auf den Lorbeeren Friedrichs des Großen, welcher, der Herr seines Jahrhunderts, eine neue Zeit schuf. Wir sind nicht fortgeschritten mit ihr, deshalb überflügelt sie uns." Zit. nach Hintze, Hohenzollern, 461f.

in den Konzepten des Freiherrn vom Stein, und wurden dort, wo sie – wie bei Hardenberg – darüber hinausgingen, vom Gros der Bürokratie nicht mitgetragen und von Anfang an zusammengestrichen. Die radikalen, tendenziell systemverändernden Konzepte bürokratischer Außenseiter wurden vom beamteten Apparat jeweils gerade soweit akzeptiert, wie sie die Notwendigkeit von Veränderungen zwecks (Re-)Stabilisierung des Systems plausibel machen konnten. Dabei wurde das „System" durchaus weiterhin im Sinne des alten preußischen Herrschaftskompromisses begriffen. Die Bürokratie war zum größten Teil allenfalls reformkonservativ. Das preußische System war reorganisationsfähig, aber nicht in dem Maße reform- und erneuerungsfähig, daß es später mit langem Atem und erfolgreich den Weg in den Industriekapitalismus und ins bürgerliche Zeitalter hätte weisen können.[26]

Aus dem radikalsten und am deutlichsten „bürgerlichen" Reformkonzept, den Plänen Scharnhorsts und Boyens zur Militärreform, hatten auf die Dauer jene Teile Bestand, die kurzfristig Effizienz und technische oder logistische Verbesserungen versprachen. Auch wurden die brutalsten Züge der Vergangenheit, z.B. die Prügelstrafe und das gefürchtete Spießrutenlaufen abgeschafft. Der Gesamtplan eines allgemeinen Volksheeres war allerdings bereits um die Jahrhundertmitte wieder hinter altpreußischen Kontinuitätslinien zurückgetreten. Die Landwehr wurde aufgelöst oder eingegliedert, die Professionalisierung des Offiziersnachwuchses wurde gebremst, die Zahl der bürgerlichen Offiziere stagnierte, die Dienstzeit wurde verlängert. Vor dem Ersten Weltkrieg war die preußische Armee durchaus noch ein „Staat im Staate" und der Generalstab eine aristokratische Elite.

Judenemanzipation, Städteordnung, Verwaltungsreformen und die Herstellung der Gewerbefreiheit beseitigten wichtige Hindernisse auf dem Wege zur Industrialisierung: Die Stadtgemeinden durften sich selbst verwalten, kollegiale Provinzialregierungen traten an die Stelle der alten Kriegs- und Domänenkammern. Das departemental gegliederte, ebenfalls kollegiale Staatsministerium trat (nach dem Intermezzo der Hardenbergschen Staatskanzlei) allmählich an die Stelle der friederizianischen Kabinettsregierung. Die zünftigen Beschränkungen fielen, wenn auch der Ruf nach neozünftlerischen Restriktionen der Gewerbefreiheit später wieder laut wurde und – auch das eine sehr „preußische" Entwicklung – zunehmend Anklang fand und seit 1845 Erfolg hatte. Die umfassende Steuer- und Wirtschaftsreform, welche die alte Dichotomie zwischen Stadt und Land, zwischen Verbrauchssteuerzahlern und bäuerlichen Leistungen

26 Zur Diskussion des Charakters der Reformen und der Bürokratie vgl. insbes. Rosenberg, Bureaucracy; Kehr, und den Beitrag von B. Vogel in diesem Band gegenüber Koselleck, 263, 337ff., 467, u. J.R. Gillis, The Prussian Bureaucracy in Crisis 1840–1860, Stanford 1971, 22ff. Ferner auch: J. Kocka, Preußischer Staat u. Modernisierung im Vormärz: Marxistisch-leninistische Interpretationen u. ihre Probleme, in H.-U. Wehler Hg., Sozialgeschichte Heute, Festschrift H. Rosenberg, Göttingen 1974, 211–27.

überwinden sollte, kam jedoch nicht zustande. Zwar begann der Staat jetzt damit, Schulden aufzunehmen (ein Indiz für expandierende „Modernität"); die neue plutokratische Klassensteuer und die Mahl- und Schlachtsteuer, die auch nach den Reformen von 1851 beibehalten wurden, folgten allerdings – mit neuen, „erzieherischen" Argumenten – dem traditionellen Grundsatz, die höchsten Lasten den Ärmsten aufzubürden. Die Einführung einer Art Einkommensteuer durch Stein in Ostpreußen blieb ein vorübergehendes Ereignis. Der eingesessene Adel brauchte weiterhin keine Grundsteuern zu zahlen.[27]

Die Agrarreformen befreiten die Bauern aus Leibeigenschaft und Erbuntertänigkeit und machten den Boden zum marktmäßig verfügbaren Gut, beseitigten aber auch den Bauernschutz und die patriarchalischen Fürsorgepflichten der Herren, denen diese zu einem großen Teil ohnehin schon nicht mehr nachkommen konnten. Die Bauern und jetzt zunehmend auch besitzlose Landarbeiter gerieten in neue, statt dingliche jetzt schuldrechtliche ökonomische Abhängigkeit, da die Ablösung und Regulierung der Besitz- und Dienstverhältnisse auf eine spätere Zeit verschoben und z.T. bis zur Jahrhundertmitte noch nicht abgeschlossen wurde. Insgesamt konnten sich die Großbetriebe und die größeren Mittelbetriebe konsolidieren.[28] Die vorgesehene Aufhebung der gutsherrlichen Patrimonialgerichtsbarkeit wurde aus dem Hardenbergschen Entwurf des Gendarmerieedikts herausgestrichen.[29]

Man kann also im Ganzen nicht sagen, daß die preußischen Reformen zwischen 1807 und 1820 in ihrer Wirkung dem Adel etwas Wesentliches weggenommen hätten. In mancher Hinsicht lösten sie eher die Probleme seiner Insolvenz und gaben den kapitalistisch Begabteren unter den Grundbesitzern die Möglichkeit, an der angeheizten Bodenspekulation der nächsten Jahrzehnte ebenso teilzuhaben wie an dem durch die Fortschritte der Landwirtschaftstechnik und Mechanisierung, den Freihandel und günstige Exportkonjunkturen ermöglichten vorübergehenden Aufschwung der monokulturellen ostelbischen Landwirtschaft zwischen den späten 30er und den 60er Jahren des 19. Jahrhunderts. Es blieben freilich strukturelle Schwächen, die nicht nur in der hohen Konjunkturanfälligkeit bestanden, sondern vor allem auch in der Tatsache, daß eine große Zahl dieser Grundbesitzer keineswegs schon kapitalistisch wirtschaftete, sondern sich noch halb feudal begriff, „Conspicuous Consumption" betrieb, von der Hand in den Mund lebte und sich daran gewöhnte, das klassische „Immediatver-

27 Die Grundsteuerfreiheit wurde 1861 aufgehoben, durch die Miquelschen Finanzreformen aber praktisch wiederhergestellt. Vgl. dazu Braun, bes. 310–27; Koselleck, 534, 537 ff., und E. v. Beckerath, Die preußische Klassensteuer und die Geschichte ihrer Reform bis 1851, München 1912, 58 ff.

28 Dazu neuerdings H. Harnisch, Vom Oktoberedikt des Jahres 1807 zur Deklaration von 1816, in: Jahrbuch für Wirtschaftsgeschichte, Sonderband 1978, 231–293.

29 Vgl. dazu den Beitrag v. B. Vogel in diesem Heft.

hältnis“ zwischen Großlandwirtschaft und Krone in eine Subventionspflicht des Staates umzudeuten.[30]
Es war ja auch – das bewies nicht nur der spätere Erfolg solcher Bestrebungen – keineswegs unrealistisch, so zu denken, da die Reformen de facto an den ländlichen Sozialbeziehungen nur wenig geändert hatten. Die Herren blieben die Herren, Obrigkeit schlechthin, Verwaltungs-, Polizeichefs (bis 1927) und Richter (bis 1848) in ihrem Gutsbezirk, gelegentlich auch noch Landrat, Steuereinnehmer und Wehrbehörde, in jedem Falle prestigebehaftete Diener des Königs, als Militärs und Adlige von besonderer „Standesehre“, ob sie sich nun als „Herren“ begriffen oder – im 19. Jahrhundert zunehmend ideologisiert – als oberen Teil des „Mittelstands“. Die Knechte blieben Knechte, faktisch unfrei, mochten sie auch juristisch „befreit“ und später sogar wahlberechtigt sein. Die alte Gesindeordnung von 1810 und das Dienstpflichtgesetz von 1854 schlossen sie bis 1918 vom Koalitionsrecht aus. Die Landarbeits-Beziehungen (dagegen keineswegs mehr die Fürsorgeprinzipien) waren ungebrochen paternalistisch und nur bestenfalls eine „Mischung naiver Brutalität mit Menschenfreundlichkeit“ (M. Weber). Die Staatsmacht, die sonst überall reglementierend eingriff, machte Halt vor den Grenzen der Gutsbezirke und respektierte damit den alten Herrschaftskompromiß. Die sozialen Ordnungsprinzipien Altpreußens hatten in den ländlichen Distrikten Ostelbiens noch bis in den Ersten Weltkrieg, teilweise bis zum Ende der Weimarer Republik, manchmal sogar noch bis 1945 Bestand. Und die ländlichen Distrikte waren zumindest bis 1918 noch das „eigentliche“ Preußen – norm- und wertsetzend, privilegiert von dem ganzen Staat. Von dieser Bastion her und ausgestattet mit traditionellen Vorrechten und Einflußmöglichkeiten konnten die preußischen Agrarier seit den 1880er Jahren ihren ökonomischen Niedergang im Zeichen des Übergangs vom Agrar- zum Industriestaat und der großen Deflation des letzten Viertels des 19. Jahrhunderts durch Zollprotektionismus, Staatshilfen und zahlreiche „große“ und „kleine“ Mittel politisch kompensieren. Das zeitgemäße Bündnis mit der ebenfalls erheblich arbeitsrepressiven Schwerindustrie war dabei nur eine mindere Konzession, solange das „preußische System“ noch bestand und die Krone den Vorrang der Landwirtschaft garantierte.[31]

30 Es ist möglicherweise mißverständlich, hier von „Sturktur*krise*“ zu sprechen. An den offensichtlichen Struktur*schwächen* würde ich jedoch festhalten. Vgl. die Diskussion in Anm. 66 des Beitrags von H. Schissler in diesem Band, S. 89–122.

31 Dazu ausführlicher M. Weber, Die ländliche Arbeitsverfassung, in: ders., Ges. Aufs. z. Sozial- u. Wirtschaftsgeschichte, Tübingen 1924, 444–69; ders., Kapitalismus u. Agrarverfassung, in: ZGS 108. 1952, 431–52; E. Kehr, Schlachtflottenbau u. Parteipolitik 1894–1901, Berlin 1930; Rosenberg, Pseudodemokratisierung, u.: Zur sozialen Funktion der Agrarpolitik im Zweiten Reich, in: Machteliten, 102–17; ders., Große Depression u. Bismarckzeit, Berlin (1967) 1976²; H. J. Puhle, Agrarische Interessenpolitik u. preußischer Konservatismus im wilhelminischen Reich 1893–1914, Bonn-Bad Godesberg 1975²; ders., Agrarbewegungen, S. 28ff.

Auch im Hinblick auf die Stellung der Krone änderte sich vorerst nichts, mochten sich einige preußische Herrscher des 19. Jahrhunderts und vor allem Wilhelm II. auch gelegentlich mehr als Könige von Gottes Gnaden begreifen denn als Diener in den Sielen der Pflicht. Abgesehen von seiner unumschränkten Kommandogewalt herrschte der Monarch auch sonst bis 1848 theoretisch absolut, praktisch durch die Bürokratie, zumal die Reformpolitik auch eher den jetzt zunehmend von Juristen besetzten Beamtenapparat gestärkt hatte und die provinzialständischen Repräsentationsgremien zwischen 1823 und 1847 durchweg ein Schattendasein führten. Die kleinen Adelsrevolten des Jahrhundertbeginns versandeten. Der Adel partizipierte an der Macht primär durch Bürokratie und Militär und weniger durch die Stände. Die alte Machtteilung zwischen Krone und Adel wurde z.T. sogar in ihren alten Formen fortgesetzt. Auch die preußische Verfassung von 1850 beschränkte zwar die Willkür des Monarchen, schloß aber die Fortgeltung des „monarchischen Prinzips" zumindest nicht aus.[32]

V. Auf die gebremsten Reformen folgte die gescheiterte Revolution von 1848/49. In ihr wurde die Schwäche des Bürgertums gegenüber den Trägern des bisherigen Herrschaftskartells deutlich, die angesichts der reformiert bewahrten Macht dieses Kartells, der traditionell starken Stellung der Staatsmacht und ihrer Intervention in Wirtschaft und Gesellschaft und des Industrialisierungsrückstands gegenüber England auch nicht verwundert. Preußen blieb Obrigkeitsstaat, seine Bürger blieben unmündig – abgesehen von der nicht unwichtigen Ebene der Kommunalverwaltung. Partizipation von unten war im Ganzen ebensowenig erwünscht wie Parlamentarisierung. Die nachrevolutionäre Verfassung wurde von oben oktroyiert und sah keine parlamentarische Regierung vor, sondern nur die gleichberechtigte Mitwirkung der beiden Kammern des Landtags und der Krone an der Gesetzgebung.

Die preußischen Liberalen mochten in den Jahren der Reichseinigungs-Agitation gelegentlich die Mehrheit im preußischen Abgeordnetenhaus haben, der Liberalismus hatte seine eigentliche Heimstatt in Deutschland jedoch nicht in Preußen, sondern im Südwesten. Die politische Richtung, die in Preußen zu Hause war, weil sie dem Sozialmilieu der Träger seines Herrschaftskartells entsprach, war der Konservatismus, dessen Parteien auch seit den 1880er Jahren wieder die Kammern des Landtags beherrschten. Aufgrund der preußischen Vormacht ist der politische Konservatismus im deutschen Kaiserreich wesentlich preußischer Konservatismus, also protestantisch gewesen.[33] Sein breites Spektrum spiegelte Grundprin-

32 Dazu vor allem Koselleck und der Beitrag von H. Boldt in diesem Band.

33 Der schwächere katholische politische Konservatismus hatte seine Hochburgen in Preußen lediglich in den nach 1815 annektierten Westprovinzen (und Teilen Schlesiens), sonst aber vorwiegend im außerpreußischen Reich.

zipien bisheriger preußischer Politik: Autorität und Militarismus, monarchisches Prinzip und ständische Sozialordnung, großgrundbesitzerliche Interessenwahrung und Antiparlamentarismus, jeweils mit unterschiedlicher religiöser, philosophischer und politischer Akzentsetzung altständisch (Marwitz), paternalistisch (Haller), legitimistisch (die Gerlachs), monarchisch-konstitutionell (Stahl), reformistisch (Wagener, Huber, Meyer) oder am Ende bismärckisch.[34]

Der klassische Konservatismus war an der preußischen Staatlichkeit orientiert, partikularistisch und antinational. In dem Maße, in dem er jedoch nach der Reichsgründung, besonders seit den 1890er Jahren, zunehmend zur völkisch-nationalen, sozialdarwinistisch-„mittelständischen", auch antisemitischen Ideologie der „neuen Rechten", der organisierten Agrarier und Protektionisten, der Sozialimperialisten und der späteren Deutschnationalen verformt und reduziert wurde, in dem Maße verlor er auch seine spezifisch preußischen Züge, verlor Preußen eine wichtige Bastion in der Reichspolitik, preußische Politik ihre historische Substanz. Diejenigen Exponenten des alten preußischen Herrschaftskartells, die diese Schwenkung mitgemacht hatten (und das waren weitaus die meisten), haben später in der Regel auch ohne größere Skrupel Beihilfe zur organisatorischen Vernichtung Preußens geleistet wie z.B. Oldenburg-Januschau im Jahre 1932. Die Zerstörung des preußischen Konservatismus im Kaiserreich war eine entscheidende Voraussetzung zur Zerstörung Preußens und zur nationalsozialistischen Machtergreifung.[35] Jene Widerstandskämpfer im Dritten Reich, die aus dem Milieu der altpreußischen Elite kamen und vielfach noch preußisch-konservative Ziele hatten, standen deshalb von Anfang an in geradezu tragisch unzeitgemäßer Weise auf verlorenem Posten, abgesehen von ihrer Halbherzigkeit und z.T. auch ihrem Dilettantismus, die u.a. wieder aus der traditionellen Rigidität preußischer Befehls-Gehorsams-Strukturen resultierten.

Daß Preußen nach 1848 Obrigkeitsstaat blieb, war aber auch auf der linken Seite des politischen Spektrums nicht ohne Folgen: Die deutsche Arbeiterbewegung ist entscheidend von Preußen und von den preußischen Zuständen geprägt worden. Das gilt nicht nur für den Lassalleanismus und für die insgesamt vergleichsweise starke Fixierung auf den Staat, die einerseits der politischen Rückständigkeit, andererseits der – auch in Bismarcks Sozialgesetzen noch deutlichen – preußischen Interventionstradition Rechnung trug, für das noch lange an der früheren staatlichen Fürsorge orientierte Be-

34 Vgl. dazu ausführlicher S. Neumann, Die Stufen des preußischen Konservatismus, Berlin 1930.

35 Vgl. Puhle, Interessenpolitik, 213–89; ders., Conservatism in Modern German History, in: Journal of Contemporary History (JCH) 13. 1978, 689–720. Zum Umfeld auch H.A. Winkler, Vom linken zum rechten Nationalismus: Der deutsche Liberalismus in der Krise von 1878/79, in: ders., Liberalismus, 36–51.

schwerdeverhalten der Bergleute oder für die Organisationsprinzipien und die schnelle Bürokratisierung der Arbeiterpartei und der Gewerkschaften mit all ihren Vor- und Nachteilen.
– Daß reformistische Praktiken in der sozialdemokratischen Politik des Kaiserreichs auf einige süddeutsche Staaten und die Kommunalverwaltungen beschränkt blieben,
– daß der ideologische Revisionismus erst in der Weimarer Republik allmählich an Boden gewann,
– daß die Partei trotz der Arbeiten Davids und Bernsteins und langer Diskussionen der „Agrarfrage“ seit 1894 sich erst 1927, als es längst zu spät war, mehrheitlich zu einem halbwegs realistischen Agrarprogramm durchrang und vorher völlig auf die Mobilisierung eines kleinbesitzerlichen und bäuerlichen Anhangs verzichtet hatte,
– daß die sterile kautskyanische Abwartestrategie in gesamtpolitischer Hinsicht bis zum Ersten Weltkrieg in der SPD mehrheitsfähig blieb, und indirekt auch,
– daß deren strategische Alternative der radikal-aktivistische Luxemburgismus wurde, und daß dieser insgesamt kaum Anhänger fand,
all dies hängt vor allem damit zusammen, daß sich die Partei der deutschen Arbeiterbewegung im Kaiserreich politische Erfolge oder gar parlamentarische Mehrheiten in Preußen kaum ausrechnen konnte.[36] Die politische Überwachung war relativ gut organisiert und flächendeckend. Lokale Obrigkeit und Verwaltung benachteiligten auf Anweisung der Regierung die SPD in Wahlkämpfen, wo sie nur konnten. Vor allem die ländlichen Distrikte blieben den sozialistischen und gewerkschaftlichen Agitatoren verschlossen; die Bestimmungen der Gesindeordnung sowie die patriarchalische Kontrolle der Gutsherren machten ihr Eindringen oder auch eine Stimmabgabe für die SPD so gut wie unmöglich. In den Großstädten und Industriezentren sorgte das preußische Dreiklassenwahlrecht und bei Reichstagswahlen noch die Wahlkreiseinteilung für wirksame Gegengewichte gegen die hohe Zahl sozialistischer Wähler, wenn diese überhaupt zur Landtagswahl gingen und nicht aufgrund der Aussichtslosigkeit eines Erfolges bereits vorher aufgaben.
Da Preußen das Zentrum der Macht im Kaiserreich war und die SPD von Anfang an eine stark zentralistisch geführte Partei, haben diese preußischen Wirkungsbedingungen den Kurs der Partei auch auf Reichsebene be-

36 Vgl. u. a. G.A. Ritter, Die Arbeiterbewegung im wilhelminischen Reich, Berlin 1963²; G. Roth, The Social Democrats in Imperial Germany, Totowa 1963; E. Matthias, Kautsky u. der Kautskyanismus, in: Marxismusstudien II, Tübingen 1957, 151–97; H. Grebing, Der Revisionismus, München 1977, 16–48; H.G. Lehmann, Die Agrarfrage in der Theorie u. Praxis der deutschen und internationalen Sozialdemokratie, Tübingen 1970; K. Tenfelde, Sozialgeschichte der Bergarbeiterschaft an der Ruhr im 19. Jh., Bonn-Bad Godesberg 1977; R. Michels, Zur Soziologie des Parteiwesens in der modernen Demokratie (1911), Stuttgart 1970², und den Beitrag von J. Flemming in diesem Band.

stimmt und neben anderen Faktoren auf die Herausbildung bestimmter „Stärken“ und „Schwächen“ hingewirkt, welche die Arbeiterparteien noch in den Revolutionsjahren 1918/19 und in der Weimarer Republik, z.T. noch in den Anfangsjahren der Bundesrepublik charakterisiert haben: die Katakombenmentalität der Verfolgten, die isolierte Gegenkultur, der – wenn auch widerwillige – Respekt vor der Obrigkeit, der „staatserhaltende“ Charakter und die Schlagkraft durch Organisation, die bürokratische Effizienz, die „oligarchischen“ Strukturen, der latente Autoritarismus, die Unfähigkeit, Revolution zu machen, und die Bereitschaft, mit den alten Herrschaftsträgern zusammenzuarbeiten, weil dies zumindest in Preußen schon ein riesiger Fortschritt gegenüber der alten Ordnung war. Daß auch die deutschen Kommunisten in mancher Hinsicht preußisch geprägt worden sind, zumal auch der Leninismus sich an den einander vielfach ähnlichen („rückständigen“) Bedingungen Rußlands und Preußens orientiert hat, sei nur am Rande vermerkt.[37]

Preußen, der Staat mit den gebremsten Reformen und der gescheiterten Revolution, wurde seit den 60er Jahren des 19. Jahrhunderts die Hegemonialmacht des kleindeutschen Reichs, das, solange es bestand, durch den institutionellen Dualismus zwischen Preußen und dem Reich gekennzeichnet blieb. Deutsche Politik war überwiegend preußische Politik und verlief wesentlich in den Bahnen preußischer Politik. Die meisten „Deutschen“ im staatsrechtlichen Sinne waren preußische Bürger, seit 1871 durchweg etwas über 60%.[38] Der größte Teil des deutschen Sozialprodukts wurde in Preußen erwirtschaftet. Mochte in mancher Hinsicht, vor allem ideologisch und propagandistisch, fortab „Preußen in Deutschland aufgehen“, wurde doch vor allem Deutschland verpreußt. Und dies nicht nur, weil die preußische Armee, preußische Generale und die Kommandogewalt des preußischen Königs die Militärverfassung des Reichs dominierten, weil der König von Preußen als Kaiser Präsident des deutschen Fürstenbundes war und der preußische Ministerpräsident und Außenminister in der Regel zugleich Reichskanzler, die entstehende Reichsbürokratie überwiegend preußische Bürokratie. Reichspolitik insgesamt konnte gegen die preußische Politik

37 Daß, wie gelegentlich – auch noch von antipreußischen CDU-Politikern nach 1945 – beziehungsreich vermerkt wurde, „Preußen“ besonders „oft“ mit dem rückständigen Rußland gegen den „Westen“ paktiert hat, von Friedrich II. über die Befreiungskriege, die Heilige Allianz bis zu Bismarcks Rückversicherungsvertrag, die Kooperation zwischen Reichswehr und Roter Armee und möglicherweise auch noch dem kurzlebigen Hitler-Stalin-Pakt, scheint mir nicht so sehr an spezifischen Zügen des preußischen Systems oder an Preußens Rückständigkeit zu liegen, sondern schlicht an der Geographie. Ähnliches gilt für Österreich.

38 Die Bevölkerung des Deutschen Reichs und Preußens betrug 1871: 41,0 (24,7) Mio., 1890: 49,4 (29,9) Mio., 1910: 64,9 (40,2) Mio. Bereits 1837, drei Jahre nach der Gründung des Zollvereins, hatte die Bevölkerung Preußens genau die Hälfte der Bevölkerung des Deutschen Bundes (ohne Österreich) ausgemacht.

nicht gemacht werden. Sie wurde auch nicht nur in den von der Reichsverfassung vorgesehenen Gremien (z.B. dem aus gleichen Wahlen hervorgegangenen Reichstag) festgelegt, sondern ebensosehr in den Institutionen des preußischen Staates. Das preußische Staatsministerium beaufsichtigte die Beamten und weite Bereiche der Wirtschaft und instruierte die preußischen Gesandten, die den Bundesrat praktisch beherrschten. Der preußische Landtag, die neoständische Honoratiorenkammer des Herrenhauses und das nach dem plutokratischen Dreiklassenwahlrecht gewählte Abgeordnetenhaus machten im Einvernehmen mit Krone und Regierung Gesetze, welche die Lebensumstände im größten Teil des Reichs bestimmten und an denen auch der Reichstag nicht vorbeikonnte, zumal das Reich nur begrenzte eigene Einnahmen hatte und Preußen der finanzkräftigste Einzelstaat war. In der ganz entscheidenden Frage nach dem Grad einer möglichen Parlamentarisierung war die Verfassung des Norddeutschen Bundes und später des Reiches ohnehin mit der preußischen Verfassung von 1850 synchronisiert worden. Obwohl es in anderen deutschen Staaten stärker parlamentarisch orientierte Verfassungen gab, wurde der begrenzte, nichtparlamentarische preußische Konstitutionalismus praktisch auf das Reich ausgedehnt.

Ein wichtiger weiterer Vermittler preußischer Umstände ins Reich hinein wurde der „Faktor Bismarck“ mit seinem Eigengewicht, nicht nur dort, wo der Kanzler sich traditionell verhielt, sondern auch dort, wo er „modern“ war, in der Konzeption seiner Herrschaftstechniken, im Einsatz manipulierter Öffentlichkeit, in der Verkoppelung von Revolutionsfurcht und Staatsstreichdrohung, in der kalkulierten Schwächung, Spaltung oder Repression von politischen Parteien und in der Förderung von wirtschaftspolitisch interessierten Verbänden und entsprechenden intermediären Körperschaften, jetzt nicht mehr nur auf preußischer, sondern auch auf Reichsebene. Diese Mittel entsprachen dem und hielten sich im Rahmen des alten Konsensus des „preußischen Systems“ und stabilisierten das alte Herrschaftskartell, in das die erstarkte Großindustrie allmählich integriert wurde.[39] Preußen blieb übermächtig. Die etwas freiheitlicheren Sozialordnungen der süddeutschen Staaten hatten kaum eine Chance als Modelle für das Reich.

VI. Die deutsche Entwicklung im 19. und 20. Jahrhundert ist dadurch charakterisiert, daß die sozioökonomische Modernisierung „im Gehäuse des Obrigkeitsstaats“ (H.-U. Wehler) stattgefunden hat, das ihr Grenzen gesetzt und gelegentlich eigenartige Wege aufgezwungen hat. Zum Fehlen einer erfolgreichen bürgerlichen Revolution und zu den drei „Rückständig-

39 Vgl. H.-U. Wehler, Bismarck u. der Imperialismus, Köln 1969[1]/München 1976[4]; M. Stürmer, Konservatismus u. Revolution in Bismarcks Politik, in: ders. Hg., 143–67; ders., Bismarckstaat u. Cäsarismus, in: Der Staat 12. 1973, 467–98.

keiten": verspäteter Industrialisierung, verspäteter Nationalstaatsbildung und fehlender Parlamentarisierung, kam noch die erdrückende Dominanz Preußens, das neben den Mecklenburgs und Sachsen politisch einer der rückständigsten Staaten des Reiches war, mit Ausnahme seiner neueren Westprovinzen, insbesondere der schon in napoleonischer Zeit modernisierten Rheinlande, die ihren Sonderstatus weitgehend behielten. Es waren aber die besonders rückständigen und preußischen Kernlande östlich der Elbe, welche die Institutionen und die politische Kultur des Landes und damit auch die des Reiches prägten. Das gilt besonders für die Regelung der sozialen Beziehungen. Mochten für die Probleme der finanziellen und technisch-funktionalen Organisation der Industriewirtschaft die alten Interventionstraditionen des preußischen Staats noch Modelle und Vorbilder zu bieten haben, bis hin zum Selbstverständnis der entstehenden privaten Angestelltenschaft in Analogie zur staatlichen Beamtenschaft, das nur in einem Staat mit einer ausgeprägten und differenzierten Beamtentradition und hohem Beamtenprestige möglich war[40], mußten die rigiden, vorindustriellen altpreußischen „Herr im Haus"-Grundsätze als Empfehlungen zum Umgang mit der Industriearbeiterschaft und ihren Organisationen zwangsläufig konfliktverschärfend, polarisierend und radikalisierend wirken. Die Folge war einerseits die Entstehung einer besonders starken und schlagkräftigen Arbeiterbewegung, die allerdings noch lange im Ghetto ihrer Gegenkultur sich isolierte, andrerseits ein extremer Antisozialismus der ebenfalls radikalisierten neuen Rechten.[41]

Diese neue Rechte wurde auch zum Träger des wilhelminischen „Weltmacht"-Expansionismus, der sich einerseits auf Kolonien in der weiten Welt, andrerseits von Anfang an auch auf angrenzende, meist russisch-polnische Gebiete im preußischen Osten richtete. Die erste Option war unpreußisch, die zweite war alte preußische Tradition: Preußen war nie eigentlich „saturiert" gewesen, bis 1866 noch hatte es sich ausgedehnt. Es war ja auch kein Nationalstaat, und die Tatsache, daß auch das Reich keiner war, ging zum Teil darauf zurück, daß gerade in Preußen eine erhebliche Zahl von Bürgern polnischer und dänischer Nationalität lebte. Preußens Elite verstand sich auf State Building, nicht auf Nation Building.

Es gab keine preußische „Kulturnation", denn Preußen war Teil der deutschen. Es gab auch kaum so etwas wie eine preußische Kultur oder preußische Kunst, allenfalls noch gewisse Eigenarten des Baustils bei Schlüter

40 Dazu Kocka, Faktoren; ders., Unternehmensverwaltung u. Angestelltenschaft am Beispiel Siemens 1847–1914, Stuttgart 1969.

41 Insgesamt dazu auch M. Weber, Parlament u. Regierung im neugeordneten Deutschland (1918), in: ders., Ges. Politische Schriften, Tübingen 1971, S. 306–443, bes. 311 ff.; H.-U. Wehler, Das Deutsche Kaiserreich 1871–1918, Göttingen (1973) 1980[4], 105 ff.; Puhle, Agrarbewegungen, 63 ff.; ders., Interessenpolitik, passim; ders., Conservatism. Zur Arbeiterkultur: G.A. Ritter, Workers' Culture in Imperial Germany, in: JCH 13. 1978, 165–89; dt. in: ders. Hg., Arbeiterkultur, Königstein 1979.

(der auch anderswo gebaut hat), Eosander, Knobelsdorff, bei Schinkel und Langhans, in den Plastiken von Schadow und Rauch. Das ist kein Zufall, denn den Baumeistern vergab in der Regel der Staat die Aufträge. Aber schon in der Malerei wird es problematisch: Menzel ließ sich von preußischer Geschichte inspirieren, Liebermann oder Zille waren Berliner, wie andere Rheinländer oder Schlesier, „preußische" Maler waren sie nicht, weil es keinen preußischen Stil gab. Preußens Staatsphilosoph Hegel und der Lieblingsdichter der Preußen im frühen 19. Jahrhundert, Schiller, waren Schwaben wie die Hohenzollern. Leibniz, Moses Mendelssohn und Kant waren universal, desgleichen Marx, Engels, Heine oder Max Weber, obwohl ihnen preußische Realität viel zu denken gab. Selbst die „preußischsten" Schriftsteller, Kleist und Fontane, haben mehr an Preußen gelitten und es kritisiert als spezifisch „Preußisches" geschrieben.
Die am wenigsten verwässerte Reform des frühen 19. Jahrhunderts war die Gründung der Berliner Universität gewesen. Die von Schleiermacher, Humboldt, Fichte und anderen formulierten Prinzipien ihres Entstehens und ihrer weiteren Ergänzung und Verwaltung haben weit in das kulturelle Leben Berlins, Preußens und Deutschlands ausgestrahlt, bestimmte Disziplinen (z.B. die Geschichte) gelegentlich preußisch eingefärbt, spezifische Institutionen und einen besonderen Stil der staatlichen Kultusverwaltung in Preußen herausgebildet und später auch zur besonderen Förderung der Naturwissenschaften durch den Staat angeregt.[42] Aber auch sie gehören in den breiteren Kontext der deutschen Klassik und Romantik und der idealistischen Philosophie, waren auch nicht unverwechselbar „preußisch".
Preußen war nur „Staat", seine Bürger hatten allenfalls ein Staatsbewußtsein. Selbst die wesentlich subjektive Einheitlichkeit der „Staatsnation" erscheint fraglich aufgrund der großen Zahl der zuletzt annektierten „Muß-Preußen". Mochte der Schlesier sich möglicherweise in bestimmten Zusammenhängen (und auch das nicht immer) noch als „Preuße" begreifen können, der Rheinländer oder Hannoveraner tat dies sicher nicht mehr. Die Integrationspropaganda der Regierung zielte auch deshalb mehr auf „deutsch" als auf „preußisch" ab. „Preußen" blieb immer ein Kunstprodukt, eine Konstruktion. Sich ohne Zwang mit dieser Konstruktion zu identifizieren, erforderte ein höheres Abstraktionsvermögen, einen stärkeren voluntaristischen Akt als sich z.B. mit Bayern oder Württemberg zu identifizieren. Im Bewußtsein seiner Bürger konnte mithin Preußen nur solange lebendig und erhaltenswert bleiben, wie es gelang, den preußischen Staat als etwas Eigenes, Wohlabgegrenztes, durch eigene Werte und Verdienste Ausgezeichnetes anschaulich zu machen. Das geschah zwar in den preußischen Schulen, im Militär und in der öffentlichen Agitation, in Festreden,

42 Die „philosophische" Seite des preußischen Januskopfs neben der militärischen hat schon Mme. de Stael betont: G. de Stael, De l' Allemagne (1813), I, Paris 1968, 137–42. Zur Professionalisierung im technischen Bereich vgl. auch Fischer u. Lundgreen, bes. 545–58.

Ritualen der Kriegervereine usw. durchweg noch bis 1918, wurde aber in der zweiten Hälfte des 19. Jahrhunderts schon zunehmend überlagert durch deutsch-nationalistische Töne. Preußenbewußtsein trat immer mehr in den Hintergrund. Auch der Expansionismus der neuen Rechten nach 1890 schloß in der Sache zum großen Teil an alte preußische Traditionen an, verlief aber in den Bahnen des neuen völkischen Nationalismus, der gleichzeitig sozialdarwinistisch und durchweg auch rassistisch war, mit Preußen direkt jedoch nichts zu tun hatte.

Dieser neue Nationalismus hat überhaupt allem Anschein nach dem Preußenbewußtsein den letzten Stoß versetzt, nachdem bereits die Begleiterscheinungen und Folgen der bismarckschen Reichseinigungspolitik die Substanz dessen, was früher preußische Politik gewesen war und preußisches Selbstverständnis, allmählich aufzulösen begonnen hatten. Indem Preußen sich im Reich durchsetzte, ging in der Tat „Preußen" im Bewußtsein der Bürger und zunehmend auch der Politiker „in Deutschland auf". Das „preußische System" blieb insgesamt dabei auf der Strecke, wenn auch teilweise ganz beachtliche Reste blieben.

Preußen ist, wenn man diesen komplexen Tatbestand überhaupt so vereinfacht formulieren darf, seit den letzten Jahrzehnten des 19. Jahrhunderts schrittweise und in Etappen an den Folgen seiner eigenen Expansion und Modernisierung zugrundegegangen. Es wurde zu groß, nicht nur territorial. Die Instrumente des preußischen Systems waren für das Altpreußen vor 1806 entwickelt worden, und schon Friedrich II. hatte sie kaum weiterentwickelt, sondern eher verwirrt. Das neue Preußen nach 1815 war für die Stein-Hardenbergschen Reformen bereits zu groß gewesen. Zur Steuerung der neuen deutschen Industriegesellschaft waren die nur sehr begrenzt reformfähigen alten Institutionen und Grundsätze nicht mehr in der Lage. Das bedeutete, daß das „preußische System", der alte Herrschaftskompromiß mit der wechselseitigen Interessenwahrung, aufgegeben werden mußte. Da dieses System aber Preußens wesentliches Charakteristikum war und es sonst kaum über unverwechselbare Eigenarten verfügte, mußte Preußen in seiner Substanz aufgegeben werden. Dies geschah grundsätzlich bereits nach dem Ersten Weltkrieg. Daß es bereits zu diesem Zeitpunkt geschehen war, erklärt auch, daß der Papensche „Preußenschlag" vom Juli 1932, die nationalsozialistische Gleichschaltung der Länder und die endgültige Auslöschung Preußens nach dem Zweiten Weltkrieg keine bemerkenswerten Emotionen mehr in die Bevölkerung, nicht einmal die preußische Bevölkerung trugen.

Was noch blieb, waren institutionelle Errungenschaften ohne „System", die neu zuzuordnen waren, effizient funktionierende bürokratische Instanzenzüge, bewährte Prinzipien der militärischen Organisation, die ihre Zwecksetzung verloren hatten und denen neue Ziele gegeben werden mußten, Beamtenethos, Disziplin und Uniformität, die herrenlos geworden, aber noch so stark waren, selbst als neue Zwecke gesetzt zu werden. Das gilt für Justiz und Verwaltung ebenso wie besonders für die Reichswehr der Weimarer Republik. Daß nicht einmal im sozialdemokratisch regierten Preußen der 20er Jahre die in ihren Ämtern belassenen alten Verwaltungs-, Justiz- und Erziehungseliten für den neuen demokratisch-parlamentarischen und in Ansätzen auch sozialen Rechtsstaat gewonnen werden konnten, sondern den alten preußischen Ordnungsvorstellungen weitgehend verpflichtet blieben, ja daß eher die neuen Politiker an der alten Ordnung gemessen wurden, trug von Anfang an fatal zum Untergang der Republik bei.[43] Es beweist auch die Zählebigkeit der richtungslosen preußischen Versatzstücke, der rigide eingeübten Verhaltensweisen und lange anerzogenen Denkmuster noch nach dem Untergang des Systems, die sich zumindest in den östlichen, ländlichen Provinzen aus der Illusion nähren konnte, das System bestehe noch. Denn die Verfassungsänderungen der Jahre 1919/20 und die folgende Gesetzgebung waren nicht kurzfristig in soziale Wirklichkeit umzusetzen. Da es an Kräften zu ihrer Durchsetzung fehlte, blieb auf dem Lande vielfach alles beim alten, und die Sozialbeziehungen des alten Preußen konnten hier teilweise noch bis in den Zweiten Weltkrieg hinein besichtigt werden, wenn auch fragmentiert und nicht mehr eingebunden ins System. Endgültig verschwanden sie erst, als nach 1945 die ostelbischen Junker vertrieben oder enteignet wurden. Die rechtzeitige Umorientierung der Agrarier auf landwirtschaftliche Interessenwahrung und völkische Ideologie auch ohne notwendig preußisches Vorzeichen hatte zumindest den Gutsherren auch das politische Überleben nach 1918 unproblematisch gemacht. Die Landarbeiter dagegen organisierten sich auch dann kaum, als die preußische Gesindeordnung für sie nicht mehr galt. Ihnen, die schon immer alle preußischen Rechnungen am höchsten hatten bezahlen müssen, steckte Preußen am längsten in den Knochen.[44]

Die Gefahr der möglichen Instrumentalisierung noch vorhandener und funktionierender preußischer Versatzstücke selbst für die abenteuerlichsten und unmenschlichsten Zwecke war naturgemäß am größten beim Militär, weil dort die Rigidität und Unerbittlichkeit des formalen Befehlsverhältnisses am größten war und das Heer sich ohnehin schon vielfach zu Zeiten selber Zweck genug gewesen war, als das preußische System mit seinen Bezügen noch bestanden hatte. Die Reichswehr trat dann auch ohne nennenswerte Schwierigkeiten in den Dienst der nationalsozialistischen Füh-

43 Dazu H. Schulze, Otto Braun oder Preußens demokratische Sendung, Frankfurt 1977, 225 ff.; H.-P. Ehni, Bollwerk Preußen? Bonn-Bad Godesberg 1975, u. d. Fallstudie: H.-H. Liang, The Berlin Police Force in the Weimar Republic, Berkeley 1970.

44 Vgl. insgesamt M. Weber, Entwicklungstendenzen in der Lage der ostelbischen Landarbeiter (1894), in: ders., Ges. Aufsätze zur Sozial- u. Wirtschaftsgeschichte, 470–507; F. Wunderlich, Farm Labor in Germany 1810–1945, Princeton 1961; D. Schoenbaum, Hitler's Social Revolution, Garden City 1966, 73 ff., 152 ff; dt. Die braune Revolution, Köln 1968.

rung und konnte sich bis zum Ende nicht mehr von ihr lösen.[45] Die preußische Pflichtethik hat die Mittel und die instrumentelle Seite perfektioniert, die Zwecke aber sehr abstrakt („Staat") gelassen, so daß sie sich so gut wie jeder nutzbar machen konnte, der die Macht dazu hatte. Macht wurde respektiert, wie schon immer in Preußen.[46] Die nationalsozialistischen Führer waren meistens keine Preußen und hatten insgesamt auch mit Preußen nichts mehr im Sinn. Sie konnten sich jedoch nach Kräften und mit großem Gewinn aus Preußens Konkursmasse bedienen.

Daraus zu schließen, daß es derartig umfangreiche und instrumentalisierbare Konkursmassen nicht geben dürfe, wäre kurzsichtig. Entscheidend sind die Bedingungen, unter denen jemand in den Stand gesetzt wird, sich daraus zu bedienen. Auch diese Bedingungen haben, wie in ganz groben Umrissen hier zu zeigen versucht worden ist, teilweise mit preußischen Prinzipien, Traditionen und Kontinuitätslinien zu tun. Das bedeutet nicht, daß Preußen „schuld" wäre am Nationalsozialismus. Aber Preußen und die von Preußen entscheidend mitgestalteten deutschen Rückständigkeiten und Verspätungen, die besonderen Friktionspunkte und Sonderwege im Industrialisierungsprozeß, die zeitsparenden staatlichen Kompensations- und Ersatzstrategien und die spezifischen Mischungen vormodern-agrarischer, bürokratischer und obrigkeitlicher Elemente in seinem Herrschaftskartell gehören zur Vorgeschichte des Nationalsozialismus. Man kann über ihn kaum reden, ohne auch über Preußen zu reden. Abgesehen davon war Preußen eine beachtenswerte Leistung im Hinblick auf State Building, Staatsverwaltung und -vergrößerung, die oft besonders beeindruckt, weil hier in kürzester Zeit konsequent große Energien zielgerichtet herausgebildet und unter Opfern eingesetzt worden sind.

Die wichtigste Frage ist freilich so schnell nicht beantwortet: Was haben eigentlich die Menschen von Preußen gehabt? War das Leben in Preußen besser oder schlechter, glücklicher oder leidvoller als in anderen Staaten? Oder war Preußen in dieser Hinsicht nur ein Staat wie die anderen auch? Es liegt nahe, daß hier sorgfältig periodisiert und sektoral wie sozial differenziert werden muß. Möglicherweise sind am Anfang und im vorindustriellen Staatsbildungsprozeß die Opfer und Entbehrungen insgesamt größer gewesen, können aber nach dem Durchbruch der Hochindustrialisierung für manche Sektoren auch relative Vorteile des „starken Staats" gefunden werden, die genau abzugrenzen wären gegenüber den sozialen Kosten in

45 Vgl. W. Sauer, Die Mobilmachung der Gewalt, in: K.D. Bracher u. a., Die nationalsozialistische Machtergreifung, Köln 1962 u. ö., 685–966; T. Vogelsang, Reichswehr, Staat u. NSDAP, Stuttgart 1962; R. Absolon, Die Wehrmacht im Dritten Reich, Boppard 1975; neuerdings auch W. Kern, Die innere Funktion der Wehrmacht 1933–1939, Berlin 1979.

46 Hier könnte man auch auf den ausgeprägten Rechtspositivismus und die vergleichsweise schwachen naturrechtlichen Traditionen in der preußischen Juristerei von der Historischen Rechtsschule bis hin zu Carl Schmitt verweisen.

anderen Sektoren. Diesen Fragen im einzelnen einmal vergleichend nachzugehen und Preußen auch „von unten“ in eine deutlichere Perspektive zu rücken, würde sich lohnen. Es ist, weil seine Bauprinzipien dies nahelegen, lange genug „von oben“ betrachtet worden.

Preußens Militär in seinem gesellschaftlichen Umfeld

von Manfred Messerschmidt

Gegen Ende des 17. Jahrhunderts wurde die stehende Armee in Brandenburg-Preußen zur Dauereinrichtung. Ihr Ergänzungssystem, ihre Zusammensetzung und ihre Rolle in Staat und Gesellschaft hoben sich damals nicht auffällig von den „normalen" Verhältnissen in Europa ab. Als Soldaten dienten geworbene Söldner, als Offiziere zahlreiche Angehörige des heimischen Adels, aber auch Bürgerliche. In dreißig Jahren Kriegführung, Bündnis- und Subsidienpolitik wurde seit 1653 die Armee zum wichtigsten Gegenstand der Innenpolitik des bürokratischen Hohenzollern-Absolutismus, der sich machtpolitische Ziele steckte, die ohne straffe Organisation der materiellen Ressourcen der Provinzen nicht erreicht werden konnten. Kurfürst Friedrich Wilhelm träumte 1670 bereits vom Erwerb Schlesiens[1], und am Ende seiner Regierungszeit präsentierte sich Brandenburg-Preußen nach der Hinzugewinnung Hinterpommerns, Halberstadts, Mindens und Magdeburgs und nach der Abschüttelung der Lehnshoheit Polens über die Provinz Preußen als mächtigster norddeutscher Staat und als Vormacht des Protestantismus im Reich. Soeben erst aus der politischen Ohnmacht herausgekommen, deutete sich der qualitative Umschlag zur Machtpolitik europäischer Dimension an: Schlesien, das bedeutete die Herausforderung Österreichs mit unabsehbaren politischen Konsequenzen. Die preußische Geschichtsschreibung erblickte in dem nunmehr verfolgten militär- und machtpolitischen Kurs eine „große historisch-politische Notwendigkeit", sie sah den „vorwärtsstrebenden Geist des Militärstaats" am Werk.[2]
Das militärische Instrument dieses Staates, obwohl zunächst recht bescheiden – zwischen 1640 und 1653 etwa 2.500 Soldaten – stand sehr bald im Mißverhältnis zu seinen ökonomischen Möglichkeiten. Daher verlief die Entwicklung sprunghaft. Von der Mitte der 50er Jahre bis 1688 wurden über 75 Regimenter aufgestellt und wieder aufgelöst.[3] Dennoch konnte konsequent an der Entwicklung des stehenden Heeres weitergearbeitet werden. Steuersystem und Verwaltung wurden ganz auf dieses Ziel zugeschnitten, dabei wurden die Institutionen der Stände entmachtet. Aber die Armee hing immer noch von fremden Subsidien ab. Anfang der 80er Jahre

1 Entwurf des Großen Kurfürsten zur Erwerbung Schlesiens, in: G. Küntzel u. M. Haas, Die politischen Testamente der Hohenzollern, I, 70 ff.
2 O. Hintze, Die Hohenzollern u. ihr Werk, Berlin 1916[7]/Moers 1979, 203, 219, 253.
3 C. Jany, Die Dessauer Stammliste von 1729, in: Urkundliche Beiträge u. Forschungen zur Geschichte des Preuß. Heeres, hrsg. Großen Generalstabe, Kriegsgeschichtliche Abt., II/H.8, Berlin 1905, 92–137.

zahlte Frankreich hohe Summen aufgrund geheimer Bündnisverträge nach dem Frieden von St. Germain (1679) und trat damit an die Stelle der Niederländer und Spanier. Friedrich Wilhelm hinterließ schließlich 1688 eine Armee von über 30000 Soldaten mit etwa 1030 Offizieren.[4]
Zwar läßt sich diese Armee und dieses Offizierkorps nicht mit den Einrichtungen nach dem Regierungsantritt des „Soldatenkönigs“ vergleichen. Dennoch sind die Wurzeln der Besonderheit des späteren preußischen Militärsystems schon im 17. Jahrhundert erkennbar. Es war nicht nur der Machtgedanke als „eigentliches Lebensprinzip des preußischen Staates“[5], sondern die eigentümliche Form der Bündelung der Interessen von Krone und Landadel, die hier „zukunftsweisend“ wurden. In diesem Zusammenhang muß der Landtagsabschied für die Kurmark vom 5. August 1653 als wichtiges Ereignis angesehen werden: nicht weil dieser Rezeß etwa eine namhafte Vergrößerung der Armee eingeleitet hätte – er besiegelte vielmehr zunächst eine drastische Truppenreduktion –, sondern weil mit ihm eine ökonomische und soziale Lösung festgeschrieben wurde, auf welcher erst der Militärstaat des 18. Jahrhunderts gegründet werden konnte. Diese Lösung hat schließlich über die sozialen Tatsachen hinaus auch die spezifisch „preußische“ Gesinnung ermöglicht, die weit über das Ende der friderizianischen Armee hinaus wirksam blieb. Die Stände bewilligten 1653 langfristig Mittel für eine zwar noch bescheidene, aber dafür praktisch ständig unterhaltene Armee. Der damit verbundene Verzicht auf politische Mitsprache wog in dieser Zeit ohnehin schwindender Bedeutung des Ständewesens bei weitem nicht so schwer wie die Konsequenzen des Arrangements für die Hintersassen des Landadels. Der Bauer und die unterbäuerlichen Schichten waren die eigentlichen Verlierer. Der Rezeß konfirmierte die Herrenrechte des Adels über die Gutsuntertanen, die Leibeigenschaft wurde rechtlich fest verankert. Sie gehörte seit dieser Zeit zum unabdingbaren Bestandteil der preußischen Militär-, Wirtschafts- und Sozialverfassung.[6] Der Bauer zahlte seine „Kontribution“ in die Kriegskasse. Zu dieser direkten Grundsteuer gesellten sich zahlreiche weitere Lasten wie Spann- und Fuhrdienste, Stellung von Pferden und Knechten und von Weidegründen. Der Bürger trug die Akzise, eine kombinierte, im wesentlichen aber als Verbrauchssteuer angelegte Belastung, die indirekt auch den Käufer städtischer Produkte, also auch Bauer und Adel, traf. Städtische und bäuerliche Lasten für die Armee standen nach dem „Quotisationsrezeß“ von 1643 im Verhältnis von 59:41%.[7] Kurfürstliche – noch nicht vom Militär durch-

4 Zu den Offizierszahlen: R. Frhr. v. Schrötter, Das Preußische Offizierkorps unter dem ersten Könige von Preußen, in: FBPG 27. 1914, 98.

5 Hintze, 221.

6 Eindringlichste Darstellung: O. Büsch, Militärsystem u. Sozialleben im alten Preußen 1713–1807. Die Anfänge der sozialen Militarisierung der preußisch-deutschen Gesellschaft, Berlin 1962.

7 E. Opgenoorth, Friedrich Wilhelm, der Große Kurfürst von Brandenburg, Göttingen 1971, 131.

setzte – Organe, nämlich Kriegs- und Steuerkommissare in den Städten, Kreis- und Marschkommissare auf dem Lande, sorgten für eine einheitliche Verwaltung der Heeressteuern.

Kurfürst Friedrich Wilhelm hinterließ 1688 eine Gesamtstaatsregierung, die Anfänge einer zentralistischen Militär- und Finanzverwaltung, einen von den meisten Lasten wenig berührten Adel und die Masse der für die Errungenschaften des bürokratischen Absolutismus zahlenden und arbeitenden Bauern und Bürger.[8] Der größte Teil ihrer Leistungen floß in den Unterhalt der Armee, die sich auf dem Weg zu einem einheitlich strukturierten Organismus befand.

Friedrich Wilhelm und Friedrich I., Preußens erster König, vermochten diesen Prozeß nicht zu Ende zu führen. Die großen Mängel des eingeschlagenen Weges lagen auf der Hand: Das an den Folgen des 30jährigen Krieges leidende Land war dazu verurteilt, seine Fortschritte auf das engste an das Gedeihen der Armee zu binden. Stadt und Land wurden durch das Steuersystem künstlich voneinander getrennt, die Entwicklung der Städte, der Produktivität allgemein, gebremst. Angesichts der Tatsache, daß der Bevölkerungsstand des Vergleichsjahres 1617 allgemein erst 1720/1750 wieder voll erreicht und die Bodennutzung bis zur Mitte des 18. Jahrhunderts nicht wesentlich angehoben werden konnte[9], bedeutete die Haltung einer Armee von nahezu 40000 Soldaten, die König Friedrich Wilhelm I. bald noch beträchtlich vergrößerte, einen machtpolitischen Luxus. Der einzige Nutznießer dieses Instituts wurde der Adel, dem im 18. Jahrhundert die Offiziersstellen praktisch vorbehalten blieben. Allerdings mußte auch er Zugeständnisse an den abolutistischen Herrschaftswillen und bald auch an den speziellen Drillgeist des Soldatenkönigs machen.

Kurfürst Friedrich Wilhelm leitete die Zähmung des Adels in der Armee ein. Er beschnitt die noch aus der Landknechtszeit herrührenden Rechte der Obristen, die sie einst als „Unternehmer" besessen hatten. Gegen Ende des 17. Jahrhunderts wurden Personalangelegenheiten der Offiziere schon zentral verwaltet. Beförderungsvorschläge der Regimentschefs liefen über den Generalkriegskommissar, bei hohen Offizieren über den Generalfeldmarschall an den Kurfürsten. Auch die Jurisdiktion ging an den Kurfürsten. Den Obristen verblieb nur die „Administration der Justiz".[10] Mehr und

8 Guter Überblick über die Entwicklung des bürokratischen Hohenzollern – Absolutismus bei: H. Rosenberg, Bureaucracy, Aristocracy and Autocracy. The Prussian Experience 1660–1815, Cambridge/Mass. 1958 u.ö. 11ff.

9 S. dazu Häpke, Die Bevölkerung des Mittelalters und der neueren Zeit bis Ende des 18. Jahrhunderts in Europa, in: Handwörterbuch der Staatswissenschaften 2. 1924, 670–87, u. F. W. Henning, Landwirtschaft u. ländliche Gesellschaft in Deutschland, Bd. 1: 800 bis 1750, Paderborn 1979, 233 u. 239.

10 Befehl v. 5. Januar 1663, in: J. Ch. Lünig, Corpus Juris Militaris des Heil. Röm. Reichs. Anderer Theil oder Pars Specialis, vom Reichs-Kriegs-Rechte insonderheit, Leipzig 1723, 859, s. auch M. Messerschmidt u. U. v. Gersdorff, Offiziere im Bild von Dokumenten aus drei Jahrhunderten, Stuttgart 1964, 117, Dok. Nr. 4.

mehr sorgten Erlasse und neu abgeschlossene Kapitulationen dafür, daß sich die Regimenter aneinander anglichen, daß aus der ehemaligen bunten Vielfalt eine Armee wurde.

Aber erst König Friedrich Wilhelm I. hat das einheitliche Offizierkorps geformt. Unter ihm wurden Staat und Gesellschaft in bisher nicht gesehenem Maße auf die Bedürfnisse eines extravaganten Heeres zugeordnet. Um die Mitte des 17. Jahrhunderts war schon über die Pflicht des Kurfürsten nachgedacht worden, den brandenburgischen Adel in der Armee zu versorgen,[11] jetzt wurde damit ernstgemacht und systematisch auf der Grundlage des Rezesses von 1653 und der neuen Heeresorganisation eine am Militär ausgerichtete, neue berufsständische Gesellschaftsordnung etabliert, in welcher der Adel seine führende Rolle, nun als absolutistischer Dienst- und Militäradel, fortsetzen konnte. Friedrich Wilhelm I. zwang den adligen Nachwuchs in die Kadettenhäuser. Als er seinem Nachfolger in der Instruktion vom Januar 1722[12] empfahl, den Adel in der Armee zu beschäftigen und die Kinder unter die Kadetten zu stecken – „ist formidable for sein Dienst und armée und ruhiger in seinen Lender" –, da beherbergte das Berliner Kadettenhaus bereits 300 Zöglinge. Der Adel sollte „keinen Herren kennen als Gott und den Köhnig von Preußen".[13] Mit einem System von Sonderrechten und -pflichten hob Friedrich Wilhelm I. den Offizierstand aus der Armee und der Gesellschaft heraus und schuf so seinen Militäradel, der die Reformen von 1808/14, die Revolution von 1848 und die Reichsgründung überdauert hat und der, gelegentlich nachdrücklicher als der Monarch, dafür sorgte, daß Preußen im 19. Jahrhundert seine militärstaatlichen Strukturen beibehielt. Friedrich Wilhelm I. nahm schon als Kronprinz Einfluß auf die innere Ordnung der Armee. Auf ihn ging die Einführung der einheitlichen Rangabzeichen für alle Offiziere zurück, die schwarzsilberne Feldbinde und der Ringkragen. Matrimonialedikte untersagten den Subalternoffizieren die Heirat ohne Konsens des Regimentskommandeurs. Dem Kontravenienten drohten Chargenverlust und Festungsstrafe.[14] In Ehesachen der Offiziere wurde die Immediatklage an den König vorgeschrieben, und seit 1717 mußten Subalternoffiziere die Heiratsgenehmigung beim König einholen. Als 1713 neue Kriegsartikel für Mannschaften und Unteroffiziere ausgegeben wurden, gab Preußen das einheitliche Militärrecht zugunsten der Sonderbehandlung der Offiziere

11 C.B. v. Pfuel, „Vorschläge wegen einer Kriegsverfassung" von 1644, dazu Protokolle u. Relationen des Brandenburgischen Geheimen Rathes aus der Zeit des Kurfürsten Friedrich Wilhelm, Hg. O. Meinardus, I, Leipzig 1889, 322.

12 In: Küntzel u. Haß, I, 94ff (103).

13 Ebd. Rechtlich war der Adlige seit der 1717 erfolgten Allodifikation der Lehensgüter vom Militärdienst befreit.

14 Das Matrimonialedikt vom 21. April 1709 erging auf Betreiben des Kronprinzen, vgl. C.O. Mylius, Corpus Constitutionum Marchicarum, Berlin 1737, I. Theil, I. Abt. Von Kriegs-Sachen etc., Nr. XIV.

auf, die 1714 ihr eigenes Dienstreglement erhielten. Dieser Komplex erhielt im Dienstreglement von 1726 seine abschließende Regelung. Mit einigen Änderungen durch Friedrich II. und im Reglement von 1788 galten diese Normen bis in das 19. Jahrhundert. Im Jahre 1713 wurde das Rangreglement von 1708 abgeändert. Der Oberkämmerer, bisher höchstrangiger Diener des Königs, wurde abgeschafft. Nunmehr bekleideten die höchsten Ränge der Reihe nach der Generalfeldmarschall, der Statthalter, die Generale der Infanterie usw. Auf der obersten Sprosse der sozialen Leiter stand der Offizier. Der Monarch selber fungierte als Regimentschef und trug am liebsten nur noch den Offiziersrock.

Aber dieser so sichtbar herausgehobene Offizier hatte die Rolle des Kavaliers mit der des Drillmeisters zu tauschen. In der Übergangsphase, noch in der Kronprinzenzeit des Soldatenkönigs, protestierten zahlreiche Offiziere, auch Generale dagegen. Ausländische Offiziere belächelten den preußischen Drillfunktionär, der sich um alle Kleinigkeiten des täglichen Dienstes zu kümmern hatte. Aber in der Sache steckte Methode. Drill und Exaktheit sollten aus der Armee herausholen, was anging. Der Drillgedanke stand in unmittelbarem Zusammenhang mit Preußens Großmachtanspruch,[15] mit ihm sollte Preußens militärische Ebenbürtigkeit erreicht werden: Qualität statt Quantität – hier wurde offenbar das im 19. und 20. Jahrhundert zur Überheblichkeit ausartende Prinzip bereits systematisch entwickelt. Im Vergleich zu den Nachbargroßmächten blieb das Land auch bei Anspannung aller Ressourcen materiell unterlegen: Qualität sollte die möglichst große Zahl nicht überflüssig machen, sondern zusätzlich angestrebt werden.[16]

Friedrich Wilhelm I. brachte das preußische Offizierkorps 1740 auf 3116 Köpfe, es wuchs im Zuge der Heeresvergrößerungen bis zum Tode Friedrichs II. 1786 auf 5511 Mitglieder und zählte 1806 7000 Offiziere. Damit stellte es die größte, sozial homogene und einheitlich organisierte Gruppe in der Gesellschaft der preußischen Provinzen dar.[17] Aber die Basis für seine Rolle im preußischen Militärstaat bildete die ökonomisch-soziale Organisation der Kernprovinzen des Staates, die die ökonomische und politische Machtstellung des landbesitzenden Adels konservierte. Vor der Gutsherrschaft endete der Arm der staatlichen Verwaltung und Justiz. Und dies geschah primär wegen der Position, die dem Adel innerhalb des Militärsystems zugedacht wurde. Schon vor der 1733 erfolgten Kodifizierung des „Kantonsystems“ zeichnete sich ab, daß der Bauer und die sonstigen Hintersassen des Adels der Kernprovinzen zur Zentralfigur des Militärwesens

15 C. Hinrichs, Friedrich Wilhelm I., Darmstadt 1974, 408f.

16 Vgl. z.B. die Ermahnung Friedrich Wilhelms I. an seinen Nachfolger in der Instruktion von 1722, in: Küntzel u. Haß, I, 100.

17 Zahlen nach J. Hoven, Der preußische Offizier des 18. Jahrhunderts, Diss. Leipzig 1936, 58.

bestimmt waren. In den ersten drei Jahrzehnten des 18. Jahrhunderts bildete sich die Identität von Heeres- und Agrarpolitik bis zur verfassungsmäßigen Verfestigung heraus.[18] Der Bauer wurde für die Werbung freigegeben und das Werbegeschäft unmittelbar in die Hand der Regimenter gelegt. Friedrich Wilhelm I. forcierte diesen in Gang gekommenen Prozeß noch durch die Vergrößerung der Armee und vor allem durch die Aufhebung der Landmilizen. Der Bauer wurde unmittelbar dem Zugriff des Militärs ausgeliefert – und nach Friedrich Wilhelms I. Auffassung, schon 1713 in einer Order niedergelegt, gab es keine zeitliche Begrenzung der Dienstpflicht.[19] Die Folge war eine äußerst rüde, schonungslose Praxis des Werbegeschäfts. Bewohner ganzer Dörfer wanderten aus, um dem Zugriff zu entgehen.[20] Nicht nur Bauer und bäuerliche Unterschichten gerieten in Gegensatz zum Militär, sondern auch der auf die Dienste dieser Schichten angewiesene Landedelmann. Noch waren also die Interessen von Offizier und Landedelmann nicht parallelgeschaltet. Erst mit der Einführung des Kantonwesens gelang die Harmonisierung im großen und ganzen. Das „Kantonsystem" von 1733[21] schaffte unter den Bedingungen des preußischen Militärstaats eine Art Ausgleich zwischen Landwirtschaft und Armee. Es ordnete jedem Regiment einen bestimmten Aushebungsbezirk zu. Künftige Rekruten wurden schon im Kindesalter in die Regimentslisten eingetragen (Enrollierung). „Werbung" konnte sich theoretisch nur noch gegen Ausländer richten. Die Gefahr der „Depeuplierung" des platten Landes war damit gebannt. Aber im Grunde änderten sich nur die Methoden. Die „Enrollierung" lief faktisch auf ein System inländischer Zwangswerbung hinaus. Es blieb bei der Dienstpflicht auf Lebenszeit, aber den bäuerlichen Schichten, der Gutsherrschaft wie auch den fiskalischen Interessen wurde mit dem auf eine ältere Praxis zurückgehenden Beurlaubungssystem Rechnung getragen, das erlaubte, den Soldaten nach der Ausbildung und außerhalb der zwei bis drei Monate währenden jährlichen Exerzierzeit zur Landarbeit nach Hause zu schicken. Auf diese Weise gelang es, die Interessen von

18 Überblick bei M. Jähns, Geschichte der Kriegswissenschaften vornehmlich in Deutschland (1890), Hildesheim 1966, II, 1552ff. u. G. Schmoller, Die Entstehung des preußischen Heeres 1640–1740, in: ders., Umrisse u. Untersuchungen zur Verfassungs-, Verwaltungs- u. Wirtschaftsgeschichte besonders des preußischen Staates im 17. u. 18. Jahrhundert, Leipzig 1898, 247ff., insbes. 274–88, u. C. Hinrichs, Der Regierungsantritt Friedrich Wilhelms I., in: Jahrbuch für die Geschichte Mittel- u. Ostdeutschlands V. 1956.

19 Order v. 15. Mai 1713 an Gen.Maj. Graf Dönhoff, „daß diejenigen, so einmahl geworben, so lange dienen, biß S.Kgl.Maj. sie dieser Dienste zu entlassen, von selbsten allergnädigst gefallen wird", zit. nach Jähns, II, 1554.

20 Büsch, 14f.; M. Lehmann, Werbung, Wehrpflicht u. Beurlaubung im Heere Friedrich Wilhelms I., in: HZ 67. 1891, 263.

21 Die einschlägigen Verordnungen vom 1.5., 18.5. und 15.9.1733 die „Enrollierung der jungen Mannschaft" betreffend behandeln Büsch, 17ff, u. C. Jany, Die Kantonsverfassung Friedrich Wilhelms I., in: FBPG 38. 1926.

Kompaniechef und Gutsherrn – häufig ein und dieselbe Person – miteinander in Einklang zu bringen. Das Leben des Bauern aber spielte sich in der Disziplin von Gutshof und Heeresanstalt ab. Lief ein Bauer – gleich ob erst enrolliert oder schon Soldat – fort, trafen ihn die scharfen Strafen, die auf Desertion standen. Sein Vermögen wurde konfisziert. Das ganze Dorf hatte für die Verhinderung der Desertion einzustehen. Die Gewalt der Offiziere über ihre Kantone machte sie zu Herren über die Existenz von Soldaten und Enrollierten. Sie ließen sich nicht selten ihren Heiratskonsens bezahlen wie auch etwaige Befreiungen von der Dienstpflicht. In allem Tun und Lassen stand auch der Urlauber unter den Militärgesetzen, die ihn aus der Patrimonialgerichtsbarkeit herausnahmen.[22] Aber eine Auflockerung der ständischen Gesellschaftsordnung kann darin nur bedingt erblickt werden.[23] Was der Bauer an Freiraum hier gewann, wurde vom Militärsystem sogleich absorbiert. Wie kommunizierende Röhren ergänzten sich das gutsherrschaftliche und das Militärzwangssystem aus der Sicht des Bauern. Der Umfang der Strafkompetenz eines Regimentskommandeurs gegen Soldaten umfaßte alle disziplinarischen Mittel einschließlich des Spießrutenlaufens. Todesstrafen gegen Soldaten mußten über den Generalauditeur an den König vorgelegt werden.[24] Das preußische Militärsystem war zugleich ein Zwangs- und Ausbeutungssystem, das durch die Bauernschutzverordnungen gerade soweit in Balance gehalten wurde, daß es für Armee und Steueraufkommen funktionsfähig blieb. Das Hauptinteresse der Monarchie konnte so realisiert werden, nämlich die Heeresergänzung aus einer sozial einigermaßen abgesicherten Unterschicht und die Erhaltung der Armee aus der vom Bauern zu leistenden Kontribution. Sollte die Wirtschaft nicht hoffnungslos überfordert werden, mußte die Armee auf die konsequente Anwendung des Kantonsystems verzichten. Es ist zwar in den 30er Jahren auf die rheinisch-westfälischen Gebiete der Monarchie ausgedehnt worden, von vornherein stand aber die Beibehaltung der Ausländerwerbung fest. Ein Drittel etwa der aktiven Truppe machte auch nach Einführung des Systems der Ausländeranteil aus.[25]

Zahlreiche Klassen und Berufe von Inländern dagegen blieben vom Militärdienst eximiert, etwa Offizierssöhne, Angehörige der Beamtenschaft und der „gelehrten Stände“, Grundbesitzer, Kaufleute, Fabrikanten, Wollarbeiter, Theologensöhne. Übrig blieb praktisch nur die städtische Unterschicht. Im großen und ganzen stellte die Landbevölkerung schon deshalb den wesentlichen Bedarf der Armee, weil bis zum Ausgang des 18. Jahrhunderts das Verhältnis von ländlicher zu städtischer Bevölkerung in den

22 Deshalb gab es Proteste des Adels gegen das Kantonssystem, vgl. Jähns, II, 1568f.
23 Büsch, 55.
24 Infanteriereglement vom 28. Februar 1714, in: Lünig, 950ff.; Auszug in: Offiziere im Bild 131f., Dok. Nr. 14.
25 Jähns, II, 1570.

Altprovinzen bei 7:2 lag,[26] und hierauf ist auch zurückzuführen, daß während des ganzen Jahrhunderts Kontribution und Domänengefälle mehr einbrachten als die Akzise. Die ökonomische Situation der Garnisonstädte wurde dagegen stark von den Geworbenen und ihren Familien geprägt. Wie der gezogene Bauer seine Urlaubsmonate in der Landwirtschaft, so verbrachte der Söldner seine Urlaubsmonate als sog. Freiwächter mit irgendeiner Beschäftigung in der Stadt, meist als Handwerker oder Arbeiter. Der Anteil dieser „Militärbevölkerung" an der Gesamtbevölkerung der Garnisonstädte war beträchtlich.[27]

Die Garnisonstädte wurden geradezu zu den Zentren der Selbstdarstellung des preußischen Militärsystems. Schon 1648 war die Infanterie in die Städte verlegt worden, 1718 folgte die Kavallerie. In Berlin lagen 1766: 671 Offiziere und 27660 Unteroffiziere und Mannschaften, zu denen insgesamt noch 11000 Frauen und Kinder gehörten, die sämtlich der Militärgerichtsbarkeit unterlagen. Eine ganze Reihe von Fabriken erhielten in Garnisonstädten wie Berlin und Frankfurt/Oder von der Militärverwaltung Kinder aus den Militärwaisenhäusern als billige Arbeitskräfte zugesprochen.[28] Land, Stadt, Wirtschaft und die Bedürfnisse des Militärs standen in einem untrennbaren Verknüpfungszusammenhang, der seine immer weiter treibenden Impulse von der militärischen Überanstrengung des Landes empfing, das um 1740, obwohl es an Einwohnerzahl nur die 13. Stelle, an Fläche den zehnten Platz einnahm, die viertgrößte Armee Europas unterhielt.[29] Das System kannte keine zivilen Grenzen, wenn die Interessen des Militärs berührt wurden. Da die Garnisonen Hauptabnehmer der landwirtschaftlichen Produktion waren, setzten Offiziere in den Garnisonen die Preise für Brot, Fleisch, Bier mit Rücksicht auf die Soldverhältnisse der Soldaten fest. Die Getreidepreispolitik diente der Heeresversorgung. Überall in den Verwaltungsbehörden saßen Militärs, und auf dem Lande wurden ausgediente Offiziere als Landräte bevorzugt. Unter Friedrich II. verfestigten sich diese Strukturen immer stärker, schon deshalb, weil er, dem Rate seines Vaters folgend, die Armee drastisch vergrößerte[30] und das Land durch seine Kriegspolitik in immer neue Schwierigkeiten brachte. Zählte die Armee 1740 bei ca. 2,25 Millionen Einwohnern 80000 Mann, brachte sie Friedrich II. bis 1786 bei etwa 5,5 Millionen Einwohnern auf 200000

26 Schmoller, Entstehung 151.

27 In Berlin wie folgt: 1732 20,5% – 1754 20% – 1780 30%. – 1766 stellte er sich einschließlich der Beurlaubten auf 42%. Vgl. K. Hinze, Die Arbeiterfrage zu Beginn des modernen Capitalismus in Brandenburg-Preußen, Berlin 1927/1963², 171.

28 Zum Nexus zwischen dem beginnenden Kapitalismus und den Militärwaisenhäusern ebd. Arbeiterfrage, 164ff.

29 Büsch, 2; Schmoller, Entstehung, 285. Zum Vergleich für 1740: Preußen 80000, Österreich 100000, Rußland 130000, Frankreich 160000.

30 Schon in der Instruktion von 1722 forderte er seinen Nachfolger auf, die Armee „mehr und mehr zu versterken und sie formidabler zu machen", in: Küntzel u. Haß, I, 113.

Mann. Zwei Drittel der Staatseinnahmen mußten in dieses Instrument gesteckt werden, um den Großmachtanspruch zu wahren. Ein gebändigter, leicht zu kommandierender Mechanismus war vonnöten, in welchem der Soldat im Sinne des preußischen aufgeklärten Absolutismus als Maschinenteil zu funktionieren hatte. Und der dem Unterhalt der Armee gewidmete Untertanenverband wurde zu *dem* Militärstaat der neueren Geschichte geformt. In der Sicht preußischer Historiker wurde die Armee durch Friedrich Wilhelm I. „wieder in das richtige Verhältnis zu Staat und Gesellschaft" gebracht.[31]

Daß es gelang, in diesem auf Kraftentfaltung programmierten Zwangssystem den landbesitzenden Adel zum Reservoir für die Führungspositionen zu machen, hat dem Gebilde erst die Dauerhaftigkeit, nämlich ein Jahrhundert innerer Stabilität, garantieren können. Militär und ländliche Herrschaft konnten aufs engste verzahnt werden. Der Landadel, an das Befehlen gewöhnt, wurde vom Monarchen als das geborene Offizierspotential angesehen. Der Aufkauf adliger Güter war gestoppt worden. Der Adel herrschte über die Hälfte des Areals der altpreußischen Provinzen. Dem Gutsherrn / Offizier auf der einen Seite stand der Gutsuntertan / Kantonist auf der anderen gegenüber. Friedrich II. fügte zwar das Offizierkorps noch rigoroser als sein Vater in die Heeresanstalt ein, aber er änderte das System nicht.[32] Er betonte in seinem Testament von 1752 die Notwendigkeit blinden Gehorsams (obéissance aveugle), der auch zwischen Oberst und General und zwischen General und König uneingeschränkt Geltung haben sollte.[33]

Blinder Gehorsam und noble Haltung waren für diesen König kein Widerspruch. Er machte ernst mit der ständischen Ordnung im Staate. Am liebsten hätte er seine Offiziere eingesperrt, um sie ja nicht falschen Umgang pflegen zu lassen. In der Übernahme bürgerlicher Lebensanschauungen erblickte er eine Gefahr. Offiziere sollten möglichst nur mit höheren Offizieren verkehren oder mit Kameraden, die „Ambition" besaßen. Nach dem Hubertusburger Frieden entfernte er die bürgerlichen Offiziere aus den Infanterie-, Kürassier- und Dragonerregimentern und steckte sie teilweise in

31 Schmoller, Entstehung, 273.

32 Häufig angeführt wird als Beleg die Änderung des Rechts eines an seiner Ehre angegriffenen Offiziers, sich auch während des Dienstes gegen einen Vorgesetzten zu verteidigen (Reglement v. 1726, Theil XI, Art. VIII, S. 531; Offiziere im Bild, 136, Dok.Nr. 16). Friedrich II. schaffte dieses Recht im Anhang zum Reglement von 1743 ab. Wortlaut nach dem Anhang „Order zur Erhaltung der Subordination bey der Armée" zum „Reglement vor die Königliche Preußische Infanterie" v. 1. Jan. 1773, S. 1: „wann ein Officier von seinem Chef oder Staabs-Officier geschimpft, oder gar mit dem Stock von selbigem gedrohet würde, als wollte er ihn stossen oder schlagen, so muß der beleidigte Officier, so lange er im Dienst ist, stille dabey seyn."

33 Vgl. dazu auch die scharfe Kritik an Leopold v. Dessau in einem Schreiben v. 21. April 1742, bei v. Taysen, Friedrich d. Gr. Militärische Schriften, in: Militärische Klassiker des In- u. Auslands, Hrsg. G. v. Marées, II Berlin 1882, 479.

die Garnisonregimenter, wo sie nach seinem Urteil „mindestens so viel leisteten wie ihre Vorgänger, die wegen Dienstuntauglichkeit in Pension geschickt" worden waren.[34] Das Offizierkorps machte unter Friedrich II. einen deutlichen Wandel durch. Zwar blieb die alte nun vollends durchmilitarisierte Sozialstruktur als Basis unverändert, ja sie wurde peinlichst durch zahlreiche Einzelmaßnahmen abzusichern versucht, aber der ehemalige adlige Vasall und spätere Königsdiener in der Armee war zum bloßen Funktionär geworden, der weitgehend nach vorgegebenen Prinzipien zu handeln hatte und sich von der Gesellschaft isoliert sah.

Die Erstarrung des preußischen Militärstaats war das Ergebnis der Überdehnung seiner Möglichkeiten. Der leichtfertig vom Zaun gebrochene Erste Schlesische Krieg und die Annexion Schlesiens produzierten ein nie mehr zu überwindendes Gefühl der Gefährdung des Staates. Europa war durch preußische Machtpolitik in Bewegung geraten, und Dynamismus blieb Friedrichs Prinzip. Die Nutzung jeder Gelegenheit, den Staat zu vergrößern, erhob er im politischen Testament von 1752 zum Grundsatz preußischer Außenpolitik,[35] und dieses Ziel hat er mit einer für die Anschauungen des 18. Jahrhunderts beispiellosen Erfassung der Ressourcen des Staates zu erreichen versucht.

Gegen Ende seiner Regierungszeit hatte sich das System ökonomisch, ideell und – wie sich bald zeigen sollte – auch militärisch überlebt, aber wichtige Elemente erwiesen sich auch unter veränderten Umständen als Pfeiler für eine neue Form des preußischen Militärstaats, der mit den Reformen nach Jena die alte, auf der Militarisierung der Agrarverfassung und -gesellschaft beruhende Basis seines Militärwesens aufgelöst hatte. Frühere zaghafte Reformversuche, etwa das Kantonreglement von 1792, waren nicht mehr als Flickschusterei. Bemerkenswert an den Überlegungen der Militärs war allein, daß so gut wie keine Erkenntnisse aus den Entwicklungen in Frankreich gezogen worden waren. Ihr Rezept war lediglich am Gedanken der militärischen Effektivität orientiert: Sie wollten bei 20jähriger Dienstzeit und tatsächlicher jährlicher Exerzierzeit von etwa zwei Monaten eine allgemeine Militärpflicht einführen. Um das immer noch als vorbildlich betrachtete friderizianische System zu halten, sah das Kantonreglement von 1792 zahlreiche Exemtionen vor. Im Ergebnis lastete weiterhin die Militärpflicht auf den Schultern der ärmeren Landbevölkerung und der unteren städtischen Bevölkerungsschichten. Adel, Staatsdienst, Besitz und Bildung wurden freigestellt. Wer nicht Bettler oder Vagabund sei, meinte York, sei von der Dienstpflicht ausgenommen. Ganze Gebietsteile der Monarchie erfreuten sich des Privilegs: die westdeutschen Industriebezirke, die Grafschaft Glatz, große und mittlere Städte wie Berlin, Potsdam,

34 Denkwürdigkeiten vom Hubertusburger Frieden bis zum Ende der polnischen Teilung, in: Werke Friedrichs d. Gr., Hrsg. G.B. Volz, V, Berlin 1913, 71.

35 Vgl. Küntzel u. Haß, II/39.

Brandenburg und Magdeburg. All diese landschaftlichen, örtlichen und sozialen Exemtionen umfaßten bei einer Gesamtbevölkerung von 8,7 Millionen Einwohnern etwa 1,17 Millionen Begünstigte. Die Ausländerwerbung war noch nicht abgeschafft.[36] Friedrich Wilhelm III. meinte 1797, die Lage des Soldatenstandes sei „zu kümmerlich und erbärmlich".[37] Aber der preußische Militärstaat, in dem nach dem Tode Friedrichs II. das Militär unter schwachen Monarchen neben seiner positionellen Vorzugsstellung jetzt auch eine politische Mitsprache erstrebte, war trotz breiter Reformdiskussion unfähig, sich selber zu helfen. Der Militärstand war wohl nie so verachtet wie in diesen Jahren vor der Reform. Vielleicht bildeten sich gerade deshalb in dieser Zeit übertriebene Vorstellungen von der Würde des Offiziersstandes aus, der, so eine Stimme der Zeit, dem gemeinen Manne „heilig und unfehlbar" erscheinen müsse.[38] Aufgeklärten Kritikern[39] stand eine geschlossene Front altpreußisch denkender Offiziere gegenüber. Und diese Konstellation änderte sich auch nicht während der Reformphase von 1807 bis 1814.

II. Eine Beurteilung der Reformen hat die katastrophale Niederlage des friderizianischen Heeres und die Lage nach den Tilsiter Friedensbedingungen ins Auge zu fassen und sich dabei gegenwärtigzuhalten, was aus den hochfliegenden Plänen später geworden ist. Es wird dann offenkundig, daß die Reformer die stehende Armee in ganz wesentlichen Punkten nicht verändern konnten. Scharnhorst hatte vorher selber lange gezögert, militärische Fortschritte im Zusammenhang mit politischen Veränderungen zu sehen. Er glaubte vor der Katastrophe an Lösungsmöglichkeiten innerhalb des gegebenen stehenden Heeres,[40] an eine bloße Anpassung an das mit den revolutionären Armeen einhergehende neue Kriegsbild, das die alte Lineartaktik in Frage stellte. Erst 1806, kurz vor der Auseinandersetzung mit Napoleon, setzte Scharnhorst radikalere Akzente mit seinem Vorschlag einer Nationalmiliz „für den Verteidigungsfall". Die ganze Masse des Volkes wollte er für diesen Fall bewaffnen, Vaterlandsliebe und Staatsinteresse wecken.

Aber weder vor der Reform noch später bot der preußische Militärstaat Raum für den Aufbau einer Nationalarmee. Die Reformen brachten nur eine Reorganisation der Armee im Rahmen der nicht durchschlagenden

36 Zum Gesamtkomplex R. Wohlfeil, Vom stehenden Heere des Absolutismus zur Allgemeinen Wehrpflicht, in: Handbuch zur deutschen Militärgeschichte, I, Abschnitt II, 86 ff.

37 Denkschrift über das preußische Heerwesen v. November 1797, in: Küntzel u. Haß, II/136.

38 F. v. Kleist, Über die eigenthümlichen Vollkommenheiten des preußischen Heeres, Berlin 1796, 29.

39 Etwa G.H. V. Berenhorst, ehemaliger frideriz. Offizier, mit seinen „Betrachtungen über die Kriegskunst" (1797–1799), Osnabrück 1978, Einführung v. E. Opitz.

40 R. Höhn, Revolution, Heer, Kriegsbild, Darmstadt 1944, 483 ff.

politischen Reformen. Frühe Entwürfe für eine „Reservearmee“ und für „Provinzialtruppen“,[41] die zur Schonung der Empfindlichkeit des Offizierkorps und aus Rücksicht auf die eximierten Gruppen ebenfalls auf den Milizgedanken abstellten, blieben auf dem Papier. Eine Brücke zur allgemeinen Wehrpflicht von 1814 bildete lediglich das sog. „Krümpersystem“, das zur heimlichen Reservebildung des stehenden Heeres benutzt wurde, seit die Pariser Konvention vom 8. September 1808 Preußens Heeresstärke für zehn Jahre auf 42000 Mann festgesetzt hatte. Erst 1813 hob Friedrich Wilhelm III. die Exemtion für die Dauer des Krieges auf. Das war das Ende der Kantonsgesetze, die nach der Abschaffung der Leibeigenschaft und der Gutsherrschaft alten Stils im Oktoberedikt von 1807 ohnehin ihre Grundlage verloren hatten.

Die preußische Armee des Wehrgesetzes von 1814 stand auf völlig anderen gesellschaftlichen Pfeilern als die friderizianische Armee – abgesehen vom Offizierkorps. Die neue Ordnung überdauerte wie das System Friedrich Wilhelms I. ein ganzes Jahrhundert. Sie war weitaus anpassungsfähiger, überstand die Industrielle Revolution und vermochte sich später auf Reichsebene durchzusetzen. Ist diese Stabilität auf eine gelungene Synthese von Armee und Nation, die Scharnhorsts, Gneisenaus und Boyens Hauptanliegen war, zurückzuführen? Die Frage muß von einer kritischen Sehweise verneint werden. Dennoch haben die allgemeine Wehrpflicht und die sie begleitenden gesetzlichen Normierungen, vor allem das neue Militär-Straf- und Disziplinarrecht,[42] den Militärdienst erträglicher gemacht. Vor allem die Begrenzung der aktiven Dienstpflicht auf drei Jahre, zeitweise auf nur zwei Jahre, wirkte in diesem Sinne. Für die ehemals hauptsächlich vom Militärdienst erfaßten Unterschichten bedeutete die neue Lösung eine enorme Besserstellung. Und das bisher eximierte Bürgertum konnte sich mit dem Einjährig-Freiwilligen-Privileg gut behandelt fühlen, das seine Bedeutung weit weniger von der militärischen Nützlichkeit – die blieb bis zuletzt fraglich –, sondern vornehmlich aus seiner sozialen und ökonomischen Akzeptabilität und Attraktivität bezog. Es mobilisierte die Jugend aus den „gebildeten Ständen“[43] für die Interessen des Staates, ohne den einzelnen stark zu belasten. Die Nutznießer des Privilegs wurden dem Militärinstitut nähergebracht als die der normalen dreijährigen Dienstpflicht unterliegenden Individuen. Abstrakt galt zwar auch für die Einjährigen die generelle Dienstpflicht, sie konnten sich aber nach einem Jahr „zur

41 Vgl. Anlage zum Immediatbericht v. 31. August 1807 u. Immediatbericht v. 15. März 1808, in: R. Vaupel, Das preußische Heer vom Tilsiter Frieden bis zur Befreiung 1807–1814, Leipzig 1938, 82ff., Nr. 42, 320ff., Nr. 130.

42 Verordnung wegen der Militärstrafen v. 3. April 1808, die dem Offizierkorps die Rolle eines „Erziehers und Anführers eines achtbaren Theils der Nation“ zuwies, u. die „Verordnung betreffend Bestrafung der Offiziere“ v. 3. August 1808, s. Immediatbericht v. 8. Juni 1808, in: Vaupel, 463ff., Nr. 177, Anl. A u. B.

43 § 7 Wehrgesetz von 1814.

Fortsetzung ihre Berufs“ beurlauben lassen. Dem Buchstaben nach galt das Privileg ursprünglich nicht für den Besitzbürger, sondern nur für den Bildungsbürger, dem es nach Auffassung der Reformer auch gerechterweise wegen seiner entwickelteren Intelligenz und Auffassungsgabe zukam.[44] Faktisch ließ sich die Grenze kaum eindeutig ziehen. Die allgemeine Wehrpflicht verdiente ihren Namen nicht. Im System steckte von Anfang an eine wesentliche Teilexemtion zugunsten der gehobenen bürgerlichen Schichten, die ihren Söhnen eine qualifizierte Schulbildung bieten und für Kleidung und Bewaffnung sorgen konnten. Verlangt wurde eine Schulbildung, die zum Eintritt in die höheren Klassen des Gymnasiums berechtigte, was 1814/16 weit über den Anforderungen an den Nachwuchs für die aktive Laufbahn lag. Mit diesem Einjährigen, gedacht zunächst als künftiger Landwehroffizier, hatten die Reformer, insbesondere Boyen,[45] eines der Institute eingerichtet, die zu den Grundpfeilern einer neuen Form des sozialen Militarismus in Preußen wurden.

Der altpreußische Militarismus hatte auf der militärischen Durchdringung der Agrarstruktur und auf der Zuordnung der Ressourcen des Staates auf die Armee beruht sowie auf der weitgehenden Leitung und Organisation dieses Systems durch das Militär selber. Abgesehen vom Adel fühlte sich kein Stand, keine soziale Gruppe in diesem Gehäuse heimisch. Die Zwangsanstalt konnte weder Staatsinteresse noch Patriotismus bei den betroffenen Unterschichten mobilisieren, und der Bürger stand ihm mangels Mitsprachemöglichkeit ebenfalls distanziert gegenüber.

Die preußischen Reformen änderten die Bedingungen der sozialen Auswirkungen des Militärsystems entscheidend und ermöglichten aufgrund einer Kombination von Privilegien und Erleichterungen eine sozialpsychische Ausstrahlung, die von nun ab das Militär in die Rolle eines gesellschaftlich akzeptierten Instituts versetzte.

Boyen hatte diesen Effekt vornehmlich mit der Landwehr erzielen wollen, jener zweiten Säule der Streitmacht des Staates, die nur mittelbar von der Linienarmee in Geist und Haltung geprägt werden sollte. Nach dem Wehrgesetz vom 3. September 1814 schied der Dienstpflichtige nach drei Jahren in der Linie und zwei weiteren Jahren in der Kriegsreserve aus dem Verband der aktiven Armee aus und trat für sieben Jahre zum ersten Aufgebot der Landwehr, das im Kriegsfalle zusammen mit der Linie die Feldarmee bildete. In Friedenszeiten aber wollte Boyen die Landwehr von der Linie trennen. Die Landwehr repräsentierte in seiner Sicht in erster Linie die Verbindung von Armee und Nation. Er organisierte sie zunächst auf Kreis- und Regierungsbezirksebene mit einer eigenen von der Linie relativ unab-

44 Vgl. Denkschrift vom 5. April 1810, HZ 69, 446. F. Meinecke betonte noch in seiner Boyen-Biographie (II, 136) diesen Gesichtspunkt der inneren Rechtfertigung.

45 Siehe F. Meinecke, Das Leben des Generalfeldmarschalls Hermann von Boyen, II, Stuttgart 1899.

hängigen Ergänzungs- und Führungsorganisation. Das Kernstück bildete das Landwehroffizierkorps. Boyen gab den Grundsatz der freien Wählbarkeit von 1813 auf. Es sollten primär kreiseingesessene Männer, vor allem Grundeigentümer, zum Offizier wählbar sein.[46] Angestrebt war mithin eine ständische Auslese, wenn auch anderer Art als in der aktiven Armee. Daher konnte die Landwehr bestenfalls ein bürgerliches Institut, aber nicht Kern eines „Volksheeres" werden. Im Endergebnis blieb auch davon nicht viel übrig. Die lokale Organisation wurde 1819 abgeschafft, die Landwehrkader organisatorisch der Linieneinteilung zugeordnet. Mit der Kabinettsorder vom 22. Dezember 1819 degradierte Friedrich Wilhelm III. die Landwehr zum abhängigen Nebeninstitut der Linie.[47] Sie blieb, obwohl in den eigentlichen Kommandostellen jetzt praktisch von Linienoffizieren beherrscht, aber nach wie vor ein vom aktiven Offizierkorps bekämpftes Konkurrenzunternehmen, das systematisch vernachlässigt wurde, um es abschaffbar zu machen, zumal es nach 1848 auch innenpolitisch als unzuverlässig angesehen wurde.[48] Dennoch hat die Landwehr das Bürgertum an das Militär herangeführt. Nicht das Militär an sich, sondern nur bestimmte Erscheinungsformen des preußischen Militärs sind nach 1814 kritisiert worden. Seit im Jahre 1818 die unteren Landwehroffizierstellen zur Domäne der Einjährigen gemacht worden waren,[49] setzte eine weitere Anpassung bürgerlicher Kreise ein. Offenbar hat das Soldatenspielen diesen Leuten Spaß gemacht. Sie konnten als Offiziere und Unteroffiziere eine neue Rolle spielen. In manchen Gegenden galt es als tadelnswert und unpatriotisch, den sonntäglichen Übungen fernzubleiben.[50] Das Landwehrinstitut funktionierte auf diese Weise jedenfalls partiell in der von Boyen gewünschten Richtung als Erziehung der Unterschichten durch die höheren Stände. In den ehemals eximierten Städten fand die Bevölkerung weniger Gefallen daran, ihre Freizeit zu opfern. Im großen und ganzen aber läßt sich sagen, daß der militärische und quasimilitärische Betrieb dem bürgerlichen Landwehrfunktionär erträglicher erschien als dem Landwehrsoldaten, zu-

46 Gemäß § 33 Landwehrverordnung konnten vorgeschlagen werden: a) Offiziere der Linie, die aus persönlichen Gründen aus der stehenden Armee ausgeschieden waren; b) freiwillige Jäger, die das Zeugnis der Fähigkeit zum Offizier besaßen und kreisansässig waren; c) Unteroffiziere, die freie Grundeigentümer waren, und d) Kreiseingesessene mit einem Vermögen von 10000 Talern Kapitalwert.

47 M. Messerschmidt, Die politische Geschichte der preußisch-deutschen Armee, 74f. in: Handbuch II/Teil IV, 1.

48 S. dazu H. Helmert, Militärsystem u. Streitkräfte im Deutschen Bund am Vorabend des preußisch-österreichischen Krieges, Berlin 1964, 48f.

49 KO vom 22. Mai 1818, s. Messerschmidt, Polit. Geschichte, 72. Das Verfahren nach der Landwehrordnung vom November 1815 (§ 32) war damit in wichtiger Hinsicht modifiziert: Das ursprüngliche Verfahren sah einen Dreiervorschlag des Kreisausschusses vor, ein Kooptationsverfahren auf „volkstümlicher Grundlage".

50 Das meldete z.B. General v. Tauentzien im November 1817 in einem Immediatbericht, in: Meinecke, II, 246.

mal sich insbesondere im Osten der Monarchie die idealen Vorstellungen vom Bürger-Soldaten nicht durchsetzen ließen. 1819 scheiterte endgültig der Versuch, Reservisten und Landwehrmänner von den Vorschriften der Gemeindeordnung zu eximieren, die noch die Prügelstrafe vorsah. Trotz Bauernbefreiung wirkten jetzt nach den „Regulierungen" im Osten die alten Herrschaftsverhältnisse faktisch fort und verbanden sich mit den stärker werdenden reformfeindlichen Kräften.

Die Landwehr, Instrument eines liberal gefärbten sozialen Militarismus, stellte die schwächere Säule des preußischen Militärsystems von 1814 dar. Sie blieb in den wichtigsten Fragen mehr und mehr auf die Linienarmee angewiesen, die sowohl die Voraussetzungen für die Fortsetzung des alten monarch-aristokratischen Militarismus als auch für die Kanalisierung „demokratischer" militärischer Potentiale zur Verfügung stellte.

Gemessen an der Größe der stehenden Armee im 18. Jahrhundert war Preußens aktive Streitmacht von 1814 bis zur Roonschen Reorganisation relativ klein. Ihr Friedensstand schwankte zwischen 120000–140000 Mann einschließlich der Offiziere und Unteroffiziere, obwohl die Bevölkerungszahl zwischen 1816 und 1858 von 10,3 auf 18 Mill. wuchs. Dennoch ging seit dem Wehrgesetz von 1814 eine wesentlich größere Zahl Wehrfähiger durch die „Hauptbildungsschule" der Nation für den Krieg. Die kurze Dienstzeit, zwischen 1833 und 1857 wurde sie von drei auf zwei Jahre herabgesetzt, erlaubte eine rasche Rotation, die zu beträchtlichen Reservebildungen führte. Bereits für 1831 wurde eine Kriegsstärke (nur Kombattanten) von knapp 470000 Mann errechnet[51] – eine Größenordnung, die von keiner europäischen Armee bei so geringer Friedensstärke erreicht wurde. Dabei ist zu bedenken, daß die allgemeine Wehrpflicht angesichts der festgeschriebenen Zahl der Kader nicht einmal die Hälfte der Tauglichen erfaßte. Jährlich wurden ca. 30000 bis 40000 Rekruten erfaßt, eine für das System kleine Zahl, absolut genommen aber lag sie in ihrem rotierenden Effekt weit über den Zahlen, die das altpreußische System in die Armee hineingezogen hatte. Auch die Nachbarmächte und die deutschen Bundesstaaten konnten mit ihrem Konskriptionssystem nicht schritthalten. Sieht man von der Landwehr des 2. Aufgebots ab, so waren ständig zwölf Jahrgänge, also mindestens 360000 bis 480000 Mann militärisch in verschiedener Weise erfaßt. Söhne aller Familien wurden Soldat. Die ehemalige Entfremdung zwischen Gesellschaft und Armee, die innere Ablehnung des Militärs verschwanden zusehends.

Eine den älteren Soldatentypus fortsetzende Erscheinung bildeten innerhalb der Armee der allgemeinen Wehrpflicht das Unteroffizierkorps und die sog. Kapitulanten, d.h. freiwillig längerdienende Soldaten. Um die Mitte der 1830er Jahre machte ihr Anteil bei einer Bataillonsstärke von 520 Mann immerhin 120 Mann, also etwa 23%, aus. Dieser Typus, der den

51 C. Jany, Die Königl. Preuß. Armee, IV/150.

harten Kern der Armee bildete, dem eine bescheidene materielle Besserstellung zuteil wurde, erfüllte in der Monarchie nicht nur die Aufgabe, den „Kriegergeist" auf die junge Mannschaft zu übertragen, ihm kam schon während der Auseinandersetzung mit dem Frühliberalismus und erst recht nach 1848 eine ausgesprochen politische Funktion zu. Prinz Wilhelm meinte im Oktober 1832, als die Zahl der Kapitulanten aus finanziellen Erwägungen reduziert werden sollte, „abgerichtete Bauern" bildeten keine Armee mit militärischem Geist, dieser sei aber neben „dem allgemeinen guten Geist einer Nation unerläßlich".[52] So wenig daran gedacht war, die Grenze zwischen Unteroffizierlaufbahn und Offizierlaufbahn durchlässig zu machen, so unverzichtbar sah man sich auf die Solidarität dieser Schicht angewiesen. Was in ihren Kräften stand, hat die militärische Führung eingesetzt, um einen Unteroffiziers-Standesgeist zu erzeugen, der von den Liberalen besonders erbittert angegriffen worden ist. Gruppenschicksal, geistige Selbstgenügsamkeit und das Gefühl, im Vergleich zu den Zivilisten doch etwas darzustellen, verbanden sich zu einer besonderen, vom „Zeitgeist" unberührten, militärischen Mentalität, die in nicht zu unterschätzendem Maß in die Gesellschaft hineinwirkte. Unterstützungsvereine für Avancierte wurden gegründet, denen als Ehrenmitglieder auch zivile Persönlichkeiten angehörten. In den 30er Jahren wurden die ersten Speiseanstalten für Unteroffiziere und Kapitulanten eingerichtet, und um diese Zeit erschien auch die erste Zeitschrift für Unteroffiziere, „Der Soldatenfreund", die bis 1914 existierte.[53]

Dieses Potential eines „Standes", noch nicht eines „Korps", wollten Strategen für die politische Erziehung in der Frontstellung gegen den Liberalismus und später auch gegen die Sozialdemokratie nutzen. So hat General v. Decker gemeint, daß der junge Soldat, vor allem der Bauern- und Handwerkersohn, die Armee als „wahrhaftiges Volksinstitut" erleben müsse. Die hier anerzogene Liebe zu König und Vaterland und das militärische Ehrgefühl, beides im täglichen Dienst vor allem durch den Unteroffizier vermittelt, sollten eine Grundlage bilden, die „vor jeder Verirrung schützt, wie auch immer die Thorheiten der Zeit, die Wahnbegriffe von Freiheit und Gleichheit, kurz das ganze wilde Heer des politischen Fanatismus jenseits unserer Grenzen locken und aufreizen mögen".[54]

Spätestens seit den 30er Jahren begannen konservative Kräfte in der Armee die Auseinandersetzung mit dem Liberalismus offensiv zu führen. In ihren Überlegungen erhielt der Längerdienende die besondere Aufgabe

52 Schreiben an den Kriegsminister v. 11. Oktober 1832, in: Militärische Schriften Kaiser Wilhelms d. Gr., I, Berlin 1897, 173.

53 Zum gesamten Komplex der militärischen Publizistik s. H. Schnitter, Das Militärwesen u. die Militärpublizistik. Die militärische Zeitschriftenpublizistik in der Geschichte des bürgerlichen Militärwesens in Deutschland, Berlin 1967.

54 C. v. Decker, Über die Persönlichkeit des preußischen Soldaten, festgestellt durch die Militärverfassung seines Vaterlandes, 1842, 26.

der Immunisierung des Soldaten gegen den Zeitgeist. Für diese Betrachtungsweise spielte die dreijährige Dienstzeit eine beträchtliche Rolle. Sie war als Gewöhnungszeit konzipiert. Schießen und marschieren lernt der Soldat rasch, aber für die ideologische Immunisierung brauchte die Armee Zeit. Das Potential der Kapitulanten und Unteroffiziere spielte also nicht nur kompositionell eine wichtige Rolle, sondern auch erziehungspolitisch. In letzterer Hinsicht wurde durchaus auch daran gedacht, daß der in gewünschter Weise erzogene Soldat nach der Rückkehr in das zivile Leben gesellschaftlich stabilisierend wirke. Dieser „Soldatengeist" wurde als der „gefährlichste Gegner aller politischen Irrlehren" bewertet, als Erklärung dafür angesehen, daß Preußen bis 1848 „für jede revolutionäre Erregung unempfindlich blieb".[55] Die politisch-sozialen Auswirkungen dieses Konzepts sind zwar kaum meßbar, aber im ganzen läßt sich sagen, daß es der Armee gelang, gerade die Möglichkeiten der allgemeinen Wehrpflicht zur ideologischen Domestizierung der männlichen Jugend zu nutzen und so Grundlagen für die soziale Militarisierung zu legen, wenn auch die naive Verherrlichung der Werte von Disziplin und Ordnung sowie die Diskriminierung der bewegenden Fragen der Zeit, nämlich der nationalen und freiheitlichen Ideen, kaum mehr als Sterilität produzieren konnten.
Eine erhebliche Bedeutung ist in diesem Zusammenhang den in das zivile Leben zurückkehrenden Kapitulanten und Unteroffizieren selber zuzumessen. Im Rahmen des Zivilversorgungswesens wurden sie in die Verwaltung eingeschleust und konnten hier, sozial versorgt, auf anderer Ebene und in anderer Weise wirken. Die Entwicklung erreichte beträchtliche Ausmaße, so daß den Verwaltungsstellen die Heranbildung eines eigenen Nachwuchses für die in Frage kommenden Stellen beschnitten wurde. Zunächst ging es um die Versorgung invalider Militärs.[56] Schon 1840 erhielten mindestens 44 Offiziere und 1755 Unteroffiziere und Soldaten eine Zivilanstellung. Das preußische „Reglement über die Civilversorgung und Civilanstellung der Militärpersonen des Heeres und der Marine vom Feldwebel abwärts" vom 16./20. Juni 1867 hat dann ein lückenloses Netz von Mi-

55 J.L. v. Blesson, Betrachtungen über die Befugnis des Militairs, an politischen Angelegenheiten des Vaterlandes theilzunehmen, 1821; zu dieser unveröffentlichten Schrift näher R. Höhn, Verfassungskampf u. Heereseid, Leipzig 1938, 221 ff., u. Messerschmidt, Pol. Geschichte, 122 ff.

56 Laut Beschluß des Staatsministeriums vom 12. Oktober 1837 durften bei den Ministerien, Provinzial-, Kreis- und Lokalbehörden sowie bei den Kommunen mit Ausschluß aller anderen Bewerber folgende Stellen nur für invalide Militärs vom Feldwebel abwärts besetzt werden: Kastellane und Portiers in Kgl. Dienstgebäuden, Botenmeister, Kanzlei-, Kassen-, Amts-, Gerichts-, Polizeidiener, Stempler, Boten, Gewichtssetzer, Aufseher, Aufwärter, Nachtwächter, Hausdiener, Lampenversorger, Ofenheizer, Hausknechte, Gefangenen-, Kranken-, Kasernen- und andere Wächter, Pedell, Küster, Organisten, Kalkanten, Totengräber, Glöckner, Kirchendiener, Kornmesser, Schließer, Zuchtmeister, Zuchtknechte u. a., zit. Messerschmidt, Strukturen u. Organisation, in: Handbuch zur deutschen Militärgeschichte, II, Abschn. IV/2, 199.

litäranwärterstellen über die Verwaltung gelegt, das 1868 auf Hannover, Hessen-Nassau und Schleswig-Holstein ausgedehnt und schließlich reichseinheitlich organisiert wurde. Post, Bahn und Forstverwaltungen gelang es neben einigen anderen wenigstens, für bestimmte Stellen noch zusätzliche Qualifikationen zu verlangen. Gegen alle Kritik wurde dieses System durch eine Novelle vom 4. April 1874, die den „Zwölfender" schuf, perfektioniert. Von nun an hatten auch nichtinvalide, „gut gediente" Unteroffiziere Anspruch auf Zivilversorgung. Jetzt nahm das Zivilversorgungswesen jene Dimensionen an, die zur Ausbreitung militärischer Äußerlichkeiten, von Strammheit und Schroffheit im zivilen Bereich, wesentlich beitrugen. Zeitweilig wurde die Anstellung von Zivilbewerbern auf unterer und mittlerer Ebene blockiert. Aber die Nachteile wurden als Vorzüge angesehen, militärische Disziplin, Gewöhnung an Ordnung, Pünktlichkeit und Gehorchen galten als hervorragende Schule für untere Beamte. Diese Männer brachten vom Militär das Denken in festen sozialen Kategorien mit. Für sie war natürlich, daß sie höhere Stellen genausowenig erreichen konnten wie einst den Zugang zum Offizierkorps. In ihrer Auffassung war die Verwaltung eine Art Vorhof der Armee – ähnliche Vorgesetztenverhältnisse, Klassenschranken; Ton und Umgangsformen kaum konzilianter. Was dies für die innere Entwicklung der deutschen Gesellschaft, in welcher der Beamte ein enormes Ansehen genoß, bedeutete, ist heute kaum abzuschätzen. Im Gesamtkomplex des deutschen Militarismus spielten das Zivilversorgungswesen wie das Einjährigenprivileg eine nicht wegzudenkende Rolle. Hier lag ein außerordentlich wichtiger Knoten, der auf unterer Ebene Armee und zivile Ordnung in diesem Militär-Beamten-Staat zusammenband.

Die wichtigste Potenz bei der monarchischen Stabilisierung der Armee der allgemeinen Wehrpflicht stellte das Offizierkorps dar. Was die Reformer ersonnen hatten, um es dem Bürgertum zu öffnen, wurde von den konservativen Kräften in einem systematisch betriebenen Umkehrprozeß benutzt, um die alte Homogenität wieder herzustellen, die zwischen 1808 und 1815 verlorengegangen war, als man zahlreiche freiwillige Jäger und Unteroffiziere sowie Landwehroffiziere in das aktive Korps eingestellt hatte. Bis 1848 konnte der Homogenisierungsprozeß im wesentlichen abgeschlossen werden. Dieser Prozeß der „Selbstreinigung" hatte es mit beträchtlichen Größenordnungen zu tun. Im Jahre 1816 standen über 1500 solcher „aggregierter" Offiziere in der Armee, und zahlreiche weitere mußten bis in die 20er Jahre noch übernommen werden – bei einem Offizierkorps von ca. 5600 Mann also ein beträchtlicher Prozentsatz. Eine rigorose Anwendung des in der Ergänzungsverordnung von 1808 vorgesehenen Bildungsprinzips hätte das Offizierkorps schon vor der Revolution bis in die Ränge der Obersten hinein bildungs- und besitzbürgerlich durchsetzt und vielleicht liberal beeinflussen können. Das ist nicht geschehen, weil die Bildungsvoraussetzungen zugunsten des „ärmeren Adels" ständig unterschritten wurden. Hinzu kam, daß die Regimenter das Recht der Auswahl der Bewerber besaßen, während die Offizierkorps der Regimenter darüber befanden, ob die Portepeefähnriche „würdig" seien, als Offizier „in ihre Mitte zu treten",[57] ein Recht, das Boyen in seiner zweiten Amtsperiode 1844 festschrieb. All das lief auf die Kooptation ständisch genehmer Bewerber hinaus. Die Kadettenanstalten wurden ausgebaut.[58] In den Jahren 1841–1843 steigerte sich der Anteil der Kadetten von 22 auf 31%, er ging dann von 1845 bis 1856 schließlich wieder auf 19% zurück, weil nun doch der Anteil der Abiturienten zunahm: Unter den in diesem Zeitraum geprüften 4626 Portepeefähnrichen befanden sich immerhin schon 492 Abiturienten.

Dieses gereinigte Offizierkorps – vor 1848 wurden noch wenige vom „Zeitgeist" beeinflußte Angehörige durch Ehrengerichts- oder Militärgerichtsurteil ausgestoßen – stand zwar nicht mehr wie in friderizianischer Zeit gesellschaftlich vom Bürgertum möglichst isoliert da, aber es fühlte sich selber im ideologischen Gegenlager des Liberalismus. Aufmerksam wurde die Entwicklung in den süddeutschen Verfassungsstaaten verfolgt, insbesondere die Debatten um den Verfassungseid der Armee, um das Wahlrecht der Soldaten und um die Forderung nach „Verbürgerlichung" der Soldaten. Die Volksheer-, bzw. Nationalmiliz- oder Landwehrforderung des Liberalismus betrachtete das Offizierkorps als Angriff auf die eigene Existenz und als revolutionäre Kampfansage. Das Bündnis zwischen Nation und Armee existierte spätestens seit 1819, der Resignation Boyens, nicht mehr. Die militärische Führung begriff die Armee nun wesentlich als Stabilisator der Monarchie gegen gesellschaftlich-politische Entwicklungen im Rahmen der nationalen und liberalen Richtung. Prinz Wilhelm wies auf diese Frage im Zusammenhang mit Überlegungen über die Dauer der Dienstzeit und über die Kapitulantenfrage hin. Dem Kriegsminister v. Hake schrieb er: „Die Tendenz der revolutionären oder liberalen Partei in Europa ist es, nach und nach alle die Stützen einzureißen, welche dem Souverän Macht und Ansehen und dadurch im Augenblick der Gefahr Sicherheit gewähren. Daß die Armeen die vornehmlichsten dieser Stützen noch sind, ist natürlich, – je mehr ein wahrer militärischer Geist dieselben beseelt, je schwerer ist ihnen beizukommen".[59]

57 Verordnung über die zukünftige Ergänzung der Offiziere des stehenden Heeres im Frieden und die militärische Ausbildung der Offizier-Aspiranten v. 4. Februar 1844, Militär-Wochenblatt 1844, 59ff. – Über Zusammensetzung und Mentalität des Offizierkorps in diesen Jahren vgl. auch G.A. Craig, The Politics of the Prussian Army 1640–1945, Oxford 1955, 79f., dt. Die preuß.-deutsche Armee, Königstein 1980³, u. K. Demeter, Das Deutsche Offizierkorps in Gesellschaft u. Staat, 1962², 76ff.

58 Zwischen 1818 und 1839 wurde die Zahl der Anstalten verdoppelt. Zöglinge wurden auf Empfehlung des Schulkommandeurs nach Zustimmung des Königs aufgenommen, praktisch nur Adlige und Offizierssöhne. Nur bei einzelnen Fällen in den neuen Provinzen sollte nach einer K.O. vom 29. Februar 1816 der Stand des Vaters nicht maßgebend sein. Teilzitat in: Messerschmidt, Strukturen, 82f.

59 Brief v. 9. April 1832 (Anlage 1), in: Kaiser Wilhelm d. Gr. Briefe, Reden u. Schriften, I: 1797–1860, Berlin 1906⁴, 89.

Im Europa der Heiligen Allianz fügte sich Preußen in die Politik Metternichs. Diese Rolle wurde von der Armee bewußt mitgetragen. In den Jahrzehnten vor der Revolution hat sie sich das historisch-politische Rüstzeug dafür erarbeitet, von dem sie bis in den Ersten Weltkrieg hinein, ja bis in die Weimarer Republik zehrte. Sie baute damals ihre später zu Stereotypen werdenden Feindbilder auf und formulierte ihre Ansichten über das Verhältnis von Staat, Armee und Gesellschaft. Einen besonderen Impuls verursachten die Pariser Juli-Revolution von 1830 und die Revolution von 1848. Die Friedensjahre nach 1815, meinte Prinz Wilhelm als Kommandierender General des Gardekorps, hätten die Ausbreitung der Revolution in Deutschland bewirkt, und die „Anerkennung" der Revolution von 1830 werde für die Revolutionspartei zum Panier werden.[60] Die militärische Führung sah die Massen in Bewegung geraten, das Europa der Souveräne untergehen, wenn nicht die Armee fest an die Krone gebunden und die Durchsetzung des liberalen Verfassungsstaates verhindert werde. Gegen die Irrlehren des Liberalismus und später der Sozialdemokratie entwickelte die Armee jenes besondere politische Bewußtsein, das im Denken deutscher Offiziere bis in das 20. Jahrhundert nachweisbar ist. Es handelt sich um die Idee, den Staat durch eine geeignete politische Haltung des Offizierkorps, durch entsprechende Auswahl des Nachwuchses und ferner durch lange militärische Gewöhnung der Soldaten revolutionsfest zu machen. Monarchie und Militär fanden sich spätestens seit den 20er Jahren des 19. Jahrhunderts zusammen, um Preußen auf eine bestimmte politische Ordnung festzulegen.

Gerade die Möglichkeit des Scheiterns dieses Konzepts in der Revolution von 1848 drängte die Armee noch stärker in die Rolle der innenpolitischen Hüterin des monarchischen Prinzips. Der König schien zu schwanken, das Versprechen des Verfassungseides der Armee war verkündet worden.[61] Die Linke steuerte auf die Realisierung ihres alten Volkswehrideals zu und visierte die Verschmelzung von Linie, Landwehr und Bürgerwehr an, die Kadettenanstalten sollten abgeschafft und damit ein ganz neues Offizierkorps heranwachsen. Die Regierung, etwa das Ministerium Camphausen, wollte mindestens die direkte Kommandogewalt des Königs beseitigen und damit auf die parlamentarische Verantwortlichkeit des Kriegsministers lossteuern. Den Höhepunkt der konstitutionellen „Gefahren" für die Armee stellte der sog. Anti-Reaktionserlaß des Kriegsministers v. Pfuel vom 23. September 1848 dar,[62] der noch einmal auf den Verfassungseid der

60 Brief v. 1. April 1833 an General O. v. Natzmer, in: Kaiser Wilhelms Briefe, I, 112f.

61 Am 22. März 1848. Im Verfassungsentwurf, § 78, hieß es: „Die Mitglieder der beiden Kammern, alle Staatsbeamten und das Heer haben dem Könige und der Verfassung Treue und Gehorsam zu schwören."

62 Wiedergabe bei E.R. Huber, Dokumente zur deutschen Verfassungsgeschichte, I, Stuttgart 1961, 375, u. Messerschmidt, Pol. Geschichte, 149.

Soldaten hinwies, welcher demnächst klarstellen werde, daß mit ihm „alle anticonstitutionellen Bestrebungen, wie sie überhaupt mit der Stellung eines Offiziers in der Armee unverträglich sind, im Widerspruch stehen" würden.

Nie in der Geschichte der preußischen Armee hat das Offizierkorps heftiger gegen die offizielle Linie der Regierung angekämpft. Eine wahre Propagandawelle ging über Armee und Land. Friedrich Wilhelm IV. meinte, „Meister Pfuel" hätte ihm anderes versprochen. Als Fazit ist festzuhalten, daß das Offizierkorps neben, ja vor dem Monarchen öffentlich als Bewahrer der essentiellen Grundlagen der Monarchie in Erscheinung trat. Der Schock von 1848 hat seine innenpolitische Haltung bis weit in das 20. Jahrhundert hinein entscheidend mitbestimmt. Wo selbst der König zu versagen schien, blieb offenkundig die Armee als einzige Instanz zur Wiederherstellung der alten Ordnung übrig. Dieses Gewicht der Armee, möglich gemacht in hohem Maße durch ein nach 1808/14 wieder homogenisiertes Offizierkorps, hat erst die besondere Form der preußischen konstitutionellen Monarchie ermöglicht, die praktisch auf dem 1820 von Preußen und Österreich durchgesetzten Grundsatz beruhte, daß in allen Verfassungen des Deutschen Bundes das monarchische Prinzip zu gelten habe, wonach die gesamte Staatsgewalt im Oberhaupt des Staates vereinigt blieb, das durch eine landständische Verfassung nur in der Ausübung bestimmter Rechte an die Mitwirkung der Stände gebunden werden konnte.[63] Die besondere Affinität des preußischen Königtums zum Militär, die vor allem Ausdruck fand in der Wahrnehmung des unmittelbaren Oberbefehls über die Streitkräfte, hat den parlamentsfreien Raum mit dem Mittel der „Kommandogewalt" immer weiter ausgebaut und damit den Charakter Preußens als Militärstaat auf Kosten der freiheitlichen und nationalen Entwicklung erhalten. Als Hüter dieses Kerns der preußischen Verfassung hat sich das Offizierkorps seit 1848 verstanden und sich von dieser selbstgestellten Aufgabe her sein Bild von Freund und Feind gemacht. Indem es seine eigenen Interessen zum Mittelpunkt von Staat und Politik erhob, strukturierte es indirekt das sich ausbildende Parteiengefüge[64] und darüber hinaus die Gesellschaft nach dem Raster der „staatstragenden" und „staatsfeindlichen" Gruppierungen. Diese Dichotomisierung der preußisch-deutschen Gesellschaft intensivierte sich in der Verfassungskrise Anfang der sechziger Jahre und setzte sich fort nach der Reichsgründung. Sie fand eine spezielle Ausprä-

63 Vgl. die Schlußakte des Deutschen Bundes, ferner E.W. Böckenförde, Der deutsche Typ der konstitutionellen Monarchie im 19. Jahrhundert, in: W. Conze Hg., Beiträge zur deutschen und belgischen Verfassungsgeschichte im 19. Jahrhundert, Stuttgart 1967.

64 Hinzuweisen wäre etwa auf den Zusatzantrag der konservativen Mehrheit der Verfassungskommission der Kammer zum Art. 107: „Eine Vereidigung des Heeres auf die Verfassung findet nicht statt." Kriegsminister v. Strotha erklärte dazu: die Vereidigung stehe im Widerspruch zur Verfassung, sie sei „gefährlich für das Land". Dazu Messerschmidt, Pol. Geschichte, 160.

gung in der Zeit nach den militärischen Triumphen der Einigungskriege und dann die Fortsetzung nach dem katastrophalen Zusammenbruch der künstlich gewordenen Strukturen im November 1918.
Letztlich ist im preußisch-deutschen Militärstaat das politische Interesse der Armee zum Maßstab aller Dinge geworden. Der spätere Kriegsminister Albrecht v. Roon formulierte in der Anfangsphase der Revolution dieses Credo mit den Worten: „das Heer, das ist jetzt unser Vaterland",[65] und im August 1919 meinte der Generalquartiermeister, Generalleutnant Groener, vor Generalstabsoffizieren wohl etwas Ähnliches, als er erklärte, „wir", d.h. das Offizierkorps, „wünschen, daß Deutschland später wieder eine Monarchie wird".
Die Armee hat sich in den Verfassungslösungen von 1848 und 1850 mit allen wesentlichen Zielen durchgesetzt: Der Eid auf die Verfassung kam nicht, das Wahlrecht der Soldaten wurde so konstruiert, daß es ohne Belang für den Wehrpflichtigen blieb, es wurde nämlich erst vom 24. Lebensjahr an gewährt[66] und dann in der revidierten Verfassung vom 31. Januar erst vom 25. Lebensjahr ab. Dennoch wurde im Offizierkorps das Wahlrecht der Soldaten unter dem Gesichtspunkt der Politisierung der Armee gesehen. Die Armee wünschte den politisch unmündigen Soldaten, für den sogenannte ‚unpolitische' Werte verbindlich sein sollten, nämlich König, Vaterland, Opferbereitschaft, unbedingter Gehorsam.
Im Ergebnis setzte sich schließlich der Chef des Militärkabinetts mit seiner Meinung durch, das Wahlrecht der Soldaten sei eine rein militärische Angelegenheit und könne daher vom Militär auch entschieden werden. 1863 schaffte eine AKO das Wahlrecht in der Armee ab, und in den Wahlgesetzen des Norddeutschen Bundes und des Reiches hieß es, das Wahlrecht „ruhe", solange der Soldat sich bei der Fahne befinde.[67] Die Königsarmee und ihre Wehrpflichtigen standen außerhalb der Verfassung.
Dank der durchschlagenden Kraft der Armee bei der Liquidation der Revolution etablierte sich 1848/50 eine Ordnung, die zwar ganz auf die gemeinsamen Interessen von Krone und Offizierkorps zugeschnitten war, aber doch schon die selbstbewußte Rolle des Militärs neben dem Monarchen reflektierte. Noch während der Revolutionszeit begründete das Offizierkorps sein Mitspracherecht bei der Gestaltung der staatlichen Verhältnisse mit seinen glänzenden Erfolgen im „mühsamen Geschäft der Volkserziehung". Die „Deutsche Wehr-Zeitung" hatte gewarnt, das Heer werde den Staat nicht ein zweitesmal retten. Im Ergebnis wurde die konstitutionelle Ordnung um die Armee herumgebaut. Sie ließ ihr den gewünschten

65 Brief v. 25. März 1848, in: Denkwürdigkeiten aus dem Leben des Generalfeldmarschalls Kriegsministers Grafen v. Roon Sammlung von Briefen, Schriftstücken, Erinnerungen, I Berlin 1905[5], 154.
66 Art. 67 der Oktroyierten Verfassung vom Dez. 1848.
67 So auch im § 49 des Reichs-Militärgesetzes vom 2. Mai 1874.

Spielraum. Die letzte Unklarheit konnte im Verfassungsstreit um das Budgetrecht beseitigt werden, dessen definitiver Ausgang (Indemnitätsvorlage) dank Bismarcks geschickter Strategie überdies noch die Gefühle der Liberalen schonte. Aber Bismarck handelte hier doch als Stabilisator der Kommandogewalt[68] im Interesse der Armee und innerhalb vorgegebener Grenzen, soweit die innenpolitische Seite seiner Strategie in Frage stand. Eine Pattsituation zwischen Liberalismus und Bürgertum hat es nach 1848 nicht mehr gegeben.[69] Bismarck hat dann immer deutlicher die Schwäche des nationalen Liberalismus im Militärstaat aufgedeckt: Wer nationale Einheit, Größe und Macht wünschte, konnte sich nicht voll gegen die Sonderrolle der Armee in der Monarchie stellen. Diese Schwäche zeigte sich unverhüllt schon während der Auseinandersetzungen, als die Sprecher des gemäßigten Liberalismus die Roonsche Reorganisation, selbst die Abschaffung der Boyenschen Landwehr, guthießen und nur noch die Abschaffung der dreijährigen Dienstzeit durchzusetzen suchten.[70]

Der Verfassungskampf um die Heeresorganisation ist von seiten des Liberalismus überwiegend aus Mißtrauen gegen die künftige Politik geführt worden, seit die „Neue Ära" so wenig Elan bewiesen hatte. Sobald sich zeigte, daß das vergrößerte, verjüngte und schlagkräftigere Instrument machtpolitische Erfolge garantierte, stellte sich eine überwältigende Zustimmung ein. Die ersten Anzeichen dafür wurden in und nach dem Krieg gegen Dänemark sichtbar. Bismarcks geschickte Krisenregie und die anschließenden nationalen Erfolge ließen die Standpunkte der Gegner seines verfassungsrechtlich bedenklichen Verfahrens als Belanglosigkeiten erscheinen. Im Interesse der Armee, aber auch der preußischen Außenpolitik war der nur schwach begründete preußische Konstitutionalismus weiter ausgehöhlt worden (Lückentheorie), und zwar auf dem Gebiet des Budgetrechts, der einzigen Errungenschaft des Liberalismus. Der von der Militärpartei bereits vorbereitete Staatsstreich konnte vermieden werden.[71] Diese Entwicklung befestigte die Position der Armee in Gesellschaft und Staat. Die Kommandogewalt hatte auf der ganzen Linie gesiegt. Selbst der Ministerpräsident mußte erkennen, daß die Interessen der Armee eine besonders delikate Behandlung verlangten.

Die Reformen wirkten sich unmittelbar als Vergrößerung der Armee, die nunmehr jährlich 63 000 Rekruten einstellte, aus. Die neue Friedensstärke

68 M. Messerschmidt, Die Armee in Staat u. Gesellschaft – Die Bismarckzeit, in: M. Stürmer, Hg., Das kaiserliche Deutschland, 1870–1918, Kronberg 1977², 95.

69 So W. Sauer, Das Problem des deutschen Nationalstaats, in: Moderne deutsche Sozialgeschichte, Hg. H.-U. Wehler, Königstein 1980⁶, 426f.

70 Zur Verwandlung des Liberalismus in eine „rechte" Integrationsideologie H.A. Winkler, Vom linken zum rechten Nationalismus, in: GG 5. 1978, 5–28. Zur Diskreditierung der Landwehr durch die liberalen Führer s. G. Ritter, Staatskunst u. Kriegshandwerk, I, 166f., 189.

71 Entsprechende Befehle lagen schon bei den Generalkommandos, s. L. Dehio, Die Pläne der Militärpartei u. der Konflikt, in: Deutsche Rundschau 213, 1927, 91ff.; Craig, 158f.

umfaßte 7814 Offiziere und 202420 Mann, war also um rd. 1200 Offiziere und 58000 Soldaten angehoben worden. Eine Landwehr als Element der Feldarmee existierte nicht mehr. Ihre drei jüngsten Jahrgänge waren der Reserve der Linie zugeordnet worden. Damit wurde der Rahmen konstruiert, der später nur noch zahlenmäßig ausgefüllt zu werden brauchte. Die Konstruktion war gefunden, innerhalb der sich bis zum Ende der Monarchie die Entwicklung des Heeres vollzog.

III. Diese Entwicklung war innenpolitisch dadurch gekennzeichnet, daß die Armee seit 1866 und 1870/71 auf einer wesentlich breiteren gesellschaftlichen Basis ruhte als zuvor. Im Blick auf den Liberalismus ist mit Recht „vom Epochenjahr 1866"[72] gesprochen worden. Im Zeichen der nationalen Tatsachen kam es jetzt zu einer viel engeren Verbindung von Besitz- und Bildungsbürgertum mit der Armee als zuvor, woran auch fortdauernde Meinungsverschiedenheiten über die passende Form der budgetären Mitwirkung des Parlaments in Armeefragen nichts änderten. In die Zukunft des Reiches ragten die militärischen Ereignisse der „Einigungskriege" als etwas unmittelbar zum Wesen des neuen Staates Hinzugehörendes hinein. Wilhelm I. beglückwünschte Roon im Blick auf die militärischen Erfolge und den vorausgegangenen Verfassungsstreit triumphierend: „Es ist gewiß ein Ereignis ohnegleichen, daß eine aus Parthei-Haß verunglimpfte Armee seine (!) Parthei-Gegner so aus dem Feld schlagen mußte!"[73] Für weite Kreise konnten „nationale" und militärische Fragen nahezu identisch werden. Hieraus erklärt sich auch die bald deutliche „nationale" Rolle der Konservativen. Es wurde möglich, sich als national zu empfinden, ohne an die Nation – nach dem Sprachgebrauch des älteren Liberalismus – einen Gedanken zu verschwenden. Armee und Nation trafen in der Anerkennung des Reiches als „Machtstaat" zusammen. Nation, Staat, Macht ist die neudeutsche Dreieinigkeit geworden, sowohl im „rückwärtsgewendeten" neudeutschen Patriotismus,[74] der sich an den nationalen Feiertagen, am Sedan- und Reichsgründungstag, in Jubelversen und Schulbüchern ein Ventil verschaffte als auch später in dem dynamischen Staatsbewußtsein und Nationalgefühl der imperialistischen Ära, das seine expansiven Akzente in der Presse, im Verbandswesen, in den Sammlungsbewegungen, den politischen Parteien nationaler Orientierung und in der Wirtschaft artikulierte und sich in der Flotte sein großes Symbol setzte. Max Weber verlieh ihm Ausdruck, als er 1895 meinte, die Reichsgründung müsse jetzt durch eine Weltpolitik

72 F.P. Kahlenberg, Das Epochenjahr 1866 in der deutschen Geschichte, in: Stürmer Hg., 51 ff.
73 Brief Wilhelms I. v. 21.10.1867 an Roon, in: Kaiser Wilhelms Briefe, II, 168.
74 Zum rückwärtsgewendeten Patriotismus: G. Ritter, Staatskunst II, 1960, 126. S. auch M. Messerschmidt, Reich u. Nation im Bewußtsein der wilhelminischen Gesellschaft, in: Marine u. Marinepolitik im kaiserlichen Deutschland, Düsseldorf 1972, 11–33.

großen Stils gerechtfertigt werden. Selbst die Sozialdemokratie zeigte in ihrem revisionistischen Flügel Anfälligkeit, blieb aber die scharfe Kritikerin des monarchischen Militärstaats.

In dieser politisch-sozialen Wirklichkeit entwickelte sich die Armee konsequent nach bewährtem Muster weiter. Im großen und ganzen blieb die Entwicklung im Reich preußisch dominiert. Die Kommandogewalt des preußischen Königs expandierte im Norddeutschen Bund in den gesamten norddeutschen Raum. Im Süden faßte das preußische Militärsystem aufgrund der Schutz- und Trutzbündnisse mit den süddeutschen Staaten Fuß. Bismarck hatte im Verfassungsentwurf versucht, den Konstitutionalismus auf militärischem Gebiet zu beseitigen. Das Bundeskriegswesen war unter den Gesetzgebungskompetenzen des Reichstages erst gar nicht erwähnt, die Präsenz sollte auf zehn Jahre festgelegt werden. Selbst die enthusiasmierten Liberalen meinten, der Entwurf überantworte die Militärangelegenheiten nach Art der lex regia allein dem Bundesfeldherrn. Die Verfassung ging zwar nicht diesen Weg, aber Preußen und sein Oberster Kriegsherr dominierten in allen wesentlichen Belangen. Eine Revolution schien es nie gegeben zu haben: Die alten preußischen Militärgesetze, namentlich die Militärstrafgerichtsordnung von 1845 und das aus dem gleichen Jahr stammende Militärstrafgesetzbuch, wurden Bundesrecht, ebenso die preußischen Ehrengerichtsbestimmungen von 1843. Die Reichsverfassung brachte keine wesentlichen Änderungen, abgesehen von den süddeutschen Reservatrechten. In allen wichtigen Belangen präsentierte sich das Reichsheer als vergrößerte preußische Armee. Daß Bayern, Sachsen und Württemberg ihren eigenen Kriegsminister behielten, hat daran nichts zu ändern vermocht.

Als hochdimensioniertes „preußisches" Militärwesen blieb die bewaffnete Macht des Reiches dennoch politisch und gesellschaftlich kein nur-preußisches Phänomen. Ihre Ausstrahlung in die Gesellschaft und politisch-soziale Rückwirkungen auf die Armee müssen von nun ab als gesamtdeutsche Phänomene begriffen werden. Die Parlamentsabneigung, ja -feindschaft des preußischen Militärs transzendierte nach Süden. Das Problem der „inneren Sicherheit" wurde zum Gesamtproblem im System des deutschen Militärstaats. Die gesellschaftliche Polarisierung zwischen staatstragenden Schichten und Staatsfeinden blieb nicht auf Preußen beschränkt. Die Reorganisation der Armee war von Roon schon unter dem Gesichtspunkt des Gewinns größerer innerer Sicherheit gesehen worden. Mit dem höheren Präsenzstand und dem vergrößerten Offizierkorps war nach Roons Denkschrift vom Juli 1858[75] eine den „polizeilichen Bedürfnissen" entsprechende Dislokation möglich – ein Gedanke, den Griesheim schon 1848 zur Diskussion gestellt hatte. Griesheim, Chef des Allgemeinen Kriegsdepar-

75 „Bemerkungen und Entwürfe zur vaterländischen Heeresverfassung" v. 21. Juli 1858, in: Militärische Schriften Wilhelms I., II, 344 ff.

tements, wollte die Armeekorps auflösen und die neuen Divisionen für Zwecke des inneren Kampfes dislozieren. Seit dieser Zeit blieb das Heer „als Kampfinstrument nach Innen“[76] ein wichtiges Thema für die militärische Führung, ja für die konservativ-liberalen Eliten. Die Armee galt auch als Schutzwall gegen das „rote“ und auch gegen das „schwarze Gespenst“,[77] als Waffe bei künftigen Staatsstreichen von oben, die mit dem demokratischen Wahlrecht zugleich die sozialistische Gefahr beseitigen konnte. General v. Waldersee, Vorgänger Schlieffens als Chef des Generalstabes, riet in einer Denkschrift für den Kaiser im Januar 1897, man solle „den sozialdemokratischen Führern nicht die Bestimmung des Zeitpunktes für den Beginn der großen Abrechnung“ überlassen, sondern ihn möglichst beschleunigen.[78] Im Generalstab wurde 1907 eine regelrechte Bürgerkriegsstudie angefertigt, die sich mit dem „Kampf in insurgierten Städten“ beschäftigte,[79] wobei der innere Feind unzweideutig in der Sozialdemokratie gesehen wurde, der eine Bürgerkriegsstrategie einfach unterstellt worden ist.

Die Vorbereitung auf den Bürgerkrieg ist einer der Reflexe auf die Entwicklung der Sozialdemokratie und der Gewerkschaften gewesen. Anders als gegenüber dem Liberalismus, der die Volksmassen nicht mobilisieren konnte und dem deshalb mit Verfassungsinterpretationen im Sinne der Kommandogewalt und mit militärischer Gewöhnung der Truppe zu begegnen war, ließ sich nach Meinung der Führung des Reiches der Anhängerschaft der Sozialdemokratie nur mit wohlvorbereiteten militärischen Maßnahmen entgegentreten. Bei Arbeiterunruhen wurden in bald selbstverständlicher Praxis Truppen zusammengezogen. Aktionen dieser Art im Bereich des IV. AK (Magdeburg, 1909) und des XIV. AK (Karlsruhe, 1909) ließen ein taktisches Verhalten im Sinne der einschlägigen Generalstabsstudie von 1907 erkennen.[80]

Mit der umfassenden Organisation der Interessen der Arbeiterschaft in der Sozialdemokratie wuchs für die Armee zugleich auch ein internes Problem heran, das als die politisch-soziale Komponente der Industriellen Revolution die militärische Führung und das Offizierkorps zutiefst beunruhigt hat. Die Ziele der Partei schienen ihnen zum Ende jeder Ordnung zu führen.

76 S. H.-U. Wehler, Das Deutsche Kaiserreich 1871–1918, Göttingen 1980^4, 159ff.

77 So Roon, Denkwürdigkeiten, III, 390 (Februar 1874). Zur Sozialdemokratie als Problem der bewaffneten Macht s. a. W. Deist, Militär u. Innenpolitik im Weltkrieg 1914/18, I, Düsseldorf 1970, XXVIIIff.

78 Teilzitat bei B.-F. Schulte, Die deutsche Armee 1900–1914, Düsseldorf 1977, 266; auch an den Kriegsminister v. Goßler richtete v. W. die Denkschrift (20.2.1897), NL Bülow, 22; 85–91, BA. S. a. A. v. Waldersee, Denkwürdigkeiten, Hg. H.O. Meisner, II, Stuttgart 1923, 388. Ferner Wehler, 160.

79 Vgl. W. Deist, Die Armee in Staat u. Gesellschaft, 1890–1914, in: Stürmer Hg., 318 u. 329.

80 Schulte, 267. Hinweise auf weitere Unruhen bei D. Fricke, Zur Rolle des Militarismus nach innen in Deutschland vor dem Ersten Weltkrieg, in: ZfG 1958, 1298–301.

Der Pariser Kommuneaufstand, der geradezu unter den Augen der preußisch-deutschen Armee ablief und die Reaktion der deutschen Sozialdemokratie vergröberten das Gesamtbild und die Verunsicherung noch weiter, und auch die bürgerliche Welt stand unter dem Eindruck der Schrekkensnachrichten. Zum erstenmal schien jetzt auch die Gefahr einer ideologischen Unterwanderung und Zersetzung der Armee selbst gegeben zu sein. Die Armee wurde in ihrer Disziplingläubigkeit unsicher. Sie begann mit Postüberwachung und Quartierrevisionen bei den Soldaten zu operieren. So fand z.B. am 15. Dezember 1884 mittags eine unvermutete Kasernen- und Quartierrevision in der ganzen Armee statt, um den Grad der Verbreitung sozialdemokratischer Tendenzliteratur festzustellen – aber mit magerem Ergebnis, was ganz der Strategie der Partei entsprach, die ihren Anhängern in der Armee Schwierigkeiten ersparen wollte.[81]
Mit Repressionen, Schwarzen Listen, Versetzungen, Überweisung in Arbeiterabteilungen ging die Armee vor, um der eingebildeten Gefahr Herr zu werden. Dazu gehörte auch, die Kontakte sozialdemokratischer Soldaten zu den Parteistellen der Garnisonsorte zu unterbrechen. Vor allem suchte man ein Zusammentreffen zahlreicher Sozialdemokraten in einzelnen Truppenteilen zu vermeiden, während im großen eine politische Rekrutierungspolitik betrieben wurde: 1911 kamen 64,1 % aller Rekruten aus ländlichen Bezirken, obwohl nur 42,5 % der Bevölkerung auf dem Lande lebte. 22,3 % stammten aus Kleinstädten, nur 7 % aus mittelgroßen Städten und 6 % aus Großstädten.[82]
Aber auch diese im Sinne der Interessen des Militärstaats gesteuerte Ergänzungspolitik, die auf eine selektive Anwendung der allgemeinen Wehrpflicht hinauslief, verhinderte nicht den totalen Mißerfolg der „positiven" Bemühungen der Armee um den Soldaten. Sämtliche politisch-pädagogischen Maßnahmen der militärischen Führung zeichneten sich durch charakteristische Hilflosigkeit aus. Wo die Bereitschaft fehlte, die wahren Probleme der Arbeiterschaft zu ergründen, wo es an den elementarsten Kenntnissen über die Entwicklung des Sozialismus mangelte, konnte das nicht anders sein. Dennoch verstand sich die Armee als patriotische Schule gegen das „sozialdemokratische Gift". Aber die Erweckung des christlichen Geistes, die seit 1890 zum Programm gehörte, wie auch die Berufung auf das „vaterländische Geschichtsbild" versagten völlig. Nach einer Untersuchung von 1899 über Christentum und Heer war der Einfluß der Militärgeistlichen auf den Offizier „gleich Null",[83] und gegenüber sozialdemokratischen Soldaten war mit einer Predigt kaum auf Wirkung zu rechnen, die

81 Messerschmidt, Strukturen, 256 ff., 257, Wortlaut des einschlägigen Erlasses v. 30. Nov. 1884; ferner Höhn, Sozialismus u. Heer, III, Bad Harzburg 1969, 39 ff.
82 Wehler, 162; M. Kitchen, The German Officer Corps 1890–1914, Oxford 1968, 148; Zit. nach F. v. Bernhardi, Deutschland u. der nächste Krieg.
83 U. v. Hassell, Christentum u. Heer, in: Zeitfragen des christlichen Volkslebens 25. 1899, 15.

sich speziell gegen den Zeitgeist und den Atheismus richtete, um den Soldaten nach seiner Militärzeit als staatserhaltendes Individuum, „an dem die Versuchungen der Umsturzpartei erlahmen",[84] in die Gesellschaft zurückzugeben.

Der vaterländische Geschichtsunterricht beschränkte sich im wesentlichen auf patriotische Heldengeschichten. Gesellschaftliche, wirtschaftliche und soziale Probleme blieben ausgeklammert. Der Instruktionsoffizier beschäftigte sich nur ungern mit der Materie. Wilhelm hatte angeordnet, seine Offiziere müßten die „neuere und neueste Geschichte kennen",[85] aber praktisch standen sie alleingelassen vor der Aufgabe. 1891 wurde vom Kriegsministerium ein „Organisationsplan zur Versorgung der Mannschaften des Heeres mit Lesestoff" zusammengestellt, der für patriotische Lektüre sorgen sollte, um „Gottesfurcht, Vaterlandsliebe und Untertanentreue" zu fördern.[86] Aber die geistige Auseinandersetzung mit der Sozialdemokratie fand nicht statt. Das „rote Gespenst"[87] wurde mit „geistigen Waffen" nicht bezwungen. Im Gegenteil, ein Versuch der Beschäftigung mit Fragen des Sozialismus, den der Kommandierende General des XVIII. AK (Frankfurt), v. Eichhorn, 1905 im Rahmen des vaterländischen Unterrichts in Gang setzte,[88] stieß auf heftige Ablehnung im Offizierkorps. Man glaubte, damit würden erst recht Infektionsgefahren erzeugt. Auf Vorschlag des Kriegsministers v. Einem untersagte Wilhelm II. durch KO am 3. Januar 1907 die Erörterung sozialpolitischer Fragen im Dienstunterricht.[89]

Hier wird deutlich, daß das Feindbild bereits zur „Feindstereotype" geworden war.[90] Dagegen mobilisierte die Armee den im Militärstaat vorhandenen Gesinnungsmilitarismus vor allem kleinbürgerlicher Provenienz und fiel auf das alte Rezept der Gewöhnung durch Drill und Zeit zurück. Selbst der Generalstab begriff nicht die Notwendigkeit, den Phänomenen des wirtschaftlich-sozialen Umbruchs auf den Grund zu gehen. Moltke wußte kein besseres Rezept als die dreijährige Dienstzeit und die formale Disziplin und sah hier die Aufgabe der Armee, die „schon im Innern" nicht zu entbehren sei „für die Erziehung der Nation".[91]

84 Katholische und Evangelische Kirche entwickelten hierbei den gleichen Eifer, der von ihnen als „unpolitisch" interpretiert wurde. Zahlreiche Beispiele bei Höhn, Sozialismus III, 211 ff.

85 AKO v. 13. Febr. 1890 betr. Organisation des Kadettenkorps, in: Militär-Wochenblatt, 1890, 581 ff.

86 Höhn, Sozialismus, III, 253.

87 P. v. Schmidt, Das deutsche Offizierkorps u. seine Aufgaben in der Gegenwart, 1904, 53 f.

88 Erlaß v. 19. September 1905 „Über den Dienstunterricht", s. Demeter, Dok. Nr. 20, 291 ff.

89 Deist, Armee, 329.

90 Wehler, 107 ff.

91 Ausführungen im Reichstag am 16.2.1874, SBR 1874, 80.

Im Prozeß der Militarisierung der preußisch-deutschen Gesellschaft zum Zwecke des Kampfes gegen die Sozialdemokratie spielten bald die von der Armee kräftig geförderten Kriegervereine eine wichtige Rolle. Sie füllten ihre Reihen mit Reservisten auf und fungierten als Verbindungsglieder zwischen Armee und „Ordnungsparteien".[92] 1873 gehörten 241 Vereine mit über 27000 Mitgliedern zum Kriegerbund, 1890 kletterten die Zahlen auf über 4700 Vereine mit mehr als 400000 Mitgliedern, und um die Jahrhundertwende wurde bereits die Millionengrenze überschritten. Bismarck sah in diesem Potential eine „kräftige Abwehr gegen staatsgefährliche Bestrebungen".[93] Die Armee schleuste inaktive Offiziere und Reserveoffiziere ein. Das Kriegsministerium sah hier eine Möglichkeit, militärisch inspirierte Staatserhaltung zu praktizieren. Seit Alfred Westphal im Vorstand des Deutschen Kriegerbundes und des Preußischen Landeskriegerverbandes saß, nahm die Bewegung eindeutig Kurs auf das Ziel, die Vereine in „Kampfstätten gegen die Sozialdemokratie" umzuwandeln.[94] Die Feindschaft zwischen Ideen und zwischen unten und oben wurde jetzt vertieft durch einen Riß zwischen Interessen auf allen sozialen Stufen, besonders im unteren Bereich der Gesellschaft. Hier steckte ein vom Liberalismus nicht erschlossenes Potential für ideologische Mobilisierung, das von der Sozialdemokratie nicht eingefangen werden konnte. Hier setzte die soziale Militarisierung mit großem Erfolg an. Die Nation wurde zerrissen, und damit wurden auch für die Armee Probleme geschaffen, die andere später für sie gewaltsam im Zeichen der sog. „Volksgemeinschaft" lösten.[95] Zu erwähnen ist in diesem Zusammenhang auch der „Reichsverband gegen die Sozialdemokratie" unter dem Generalleutnant z.D. Liebert,[96] ferner der Flottenverein und der 1912 gegründete Wehrverein, in denen inaktive Offiziere und Reserveoffiziere für die Interessen der bewaffneten Macht Anhänger und Stimmung mobilisierten.[97]

Der weitere Ausbau des Zivilversorgungswesens gehört auch in den Zusammenhang der seit 1870 politisch neu akzentuierten sozialen Militarisierung. Reichskanzler Caprivi beleuchtete dieses Problem 1891 mit dem Hinweis auf die Gefahr, die ein unzufriedenes, unzuverlässiges Unteroffi-

92 Gründlichste Arbeit: K. Saul, Der „Deutsche Kriegerbund". Zur innenpolitischenFunktion eines „nationalen" Verbandes im kaiserlichen Deutschland, in: MGM 1970/1, 95–159.

93 Saul, 95.

94 A. Westphal, Das deutsche Kriegervereinswesen, seine Ziele u. seine Bedeutung für den Staat, Berlin 1903; ders., Kriegervereine gegen Sozialdemokratie, Berlin 1899^2.

95 General v. Waldersee notierte als Kommandierender General des IX. AK angesichts des Streiks der Hamburger Hafenarbeiter 1896/97: „Ich wäre sehr froh, wenn die Polizei genügen würde, – gegen hungrige Arbeiter mit Waffengewalt vorzugehen, ist wahrlich kein Genuß", Waldersee, II/2, 377.

96 Instruktiv seine Schrift: Heer u. Sozialdemokratie, Berlin 1910^2.

97 Deist, Armee, 333.

zierkorps für Armee, Staat und Gesellschaft bedeuten könne.[98] Vor diesem Hintergrund sind die Maßnahmen zugunsten der zivilversorgungsberechtigten „Militäranwärter" zu sehen. Allein bei der Postverwaltung stieg ihre Zahl zwischen 1900 und 1914 von 8715 auf 19324. Im Jahre 1914 warteten insgesamt 16000 Militäranwärter auf Anstellung im Zivildienst. Diese weitgehend im „Bund deutscher Militäranwärter" zusammengefaßten „Zwölfender" – 1905 zählte der Bund bereits 35000 Mitglieder – wurden im Militäranwärterunterricht stark ideologisch beeinflußt und gehörten ebenfalls zu den Außenposten der Armee in der Gesellschaft.[99]
Wo Verwaltung, Kirchen, Verbände und Parteien in einem strukturellen und ideologischen Zusammenhang mit den verschiedensten Interessen und Bereichen der Armee standen, ließ sich das Schulwesen nicht davon freihalten. Es war vor allem das Einjährig-Freiwilligen-Institut, das zum Problem des Schulwesens wurde. Mit ihm beschäftigten sich Berufsverbände, Verwaltungen und politische Parteien. Das Institut hatte nach Abschaffung der Landwehr alter Art seinen Charakter geändert. Jetzt wurde nicht mehr „Bildung" und „Wissen" mit dem Privileg honoriert, nur eine einjährige Dienstzeit ableisten zu müssen, sondern in der Masse ein Schülerpotential, das für den Reserveoffiziernachwuchs gar nicht mehr in Frage kam und das die Gymnasien als „Ballast" betrachteten. Seit der „Feudalisierung" des Bürgertums nach den „Einigungskriegen" wurde die Qualifikation zum Reserveoffizier zum Statussymbol. Herkunft, Haltung und Gesinnung und natürlich höhere Schulbildung, ja möglichst akademische Bildung gehörten nunmehr zu den Zulassungsvoraussetzungen. Der Masse der Einjährigen wurde eine andere Rolle zugedacht, die der Vertreter des Kriegsministeriums auf der Schulkonferenz 1890 so umschrieb: „Für uns kommt es darauf an ... daß sie ... als die Träger höherer Intelligenz in der Masse dienen und somit das gesamte geistige Niveau derselben heben."[100] Für diesen Zweck genügte eine sechsklassige Ausbildung auf einer höheren Schule. Auf den neunstufigen Anstalten genügte die Sekundarstufe, während auf den sechsstufigen Anstalten wie den höheren Bürgerschulen, Progymnasien, Realschulen usw. eine Abschlußprüfung zu bestehen war. Das war der Grund für die Überlastung der neunstufigen Schulen, insbesondere der Gymnasien. Im Jahre 1890 verteilten sich die von den zwölf preußischen Armeekorps ausgegebenen 5000 Berechtigungen auf Schüler folgender Anstalten: 1340 Abiturienten neunklassiger Anstalten, 300 Absolventen sechsstufiger Schulen, 360 Privatschüler und 3000 Untersekundaner neun-

98 Auszug aus seiner Rede im Reichstag v. 27.2.1891 in: Historisches Lesebuch, II, Hg. G.A. Ritter, Frankfurt 1967, 102ff.
99 Höhn, Sozialismus, III, 352f.
100 Verhandlungen über Fragen des höheren Unterrichts, 4. bis 17. Dez. 1890, Berlin 1891, 749; M. Messerschmidt, Militär u. Schule in der wilhelminischen Zeit, in: MGM 1978/1, 66.

stufiger Anstalten. Die neunklassigen Schulen stellten bei ihrem Anteil von 60% an der Gesamtzahl der berechtigten Schulen 86% der anerkannten Einjährigen.

Zum Programm der Militärpolitik gehörte seit der Reorganisation und dann später auf Reichsebene ganz konsequent auch die Vergrößerung des Kadettenkorps. All dies sollte „eine wesentliche innere Potenzierung" des Offizierkorps bewirken. Der schärferen Politisierung während des Verfassungsstreits konnten sich weniger ständisch denkende Regimentskommandeure in ihrer Aufnahmepraxis kaum entziehen. Wiederholte Kabinettsordern wiesen sie an, „unpassende Elemente" vom Offizierkorps fernzuhalten, ja sogar mit Tapferkeitsbeförderungen zum Offizier zurückhaltend zu verfahren.[101]

Aber seit Gründung des Norddeutschen Bundes schnellten die Zahlen hoch. Die von der Verfassung bis 1871 auf 1% der Bevölkerung festgelegte Heeresstärke brachte das Offizierkorps bereits 1868 auf 11453 preußische und 1471 andere bundesstaatliche Offiziere, und das Reichsheer zählte dann aufgrund des Reichsmilitärgesetzes von 1874 über 17000 Offiziere, eine Zahl, die mit den späteren Heeresvergrößerungen weiter anwuchs, 1888/89 auf über 19000 Offiziere. Schließlich erreichte die etatmäßige Kriegsstärke des Heeres in der Mobilmachung einen Offizierbedarf von fast 120000 Mann, darunter über 46000 Offiziere der Feldarmee, zu denen allerdings ein großes Kontingent Reserveoffiziere zählte. Das aktive Offizierkorps hatte 1914 in Heer und Flotte eine Stärke von ca. 32000. Die Etatstärke der Friedensarmee war seit 1889 = ca. 487000 auf 1914 = 794000 gestiegen. Die Entwicklung des preußischen Offizierkorps belegen folgende Zahlen: 1874 = 13340, 1888 = 15000. Nach Auffassung des Kriegsministeriums scheiterte ein weiterer Ausbau nach 1900 vor allem am Mangel eines geeigneten Offiziernachwuchses. Damit wies es auf ein besonderes Problem der Offizierergänzungspolitik hin, das sowohl innenpolitisch wie sozialgeschichtlich aufschlußreich ist.

Eine Statistik des Militärkabinetts belegt für die Zeit von 1862 bis 1867, daß von über 2500 Portepeefähnrichen, die zur Offiziersprüfung zugelassen wurden, noch 49% adliger Herkunft waren. Nach den Berufen der Väter geordnet, handelte es sich immer noch um 79% aus „offizierfähigen" Kreisen, nämlich um Söhne von Offizieren, höheren Beamten und Gutsbesitzern; der Rest der Väter setzte sich aus Lehrern, Geistlichen, Subalternbeamten, Gewerbetreibenden und Rentiers zusammen.[102] Von einer Bedrohung der Existenz des Offizieradels konnte keine Rede sein. Der sog. altpreußische Ersatz ging danach weiter zurück, betrug aber 1869 noch 77,8%. Aber die Armee mobilisierte durchaus nicht alle Ressourcen für

101 KO v. 3. Sept. 1866, K. v. Helldorff, Dienst-Vorschriften der Königlich-Preußischen Armee, I, 2. Abt., Berlin 1874[3], 14f.

102 Demeter, 18.

den Offizieradel. Auf den Kadettenanstalten saßen auch Söhne begüterter Familien, die anderen die Plätze wegnahmen, schon deshalb, weil über die Selektanerklasse die schnellste Karriere zu machen war.[103] Es liegen keine Untersuchungen über die konjunkturellen Auswirkungen von Wirtschaftskrisen und -aufschwüngen auf einzelne soziale Gruppen im Zusammenhang mit Fragen der Berufswahl der jungen Männer aus „offizierfähigen" Familien vor.[104] Offenbar konnten die „altpreußischen" Offizierfamilien den Offiziernachwuchs für die vergrößerte Armee seit den 80er Jahren nicht mehr überwiegend stellen. Schon seit den 70er Jahren, eigentlich schon nach Edwin v. Manteuffels Ausscheiden aus dem Militärkabinett, hieß das Problem nicht mehr die Konkurrenz von Adel und Bürgertum, es lag jetzt in der Festlegung der unteren Grenze. Als homogenitätsgefährdend wurde der Andrang von Bewerbern aus dem unteren Mittelstand angesehen.

Spätestens in den 80er Jahren stellte sich heraus, daß der Satz des Generals v. Schweinitz falsch war, wonach die Macht der Monarchie zu Ende gehe, wo das „Junkermaterial" zur Besetzung der Offizierstellen nicht mehr ausreiche.[105] Jetzt schlug die konservativ-bürgerliche Interessenharmonie voll auf die Armee durch. Insbesondere im Gefolge der „großen Depression" seit 1873 und nach der konservativen Richtungsänderung 1879 mit der Zusammenführung von Großagrariern und Industrie siedelte sich auch die Akademikerwelt endgültig auf dem Boden des Militärstaates an, politisch und ideologisch nicht zuletzt durch die nationalliberale Geschichtswissenschaft präpariert, obwohl gerade der Nationalliberalismus durch Bismarcks Schwenkung getroffen wurde. Obwohl die Liberalen alles andere als eine Einheit darstellten[106], obwohl sie vielfach Kritik an konservativer Politik übten, stellten auch sie ihren Offizieranteil. 1888 lag der Anteil von Akademikersöhnen am Offiziersersatz bereits bei 28% und ging dann in Schwankungen aufwärts; bald nach 1900 überflügelte er den Anteil der Offiziersöhne.[107] Das nationalliberale Bürgertum stand jetzt ideologisch und faktisch als Reservoir des Offizierkorps und vor allem des Reserve-Offizierkorps zur Verfügung[108], mit Ausnahme allerdings jüdischer Bewerber,

103 Frhr. v. Freytag-Loringhoven, Menschen u. Dinge, wie ich sie in meinem Leben sah, Berlin 1923, 29.

104 Die Aussage Frhr. v. Osten-Sacken, Preußens Heer, III, 330, wonach „der hohe Aufschwung des Handels und der Industrie" nach 1871 dem Offizierkorps zahlreiche junge Leute entzogen habe, „auf die es bisher gleichsam ein Anrecht gehabt hatte", ist zu undifferenziert. Sie übersieht die „große Depression" der siebziger Jahre; dazu H. Rosenberg, Große Depression u. Bismarckzeit, Berlin 1976².

105 Denkwürdigkeiten des Botschafters General v. Schweinitz, I, Berlin 1927, 259.

106 J.J. Sheehan, Deutscher Liberalismus im postliberalen Zeitalter 1890–1914, in: GG 5. 1978, 29–48.

107 S. die Tabelle über die soziale Herkunft der Kriegsschüler 1888–1913 nach den Akten der Inspektion der Kriegsschulen bei Demeter, 22.

108 E. Kehr, Zur Genesis des Königlich Preußischen Reserveoffiziers in: ders., Primat der Innenpolitik, H.-U. Wehler Hg., Berlin 1976³, 53–63.

die gezielt ferngehalten wurden[109] und nur in Kriegszeiten geduldet waren, um bald danach eliminiert zu werden.
In den kaiserlichen Erlassen spiegelte sich der soziale Befund wider, aber es wurde auch darauf hingewiesen, daß „jede äußere Veränderung ohne Einfluß auf den inneren Wert" des Offizierkorps bleiben müsse.[110] Die maßgebende Vorschrift, die den Kreis der offizierfähigen Familien erweiterte und nun offiziell neben dem Adel, Offiziers- und Beamtensöhnen auch Söhne „solcher ehrenwerten bürgerlichen Häuser" zuließ, „in denen die Liebe zu König und Vaterland, ein warmes Herz für den Soldatenstand und christliche Gesittung gepflegt" werden, erließ Wilhelm II. im März 1890.[111] Damit waren hauptsächlich Söhne freiberuflicher Akademiker gemeint und vergleichbare Bewerber, die vom „gesteigerten Bildungsgrad unseres Volkes" profitiert hatten. Bezeichnend war, daß Wilhelm II. diese Frage neu regeln mußte, obwohl all dies nach den Ergänzungsbestimmungen Boyens von 1844 theoretisch schon möglich war.[112]
Ob nach 1900 auch unter dem Gesichtspunkt der gewünschten innenpolitischen Zuverlässigkeit tatsächlich ein Mangel an geeigneten Kandidaten herrschte, muß bezweifelt werden. Bei der Kavallerie machte der Anteil des Adels 1913 noch 80% aus, bei der Infanterie 48%, der Feldartillerie 41%. Um 1900 besetzten Adlige 60% der Oberstenstellen, im Generalstab dominierten sie mit über 70%.[113] Die übrigen staatstragenden Schichten stellten ebenfalls zuverlässigen Nachwuchs. Und der Abiturientenzustrom war noch gar nicht voll erfaßt. Kriegsminister v. Heeringen vertrat in der Auseinandersetzung um die Heeresnovelle 1913 ständisch-feudale Argumente, als er darauf hinwies, man müsse bei der geforderten Vergrößerung in „für die Ergänzung des Offizierkorps wenig geeignete Kreise" hineingreifen, womit man es der Demokratisierung aussetzte.[114] Der Generalstab war anderer Meinung, aber dem waren um diese Zeit vielleicht schon Zweifel an der Strategie des kurzen Krieges gekommen. Kriegsministerium und vor allem das Militärkabinett vertraten dagegen den Qualitätsstandpunkt, der aber von letzterem nicht in Verbindung mit Bildungsanforderungen gesehen wurde. Eine ähnliche retardierende Haltung nahmen Armeeführung

109 W.T. Angress, Prussia's Army and the Jewish Reserve Officer Controversy before World War I, in: Year Book of the Leo Baeck Institute, London 1972, 19–42. Zum Antisemitismus in der Armee der wilhelminischen Zeit: Kitchen. Die frühe Entwicklung im 19. Jahrhundert behandeln eingehend: H. Fischer, Judentum, Staat u. Heer in Preußen im frühen 19. Jahrhundert, Tübingen 1968, ferner Messerschmidt, Strukturen 202–11.
110 So schon in einer KO vom 16.3.1867, in: Offiziere im Bild 181 f., Dok.53, ähnlich KO v. 24.2.1870, Demeter, 20.
111 Erlaß v. 29.3.1890 anläßlich der Vergrößerung der Armee, in: Offiziere im Bild 197, Dok. 59.
112 Dazu Messerschmidt, Strukturen (Erziehung und Bildung), 100ff., ferner ders., Militär u. Schule, 54.
113 Kitchen, 22, 24; Wehler, 161.
114 H. Herzfeld, Die deutsche Rüstungspolitik vor dem Weltkrieg, Bonn 1923, 63.

und Marine in der Abiturientenfrage ein. Obwohl man Kenntnisse in den Realien für erwünscht hielt, wurde der Abiturient und Primaner des Humanistischen Gymnasiums bevorzugt. Gegen die Gleichstellung der Oberrealschulen bei der Offizierergänzung wurde erbittert gekämpft. Der Generalinspekteur des Bildungswesens widerriet, „den Kreis der jungen Leute zu erweitern, die wir ohne eigene Prüfung ihres geistigen Standpunktes" zulassen. Eine Zulassung der Oberrealschüler würde den Kreis „nach unten" erweitern, und damit wäre den Regimentskommandeuren ein „unparteiisches Mittel gegen Zudringliche" genommen.[115] Als im Februar 1902 dann doch die Entscheidung zugunsten der Oberrealschüler fiel, beruhigte sich die Armee damit, daß die „sorgfältige Auswahl durch die Truppenkommandeure" gegen die Einstellung „ungeeigneter Elemente" schützen könne.[116] Auf der anderen Seite suchte der spätere Chef des Marinekabinetts, Admiral v. Müller, den Gegnern der Bevorzugung von Abiturienten in der Admiralität seinen Standpunkt mit folgendem Hinweis zu erläutern: „Je mehr im modernen Leben die ererbten Standesunterschiede schwinden, je mehr ist eine hohe Bildungsstufe von Bedeutung für die Autorität der herrschenden Klassen."[117] Daß „Bildung" in Konkurrenz mit Vorzügen anderer Art häufig den kürzeren zog, beweisen die zahlreichen kaiserlichen Dispense. Nach einer AKO vom 28. März 1899 sollten zwar Fahnenjunker ohne Primareife nur noch in beschränktem Umfang eingestellt werden, dennoch erteilte Wilhelm II. zwischen 1902 und 1912 noch über eintausend Dispense[118], was immerhin einen Rückgang bedeutete.

Man muß sich vor Augen führen, daß die Haltung der Armee in der Zulassungsfrage von Abiturienten der Oberrealschulen eine weit über die Grenzen militärischer Belange hinausreichende Wirkung auf Schulen und Universitäten gehabt hat. Die militärische Führung hat hier die Entwicklung jahrelang verzögert, um dem Kadettenkorps, das seit 1877 den Lehrplan der Realgymnasien eingeführt hatte, in den Oberrealschulen keinen Konkurrenten erwachsen zu lassen und um sozial unerwünschte Kreise fernzuhalten. Am Ende ließ sich eine Politik, die zwar fachlich dem Realisten den Vorzug gab, aus standespolitischen Gründen aber den Humanisten einstellte, nicht durchhalten. Die Frage der politischen Zuverlässigkeit der Abiturienten von Oberrealschulen war niemals ernsthaft geprüft worden. Auch von dieser Seite zeigt sich, in welch festgefahrenen Geleisen die Debatte um die Probleme der Vergrößerung der Armee geführt wurde.

Am Vorabend des Ersten Weltkrieges bildete die Armee mit dem ganzen Netz politischer-sozialer und ökonomischer Verflechtungen, die angedeu-

115 BA-MA, Archiv der Marine, RMA, Allg.Marinedepartement, Akten betr. Ergänzung der Offiziere Jan. 1902 – Dez. 1903.

116 Messerschmidt, Militär u. Schule, 61.

117 ebd., 64.

118 Nach Demeter, 1965^4, 95f. (nach Akten des Militärkabinetts).

tet wurden, ein unauflösbares Syndrom gesellschaftlicher Zusammenhänge, das in dieser Form wohl nur in einem seit hundert Jahren halbwegs funktionierenden System der allgemeinen Wehrpflicht in einem modernen Industriestaat möglich war, in dem die staatlichen und gesellschaftlichen Funktionen noch auf ihre Harmonisierung warteten. Preußen, der Staat und seine Armee, selbst treibende Potenzen im Prozeß der „Verreichlichung", wurden in ökonomische, gesellschaftliche und ideologische Entwicklungen hineingestellt, die, immer expansiver werdend, Preußens Habitus ideell und materiell transzendierten – eine Tendenz, die im Kriege und im Zusammenbruch noch verstärkt worden ist und die dazu geführt hat, daß die „Klassengesellschaft im Kriege" ihre Probleme in hohem Maße nicht dem Klassengegner, sondern dem Staat, dem „System" anrechnete[119], in welchem die alte Elite des Militäradels nach wie vor die entscheidenden Hebel in der Hand hielt.

IV. Der Zusammenbruch der Hohenzollern-Monarchie und die Niederlage seiner bewaffneten Macht haben dieses Syndrom des preußisch-deutschen Militarismus nicht aufzulösen vermocht. Die These hat viel für sich, daß die konservativ-monarchistischen Kräfte sich schon im Oktober 1918 zur Bekämpfung der Parlamentarisierung des Reiches formierten und nur wegen der Ausbreitung der Aufstandsbewegung in Heer und Flotte nicht weiter vordringen konnten.[120] Wenn auch nicht abschließend gesagt werden kann, welche Chancen der Bewegung der Soldatenräte wirklich offenstanden, eine auf Liberalisierung und Demokratisierung der inneren Ordnung der Streitkräfte zielende Militärpolitik durchzusetzen und das militärische Instrument der Republik zu integrieren[121], bleibt doch unübersehbar, wie schnell die Oberste Heeresleitung ihre Position festigen konnte. Wenige Wochen nach der Revolution überblickte sie die Lage, säuberte die Truppe von „unzuverlässigen Elementen" und zog sich in den Freikorps Kräfte der „Ordnung" heran, die bald eine Rolle im Kampf gegen revolutionäre Aufstände spielten, deren politische Haltung und autonomistisches Handeln sie aber genausowenig wie später die „vorläufige Reichswehr" zu kontrollieren und zu zügeln in der Lage war.[122] Das Gesetz über die vorläufige Reichswehr vom 6. März 1919[123] konstituierte bereits einen Typ der bewaffneten Macht, der sich nicht wesentlich in seinem inneren Gefüge von

119 J. Kocka, Klassengesellschaft im Krieg, Deutsche Sozialgeschichte 1914–1918, Göttingen 1978², 131.

120 E. Kolb, Einleitung zu: ders. Hg., Vom Kaiserreich zur Weimarer Republik, Köln 1972, 16.

121 U. Kluge, Soldatenräte u. Revolution, Studien zur Militärpolitik in Deutschland 1918/19, Göttingen 1975, 12ff.

122 R. Wohlfeil, Reichswehr u. Republik (1918–1933), in: Handbuch III/Teil VI, 72.

123 RGBl 1919, 295. Zum Kampf der OHL gegen die Organisation der Soldatenräte s. F.L. Carsten, Reichswehr u. Politik 1918–1933, Köln 1964, 34f.

der alten Armee unterschied.[124] Die Reichsverfassung stellte in ihrem Art. 48,2 eine noch über das Belagerungszustandsgesetz von 1851 hinausgehende Ausnahmezustandslösung zur Verfügung, welche die militärische Führung als Mittel zur Wahrnehmung innenpolitischer Ordnungsaufgaben sofort realistisch einschätzte. Hier lag ein wichtiger Anknüpfungspunkt für das alte Rollenverständnis vor, dem es sonst äußerst schwer wurde, den Dienst in der Republik vor sich selber zu rechtfertigen. Dienst *für* die Republik haben die wenigsten für ihre Aufgabe gehalten. In der Sicht der militärischen Führung wurde ein Bündnis mit der Demokratie geschlossen, das den Übergang zu besseren Lösungen ermöglichen sollte.
Eine in der Armee der Monarchie undenkbare Ablehnung der Staatsform oder auch eine Indifferenz gegenüber dem politischen System, dem die bewaffnete Macht zu dienen hatte, konzedierte die militärische Führung dem Offizier. Der Oberbefehlshaber des Grenzschutzabschnitts Nord, General v. Quast, verkündete am 24. April 1919 in einem von seinem Stabschef v. Seeckt entworfenen Aufruf an das Offizierkorps: „Ob uns die heutige Staatsform gefällt oder nicht, ob wir sie für die richtige halten, darauf kommt es nicht an. Heute geht es um den Staat selbst und das Reich."[125] Die Reichs- und Vaterlandsloyalität mag bei manchem Offizier angesichts der schwachen Rolle des Monarchen schon im Kriege die persönliche Bindung an den Obersten Kriegsherrn überlagert haben. Dimension und Dauer des Krieges förderten einen derartigen Abstraktionsprozeß, der sich deutlich am 9. November anläßlich der Befragung der Frontoffiziere im Großen Hauptquartier herauskristallisierte.[126] Der überwiegende Teil des Offizierkorps stand aber nach der Revolution zunächst orientierungslos da. Bei ihnen konnten überhaupt nur Appelle verfangen, die zur Mitarbeit bei der Wiederherstellung der „Ordnung" aufriefen.
Seeckt hat später als Chef des Generalstabes der Reichswehr und dann als Chef der Heeresleitung ganz ähnliche Aufrufe erlassen.[127] Von Treue zur Republik ist nirgendwo die Rede. Die Wertbilder hießen: Pflege des alten Ehrgefühls, Schutz des Vaterlandes, Erkenntnis, daß der Soldat „Mitträger der Reichsgewalt" sei.[128] Admiral v. Trotha meinte, der neue ideelle Mittelpunkt für den Soldaten liege „im völkischen Staat, im Vaterland selbst".[129]

124 H. Hürten, Zwischen Revolution u. Kapp-Putsch. Militär u. Innenpolitik 1918–1920, Düsseldorf 1977, XVI.
125 Offiziere im Bild, Dok. 70, 215–217.
126 Dazu G.W. Rakenius, W. Groener als erster Generalquartiermeister, 1918/19, Boppard 1977, 54f.
127 Erlaß vom 7.7.1919 an die Generalstabsoffiziere, in: Offiziere im Bild, Dok. 70, 217f.
128 So in dem Erlaß „Die Grundlagen der Erziehung des Heeres" vom 1. Januar 1921, in: Demeter, 2. Aufl., Dok. 25, 298–301.
129 Denkschrift v. 12.3.1919, s. dazu O.E. Schüddekopf, Das Heer u. die Republik, 1918–1933, Hannover 1955, 54f.

Man muß sich klarmachen, daß diese die ganze Zeit der Weimarer Republik überdauernde politische Haltung ein Erbgut der Vorkriegszeit war. Es handelte sich um das alte demokratie- und parlamentsfeindliche Staatsbewußtsein des 19. Jahrhunderts[130], das in der konstitutionellen Phase entwickelt worden ist. In Preußen hatte der Monarch den Staat und seine Macht verkörpert, abstrakte Inhalte, die jetzt unmittelbarer in das Bewußtsein gehoben wurden. Ihren innen- und militärpolitischen Sinn erhielten sie erst durch die oft unausgesprochen negative Besetzung mit Vorbehalten gegen die Weimarer politische Ordnung. Seeckt sagte von sich selber, seine Grundauffassung vom Standesbewußtsein des Offiziers sei durch die Revolution und die demokratische Regierungsform nicht berührt worden.[131] Die Verfassung war für ihn nach eigenen Worten kein noli me tangere. In existentiellen Krisen stellte die Reichswehr ganz im Sinne dieser Wertwahl ihre Interessen über die der Republik. Während des Kapp-Lüttwitz-Putsches trat in der Beratung in der Nacht vom 12. auf den 13. März 1920 nur der Chef der Heeresleitung Reinhardt dafür ein, die Republik zu verteidigen. Seeckt als Chef des Truppenamtes und mit ihm andere Offiziere sprachen sich gegen militärischen Widerstand aus, um die Einheit der bewaffneten Macht zu erhalten. Die Mehrheit des Offizierkorps stand politisch hinter den Putschisten.[132] Wenn es eine Spaltung des Reichswehr-Offizierkorps gegeben hat, dann – neben verschiedenen weniger relevanten Meinungsverschiedenheiten über Fragen der politischen Taktik – vor allem den Gegensatz zwischen denjenigen, die unmittelbar mit Rechtsradikalen und Putschisten zusammenzugehen bereit waren und denen, welche die Reichswehr weiter festigen wollten, um ihr Gewicht in der ungeliebten Republik zu erhöhen und Chancen für Veränderungen abzuwarten. Zu den letzteren gehörte Seeckt. Diese Position erklärt seine Haltung gegenüber den bayerischen Putschplänen im Jahre 1923, als General v. Lossow, Kommandeur der 7. Division, mit Truppen und „vaterländischen“ Verbänden nach Berlin ziehen wollte, um Deutschland „unter dem Banner der schwarz-weiß-roten Fahne“ vom „Marxismus“ zu befreien. Im Entwurf eines Schreibens an den bayerischen Generalstaatskommissar v. Kahr formulierte er im September, die Verfassung widerspreche „in den grundlegenden Prinzipien meinem politischen Denken“[133], und er ließ durchblicken, daß er geglaubt habe, ohne Bürgerkrieg eine Änderung herbeiführen helfen zu können.

130 Dazu Messerschmidt, Militär u. Politik in der Bismarckzeit u. im wilhelminischen Deutschland, Darmstadt 1975, 75ff.

131 F. v. Rabenau, Seeckt, 1918–1936, Leipzig 1941, 231.

132 J. Erger, Der Kapp-Lüttwitz-Putsch, 1919/20, Düsseldorf 1967; H. Meier-Welcker, Seeckt, Frankfurt 1967, 260; sieht Seeckts Hauptmotiv darin, die Reichswehr geschlossen zu halten zur Bewahrung der Zukunft des Deutschen Reiches.

133 Zu den unterschiedlichen Interpretationen des Entwurfs, Wohlfeil, Reichswehr, 275.

Seeckt hat eigene Diktaturvorstellungen entwickelt, und schließlich als Erfahrung aus dem Ausnahmezustand des Jahres 1923 Gedanken über eine Verfassungsänderung niedergelegt, die den Sinn der innenpolitischen Veränderung unter außenpolitische Prämissen stellen – eine Sehweise, die von Anfang an in den Überlegungen der militärischen Führung eine Rolle gespielt hat: Entdemokratisierung und Machtentfaltung nach außen, auch dies komplementäre Selbstverständlichkeiten im Denken des Offiziers der alten Armee. Die Reichswehr bildete für derartige Entwürfe die machtpolitische Voraussetzung und mußte deshalb in ihrer inneren Struktur darauf abgestimmt werden. Seeckt ist diesen Weg zielbewußt gegangen. Schon im Erlaß an die Generalstabsoffiziere vom 18.10.1919 klingt das Programm an:[134] Das Schicksal werde das deutsche Volk „unausbleiblich" zu den Waffen rufen, „Innere Wehrhaftmachung ist das Ziel". Noch mehr als früher müsse jeder Offizier und jeder Soldat „Lehrer und Erzieher des Volkes" werden. Um der Erreichung solcher Ziele willen wollte Seeckt Preußen mit dem Reich verschmelzen, dazu alle anderen Länder außer Bayern, Württemberg und Baden. Hierin erblickte er nicht ein Aufgehen Preußens im Reich, sondern eine Entwicklung Preußens „zum Reich". Der politische Sinn müsse nach möglichster Kraftentwicklung des Reiches nach außen streben.[135] In gewisser Hinsicht wäre damit wohl auch eine Entwicklung des Reiches auf Preußen zu in Gang gesetzt worden.

Seeckt wünschte vor allem innenpolitische Ruhe für den weiteren Ausbau der Reichswehr, der durch den Einsatz im Ausnahmezustand nicht gefördert wurde. Vertreter der Rechtsparteien und auch Offizierskreise hätten lieber gesehen, wenn Seeckt die Diktaturgewalt des Ausnahmezustands besser genutzt hätte. Seeckt war wohl selber im Zweifel, was er tun sollte. Ein Motiv lag sicher darin, die Reichswehr nicht abzunutzen.

Im Grunde behielt Seeckt angesichts der inneren Verfassung der Reichswehr weitgehend freie Hand, das militärische Potential innenpolitisch einzusetzen. Die Zusammensetzung der Truppe war alles andere als republikfreundlich. Die Auswahl der Soldaten lag bei den Kompaniechefs. Sie arbeiteten häufig mit republikfeindlichen Vertrauensleuten außerhalb der Reichswehr zusammen. So wurde das Reichsheer eine Soldatenarmee „ohne Beteiligung aus der Arbeiterschaft".[136] In seinen Reihen standen zahlreiche Unteroffiziere und Mannschaften, die republikfeindlicher waren

134 Offiziere im Bild, Dok. 73, 220ff.

135 Niederschrift „Preußen und Reich – ein Vorschlag zur Änderung der Reichsverfassung" v. 4. Februar 1924, Teilzitate bei Meier-Welcker, 430f. In einer auf dieser Denkschrift basierenden Ausarbeitung des Truppenamts v. 12. August 1924, die auch Seeckts Unterschrift trägt, heißt es weitergehend, das Reich müsse sich durch Personalunion mit Preußen die Macht eines Großstaates verschaffen, Meier-Welcker, 445; Schüddekopf 201ff.

136 Wohlfeil, 183; H.J. Gordon, Die Reichswehr u. die Weimarer Republik 1919–1926, Frankfurt 1959, 284, schränkt diese Feststellung ein und bezweifelt eine entsprechende „Politik der Heeresleitung".

als ihre Offiziere. Reichstagspräsident Paul Loebe wies auf die Rolle von Stahlhelm und Werwolf beim Ersatzgeschäft hin und forderte 1926, daß Bewerber in der Reihenfolge ihrer Anmeldung berücksichtigt werden sollten.[137] Loebe erzeugte kurz nach der Entlassung Seeckts mit seiner Forderung erhebliche Unruhe. Ein Divisionskommandeur warnte: „Nachdem das Oberhaupt beseitigt ist, soll das Instrument zerstört ... werden"[138], und verglich die Situation mit der Lage von 1918. Einige Generale, die zwar auch Loebes Plan ablehnten, zeigten sich aber bereit, darüber nachzudenken, ob die Armee ihre Einstellung zur Republik nicht ändern und dies auch öffentlich aussprechen müsse. Ziel solcher Anregungen war, die Basis der Armee in der Bevölkerung zu erweitern, das Heer könne dann „sichtbar mehr in oder besser über die Mitte des Volkes rücken"[139], und man sei dann in der Lage, fern vom innenpolitischen Streit, die alten Traditionswerte der monarchischen Zeit zu wahren und sich „unter Begünstigung der Regierungen ... und auch der Masse der Politiker" besser dem Aufbau der Landesverteidigung zu widmen.

Das Offizierkorps der Reichswehr ergänzte sich im wesentlichen nach den gleichen Prinzipien wie das der alten Armee. Die Auswahl der Bewerber lag in der Hand der Regimentskommandeure und der jeweiligen Offizierkorps, die den Betreffenden zum Offizier wählten. Dies sicherte eine ganz ähnliche soziale Homogenität wie vor dem Krieg. Eine Analyse auf der Basis von 1100 Offizieren ergab folgende Zahlen: Etwa ein Drittel Söhne von Offizieren und Militärbeamten, ein weiteres Drittel anderer Beamter, 16% stellten die Söhne freiberuflich Tätiger, der Rest kam aus Familien von Geschäftsleuten, Fabrikanten und Landwirten.[140] Konservative Gruppen der Gesellschaft stellten den Nachwuchs für das 4000 Offiziere zählende 100000-Mann-Heer. Der Anteil des Adels ging leicht zurück mit entsprechender Tendenz bei den jüngeren Rängen. 1925: 54,7% bei den Generalen, 14,3% bei den Oberstleutnanten. Der Gesamtanteil des Adels lag 1925 bei 20%, 1929 bei 23,1%. Seeckt hatte dafür gesorgt, daß verhältnismäßig viele Generalstabsoffiziere von der Reichswehr übernommen wurden und bevorzugte im übrigen junge Anwärter. „Republikaner" hat es nicht viele in der Armee gegeben. General Frhr. v. Schoenaich kritisierte, daß sie rücksichtslos entfernt worden seien.[141] Die liberale und demokratische Mittelklasse suchte nur sehr zurückhaltend Zugang zur Offizierlaufbahn. Nach 1923 wurde die Offizierlaufbahn aufgrund der wirtschaftlichen und politischen Entwicklung von vielen Bewerbern angestrebt. Jetzt konnte stark ge-

137 Teilzitat des Loebe-Vorschlags bei Carsten, 278.
138 Generalleutnant Wollwarth am 10. Dez. 1926, Carsten, 280f.
139 So Genlt. Otto Hasse am 30. Nov. 1926 in einer Denkschrift für den Chef der Heeresleitung; in: T. Vogelsang, Reichswehr, Staat u. NSDAP, Stuttgart 1962, Dok. Nr. 2, 408f.
140 Gordon, 198f.
141 Ebd., 287.

siebt werden[142], und von der Möglichkeit, Mannschaftsdienstgrade ohne formalen Schulabschluß über ein besonderes Prüfungsverfahren zum Offizier zu machen, wurde weniger Gebrauch gemacht.

Die Reichswehr repräsentierte am Ende der Seeckt-Ära genau jene Zusammensetzung und jene politische Einstellung, die sie zum Instrument der militärischen Führung und weniger zur Streitkraft der Republik prädestinierte. Dies war Seeckts Ziel gewesen, das aber durchaus nicht Selbstzweck war. Es muß im Blick auf diese Entwicklung festgestellt werden, daß die Reichswehr das Problem der Homogenität des Offizierkorps nach dem Zusammenbruch 1918 wesentlich schneller gelöst hat als die preußische Armee nach dem Debakel von 1806.

Das größere Problem lag für sie darin, in der Reichswehr die Basis für weitere militär- und außenpolitische Zielsetzungen zu entwickeln, die von Anfang an über die nationale und internationale Position der Republik hinauswiesen und die es der Reichswehr unmöglich machten, von den sog. Wehrverbänden, dem nationalen Übereifer der Rechtsparteien und dem ganzen alten Überhang des Militarismus-Syndroms der Vorkriegs- und Kriegszeit Abstand zu halten. So fest geschlossen sich die Reichswehr in der Hand Seeckst auch darstellte, so diszipliniert und „unpolitisch", d.h. auf ihre Führung orientiert, sie sich selber sah, so offen ist sie im Grunde ideologisch nach rechts gewesen. Gerade das Bestreben, die eigene Unzulänglichkeit zu überwinden, zwang zur Zusammenarbeit mit den sog. Wehrverbänden, vor allem dem Stahlhelm und später der SA.

Wie ein roter Faden zieht sich durch die Politik der Reichswehrführung die Absicht, die Lehren des Krieges zu realisieren, Deutschland noch effektiver zu militarisieren als vor 1914. Damit war sie auf das alte Potential verwiesen, das sich seit 1918 in neuen Organisationen zusammengeschlossen hatte. Groener umriß in einem Vortrag vor Generalstabsoffizieren schon am 18. August 1919 ein entsprechendes Programm:[143] „Wir müssen den Kampf auf Revision des Friedensvertrages aufnehmen". Zwei Wege seien zu verfolgen: „ein kleines Söldnerheer schaffen zum Zweck einer vollendeten Führerorganisation vom Feldherrn bis zum letzten Gefreiten. Zweitens: Heranziehen der Massen des Volkes von Jugend an". 1924 suchte Schleicher auf diesem Weg voranzukommen über die „Vereinigten Vaterländischen Verbände Deutschlands". Die Deutsche Turnerschaft konnte hinzugewonnen werden. Schleicher hatte die sog. „Landesschutzarbeiten" im Auge. In fast allen Wehrkreisen entwickelten sich Sportschulen. Auf Truppenübungsplätzen wurden unter der Bezeichnung „Volkssport" Kurse für Freiwillige eingerichtet. Ehemalige Offiziere und Unteroffiziere betätigten sich als „Sportwarte". In Pommern und Westpreußen etablierte sich eine

142 1929 standen 196 Planstellen 1600 Bewerber gegenüber.
143 Hürten, Dok. 75, 193ff.

immer stärkere Anlehnung an den Stahlhelm.[144] Zahlreiche SA-Angehörige standen im Grenzschutz. Seeckt hat dieses Potential systematisch genutzt. Das waren Elemente einer neuen größeren Wehrmacht.[145]
In der Republik war eine den vermeintlichen Lehren von 1918 entsprechende Militär- und Außenpolitik offenbar nicht möglich. Geduld und heimliche Vorbereitungen schienen vorläufige Ziele erreichbar zu machen. Mit Recht sind „drei Elemente" als die wesentlichen Grundlagen der effektiven, nach außen kaum in ihrer Tragweite sichtbar werdenden Maßnahmen der Reichswehrführung hervorgehoben worden: innermilitärische Systematisierung und Zentralisierung, langfristige Planung der Rüstungspolitik mit dem Ziel des Aufbaus einer „Zukunftsarmee", zweitens ein flexibler Revisionskurs in der Außenpolitik und drittens eine systematische Politisierung der Rüstungsbelange[146], die letztlich die sog. Öffnung der Reichswehr nach links in der Zeit nach Seeckt erforderlich machte. Anders ließ sich eine systematische Vorbereitung auf den Volkskrieg und eine gesamtgesellschaftliche Mobilisierung nicht durchführen.[147] Schließlich konkretisierten sich die Pläne der Reichswehrführung in rüstungswirtschaftlich durchdachten Rüstungsprogrammen. 1930 etwa sah das 2. Rüstungsprogramm ein 21-Divisionen-Heer vor. Um diesen Kern sollte eine Milizarmee aufgebaut werden. Die mit diesem Programm verfolgten Ziele einer gesamtgesellschaftlichen Militarisierung waren auf die Einbeziehung der Wehrverbände angewiesen, die ihrerseits den „Wehrwillen" zu mobilisieren suchten. Es war bereits von einem „Stahlhelm-Staat" die Rede[148]; die SA unter Röhm suchte sich neben der Reichswehr als „Trägerin der Tugend des alten Heeres" zu etablieren.
Die Reichswehr stand also in Konkurrenz mit der Hinterlassenschaft des Militarisierungsprozesses vor 1914 und im Kriege, den die Armee einst institutionell (Einjährigensystem, Zwölfender, Schulwesen) und ideologisch zur Abwehr der Sozialdemokratie (Kriegervereine, Staatsfeindstrategie) forciert hatte. Jetzt drohten die Sprößlinge ihr das Konzept aus der Hand zu nehmen. Daher arbeitete die Reichswehrführung fieberhaft an einem Programm der Wehrhaftmachung, das die gesamte Jugend erfassen sollte. Die Reichsregierung sollte endlich bereit sein, „die Wehrkraft unseres Volkes für die Zukunft vorzubereiten".[149] Schleicher sprach von der „Förderung der Wehrmacht und der Wehrhaftigkeit, damit Wehr und Volk eines Tages

144 Vogelsang, 45 f.
145 Näher zu den einschlägigen Maßnahmen: V.R. Berghahn, Der Stahlhelm. Bund der Frontsoldaten 1918–1935, Düsseldorf 1966, 55 ff.
146 M. Geyer, Der zur Organisation erhobene Burgfrieden, in: Militär u. Militarismus in der Weimarer Republik, Düsseldorf 1978, 36 f.
147 Geyer (39 ff.) beschreibt den Zusammenhang vieler Maßnahmen und auch der Landesschutzorganisation mit Hilfe solcher Perspektiven.
148 Berghahn, 42.
149 Zit. bei Geyer, 35.

bereit" seien.[150] Die Gefährdung des eigenen Waffenträgermonopols zeichnete sich ab. Zwei Modelle einer gesamtgesellschaftlichen Militarisierung schienen denkbar: das Schleicher-Konzept einer um die Reichswehr herum aufzubauenden Miliz, deren Mannschaften zuvor in den Wehrverbänden unter Kontrolle des „Reichskuratoriums für Jugendertüchtigung" vormilitärisch trainiert werden sollten – oder Röhms Vorstellung, nach welcher die SA zum entscheidenden Kern der Miliz werden sollte mit der Konsequenz, daß ihm eines Tages die Führung der Gesamtwehrmacht zufallen konnte und sollte.

Es offenbarte sich jetzt das entscheidende Manko der Seecktschen Heranziehung einer „unpolitischen" Armee. Die Reichswehr stand mit einem Militarisierungsprogramm da, das im Grunde auf die Ideologie der Verbände angewiesen blieb. Für die Soldaten galt immer noch der 1932/33 ohne jede Zugkraft bleibende Grundsatz einer abstrakten Verpflichtung auf „den Staat".[151] Man kann insofern vom Phänomen der Überholung der militaristischen Energie der Streitkräfte durch teilweise von ihnen selbst induzierte organisierte politische Interessen sprechen.[152]

Diese Komponente und die Außenpolitik der Reichswehrführung, die ihre Aufrüstungsstrategie zum wesentlichen Element deutscher Außenpolitik in der Endphase der Weimarer Republik zu machen wußte, stellten die stärksten Brücken zur „Machtübernahme" Hitlers dar.[153]

Schleicher nahm Ende 1932 offenbar an, daß sein Konzept der militärischen Mobilisierung der Nation Erfolg habe. Im Ministeramt wurde „ein Wettlauf der Verbände, einschließlich Nazi und Reichsbanner"[154] konstatiert, und tatsächlich gab es Anzeichen für eine Annäherung des „Reichsbanners" nach dem „Preußen-Schlag". Höltermann bezeichnete seine Organisation als „nationalen Wehrverband" und sprach sich für eine Miliz aus.[155] Aber das Ziel der Reichswehrführung, die Wehrverbände ihrem

150 Vogelsang, Neue Dokumente zur Geschichte der Reichswehr 1930–1933, in: VfZ 1954, 408.

151 Vgl. Leitfaden für Erziehung u. Unterricht. Hrg. v. Reichswehrministerium, Heeresleitung, Berlin 1931, I. Leitgedanken. A. Staat u. Wehrmacht, im Auszug in: Offiziere im Bild Dok. 95, 251 ff.

152 Zum Umfang und Inhalt dieser militarisierten Ideologie näher: W. Wette, Ideologien, Propaganda u. Innenpolitik als Voraussetzungen der Kriegspolitik des Dritten Reiches, in: Das Deutsche Reich u. der Zweite Weltkrieg, I: Ursachen u. Voraussetzungen der deutschen Kriegspolitik, Stuttgart 1979, 25–173.

153 Messerschmidt, Außenpolitik u. Kriegsvorbereitung, in: ebd., Zur Rüstungspolitik der Reichswehrführung: W. Deist, Die Aufrüstung der Wehrmacht, in: ebd., 371–399, ferner A. Hillgruber, Großmachtpolitik u. Militarismus im 20. Jahrhundert; Düsseldorf 1974.

154 So berichtete Schleichers Mitarbeiter Oberstleutnant Ott am 15. Dez. 1932 vor den Gruppen- und Wehrkreisbefehlshabern, in: Vogelsang, Dokumente, 430.

155 K. Rohe, Das Reichsbanner Schwarz Weiß Rot. Ein Beitrag zur Geschichte u. Struktur der politischen Kampfverbände zur Zeit der Weimarer Republik, Düsseldorf 1966, 448 ff.

Konzept zu integrieren und langfristig zu einer reichswehrgelenkten gesamtgesellschaftlichen Organisation der Wehrkraft vorzustoßen[156], war utopisch.

Angesichts der parteipolitischen Zerrissenheit und der nach wie vor gegebenen Strategien der nationalen Verbände, die sich abgesehen vom „Reichsbanner" gerade die Bekämpfung der Republik zum Ziel gesetzt hatten und dabei zugleich eigene Machtteilhabe anstrebten, mußte der Reichswehrplan der Kanalisierung der nationalistischen und wehrideologischen Kräfte für eigene Zwecke versagen. Im Kalkül Schleichers lag die Aufwertung der Reichswehr zur alten Machtposition, wie sie im Kaiserreich selbstverständlich war. Nach seiner Strategie ließ sich damit zugleich ein sozialpolitischer Gesundungsprozeß einleiten: Die Jugend erhielt das „Recht zu wehrhaftem Staatsdienst", und dadurch wollte Schleicher die sozialen Spannungen im deutschen Volk lösen.[157]

Dieses Modell sah theoretisch „besser" aus als die Realität vor 1914, als sich die bewaffnete Macht in hohem Maße sekundärer Herrschaftsmittel – der Kriegervereine und sonstigen nationalen Verbände, Schulen, Kirchen u. a. – bedienen mußte, um ihre Interessen zu untermauern, ebenso wie es in den vergangenen Jahren bei der Organisation des Landes- und Grenzschutzes der Fall gewesen war. Nunmehr schwebte Schleicher eine unmittelbare Regie der nationalen Kraft durch die bewaffnete Macht vor, die sich direkt in soziale Balance und Herrschaftssicherung umsetzen ließ. Offenbar glaubte er, das sei vor allem ein organisatorisches Problem. Aber die Zeichen standen genau anders herum. Mit ihren abstrakten Formeln vom Staat, der über den Parteien stehe, hielt die Reichswehr schon längst nicht mehr die eigene junge Mannschaft. Als deutliches Signal zeigte der Prozeß gegen die Ulmer Reichswehroffiziere die Attraktivität nationalistischer Ideologien.

Hitler schuf eine ganz neue Situation für die bewaffnete Macht: Er konstruierte die zunächst auf Gewalt gegen demokratische, liberale, sozialistische, kommunistische und rassische Dissidenten, dann auf ihre Ohnmacht gegründete „Volksgemeinschaft". Diesen Prozeß ließ die Wehrmacht wohlwollend durch die Partei in Gang kommen, entsprach sein Ergebnis doch langgehegten Wünschen, die Blomberg am 3. Februar 1933 kurz vor der programmatischen Ansprache Hitlers an die führenden Männer der Reichswehr als künftige Aufgabe so formuliert hatte: die Untermauerung der Wehrmacht durch die Wehrhaftmachung des breiten Volkes. Genau dies war vor 1914 wegen des Mißtrauens gegen die Sozialdemokratie nicht gewollt und vor 1933 immer nur gewünscht und gehofft worden. Hitler konnte es sich leisten, die Armee darauf hinzuweisen, der Kampf im Innern sei Sache der Parteiorganisationen. Wie selbstverständlich gingen die Be-

156 Hillgruber, 45 (im Anschluß an Geyer).
157 So Schleicher am 1. Jan. 1933, in: Schultheß, Europ. Geschichtskalender, 74, 1934, 1.

fugnisse des Art. 48 der Reichsverfassung auf die Partei über. Die Armee verlor im Handumdrehen und mit eigener Billigung diese von ihr in der Weimarer Zeit, ja seit 1848, stets als besonders wichtig angesehene Diktaturgewalt. Schon in der Kabinettsitzung am 30. Januar 1933 dankte Blomberg Hitler dafür, daß die Reichswehr künftig bei einem Generalstreik nicht eingesetzt werden sollte und betonte, daß der Soldat nur einen äußeren Feind als Gegner anzusehen gewohnt sei.[158] Damit war gleich zu Beginn der Herrschaft Hitlers auch der „Ersatzkaiser" Hindenburg, ohne es groß zu beachten, stark neutralisiert worden. Hitler benötigte den Reichspräsidenten insoweit gar nicht mehr. Die „Stärkung des Wehrwillens", die „Ausrottung des Marxismus mit Stumpf und Stiel" und die „Einstellung der Jugend und des ganzen Volkes auf den Gedanken, daß nur der Kampf uns retten kann",[159] erklärte Hitler zur Sache der Partei. Ein solches Programm verhieß mehr als die Zielvorstellungen der Reformer von 1808/14, denen es vor allem um die Heranführung des Bürgers an die Armee gegangen war: ein Programm, das erst nach 1870 voll realisiert werden konnte. Die „preußische Lücke", in der Revolution von 1848 zuerst voll rezipiert, zeigte sich in der Unfähigkeit, die Arbeiterschaft zu integrieren und die Armee „aus der Politik herauszuhalten". Alles dies versprach und realisierte Hitler auf seine Weise. In entscheidenden Belangen rückte die Wehrmacht im Rahmen des anlaufenden Militarisierungsprozesses jetzt selber an die Peripherie, vor allem bei der Heranbildung des „neuen deutschen Menschen".[160] Nach Hitlers Vorstellungen besaß künftig die Erziehung in der Wehrmacht nur noch sektorale Bedeutung im Gesamtablauf der nationalsozialistischen Erziehung des jungen Menschen in Jungvolk, HJ, Arbeitsdienst und Parteiorganisationen. Und das sog. Waffenträgermonopol, schon am 3. Februar 1933 von Hitler besonders betont und immer wieder bestätigt, war jetzt abhängig von Hitlers Entscheidung. Damit schien eine fundamentale Umwälzung gewachsener „preußischer" Strukturen im Bereich der Möglichkeit zu liegen.

Die Reichswehrführung hat deshalb zu beweisen gesucht, daß Hitler die SA nicht nötig habe als Waffenträger. Sie programmierte den „Solidaritätswettlauf"[161] mit der SA mit letzter Perfektion auf zwei Gebieten: im Rüstungsbereich und bei der weltanschaulichen Schulung, zusätzlich mit der prompten Bereitstellung eigener „Arier"-Bestimmungen. Mangels eigener Demonstrationsmittel griff sie auf das Arsenal der NS-Ideologie zurück. Dabei handelte sie nicht bloß „kollaborativ" aus einer Distanz heraus

158 Protokoll der 1. Sitzung des Kabinetts Hitler am 30. Januar 1933, Dok. 351–PS, IMT XXV, 375.

159 Ansprache Hitlers vor den Befehlshabern im Hause des Chefs der Heeresleitung am 3. Febr. 1933, in: Vogelsang, Dokumente, Dok. 8, 434f.

160 Messerschmidt, Die Wehrmacht im NS-Staat, Zeit der Indoktrination, 10f.

161 Ebd., 34.

oder vor dem Hintergrund einer eigenen politisch-historischen Perspektive, die deutlich von der „Weltanschauung" des Nationalsozialismus abhebbar wäre. Ein nie dagewesener Prozeß in der preußisch-deutschen Militärgeschichte nahm seinen Lauf: Die Armee ließ sich hemmungslos „von außen" ideologisch programmieren. Je eindeutiger Hitler das pluralistische Weimarer Gefüge demontierte, um so klarer distanzierte sich auch die Reichswehr davon. Unmittelbar vor dem 30. Juni 1934, dem Tag des Schlages gegen Röhms SA, schrieb Blomberg im „Völkischen Beobachter", die einstige Überparteilichkeit der Reichswehr sei ein notwendiges Mittel in einer „kranken Zeit" gewesen. Damit sei überhaupt erst der neue Weg möglich geworden. Jetzt zählte nur noch das „Waffenträgermonopol". Um das zu retten, forderte die Reichswehr den „politischen Soldaten" – auch eine Novität für preußisch fühlende Militärs. Die nur vordergründig zweckmäßige Strategie der Reichswehrführung beschrieb ein Erlaß des Wehrmachtamtes am 21. April 1934:[162]

„Die Wehrmacht muß im öffentlichen Leben mehr als bisher in Erscheinung treten
als *alleiniger* Waffenträger der Nation
als im Sinne der Regierung Hitler *absolut zuverlässig*
als im nationalsozialistischen Denken *planmäßig erzogen*."

Aber die Wehrmacht kam aus der Konkurrenzsitation nicht heraus. Der SA folgte die SS. Hitler erfand das „Zweisäulenprinzip". Partei und Wehrmacht tragen den Staat: die Wehrmacht immer weniger autonom. Ihre Anstrengungen in der Rüstung und auf ideologischem Felde sind dadurch eher noch befruchtet worden. Die Ergänzungspolitik im Rahmen der geheimen Aufrüstung belegt ebenfalls diese allgemeine Tendenz. Blomberg ließ den „Stellvertreter des Führers" wissen, daß von den 1934 in das aktive Heer wieder eingestellten 518 Offizieren 341 = 65,8% der NSDAP oder einer ihrer angeschlossenen Verbände und 177 dem Stahlhelm einschließlich der SA-Reserve angehört hatten. Alle diese Bewerber wurden laut Mitteilung des Reichskriegsministers nur nach Vorlage einer Bescheinigung der Geheimen Staatspolizei über ihre politische Zuverlässigkeit oder von entsprechenden Bescheinigungen örtlicher Polizeistellen eingestellt. Ein gewisses Mißtrauen der Partei sollte damit beruhigt werden.[163]

162 Ebd.

163 Vertrauliche Mitteilung des Stellvertreters des Führers an alle Reichs- und Gauleiter der NSDAP über die Wiedereinstellung ehemaliger Offiziere in das Heer v. 5. Juli 1935, zit. bei R. Absolon, Die Wehrmacht im Dritten Reich. Boppard 1975, 382–83. Das Allg. Heeresamt führte in einer Zusammenstellung vom 12. März 1935 über die zwischen dem 1. Okt. 1933 und 15. Dezember 1934 eingestellten 182842 Soldaten folgende Prozentzahlen auf:
50,9% kamen aus der HJ, 5% aus der SS, 2,8% aus dem Deutschen Luftsportverband und 1,2% aus dem NSKK. – Vgl. W. Kern, Die innere Funktion der Wehrmacht 1933–1939, Berlin 1979, 113. Die Marine stellte in dieser Zeit 7119 Mann ein. Nach nicht vollständigen Angaben kamen 61,4% aus NS-Organisationen.

Im Prozeß der an die Stelle von Interessenbalancierung oder -auseinandersetzung tretenden Interessenplanierung für die Kriegsvorbereitung verlor das eigentliche Machtinstrument innenpolitisch immer stärker an Profil. Tendenziell zeichnete sich damit der Abstieg von der einstigen Herrschaftsinnehabung zu einer sich reduzierenden Herrschaftsteilhabe ab. Je größer die bewaffnete Macht wurde, desto abhängiger wurde sie von Hitler. Hitlers Prognose war der der Militärs überlegen. Meinte das Wehrmachtamt 1934, wenn das 300000-Mann-Heer aufgestellt sei, sei der Kampf „zu unseren Gunsten entschieden"[164], und planten Blomberg-Reichenau langfristig, die Wehrmacht an die Hebel der Macht zu bringen, so ging Hitler davon aus, die allgemeine Wehrpflicht werde ihm das NS-Volksheer bescheren – was die Wehrmachtsführung letztlich ebenfalls ansteuerte. Die Differenzen schrumpften auf Fragen relativer Institutionsautonomie zusammen. Am Ende ist die „preußische" Armee von teilweise selbstinduzierten Kräften und Ideologien überholt und eingebunden worden. Selbst die aktive Mitwirkung an der Entmachtung der SA brachte keinen echten herrschaftspolitischen Fortschritt. Das Rezept, mit Hitler und der Weltanschauung die Partei auszumanövrieren, war ein Kurzschluß. Profitiert hat allein Hitler, der nach Hindenburgs Tod Oberster Befehlshaber wurde. Die Reichswehrführung diente ihm eilfertig den neuen Eid an: eine für die geschilderte Entwicklung symbolträchtige Konsequenz.

164 Ausführungen H. Foertschs auf einer Besprechung über Propagandafragen, BA-MA, WO1-5/156.

Die Junker

Zur Sozialgeschichte und historischen Bedeutung der agrarischen Elite in Preußen

von Hanna Schissler

Die preußischen Junker waren eine jahrhundertelang herrschende Gesellschaftsklasse, in gleichem Maße ökonomisch erfolgreich wie politisch mächtig und sozial dominant. Ihr Einfluß auf die Geschichte Preußen-Deutschlands bis ins 20. Jahrhundert hinein ist unbestritten und war ebenso häufig Gegenstand historischer Idealisierung wie historischer Kritik. Die Fähigkeit der Junker, unter wechselhaften Bedingungen nicht nur zu überleben, sondern maßgeblich auch dann Einfluß und Herrschaft zu bewahren, wenn ihnen, wie beispielsweise in den ersten Jahren der Reformen in Preußen oder in den Jahrzehnten des ausgehenden 19. Jahrhunderts, der Wind ins Gesicht blies, ist häufig konstatiert worden. Die Junker sind für den Aufstieg Preußen-Deutschlands ebenso in Anspruch genommen wie für den Untergang des Deutschen Reiches an entscheidender Stelle mit verantwortlich gemacht worden. Ihrer Gruppengeschichte, der Geschichte ihrer Erfolge wie ihrer Niederlagen, haftet die „Faszination des historisch Folgenreichen" an.[1]

Eine Fülle von Fragen drängt sich bei dem Versuch auf, „die historische Bedeutung" der Junker herauszuarbeiten. Worauf gründete der Erfolg ihrer Herrschaft bis ins 20. Jahrhundert hinein? Auf welchen bedingenden Faktoren beruhte ihre Stellung im gesellschaftlichen Gefüge? Wie war ihr Verhältnis zu anderen Klassen und Gruppierungen der Gesellschaft? Wie groß war ihre Fähigkeit zur Anpassung an Bedingungen des ökonomischen

1 G. Schulz, Deutschland u. der preußische Osten. Heterologie und Hegemonie, in: Sozialgeschichte Heute. Fs. H. Rosenberg, Hg. H.-U. Wehler, Göttingen 1974, 87. Dem Wortgebrauch „Junker" oder „Junkertum" hat häufig ein polemischer und pejorativer Unterton beigewohnt, etwa bei Bezeichnungen wie „Krautjunker" oder „Junkerparlament", wobei dann Starrsinn, Eigennutz, Selbstsucht, Borniertheit, aber auch Hinterweltlertum, Provinzialität, das Fehlen von Bildung und Engstirnigkeit als kollektive Eigenschaften frei assoziiert wurden. Ebenso gebräuchlich war aber das Wort „Junker" auch zur Selbstbezeichnung und drückte, wie etwa bei Bismarck, stolze Identifikation aus. Im Folgenden sollen pejorative ebenso wie positive Assoziationen bei der Verwendung der Begriffe „Junker" und „Junkertum" vermieden und die Begriffe Landadel, ländliche Elite, Rittergutsbesitzer und Junker im wesentlichen synonym verwendet und höchstens zum Zwecke der Akzentuierung bestimmter Eigenschaften bevorzugt werden. Zu einer Semantik des Begriffs „Junker" vgl. H. Rosenberg, Die Ausprägung der Junkerherrschaft in Brandenburg-Preußen 1410–1618, in: ders., Machteliten und Wirtschaftskonjunkturen, Göttingen 1978, 24–26.

Wandels und an Bedingungen, in denen ihre Vorherrschaft politisch oder ökonomisch in Frage gestellt wurde? In welcher Weise und mit welchen Mitteln gelang es ihnen, ihre ständische und soziale Exklusivität zu wahren? Industrialisierung und Revolutionen des 18. und 19. Jahrhunderts haben die ökonomische Basis sämtlicher vorindustrieller Eliten in Europa ebenso wie ihren Anspruch auf Herrschaft und Dominanz erschüttert. In welcher Weise, mit welchen Konsequenzen, welchen Gegenstrategien und Konsolidierungsversuchen ist dieser Prozeß für die Junker abgelaufen? Wie haben die Junker als soziale Klasse den ökonomischen Aufstieg und den Verfall ihrer wirtschaftlichen Macht erlebt und verarbeitet? Welche Rolle spielten die Junker bei der vielzitierten Sonderentwicklung und dem Abweichen Deutschlands vom westlichen Demokratiemodell? Waren die Junker eine konservative Kraft per se? In welcher Weise kann man eine Verantwortlichkeit der Junker für die fehlgeschlagenen Chancen einer Demokratisierung der deutschen Gesellschaft spezifizieren? Wenn Verzerrungen des historischen Urteils vermieden (oder auch ausgeräumt) werden sollen, können gerade die letzten Fragen sinnvoll nur in einem historisch vergleichenden Rahmen behandelt werden.
Um die Kompliziertheit der aufgeworfenen Probleme auf ein Maß zu reduzieren, das ihre Behandlung in diesem Rahmen hier möglich macht, soll versucht werden, sich dem Gegenstand von zwei Seiten her zu nähern. Im ersten Abschnitt werden die Grundzüge der realen Lebensbedingungen der Junker, die Voraussetzungen und Bedingungen ihres ökonomischen Erfolges und ihrer politischen Herrschaft seit dem 16. Jahrhundert sowie ihre Lage im 18. und 19. Jahrhundert ebenso wie ihre Reaktionsweisen auf die Angriffe auf ihre Herrschaftspositionen durch die Reformen und die Gefährdung ihrer ökonomischen Lage seit dem letzten Drittel des 19. Jahrhunderts aspekthaft skizziert. Im zweiten Abschnitt wird durch den Vergleich mit der englischen Aristokratie versucht, Spezifika der Bedeutung der Junker in der preußisch-deutschen Geschichte herauszuarbeiten und einige interpretatorische Grundmuster, die auf der Annahme des englischen Vorbildcharakters und des deutschen „Sonderweges“ in der historischen Entwicklung beruhen, zu problematisieren.[2]

2 Die Entscheidung, ein so globales Problem wie die Rolle und Funktion der Junker in der preußischen Geschichte auf diese Weise anzufassen, beruht weitgehend auf persönlichen Interessenlagen, die natürlich sachlich begründbar sind. Es sollen deshalb gleich zu Beginn zwei Begrenzungen dieses Aufsatzes deutlich gemacht werden: Der erste Teil ist stark auf die globalen Züge der Entwicklung der Gruppengeschichte der Junker konzentriert. Das Verhältnis zu den anderen Schichten und Klassen der Gesellschaft wird nicht behandelt, bzw. nur am Rande gestreift. Verwiesen sei in diesem Zusammenhang auf den Aufsatz von Berdahl in diesem Band. Im zweiten Teil konzentriere ich mich auf die westdeutsche Geschichtsschreibung und punktuell auf amerikanische Autoren. Das impliziert den Verzicht auf eine Auseinandersetzung mit den gerade auf dem Gebiet der preußischen Sozial-, Wirtschafts- und Agrargeschichte sehr produktiven Ansätzen von Autoren in der DDR (v. a. H. Harnisch, R. Berthold, H.-H. Müller u. a.). Dieser Verzicht hat vor-

I. Der Erfolg der Junker als ländliche Elite beruhte vor dem 19. Jahrhundert auf einer Reihe von Faktoren, die hier in ihrer Bedeutung nur kurz angerissen werden können: der Kommerzialisierung der ostelbischen Getreidewirtschaft, die seit dem 15./16. Jahrhundert im Zuge der ökonomischen Ost-West-Differenzierung die Ausbildung eines adligen Unternehmertums begünstigt hat; der Kombination von ökonomischer und politischer Herrschaft im System der Gutsherrschaft und Gutswirtschaft; der Art und Weise, in welcher der Adel durch den preußischen Absolutismus domestiziert wurde, und der Stellung, die er im gesellschaftlichen Gefüge des 18. Jahrhunderts einnahm.[3]

Im Zuge der Ausbildung internationaler Handelsbeziehungen, Produktspezialisierung und der Entwicklung separater, jedoch stark aufeinander bezogener und voneinander abhängiger Wirtschaftszonen im 16. Jahrhundert wurden die osteuropäischen Länder zum maßgeblichen Getreidelieferanten für die kommerziell und industriell weiter fortgeschrittenen Regionen des Westens, vor allem Englands und Flanderns.[4] Auf diese Weise wurde in den ostelbischen Regionen ein spezifisch agrarisches Wachstum induziert, das vom „Weltmarkt", konkret: der Nachfrageentwicklung und den Preisschwankungen der westeuropäischen Zentren, abhing. Die Kommerzialisierungswelle hatte starke Rückwirkungen auf die innere gesellschaftliche Struktur der getreideproduzierenden und -exportierenden östlichen Gebiete. Im Verlauf des Kommerzialisierungsprozesses bildete sich ein marktbezogenes profit- und exportorientiertes gutsherrliches Unternehmertum heraus und beschleunigte sich die Einbindung bäuerlicher Arbeitskräfte in den gutswirtschaftlichen Betrieb, schritt die zunehmende Entrechtung vormals freier Bauern, ihre Fesselung an den Boden und die Belastung mit Dienstpflichten und Abgaben voran, kurz, es entwickelte sich das, was in der historischen Forschung der DDR als „zweite Leibeigenschaft" bezeichnet wird.[5]

wiegend pragmatische Gründe. Zur Sache selber vgl. J. Kocka, Preußischer Staat u. Modernisierung im Vormärz: Marxistisch-leninistische Interpretationen und ihre Probleme, in: Sozialgeschichte Heute, 211–27.

3 In einer Reihe von Arbeiten hat H. Rosenberg eine umfassende Sozialgeschichte der Junker vorgelegt: Vgl. seinen in Anm. 1 genannten Aufsatz; ferner die entsprechenden Passagen in: Bureaucracy, Aristocracy and Autocracy. The Prussian Experience 1660–1815, Cambridge/Mass. 1958 u.ö. Auf deutsch liegt daraus vor Kapitel 8: Die Überwindung der monarchischen Autokratie (Preußen), in: K. O. v. Aretin Hg., Der aufgeklärte Absolutismus, Köln 1974, 182–204. Wieder abgedruckt sind jetzt: Die Pseudodemokratisierung der Rittergutsbesitzerklasse, und: Zur sozialen Funktion der Agrarpolitik im Zweiten Reich, in: ders., Machteliten. Beide Aufsätze werden hier nach der Ausgabe Frankfurt 1969 zitiert. Leider hat Rosenberg bisher seine Arbeiten zur Sozialgeschichte der Junker nicht in einer eigenen Synthese zusammengefaßt. Zum Folgenden vgl. bes. Junkerherrschaft.

4 Ebd., 68 u. 71; I. Wallerstein, The Modern World System, I: Capitalist Agriculture and the Origins of the European World Economy in the 16th Century, London 1974.

5 F.L. Carsten, Die Entwicklung Preußens, Köln 1968, bes. 88–98 u. 123–34.

Ohne Zweifel war der Kommerzialisierungsschub des 16. Jahrhunderts[6] die stärkste Kraft, die dahin wirkte, daß auf der einen Seite die Sozialfigur des junkerlichen Gutsunternehmers und auf der anderen Seite der entrechtete, abhängige schollengebundene Fronbauer stand. Zur Erklärung dieses Prozesses sind jedoch auch noch andere Bedingungsfaktoren heranzuziehen: Die spätmittelalterliche Agrardepression, Mißernten, Hungersnöte und Epidemien hatten eine Schrumpfung der Bevölkerung zur Folge, und damit verbunden eine Ausbreitung von Wüstungen.[7] Eine mittelbare Folge der Agrardepression und eine unmittelbare Folge des Bevölkerungsverlusts, des Sinkens der Preise für agrarische Erzeugnisse, des Kaufkraftschwundes und der allgemeinen Wertminderung war die einschneidende Verringerung grundherrlicher Einkünfte. Im Vergleich zur Zeit um 1300 hatten beispielsweise die Adelsherrschaften in der Lausitz im 16. Jahrhundert bereits vier Fünftel des Wertes ihrer Renteneinkünfte eingebüßt.[8] Die Folge war der stark wirkende Impuls, sich neue Einkünfte zu erschließen. Die historische Antwort auf diesen „Challenge“ lautete: Ersetzung der Rentengrundherrschaft durch die Gutsherrschaft, Erschließung neuer Einkommensquellen durch Verstärkung des Eigenbetriebs und Ersatz der Rentenabgaben der Bauern durch Dienste und Naturalien. Das 16. Jahrhundert ist, mit Hans Rosenberg zu sprechen, die „Konsolidierungsphase der Junkerherrschaft“.[9] In dieser Zeit vollzog sich der Aufstieg gutswirtschaftlichen Unternehmertums auf breiter Front und im Zuge dieser Entwicklung die „repressive Verhärtung der sozialen Kontrollmechanismen“, sozusagen als „soziale Kosten der marktwirtschaftlichen Produktionssteigerung“.[10] Zen-

6 Getreidehandel mit dem Westen wurde auch schon im 14. Jahrhundert unter dem Deutschritterorden getrieben. Er geriet aber im darauffolgenden Jahrhundert wieder in Verfall, Carsten, 96; Rosenberg, Junkerherrschaft, 68.

7 Zur spätmittelalterlichen Agrardepression und ihren Folgen für den Bevölkerungsschwund und das Entstehen von Wüstungen vgl. W. Abel, Agrarkrisen u. Agrarkonjunktur, Hamburg 1966², 55–96, u. ders., Die Wüstungen des ausgehenden Mittelalters, Stuttgart 1976³.

8 W. A. Boelcke, Die Einkünfte Lausitzer Adelsherrschaften in Mittelalter und Neuzeit, in: Fs. F. Lütge, Hg. W. Abel u. a., Stuttgart 1966, 183–205; vgl. auch Rosenberg, Junkerherrschaft, 65 f.

9 Ebd., 63.

10 Ebd., 69 u. 71. Vgl. auch ebd., 78 und 81 f. die Zusammenfassung dieser Entwicklung: „An die Stelle der ungezügelten adligen Kriegergesellschaft jener wirren Zeit war ein entschieden pazifistisch und antimilitaristisch eingestelltes Wirtschaftsjunkertum getreten, das weder von den nackten Formen des Raubens, Plünderns und Mordens im Innern noch von politischer oder gar gewaltsamer militärischer Kraftentfaltung nach außen hin etwas wissen wollte.“ „Den Preis für diesen ungewöhnlichen historischen Karriereerfolg zahlte das Gros der einheimischen Bevölkerung mit der rechtlichen und sozialen Degradierung, politischen Entmannung, moralischen Rückgratverkrümmung und Vernichtung der Selbstbestimmungschancen der Gutsuntertanen.“ Eine wichtige Folge dieses Prozesses war auch die Entfunktionalisierung der städtischen Kaufleute und damit einhergehend der Bedeutungsverlust der Städte, ebd., 76 ff.; Carsten, 99–112.

trales Merkmal der junkerlichen Gutsherrschaft war die Instrumentalisierung hoheitlicher Rechte für wirtschaftliche Zwecke. Hierin lag auch die eigentliche Schärfe des gutsherrlich-bäuerlichen Herrschaftsverhältnisses und später dann seine Problematik im Zeitalter der Aufklärung, des Wirtschaftsliberalismus und der staatsbürgerlichen Emanzipation begründet.[11]
Die Junker sind bis ins 18. Jahrhundert hinein von seiten der Landesherrschaft bei der Ausbildung der Gutswirtschaft nicht behindert worden. Im Gegenteil: In Ostpreußen war die Landesherrschaft selber die treibende Kraft in diesem Prozeß.[12] Im übrigen haben die Landesherren dem junkerlichen Adel seine Privilegien immer wieder bestätigt und insbesondere den Bereich der Gutsherrschaft nicht angetastet – Teil eines, wenn man will, „chronischen politischen ‚Kuhhandels'",[13] der den Adel domestizierte, ihn zur Finanzhilfe für den aufstrebenden Staat verpflichtete, diesem mithin den nötigen, vor allem finanziellen Rückhalt sicherte und dem Adel als Entgelt auf dem Gebiet der Gutsherrschaft freie Hand ließ.[14]
Erst das 18. Jahrhundert war jedoch die eigentlich „klassische" Zeit der Gutswirtschaft und der Herrschaft der Junker. War der Kampf mit den Bauern im 16. Jahrhundert im großen und ganzen siegreich für den Adel beendet und waren die Bauern erfolgreich in die Abhängigkeit gezwungen worden, stand die Auseinandersetzung mit dem preußischen Absolutismus noch bevor.[15] Auf seiten der Junker war diese Auseinandersetzung durch den Kampf gegen die Beschneidung ihrer ständischen Herrschaft und gegen den Prozeß der Staatsbildung gekennzeichnet und auf seiten der Kurfürsten und später der preußischen Könige durch den Kampf um die Errichtung des Landfriedens, die Befriedung des Fehdeadels und Raubrittertums und später die Finanzierung und personelle Rekrutierung eines schlagkräftigen stehenden Heeres. Hatte noch Friedrich Wilhelm I. anläßlich des ostpreußischen Widerstandes gegen die Einführung des Generalhufenschoßes die berühmte Sentenz verlauten lassen: „Ich ruiniere die Junkers ihre Autorität und stabiliere die Souveränité wie einen Rocher von Bronce",[16] veränderte sich das Verhältnis zwischen Adel und absoluter Monarchie unter Friedrich II. in wahrhaft dramatischer Weise.
Im Verlauf des 18. Jahrhunderts wurde aus dem aggressiven widerspensti-

11 Vgl. hierzu allg. F.-W. Henning, Herrschaft u. Bauernuntertänigkeit. Beiträge zur Geschichte der Herrschaftsverhältnisse in den ländlichen Bereichen Ostpreußens u. des Fürstentums Paderborn vor 1800, Würzburg 1964, und H. Wunder, Peasant Organization and Class Conflict in East and West Germany, in: Past and Present 78. 1978, 47–55.
12 Carsten, 90f.
13 Rosenberg, Junkerherrschaft, 74.
14 Ebd.; Carsten, 128–30; G. Czybulka, Die Lage der ländlichen Klassen Ostdeutschlands im 18. Jahrhundert, Braunschweig 1949, 14–18.
15 Als allgemeinen Überblick vgl. O. Hintze, Geist u. Epochen der preußischen Geschichte, sowie: Die Hohenzollern und der Adel, in: ders., Regierung u. Verwaltung, Ges. Abh. Bd. 3, Göttingen 1967, 1–29 u. 30–55.
16 Zit. bei Hintze, Hohenzollern, 41.

gen Adel die staatstragende Schicht in Preußen. Dieser Wandel, weit davon entfernt, ein glatter Sieg des Absolutismus auf breiter Front zu sein, trägt alle Züge eines Kompromisses: Der Adel gab in der Frage des ständischen Steuerbewilligungsrechts nach und ermöglichte damit finanziell den Aufbau der preußischen Armee. Nach jahrzehntelangem Widerstand ließ er sich in das Offizierkorps der königlichen Armee integrieren. Im Laufe dieses Prozesses legte er den Geist des ständischen Separatismus ab und entwickelte eine spezifische Loyalität gegenüber dem preußischen Staat bzw. dem König als oberstem militärischen Befehlshaber. Die Liste der Konzessionen und Privilegierungen, welche die absolute Monarchie im Verlauf dieses Kompromisses dem Adel machte, ist lang: Sie reicht von der Bevorzugung des Adels in Verwaltung und Militär über die Konzession des weiteren Ausbaus der adligen Gutsherrschaft (mit Ausnahme des staatlichen Bauernschutzes)[17] bis hin zu einer Besitzstandssicherung, die dem Adel das Monopol des Gutsbesitzes garantierte, ihm die Möglichkeit bot, seine Güter in Fideikommisse umzuwandeln und ihm in Gestalt der Landschaften ein exklusives Kreditinstitut bescherte.

Die Bedingungen der Herrschaft der Junker im 18. Jahrhundert sind am ehesten durch etwas zu charakterisieren, was man, den modernen „military industrial complex" abwandelnd, als den „militärisch-agrarischen Komplex" bezeichnen könnte. Dieser wechselseitige Bedingungszusammenhang, wie er meisterhaft von Otto Büsch analysiert und beschrieben wurde,[18] manifestierte sich auf zwei Ebenen: Gesamtgesellschaftlich in der Freigabe bzw. Nichtbehinderung des Ausbaus der adligen Gutsherrschaft durch den monarchischen Absolutismus und dafür im Gegenzug die Bereitschaft der Junker, sich in den absoluten Staat über den Militär- und Verwaltungsdienst integrieren zu lassen. Oder wie Büsch das Ergebnis des Kompromißarrangements zwischen preußischem Absolutismus und Junkern zusammengefaßt hat: „Im Laufe des 18. Jahrhunderts hatte sich erwiesen, daß die Möglichkeit, das Junkertum zur Erfüllung seiner militärischen Aufgaben heranzuziehen, reibungslos nur gegeben war, solange der Staat ihm die Macht in seinen sozialen Bereichen ließ."[19] Im Mikrobereich wurde die Doppelrolle des Junkers als militärischer Befehlshaber und Inhaber der lokalen Obrigkeit im Bereich seiner Gutsherrschaft ausgebildet.[20] Die Folgen

17 Der staatliche Bauernschutz richtete sich lediglich gegen Ausdehnungstendenzen der Gutswirtschaften, stellte aber keine Beeinträchtigung des existierenden Systems der Gutsherrschaft und Gutswirtschaft dar. Seine Wirksamkeit war überdies begrenzt. Dafür sprechen die zahlreichen Wiederholungen der Bauernschutzedikte im 18. Jahrhundert sowie die Tatsache, daß sich der Bauernschutz z. B. in Ostpreußen gar nicht hat durchsetzen können.

18 Militärsystem und Sozialleben im alten Preußen 1713–1807, Berlin 1962.

19 Ebd., 135.

20 In diesem Zusammenhang ist die Wirkungsweise des Kantonsystems, der Art und Weise der Rekrutierung der Bauern für das Regiment, ebenso aufschlußreich wie die intendierte Wirkung des Bauernschutzes als Soldatenschutz; ebd., 11–20 u. 56–61.

waren das Entstehen einer spezifischen junkerlichen Kollektivmentalität, die durch einen besonders selbstverständlichen Umgang mit der Macht auf allen Ebenen des sozialen, militärischen und politischen Alltags gekennzeichnet war sowie eine Militarisierung auch der zivilen Herrschaft.[21] Die Junker gingen durchaus gestärkt aus dem Kampf mit dem Absolutismus hervor.[22] Die Hauptbastionen ihres Herrschafts- und Einflußbereiches waren in den letzten Jahrzehnten des 18. ebenso wie im 19. Jahrhundert die Gutswirtschaft, das Offizierkorps und das staatliche Beamtentum.
Die günstige Agrarkonjunktur des letzten Drittels des 18. Jahrhunderts, die Ausweitung des Binnenmarktes über die Nachfrage des wachsenden Heeres und die stark zunehmende Nachfrage des industrialisierenden England nach Getreide bewirkten einen ungeahnten Aufschwung der Agrarwirtschaft und sicherten den Junkern hohe Einkünfte und Gewinne.[23] Materieller Aufschwung, exklusive Vorrechte in Staat und Gesellschaft und eine einzigartige, sozusagen verfassungsrechtliche Absicherung der ständisch privilegierten Stellung des Adels durch das Allgemeine Landrecht von 1794[24] kennzeichneten die Lage der Junker am Ausgang des 18. Jahrhunderts. Und doch kumulierte am Ende des Jahrhunderts eine Reihe von Krisenphänomenen, welche die Lage des gutsbesitzenden Adels zunächst eher latent und schleichend entscheidend verändert und seine Monopolstellung in der preußischen Gesellschaft untergraben haben: Diese Krisenphänomene, deren volles Ausmaß erst nach 1806/7 erkennbar und deren Folgen in ihrer ganzen Härte auch erst zu diesem Zeitpunkt für die Junker spürbar wurden, lagen zum einen in der wachsenden Verschuldung der Güter begründet, zum anderen hatten sie ihre Ursache im zahlenmäßigen Anschwellen des Adels sowie nicht zuletzt im Scheitern der absolutistischen Politik

21 „Seine Doppelrolle als Befehlsträger im militärischen Bereich einerseits und als Inhaber der zivilen Herrschaft im ländlichen Bezirk ließ aus dem altpreußischen Adligen erst recht eigentlich den ‚Junker' entstehen, einen zum Besitz und zur Ausübung von Macht geborenen und erzogenen Menschtyp." Ebd., 163, vgl. auch 97.

22 „Die Machtposition des Junkertums im altpreußischen Staat wurde in dem Maße gestärkt, wie es auf Grund seiner militärischen Funktionen an Bedeutung für die Monarchie gewann." Ebd., 138.

23 Allgemein zur materiellen Lage des gutsbesitzenden Adels im letzten Drittel des 18. Jahrhunderts: H. Schissler, Preußische Agrargesellschaft im Wandel, Göttingen 1978, 59ff., bes. 78–87; zur Agrarkonjunktur: Abel, Agrarkrisen, 182–204; zur Entwicklung des Binnenmarktes über die Nachfrage des Heeres Büsch, 111f.

24 Zur Stellung des Adels im Allgemeinen Landrecht vgl. das brillante und subtile Buch von R. Koselleck, das die ganze Doppelbödigkeit dieses – fortschrittliche und konservierende Elemente enthaltenden – Gesetzeswerks aufzeigt (Preußen zwischen Reform und Revolution, Stuttgart 1975[2], hier 78–115), sowie G. Birtsch, Zur sozialen u. politischen Rolle des deutschen, vornehmlich preußischen Adels am Ende des 18. Jahrhunderts, in: R. Vierhaus Hg., Der Adel vor der Revolution, Göttingen 1971, 82–87 und Birtschs klares Urteil, dem ich mich anschließen würde, 84: Mit dem Allgemeinen Landrecht hat der preußische Staat den „Weg nicht des frühliberalen Rechtsstaates, sondern den des Rechtsbewahrstaates beschritten".

einer Konservierung der Stände, insbesondere dem Scheitern derjenigen Maßnahmen, die die materielle Sicherung des gutsbesitzenden Adels bezweckten. Alle drei Faktoren hingen eng miteinander zusammen.
Der Aufschwung der Gutswirtschaften, an dem die Junker ohne Zweifel Teil hatten, wurde doch, wenn man neueren Untersuchungen folgt, zum überwiegenden Teil von Bürgerlichen getragen, die als Domänenpächter, bürgerliche Gutsbesitzer (vor 1807 befanden sich bereits 10% der Güter in der Hand bürgerlicher Besitzer) und als Pächter oder Verwalter sogenannter „Privatgüter" eine innovative und auch finanziell erfolgreiche Wirtschaft betrieben.[25] Bürgerliche Besitzer und Pächter haben im letzten Drittel des 18. Jahrhunderts in der Landwirtschaft große Vermögen erworben.[26] Bürgerliche traten, obwohl ihnen formal diese Möglichkeit bis 1807 nicht bzw. nur durch königliche Sondergenehmigung offenstand, als Käufer adliger Güter ebenso in Erscheinung wie als private Hypothekengläubiger.[27] Der landschaftlichen Pfandbriefschuld in Höhe von 53 Mill. Talern standen private Hypothekenschulden in Höhe von 307 Mill. Talern gegenüber.[28] In dem Besitztransfer der ersten Jahrzehnte des 19. Jahrhunderts wurde in erster Linie der Schuldenberg, den adlige Gutsbesitzer in den vorangegangenen Jahrzehnten aufgehäuft hatten, abgetragen.[29]
Weder das rechtliche Besitzmonopol noch die Möglichkeit, den adligen Lehnsverband in ein Fideikommiß zu verwandeln, und schon gar nicht die adligen Kreditinstitute, die Landschaften, waren dazu angetan, die Junker als besonderen Stand abzusichern, wie es das Ziel der Politik besonders Friedrichs II. gewesen war. Das rechtliche Besitzmonopol haben die adligen Gutsbesitzer auch ohne Not häufig umgangen. Die Möglichkeiten zur Fideikommißbildung sind vor 1807 kaum genutzt worden. Die Gründe dafür sind nicht immer klar erkennbar. Eine nicht zu unterschätzende, vielleicht die maßgebliche Veranlassung mag gewesen sein, daß fideikommissarische Bindung eines Gutes dessen Besitzer die Teilnahme an dem in den

25 Insbesondere die Arbeiten von H.-H. Müller haben dies in eindrucksvoller und überzeugender Weise belegt, vgl. ders., Märkische Landwirtschaft vor den Agrarreformen von 1807, Potsdam 1967, und die ausführliche Rezension des Buches von Büsch, bei der Müller die Gelegenheit wahrnahm, seine Thesen zu entfalten: Bauern, Pächter u. Adel im alten Preußen, in: Jahrbuch für Wirtschaftsgeschichte 1966/1, 259–77.
26 Müller, Landwirtschaft, 116ff.; Czybulka, 34–37; Schissler, 87–89.
27 Zahlreiche Beispiele bei Müller und bei F. Martiny, Die Adelsfrage in Preußen vor 1806 als politisches und soziales Problem, Stuttgart 1938, 34ff.
28 Schissler, 84; vgl. auch Koselleck, 83, und Martiny, 30f. Martiny schlüsselt die Struktur der Verschuldung des von ihm untersuchten kurmärkischen Adels auf. Die Gesamtverschuldung betrug zu jener Zeit ca. die Hälfte des Wertes sämtlicher Güter. Den Anteil der Lehnsschulden bezeichnet Martiny als beträchtlich. Seine genaue Höhe sei aber ungewiß. – Als gravierendes Moment in der Gesamtschuld sieht auch A. Goodwin die Lehnsschulden an, Prussia, in: ders. Hg., The European Nobility in the Eighteenth Century, N. Y. 1967, 96f. – Die Pfandbriefe der Landschaften machten nach Martiny weniger als 7,9% aus. Der weitaus größte Teil bestand in privaten Hypothekenschulden.
29 Zum Ausmaß des Besitztransfers vgl. Koselleck, 82f.

letzten Jahrzehnten vor dem Zusammenbruch Preußens grassierenden Spekulationsfieber, der Preistreiberei im Güterhandel, verschlossen hätte, weil die Möglichkeit, fideikommissarisch gebundene Güter zu verschulden, im Interesse der Besitzwahrung für die künftigen Generationen begrenzt war. Tatsache ist jedenfalls, daß die Gründung von Fideikommissen in zwei Wellen vor sich ging und beide Male erst durch die direkte Gefährdung des junkerlichen Besitzes durch bürgerliches Kapital ausgelöst wurde: Eine erste Bewegung setzte nach 1807 ein, eine zweite nach 1850, als die Hälfte aller 1898 bestehenden Fideikommisse gegründet wurde.[30] Die Landschaften, nach dem Siebenjährigen Krieg explizit zum Zweck der Konservierung des notleidenden Adels errichtet, erwiesen sich im Laufe der Zeit als einer der stärksten, wenn nicht der stärkste Hebel, das Besitzmonopol des gutsbesitzenden Adels zu brechen. Die Möglichkeit, billige Kredite aufzunehmen, ist sicher *auch* einer Verbesserung und Steigerung der Produktion zugute gekommen. Ihre wirtschaftlich und sozial folgenreiche Wirkung lag aber zweifellos in der hemmungslosen Anheizung der Güterspekulation, dieses künstlichen Booms auf dem Gütermarkt, dessen Zusammenbruch für die Betroffenen schmerzlich, aber letztlich von den Junkern selber verschuldet war.[31]

Zur schwierigen Lage der Junker am Jahrhundertende trug entscheidend das zahlenmäßige Anschwellen des Adels durch die Zuwanderung polnischer und französischer Emigranten, eine großzügige Nobilitierungspolitik vor allem in der Regierungszeit Friedrich Wilhelms II. sowie die natürliche Vermehrung der eingesessenen Familien bei. Das führte dazu, daß der Adel, der in Preußen immer ein „offener" Stand in dem Sinne gewesen war, daß er Emigranten und Neunobilitierte schnell und effektiv assimilierte,[32] um 1800 ein soziales Problem darstellte. Hiervon zeugt die Existenz zahlreicher verarmter Adliger, das Hineindrängen des Adels in staatliche Ämter bis hin zum Postmeister, weil sonst keine Versorgungsmöglichkeiten mehr offenstanden. Es gab adlige Bauern, und es gab selbst bettelnde und vagabundierende Adlige.[33] Die Besitzdifferenzierung innerhalb des gutsbesitzenden Adels war riesig: Sie reichte vom Latifundienbesitz schlesi-

30 Martiny, 29; J. Conrad, Die Fideikommisse in den östlichen Provinzen Preußens, in: Fs. G. Hanssen, Tübingen 1889, 259–300.

31 Zur Güterspekulation und den „Landschaften" vgl.: M. Weyermann, Zur Geschichte des Immobiliarkreditwesens in Preußen, Karlsruhe 1910; H. Mauer, Das landschaftliche Kreditwesen in Preußen, Straßburg 1907; Koselleck, 86f.; Schissler, 81–83; zahlreiche Einzelbeispiele für den spekulativen Agrarboom finden sich bei R. Stein, Die Umwandlung der Agrarverfassung Ostpreußens durch die Reformen des 19. Jahrhunderts, I, Jena 1918, und bei J. Ziekursch, Hundert Jahre schlesische Agrargeschichte vom Hubertusburger Frieden bis zum Abschluß der Bauernbefreiung, Breslau 1927².

32 Czybulka, 63f. Im Gegensatz zum preußischen Adel war etwa der westfälische Adel weit stärker bestrebt, über Familienordnungen, restriktive Heiratsregelungen u.ä. seine Exklusivität zu wahren, vgl. H. Reif, Westfälischer Adel 1770–1860, Göttingen 1979.

33 Hierzu Martiny, 65ff., bes. 71; Birtsch, 88f.; Koselleck, 80ff.; Goodwin, 99f.

scher, in geringerem Ausmaß auch ostpreußischer Magnaten, der seine Existenz noch der Zeit der Söldnerführer verdankte, über den meist aus mehreren Gütern und Dörfern bestehenden Besitz des „wohlhabenden" Adels, der nach der informierten Schätzung G. Czybulkas fast ein Viertel des gesamten Adels ausmachte, über den in der Regel ein bis zwei Güter und Dörfer umfassenden Besitz des „mittleren" Adels (nach Czybulka ca. die Hälfte des Adels) bis hin zum „ärmeren" Adel, der oft nur ein kleines Gut oder nur mehr Gutsanteile besaß (das restliche Viertel), und dem ausgesprochen ärmlich lebenden, von seiner bäuerlichen Umgebung sich so gut wie nicht mehr unterscheidenden Kleinadel.[34]
Abgesehen davon, daß der agrarökonomische Aufschwung der letzten Jahrzehnte des 18. Jahrhunderts für viele Gutswirte wegen maßloser Güterspekulationen nur eine Chimäre war, hatte er außer latenter und manifester Besitzverschiebungen infolge von (Zwangs-)Verkäufen und Verschuldung im Hinblick auf die Arbeitsverhältnisse auf den Gutswirtschaften und damit auch für die ländliche Sozialstruktur eine durchaus ambivalente Wirkung: Zum einen löste die Rationalisierung und Effektivierung der Gutswirtschaften eine Welle der Freisetzung von Arbeitskräften aus, gemäß der wirtschaftsliberalen und durch Erfahrung abgestützten Erkenntnis, daß sich mit freien Arbeitern rationeller wirtschaften ließe als mit den widerwillig geleisteten Frondiensten der Bauern. Zum anderen führten aber genau die gleichen Bedingungen, nämlich günstige Gewinnchancen und, daraus folgend, wirtschaftsrationelle Bestrebungen der Gutswirtschaften, zu genau der entgegengesetzten Bewegung: Die Anspannung der Dienste wurde teilweise bis auf sechs Tage in der Woche vorangetrieben, um auch noch das Letzte aus den Bauern herauszuholen. Seine Erklärung findet dieser kontradiktorische Prozeß in der Tatsache, daß die extensive Nutzung *vorhandener* Arbeitskraftressourcen natürlich immer noch billiger und unmittelbar gewinnträchtiger war, als eine zwar weitsichtig geplante, aber doch ungewisse Zukunft einer Wirtschaft mit kostenintensiveren, freien Lohnarbeitskräften. Beides, sowohl die Zunahme ungebundener Arbeitskräfte wie die Verschärfung der Ausbeutung bäuerlicher Frondienste, unterhöhlte die Sozialordnung auf dem Lande, verschärfte bestehende Spannungen und erhöhte die Konfliktbereitschaft.[35]
Die Stellung des Adels am Ausgang des 18. Jahrhunderts war sozial und

34 Sehr anschaulich hierzu Czybulka, 65–69.

35 Zur Ambivalenz der Auswirkungen gutsherrlicher Rationalisierungsbestrebungen vgl. Koselleck, 85 f.; Schissler, 71; dies., „Bauernbefreiung" oder Entwicklung zur agrarkapitalistischen Gesellschaft? in: Sozialwissenschaftliche Informationen für Unterricht und Studium 8. 1979, 138, sowie Czybulkas Urteil (30): „Annäherungsweise werden wir sagen können, daß im 18. Jahrhundert in Ostdeutschland die letzten Möglichkeiten, die unter der überkommenen Agrarverfassung und Agrartechnik gegeben waren, in einem letzten Anlauf ausgeschöpft wurden. Hierbei gerät schließlich das wirtschaftliche Streben in immer größeren Widerspruch zur sozialen Organisation."

wirtschaftlich angeschlagen. Sie wurde infolge der ganz Europa in ihren Bann ziehenden Revolution in Frankreich und besonders nach der militärischen Niederlage Preußens gegen Napoleon 1806/7 auch politisch prekär. Die 1807 in Preußen einsetzenden Reformen haben im Hinblick auf die Junker eine, wenn man so will, „purgierende" Wirkung gehabt. Die Agrarreformen haben die soziale Basis der Junker erweitert und deren wirtschaftliche Position konsolidiert, indem sie den Zugang zum Rittergutsbesitz dem Nicht-Adel offiziell öffneten.[36] Mit dem Besitzmonopol wurde auch die ständische Exklusivität des Adels mit den ausschließlich ihm zur Verfügung stehenden Berechtigungen und Privilegien aufgebrochen. Auch wenn man in der Beurteilung nicht so weit geht, wie ein Beobachter, der in den Reformen nachgerade die Bedingung für das Überleben des preußischen Adels sah, der andernfalls zu diesem Zeitpunkt der Entwicklung unweigerlich seinem ökonomischen Untergang zugetrieben wäre,[37] steht doch außer Frage, daß die Agrarreformen die legale Basis für die Expansion des Großgrundbesitzes wesentlich verbreiterten.[38] Erst das 19. Jahrhundert erlebte die großflächige Ausweitung ostelbischen junkerlichen Grundbesitzes.
Die Junker selber oder doch nicht wenige von ihnen, befürchteten, von der „Rotte heimatloser, auf Theorien einstudierter Gesellen", als die der märkische Frondeur v. d. Marwitz die Spitzenbeamten zu bezeichnen beliebte,[39] ihre Auslöschung als privilegierten Stand. Auf Revolution und Reform reagierte der Adel in Preußen ganz überwiegend mit Angstphantasien und sozialer Abschottung. Diese Reaktionsweise war nun alles andere als ausschließlich für Preußen typisch. Auch in England etwa waren die Revolutionskriege von einer Welle der aristokratischen Reaktion begleitet.[40] Was zeitweise aus der Sicht der subjektiv davon Betroffenen als Frontalangriff auf ihre Stellung in Staat und Gesellschaft ausgesehen haben mag, erwies sich bei genauerem Hinsehen keineswegs als der Vernichtungsschlag gegen den Adel, als den in jenen Jahren v. d. Marwitz die Reformen wortgewaltig interpretierte. Eine ganze Reihe v. a. ostpreußischer Gutsbesitzer erkannte frühzeitig die Vorteile, die den Junkern aus den Reformen der agrarischen Verfassung und Besitzstruktur erwuchsen, die ökonomisch gleicherweise

36 Allg. zu den preußischen Reformen vgl. den Aufsatz von B. Vogel in diesem Band; auch dies., Die Reformpolitik des preußischen Staatskanzlers Hardenberg unter besonderer Berücksichtigung der Gewerbepolitik, Habil. Schrift, Hamburg 1980; dies., Hg., Preußische Reformen 1807–1820, Königstein 1980. Zu den Agrarreformen im besonderen vgl. Koselleck, 487 ff., und Schissler, Agrargesellschaft, 105–144.

37 Goodwin, 83: „The play of economic forces and its own conservation would, indeed, most likely have ruined the Prussian nobility at that stage, had it not been saved by the reforms of Stein and Hardenberg."

38 Rosenberg, Bureaucracy, 218; vgl. auch Schissler, Agrargesellschaft, 106–115.

39 Zit., ebd., 123.

40 Vgl. dazu unten 111 f. und R. Stadelmann, Deutschland u. die westeuropäischen Revolutionen, in: ders., Deutschland und Westeuropa, Laupheim 1948, 22.

wie politisch dringend geboten erschienen.[41] Wurden die Eingriffe auch vor allem im Hinblick auf die Verfügung über bäuerliche Arbeitskräfte und wegen des nun nicht mehr behinderten Einströmens von Bürgerlichen und Bauern in den Gutsbesitz als einschneidend empfunden, dienten die Maßnahmen, die ganz abgesehen davon, daß sie eine bereits in vollem Gange sich befindende sozioökonomische Bewegung lediglich legalisierten, doch im wesentlichen dem Erhalt derjenigen, die völlig zu Unrecht ihren Untergang als privilegierten Stand und hoch bevorrechtigte Besitzklasse befürchteten. Zudem wurde die Öffnung des Adels als Besitz- und Herrschaftsstand, die juristische Freisetzung der Arbeitskräfte und die Überführung des Bauernlandes in Privateigentum so dosiert, daß für die Gutsbesitzer die Härten des Übergangs weitgehend gemildert wurden. Darüber hinaus wurden die Reformen der Agrarstruktur von einer Reihe von direkten und indirekten Stützungsmaßnahmen für die Gutsbesitzer begleitet, von denen der umfassende und in einigen Provinzen jahrzehntelang währende Schutz des verschuldeten Adels vor seinen (bürgerlichen) Gläubigern durch Kreditmoratorien nur der herausragendste war.

Den Junkern gelang es, die Reformen der politischen Verfassung des Gesamtstaates mehr oder weniger vollständig zu boykottieren. Diejenigen Reformen, bei denen die materiellen Interessen der Junker als Gutsbesitzer oder als Steuerzahler tangiert wurden, gelang es zu verzögern und zu entschärfen. Teilweise konnten die Junker die Bürokratie sogar, wie etwa 1816, als den kleinen Bauern die Befugnis, ihr Land als Eigentum zu erwerben und ihre Dienste abzulösen, nachträglich wieder abgesprochen wurde,[42] zwingen, bereits erlassene Gesetze praktisch zu widerrufen. Die politischen Herrschaftsrechte, die sich im Laufe der Jahrhunderte als ebenso praktisch wie wirkungsvoll im Umgang mit der ländlichen Bevölkerung erwiesen hatten, blieben erhalten. Sie wurden nur sozusagen „demokratisiert“, d.h. sie wurden allen, auch den nun in großer Zahl in den Gutsbesitz einströmenden neuen Besitzern, zugänglich.[43]

Bleibendes und auch nicht mehr revidierbares Ergebnis der Sozial-, Wirtschafts- und Agrarreform war die Öffnung der Junker als bevorrechtigter Besitzstand und seine Umwandlung in eine neue Klasse von Rittergutsunternehmern,[44] die Adlige und Bürgerliche umfaßte, die allerdings hinreichend privilegiert blieb, bzw. mit neuen Rechten zusätzlich ausgestattet

41 Koselleck, 519ff.

42 Zur Deklaration von 1816 sowie zur Entwicklung der Agrargesetzgebung insgesamt vgl. immer noch das Standardwerk von G. F. Knapp, Die Bauernbefreiung und der Ursprung der Landarbeiter in den älteren Teilen Preußens, 2 Bde, Leipzig 1927².

43 Rosenberg, Pseudodemokratisierung, 16; ders., Bureaucracy, 217–19; Schissler, Agrargesellschaft, 164f.

44 Die ständischen und klassengesellschaftlichen Merkmale der Junker jeweils zu bestimmen, ist nicht ganz einfach, weil beide Merkmalsgruppen seit dem 16. Jahrhundert historisch je eigentümliche Verbindungen eingegangen sind. Als „neue Klasse“, „Stand“,

wurde, um nicht nur ihr Überleben zu garantieren, sondern die in wenigen Jahrzehnten zusammenschmelzende neue Rittergutsbesitzerklasse mit vorzüglichen Chancen für den Start ins Zeitalter des Agrarkapitalismus auszustatten.[45] Die Wirkung der Reformen auf den gutsbesitzenden Adel hat Koselleck so beschrieben: „Gerade durch seine wirtschaftliche Gleichstellung mit dem Bürgertum konnte der Adel mehr Vorrechte in das 19. Jahrhundert hineinretten, als es ihm sonst möglich gewesen wäre. Die Anpassung erfolgte also von beiden Seiten, wodurch der Adel auf die Dauer der Gewinner blieb."[46] Den politischen Angriff auf seine Vorrangstellung konnte der Adel auf allen Ebenen abschlagen, bzw. entschärfen (z. B. in den Auseinandersetzungen um das Gendarmerieedikt oder im Kampf um die Provinzialverfassungen).[47] Durch eine Reihe von Maßnahmen wurde versucht, die politischen Folgen der Verbürgerlichung der Gutsbesitzerklasse einzudämmen. Zu den wirtschaftlichen Ritterschutzbestimmungen kam eine Art persönlicher Standschaft hinzu, die dem Rittergutsbesitz quasi aufgepfropft wurde.[48]

„Berufsstand", „Besitzklasse", „gutsherrschaftlich abgesicherte Unternehmerklasse" bezeichnet Koselleck, 487f. u. 507, die Junker zu Beginn des 19. Jahrhunderts, in derjenigen Phase, in der die klassengesellschaftlichen Merkmale endgültig die Oberhand über die ständischen gewonnen haben. Rosenberg bezeichnet die Junker im 19. Jahrhundert als „mobile Wirtschaftsklasse" und „exklusiven feudalen Berufsstand", Pseudodemokratisierung, 16f., – alles typologische Versuche, die eigenartigen ständischen und klassengesellschaftlichen Mischungsverhältnisse, welche die Sozialgeschichte der Junker durchziehen, terminologisch in den Griff zu bekommen. Eine neuere konzise Typologie von „Stand" und „Klasse", die sich auch auf die Junker anwenden ließe, findet sich bei J. Kocka, Stand – Klasse – Organisation. Strukturen sozialer Ungleichheit in Deutschland vom späten 18. bis zum frühen 20. Jahrhundert, in: H.-U. Wehler Hg., Klassen in der europäischen Sozialgeschichte, Göttingen 1979, 138–141; vgl. auch ebd. Wehlers Einleitung: Vorüberlegungen zur historischen Analyse sozialer Ungleichheit, 9–32.

45 Vgl. etwa die zahlreichen Wettbewerbsvorteile der neuen Gutsbesitzerklasse gegenüber den Bauern sowie die ungleichen Chancen von Gutsbesitzern und Landarbeitern auf dem Arbeitsmarkt in der Zeit des vormärzlichen Pauperismus, in der die große Zahl der Arbeitsuchenden auf die Löhne drückte und die Landarbeiter zwang, praktisch jegliche Arbeitsbedingungen zu akzeptieren, Schissler, Agrargesellschaft, 168–85. Zum Zusammenschmelzen der Gutsbesitzerklasse und zur Assimilierung der bürgerlichen Besitzer vgl. Rosenberg, Pseudodemokratisierung, 26f.; H. Heffter, Die deutsche Selbstverwaltung im 19. Jahrhundert, Stuttgart 1969², 221f.; J. R. Gillis, Aristocracy and Bureaucracy in Nineteenth Century Prussia, in: Past and Present 41. 1968, 115; R. Stein, III, Königsberg 1934, 324, Koselleck, 514f.

46 Ebd., 85, ganz ähnlich auch 508.

47 Koselleck, 449ff.; H. Obenaus, Finanzkrise u. Verfassungsgebung, in: G. A. Ritter Hg., Gesellschaft, Parlament und Regierung, Düsseldorf 1974, 57–75.

48 Koselleck, 516–23; ebd., 522: „Aus dem bis dahin verkappten Adelsschutz wurde dessen offene Förderung – Indiz dafür, daß die Furcht vor einer bürgerlichen Unterwanderung die gewonnene Selbstsicherheit, sie zu meistern, langsam verzehrte." Der Rittergutsbesitz wurde dabei vielfältig abgestuft und in unterschiedlicher Weise politisch und wirtschaftlich privilegiert. Es gab die Standesherren, den „alten und befestigten Rittergutsbesitz", „Gutsbesitz bedingter Rittergutsqualität" und kreistagsfähige Rittergüter, Schulz, 92.

Die Auseinandersetzung zwischen Adel und Bürokratie in den Jahren der Reformen hat Eckart Kehr etwas sybillinisch so charakterisiert: „Von 1807–1812 wurden die Grundlagen eines Zustandes gelegt, erschüttert und wieder ausgeglichen, den man als feste Allianz gegenüber allen Unbeteiligten und als schärfsten Kampf zwischen den Alliierten an jedem Punkte möglicher Berührung der eigenen Interessen bezeichnen kann.“[49] Diese etwas theatralische Formulierung charakterisiert die „verkehrten Fronten“, die den adligen Widerstand gegen die Reformen kennzeichnen, bzw. die völlig aus der Luft gegriffene Vermutung eines altständische Traditionen wiederbelebenden frondierenden Adels, die Bürokratie führe seine Vernichtung im Schilde.[50] Im Kampf gegen die Reformpolitik und – was vielleicht noch entscheidender war – im Kampf gegen die Ersetzung des monarchischen Absolutismus durch die Herrschaft der Bürokratie,[51] wurde das Bündnis zwischen Monarchie und Adel erneuert, das im 18. Jahrhundert, vor allem in dessen zweiter Hälfte (allerdings damals im wesentlichen ohne die Konkurrenz bürokratischer Herrschaftsansprüche sowie Grad und Ausmaß des nun in seiner vollen Stärke spürbaren bürgerlichen Drucks auf die ökonomischen Positionen des Adels), Politik und Gesellschaftsstruktur dominiert hatte. Im Verlauf des Kampfes um Herrschaft und Reform zwischen den einzelnen Teilen der Herrschaftselite[52] oder, wie es in den Worten der Reformer selber pathetisch hieß: um die „Regeneration des preußischen Staates“, näherten sich die Gegner einander sehr schnell wieder an, so daß etwas pointiert formuliert worden ist, daß spätestens seit 1822 „die bürokratische Monarchie im Bunde mit dem junkerlichen Klasseninteresse“ sich befand.[53]

49 Zur Genesis der preußischen Bürokratie und des Rechtsstaats, in: ders., Der Primat der Innenpolitik, Hg. H.-U. Wehler, Berlin 1976³, 39.
50 Zur Dialektik von Konflikt und Kompromiß in den Auseinandersetzungen zwischen Bürokratie und Gutsbesitzern vgl. Schissler, Agrargesellschaft, 123–35.
51 So interpretiert Rosenberg (Bureaucracy, 202–28) die Reformperiode.
52 Ebd., 204.
53 Heffter, 207. Diese Formulierung ist sicher etwas schroff. Natürlich ging die bürokratische Herrschaft nicht im „junkerlichen Klasseninteresse“ auf, sondern unterschied sich von diesem an entscheidenden Punkten, was Heffter an anderen Stellen auch durchaus betont, vgl. etwa 210, wo er den Vormärz als das „klassische Zeitalter der Bürokratie“, die durch Merkmale wie „Unbestechlichkeit, hohe Bildung, Sorgfalt und Zuverlässigkeit im Verwaltungsalltag“ gekennzeichnet sei. Vgl. allgemein zur Frage der „relativen Selbständigkeit“ der Bürokratie bzw. der Frage, ob die Maßnahmen der Bürokratie im Sinne einer „Agententätigkeit“ der herrschenden Junkerklasse zu verstehen seien, Kocka, Preußischer Staat. Wie Kehr ist auch Rosenberg (Bureaucracy, 203) der Meinung, der Elitenkonflikt oder die sog. preußische „Revolution von oben“ habe von 1807 bis 1812 gedauert. Vgl. sein zusammenfassendes Urteil (222): „The strengthening of the authoritarian rule of both the bureaucratic elite and the landed aristocracy turned out to be the outstanding result of the substitution of bureaucratic absolutism for monarchical autocracy in the preindustrial society of Prussia.“ „. . . the reformers fought a battle not against, but for the landed aristocracy.“

Für die Gruppengeschichte der Junker in den ersten Jahrzehnten des 19. Jahrhunderts waren eine Reihe von Faktoren entscheidend:

– Die Öffnung der Junker als privilegierter Stand und seine Umwandlung in eine „mobile Wirtschaftsklasse"[54] wurde mit gravierenden Besitzverschiebungen vorwiegend in den 20er Jahren in zum Teil schmerzhaften Anpassungsprozessen vollzogen.[55]

– Der gutsbesitzende Adel assimilierte die homines novi innerhalb weniger Jahrzehnte, spätestens in der zweiten oder dritten Generation. Seine Integrationskraft reichte allerdings nur gerade soweit, daß die Dominanz des Adels innerhalb der neu sich konsolidierenden Gutsbesitzerklasse gewahrt blieb.[56]

– Das Bürgertum drängte zwar nach Teilhabe an den ökonomisch verfügbaren Chancen und Gratifikationen, politisch stellte es aber im Grunde kaum Forderungen, jedenfalls war es in den Jahren der Reformen und der Befreiungskämpfe kein nennenswerter Faktor im Kampf um Macht- und Herrschaftspositionen.[57]

– Die Bürokratie benötigte für den „Durchbruch" und die Absicherung ihrer eigenen Herrschaft einen Verbündeten, der ihr im Bürgertum aber nicht zur Verfügung stand. Potentielle bürgerliche Forderungen, etwa nach Parlamentarisierung der politischen Herrschaft oder Abstinenz des Staates bei der Lenkung wirtschaftlicher und sozialer Prozesse, hätten zudem den bürokratischen Herrschaftsanspruch, der ja ganz wesentlich die Fortsetzung, Modernisierung und Effektivierung des monarchischen Absolutismus war, sicher kaum im Sinne der Bürokratie hinreichend effektiv abgestützt. Dieser Tatbestand sowie die herrschenden Machtverhältnisse und die Tatsache, daß die hohen Beamten des preußischen Staates selber zu einem beachtlichen Teil der Gutsbesitzerklasse angehörten, verwiesen die Bürokratie zwingend auf Berührungspunkte und gleichartige Interessenlagen mit

54 Rosenberg, Pseudodemokratisierung, 16.

55 Zum Besitzwechsel Koselleck, 511f.; Gillis, 113.

56 „Der erste Stand des Staates öffnete seine Reihen gerade weit genug, um seine Position zu festigen", Koselleck, 515.

57 In diesem Zusammenhang sei nur erwähnt, welch negative Konsequenzen die politische Abstinenz des Bürgertums in Verbindung mit der Assimilierung bürgerlicher Besitzer durch die adligen Junker für die „politische Kraft" des Bürgertums hatte; vgl. Koselleck, 514f.; Rosenberg, Pseudodemokratisierung, 28, und Kehrs für das ganze 19. Jahrhundert lautendes Urteil (Genesis, 43): Es wird deutlich, „daß das Bürgertum sobald nur seine ökonomischen Ansprüche anerkannt und gesichert waren, die politischen Ansprüche restlos preisgegeben hat. Mit innerster Notwendigkeit brach die politische Aktivität des deutschen Bürgertums zusammen, als es seine ökonomischen Forderungen gegen die alten politischen Herrschaftsgruppen durchgesetzt hatte, und alliierte sich mit seinen bisherigen Gegnern. Die grundsätzliche politische Rückgratlosigkeit des deutschen Bürgertums hat seinen Grund in der ökonomisch unaufhaltsamen Entwicklung der kapitalistischen Wirtschaft; wer gut verdient, verzichtet darauf, seinen Verdienst durch politische Opposition ... zu schmälern."

den Junkern.[58] Eine bonapartistische Alternative einer Koalition mit den städtischen und ländlichen Unterschichten gegen Junker und Monarchie war zu diesem Zeitpunkt historisch keine realistische Alternative.

– Die Bauern waren jahrhundertelang an ihre Entrechtung und an unmittelbare Junkerherrschaft gewöhnt. Sie fügten sich relativ widerspruchslos in die im Reformjahrzehnt für sie geschaffenen Bedingungen, akzeptierten die politische Herrschaft der Junker im Alltag, petitionierten höchstens für die Aufhebung besonders krasser Ungerechtigkeiten. Als Konkurrenten der ökonomisch überlegenen, mit Vorrechten und Herrschaftsbefugnissen reichlich ausgestatteten Junker befanden sie sich auf dem freien Markt juristisch abgesichert in einer wesentlich schlechteren Position als diese.[59] Das „natürliche Schutz-, Aufsichts- und Abhängigkeitsverhältnis zwischen den größeren und gebildeteren Gutsbesitzern und den kleineren Bauern", wie es nach Meinung der Junker ebenso wie der zentralen und lokalen Verwaltungen „den kleineren Grundeigentümern ebenso wohltätig, wie es im höheren Staatsinteresse besonders wichtig ist",[60] akzeptierten die Bauern im wesentlichen im Vormärz, obwohl sich im Laufe der Jahrzehnte genügend sozialer Unmut und Zündstoff angesammelt hatte.

Als die wahren Gewinner der Agrarreformen und als bevorrechtigte Nutznießer und Teilhaber bei der Neuverteilung der politischen Herrschaft in den Jahren der Reformen gingen die Junker, in ihrem Bestand um ein kapitalkräftiges Bürgertum erweitert, in die 20er Jahre, in denen eine schwere Agrarkrise ihre ökonomische Standfestigkeit auf eine harte Probe stellte.[61] In diesen Jahren, in welche die meisten Besitzwechsel infolge von Zwangsversteigerungen fielen, kristallisierten sich die lebensfähigen und ökonomisch erfolgreichen Gutswirtschaften heraus. Rechtzeitiger Übergang zur Schafzucht konnte wirtschaftlich agile Agrarunternehmer, die ihre Chance auf dem europäischen Markt erkannten und rechtzeitig wahrnahmen, auch in den Jahren niedrigster Getreidepreise vor dem Bankrott retten.[62] Die ersten Jahrzehnte des 19. Jahrhunderts waren eine Zeit schwieriger wirtschaftlicher Konsolidierung für die Rittergutsbesitzerklasse, gekennzeichnet durch ökonomischen Überlebenskampf, Anpassung an die neue Wirt-

58 Als Bedingung ihres Sieges über die absolute Monarchie interpretiert Rosenberg (Bureaucracy, 226) die Allianz der Bürokratie mit den Junkern.

59 Als „Zwischenlage zwischen wirtschaftlicher Freiheit und politischer Halbuntertänigkeit" kennzeichnet Koselleck (556) die Lage der Bauern. Vgl. zur Lage der Bauern auch ebd., 500–3; Schissler, Agrargesellschaft, 168–73; E. Jordan, Die Entstehung der konservativen Partei und die preußischen Agrarverhältnisse von 1848, München 1914, 38–54.

60 Zit. nach Rumpf bei Koselleck, 524.

61 Zur Agrarkrise vgl. aus der Fülle der wirtschaftshistorischen Literatur Abel, Agrarkrisen, 205–25. Zu den Auswirkungen auf die Gutsbesitzerklasse Jordan, 17–82, und Koselleck, 507–25.

62 Schissler, Agrargesellschaft, 152.

schaftsweise mit freien Arbeitskräften[63] und insgesamt einer beträchtlichen Wertsteigerung der Güter.[64]
In den 1850er und 1860er Jahren erreichten die Junker den historischen Höhepunkt ihrer wirtschaftlichen Kraft. Ausschlaggebend für ihre ökonomische Potenz waren auf der Angebotsseite das äußerst niedrige Lohnniveau sowie der Überfluß an landwirtschaftlichen Arbeitskräften, beides Folgen des Bevölkerungswachstums und des Pauperismus,[65] und auf der Nachfrageseite die Aufhebung der englischen Kornzölle 1846 sowie die Entwicklung des inneren Marktes. Die ökonomische Bedeutung der ostelbischen Landwirtschaft war zu keinem Zeitpunkt größer: Über den Export trug der Agrarsektor ganz wesentlich zum gesamtwirtschaftlichen Wachstum und mittelbar zur Industrialisierung bei. Er vermittelte die englische Nachfrage auf dem deutschen Markt. Für den heimischen Markt war er nahezu der alleinige Versorger mit agrarischen Produkten.[66]

63 In diesem Zusammenhang ist die Entwicklung des Instenverhältnisses, eines quasi-feudalen Arbeitsverhältnisses mit Gewinnbeteiligung der Arbeiter und Naturalentlöhnung, aber auf der Grundlage der freien Vertragspartnerschaft, von besonderem Interesse. Vgl. M. Weber, Die Verhältnisse der Landarbeiter im ostelbischen Deutschland, Leipzig 1892; Schissler, Agrargesellschaft, 173–85.

64 Dieser Entwicklung parallel liefen Maßnahmen zur Entschuldung des Gutsbesitzes. Zwar ist die Pfandbriefschuld, absolut gesehen, zwischen 1805 und 1855 von 53 Mill. auf 124 Mill. Taler gestiegen, ihr Charakter, den Jordan (23 f.) als Bewegung von der spekulativen Verschuldung zum Produktivkredit bezeichnet hat, hat sich in diesen Jahrzehnten aber entscheidend gewandelt. Nach Meinung Jordans wäre das Bild noch günstiger, könnten Schulden und Güterwert in Relation gebracht werden. Die Tendenzen zur wachsenden Verschuldung beurteilt H.-J. Puhle (Politische Agrarbewegungen in kapitalistischen Industriegesellschaften, Göttingen 1975, 44) entschieden negativer. Zur Verschuldung des Großgrundbesitzes in der zweiten Hälfte des 19. Jahrhunderts vgl. auch Schulz, 96–101.

65 Zum säkularen Trend vgl. Abel, Agrarkrisen, 226–42; zu den Auswirkungen auf das Verhältnis zwischen landwirtschaftlichen Arbeitgebern und Arbeitern Jordan, 20 u. 61.

66 Zur überragenden gesamtwirtschaftlichen Bedeutung der (ostelbischen) Landwirtschaft in der Mitte des 19. Jahrhunderts vgl. neuerdings R. H. Dumke, Anglo-deutscher Handel u. Frühindustrialisierung in Deutschland 1822–1865, in: GG 5. 1979, bes. 182–84, 187, 191 u. 194; ähnlich in der Akzentuierung, aber allgemeiner schon K. Borchardt, Regionale Wachstumsdifferenzierung in Deutschland im 19. Jahrhundert unter besonderer Berücksichtigung des Ost-West-Gefälles, in: Fs. F. Lütge, 338 f.; ältere, aber nach wie vor wichtige Arbeiten: G. Hermes, Statistische Studien zur wirtschaftlichen u. gesellschaftlichen Struktur des zollvereinten Deutschlands, in: Archiv für Sozialwissenschaft 63. 1930, bes. 131–36; Jordan, bes. 17–82, und B. Brockhage, Zur Entwicklung des preußisch-deutschen Kapitalexports 1817–1840, Leipzig 1910. Aus seiner Beschäftigung mit dem letzten Viertel des 19. Jahrhunderts hat Puhle seine These von der strukturellen Krise der ostelbischen Großlandwirtschaft auf das gesamte 19. Jahrhundert extrapoliert; vgl. Von der Agrarkrise zum Präfaschismus, Wiesbaden 1972, 17, und ders., Agrarbewegungen, 47. Demgegenüber würde ich mich eher den Autoren, v. a. G. Hermes, anschließen, die den radikalen Wandel in der Leistungsfähigkeit und gesamtwirtschaftlichen Bedeutung der ostelbischen Landwirtschaft betonen, und würde zumindest für die Zeit seit den 30er Jahren bis Ende der 60er Jahre die These von der strukturellen Krise und Krisenanfälligkeit der Landwirtschaft in Ostelbien insgesamt bestreiten. M. E. müßten die ökonomi-

Für eine Entmachtung der Junker dürfte es kaum einen ungünstigeren Zeitpunkt gegeben haben als die Revolution von 1848. Bei der überragenden gesamtwirtschaftlichen Bedeutung der ostelbischen Landwirtschaft bis in die 70er Jahre hinein konnte eine Aktionsbasis gegen die agrarische Herrschaftselite der Junker nicht anders als labil, schwach und brüchig sein. Eine durch ihren ökonomischen Erfolg sich legitimierende Klasse hat es leichter, ihre soziale Dominanz zu bewahren und ihren politischen Maximen Nachdruck zu verleihen, als wenn sie, wie in den Jahren der Reform, aus der Defensive heraus ihren Einfluß in Politik und Gesellschaft geltend zu machen sucht, oder wie Kehr den gleichen Tatbestand positiv gewendet formuliert hat: „Der Konservatismus blieb lebendig, weil er einer großen, modernen, landwirtschaftlichen und kapitalistischen Klasse zugehörte, nicht aber weil er feudalistisch war.“[67]
An ökonomische Erfolge gewöhnt, waren die Junker auf den konjunkturellen Einbruch seit Mitte der 70er Jahre, dessen fühlbarste Auswirkungen sie auf dem Höhepunkt der Agrardepression 1893/94 trafen, denkbar schlecht vorbereitet. Die Zäsur war scharf. Der bisherige Preisanstieg für agrarische Produkte setzte sich in der gesamteuropäischen „großen Depression“ nicht mehr fort. Zeitweilig fielen die Getreidepreise sogar.[68] Die alten Schuldenlasten wie die aus Gründen der Produktivitätssteigerung wie der Bodenspekulation vorgenommene Neuverschuldung, die in den Jahrzehnten agrarwirtschaftlichen Aufschwungs, steigender Preise, günstigen Absatzes und hoher Gewinne leicht zu tragen gewesen waren, lasteten am Jahrhundertende schwer auf dem ostelbischen Großgrundbesitz.[69] In dieser konjunkturellen Lage traf die getreideexportierenden ostelbischen Junker die überseeische, vor allem amerikanische Konkurrenz, die ihrerseits Folge der Transportrevolution und niedriger Frachtraten war.[70] Diese für den exportabhängigen und Getreidemonokultur betreibenden Großgrundbesitz äußerst schwierige Situation wurde durch zwei binnenwirtschaftliche Fak-

schen Auswirkungen und die sozialen und politischen Folgen des Entwicklungsbruchs zwischen der Jahrhundertmitte und der Agrarkrise der 80er und 90er Jahre sehr viel stärker, als Puhle dies tut, für ein Gesamturteil berücksichtigt werden.

67 Neuere deutsche Geschichtsschreibung, in: ders., Primat, 258. Ähnlich auch Hermes, 135: „So wenig eine wirtschaftlich absinkende Aristokratie auf Grund eines gesellschaftlichen Prestiges ihre Position behaupten kann, so stark wirken Tradition und überkommene gesellschaftliche Geltung zu ihren Gunsten, wenn wirtschaftliche Macht mit ihnen Hand in Hand geht“, und Rosenberg, Pseudodemokratisierung, 9: „Wäre das Landjunkertum in der Epoche der ‚permanenten Revolution‘ lediglich reaktionär gewesen, wäre es nicht auch fortschrittlich und modern geworden, so hätte es sich unmöglich als eine privilegierte Herrenschicht bis in das 20. Jahrhundert halten können.“

68 Zur konjunkturellen und Preisentwicklung seit den 70er Jahren M. Rolfes, Landwirtschaft 1850–1914, in: Handbuch der Deutschen Wirtschafts- und Sozialgeschichte, II, Stuttgart 1976, 495–526, bes. 501–3.

69 Vgl. die Literatur in Anm. 64.

70 A. Gerschenkron, Bread and Democracy in Germany, N.Y. 1966², 37, 42ff.

toren zusätzlich verschärft: Langfristig ist in allen industrialisierenden Ländern die Landwirtschaft der Verlierer der gesamtwirtschaftlichen Entwicklung gewesen. Die Wachstumsraten der Landwirtschaft blieben hinter denen der Industrie zurück, ebenso die Entwicklung ihrer Rentabilität, Produktivität, Gewinnspannen, Handelsvolumina. Der Anteil der landwirtschaftlichen Arbeitskräfte an der arbeitenden Bevölkerung insgesamt schrumpfte. Genau mit diesen Strukturproblemen sah sich die ostelbische Landwirtschaft in den akuten landwirtschaftlichen Krisenjahren konfrontiert.[71] Hinzu kam schließlich noch das eminent folgenreiche wirtschaftliche und sozialpolitische Problem der massenhaften Abwanderung der landwirtschaftlichen Arbeitskräfte in die industriellen Ballungszentren des Westens – Folge zunächst des industriellen Arbeitskräftebedarfs, provoziert und beschleunigt durch niedrige Löhne in der Landwirtschaft und dort vorherrschende schlechte Arbeitsbedingungen. Die Landflucht war mithin auch eine späte Konsequenz verschleppter sozialpolitischer Probleme der Agrarreform.[72]

Der Einschnitt war tief und wurde von den Junkern auch kraß empfunden. Im Urteil einer guten Kennerin der wirtschaftlichen und sozialen Geschichte der Junker liest sich das so: „Eine Wende, wie sie sich zwischen 1865 und 1895 vollzog, wird nicht leicht von einer führenden Schicht erlebt. Nahezu alle Aktivposten der weltwirtschaftlichen Konjunktur verwandelten sich während dieses Zeitraums in Passivposten."[73] Auf ihre veränderte Lage reagierten die Junker statt mit wirtschaftlicher Anpassung an die veränderten Weltmarktbedingungen mit dem Ruf nach staatlicher Hilfe. Die Junker waren bis 1879 ihrem wirtschaftlichen Interesse gemäß traditionelle Freihändler gewesen. Der ostpreußische Adelsliberalismus des Vormärz hatte u.a. auch hierin seine Wurzeln.[74] Seit Mitte der 70er Jahre forderten und erhielten die Junker Schutzzölle. Der für Staat und Gesellschaft kostspielige Protektionismus wurde schließlich so weit getrieben, daß die deutschen Getreidepreise 1931 bis zu 300% über dem Weltmarktniveau lagen.[75] Die wirtschaftlichen und sozialpolitischen Konsequenzen der Schutzzollpolitik für die Verbraucher und Steuerzahler, in erster Linie mithin für die große Masse der Arbeiterschaft, aber auch für die kleineren, auf billige Futtermittelimporte angewiesenen Landwirte, liegen auf der

71 Puhle, Agrarbewegungen, 36–39.

72 Vgl. hierzu noch immer Max Webers Arbeiten zur Lage der ostelbischen Landarbeiterschaft und ders., Entwicklungstendenzen in der Lage der ostelbischen Landarbeiter, in: ders., Ges. Aufsätze zur Sozial- und Wirtschaftsgeschichte, Tübingen 1924, 470–507.

73 Hermes, 135.

74 Zum ostpreußischen Adelsliberalismus vgl. Heffter, 223f.; Stein, II, 296; W.R. Fann, The Consolidation of Bureaucratic Absolutism in Prussia, 1817–1827, Diss. Berkeley 1965, 146; Kehr, Das soziale System der Reaktion in Preußen unter dem Ministerium Puttkamer, in: ders., Primat, 83–86.

75 Puhle, Agrarbewegungen, 50. Vgl. auch Rosenberg, Funktion.

Hand.[76] Die Verschärfung von Verteilungskämpfen war ebenso wie die Zunahme politischer Legitimationsprobleme die Folge der Konservierung der unrentabel gewordenen agrarischen Strukturen Ostelbiens, die mit Puhle „nicht nur ein wirtschaftliches Problem (darstellten), sondern auch ein Klassenproblem, das sehr viel mit der Frage nach der Herrschaft im Staat, in der Provinz und in der Gemeinde zu tun hatte".[77]

Den wirtschaftlichen Bedeutungsverlust kompensierten die Junker durch forcierte politische Einflußnahme, für die im kaiserlichen Deutschland auf Grund der gegebenen Herrschaftskonstellation vorzügliche Durchsetzungschancen gegeben waren. Mit der Gründung des „Bundes der Landwirte" 1893 schufen sich die Agrarier einen ungemein schlagkräftigen und massenwirksamen Verband, ein Instrument, mit dem sich nicht nur wirtschaftspolitische Erfolge erzielen ließen, sondern mit dessen Hilfe gleichzeitig der Rechtsradikalismus populär gemacht wurde.[78] Die wirtschaftlichen Forderungen der ostelbischen Agrarier (und die Bereitschaft der staatlichen Herrschaftsträger, ihnen zu entsprechen) kulminierten schließlich in der „Herauslösung des Agrarsektors aus der freien Verkehrswirtschaft" am Ende der Weimarer Republik und in der „totalen Verstaatlichung des Absatzmarktes, der Verteilung und Preisbildung und (in der) kompletten Reduktion des Unternehmerrisikos im nationalsozialistischen Reichsnährstand".[79] Der unrühmliche Beitrag der um ihr wirtschaftliches gleichermaßen wie ihr politisches Überleben kämpfenden Junker zur Aushöhlung der Weimarer Demokratie und die Heraufkunft des Nationalsozialismus in Deutschland ist von Rosenberg und Puhle beschrieben worden. Die Junker, nicht bereit, „sich mit den demütigenden Realitäten erschütterten Herrendaseins innerlich abzufinden",[80] gingen als Gesellschaftsklasse zusammen mit dem Dritten Reich unter.

76 Gerschenkron, 27; Puhle, Agrarkrise, 17; H.-U. Wehler, Das deutsche Kaiserreich 1871–1918, Göttingen 1980⁴, 234.

77 Agrarbewegungen, 41. Puhle fährt fort: „Die Erhaltung des politisch, sozial und ökonomisch im Reich und in der nationalen Agrarpolitik dominanten ostelbischen Großgrundbesitzes samt all seinen erworbenen Vorrechten wider die wirtschaftliche Vernunft war bis 1918 und in schwächerer Form . . . noch bis 1945 die wichtigste Hypothek der deutschen Landwirtschafts-, Wirtschafts- und Innenpolitik." Zu den politischen Folgen vgl. R.M. Berdahl, Conservative Politics and Aristocratic Landholders in Bismarckian Germany, in: Journal of Modern History 44. 1972, 1–20.

78 H.-J. Puhle, Agrarische Interessenpolitik u. preußischer Konservativismus im Wilhelminischen Reich 1893–1914, Bonn 1975²; ders., Agrarbewegungen, 63–68; ebd., 73 auch sein Urteil: „Die organisierten Agrarier waren nicht bloß Konservative oder Reaktionäre, sie waren radikalisierte Konservative." Und ders., Agrarkrise, 41: „Die Rechtfertigung des gesellschaftlichen und politischen Status quo (verband sich) mit jenem vehement revolutionären Potential, das der Übergang vom Agrar- zum Industriestaat auch *von rechts* freigesetzt hatte." (Hervorhebung des Verf.)

79 Puhle, Agrarbewegungen, 50f.

80 Rosenberg, Pseudodemokratisierung, 40.

II. Das kritische historische Urteil ist sich heute weitgehend darin einig, daß die Junker politisch, ökonomisch und gesellschaftlich eine große Belastung für die preußisch-deutsche Geschichte darstellten und daß die Rechnung für die Konservierung der Junker als Gesellschaftsklasse *auch* in zwölf Jahren nationalsozialistischer Diktatur und zwei Weltkriegen präsentiert und durch Niederlagen und Zusammenbruch beglichen wurde. Einige willkürlich und zufällig herausgegriffene Belege sollen den Konsens der Kritiker im Urteil über die Rolle der Junker in der preußisch-deutschen Geschichte dokumentieren. Das Urteilsspektrum reicht von eher vagen über global pauschalierende Feststellungen bis hin zu ausgesprochen scharfen Verdikten.[81]

So zieht etwa Birtsch in seiner Studie über den preußischen Adel im 18. Jahrhundert das Fazit: „Die von der Adelsgesellschaft getragene und vermittelte irrational-autoritäre Denkweise (hat) eine nicht leicht zu überschätzende Fernwirkung in der deutschen Geschichte gehabt.“[82] J.J. Sheehan stellt für das 19. Jahrhundert fest: „Trotz der Erosion ihrer Privilegien, trotz der zunehmenden sozialen Heterogenität der Gutsbesitzerklasse, trotz der Gefahr politischen Irrglaubens gelang es den Junkern, als selbstbewußte soziale Gruppe, deren Macht und Prestige in der deutschen Gesellschaft in keiner Weise ihrer Größe, ihren kollektiven Talenten oder ihrer relativen ökonomischen Bedeutung korrespondierte, zu überleben.“[83] An anderer Stelle bezeichnet Sheehan das Beharrungsvermögen dieser vormodernen Elite und die von ihr favorisierten traditionalen Wertestrukturen als in besonderer Weise für die Entwicklung der industriellen Gesellschaft in Deutschland belastend.[84] Ähnlich argumentiert Wehler: „Es spricht in der Tat sehr viel dafür, daß gerade auch in Deutschland nach 1866/71 wichtige ökonomische, gesellschaftliche und politische Entschei-

81 Eine Auseinandersetzung mit Apologeten des Junkertums oder des Preußentums allgemein wie etwa W. Görlitz oder dem Monarchisten Schoeps scheint mir im Rahmen dieses Aufsatzes nicht lohnend. Dies besorgt auf skurrile Art und Weise unter Verzicht auf jede eigene Gedankenarbeit in einer reinen Zitatensammlung, die offenbar „für sich“ sprechen soll, J. Rogalla v. Bieberstein, Preußen u. Preußentum (Vorabdruck aus einer demn. erscheinenden Publikation des Autors: Preußen, Preußentum u. Junkertum), in: Aus Politik u. Zeitgeschichte, Beilage zur Wochenzeitung Das Parlament B2/80, 12. Januar 1980, S. 26–38. Allg. zur Renaissance des Interesses an Preußen, H.-U. Wehler, Preußen ist wieder chic, in: Der Monat, 31. 1979, 92–95.

82 90; Siehe auch sein Urteil (91): „Die durch den autoritären Staat privilegierte ständische Gesellschaft (hat) der Herausforderung der seit der Französischen Revolution sich durchsetzenden Gesellschaft der Gleichen allzulange widerstanden.“

83 Conflict and Cohesion among German Elites in the Nineteenth Century, in: ders. Hg., Imperial Germany, N.Y. 1976, 65 (Übersetzung H.Sch.).

84 Ebd., 82. Dieser Gedanke der Gleichzeitigkeit des Ungleichzeitigen ist 1965 von R. Dahrendorf in „Gesellschaft u. Demokratie in Deutschland“ (München 1965 u.ö.) wieder in die Debatte geworfen worden, nachdem er früher bereits von anderen Autoren, v.a. H. Plessner, Die verspätete Nation. Über die Verführbarkeit bürgerlichen Geistes, Stuttgart 1959/Frankfurt 1974, entwickelt worden war.

dungen im Interesse der agrargesellschaftlichen Führungseliten gefällt worden sind, die dann aufs nachhaltigste die Entfaltung der reichsdeutschen Industriegesellschaft mitbestimmt haben. Ja, ein Gutteil der auffälligen Diskrepanzen und ,Verwerfungen' dieser Gesellschaft läßt sich eben darauf zurückführen." Ein „langer Katalog schwerer historischer Belastungen" beginnt bei Wehler unter anderem mit dem „Einfluß vorindustrieller Führungsgruppen, Normen, Wunschbilder" und „der Überlagerung von ständischem Gefälle und Klassengegensätzen".[85]
Gerschenkron bedauert die verpaßte Chance, die darin gelegen habe, gleichzeitig mit der Erosion ihrer ökonomischen Position im letzten Viertel des 19. Jahrhunderts die Junker auch politisch und gesellschaftlich zu entmachten und in Deutschland eine demokratische Entwicklung einzuleiten: „Der Protektionismus in Deutschland perpetuierte die ökonomische und politische Existenz einer Klasse, deren wirtschaftliche Interessen und deren allgemeine Anschauungen in schärfstem Kontrast zu allem, wofür Demokratie stand und noch steht, sich befand."[86] Im Wirken des von den ostelbischen Agrariern beherrschten Bundes der Landwirte sieht Puhle „neben den neo-ständischen Tendenzen ... und der Abwehr der Demokratie und Parlamentarisierung ... ein entscheidendes Strukturmerkmal dessen, was deutscher Präfaschismus genannt werden kann und zurückweist auf eine Gesellschaft ohne jenen minimalen liberal-demokratischen Grundkonsens, den offenbar nur voraufgegangene Revolutionen bewerkstelligen".[87] Das schärfste Urteil in der westlichen Geschichtsschreibung findet sich bei Rosenberg (Urteile von Historikern der DDR bleiben hier wegen der viel eindeutigeren und politisch opportunen Hervorhebung der Sündenbockfunktion der Junker ausgeblendet):[88] „Noch im selbstverschuldeten Untergang haben die alten Herrschergruppen (und hier das Junkertum an entscheidender Stelle, H. Sch.) eine bedeutsame, wenn auch vorwiegend katastrophale Funktion ausgeübt: In der Weimarer Republik hauptsächlich als Mitdirektoren bei der Zerstörung der parlamentarischen Demokratie, der Restauration autoritärer und der Sanktionierung diktatorialer Staatsformen; im Dritten Reich als Nutznießer, Mitläufer, Werkzeuge, Düpierte, Verfolgte und heroische Widerstandskämpfer"; und an anderer Stelle: „Im deutschen Kaiserreich und in der Weimarer Republik beschränkte sich die politische Demokratisierung der verjüngten Grundaristokratie, von ver-

85 Kaiserreich, 15 u. 238f.
86 Gerschenkron, 67 (Übersetzung H. Sch.). Eine äußerst scharfe Kritik an den politischen Schlußfolgerungen Gerschenkrons findet sich bei Rosenberg, jetzt in: ders., Machteliten, 279f.
87 Agrarbewegungen, 76; wörtlich identisch mit ders., Agrarkrise, 52.
88 Zu einigen dominanten Erklärungs- und Argumentationsmustern in der Geschichtswissenschaft der DDR, wo eine zusammenfassende Sozialgeschichte der Junker ebenso fehlt wie hier, vgl. Kocka, Staat.

sprengten Einzelgängern abgesehen, auf das Tragen der demokratischen Maske und die Ausbeutung demokratischer Methoden für undemokratische Ziele bei antidemokratischer Gesinnung."[89]

Rolle, Funktion und Bedeutung der Junker als Teil der herrschenden konservativen Elitenkoalition, bestehend aus Monarchie, Militär, Bürokratie und Landjunkertum, haben ebenfalls zu kritischem Urteil und weitreichenden Schlußfolgerungen Anlaß gegeben, so etwa bei Büsch, der in der Verquickung von Militärsystem und Sozialleben im Alten Preußen Wurzeln „jener sozialen Militarisierung der preußisch-deutschen Gesellschaft, die sich bis ins 20. Jahrhundert hinein erstreckt hat", aufdeckte;[90] oder noch einmal Birtsch: „Die Interessenverbindung zwischen militärischer Führung, Staatsverwaltung und Adel hat sozialkonservatives und antidemokratisches Denken auf verhängnisvolle Weise genährt."[91] Zentrale Elemente für eine Erklärung der Anfälligkeit der deutschen Gesellschaft für den Faschismus sieht Barrington Moore in der „reaktionären Koalition" zwischen Bürokratie und Landaristokratie, die auch im Industriezeitalter zentrale Macht- und Herrschaftspositionen besetzt hielt, in der Funktion eines „arbeitsrepressiven Systems" beim Übergang von der kommerzialisierten zur kapitalistischen Landwirtschaft für die Sicherung der ökonomischen Basis der Landaristokratie und die Stabilisierung ihrer Herrschaft sowie in der relativen Stärke des Landadels gegenüber dem Bürgertum.[92] David Spring stellt die Frage, warum die preußischen Junker im Gegensatz zur englischen Aristokratie in der Hauptsache Protagonisten obrigkeitsstaatlicher, militaristischer, antidemokratischer und antiparlamentarischer Tendenzen waren.[93]

Eine Liste ähnlicher oder gleichgelagerter Urteile ließe sich beliebig fortsetzen. Gemeinsam ist allen hier aufgeführten Autoren, neben vielen Unterschieden im einzelnen, zweierlei: ein Bewußtsein der Kontinuitätsproblematik in der deutschen Geschichte sowie ein Bewußtsein der „Belastungen", die vorindustrielle Eliten und Wertesysteme für industrialisierte Gesellschaften bedeuten (können) und eine mehr oder weniger latent wirkende Vorstellung von der Vorbildhaftigkeit des westlichen, speziell des

89 Pseudodemokratisierung, 9 u. 34f.

90 Büsch, 170.

91 Birtsch, 90.

92 B. Moore, Soziale Ursprünge von Diktatur u. Demokratie. Die Rolle der Grundbesitzer und Bauern bei der Entstehung der modernen Welt, Frankfurt 1969, 497–519. Zur Kritik an Moore für viele nur H.-J. Puhle, Grundherren u. Bauern im Spannungsfeld zwischen Revolution und Faschismus, Grundfragen der Weltagrarentwicklung, in: Offene Welt 102. 1972, 188–97, und die brillante und äußerst scharfsinnige Rezension von S. Rothman: B. Moore and the Dialectics of Revolution, in: American Political Science Review 64. 1970, 61–82.

93 D. Spring Hg., European Landed Elites in the Nineteenth Century, Baltimore 1977, Einleitung des Hg., Landed Elites Compared, 15–17.

angelsächsischen demokratischen und parlamentarischen Entwicklungsweges. Auf den ersten Punkt und auf seine Implikation für eine kritische Geschichtswissenschaft soll an dieser Stelle nicht weiter eingegangen werden. Das würde den Rahmen dieses Aufsatzes sprengen. Der zweite Punkt dagegen ist im Rahmen der vorliegenden Problematik einiger kritischer Überlegungen wert. Im folgenden sollen in einem punktuellen, auf Systematik keinerlei Anspruch erhebenden Vergleich Gemeinsamkeiten und Unterschiede in der Geschichte der preußischen Junker und der englischen Landaristokratie herausgearbeitet werden. Dabei soll, was hier aber nur äußerst fragmentarisch und nur andeutungsweise geschehen kann, die häufig unausgesprochen wirkende, das Urteil aber hier wie bei anderen Gegenständen manifest prägende Vorbildhaftigkeit des „angelsächsischen Modells“ auf seine Überzeugungskraft hin befragt werden.

Ebenso wie über die Rolle der Junker in der deutschen Geschichte vorwiegend und sicher nicht ohne Berechtigung kritisch geurteilt worden ist, häufen sich die positiven, manchmal emphatischen Töne im Urteil über die englische Aristokratie. Hierfür nur drei kurze Beispiele: Das englische Entwicklungsmodell ist nach Spring durch jene „außerordentliche Mischung aus Demokratie und Aristokratie, die sich nirgendwo sonst in Europa finden lasse“, gekennzeichnet.[94] Kluxen bescheinigt der englischen Aristokratie „jenen politischen Sinn, der für das menschliche Zusammensein den Frieden über die Wahrheit und den Kompromiß über die Konsequenz stellte“,[95] eine stark euphemistische Umschreibung für die Fähigkeit der englischen Oberschicht im 18. Jahrhundert, durch „influence“, Patronage, Bestechung und Korruption ihren Einfluß in der Politik geltend zu machen. Schließlich stellt Moore fest, die englische Aristokratie habe es verstanden, rechtzeitig von der historischen Bühne abzutreten, die Macht an das Bürgertum abzutreten und „mit Grazie Selbstmord zu begehen“.[96]

Ganz sicher enthält aber das Stereotyp, in dem die weltoffene, politisch kluge, wirtschaftlichen Fortschritt in Landwirtschaft wie Industrie gleicherweise fördernde und sozial mobile und flexible englische Aristokratie dem bornierten, an seinen Privilegien klebenden, politisch ausschließlich restaurative Ziele verfolgenden, sozial engstirnigen preußischen Junkertum entgegengesetzt wird, eine grobe und der geschichtlichen Funktion beider Führungsschichten unangemessene Vereinfachung und Verzerrung des historischen Urteils.[97]

Der englische Adel und die preußischen Junker waren beide *ländliche* Eliten. Die Wurzeln ihrer politischen Herrschaft, die Quelle ihres Prestiges

94 Ebd., 16.

95 K. Kluxen, Der englische Adel im 18. Jahrhundert, in: Vierhaus, Hg., Adel, 22.

96 Moore, 60.

97 Selbstverständlich wird sich dieses Stereotyp in solch karikaturhafter Vereinfachung nirgends finden lassen. Dennoch entfaltet es unausgesprochen eine beträchtliche Wirksamkeit.

und die Grundlage ihres Vermögens und Einkommens lagen im Landbesitz.[98] Als Landaristokraten unterschieden sie sich vom französischen und ganz besonders vom russischen Adel. Ersterer war seit Ludwig XIV. vorwiegend Hofadel, letzterer war traditionell reiner Dienstadel.[99] Verfügten die preußischen Junker im 19. Jahrhundert über beträchtlichen Landbesitz, wurden sie in der direkten Verfügung über Land von den englischen Landlords noch deutlich übertroffen. Gutsbesitzer in Preußen besaßen ca. 40% des Landes, wobei die direkte Verfügung in den „typischen" Junkerprovinzen bei über 60% lag (Pommern 62%, Posen 55%). In England besaß die Aristokratie 55% des Landes, nach den Standards kontinentaleuropäischer Größenklassifikationen sogar 69%. Demgegenüber besaß die französische Nobilität zu Beginn des 19. Jahrhunderts ca. 20%, der Adel im europäischen Rußland gar nur etwa 14%.[100]

Die Dominanz des Adels in Militär und Verwaltung (in England über Ämterpatronage, in Preußen über Gewohnheit wie über die landrechtlich bestätigte „vorzügliche Berechtigung des Adels zu Ehrenstellen im Staate"[101] praktiziert) war hier wie dort gegeben. Sowohl der englische Adel wie die preußischen Junker waren über Jahrhunderte hinweg eine „herrschende Klasse". Dabei war der gesamtstaatliche Herrschaftscharakter der englischen Aristokratie jedoch wesentlich deutlicher ausgeprägt.[102] Die Parlamentarisierung der politischen Herrschaft war ja in England bis ins 19. Jahrhundert, als ihre Demokratisierung Schritt für Schritt durch eine Reihe von Wahlrechtsreformen vollzogen wurde, hauptsächlich Absicherung der Herrschaft des Adels. Das lange Jahrhundert nach 1688 war „die klassische Epoche des Adels" und adliger Parlamentsherrschaft.[103] Noch für das 19. Jahrhundert ist konstatiert worden, daß es praktisch keine Spannungen zwischen Bürokratie und Adel gegeben habe, „weil die englischen Landbesitzer die herrschende Klasse des Landes waren".[104]

Die preußischen Junker waren dem gegenüber im 18. wie im 19. Jahrhundert lediglich *Teil* der herrschenden Elitenkoalition. Sie teilten ihren Herrschaftsanspruch mit dem monarchischen Absolutismus, für den es in der englischen Geschichte keine Parallele und unter Georg III. (1760–1783) nur schwache Nachahmungsversuche gab, und mit der Bürokratie, die in der preußisch-deutschen Geschichte ein starker und durchaus eigenständi-

98 Für England: Kluxen, 12, 14, 16; Spring, 11; H. J. Habakkuk, England, in: Goodwin Hg., 15.

99 Spring, 103.

100 Ebd., 2–6; für Preußen: Schissler, Agrargesellschaft, 161 f.

101 Allg. Landrecht für die Preußischen Staaten von 1794, Hg. H. Hattenhauer, Frankfurt 1970, II/9, § 35 f.

102 Habakkuk, 11; Kluxen, 17.

103 S. Pollard, Soziale Ungleichheit u. Klassenstrukturen in England: Mittel- und Oberklassen, in: Wehler Hg., 35 f.; Moore, 50.

104 Habakkuk, 11 (Übersetzung H. Sch.).

ger Faktor war.[105] Der „Herrschaftskonsens“ mußte in Preußen und Deutschland zwischen den zeitweise auseinanderstrebenden Teilen der Herrschaftselite von Zeit zu Zeit neu ausgehandelt bzw. gegenüber aufstrebenden gesellschaftlichen Kräften wie dem Bürgertum oder der organisierten Arbeiterschaft neu befestigt werden, so in der Regierungszeit Friedrich Wilhelms I., in der Reformzeit nach 1806/7, in der Zeitspanne vom preußischen Verfassungskonflikt bis zur Bismarckschen Reichsgründung und natürlich nach der deutschen Revolution von 1918/19. Die Parlamentarisierung, die für die englische Oberschicht in jahrhundertelanger Einübung ebenso Mittel zur Wahrung ihrer Interessen, zur Durchsetzung ihrer Herrschaft wie zur erfolgreichen Regelung und Vermeidung innerer Konflikte war, wurde in Preußen-Deutschland im 19. Jahrhundert unter gänzlich anderen historischen Bedingungen und funktionalen Gegebenheiten vollzogen.[106] Ein souverän gehandhabtes Herrschaftsinstrument, das es für die englische Aristokratie jahrhundertelang war, ist das Parlament für die preußischen Junker in dem Sinne nie geworden. Sicherte das Parlament in Preußen durch Herrenhaus und Dreiklassenwahlrecht jedoch tatsächlich maßgeblich den politischen Einfluß des Adels und des Großgrundbesitzes,[107] diente der Reichstag mit demokratisiertem Wahlrecht doch in erster Linie der Sicherung und Popularisierung des Einflusses von Regierung und Bürokratie.

Zieht man etwa die Exklusivität des katholischen Adels in Westfalen zum Vergleich heran,[108] waren der englische wie der preußische Adel eine „offene“ Gesellschaftsklasse. Junker und Landlords waren bereit und fähig, Aufsteiger und „newcomers“ zu assimilieren. Beide brauchten dafür in der Regel zwei bis drei Generationen. In beiden Fällen blieb die Dominanz adliger Wertesysteme und Verhaltensmuster jedoch erhalten.[109] Die soziale Attraktivität von Landbesitz als Prestigeobjekt entgegen ökonomischem Vernunftkalkül galt hier wie dort.[110] In beiden Ländern gab es wirtschaftsliberalen Prinzipien widersprechende Rechtsformen, die der Besitzsiche-

105 Vgl. hierzu Kocka, Staat.

106 Hintze hat versucht, aus den unterschiedlichen Entwicklungswegen der englischen und der preußisch-deutschen Geschichte einen eigenen Verfassungstypus, den „monarchischen Konstitutionalismus“, abzuleiten: Das monarchische Prinzip u. die konstitutionelle Verfassung, und: Das Verfassungsleben der heutigen Kulturstaaten, in: ders., Staat u. Verfassung, Ges. Abh., I, Göttingen 1962², 359–89 u. 390–423. Zum aktuellen Stand der Diskussion vgl. D. Langewiesche, Das Deutsche Kaiserreich – Bemerkungen zur Diskussion über Parlamentarisierung u. Demokratisierung Deutschlands, in: Archiv für Sozialgeschichte 19. 1979, 628–42.

107 Zur Bedeutung des Herrenhauses als Instrument für die Sicherung von Herrschafts- und Einflußsphären der großen Grundbesitzer vgl. H. Heffter, Der nachmärzliche Liberalismus: die Reaktion der 1850er Jahre, in: H.-U. Wehler Hg., Moderne deutsche Sozialgeschichte, Königstein 1980⁶, 188f.

108 Reif, bes. 176–86.

109 Habakkuk, 16f.; F.M.L. Thompson, Britain, in: Spring Hg., 32; Koselleck, 515.

110 Pollard, 41; Moore, 59.

rung des Adels und der Abwehr von Besitzwechsel in bürgerliche Hände dienten: In Preußen des Fideikommiß, in England das „strict family settlement“.[111]

Der Vergleich zwischen beiden Formen adliger Besitzstandswahrung ist aufschlußreich: In England wurde ein Optimum an Flexibilität dadurch erzielt, daß das „strict family settlement“ nur für begrenzte Zeit galt und in der Regel in jeder Generation neu zwischen Vater und ältestem Sohn ausgehandelt wurde. Auf diese Weise konnten Verschuldung oder Verkauf, sollten sie sich als unvermeidbar erwiesen haben, periodisch vorgenommen und die finanzielle Lage des Besitzes den wirtschaftlichen Gegebenheiten angepaßt werden. Das preußische Fideikommiß war entschieden unflexibler. War es einmal (durch königliche Genehmigung) etabliert, bestand es für immer und konnte auch nur durch königlichen Spruch oder gerichtliche Entscheidung wieder aufgehoben werden.[112]

Junker und Landlords waren lange vor dem 19. Jahrhundert beide wirtschaftlich aktive Eliten, beide hatten an der Kommerzialisierung und der Kapitalisierung der Landwirtschaft entscheidende Anteile. In der Art und Weise jedoch, in der sich die Kommerzialisierung und Kapitalisierung der Landwirtschaft vollzog und welche sozialen Folgen sie zeitigte, unterschieden sich beide Entwicklungswege beträchtlich.[113] Die Landlords verpachteten ihre Ländereien und wurden zu kapitalistischen Rentiers. Die Schlüsselfunktion der Schafzucht in der englischen Landwirtschaft hatte unter anderem auch allmählich eine Freisetzung der Arbeitskräfte zur Folge, während in Ostelbien der durch den Exportanreiz stimulierte Getreideanbau die entscheidende Rolle für den agrarökonomischen Fortschritt spielte und sich das, was Moore ein arbeitsrepressives System genannt hat, nämlich Fronarbeit und Hörigkeit, z. T. herausbildete, z. T. verschärfte. Neben Verpachtungen hat im Gegensatz zu England die Eigenwirtschaft der Junker eine wichtige Rolle gespielt.

Die unzeitgemäße Dominanz des Adels und aristokratischer Wertesysteme in der industrialisierten Gesellschaft – so häufig als maßgeblicher Faktor für den „Sonderwegs“-Charakter der deutschen Entwicklung angeführt – ist nichts, worin sich Preußen-Deutschland grundlegend von England unterscheidet. Was wie ein Stereotyp zur Kennzeichnung der Belastungen, denen die deutsche Geschichte im Kaiserreich ausgesetzt war, klingt, nämlich die Konstatierung der „Fähigkeit der Agrarier, ihre politischen Machtstellungen soviel länger, als es ihre wirtschaftliche Rolle rechtfertigte, beizubehalten“, ist kürzlich erst für England formuliert worden.[114]

111 Habakkuk, 2f.; Spring, 6f.

112 Ebd., 6–10.

113 Auf spezielle Verweise soll hier wegen der Menge der zu berücksichtigenden Literatur in diesem Zusammenhang, in dem es nur um die Konturen des Typischen geht, ebenso verrichtet werden wie auf sicherlich angebrachte Differenzierungen.

114 Pollard, 35.

Neben der Vielzahl von Gemeinsamkeiten, die die Junker mit der englischen Landaristokratie teilten, gibt es eine Reihe von für den Vergleich entscheidenden Unterschieden:
Im Gegensatz zu sämtlichen kontinentaleuropäischen Adelsgruppen existierte in England keine rechtlich abgesicherte persönliche Standschaft des Adels. Erst der Landbesitz hatte politische Rechte zur Folge. Persönliche Privilegien, die am Adel als solchem hafteten, gab es nicht.[115] Eine Folge dieses Tatbestandes war, daß die oben bereits konstatierte Offenheit der englischen Aristokratie ein besonderes und hierin sich von der preußischen Situation deutlich unterscheidendes Gepräge besaß. Der Adel befand sich in England in lebhaftem Austausch mit dem Bürgertum. Diese Mobilität war weit weniger durch den Aufstieg von Bürgerlichen gekennzeichnet (hier war die englische Aristokratie ebenso offen oder exklusiv wie die preußischen Junker, und die Exklusivität der englischen Peerage hat ihresgleichen in Europa gesucht[116]), sondern typisches Merkmal des Austausches zwischen Adel und Bürgertum war die massive Abstiegsmobilität der nachgeborenen Kinder des Adels. Daraus folgte bzw. eng damit verknüpft war die geringere Bedeutung sozialer Barrieren und kommunikativer Schranken zwischen Adel und Bürgertum und die „Gesellschaftsfähigkeit“ finanzieller und industrieller Betätigungen, was die Prestigeträchtigkeit von Landbesitz in England jedoch keineswegs minderte.[117]
In Preußen waren Adel und Bürgertum landrechtlich fixierte Stände, und bis zum Oktoberedikt 1806 war es dem Adel nicht gestattet, „bürgerliche“ Berufe zu ergreifen. Im 19. Jahrhundert ist eine auffallende Abstinenz der Junker bei industriellen Beteiligungen zu beobachten. Pfandbriefe und Staatspapiere waren die bevorzugten Anlageobjekte.[118] Demgegenüber hat die englische Aristokratie lebhaften Anteil an der industriellen Entwicklung genommen, unmittelbar in der Beförderung der Verkehrsrevolu-

115 Kluxen, 12; Habakkuk, 1 u. 20; Pollard, 36; J. Blum, The End of the Old Order in Rural Europe, Princeton 1978, 11.

116 Habakkuk, 18 f.; Thompson, 33. Gleichwohl war es *prinzipiell* möglich, daß Bürgerliche in die Peerage vordrangen und Sitz und Stimme im Oberhaus erhielten, Pollard, 41.

117 Habakkuk, 12, 15 f.; Kluxen, 19; Spring, 13, sowie die zusammenfassenden Urteile Pollards über die geringeren Kommunikationsbarrieren zwischen Adel und Bürgertum in England (37): „Der weltanschauliche Unterschied zwischen (den Grundbesitzern) und dem anwachsenden kapitalistischen Bürgertum war merklich geringer als in anderen Landstrichen Europas“; und über die Anziehungskraft, die Gutsbesitz auf das Bürgertum ausübte, auch 36: „Es war der anerkannte Ehrgeiz jedes erfolgreichen Kaufmanns oder Bankiers, ein Gut zu seinem Lebensende zu kaufen und dort Familienwurzeln zu schlagen in der berechtigten Hoffnung, daß die nächste Generation die Würde des Adelspatents erreichen konnte“.

118 Die Gründe hierfür sind komplex und lassen sich natürlich nicht allein auf junkerlichen Standesdünkel reduzieren. Sie genauer zu analysieren, ist hier kaum möglich. Vgl. hierzu demn. ausführlicher meine Einleitung zu: E. Kehr Bearb., Preußische Finanzpolitik 1806–1810, Hg. H. Schissler u. H.-U. Wehler, Göttingen 1981.

tion und durch Teilhaberschaft an industriellen Unternehmungen und mittelbar durch Kreditierung von Kapitalien und Lizenzierungen, etwa bei der Kohleförderung oder Eisenverhüttung.[119] Der Zugang zu Landbesitz war in England immer offen, zumindest solange wie der Landgütermarkt den offenen Zugang ermöglichte. Den preußischen vergleichbare staatliche Verbote und Gebote im Besitz von Gütern und in der Ausübung von Berufen hat es in England nie gegeben. Aber auch in Preußen erwiesen sich die staatlich geförderten Abschottungs- und Monopoltendenzen vor 1806, als sie offiziell fallengelassen wurden, als zunehmend unwirksam.

Als eines der hervorstechendsten Unterscheidungsmerkmale zwischen englischer Aristokratie und preußischem Junkertum kann sicherlich die Fähigkeit der englischen aristokratischen Oberschicht bezeichnet werden, aufstrebende und ökonomisch erstarkende Schichten *politisch* zu integrieren (wozu ganz zentral auch die Fähigkeit, sie zu neutralisieren gehört) und politische Herrschaftspositionen dann zu räumen, wenn sie sich nicht mehr verteidigen ließen.[120] Die Geschichte der englischen Wahlrechtsreform im 19. Jahrhundert ist dafür voller Beispiele. Diese „politische Klugheit", die gemeinhin neben ihrer ökonomischen Offenheit als das für die englische Aristokratie typischste Merkmal angesehen wird, ist schwerlich vergleichbar mit Reaktionen *irgendeiner* kontinentaleuropäischen Aristokratie, weil nirgends die aristokratische Oberschicht sich in einer derart eindeutigen Herrschaftsposition befunden hat wie in England. Deshalb ist es vermutlich überhaupt problematisch, die reaktionären Manifestationen junkerlicher Politik, das Kleben der Junker an Privilegien und die politischen Folgen ihrer ökonomischen Interessenpolitik seit Ende der 70er Jahre mit der Liberalität und Offenheit der englischen Aristokratie zu kontrastieren, wenn nicht die Bedingungen der Vergleichbarkeit und das Fundament der Urteilsfindung präziser benannt werden.

Auch die englische aristokratische Oberschicht hat politische Positionen nur dann geräumt und zurückgesteckt, wenn es sich als unabdingbar erwies. Sie wußte ihren politischen Macht- und Einflußbereich mit beeindruckender Zähigkeit zu verteidigen. Den Tendenzen zu einer gesellschaftlichen „Neufeudalisierung" im Kaiserreich, die ihren signifikanten und pointierten Ausdruck im Institut des Reserveoffiziers fand,[121] korrespondierten durchaus die erfolgreichen Bestrebungen der englischen Oberschicht, ari-

119 Pollard, 37; Spring, 13; Kluxen, 19.

120 Die „Schwächung der Opposition des Mittelstandes durch langsame Aufnahme in die Herrschaftsschicht" war das Geheimnis des Erfolgs, wobei ein Problem darin lag, „die niedere Mittelklasse aus einer feindlich-kritischen Klasse in ein konservatives Element zu verwandeln, ohne ihr zuviel Zugeständnisse zu machen", Pollard, 42 u. 44. Vgl. auch Pollards Überlegungen zum Prinzip des „divide et impera", das die englische Aristokratie mit so viel Erfolg bei der Integration aufstrebender Schichten angewandt hat (43 f.).

121 E. Kehr, Zur Genesis des Königlich Preußischen Reserveoffiziers, in: ders., Primat, 53–63.

stokratische Werte in den aufsteigenden Schichten der Gesellschaft zu verankern. Hier sei nur die Schlüsselfunktion der elitären „Public Schools" und die bewußte Elitenselektion von Cambridge und Oxford erwähnt, von der Wirksamkeit sozialer Leitbilder wie des „Gentleman"-Ideals des dilettierenden, jedoch allseits gebildeten Aristokraten ganz zu schweigen.[122] Die englische Aristokratie, die sich als „herrschende Klasse" mit dem Staat identifizierte, war in den Revolutionskriegen bereit (und fähig), enorme Steuerlasten zu tragen. Die Junker, die sich mit dem Staat nur soweit identifizierten, wie dieser ihnen eine privilegierte Sonderstellung in der Gesellschaft einräumte und garantierte – das exakt war die Bedingung ihrer „staatserhaltenden Gesinnung" und das Fundament des Herrschaftskompromisses sowohl mit dem monarchischen Absolutismus im 18. als auch mit der Bürokratie im 19. Jahrhundert –, protestierten empört gegen das Ansinnen der Reformbürokratie, traditionelle Steuerprivilegien der Junker anzutasten.

Eine Vielzahl von Fragen bleibt auch nach diesem punktuellen Vergleich natürlich offen: Warum haben in England im Bereich der sozialen und politischen Integration friedliche Lösungen fast immer gegriffen, und warum war die preußisch-deutsche Entwicklung von heftigen sozialen Spannungen und zahlreichen politischen Brüchen gekennzeichnet? Warum war die englische Aristokratie Vorreiterin der Parlamentarisierung und hat die Demokratie zwar verzögert – vor allem die Kämpfe um die Wahlrechtsreform von 1832 waren ausgesprochen heftig –, hat sie aber doch nicht verhindert? Weshalb waren die preußischen Junker nicht gerade Förderer der Parlamentarisierung – die Rede von der „Schwatzbude" erfreute sich allgemein größter Beliebtheit –, und warum waren sie entschiedene Feinde der Demokratie? Oder ganz allgemein formuliert: Warum fällt das historische Urteil über die englische Aristokratie soviel positiver aus als über die preußischen Junker?

Der Versuch einer Antwort kann, obgleich das Thema des „Sonderwegs"-Charakters der deutschen Entwicklung und des häufig als Maßstab des historischen Urteils favorisierten englischen Entwicklungsweges als Modellfall in der Forschung unter einer Vielzahl von Aspekten bereits beleuchtet worden ist, hier nur vorläufigen und provisorischen Charakter haben, weil außer Moores in mehrfacher Hinsicht angreifbarem Buch[123] ein empirischer und systematischer Vergleich der Rolle und Funktion des englischen Landadels und des preußischen Junkertums für den jeweiligen politischen und gesellschaftlichen Entwicklungspfad bislang nicht existiert.

1. Ohne die Bedeutung des ostpreußischen Adelsliberalismus, der ebenso wie der Liberalismus in England seine Wurzeln im Freihändlertum hatte[124]

122 Moore, 558–61.
123 Vgl. o. Anm. 92.
124 Vgl. o. Anm. 74.

und dem in Preußen-Deutschland ökonomisch seit den 1870er Jahren durch den Wandel der konjunkturellen Lage und die massive Bedrohung durch überseeische Konkurrenz das Fundament entzogen wurde, überstrapazieren zu wollen, ist sicherlich die englische Landaristokratie nicht eo ipso liberal und das preußische Junkertum reaktionär gewesen. Dagegen sprechen die Reaktionen und Kämpfe der englischen agrarischen Oberschicht in der für die Sozialgeschichte Englands so entscheidenden und aufschlußreichen Phase von ca. 1790 bis ca. 1850 eine zu deutliche Sprache.[125] Sowohl die adlige Reaktion im Preußen des Vormärz als auch der ökonomische Überlebenskampf der Junker seit Ende der 70er Jahre in Deutschland und seine politischen Begleiterscheinungen finden durchaus englische Parallelen in den Jahrzehnten der „Corn Laws" 1816–1846 und den sie begleitenden Klassenspannungen und „reaktionären" Koalitionen, einer Konstellation, die einen „potentiell zentrifugalen Gegensatz" in sich barg.[126] Die Klassenkämpfe in England in dieser Periode endeten mit der Wahlrechtsreform 1832 und der Aufhebung der Kornzölle 1846.

Die Fähigkeit zur „friedlichen Lösung" sozialer Konflikte bleibt aber das hervorstechende Merkmal der englischen Entwicklung, während es zu den charakteristischen Zügen des deutschen Kaiserreiches gehörte, innere Spannungen zu unterdrücken, sie mit dem Stigma der Illegitimität zu versehen, Sündenböcke für ihre Existenz verantwortlich zu machen und schließlich innere Konflikte durch die Militarisierung der Gesellschaft zu kanalisieren und nach außen abzuleiten.[127] Pollard hebt hervor, daß die friedliche Lösung der Klassenkonflikte in England speziell in der Zeit der Kornzölle sehr viel mit der „besonderen Stellung Englands innerhalb des europäischen Industrialisierungsprozesses", mit seiner Vorreiterfunktion nicht nur auf dem Gebiet der wirtschaftlichen Entwicklung, sondern ebenfalls bei der Suche nach originären Lösungen für soziale Konflikte, zu tun hatte. Die politische Klugheit der agrarischen Führungsschicht bei der Beilegung der große Sprengkraft enthaltenden Klassenspannungen in der ersten Hälfte des 19. Jahrhunderts muß in einem Zusammenhang gesehen werden, in dem agrarwirtschaftliches Wachstum den Verliererkampf der Landwirtschaft gegen die Industrie für die ländliche Führungsschicht entscheidend milderte, was die Bereitschaft zu politischen Zugeständnissen und zu Kompromissen förderte und erleichterte.[128]

125 Pollard, 38ff.; Moore, 52.

126 Ebd., 40.

127 Vgl. z.B. H.-U. Wehler, Bismarck u. der Imperialismus, München 1976⁴, und ders., Kaiserreich.

128 Vgl. Pollard, 40: „Dieser erstarkende Reichtum gab dem grundbesitzenden Adel das Selbstvertrauen zu politischen Zugeständnissen an das Bürgertum, dessen eigener anwachsender Reichtum ebenfalls als Stabilitätsfaktor wirksam war". Sein Fazit (48): „Die gefestigten und historischen Grenzen wie auch die Sicherheit vor feindlicher Invasion haben gewiß zur Klärung sozialer Fragen beigetragen: Der Feind im Ausland konnte nicht zum Sündenbock gemacht werden. Weiterhin hat die wirtschaftliche Pionierrolle dazu

2. In England sicherte die Aristokratie ihre Herrschaft vermittels des Parlaments. Sie hat es seit 1688 vermocht, die monarchische Herrschaft sukzessiv parlamentarisch einzubinden und zu kontrollieren. In Preußen und später im Deutschen Reich waren, wie oben ausgeführt, die Junker Teil der herrschenden Elitenkoalition. Ihre Herrschaft wurde unmittelbar – in der Gutsherrschaft und auf Kreis- und Provinzialebene – oder durch die personelle Identität teilweise gewährleistenden Institutionen des Militärs und der Bürokratie mittelbar ausgeübt. Parlamentarisierung konnte, als sie im 19. Jahrhundert in Preußen-Deutschland einsetzte, nicht mehr als ein mehr oder weniger souverän handhabbares Instrument im Sinne und im Interesse der agrarischen Führungsschicht adaptiert werden. Parlamentarisierung war in Deutschland eine Forderung des Besitz- und Bildungsbürgertums, gegen dessen Herrschaftsansprüche die Junker mit mehr Aussicht auf Erfolg auf ihre traditionellen Herrschaftsbastionen und Einflußkanäle rekurrierten. Parlamente wurden in Deutschland zu einem Zeitpunkt institutionalisiert, zu dem die agrarischen Führungsschichten ökonomisch wie politisch auf mittlere Sicht nur mehr zu verlieren hatten und nicht wie in England, als die Aristokratie historische Höhepunkte und von seiten des Bürgertums unbestrittene Herrschaftsphasen noch vor sich hatte. Das Parlament erwies sich aber historisch als ein ungleich geeigneteres Instrument, innere Konflikte zu regeln und soziale Spannungen zu lösen, als die Herrschaft einer Bürokratie, deren spannungsmindernde Kraft und Fähigkeit zur Lösung sozialer Konflikte sich in Preußen bereits im Vormärz verzehrt hatte und deren „Überparteilichkeit“ in der zweiten Jahrhunderthälfte zunehmend in Frage stand.[129] Die in langen historischen Prozessen eingeübten Spielregeln der englischen Aristokratie bestanden darin, ihren politischen Einfluß parlamentarisch geltend zu machen, aber eben auch die Verliererrolle im parlamentarischen Geschäft zu akzeptieren, während die „Spielregeln“ der Junker traditionellerweise darin bestanden, Einfluß über die Herrschaftsinstitutionen des Staates auszuüben und – seit dem 16. Jahrhundert konditioniert – sich politische Zugeständnisse durch ökonomische Verfügungschancen und Freiräume kompensieren zu lassen, was Ende des 19. Jahrhunderts unter veränderten Gegebenheiten, aber durchaus in der Tradition der staatlich gewährleisteten Sicherung der ökonomischen Existenzbedingungen der Junker in die Zollprotektion und in der Weimarer Republik schließlich in die massive Subventionierung der nicht mehr rentabel wirtschaftenden ostelbischen Großlandwirtschaft einmündete.

Obwohl England in nahezu jeder Beziehung ein Ausnahmefall ist, sowohl was seine wirtschaftliche Pionierrolle, seine geographische Lage als auch

beigetragen, Lösungen in der eigenen Gesellschaft zu suchen, da das rückständige Festland selten als Modell gelten konnte.“ Vgl. auch Moore, 52–57.

129 Zu ersterem vgl. Koselleck, 557–59, zu letzterem Kehr, bes. Genesis; ders., System, und: ders., Die Diktatur der Bürokratie, in: ders., Primat, 244–53.

was seine originären Lösungen sozialer Konflikte und Regelung politischer Probleme anbetrifft,[130] ist es aus vielerlei Gründen verlockend, die Entwicklungspfade der englischen und der deutschen Gesellschaften zu vergleichen und, daraus abgeleitet, einen „Sonderwegscharakter“ der deutschen Geschichte zu konstruieren. Ein Pionier setzt eben Maßstäbe, an denen die Nachfolger sich messen müssen. Eine kritische Aufarbeitung der Probleme, Belastungen und Katastrophen der eigenen Geschichte muß notwendig auch zu Urteilen führen, in denen „Kosten“ eingeschlagener Entwicklungspfade verglichen werden. Sehr häufig scheinen aber gerade bei dem Problem der „historischen Belastungen“ des deutschen Entwicklungspfades und seiner Kontrastierung mit dem englischen Modellfall Verzerrungen des historischen Urteils vorzuliegen, die Reinhard Bendix treffend so charakterisiert hat: „Es reicht nicht aus, die Passiva der deutschen Transformation mit den positiven Ergebnissen der Revolutionen in England und Frankreich zu kontrastieren. Weit angemessener wäre es, die Folgen der deutschen Autokratie sowie der Schwäche des deutschen Liberalismus sowohl mit den Kosten des ökonomischen Individualismus in der industriellen Entwicklung Englands und Frankreichs als auch mit den Kosten des ‚Freihandels‘-Imperialismus in den Kolonien beider Länder zu vergleichen. Ein Vergleich erfordert als allgemeine Regel, daß sowohl Aktiva wie Passiva in die Betrachtung eingeschlossen, statt daß die Passiva eines Landes den Aktiva eines anderen entgegengehalten werden.“[131]

Weit davon entfernt, die Existenz der historischen Belastungen in der deutschen Geschichte leugnen zu wollen oder Rolle und Bedeutung der Junker in der historischen Entwicklung zu verharmlosen oder sie gar zu glorifizieren, sollten die vorausgegangenen Überlegungen nur demonstrieren, daß sowohl Gebote historischer „Gerechtigkeit“ wie systematischer Präzision es erfordern, daß die Ebenen der Vergleichbarkeit angegeben und daß Urteile, auch wenn sie nur implizit auf einem Vergleich beruhen, sehr genau geprüft werden müssen. Es wäre eine reizvolle Aufgabe, eine Reihe vorherrschender Thesen sowohl zur „Vorbildhaftigkeit“ des englischen Entwicklungsmodells als auch zum „Sonderwegscharakter“ der deutschen Geschichte einer kritischen Revision zu unterziehen. Ein empirischer Gegenstand wie der vorliegende: die Bedeutung und Funktion agrarischer Führungsschichten in der historischen Entwicklung sowie die Reaktionsweisen der traditionalen ländlichen Eliten auf den fundamentalen Wandel, den die Industrialisierung für ihre ökonomische Basis, ihre politische Herrschaft und ihre soziale Dominanz bedeutet haben, scheint dafür in besonderer Weise geeignet. Ein solcher Schritt, der sehr viel zusätzliche empirische An-

130 Pollard, 48 f.
131 R. Bendix, Kings or People. Power and the Mandate to Rule, Berkeley 1978, 598 (Übersetzung H. Sch.).

strengungen und systematische Überlegungen erfordern würde, kann hier jedoch nicht mehr getan werden.[132]

132 Eine moderne Sozialgeschichte der Junker, wie sie Reif jetzt für den westfälischen Adel vorgelegt hat, existiert zur Zeit nicht. Vielleicht wird eine noch im Entstehen begriffene Arbeit von R. M. Berdahl hier Abhilfe schaffen. Die fundierte Studie von F. Martiny über den kurmärkischen Adel ist schon über 40 Jahre alt! Eine Neubearbeitung der Sozialgeschichte der Junker müßte sich den methodischen und reflexiven Anforderungen gesellschaftsgeschichtlicher Vorgehensweise stellen. Sie könnte an den Arbeiten von Rosenberg, Büsch und Koselleck anknüpfen, müßte Revisionen, wie sie H. Harnisch, H.-H. Müller u. a. an vorherrschenden Urteilen angebracht haben, berücksichtigen und könnte sich auf einige ältere, aber immer noch vorzügliche Arbeiten, wie die von Jordan, Stein, Ziekursch und Czybulka, stützen. Außer Moores Arbeit existieren Studien, welche die Geschichte sowie Rolle und Funktion der Junker mit derjenigen anderer agrarischer Eliten vergleichen, meines Wissens nicht. Eine vergleichende Arbeit über die preußischen Junker und die Plantagenbesitzer des amerikanischen Südens wird z. Zt. von D. Bowman an der University of California in Berkeley angefertigt. Vgl. demn. seinen Beitrag im „American Historical Review“ (1980). Die von Vierhaus und Goodwin herausgegebenen Bände zum europäischen Adel im 18. Jahrhundert und die von Spring edierte Aufsatzsammlung zu Problemen ländlicher Eliten in Europa im 19. Jahrhundert enthalten, außer Springs vergleichender Einleitung, lediglich Einzelfallstudien, ebenso wie der von Wehler herausgegebene Band über „Klassen in der europäischen Sozialgeschichte“, der Ländervergleiche aber auch nicht intendiert, sondern dem es um die Analyse sozialer Ungleichheit geht. Puhles Buch (Agrarbewegungen) enthält sehr viel für Vergleiche wichtiges Material und auch im Konzept des „Organisierten Kapitalismus“ einen methodologischen Rahmen für Vergleiche; sein Zweck liegt aber ebenfalls nicht im sozialhistorischen Vergleich der agrarischen Führungseliten, sondern in den spezifischen Ausprägungen der politischen Agrarbewegungen in den von ihm in Einzelstudien untersuchten Ländern. Nur systematische Vergleiche scheinen es jedoch zu ermöglichen, bestehende Dispositionen bei der Beurteilung der Rolle und Funktion der Junker in der preußisch-deutschen Geschichte kritisch zu überprüfen.

Preußischer Adel: Paternalismus als Herrschaftssystem*

von Robert M. Berdahl

I. Neuerdings haben die Historiker begonnen, den Begriff „Paternalismus" zu verwenden, um sowohl die Ideologie als auch die Struktur der sozialen Beziehungen in vorkapitalistischen Gesellschaften zu beschreiben. Eine paternalistische Ideologie, argumentiert Eugene Genovese, milderte die Brutalität des Klassenkonflikts zwischen Herren und Sklaven im amerikanischen Süden vor dem Bürgerkrieg; ohne eine solche Minderung hätte die Sklaverei nicht bestehen können. Allerdings, betont Genovese, lieferte eben dies Ethos des Paternalismus, das notwendig das Menschsein des Sklaven anerkannte, dadurch ironischerweise (und dialektisch) den Rahmen für eine Selbstdefinition der Sklaven, wodurch eben die Institution, die es zu erhalten strebte, verworfen werden konnte.[1]
Ähnlich hat Edward P. Thompson in seinen Studien über das England des 18. Jahrhunderts gezeigt, daß eine paternalistische Ethik, ursprünglich ein Mittel zur Kontrolle der Unterschichten, auch zum Idiom des Protests des englischen „Mobs" wurde, als die neue Freihandelsideologie der Getreidehändler das Wohlergehen der unteren Stände bedrohte.[2] Douglas Hays Untersuchung über das Strafrecht in England während des 18. Jahrhunderts zeigt, wie angesichts der Strenge der Bestrafung der Mythos der Gerechtigkeit durch eine ausgesuchte Dosierung von Gnade und Vergebung aufrechterhalten wurde, die den fundamentalen Paternalismus der herrschenden Klassen zum Ausdruck brachte. „Gnade gehörte zur Währung der Patronage", schreibt Hay. „Auf den untersten Ebenen, im Erfahrungsbereich der Armen, waren Gnadenerweise in der Tat ein Teil des Gewebes des Paternalismus, der in der persönlichsten Weise Ausdruck fand."[3] Auch Peter Laslett beschreibt die vorindustrielle „Welt, die wir verloren haben", als eine „patriarchalische", eine „familiale Gesellschaftsordnung".[4] In einem unlängst erschienenen Buch behauptet David Roberts, daß im frühviktorianischen England „keine gesellschaftliche Anschauung tiefere Wurzeln und weiterreichende Anziehungskraft besaß" als die Ideologie des Paternalismus.[5]

* Aus dem Amerikanischen übersetzt von H. Bruchhold-Wahl.

1 E. Genovese, Roll, Jordan, Roll, N. Y. 1972.

2 E. P. Thompson, The Moral Economy of the English Crowd in the Eighteenth Century, in: Past and Present 50. 1971, 76–136.

3 D. Hay, Property, Authority and the Criminal Law, in: Albion's Fatal Tree. Crime and Society in Eighteenth-Century England, Hg. D. Hay u. a., London 1975, 17–63.

4 P. Laslett, The World We Have Lost, N. Y. 1965, 21.

5 D. Roberts, Paternalism in Early Victorian England, New Brunswick 1979, 1.

Natürlich ist jede Beschreibung sozialer Beziehungen, die, wie der Paternalismus, der Bezugspunkt für beide Enden des sozialen Spektrums hätte sein können – für Sklavenhalter und Sklaven, für adlige Gutsbesitzer und Bauern, für Patrizier und Plebejer –, ein sehr unzuverlässiges konzeptionelles Werkzeug, eines, das die Historiker einer Reihe von Gefahren aussetzt. Es besitzt eine gewisse Attraktivität, zur Beschreibung der Vergangenheit Kategorien zu benutzen, die auch von denen verwendet wurden, die in der Vergangenheit lebten, vor allem, wenn solche Kategorien so weit verbreitet waren. Aber der Prozeß beinhaltet auch Entmythologisierung, in diesem Fall: das Vordringen zur Realität paternalistischer sozialer Beziehungen. E. P. Thompson warnt vor den Gefahren, die das Konzept in sich birgt. Es ist, betont er, in sich selber rückwärts gerichtet; die Ideologie des Paternalismus wurde immer bemüht, um Bilder der Vergangenheit zu bieten, die sie im Vergleich mit der Gegenwart vorteilhafter erscheinen ließen. Thompson resümierte die anderen Probleme, die mit der Verwendung des Paternalismus verknüpft sind: „Paternalismus ist eine lose, deskriptive Kategorie. Er besitzt weniger historische Spezifizität als solche Begriffe wie Feudalismus oder Kapitalismus; er bietet eher ein Modell der Gesellschaftsordnung, wie sie von oben aussieht; er enthält Implikationen von Wärme und unmittelbaren Beziehungen, die Wertvorstellungen implizieren; er vermischt Wirklichkeit und Ideal." Er kommt zu dem Schluß, daß der Paternalismus trotzdem, wenn sich der Historiker der Gefahren bewußt ist, als eine wichtige „Komponente nicht nur der Ideologie, sondern auch der tatsächlichen institutionellen Vermittlung sozialer Beziehungen" betrachtet werden kann.[3]

Paternalismus lieferte den Rahmen und die Ideologie für Autorität in Gesellschaften, in denen sowohl eine enge physische Nähe als auch eine große soziale Distanz zwischen den Beherrschten und ihren Herren bestand. Auf der einen Seite übten Herren oder Meister ihre Autorität in einer persönlichen und direkten Weise aus, indem sie ihr Vergnügen oder Mißvergnügen durch sofortige Belohnung oder Bestrafung zeigten. Auf der anderen Seite war ihre Art, diese Autorität auszuüben, legitimiert durch die große soziale Kluft, die sie von denen trennte, die sie regierten; sie waren abgesondert voneinander durch Geburt oder Rasse, oder – wenn durch sonst nichts – durch die gesellschaftliche Stellung; sie waren daher eine andere Spezies von Menschen als die, welche sie beherrschten. In paternalistischen Gesellschaftssystemen war daher die Ausübung öffentlicher Autorität eng verbunden mit dem privaten Dominium der herrschenden Klasse; die Mittel der Repression und der kulturellen Hegemonie befanden sich in derselben Hand. Dies Fazit des Paternalismus unterscheidet ihn recht deutlich von den Kontrollsystemen, die sich in der industriellen Ära mit dem Staat ent-

6 E. P. Thompson, Eighteenth-Century English Society: Class Struggle Without Class? in: Social History 3. 1978, 137.

wickelten, wobei die Trennung von öffentlicher und privater Sphäre verstärkt wurde. Und genau diese Verschmelzung öffentlicher mit privater Autorität ist es, die dem Paternalismus sein janusähnliches Profil verleiht: seine Brutalität und seine Wohltätigkeit. In paternalistischen Gesellschaften wurde Kontrolle gleichzeitig mit etwas ausgeübt, was Pierre Bourdieu *offene Gewalt* und *sanfte Gewalt* genannt hat. „Weil die vorkapitalistische Gesellschaft nicht auf die unerbittliche, verborgene Gewalt objektiver Mechanismen zählen kann", schreibt Bourdieu, „stützt sie sich *gleichzeitig* auf Herrschaftsformen, die dem modernen Beobachter brutaler, primitiver, barbarischer erscheinen mögen, oder, im selben Moment, als sanfter, humaner und von mehr Achtung vor den Menschen erfüllt. Diese Koexistenz von offener physischer und ökonomischer Gewalt und der raffiniertesten symbolischen Gewalt findet sich in allen Institutionen, die für diese Wirtschaftsweise typisch sind, und im Kern jeder sozialen Beziehung."[7]
Es ist die These dieses Aufsatzes, daß der Paternalismus die Struktur und die Ideologie gesellschaftlicher Beziehungen in Preußen während eines großen Teils seiner frühmodernen Geschichte geliefert hat. Der Paternalismus verlieh der Art und Weise, in welcher der preußische Adel seine Güter regierte, die quasi-rationale Grundlage; er stellte ein wichtiges Element in der Selbstwahrnehmung des Adels und seines Verhältnisses zu den Bauern und zur Gesellschaft im allgemeinen dar. Hier wird versucht zu zeigen, daß man eine neue Perspektive der preußischen Geschichte gewinnen kann, wenn man das Wesen und den Modus der Adelsherrschaft auf der untersten, aber fundamentalen Ebene – dem adligen Gut – untersucht. Ich muß es anderen, die mit der Geschichte Deutschlands und Preußens im späten 19. und frühen 20. Jahrhundert besser vertraut sind, überlassen, zu untersuchen, was wohl das Vermächtnis der dem Paternalismus entsprungenen Vorstellungen gewesen ist, aber ich glaube, daß sie nicht unwichtig gewesen sind, denn herrschende Klassen verlieren – wie Individuen – nicht schnell die Wesenszüge, die sie von der Vergangenheit geerbt haben.

II. Die ostelbischen Adelsgüter Preußens bildeten, zusammen mit den von ihnen abhängigen Dörfern, relativ abgeschlossene Gemeinschaften. Trotz ihrer Abhängigkeit vom Fluß des Handels zu entfernten europäischen Märkten blieben die Güter, was ihren täglichen Bedarf anbetraf, bis weit ins 19. Jahrhundert hinein weitgehend autark. Es war diese Eigenschaft des Ein- und in-sich-Abgeschlossenseins von Gut und Dorf, auf die Otto Brunner mit dem Begriff des „ganzen Hauses" unsere Aufmerksamkeit gelenkt hat.[8]. Brunner hat darauf hingewiesen, daß die griechische Wurzel des Be-

7 P. Bourdieu, Outline of a Theory of Practice, Cambridge 1977, 191 f. Vgl. A. Lüdtke, The Role of State Violence in the Period of Transition to Industrial Capitalism: The Example of Prussia from 1815–1848, in: Social History, 4, 1979, 175–221.

8 O. Brunner, Das „ganze Haus" u. die alteuropäische Ökonomik, in: ders., Neue Wege der

griffs „Ökonomie", *oikos,* das Wort für Haus ist, und hat gezeigt, daß die Vorstellungen von der Wirtschaft bis zum 19. Jahrhundert vor allem mit der Haushaltsführung verknüpft waren. Der Haushalt war die primäre Einheit von Produktion und Konsumtion im frühmodernen Europa; „das ganze Haus" war ein sozialer Mikrokosmos, der nicht nur den Herrn und seine Familie, sondern ebenso seine Diener und Untertanen umfaßte. So lieferte das „ganze Haus" die fundamentale Struktur gesellschaftlicher Beziehungen. Wie Brunner schreibt: „Man wird das Wesen der Herrschaft nur vom Herrenhaus her erfassen können. Denn, um im landrechtlichen Sinn ‚Herr', Mitglied der Landgemeinde sein zu können, muß man ‚zum Lande gehören und im Lande sitzen', muß man ein Haus im Lande, ein landesunmittelbares Haus besitzen. Wer kein Haus, sondern einzelne Grundstücke und darauf sitzende Leute hat, die ihm zinsen, besitzt keine Herrschaft, kein adeliges Gut, sondern nur ‚Gülten'."[9]

Die Rolle des Herrn im „ganzen Haus" wurde in einer Literatur erörtert, die als „Hausväterliteratur" bekannt geworden ist und vom Ende des 16. Jahrhunderts bis zur Mitte des 18. Jahrhunderts außerordentlich poplulär wurde.[10] Das erste Buch dieser Art, von Johann Colerus, erschien zwischen 1593 und 1603; während des folgenden Jahrhunderts durchlief es zahlreiche Auflagen und Überarbeitungen und wurde viele Male von anonymen Autoren plagiiert.[11] Die Popularität der Hausväterliteratur erwuchs aus der

Verfassungs- u. Sozialgeschichte, Göttingen 1980³, 103–27. Brunners Ausdruck das „ganze Haus" wurde zuerst von einem Volkskundler des 19. Jahrhunderts, Wilhelm Riehl, in seiner „Naturgeschichte des deutschen Volkes" geprägt. Riehl verwendet den Begriff beladen mit romantischen Unterstellungen und beklagt den Niedergang der Familien- und Haushaltsstruktur am Vorabend der Industrialisierung. Gegen eben diese Formulierung Riehls vertritt M. Richarz (in: Herrschaftliche Haushalte in vorindustrieller Zeit im Weserraum, Berlin 1971) den Standpunkt, daß Güter immer von fernen Märkten abhängig waren und die Art von Autonomie, die Brunner postuliert, niemals bestanden habe. Die beiden Positionen scheinen sich nicht gegenseitig auszuschließen. Das Gut war sowohl im Hinblick auf seinen eigenen Bedarf als auch auf den Absatz seiner Erzeugnisse von ausländischen Märkten abhängig, aber die wesentlichen Produktions- und Konsumtionsbeziehungen waren lokal determiniert und prägten das System sozialer Beziehungen auf dem Lande.

9 O. Brunner, Land u. Herrschaft, Wien 1947, 293.

10 Über die Hausväterliteratur im allg. siehe: J. Hoffmann, Die „Hausväterliteratur" und die „Predigten über den christlichen Hausstand". Ein Beitrag zur Geschichte der Lehre vom Haus und der Bildung für das häusliche Leben, Diss. Göttingen 1954 (Weinheim 1958).

11 J. Colerus, Calendarium perpetuum et sex libri oeconomici. Ein stetswerdender Calender dazu sehr nützlich und nötige Hausbücher für die Hauswirth, Ackerleut, Apotheker, Kaufleute, Wandersleute, Weinherrn, Gärtner, den gemeinen Handwerksleuten und all denen so mit Wirtschafften oder Gastungen umgehen, Wittenberg 1604. Colerus' weitere Bücher hatten die Titel: Oeconomia ruralis et domestica (1645) und: Oeconomia oder Hausbuch (1604). Eine kurze biographische Behandlung Colerus' vgl. in: Allg. Deutsche Biographie, IV, Leipzig 1876, 402 f. Außer Colerus siehe die Werke von F. Florinus, Oeconomus Prudens et Legalis, Basel 1748; O. v. Münchhausen, Der Hausvater, Hannover 1764–73; C. F. Germershausen, Die Hausmutter in allen ihren Geschäften, Leipzig 1778, und Der

Tatsache, daß sie sehr praktische Informationen zur Ackerbaukunde bot; die Bücher waren Lehrbücher der landwirtschaftlichen Methoden der Zeit. Sie enthalten Kapitel darüber, wie man ein Gut auswählt, seinen Wert schätzt und es kauft; jedes vorstellbare Thema im Zusammenhang mit der Leitung eines Gutsbetriebes wurde behandelt – wie alle Sorten von Feldfrüchten anzubauen, alle Vieharten zu halten seien; wie man Forstländereien, Seen und Wasserläufe nutzen solle; wie man Sägemühlen bauen und Bier brauen müsse; wie der Zeitplan der Arbeit zu organisieren und die Arbeitsaufgaben zu verteilen seien, wie man Bücher und Akten führen müsse; wie man Streitigkeiten zwischen Bauern schlichten und Krankheiten von Tieren und Menschen behandeln solle.

Es ist wichtig, darauf hinzuweisen, daß die Popularität der Hausväterliteratur genau in der Zeit ihren Höhepunkt erreichte, in der sich der östliche Adel zunehmend der Bewirtschaftung seiner Güter zuwandte und dic Bauernschaft tiefer in die Leibeigenschaft hineinzwang. Weil die Arbeitsorganisation auf den Gütern die sozialen Beziehungen strukturierte, kann man die Sache auch so sehen, daß diese Lehrbücher des Ackerbaus dem in Entstehung begriffenen landwirtschaftlichen Adel eine Ideologie lieferten. Schon das Wort „Hausvater“ trug in sich die Domestizität von Gut und Dorf und bot das grundlegende Konzept für die Ideologie des Paternalismus.

Die Hausväterliteratur lieferte eine Beschreibung der ländlichen Gesellschaft, die auf bestehenden sozialen Beziehungen basierte; gleichzeitig sanktionierte sie das System und trug durch ihre weite Verbreitung und ihren Einfluß dazu bei, es zu stärken. Die patriarchalische Herrschaft des Hausvaters wurde als gegeben angenommen. Colerus schrieb: „Der Wirt im Haus / der muß allein Herr im Haus sein / nach dem muß sich alles / was im gantzen Haus ist / richten“. Von Hohberg schrieb: „Ein Hausvater Gott fürchten, mit einer Ehewirtin sich begeben, seine Kinder erziehen, seine Bedienten und Untertanen gubernieren und seiner Wirtschaft von Monat zu Monat vorstehen solle“.[12]

Die Unterwürfigkeit und die Zwangsarbeit der Leibeigenen wurden gleicherweise als von Gott eingerichtet betrachtet. „Die Robot- und Zwangsdienste erschienen“ Hohberg zufolge „bald nach dem ersten Sündenfall Adams, als Folge von Gottes Gebot, daß der Mensch sein Brot im Schweiße seines Angesichts verdienen, daß er die Felder bestellen und der Arbeit frönen solle; danach, infolge der Vermehrung der menschlichen Rasse, mit der Arroganz und Unordnung wuchsen, zwangen die Stärkeren die Schwa-

Hausvater, ebd. 1783–86. Das Werk des südösterreichischen Adligen W. H. v. Hohberg, Georgica Curiosa, 2 Bde., Nürnberg 1682, ist von O. Brunner sorgfältig analysiert worden in: Adeliges Landleben u. Europäischer Geist. Leben u. Werk W. H. v. Hohberg, 1612–1688, Salzburg 1949.

12 Colerus zit. in Hoffmann, 92; Hohberg in Brunner, „Ganzes Haus“, 111.

chen, die Langsamen und die Hilflosen unter ihr Gebot, wodurch Kampf und Mord aufkamen. Schließlich riet die Notwendigkeit, daß die Menschen ihr Los bessern könnten, wenn sie sich unter bestimmten Bedingungen einem starken und berühmten Helden unterwarfen... So entstanden Könige, Fürsten und Herren und ebenso gewisse Gesetze, aus denen Privilegien, Achtung vor der Autorität und der Gehorsam der Untertanen sich entwikkelten. Aus dieser Quelle entsprangen auch die Zwangs- und Robotdienste, die in der Welt üblich sind."[13]

Die Hausväterliteratur beriet nicht nur die adligen Gutsbesitzer, wie sie mit den Bauern umgehen sollten, sondern vermittelte auch die populären Vorstellungen vom Bauerntum. Der Bauer wurde als eine Kreatur der Sinne betrachtet, deren ganzes Wesen durch seine körperliche Arbeit geprägt sei. Ein Autor des 18. Jahrhunderts, Karl Friedrich Beneckendorff, schrieb: „Der Bauer hat fast durchgehends ein fühlloses Herz, welches durch vernünftige Vorstellungen sehr schwer zu bewegen und folgsam zu machen ist... Nur blos sinnliche Empfindungen regieren seinen Lebenswandel, und diese allein sind es doch nur, wodurch er in Ordnung gebracht und zur Beobachtung der ihm obliegenden Pflichten angehalten werden kann."[14] Ähnlich berichtete ein Landpfarrer, daß Beschreibungen des spirituellen Leidens Christi keinen Eindruck auf die Bauern machten, weil es so wenig mit ihren Erfahrungen in Zusammenhang stehe. Nur wenn das körperliche Leiden Christi beschrieben werde, sei „der Bauer ganz Ohr und Mitgefühl". Christian Garve, der populäre Philosoph des 18. Jahrhunderts, führte den Charakter des Bauern ebenfalls auf seine „körperliche, schwere, einförmige Arbeit" zurück.[15]

Es ist vielleicht von Nutzen, Garves Beschreibung der unterwürfigen Bauern in Preußen besondere Aufmerksamkeit zu schenken, denn er war ein kluger Beobachter und repräsentierte die Haltung des aufgeklärten Philosophen, der gleichzeitig viele Wertvorstellungen der Hausväterliteratur teilte. Für Garve wurde der Charakter der Bauern nicht nur durch schwere körperliche Arbeit, sondern auch durch die Tatsache geprägt, daß die Bauern im Gutsbereich von Kontakten mit der übrigen Gesellschaft abgeschnitten und daher ganz der Autorität des Gutsherrn unterworfen waren. In der Beschränkung auf das Gut und durch den täglichen Kontakt miteinander entwickelten die Bauern ein Maß an Solidarität und gemeinsamen

13 Hohberg, I. 63.

14 K. F. Beneckendorff, Oeconomia Forensis oder Kurzer Inbegriff derjenigen Landwirtschaftlichen Wahrheiten, V, Berlin 1775–84, 51. Beneckendorffs acht Bände stellen die späteste Form von „Hausväterliteratur" dar; danach begann die Literatur über „wissenschaftliche Landwirtschaft" zu entstehen.

15 K. Aner, Zwei märkische Landgeistliche aus der Aufklärungszeit, in: Jahrbuch für Brandenburgische Kirchengeschichte 17. 1919, 97. C. Garve, Über den Charakter der Bauern u. ihre Verhältnisse gegen die Gutsherr u. gegen die Regierung, in: ders., Popularphilosophische Schriften, Hg. K. Wölfel, Stuttgart 1974, 7f.

Erfahrungen, die jedem Dorf charakteristische Wesenszüge verliehen, die von einer Generation auf die nächste übertragen wurden – „auf der einen Seite Hang zur Trägheit und Lüderlichkeit, oder Widersetzlichkeit und Grobheit, oder diebisches Wesen, auf der andern Arbeitsamkeit oder Sparsamkeit“.[16] Bäuerliche Trägheit, betonte Garve, war nicht nur eine Folge ihrer schweren körperlichen Arbeit, sondern auch ihrer „Leerheit des Geistes“, der Tatsache, daß sie „gedankenlos“ waren. Trotzdem waren die Bauern schlau und listig. Bäuerliche Arglist beschreibend, zeichnete Garve ein denkwürdiges Bild eines Bauernjungen: „Außer den Bauern sind es vornehmlich die Kinder, von denen man sagt, daß sie tückisch aussehen. Es soll also ohne Zweifel ein Gemisch von kindischem Wesen, von Einfalt, von Schwäche, – mit Bosheit, mit List anzeigen. Ich will die Physiognomie zu Hülfe nehmen, um das Geistige, welches jener Ausdruck bezeichnen soll, mir zu erklären. Jeder erinnert sich ohne Zweifel, solche Gesichter von Bauernknaben gesehn zu haben, wo das eine Auge, oder vielleicht auch beyde, unter halbgeschlossenen Augenlidern, wie verstohlen hervorschielen, deren Mund offen und zu einem spöttischen, etwas dummen Lachen verzogen, der Kopf gegen die Brust angedrückt oder doch zur Erde gesenkt ist, als wenn er sich verbergen wollte: mit einem Worte, Gesichter, in welchen sich Furcht, Blödigkeit, Einfalt, mit Spott und Abneigung vermischt, abmalen. Solche Knaben stehen, wenn man etwas von ihnen verlangt oder zu ihnen redet, unbeweglich und stumm wie ein Stock; sie antworten auf keine Frage, die der Vorübergehende thut. Ihre Muskeln sind wie steif und unbeweglich. Sobald aber der Fremde sich ein wenig entfernt hat, laufen sie zu ihren Kameraden und brechen in ein lautes Gelächter aus. Der Bauer ist in gewissen Maßen immer Kind.“[17]

Hier können wir die beiden grundlegenden Seiten des bäuerlichen Charakters wahrnehmen, wie er von seinen Oberen gesehen wurde. Auf der einen Seite gab es seine kindhafte Einfachheit, seine unkomplizierte Naivität und Unschuld – jene Eigenschaften, die später romantische Volkstümelei so anziehend fand. Auf der anderen Seite war er arglistig, unzuverlässig, unehrlich und rebellisch – jene Eigenschaften, vor denen die Autoren der Hausväterliteratur die Herren warnten. Beneckendorff erwähnt die „vorsetzliche Bosheit“ des Bauern. „Der Bauer ist überhaupt, wenn es auf seine und der Herrschaft Gerechtsame ankommt, eine sehr gefährliche Creatur. Man darf ihm, nach dem gemeinen Sprichwort, nicht einen Fingerbreit einräumen, wenn man nicht befürchten will, daß er alsdenn eine ganze Handbreit nehmen werde.“[18] Colerus warnte, „wieviel Knechte einer im Haus hat / so viele Diebe hat er auch“.[19] Genau dieser kindhafte und irgendwie gefährli-

16 Ebd., 22.
17 Ebd., 57f.
18 Beneckendorff, V, 53, 46.
19 Zitiert in Hoffmann, 185.

che Charakter des Bauern war es, der die Aufsicht durch einen strengen und fordernden „Vater" verlangte. Der Grundcharakter der Bauern lieferte die Rechtfertigung für die Ideologie des Paternalismus.

Unzweifelhaft gab es zahlreiche Fälle, in denen Herren ihren Bauern ein hohes Maß an väterlicher Fürsorge zuteilwerden ließen. Viele Bauern sprachen von ihrem Herrn und ihrer Herrin als „Vater" und „Mutter". Friedrich Eberhard v. Rochow beschrieb, wie er seinen Bauern in den Jahren 1771 und 1772, als schlechtes Wetter die Ernten vernichtete, Beistand, „Rat und Tat" gewährte.[20] Friedrich August Ludwig v. d. Marwitz, einer der freimütigsten Verteidiger der alten Gesellschaftsordnung während der Reformära nach 1807, gibt ebenfalls solche Beispiele der Fürsorge für seine Bauern. Bekundungen väterlicher Fürsorge sollten jedoch nicht als eine Beschreibung der Wirklichkeit genommen werden. Die Beispiele außerordentlich paternalistischen Handelns seitens der Gutsherren waren so selten, daß der preußische König, Friedrich Wilhelm III., als er auf ein solches Beispiel aufmerksam gemacht wurde, sich im Jahre 1800 dazu bewegen ließ zu schreiben: „Es ist ein schönes Beispiel wechselseitiger Liebe und Treue zwischen Gutsherrschaften und Untertanen und Ich freue mich darüber um so herzlicher, je seltener es ist."[21]

Die paternalistischen sozialen Beziehungen auf den Landgütern des frühmodernen Preußen waren durch ebensoviel Spannung und Klassenantagonismus gekennzeichnet wie durch Bekundungen von Vertrauen und Zuneigung beider Seiten zueinander. Wie Garve zugestand, trug der Leibeigene „seine Leiden nicht ohne Sensitivität". Garve schrieb, „Man darf nicht befürchten, daß er sich dieselben durch offenbare Gewalttätigkeit, als Rebelle, vom Halse zu schaffen suche: aber er führt dagegen einen immerwährenden geheimen Krieg mit seinem Herrn. Dessen Vorteile zu schmälern, die seinigen zu vergrößern, das ist ein Wunsch, den er im Grunde seines Herzens immer mit sich umherträgt, und eine Absicht, die er insgeheim, so oft es angeht, zu verfolgen sucht. Untreue und kleine Diebereyen, verübt an den Gütern seines Herrn, hält er für lange nicht so schändlich, als wenn er sie sich gegen seines Gleichen erlaubte. Er ist nicht der ganz demüthige Sclave seines Herrn, er ist nicht ein für ihn fürchterlicher Feind: er ist aber auch kein freywilliger, aus gutem Herzen gehorsamer Unterthan."[22]

20 C. Büchsel. Erinnerungen aus dem Leben eines Landgeistlichen, Berlin 1925[10], 38; F. E. v. Rochows sämtliche pädagogische Schriften, Hg. ebd. Jonas u. Weinecke, III, 1909, 9–11. Manche Historiker haben die Wohltätigkeit des Paternalismus übertrieben, andere bestreiten, daß sie überhaupt Wirklichkeit war. H. Harnisch (Die Herrschaft Boitzenburg, Weimar 1968) bestreitet, daß es paternalistische Beziehungen gab. Die sorgfältige Untersuchung von K. Spies (Gutsherr u. Untertan in der Mittelmark Brandenburg zu Beginn der Bauernbefreiung, Berlin 1972) findet wenige Gründe für die Behauptung, daß Gutsherren viel väterliche Sorge für ihre Bauern an den Tag legten.

21 R. Stadelmann, Preußens Könige u. ihre Tätigkeit für die Landeskultur (1882), IV, Osnabrück 1965, 254.

22 Garve, Bauern, 60.

Dieser verborgene Konflikt im Herzen der ländlichen Gesellschaft enthüllte sich oft höchst lebhaft in Krisenzeiten. Ein Beispiel lieferte Marwitz, der sich selber als vorbildlichen Hausvater betrachtete und dies vermutlich auch war. Ein Bericht befaßt sich mit den Reaktionen seiner Bauern, als ein Feuer im Mai 1806 einen großen Teil seines Herrensitzes, Friedersdorff, zerstörte.[23] Marwitz erwachte mitten in der Nacht durch den Schein, den die Flammen brennender Gebäude im ganzen Hofraum seines Gutes in sein Schlafzimmer warfen. Zum Fenster stürzend, sah Marwitz einen seiner Diener, „der auf der mir zugekehrten Seite des Wirtschaftshofs wohnte, stillschweigend seine paar miserablen Effekten aus dem brennenden Nebenhause tragen. Das ganze Dorf lag im tiefen Schlafe". Marwitz befahl, die Alarmglocke zu läuten. Er rannte, um die Wasserwagen aus ihren Schuppen zu ziehen und die Pferde davorzuspannen; er entdeckte, daß die Pferde statt dessen an den Pflügen festgemacht worden waren. „Ich denke, der Inspektor ist rasend geworden, wie er mir vorträgt, in der Saatzeit wären die Pflüge doch das Wichtigste, und diese wolle er retten. – Ich schreie: ‚Ausgespannt! Hier brennt es noch lange nicht, sondern auf dem Schloß!'" Zum Karrenschuppen zurückeilend, entdeckte er seine Bauern auf Fässern sitzend oder müßig herumstehend. Sie hatten sich noch nicht die Mühe gemacht, den Pumpenwagen herauszuholen. Er mußte sie mit Schlägen zum Handeln antreiben. Als er zum Schloß hinaufsah, das noch nicht in Flammen stand, „erblicke ich aus den Fenstern des obersten Stockes Betten, Stühle und Tische herunterfliegen, letztere natürlich zerbrochen zur Erde kommend, und dienstbare Geister in Masse, die sie forttragen." Andere Bauern fand Marwitz, wie sie herumstanden und über die Possen eines zweijährigen Kindes lachten. Schließlich war eine Löschbrigade aufgestellt worden, um die Brände zu bekämpfen, aber: „Die bei den Spritzen waren, fingen an, nach Branntwein zu schreien, und die zu Fuß herbeigelaufenen Zuschauer standen und taten nichts. Ich deklarierte, es würde nicht eher ein Tropfen Branntwein gegeben, als bis das Feuer gelöscht sei... Bei vielen half es, andere erklärten: wenn sie keinen Branntwein bekämen, würden sie auch nicht löschen". Marwitz mußte eine Patrouille organisieren, um das Gut vor Plünderern aus einem nahegelegenen Dorf zu schützen. Am Ende brannten das Schloß und zahlreiche Außengebäude bis auf den Erdboden ab; obwohl es Hinweise auf Brandstiftung gab, konnte gegen niemanden Anklage erhoben werden.

Beschreibungen wie diese erinnern uns an die Grenzen des Paternalismus als Kategorie sozialer Beziehungen. Die Idee des „ganzen Hauses" beschreibt eine Realität, aber es ist nur eine partielle Realität. Zu oft sind der Idee des „ganzen Hauses" romantische Eigenschaften beigemischt worden, um, wie etwa bei Wilhelm Riehl, eine harmonische Gemeinschaft zu sugge-

23 F. A. L. v. d. Marwitz: Ein märkischer Edelmann im Zeitalter der Befreiungskriege, Hg. F. Meusel, I, Berlin 1908, 266–74.

rieren, deren Bande in der kommerziellen und städtischen Gesellschaft des 19. Jahrhunderts gelöst wurden. Tatsächlich gab es gerade im Zentrum der sozialen Beziehungen im „ganzen Haus“ sowohl Unterwerfung als auch Konflikt, nach außen Unterwerfung unter die Obrigkeit und innerlich den „geheimen Krieg“ der Bauern gegen ihre Herren. Unterwerfung war oft gepaart mit dem Spottgelächter hinter dem Rücken des Herrn, mit dem Schmunzeln, das die Verbeugung untergrub. Gehorsam gegenüber Befehlen war verbunden mit übertrieben langsamem Handeln; neue Arbeitsaufträge wurden mit unbeweglicher Stupidität begrüßt; äußerlicher Respekt den Oberen gegenüber wurde durch den heimlichen Diebstahl an ihnen negiert. Sowohl ihren Oberen als auch Beobachtern aus der Mittelschicht erschienen Bauern als unbelehrbar dumm und boshaft arglistig zugleich. Tatsächlich war gerade der Anschein von Dummheit oft eine List, welche die Vorgesetzten verwirrte und durcheinanderbrachte. Es war eine subtile Verteidigung, die häufig die Herren dazu trieb, auf physische Gewalt zurückzugreifen und die daher, auf ihre Weise, Selbstbeherrschung der Bauern zur Geltung brachte und Würde Ausdruck verlieh.[24] Die engen Beziehungen auf einem Gut erlaubten nicht viel offenes Herausfordern und die Bestrafung erfolgte schnell und war oft streng; trotzdem war der „geheime Krieg“, den Garve beschreibt, eine tägliche Herausforderung, ein Ausdruck des Klassenkonflikts innerhalb des Rahmens der paternalistischen Gesellschaft.

Der Paternalismus beruhte mithin auf einem empfindlichen Gleichgewicht zwischen Herren und Bauern: Er ging davon aus, daß die Herausforderung der Bauern durch die strenge Disziplinierung seitens der Herren kontrolliert werden konnte, und er unterstellte, daß die Repression durch die Herren so bemessen sein würde, daß sie die Bauern nicht in den offenen Widerstand trieb. Um die Bauern zu kontrollieren, verfügten die adligen Gutsbesitzer über eine enorme rechtliche Autorität. Es hieß, daß die Autorität des Staates an der Grenze des Gutes aufhörte. In der Tat war der adlige Gutsbesitzer sogar der Mittler für die Verpflichtungen des Bauern gegenüber dem Staat; er war es, der ihre Steuern einzog, und ihre Militärpflicht war derart mit ihren Dienstbanden verknüpft, daß entlaufene Bauern als Deserteure betrachtet werden konnten. Im paternalistischen Horizont des Adels war diese Vermittlerrolle eine wichtige Funktion des adligen Herrn. Marwitz schrieb: „Der Staat selbst ist ein Unding für den Bauern, weil er ihn weder sehen, noch erkennen kann, außer etwa durch die Abgaben, die er an ihn zahlt. Er erkennt ihn also höchstens im Ganzen als etwas Drückendes und

24 Viele dieser Beobachtungen verdanke ich E. P. Thompson; dies gilt sowohl für seinen Aufsatz: Patrician Society, Plebeian Culture, in: Journal of Social History 7, 382–405, als auch für seine Äußerungen bei einem Zusammentreffen in Göttingen im Sommer 1978. Ein anderer Teilnehmer dieser Tagung, der Anthropologe Gerald Sider, gab Anregungen, wie sich Trotz als Ausdruck von Kontrolle und Würde betrachten lasse.

also Feindseliges; ... die Zwischenbehörde aber (den Gutsherrn) erkennt er vollständig, denn er lebt mit ihm, und durch ihn erkennt er den Staat."[25] Diese juristische Sanktion der Autorität des adligen Gutsbesitzers gab ihm einen quasi-offiziellen Status. Das ist der Grund, warum Adlige wie Marwitz darauf bestanden, daß Gutseigentum ein „Amt" sei. Die Verschmelzung der „öffentlichen" und „privaten" Funktionen eines Gutsherrn bedeutete, daß öffentliche Kontrolle und persönliche Abhängigkeit in einer Weise miteinander verknüpft waren, welche die Autorität als natürlich erscheinen ließ, so unvermeidlich und irreversibel wie die Beziehung eines Vaters zu seinem Kind. In der Ideologie des Adels sollten daher Privilegien, Rechte und Autorität nicht als Ausdruck privaten Interesses betrachtet werden, wie wir es wissen, sondern als öffentliche Funktionen und Verpflichtungen im Zusammenhang mit Herrschaft.

Die Verordnungen, die in den adligen Dörfern durchgesetzt wurden, spiegeln diese Kombination von öffentlicher Autorität und privaten Interessen wider.[26] In ihnen vermischten sich rechtliche Beschränkung, Arbeitsregulative, Auslegung der gesetzlichen Rechte der Gutsherren und ethischer Zwang, wie sie den Dorfbewohnern auferlegt wurden. Sie enthielten z.B. ordnungsgemäße Vorkehrungen zur Aufrechterhaltung der öffentlichen Ordnung und Sicherheit – Vorschriften, welche die Brandsicherheit betrafen, Sperrstundenregelungen, Kontrolle von nicht seßhaften Personen und Zigeunern, Verbote gegen Ruhestörung, Diebstahl usw. Die Verordnungen dienten auch dem ökonomischen Interesse des Gutsherrn, denn sie gaben ihm die Kontrollrechte, die er gegenüber den Bauern als Arbeitskräften ausübte; sie gaben z.B. die Strafe an, die Bauern erwartete, wenn sie ihre Dienstpflichten nicht erfüllten, nicht zur vorgeschriebenen Zeit zur Arbeit erschienen, wenn sie versuchten, ihre Pflichten zu umgehen, indem sie dem Herrn „muthwillige(s) Gesinde, untüchtige und abgetriebene Wagen und Pferde" stellten. Die Verordnungen unterstrichen auch die Rechte und Privilegien, die dem Gutsherrn vorbehalten waren, und beschrieben die Strafen für Bauern, die sie verletzten. Schließlich regelten die Verordnungen, in Übereinstimmung mit der Rolle des Gutsherrn als Hausvater von Gut und Dorf, das moralische Verhalten der Bauern. Manche Vorschriften verlangten von den Bauern, den Gottesdienst zu besuchen; alle regelten die Öffnungszeiten von Gasthäusern, verboten Tanz und Glücksspiel; viele sahen Strafen vor, die über unverheiratete Personen verhängt

25 Marwitz, II/1, 242.

26 Fast alle Gutsarchive enthalten Kopien von Dorf-Verordnungen. Vgl. z.B. die des Dorfes Garzin, Herrschaft Buckow, Staatsarchiv Potsdam, Pr. Br. 37, Herrschaft Buckow, 294, Bl. 54–62. Einige sind auch veröffentlicht worden. Vgl. einige Beispiele, die bei A. v. Haxthausen veröffentlicht sind: Die patrimoniale Gesetzgebung in der Altmark, in: Jahrbücher für die preußische Gesetzgebung, Rechtswissenschaft, u. Rechtsverwaltung 39. 1832, 3–70.

wurden, die für schuldig befunden wurden, sexuelle Beziehungen zu unterhalten.[27]

Diese Verordnungen wurden durch die Entscheidungen der patrimonialen Gerichtshöfe durchgesetzt, die ebenfalls unter Kontrolle des Gutsherrn standen. Die patrimonialen Gerichte illustrieren die Verschmelzung der privaten und der öffentlichen Autorität des adligen Gutsbesitzers. Sie konnten mit der ganzen Kraft des Gesetzes für ganz private Zwecke eingesetzt werden – für die Bestrafung von Bauern, die in der Erfüllung ihrer Pflichten nachlässig waren oder Unbotmäßigkeit gegenüber ihrer Obrigkeit zeigten.[28] In der Tat resultierte ein Großteil der physischen Brutalität, die auf einem Adelsgut vorkam, aus dem expliziten Recht eines Gutsherrn, seine Diener zu bestrafen; das patrimoniale Gericht stand für die gesetzliche Sanktion dieses Rechts. Soziale Kontrolle durch körperliche Bestrafung gehörte zum innersten Wesen des Paternalismus; er war verbunden mit der Vorstellung, daß soziale Beziehungen ihrem Wesen nach persönliche Beziehungen waren und daß der Herr die Verpflichtung hatte, ungehorsame Bauern zu züchtigen.

Das Gleichgewicht des Paternalismus brach zusammen, als die adligen Gutsbesitzer ihre Macht zu direkt ausübten, indem sie Dienste verlangten, die den Gerechtigkeitssinn der Bauern, der sich durch lange Zeiten entwikkelt hatte, verletzten, oder indem sie sie durch extreme körperliche Strafen oder Torturen brutalisierten. Gelegentlich rannten Bauern grausamen Herren davon; manchmal führte die Unterdrückung zu offener Rebellion. In den Jahren 1765 und 1766 breitete sich ein Bauernaufstand im polnischsprachigen Schlesien auf vierzig Dörfer aus. Der Staat schritt ein, und die Armee wurde eingesetzt, um die Rebellion niederzuschlagen. Als jedoch einige Gutsbesitzer, durch die Gegenwart der Truppen mutiger gemacht, begannen, grausame Rache an ihren Bauern zu nehmen, intervenierte der Staat erneut, um die Bauern vor ihren Herren zu schützen. Wenigstens ein Gutsbesitzer, der bekanntermaßen seine Leibeigenen gequält hatte, wurde gezwungen, sein Gut zu verkaufen.[29] Als eine Gräfin v. Gessler 1750 zu sechs Jahren persönlichem Arrest verurteilt wurde, weil sie einen Diener totgeprügelt hatte, weigerte sich Friedrich II., der Bitte ihres Gatten, einem seiner Generäle, zu entsprechen, das Urteil zu mildern; er begründete dies gegenüber Graf Gessler: „So werdet Ihr doch selbst als ein vernünftiger Mann in Erwägung ziehen, daß die Justiz vor jedermann und alle Leute sonder Ausnahme ist, und daß also, wenn auch Personen von Stande oder

27 Haxthausen, 51.

28 Staatsarchiv Potsdam, Pr. Br. 37, Branitz Bd. 19, Bl. 38–39; vgl. a. den Fall, den D. Blasius (Bürgerliche Gesellschaft u. Kriminalität, Göttingen 1976, 26) zitiert, wo ein Gutsherr seinen Bauern, den er beim Obststehlen ertappt hatte, dadurch bestrafte, daß er alles Obst aus dem Garten des Bauern an sich nahm.

29 J. Ziekursch, Hundert Jahre schlesischer Agrargeschichte, Breslau 1927/Aalen 1978, 193f.

Edelleute sündigen, selbige nach den Regeln des Rechts davor büßen und gestrafet werden müssen.“[30] Das paternalistische Gleichgewicht zwischen Wohltätigkeit und Strafe beruhte auf einem gewissen Grade von Vertrauen in das Recht; es beruhte auf der Überzeugung, daß das Recht, selbst das einseitige Urteil der Patriomonialgerichte, nicht bloße Willkür war. Wenn dieses Gleichgewicht umgestoßen wurde, ob durch adlige Grausamkeiten oder bäuerliche Rebellion, schritt der Staat ein, um es zu korrigieren und die Grundlage für die paternalistische Ideologie erneut zu befestigen. Wenn der Hausvater in seinem „Amt“ versagte, stellte der König, als Landesvater, die Basis der paternalistischen Herrschaft wieder her.

Paternalismus wurde z.T. ermöglicht durch die enge physische Nähe zwischen dem Gutsherrn und seinen Bauern, die nahelegte, daß die Beziehungen auf dem Gut personalisiert und individualisiert waren. Die Tatsache, daß der Herr seine Bauern mit dem vertraulichen „Du“ anredete, während sie ihn mit dem förmlichen „Sie“ ansprachen, spiegelte mehr als die Unterordnung der Bauern wider; sie vermittelte auch dieselbe Ebene persönlicher Vertrautheit, die zwischen einem Vater und seinem Kind bestand.[31] Darüberhinaus umschloß die enge individuelle Verbindung zwischen dem Herrn und dem Leibeigenen die verschiedenen kontraktlichen Verpflichtungen, die jeder Bauer auf einem Gut seinem Herrn gegenüber hatte. In vielen Fällen hatte der Herr das Recht zu bestimmen, ob und wen bestimmte Bauernmädchen heiraten konnten; bei vielen ihrer Bauern hatten sie das Recht zu bestimmen, welcher Sohn das Anwesen seines Vaters erben sollte.[32] Das waren nicht nur enorme Waffen für die Ausübung sozialer Kontrolle, sondern sie personalisierten auch die Beziehungen zwischen Herren und Bauern, indem sie den Herren erlaubten, in die Familienangelegenheiten ihrer Untergebenen einzugreifen. Garve billigte diese Autorität gegenüber den Bauern als „Censor ihrer Sitten“. Der Herr, sagte er, „darf sich um das Innere der Familien, um die Wirtschaft und die Einigkeit der Eheleute, um das Betragen der Eltern und Kinder, der Verwandten und Nachbarn gegeneinander, bekümmern“.[33]

Ein noch wichtigerer Faktor, der die paternalistische Herrschaft der adligen Gutsbesitzer verstärkte, war die Tatsache, daß die bäuerliche Gesellschaft stark differenziert war. Die Bauern waren in viele verschiedene Klassifikationen eingeteilt, nach Bezeichnungen, Eigentumsrechten, Erbrechten und Arbeitsverpflichtungen.[34] Die ländliche Gesellschaft war keine Gesellschaft, in der die Herren auf einer und die Bauern auf der anderen Seite ein-

30 Stadelmann, II, 269f.

31 W. Pöls Hg., Deutsche Sozialgeschichte, I, München 1976, 36–38.

32 G. F. Knapp, Die Bauernbefreiung u. der Ursprung der Landarbeiter in den älteren Teilen Preußens, I, Leipzig 1887, 16f.; H. Müller, Märkische Landwirtschaft vor den Agrarreformen von 1807, Potsdam 1967, 29.

33 Garve, 108f., 112f.

34 Aus Platzgründen verbietet es sich, Kategorien und Rechte verschiedener Bauern heraus-

geordnet waren. Vielmehr war die Macht des Gutsherrn vermittelt; sie strahlte durch das ganze Gut hindurch und berührte alle, aber mit unterschiedlichen Graden von Unmittelbarkeit. Der arme, landlose Einlieger oder Tagelöhner, der nur wenige Rechte besaß und nur als Lohnarbeiter arbeitete, mag gelegentlich den Hieb der Peitsche des Herrn gespürt haben, aber häufiger fühlte er vermutlich die der wohlhabenderen Bauern, des Gärtners oder des Bauern, für den er arbeitete. Der Gärtner hatte weniger Land als der Vollbauer, aber er besaß ein kleines Landstück und das Recht, seine Kuh auf dem Gemeinland grasen zu lassen; seine Lebensbedingungen waren nicht so günstig wie die des Vollbauern, aber sie waren auch nicht so elend wie die des Tagelöhners. Der Vollbauer hatte hohe Renten zu zahlen und dem Herrn erhebliche Arbeitsdienste zu leisten, aber er leistete diese Arbeit selten selber; sie wurde durch einen der Lohnarbeiter in seinen Diensten verrichtet. Die Bauern wurden also selber ausgebeutet und waren gleichzeitig, bis auf diejenigen, die sich auf der alleruntersten Stufe der Skala befanden, ebenfalls am Prozeß der Ausbeutung beteiligt. In einer solchen Gesellschaft, in der jeder, wenn auch mit unterschiedlichen persönlichen Verpflichtungen, einem Herrn untergeordnet war und in der die meisten wieder anderen Bauern untergeordnet waren, war es schwierig, wenn nicht unmöglich, Klassensolidarität zu entwickeln. Die Macht des Herrn wurde gemildert durch die Tatsache, daß so viele seiner Untergebenen am Herrschafts- und Ausbeutungsprozeß beteiligt waren; in der Tat konnte gerade die Brutalität mancher Bauern auf einem Gut dem Gutsherrn eine Gelegenheit liefern, als wohltätiger Vater zugunsten des Unterdrückten einzuschreiten. Die rigide soziale Differenzierung der Gesellschaft des 18. Jahrhunderts, die sich in der ständischen Terminologie ausdrückte, führte dazu, daß Bauern andere Bauern mit anderen Rechten als Mitglieder eines anderen Standes betrachteten. Das Preußische Landrecht von 1794 erkannte diese Art sozialer Differenzierung an, als es die Gemeinde so definierte, daß sie sich aus denjenigen zusammensetze, die Grundeigentumsrechte besäßen; landlose Bauern waren ausgeschlossen.[35]

Diese soziale Differenzierung verstärkte die Kontrolle des Gutsherrn über die Bauern auch dadurch, daß sie den Bauern, die im Netz der Leibeigenschaft eingefangen waren, eine gewisse Aufstiegsmobilität ermöglichte. Adlige Gutsbesitzer konnten legalerweise ineffiziente oder ungehorsame Bauern, die keine Erbrechte besaßen, durch Bauern ersetzen, die zuverlässiger waren. Darüberhinaus konnten die Bauern im 18. Jahrhundert, als mehr Land unter Kultur genommen wurde, ihren Status dadurch verbessern, daß sie neues Land besiedelten. Daher hatten die Herren die Möglichkeit, die erstickende Leibeigenschaft durch ausgewählte Dosierung vä-

zuarbeiten. Siehe Knapp, passim; Müller, passim; F. W. Henning, Dienste u. Abgaben der Bauern im 18. Jh., Stuttgart 1969, passim.

35 ALR II/7:2 § 18.

terlicher Gnade zu entlüften. Die Vorteile, die dieses System bot, waren ihnen nicht unbekannt und sie waren in der Lage, es bewußt zu manipulieren. Ein Agronom des 18. Jahrhunderts wie Beneckendorff kommentierte die größere Kontrolle, die Gutsherren über Bauern mittleren Ranges ausüben konnten, wie folgt: „Der Unterschied zwischen einem angesessenen Bauer und Tagelöhner besteht nicht sowohl in der wenigern oder mehrern Arbeit, als blos darinnen, daß der erstere auch nach seinem Tode vor die Seinigen etwas zu sammeln und übrig zu lassen Hoffnung hat, dahingegen der letztere sich blos an seinem und der Seinigen täglichen Unterhalt, so lange er lebet, begnügen muß. Wenn nun ein armer Bauer sich dieser Hoffnung eben so wenig als ein Tagelöhner, zu erfreuen hat, so folget von selbst, daß keine Ursache, warum er die Abnahme und Entsetzung von der ihm anvertrauten Nahrung schauen sollte, vorhanden sey, sondern nur allein angreifende Leibesstrafen, um ihm in Ordnung und Gehorsam zu unterhalten, erfordert werden können."[36]
Im Bewußtsein, daß die mittleren Bauern, die ebenfalls am Prozeß der Ausbeutung teilnahmen, eine Art Puffer darstellten, beklagten sich adlige Gutseigentümer während des ganzen Vormärz', daß die emanzipierten Freibauern im Verschwinden begriffen waren, weil ihre Bauernstellen durch Vererbung dismembriert und parzelliert wurden.[37] Sie erkannten, daß eine solche Entwicklung zu einer ländlichen Gesellschaft führte, die einzig und allein aus den Großgrundbesitzern auf der einen und einem landlosen Landproletariat auf der anderen Seite besteht.

III. Soweit haben wir die Beziehungen zwischen dem preußischen Adel und den Bauern an einer Dimension erörtert: die Beschreibung des adligen Gutes als eine in sich geschlossene Gemeinschaft, das „ganze Haus", in dem die Ideologie des Paternalismus trotz ihrer Grenzen die Begriffe bereitstellte, mit denen der Adel seine Herrschaft über die Bauern rechtfertigte. In diesem Zusammenhang haben wir besonderes Gewicht gelegt auf die Verschmelzung der privaten, paternalistischen Funktion der Herrschaft des Gutsherrn mit der öffentlichen, gesetzlichen Autorität, die diese Herrschaft sanktionierte. Dieser Aspekt des Paternalismus beruhte in starkem Maße auf der engen physischen Nähe zwischen dem Herrn und seinen Untergebenen. Es gibt jedoch eine zweite Dimension der Superiorität des Adels, die damit eng verbunden ist. Man kann sie etwas unpräzise als ein System sym-

36 Beneckendorff, V, 33.
37 Dazu, wie adlige Gutsbesitzer ihren Widerstand gegen bäuerliche Parzellierung zum Ausdruck brachten, vgl. H. Harnisch, Probleme junkerlicher Agrarpolitik im 19. Jahrhundert, in: Wiss. Zeitschr. der Universität Rostock, 21, 1972, Gesell. u. Sprachwiss. Reihe, Heft 1/II, 102 f.; Beispiele für den Ausdruck adliger Sorge und Untersuchungen durch die Regierung lassen sich finden in: Staatsarchiv Potsdam, Rep. 2, Reg. Potsdam, I Komm, Nr. 982; Staatsarchiv Potsdam, Pr. Br. Rep. 2a, Reg. Potsdam, Abt. I, IP, Nr. 138, Bl. 195 ff.; Staatsarchiv Potsdam, Pr. Br., Rep. 54, Bd. 23.

bolischer Herrschaft definieren, d.h. als ein System, in dem die Überlegenheit der herrschenden Klasse in einer Reihe symbolischer Formen sowie in einer Sprache und einem Verhalten zum Ausdruck gebracht wurde, die ihre Herrschaft legitimierten. Die Ideologie des Paternalismus legitimierte Herrschaft, indem sie die gegenseitige Abhängigkeit, die Wechselseitigkeit von Rechten und Verpflichtungen in der Beziehung zwischen Gutsherr und Bauer betonte. Sie brachte beide Klassen in eine familiale Beziehung zueinander, in der die Herrschaft des Hausvaters zu etwas Natürlichem wurde. Die größeren Strukturen symbolischer Herrschaft wirkten, ohne zur Ideologie des Paternalismus in Widerspruch zu geraten, in die entgegengesetzte Richtung. Sie trennten die Beherrschten von den Herrschenden und legitimierten die Struktur von Unter- und Überordnung dadurch, daß sie die naturgegebenen Unterschiede zwischen den beiden Klassen unterstrichen. Die Wirkung der Strukturen symbolischer Herrschaft zeigte, daß die, die herrschten, überhaupt ein ganz anderer Menschenschlag waren als diejenigen, die beherrscht wurden.

Man kann das System symbolischer Herrschaft auf verschiedene Weise beschreiben. Jürgen Habermas hat z.B. im Zusammenhang mit der symbolischen Repräsentation von Autorität „vor dem Volk" in der Feudalgesellschaft den Ausdruck „repräsentative Öffentlichkeit" benutzt.[38] Ebenfalls unter Bezugnahme auf die Tatsache, daß die Feudalgesellschaft nicht zwischen der Privatperson und dem öffentlichen Amt unterschied, verweist Habermas auf das Aufgebot symbolischer Manifestationen, die dazu dienten, die „öffentliche Person" von denjenigen abzuheben, die lediglich „Private", d.h. gemeine Leute waren. Insignien, Wappenschilder, Kleidung, Haartrachten, Gestik, Anredeformen, Dialekte – sie alle wurden als Statussymbole benutzt, die der öffentlichen Person eine Aura der Autorität verliehen. Der Barockstil und das höfische Leben des 17. Jahrhunderts spiegelte ganz besonders diese „repräsentative Öffentlichkeit" wider, die, wie Habermas meint, in der ausgefeilten Etikette am Hofe Ludwigs XIV., bei der selbst die privatesten Züge im Leben des Königs öffentlich ausgebreitet wurden, „einen Grad höchster Verfeinerung" erreichten. In ähnlicher Weise hat E. P. Thompson auf das „Theater" hingewiesen, mit dem die herrschende Klasse ihre kulturelle Hegemonie ausübte. Thompson schreibt über die Zeremonien und den Pomp der herrschenden Klasse im England des 18. Jahrhunderts: „Wir haben hier einen einstudierten und sorgfältig ausgearbeiteten hegemonialen Stil vor uns, eine Theaterrolle, in der die Großen in der Kindheit geschult wurden und die sie bis zum Tod beibehielten. Und wenn wir dies als Theater bezeichnen, geschieht dies nicht, um seine Bedeutung herunterzuspielen. Ein Großteil von Politik und Justiz ist immer Theater; wenn ein Gesellschaftssystem einmal ‚etabliert' ist, muß es nicht jeden Tag durch Machtbekundungen bestätigt werden (obwohl man

38 J. Habermas, Strukturwandel der Öffentlichkeit, Neuwied 1962 u.ö., 13–24.

gelegentlich Zeichen der Gewalt setzen wird, um die Toleranzgrenze des Systems zu definieren); wichtiger ist eine fortgesetzte Theaterrolle. Was am achtzehnten Jahrhundert auffällt, ist die Verfeinerung dieses Stils und die Befangenheit, mit der man ihn zur Schau stellte.“[39]

Solche Zeremonien und solch ein „barockes“ Verhalten haben in unterschiedlichen Gesellschaften verschiedene Bedeutung und unterschiedliche Ausdrucksformen. Für den französischen Adel des 17. und 18. Jahrhunderts lieferten sie eine Rechtfertigung für den Kampf mit dem König und später Kompensationen für den Verlust politischer Macht. Aber sie verfolgten immer die Absicht, den Adel über den Rest der Gesellschaft hinauszuheben, um die Privilegien zu rechtfertigen, die er weiterhin genoß. Im England des 18. Jahrhunderts wurde das „Theater“ oft in Verbindung mit der Rechtsprechung benutzt; es sollte den Plebs durch ein Bewußtsein von Majestät und Gerechtigkeit und von Gesetzessicherheit einschüchtern und ihn gleichzeitig mit spektakulären Akten wie dem öffentliches Hängen in Furcht versetzen.

In Preußen war der soziale Kontext anders, und daher hatte die symbolische Herrschaft des Adels ihrem Wesen nach ganz andere Funktionen und nahm andere Formen an. Weil er die direkte physische Kontrolle über die Bauernschaft durch das ganze 18. Jahrhundert hindurch behielt, hatte er ein geringeres Bedürfnis nach prunkhaften Symbolen, um seiner Macht Ausdruck zu verleihen. Überdies waren preußische Adlige nicht reich genug, um sich den majestätischen Status leisten zu können, der mit dem westeuropäischen Hochadel verknüpft war; sie waren oft kaum weniger ungeschliffen als die Bauern, die sie beherrschten. Ein paar reiche Familien mit großen Güterkomplexen bauten hübsche Schlösser, aber die meisten Herrenhäuser waren einfach, funktional und ähnelten häufig großen Bauernhäusern. Den Adligen, die das Leben in Berlin, mit seiner Kultur und dem Hof, gewohnt waren, erschienen die Landadligen bäuerlich und dumm.

Gerade wegen seiner Nähe zu den Bauern und weil seine Kontrolle über die Bauern relativ direkt war – eine Peitsche ist kein zartes Instrument –, brauchte der Adel ein symbolisches System, das zwischen ihm und der Bauernschaft Distanz schaffen konnte. In der Tat war es geradezu ein Erfordernis der Glaubwürdigkeit der paternalistischen Ideologie, daß zwischen Herrschern und Beherrschten sowohl Intimität als auch Distanz geschaffen wurde.

Symbolische Herrschaft manifestierte sich in vielen kleinen Dingen. Sie drückte sich in der Tatsache aus, daß der Herr seine „Untertanen“ mit der informellen Anrede ansprach, während sie ihm gegenüber die förmliche benutzten. Sie war offenkundig in der Dorfkirche, wo der Gutsherr auf einem separaten Kirchenstuhl saß, alle Symbole religiöser Verehrung, die Gottvater darstellten, untermischt waren mit Statuen, Büsten und Sarko-

39 Thompson, Patrician Society, 382–405.

phagen des Adligen, der den „irdischen Vater“ des Bauern repräsentierte. Symbolische Herrschaft wurde verstärkt durch Zeremonien wie die, in welcher der Bauer, der ein Stück Land erworben oder geerbt hatte, seinem Herrn einen Huldigungs- und Treueeid schwor, der dem Eid nicht unähnlich war, den ein feudaler Vasall seinem Herrn traditionell geschworen hatte. Ähnlich fand, wenn ein neuer Gutseigentümer ein Gut in Besitz nahm, eine Übergabezeremonie statt, bei der alle „Untertanen“ zugegen waren und dem neuen Herrn ihre Treue schwören mußten.[40]

Ländlichen Festen und Feiern wohnte eine Art von Ritual inne, die es dem adligen Gutsbesitzer innerhalb einer klar definierten Hierarchie erlaubte, ein gewisses Maß paternalistischer Intimität an den Tag zu legen. Dies war z.B. der Fall bei Erntefesten.[41] Erntefeste begannen typischerweise damit, daß die Bauern sich versammelten, um dem Herrn eine Krone zu präsentieren, die aus dem geernteten Getreide hergestellt war, wobei dies in manchen Fällen von dem ritualisierten Vortrag eines Gedichtes durch einen der Bauern begleitet wurde. Der Gutsherr antwortete darauf, dankte den Bauern für ihre Arbeit, versicherte sie seiner Sorge für ihr Wohlergehen und lud sie ein, das Fest zu genießen. In manchen Fällen zog er sich danach zurück und erlaubte den Bauern, allein zu feiern; in anderen tanzten er und seine Gattin den ersten Tanz, bedeckt von der Getreidekrone, die danach an den Aufseher und dann weiter hinunter, durch die Reihen der Bauern, hindurchgereicht wurde. Solche Feste waren wichtige Elemente der „repräsentativen Öffentlichkeit“ oder des „Theaters“ des grundbesitzenden Adels, denn sie unterstrichen die wesentlichen Zusammenhänge der paternalistischen Sozialbeziehungen. Mit dem Wachstum der kapitalistischen Landwirtschaft im 19. Jahrhundert und dem es begleitenden Niedergang des Paternalismus änderten solche Feste ihre Form oder verschwanden. Ein Beobachter aus dem 19. Jahrhundert sagte dazu: „Diese Feste waren früher allgemeiner verbreitet; in diesen Tagen verschwinden sie mehr und mehr, und die Gutsbesitzer sind bestrebt, ihr Getreide so billig wie möglich in ihre Schuppen zu bekommen.“[42]

Systeme symbolischer Herrschaft sind sowohl auf die Beherrschten als auch auf die Herrscher ausgerichtet. Den Beherrschten sollen sie das Bewußtsein vermitteln, daß die Gesellschaftsordnung natürlich und unveränderbar ist. Den Herrschenden sollen sie die wesentlichen Aspekte ihres *Habitus* vermitteln, sie ausrüsten, den Mantel der Autorität so zu tragen, als gehöre er von Natur aus zu ihnen. Es gibt jedoch Beispiele dafür, daß diese beiden Ziele in Konflikt miteinander gerieten und die Autorität der herrschenden Klasse sich demaskierte, sich als willkürliches, nacktes Privileg erwies. Ein

40 Beneckendorff, II, 284.

41 I. Weber-Kellermann, Erntebrauch in der ländlichen Arbeitswelt des 19. Jahrhunderts, Marburg 1970, 48–171.

42 Ebd., 162.

Beispiel liefert die Frage der adligen Jagdrechte. Das exklusive Jagdprivileg stellte einen wichtigen Aspekt der Selbstdefinition des Adels dar. Als die militärische Bedeutung des Adels im Spätmittelalter nachließ, wurde die Jagd zunehmend als eine Aktivität betrachtet, bei der jene Tugenden, die man im Krieg erworben hatte symbolisch wiederholt werden konnten. Hohberg unterstrich die Bedeutung der Jagd für die Adligen: „Es ist das Jagen eine tapfere und ritterliche Übung und dem Adel gleichsam ein *Praeludium Belli,* darinnen sie lernen, ein wildes Tier mit List und Geschwindigkeit anfallen, bestreiten und fällen, zu Fuß und zu Pferd ihre Waffen und Gewehre geschicklich brauchen, Kälte, Hitze, Regen und Ungewitter sowohl als der Sonne heiße Strahlen ertragen und dulden, Durst und Abmattungen zu erleiden, die Gegend und Nachbarschaft von schädlichen, reißenden Tieren zu entledigen."[43]

Im 18. Jahrhundert war dann die Jagd – wenn das je möglich gewesen war – nicht mehr als ein „Praeludium Belli" zu rechtfertigen. Sie hatte nur noch eine symbolische Funktion, da sie das Mittel war, das es den Adligen erlaubte, jene Tugenden zu entfalten, auf die sie ein Monopol beanspruchten – Kraft, Tapferkeit, Selbstverleugnung, Selbstkontrolle, Unempfindlichkeit gegen Unbequemlichkeit, Geschick als Reiter und Kämpfer, Liebe zur Gefahr und Männlichkeit. Obschon ohne praktischen Nutzen, war sie ein teurer Luxus, der die Bauern von der produktiven Arbeit abhielt, denn sie waren verpflichtet, ihrem Herrn während der Jagd zu dienen; oft ließ sie die Felder der Bauern verwüstet zurück, nachdem eine Horde adliger Reiter sie bei der Verfolgung eines Wildes zertrampelt hatte; und sie kostete die Bauern das Getreide, das sie vor Futter suchenden Tieren nicht schützen durften. Und dennoch, trotz der Bitterkeit, die sie in der Bauernschaft erzeugte, und trotz ihrer Forderungen, sie abzuschaffen, kämpfte der Adel den ganzen Vormärz hindurch energisch darum, sein exklusives Jagdrecht zu behalten. Die neueste Untersuchung über adlige Jagdprivilegien betont ihre Bedeutung als „Statussymbol" und „Selbstbestätigung" des Adels: „Dabei eignete sich das Jagdrecht besonders gut als Symbol, weil es ausschließlich diesem bestimmten Stand vorbehalten war; als monopolisiertes Symbol half es, den Glauben an die Unerreichbarkeit der durch es repräsentierten Qualitäten aufrechtzuerhalten und damit die auf Anspruch und Anerkennung der adligen Sonderstellung beruhende hierarchische Ordnung zu stabilisieren."[44]

In wichtiger Hinsicht diente das ganze kulturelle System Preußens dazu, den Adel von der übrigen Gesellschaft abzuheben und derart seine hegemoniale Stellung zu rechtfertigen. Dies war möglich, weil das Ständewesen

43 Hohberg, II, 684; zit. bei Brunner, Landleben, 292.

44 H. W. Eckardt, Herrschaftliche Jagd, bäuerliche Not u. bürgerliche Kritik, Göttingen 1976, 272. Eckardts Analyse konzentriert sich auf Württemberg, aber seine Schlußfolgerungen bezüglich des symbolischen Wesens der Jagd lassen sich ebenso anderswo anwenden.

in die sozialen und kulturellen Strukturen Preußens so tief eingeprägt war. Diese ständischen Unterschiede wurden auf viele Arten symbolisiert und kultiviert. Der leere Stuhl zwischen Adligen und Bürgerlichen beim Diner, das zeremonielle Schwert, Aufwandsordnungen, Anstandsfibeln, welche die adlige Etikette lehrten, Titel, Genealogien und die Porträts der Vorfahren im Herrenhaus – all das diente dazu, den Adligen abzuheben und ihm das Bewußtsein seiner besonderen Stellung in der Gesellschaft zu geben. Ständische Unterschiede durchdrangen das preußische Rechtssystem im ganzen 18. und weit bis ins 19. Jahrhundert hinein. Man kann das an den Gesetzen sehen, welche die Heirat von Adligen mit Bürgerlichen regelten, an dem scheinbaren Verbot für Bürgerliche, adlige Güter zu besitzen, an der Tatsache, daß Adlige keinen Beruf ergreifen durften, der als unpassend für ihren Stand empfunden wurde, besonders keinen, der mit dem „bürgerlichsten" aller Orte, dem Marktplatz, zu tun hatte. Am wichtigsten war vielleicht die Tatsache, daß der Begriff der „Ehre", einem kulturellen Symbol, auf das der Adel einen Monopolanspruch erhob, eine juristische Kategorie blieb. Das Allgemeine Landrecht enthielt 152 Paragraphen, die sich mit Ehrverletzungen gegen eine Person befaßten: Es ging von dem Grundsatz aus, daß eine Person höheren Standes mehr zu verlieren hatte, wenn ihre Ehre verletzt wurde, als eine Person niedrigeren Standes. Daher konnte eine Person höheren Standes, wenn sie die Ehre einer Person niedrigeren Standes beleidigte, nur mit einer Geldstrafe zwischen zehn und dreizehn Talern belegt werden; wenn aber die Person niederen Standes die Ehre eines Höhergestellten beleidigte, konnte sie zwischen vierzehn und achtundzwanzig Tagen Gefängnis bekommen. Diese Differenzierung blieb bis 1850 preußisches Gesetz.[45]

Der Ehrbegriff war wichtig für die paternalistische Ideologie, für die der preußische Adel eintrat. Er rückte den Adel nicht nur in eine andere Kategorie als die übrige Gesellschaft, sondern suggerierte auch, daß der Adel, weil er über Ehre verfügte, über dem Eigeninteresse stand. Der Bourgeois dagegen saß im Schlamm seines Eigeninteresses und hatte keine wahre Ehre. Besessen von der Ehre, bar jeden Eigeninteresses, sah sich der Adel selber als Mittelstand, als eine intermediäre Autorität, welche die Autorität der Monarchie hinunter zur Bauernschaft vermittelte. Ohne einen solchen Mittelstand zwischen Krone und Volk könne eine Monarchie nicht bestehen, behauptete Marwitz. „Ein Mittelstand ist also notwendig, um die Masse des Volkes zu teilen und sie zu beobachten. – Soll er ein Mittelstand sein zwischen König und Volk, so muß er auch gewisse Vorrechte haben, denn ohne diese gehörte er ja selbst zum Volk und könnte keinen Einfluß auf dasselbe ausüben."[46]

45 ALR, II/2-: 10, § 538–690. Siehe auch F. Zunkel, Ehre, in: Geschichtliche Grundbegriffe, Hg. O. Brunner u. a., II, Stuttgart 1975, 1–63.

46 Marwitz, II/1, 196–198. Diese Sicht des Adels als „Mittelstand" war im 18. Jahrhundert weit verbreitet.

Das Ständewesen war mehr als ein System politischer Organisation oder eine Art vormoderner Form der Repräsentation. Es war ein System symbolischer Herrschaft, das die gesamte Kultur vom höchsten bis zum niedrigsten Element der Gesellschaft durchdrang. Da es im Interesse der herrschenden Elemente der Gesellschaft gestaltet war, bot es den Rahmen für Unterwerfung und Autorität. Es schuf ein System sozialer Differenzierung, das von der Annahme ausging, daß die Menschen verschieden *waren,* daß ihnen die Eigenschaften der kollektiven Persönlichkeit ihres Standes innewohnten. Der Begriff des Standes lieferte eine grundlegende Kategorie, durch welche die Menschen ihre Gesellschaft und ihren Platz darin wahrnehmen konnten und die den Konturen ihres Verhaltens Gestalt gab. Das Ständewesen funktionierte nicht so vollkommen, daß Konflikte ganz vermieden werden konnten; wie wir erwähnt haben, waren Konflikte ständig gegenwärtig, schwammen dicht unter der Oberfläche und brachen gelegentlich offen aus. Aber die symbolische Herrschaft, repräsentiert durch die ständische Differenzierung, funktionierte gut genug, um Konflikte zu unterdrücken, und in vielen Fällen, um ihr Ziel zu erreichen, die Internalisierung der Autoritätsstrukturen herbeizuführen. Indem sie die Bauern unter sich spaltete, verstärkte die ständische Kultur die paternalistische Herrschaft des Adels. Wie erfolgreich sie als symbolisches System war, kann man aus dem Bericht eines Dorfpfarrers ersehen: „Als die Kinder versammelt waren, fiel es mir auf, daß sie sich in einer anderen Reihenfolge gesetzt hatten, wie in der Schule. Obenan saß der Sohn des Schulzen und Kirchenvorstehers, dann folgten die Bauernsöhne, dann die Büdnersöhne usw., der letzte war des Deckers Sohn. In ähnlicher Weise hatten sich auch die Mädchen geordnet. Der Küster riet sehr dazu, daß ich die Kinder so sollte sitzen lassen, weil sonst viel Lärm entstehen würde, und weil es überhaupt bedenklich sei, in solchen Sachen zu ändern. Der Unterschied zwischen Bauern, Büdnern und Tagelöhnern wurde auch stets in einer merkwürdigen Weise von der einen Seite geltend gemacht und von der anderen Seite respektiert. Das zeigte sich besonders bei allen festlichen Gelegenheiten und auch die Sitzplätze in der Kirche waren darnach verteilt. Der Knecht und die Magd nannten zwar den Hausherrn und die Hausfrau ‚Vater' und ‚Mutter', und das ganze Haus aß an einem Tische, aber jeder hatte und behielt ein Bewußtsein von seiner Stellung. Es kam selten vor, daß bei Heiraten die Grenzen des Standes überschritten wurden. Die Bauersfrau sagte: ‚Meine Tochter ist noch zu jung, als daß sie unter ihrem Stand heiraten sollte", auch wenn das Mädchen schon dreißig Jahre alt war."[47]

IV. Während dieser kurzen Untersuchung des Paternalismus haben wir betont, daß der paternalistische Herrschaftsmodus wesentlich auf der engen physischen Nähe und der großen sozialen Distanz zwischen den Herr-

47 Büchsel, 37f.

schenden und den Beherrschten beruhte. Beide Bedingungen begannen während der letzten Jahrzehnte des 18. und der ersten Jahre des 19. Jahrhunderts zu verschwinden. Die rapide Inflation des Grundbesitzwertes im späten 18. Jahrhundert führte zu einer Explosion der Landspekulation, aufgrund deren Güter häufig den Besitzer wechselten. Das machte es zunehmend schwierig, die Ideologie des Paternalismus aufrechtzuerhalten. Ein schlesischer *Landrat* kommentierte: „Man kann nicht in Abrede stellen, daß der ... Zusammenkauf so vieler Güter in einer Hand zur Störung der (gutsherrlich-bäuerlichen) Verhältnisse manches beigetragen. Der Gutsbesitzer lernt weder seine Untertanen noch deren Bedürfnisse kennen; alles wird oft einem feilen Justitiario und hartherzigen Amtmann überlassen." Ein anderer *Landrat* klagte: „Nachdem der Adel großenteils das alte ehrwürdige Prinzip seiner Vorfahren, ein Vater seiner Untertanen zu sein, mit der Rolle eines Geldwucherers und Gütermäklers vertauscht, ist der Zustand der Bauernschaft mit jedem Jahr schlechter geworden. Ein einziger Partikulier besitzt jetzt das Eigentum von zehn adligen Familien und vertauscht bei einer ihn anlächelnden kaufmännischen Spekulation ein Landgut ebenso geschwind als ein Kleid in seiner Garderobe, und mit dem Gute leider auch die armen Untertanen, welche in einem Jahr oft mehrere Grundherrschaften erhalten, die von ihnen immer mehr begehren als ihre ursprüngliche Herrschaft, daher es nicht fehlen kann, daß das Band, welches Herrschaften und Untertanen ehehin so innig vereinigte, in der Folge gänzlich aufgelöst werden muß."[48]

Die soziale Distanz zwischen Beherrschten und Herrschenden begann ebenfalls zu schrumpfen. Bürgerliche hatten schon vor dem Ende des 18. Jahrhunderts Wege gefunden, die gesetzlichen Bestimmungen, die ihnen den Besitz adliger Güter verwehrten, zu umgehen; nach dem Oktoberedikt wurde dieses Verbot abgeschafft. Nichtadlige Gutsbesitzer versuchten häufig, jene soziale Distanz wiederherzustellen, indem sie eine adlige Lebensweise annahmen und sich sogar Wappenschilder machen ließen. Der Staat kooperierte bis zu dem Punkt, daß nach 1823 nichtadlige Gutsbesitzer zu demselben Provinzial*stand* zugelassen wurden wie Adlige. Aber die Entwicklung der kapitalistischen Landwirtschaft, die allmähliche Emanzipation der Bauern und die Entwicklung eines ländlichen Proletariats schwächte die Ansprüche der Paternalisten.

Der Paternalismus kann als Herrschaftsmethode betrachtet werden, die für die Bedingungen spezifisch ist, welche während der sich verschärfenden Leibeigenschaft bis zum 16. und 17. Jahrhundert entstanden. Er beruhte auf der Teilung der Autorität zwischen lokalen Adligen, die ihre Güter bewirtschafteten, und der Macht des heraufkommenden Zentralstaates, der in der Lage war, adlige Ausschreitungen oder bäuerlichen Widerstand in Schach zu halten. Der Paternalismus konnte nicht einfach auf eine Gesell-

48 Zit. bei Ziekursch, 60.

schaft übertragen werden, in der das Kapital extrem mobil war, die Arbeitskräfte freizügig waren und die soziale Hierarchie weniger festgefügt war. Es ist nicht überraschend, herauszufinden, daß der Paternalismus als die zentrale Begriffswelt für die konservative politische Ideologie des *Vormärz* erscheint. Die Vorstellung, daß das Grundeigentum die Grundlage für den sozialen Zusammenhalt bildete; daß Geld wurzellos, mobil, bar aller Loyalität und ohne Bewußtsein für soziale Verpflichtungen sei; daß der Marktplatz die Grundlage der Gemeinschaft und der natürlichen Hierarchie zerstörte – das waren die Hauptgedanken von Adam Müllers Verteidigung der alten Ordnung und seines Angriffs auf die neue. Karl Ludwig Haller, der reaktionäre Romantiker, der während der 1820er und 30er Jahre von den preußischen Konservativen so bewundert wurde, dehnte die paternalistische Metapher sogar noch weiter aus, indem er letztlich darauf bestand, daß alle Autorität ihren Ursprung im Patriarchat habe und alle rechtlichen Beziehungen ihrem Wesen nach auf privatem, nicht aber öffentlichem Recht beruhten. Es mag sein, daß es die Fortdauer der paternalistischen Idee innerhalb des Konservativismus ist, die es den Konservativen ermöglichte, leichter und mit Motiven, die den Ansprüchen früherer Paternalisten parallel liefen, auf die sozialen Fragen, welche die Industrialisierung hervorrief, zu reagieren als die Liberalen. Im 18. Jahrhundert hatte Beneckendorff betont, daß Bauern, welche die Hoffnung hatten, ihr Besitztum an ihre Söhne weitergeben zu können, gefügiger waren als Bauern ohne eine solche Aussicht. Kaum ein Jahrhundert später verteidigte Bismarck seine Sozialgesetzgebung in ähnlicher Weise: „Wer eine Pension hat für sein Alter, der ist viel zufriedener und viel leichter zu behandeln als wer darauf keine Aussicht hat.“[49]

49 O. v. Bismarck, Ges. Werke, Bd. VIII, 396.

Kirche im Schatten des Staates

Zur Problematik der evangelischen Kirche in der preußischen Geschichte

von Rudolf von Thadden

Wer heute den Versuch unternimmt, die Geschichte der evangelischen Kirche Preußens in ihrem Zusammenhang anzugehen, sieht sich mit mindestens drei Schwierigkeiten konfrontiert. Zum einen ist davon auszugehen, daß seit Otto Hintzes Aufsatz über „Die Epochen des evangelischen Kirchenregiments in Preußen" von 1906 kein Anlauf zu einer zusammenhängenden Erörterung der evangelischen Kirchengeschichte Preußens mehr gemacht worden ist.[1] Manche ertragreichen Studien zu Einzelabschnitten dieser Geschichte sind seither veröffentlicht worden,[2] aber durchgehende Problemanalysen fehlen. Zum andern muß bedacht werden, daß dieser Mangel alles andere als ein Zufall ist. Angesichts der mit der Ausdehnung des Untersuchungszeitraums wachsenden methodischen Schwierigkeiten und vor dem Hintergrund der nicht nur wissenschaftsgeschichtlich bedingten Unsicherheit im Ansatz von Langzeitanalysen sind gerade im deutschen Sprachraum die Hemmungen stark, historische Gegebenheiten über die Grenzen eines klar beschreibbaren Erfahrungshorizonts hinaus zu behandeln. Auch dort, wo soziale Gruppen oder Institutionen ihrem Selbstverständnis nach in langwährenden Traditionen stehen – wie dies bei den Kirchen in eminentem Maße der Fall ist –, zögert man vielfach, Fragestellungen zu entwickeln, die über den Zeitraum einer Generation oder eines Zeitalters hinausgreifen.[3]

Schließlich ist in Rechnung zu stellen, daß die evangelische Kirchengeschichte seit dem Ende der Reformationszeit einen Schwund an allgemeinpolitischer Substanz erfahren hat und entsprechend bestimmte Verengungserscheinungen zeigt. Über weite Strecken ist sie zur bloßen Theologiegeschichte verkümmert,[4] so daß ganze Bereiche sowohl der kirchlichen

1 O. Hintze, Die Epochen des evangelischen Kirchenregiments in Preußen, in: ders., Ges. Abhandlungen, Hg. G. Oestreich, Band III, Göttingen 1967², 56ff.

2 Die Arbeiten werden im jeweiligen Zusammenhang dieses Aufsatzes vermerkt. Gute Übersicht und Bibliographie in dem Artikel „Preußen" von K. Kupisch in „Religion in Geschichte u. Gegenwart" (= RGG), Tübingen 1961³.

3 Zum Problem der Langzeitanalysen s. neuerdings vor allem den einleitenden Aufsatz von C. Meier zu Bd. 2 der Reihe „Theorie der Geschichte": Historische Prozesse, München 1978, 11ff.

4 Einen wichtigen Beitrag zur Überwindung dieser Verengungserscheinungen im Gebiet der späteren Neuzeit bildet die breit angelegte Dokumentensammlung zur Geschichte des deutschen Staatskirchenrechts von E. R. u. W. Huber, Staat u. Kirche im 19. u. 20. Jahrhundert, bisher 2 Bde., Berlin 1973/76.

als auch der außerkirchlichen Wirklichkeit in ihrem Blickfeld fehlen. Vor allem aber ist ihr die Verbindung mit der allgemeinen Geschichte weitgehend verlorengegangen, die für die Kirchengeschichte des Mittelalters ganz selbstverständlich gegeben ist.

Der Versuch, Grundprobleme der evangelischen Kirchengeschichte Preußens zu erörtern, setzt also eine Perspektive voraus, die es erlaubt, es mit den skizzierten Schwierigkeiten aufzunehmen. Es kommt einerseits darauf an, Fragen zu stellen, welche die preußische Kirchengeschichte nicht nur als Gegenstand binnenkirchlichen Interesses, sondern auch in ihrer Relevanz für die allgemeine Geschichte erscheinen lassen. Und es geht andrerseits darum, mit diesen Fragen Zusammenhänge herauszuarbeiten, die ein besseres Verständnis einzelner Teilabschnitte der preußischen Kirchengeschichte ermöglichen.[5]

In diesem Sinne tut ein sich nicht nur binnenkirchlich verstehender Ansatz der Kirchengeschichtsschreibung gut daran, von der Zentralfrage nach der jeweiligen Interdependenz von kirchlicher und allgemeiner Geschichte auszugehen: In welchem Umfang hat es in den einzelnen Epochen eine Eigenständigkeit der kirchlichen Entwicklung gegeben? Haben sich kirchliche Sonderentwicklungen eher retardierend oder vorwärtstreibend auf die allgemeine Geschichte ausgewirkt? Da Kirche immer zugleich ein Ausschnitt aus der Gesellschaft und ein Gegenüber zu dieser ist, muß erörtert werden, wie sich die gesellschaftlichen Gruppen in der Kirche und die kirchlichen Positionen in der Gesellschaft zueinander verhielten, welche Kräfte der gesellschaftlichen Entwicklung die Kirche aufnahm und welchen sie sich verschloß.[6]

Auf die Geschichte der evangelischen Kirche Preußens angewendet heißt dies, vor allem nach dem Maß ihrer Teilhabe an den großen Bewegungen und Vorgängen der allgemeinen preußischen Geschichte zu fragen. Welche Rolle spielte die evangelische Kirche im Kontext des umstrittenen preußischen Weges in die Moderne? Wie nahm sie sich aus im Prozeß der sozialen und politischen Auseinandersetzungen, die in Preußen vorzugsweise zu Lösungsversuchen auf der Linie sog. „Revolutionen von oben" führten?[7]

Ausgangspunkt dessen, was die Struktur der evangelischen Kirche im Staat

5 Zum Problem der Verengung herkömmlicher Kirchengeschichte s. vor allem die Einleitung von W. Schieder, in: GG 1977, Heft 3: Religionsgeschichte als Sozialgeschichte, 291.

6 Für einen Teil der Frühen Neuzeit habe ich dies versucht in meiner Arbeit über: Die brandenburgisch-preuß. Hofprediger im 17. u. 18. Jahrhundert. Ein Beitrag zur Geschichte der absolutistischen Staatsgesellschaft in Brandenburg-Preußen, Berlin 1959, v.a. 8 u. 139ff.

7 Es ist auffallend, daß diese Fragen zur Rolle der evangelischen Kirche in der Entwicklung Preußens in der neueren Preußenliteratur kaum gestellt werden – auch nicht in dem beachtenswerten, fragenreichen Band von S. Haffner, Preußen ohne Legende, Hamburg 1978.

der Hohenzollern bestimmen sollte, war die Ausprägung des landesherrlichen Kirchenregiments im Zeitalter der Reformation.[8] Nicht anders als in den meisten anderen von der Reformation erfaßten deutschen Territorien galt auch im damals kleinen Hohenzollernstaat, daß dem Landesherrn – in Ermangelung reformationsbereiter Bischöfe – die Funktion eines Notbischofs zufiel, die zur Begründung des Summepiskopats des Herrschers führte. Während die brandenburgischen Kurfürsten im 16. Jahrhundert sonst durchaus eingeschränkt durch die Macht der Stände ihren Staat regierten, hatten sie auf dem Gebiet des Kirchenwesens einen erheblichen Zuwachs an Einfluß und Befugnissen.[9] Durch ein 1543 eingerichtetes Konsistorium ließen sie die lutherisch geprägte Kirche verwalten, die – von vorübergehenden Ansätzen zur Bildung von Pastoralsynoden auf lokaler Ebene und dem zeitweiligen Amt eines Generalsuperintendenten abgesehen – über keine eigenen Leitungsgremien verfügte.
Am schwersten wog wohl, wenngleich in seiner Tragweite damals keineswegs erkannt, der Fortfall der geistlichen Bank im Landtag.[10] In der Folge der Säkularisation der Klöster und des Ausfalls der Bistümer war die Substanz für eine eigenständige Prälatenkurie zusammengeschmolzen; Abteien, Domkapitel und Bischofspositionen gaben nichts mehr her für die Bildung einer eigenen ständischen Vertretung der Kirche. Zwar hielten sich einige Vertreter säkularisierter Domkapitel noch eine Zeitlang im Anschluß an die Ritterschaft, aber das änderte nichts daran, daß es im Landtag künftig neben Adel und Städteschaft keinen geistlichen Stand mehr gab.[11]

Die Folgen dieser scheinbar selbstverständlichen Begleiterscheinung der Reformation auf territorialstaatlicher Ebene sollten weit reichen. Sie berührten nicht nur die sozialökonomischen Grundlagen der Kirche, sondern wirkten sich langfristig auch auf deren Selbstverständnis aus. Hatte die Kirche bislang mit dem Bewußtsein eines eigenen Standes in der Welt der Fürsten, Ritter und Städte gelebt, so sollte sie sich künftig immer mehr als Teil des landesherrlichen Regiments, als Verlängerung oder bestenfalls als Ergänzung landesfürstlicher Herrschaftspositionen empfinden. Ohne eigene politische Vertretung sollte sie fortab nicht nur viel an Eigenständigkeit und Unabhängigkeit verlieren, sie sollte auch mehr und mehr an gesellschaftlichem Selbstbewußtsein einbüßen – bis hin zum Verlust des Blicks für die

8 Zu dessen Entwicklung s. nach wie vor H. v. Mühler, Geschichte der evangelischen Kirchenverfassung in der Mark Brandenburg, Weimar 1846, 47 ff.

9 Dies im Gegensatz zu F. L. Carsten, Die Entstehung Preußens, Köln 1968, 136, welcher der Meinung ist, die Macht der Fürsten sei durch die Einführung der Reformation nicht verstärkt worden.

10 Dies wird in der Literatur meist eher beiläufig behandelt, auch bei O. Hintze, Die Hohenzollern u. ihr Werk, Berlin 1915/Moers 1979, 113.

11 Das war in fast allen protestantischen Territorien – mit Ausnahme Württembergs – der Fall. Im Reichstag blieb die Geistlichkeit dagegen im Rahmen der beiden oberen Kurien vertreten.

sozialen und politischen Konturen von Kirche in der sie umgebenden Welt.[12]
Einen wirklichen Ausgleich hierfür konnte auch nicht das sich entwickelnde Amtsbewußtsein der neuen evangelischen Geistlichkeit schaffen. Zwar sollte das evangelische Pfarrhaus sehr bald zu einem Kristallisationspunkt für verbesserte Sitten und Bildung im Lande werden, aber die Abhängigkeit vom jeweiligen Patron war doch zu stark, um ein ausgeprägtes gesellschaftliches Positionsbewußtsein aufkommen zu lassen. Das Amt als solches begründete noch keinen Stand. Dies um so weniger, als die evangelischen Geistlichen in der Regel aus bürgerlichen Familien ohne gesellschaftlichen Rang kamen[13] und Söhne aus dem Adel so gut wie nie in ihren Reihen zählten. Offenbar sah der Adel nach der Abschaffung der Äbte und Bischöfe keine seinen gesellschaftlichen Ansprüchen genügenden Positionen mehr in der Kirche. Jedenfalls stand er zur Welt der evangelischen Geistlichkeit in deutlicher Distanz und vermittelte ihr keine eigenen Zielvorstellungen.

Dieser Zustand herrschte nicht nur im ersten Jahrhundert des evangelischen Kirchenwesens. Er verstärkte sich vielmehr im 17. Jahrhundert im Gefolge des 30jährigen Krieges und führte zu regelrechten Regressionserscheinungen in der sozialen Prägung der Geistlichkeit.[14] Noch in der Zeit des Pietismus, als Teile des Adels sich wieder stärker Fragen des Glaubens – wenn auch nicht Formen lutherischer Kirchlichkeit – zuwandten, beklagten führende Persönlichkeiten des kirchlichen Lebens im Hohenzollernstaat wie der Berliner Hofprediger Daniel Ernst Jablonski, daß es der Geistlichkeit im Lande an gesellschaftlichem Ansehen fehle: „Bekanntlich mag bei uns keine Person von einigermaßen vornehmem Stande ihren Söhnen erlauben, Theologie zu studieren ..., und obgleich die Prediger zu diesem Studium diejenigen ihrer Söhne bestimmen, welche Neigung dazu haben, so ändern doch diese Söhne, wenn sie herangewachsen und fähig geworden sind, über den gegenwärtigen Zustand der Geistlichkeit nachzudenken, von selbst ihre Absicht und ziehen weltliche Ämter und Berufsarten vor. Daraus folgt nothwendig, daß Diejenigen, welche sich dem heiligen Dienst widmen, Leute aus den untern Volksklassen sind, ohne Erziehung, sowie ohne Unterstützung und Mittel, sich selbst eine Erziehung zu verschaffen; um ihren Unterhalt zu erwerben, sind sie genöthigt, Hauslehrer in fremden Familien zu werden; sie haben weder wissenschaftliche Bildung noch anständiges Benehmen und können folglich, statt diesem heiligen Stande

12 Im 16. Jahrhundert gab es noch Gegengewichte durch die konfessionspolitischen Frontenbildungen, die vor einem Verschwimmen der Kirchenkonturen bewahrten. Im katholischen Bereich verlief die Entwicklung ohnehin anders.

13 Vgl. dazu P. Drews, Der evangelische Geistliche in der deutschen Vergangenheit, Jena 1905, 16ff.

14 Vgl. dazu K. Holl, Die Bedeutung der großen Kriege für das religiöse u. kirchliche Leben innerhalb des deutschen Protestantismus (1917), in: ders., Ges. Aufsätze zur Kirchengeschichte, III, Tübingen 1928, 346.

Ehre zu machen, ihm nur Schande bringen. Daher kommt es, daß die öffentliche Erbauung in Verfall geräth und daß das Laster und die Entweihung freien Lauf haben; denn in der Person solcher Theologen muß der Stand selbst unfehlbar verachtet werden.“[15]

In diesen kritischen Äußerungen des preußischen Hofpredigers klang die Sorge an, daß die Kirche in Ermangelung geistlichen Nachwuchses mit hinreichendem gesellschaftlichen Profil gegenüber der Welt des Staates und der Stände abfallen könnte. Wenn eine zu große Diskrepanz im Sozialprestige zwischen den Dienern der Kirche und denen des Staates einträte, wäre die Kirche nicht mehr in der Lage, letzteren kritisch ins Gewissen zu reden und das ihr aufgetragene Amt angemessen wahrzunehmen. Eine bürgerlich verengte Kirche in einer adlig geprägten Gesellschaft war nach Jablonski in einer schwierigen Position.

Dieser Ansehensvorsprung der Repräsentanten der weltlichen Gewalt gegenüber denen der Kirche, der übrigens auch in anderen protestantischen Territorien gegeben war, verstärkte allenthalben den seit der Einführung der Reformation sich auswirkenden Positionsvorsprung des Staates.[16] Im Staat der Hohenzollern gewann er jedoch eine zusätzliche Dimension dadurch, daß im 17. Jahrhundert zwei Veränderungen eintraten, die für die allgemeine und kirchliche Geschichte gleichermaßen bedeutsam werden sollten: die Konversion des Kurhauses zum Calvinismus und die schrittweise Ausweitung der Herrschaft der Hohenzollern über die Mark Brandenburg hinaus zum multiterritorialen Großstaat.[17]

Beide Vorgänge sollten das Verhältnis zwischen den Kräften des Staates und denen der Kirche wesentlich verschieben, und zwar eindeutig zuungunsten der letzteren. Die Konversion des Herrscherhauses zum Calvinismus vergrößerte erheblich den Abstand zwischen den Führungskräften des Staates und den Kreisen der lutherisch gebliebenen Kirche im Lande, die politisch zunehmend herabgedrückt wurden. Da der Calvinismus in jener Zeit ferner als die politisch fortschrittlichere Konfession galt, geriet die lutherische Kirche außerdem in wachsendem Maße in die Position rückstän-

15 D.E. Jablonski, Betrachtungen über das Schreiben des Herrn Bonnet wegen der englischen Liturgie u. Kirchenverfassung vom 27.4.1711, in: Darlegung der im vorigen Jahrhundert wegen Einführung der englischen Kirchenverfassung in Preußen gepflogenen Unterhandlungen, urkundlich belegt mit Briefen von dem Hofprediger Jablonski, Leipzig 1842, 85.

16 Dieser Vorsprung des Staates gegenüber der Kirche hat sich nachhaltig im Bewußtsein der Preußen eingeprägt. Dafür gibt es ein sprechendes Beispiel in einer Äußerung Bismarcks in seiner Abgeordnetenhausrede vom 21. April 1887, in der die Positionen der katholischen und evangelischen Kirche im Staat miteinander verglichen werden: „Die evangelische Kirche ist im preußischen Staat ursprünglich im Gastrecht gewesen, und daraus ist allmählich ein Mitbesitzer des Hauses geworden, aber der ursprüngliche Besitzer ist immer der preußische Staat gewesen ...“ (GW, Bd. 13, 301f.).

17 S. dazu O. Hintze, Kalvinismus u. Staatsräson in Brandenburg zu Beginn des 17. Jahrhunderts (1931), in: ders., Ges. Abh., III, 255ff.

diger Provinzialität, die hinter den neuen Anforderungen staatlicher Machtausbildung zurückblieb.[18]
Das wirkte sich um so mehr aus, als der Hohenzollernstaat mit den Gebietserwerbungen am Niederrhein und in Ostpreußen, seit dem Westfälischen Frieden auch in Hinterpommern, Halberstadt und Minden sowie später Magdeburg die Grenzen eines einfachen Territorialstaats zu sprengen begann. Der größere Zuschnitt des Staates ließ die einzelnen Territorialkirchen nicht nur in räumlicher Hinsicht provinziell erscheinen; auch politisch fielen sie zunehmend ab gegenüber dem in neue Dimensionen hineinwachsenden Staat, der auf Zusammenfassung und Modernisierung seiner weit verstreuten Gebiete vom Niederrhein bis an die Memel bedacht war. In mancher Weise entwickelten sich Kontraste zwischen einem modernitätsorientierten, großräumigen Staatswesen einerseits und einem in veraltenden ständischen Strukturen und provinzieller Enge befangenen Kirchenwesen andererseits.[19]
Hier stellt sich die Frage, ob und wie weit es Ansätze zur Überwindung der Diskrepanzen in der politischen und kirchlichen Entwicklung gegeben hat. Sollte die Kirche endgültig ins Hintertreffen geraten gegenüber dem ständig mächtiger werdenden modernen Staat, oder sollte sie doch noch Möglichkeiten finden, der drohenden Rückständigkeit zu entgehen? Es gehört zu den Eigentümlichkeiten der brandenburgisch-preußischen Geschichte im 17. und 18. Jahrhundert, daß sie in besonderem Maße Korrektivkräften aus der Substanz des reformatorischen Erbes selber Raum gab, sich zu entfalten und Gegengewichte gegen die verschiedenen Verengungserscheinungen des kirchlichen Lebens zu bilden. Zunächst war es gerade auch der dem Herrscherhaus willkommene Calvinismus, der dazu beitrug, daß die Kirche nicht nur als Anhängsel des Ständewesens in Erscheinung trat. Mit seinem ausgeprägten Sinn für weit ausgreifende Solidarität, seiner politischen Dynamik und seiner Praxis presbyterialer Leitungsformen weitete er den kirchlichen Horizont, schuf vorwärtstreibende Konkurrenz und durchbrach, jedenfalls ansatzweise, den Rahmen einer primär streitbaren Theologenkirche, die mehr mit Wortgefechten als mit Präsenz in den Auseinandersetzungen der Welt hervorzutreten pflegte.[20]
Auch indirekt trug der Calvinismus dazu bei, daß das Kirchenwesen in Brandenburg-Preußen über die Begrenztheiten ständischer Provinzialität hinauswuchs. Durch seinen Anspruch auf Gleichberechtigung mit dem Luthertum brach er dem herrschenden Konfessionalismus die Spitze ab und zwang die protestantischen Konfessionskirchen auf den Weg der kirchenpolitischen Verständigung. Zwar wäre es sicherlich falsch, von dieser Wir-

18 Ders., Epochen, 70ff.
19 Vgl. v. Thadden, Hofprediger, 142.
20 In diesem Sinne etwa der Hofprediger J. Bergius, Apostolische Regell, wie man in Religions-Sachen recht richten solle, Elbing 1641.

kung calvinistischer Kirchenpolitik unmittelbar auf eine entsprechende Intention zurückzuschließen, aber dennoch steht es außer Zweifel, daß der Übertritt des Herrscherhauses zum reformierten Bekenntnis mittelbar zur Begründung konfessioneller Toleranz in Brandenburg-Preußen geführt hat.[21]

Dieser kirchen- und profangeschichtlich gleichermaßen bedeutsame Vorgang bekam einen zusätzlichen Akzent durch die Aufnahme größerer reformierter Bevölkerungsgruppen in den brandenburgisch-preußischen Staatsverband. Zuerst kamen mit der Erwerbung der Gebiete am Niederrhein am Vorabend des 30jährigen Krieges calvinistisch geprägte Territorien zum sonst lutherisch bevölkerten Hohenzollernstaat, welche die herkömmliche Verbindung von Ständestaat und Konfessionskirchentum aufbrechen halfen und eine konfessionell neutrale Kirchenpolitik des werdenden monarchischen Einheitsstaats nahelegten. Sodann brachten die zahlreichen reformierten Glaubensflüchtlinge, vor allem die französischen Hugenotten seit dem Potsdamer Edikt von 1685, so viele anders geprägte Kräfte ins Land, daß eine Kirchenpolitik ohne konfessionelle Toleranz unmöglich wurde.[22]

Aber der Calvinismus sollte nicht die einzige Korrektivkraft gegenüber dem rückständigen Konfessionskirchentum der Lutheraner bleiben; das Luthertum selber trieb Kräfte hervor, die dem kirchlichen Leben in den Augen von Staat und Gesellschaft gesteigerte Bedeutung zukommen ließen: die Erneuerungsbewegung des Pietismus.[23] Diese anfangs durchaus ständekritische Bewegung fand in Halle einen Ort der Aufnahme; in und neben der neugegründeten Universität baute August Hermann Francke sein Werk des praktischen Christentums auf, das sowohl der Konzeption als auch der Wirkung nach das herrschende Konfessionskirchentum in Frage stellte. In seinen Vorstellungen von aktiver Glaubensbewährung waren manche Ansätze zu sozialer und wirtschaftlicher Reform enthalten, die – richtig aufgegriffen – von politischem Nutzen sein konnten.[24]

Es ist ein bemerkenswerter Zug der brandenburgisch-preußischen Geschichte, daß es hier gelang, den Pietismus mit seinen teilweise auch schwärmerischen Elementen ins Staatsinteresse zu ziehen. Während in anderen protestantischen Territorien Deutschlands die unbequeme Erneuerungsbewegung ins kirchliche und politische Abseits gedrängt wurde, ver-

21 Zum Toleranzproblem in der brandenburgischen Kirchenpolitik des 17. Jahrhunderts s. H. Landwehr, Die Kirchenpolitik Friedrich Wilhelms des Großen Kurfürsten, Berlin 1894, VI, und meine Arbeit über die Hofprediger, 130ff. u. 140.

22 Vgl. H. Erbe, Die Hugenotten in Deutschland, Essen 1937.

23 Zum Problem des Pietismus nach wie vor unübertroffen E. Troeltsch, Leibniz u. die Anfänge des Pietismus (1902), in: ders., Ges. Schriften, IV, Tübingen 1925, 488ff., bes. 514ff.

24 S. dazu K. Deppermann, Der hallische Pietismus u. der preußische Staat unter Friedrich III. (I.), Göttingen 1961, 62ff. u. 141ff.

suchte der Hohenzollernstaat mit Erfolg, sie für die eigenen Zwecke zu gewinnen und in den eigenen Aufbau zu integrieren.[25] Der Pietismus geriet schließlich in dieselbe Rolle, in die der Calvinismus an Spree und Havel geraten war: in die Rolle eines Gegengewichts gegen das ständisch geprägte Konfessionskirchentum im Lande, das für den sich entwickelnden monarchischen Einheitsstaat kein brauchbarer Partner mehr war.

Aber ein Gegengewicht gegen die sich steigernde Macht des absolutistischen Staates wurde er deswegen noch lange nicht. Im Gegenteil: genauso wie die Reformierten kamen die Pietisten in Brandenburg-Preußen immer mehr in den Sog staatlicher Machtausbildung, so daß sie schließlich mit ihren Ausgangspositionen in Konflikt gerieten. Auch wenn man nicht so weit gehen will, im Sinne marxistischer Kritik den Pietismus als innere Säule des absolutistischen Staates Preußen zu betrachten,[26] muß doch summiert werden, daß diese bedeutsame Erneuerungsbewegung nur ständekritisch, nicht staatskritisch war; vor den Institutionen des absolutistischen Militärstaats machte sie halt.

Fragt man von daher nach dem Stellenwert der beiden „modernen" Ausprägungen protestantischen Christentums, des Calvinismus und des Pietismus, im Prozeß der Ausbildung des modernen Staats, wird man zu einem ambivalenten Urteil kommen. Auf der einen Seite wird man sagen müssen, daß beide Richtungen auf je verschiedene Weise dazu beigetragen haben, Widerstände gegen die Ausformung dieses Staats in seiner preußischen Gestalt zu beseitigen oder doch zu relativieren. Indirekt haben sie auch geholfen, jedenfalls kirchenpolitischer Toleranz den Weg zu bereiten und damit Voraussetzungen für größere Freiheitsspielräume zu schaffen. Auf der anderen Seite wird man jedoch nicht leugnen können, daß weder Calvinismus noch Pietismus es vermocht haben, Gegengewichte gegen die bedrückenden Seiten des preußischen Militärstaats zu bilden und Ansätze zu einer weiterweisenden Absolutismuskritik zu entwickeln. Von ihnen gingen keine Dissenterimpulse aus wie von ihren westeuropäischen Entsprechungen.[27]

Daß dies so war, hat mehrere Gründe. Einer der wichtigsten lag zweifellos in dem Mangel an kirchenorganisatorischer Eigenständigkeit dieser Bekenntnisformen auf brandenburgisch-preußischem Boden, der es schwer machte, zum Staat Distanz zu halten. Sogar dem selbstbewußten Calvinismus mit seinem Sinn für die Bedeutung von Institutionen war es nicht gelungen, selbständige synodale Leitungsstrukturen in den gutsherrschaftlich

25 Grundlegend hierfür C. Hinrichs, Preußentum u. Pietismus. Der Pietismus in Brandenburg-Preußen als religiös-soziale Reformbewegung, ebd. 1971, vor allem 174 ff. u. 301 ff.

26 Vgl. dazu G. Vogler u. K. Vetter, Preußen. Von den Anfängen bis zur Reichsgründung, Berlin 1973, 76.

27 Hierzu E. Troeltsch, Die Soziallehren der christlichen Kirchen u. Gruppen, in: ders., Ges. Schriften, I, Tübingen 1923, 827 ff.

bestimmten Gebieten östlich der Elbe aufzubauen und tragfähige Alternativen zur patriarchalischen Welt des Luthertums zu entwickeln.[28] Im Gegenteil, in mancher Hinsicht verstärkte er die Abhängigkeiten der Kirchen vom Staat, indem er wegen des ihm konfessionell verbundenen Herrscherhauses ganz auf dessen Befugnisse setzte und in Reformen von oben die am meisten erfolgversprechende Weise kirchlicher Wirksamkeit sah. Obwohl seit der Konversion der Hohenzollern zum Calvinismus eine gewisse Distanz zwischen Landesherr und Landeskirche eingetreten war, kam es nicht zu einer Lockerung des landesherrlichen Kirchenregiments. Vielmehr führte die bekenntnismäßige Absonderung zu einer Entleerung des Kirchenregiments, die eine staatskirchliche Entwicklung erst eigentlich beförderte.[29]
Diese staatskirchliche Entwicklung ist von den Calvinisten und später – mit Einschränkungen – auch von den Pietisten in entscheidender Weise vorangetrieben worden. Mit ihren Bemühungen, den konfessionellen Partikularismus auszuschalten, waren sie fast so erfolgreich wie der Staat in seinem Kampf gegen den ständischen Partikularismus, wenn die lutherischen Konsistorien in den einzelnen Landesteilen auch noch halbwegs Bestand hatten. Zunächst ging es nur um den Aufbau zentraler Kirchenbehörden für den ganzen Staat. Sodann aber lief es auf eine Gleichschaltung von Staats- und Kirchenverwaltung hinaus, bei der die Kirche als eigenständige Größe auf der Strecke blieb. Am Ende lag die oberste Kirchenleitung bei einem Departement der geistlichen Angelegenheiten in Verbindung mit der Justiz.[30]

Auf diesem Hintergrund muß die Haltung der evangelischen Kirchen Preußens im Zeitalter der Aufklärung gesehen werden. Sie war bei aller theologischen Prägung im Grundsätzlichen[31] sehr wesentlich durch die Rahmenbedingungen der Kirchenverfassung mitbestimmt, die eine Öffnung der Kirchen für den Geist der Aufklärung zumindest erleichterten. Denn bei dem Grad der Entkonfessionalisierung und theologischen Entleerung des Kirchenbegriffs waren alle Voraussetzungen für eine Relativierung der Kirche als solcher gegeben, für eine Fundamentalkritik also, die zum Ansatz des aufklärerischen Rationalismus gehörte. Wie sollte eine Kirche, die nur noch als Organ des Staates in Erscheinung trat, anders wirken denn als

28 Nicht einmal die Hugenotten durften in Preußen Synoden aufbauen. Sie hatten auf Gemeindeebene ihre Presbyterien und darüber ein sogenanntes Consistoire Supérieur.

29 Hintze formulierte dies in seinem Aufsatz über die Epochen des evangelischen Kirchenregiments in Preußen (73) so: „Geistliches und weltliches Regiment waren jetzt nicht mehr zwei Funktionen ein und desselben, in Glauben und Bekenntnis geeinten christlichen Körpers, sondern das geistliche Regiment erschien nun als ein Attribut der weltlichen Herrschaft, als ein Zubehör der Staatsgewalt. Erst jetzt wurde die Kirche Staatskirche, dem Staate ein- und untergeordnet."

30 Wie sich diese Entwicklung unter dem Gesichtspunkt der Ämterkumulation vollzogen hat, habe ich in meiner Hofpredigerarbeit dargestellt (45 ff.).

31 Vgl. dazu K. Aner, Die Theologie der Lessingzeit, Halle 1929/Hildesheim 1964, 14 ff. u. 61 ff.

nützliches Instrument zur Beförderung von Gesittung und Wohlfahrt, als Faktor der sozialen Ordnung?

In diesem Sinne rückten gerade in Preußen die Wertmaßstäbe der etablierten Staatskirche und der sich entwickelnden bürgerlichen Gesellschaft sehr nahe aneinander heran. Weitgehend verschwammen die Grenzen zwischen Aufgaben der Kirche und Aufgaben des Staates, so daß einer der führenden Kirchenleute der friderizianischen Zeit, der reformierte Hofprediger August Friedrich Wilhelm Sack, im Gefühl allgemeiner Zustimmung sagen konnte: „O wie blühend und unzuerschütternd würde die Glückseligkeit desjenigen Volks seyn, unter welchem das eigentliche Christentum, das zur Ausübung aller gesellschaftlichen Tugenden führt, auch durch die bürgerlichen Gesetze, ich will nicht sagen befohlen, sondern nur unterstützt und nicht gehindert würde!“[32]

Was aber, wenn die bürgerlichen Gesetze von einem anderen Geist bestimmt waren und anderes im Auge hatten als maßgebliche Leute der Kirche? Dies war der Fall im Konflikt um das Woellnersche Religionsedikt, das zwei Jahre nach dem Tode Friedrichs des Großen erlassen wurde.[33] In bewußter Reaktion gegen die sog. Freigeisterei der friderizianischen Zeit beabsichtigte der den Rosenkreuzern nahestehende Minister des Geistlichen Departements v. Woellner, mit diesem Edikt dem weiteren Vordringen der Aufklärung in der Kirche Einhalt zu gebieten und mit entsprechenden administrativen Maßnahmen „die christliche Religion ... gegen alle Verfälschung zu schützen“.[34] Den „Modelehren“ sollte entgegengetreten werden.

Formal war dieses Vorhaben völlig einwandfrei. Es lag auf der Linie der kirchenregimentlichen Befugnisse des Landesherrn, die eine Fürsorge für das evangelische Kirchenwesen sowohl „circa sacra“ als auch „in sacra“ einschlossen.[35] Da sich das landesherrliche Kirchenregiment jedoch im Lauf der Zeit zu einer landesherrlichen Kirchenhoheit veräußerlicht hatte, war nun die Verblüffung groß, als plötzlich wieder inhaltliche Gesichtspunkte das Verhältnis des Landesherrn zu seinen Landeskirchen bestimmten. Vor allem breitete sich Betroffenheit aus, weil unversehens deutlich wurde, daß die angenommene Kongruenz von Staats- und Kirchenordnung alles andere als selbstverständlich war und jedenfalls in dem Augenblick problematisch werden konnte, in dem Konflikte an Gelenkstellen dieser beiden Ordnungen auftraten.

32 A.F.W. Sacks Lebensbeschreibung nebst einigen von ihm hinterlassenen Briefen u. Schriften, Hg. F.S.G. Sack, II, Berlin 1789, 87.

33 Hierzu vor allem P. Schwartz, Der erste Kulturkampf in Preußen um Kirche u. Schule (1788–1798), Berlin 1925.

34 Das Edikt abgedruckt bei C.O. Mylius, Novum Corpus Constitutionum Prussico-Brandenburgicarum, VIII, Berlin 1737ff., 2175.

35 Zum Verhältnis dieser beiden Rechtsinstitute s. E.R. Huber, Deutsche Verfassungsgeschichte seit 1789, I, Stuttgart 1967², 394.

Der Konflikt in diesem Falle brach aus, weil fünf Mitglieder des lutherischen Oberkonsistoriums[36] andere Vorstellungen vom Nutzen und Nachteil der Aufklärung für die Kirche hatten als der zuständige Minister und gegen dessen Vorgehen Bedenken äußerten.[37] Sie fanden es befremdlich, daß der Staat so weit in Angelegenheiten hineinregierte, die ihrer Meinung nach den Kirchen zugehörten und jedenfalls ohne Eingriffe von außen geregelt werden sollten. Dabei wurde ihnen zunehmend bewußt, daß es ein Defizit an kirchlicher Eigenständigkeit gab, das es schwer machte, dem Staat entgegenzutreten.[38] Hatten in der vorabsolutistischen Zeit kirchliche Maßnahmen noch eigene Konturen gehabt, auch wenn sie vom Staat getragen worden waren, so galten mittlerweile staatliche Maßnahmen automatisch als kirchliche – ohne klare Distinktion. Die Kirche war nur noch ausführendes Organ.

Dieses Defizit an kirchlicher Eigenständigkeit bildete ein Kernproblem des evangelischen Kirchenwesens nicht nur, aber besonders in Preußen. Wo der absolutistische Staat seine stärkste Ausprägung erfahren hatte, sollte sich auch das Problem der Gefahren der Staatskirche am schärfsten stellen. Es ergab sich die Frage, ob und wie weit es der Kirche gelang, sich aus den Bindungen des Absolutismus zu lösen, ohne dabei in die vorabsolutistischen Schwächen des Konfessionalismus und Provinzialismus zurückzufallen. Würde im kirchlichen Bereich – ähnlich wie in der politischen Gesellschaft – ein Prozeß der Emanzipation von obrigkeitsstaatlichen Vorstellungen einsetzen, oder würden sich dort wesentliche Entwicklungsunterschiede zeigen?

Dies ist die Frage nach den Stein-Hardenbergschen Reformen im Feld der Kirche.[39] Nachdem das Allgemeine Landrecht das Prinzip der staatlichen Kirchenhoheit bekräftigt und alle „Kirchengesellschaften" als Staatsanstalten der Staatsgewalt untergeordnet hatte,[40] machte es nun der durch die Französische Revolution beschleunigte Wandlungsprozeß der Gesellschaft notwendig, die Stellung der Kirchen in Staat und Gesellschaft stärker inhaltlich zu erörtern und neu zu konturieren. Es stellte sich die Frage, ob die

36 Seit 1750 gab es ein lutherisches Oberkonsistorium, das den einzelnen Provinzialkonsistorien übergeordnet, aber nicht mit der diesen 1748 entzogenen geistlichen Gerichtsbarkeit ausgestattet war. Ihm gehörte immer auch ein reformierter Hofprediger an.

37 So vor allem ein „Unterthänigstes Pro Memoria" des Hofpredigers und Oberkonsistorialrats F. S. G. Sack an den reformierten Minister der Geistlichen Angelegenheiten vom 26.8.1788, behandelt in meiner Hofpredigerarbeit, 125f.

38 Die Eingabe der fünf Oberkonsistorialräte wurde mit dem Ausdruck „Insubordination" zurückgewiesen, ebd.

39 Zu dieser Frage gibt es keine neueren Arbeiten. Auch bei R. Koselleck, Preußen zwischen Reform u. Revolution, Stuttgart 1975², 163ff., findet sich kein Absatz über den kirchenpolitischen Teil der Stein-Hardenbergschen Reformen. Man ist auf Partien in älteren Arbeiten angewiesen.

40 Der die Kirchen betreffende Teil des Allgemeinen Landrechts ist abgedruckt bei Huber, Staat u. Kirche, I, 3ff.

Kirchen nicht ihrerseits Strukturen entwickeln mußten, die den gewandelten sozialen und politischen Verhältnissen entsprachen und zugleich eine größere Eigenständigkeit dem Staat gegenüber gewährleisteten.
Im protestantischen Bereich war es vor allem Schleiermacher, der die Reformnotwendigkeit der Kirche erkannte und präzise zum Ausdruck brachte.[41] Von Stein herangezogen, arbeitete er 1808 einen „Entwurf einer neuen Kirchenordnung der Preußischen Monarchie“ aus, der radikal mit der Auffassung von der Kirche als einer Staatsanstalt brach und Vorschläge zur Neustrukturierung der evangelischen Kirche machte.[42] Er sah vor, daß die inneren Kirchenangelegenheiten einen Bereich eigenständiger Verantwortung der Kirche bildeten, daß in den Gemeinden Presbyterien gewählt und daß in den Kreisen aus Geistlichen zusammengesetzte Synoden gebildet wurden. An die Spitze der Provinzialkirchen sollten kollegial verfaßte Kapitel mit einem Bischof als Vorsteher treten; eine konfessionelle Spaltung der evangelischen Kirche sollte es nicht mehr geben.
Der Schleiermachersche Entwurf ist zweifellos nicht losgelöst von den allgemein politischen Vorstellungen der Reformzeit zu sehen, die auf eine Aktivierung der Bürger für das Gemeinwesen zielten. Dennoch wurzelte er in genuin theologischen Gedanken zum Wesen der Kirche, die zugleich die vorangegangene Geschichte der evangelischen Kirchen Preußens bilanzierten: „Dass unser Kirchenwesen in einem tiefen Verfall ist, kann niemand leugnen. Der lebendige Antheil an den öffentlichen Gottesverehrungen und den heiligen Gebräuchen ist fast ganz verschwunden, der Einfluss religiöser Gesinnungen auf die Sitten und auf deren Beurtheilung kaum wahrzunehmen, das lebendige Verhältniss zwischen den Predigern und ihren Gemeinden so gut als aufgelöst, die Kirchenzucht und Disciplin völlig untergegangen, der gesammte geistliche Stand in Absicht auf seine Würde in einem fortwährenden Sinken begriffen, in Absicht auf seinen eigentlichen Zweck von einer gefährlichen Lethargie befallen. – Der Grund aller dieser Übel liegt in einigen bei uns seit der Reformation begangenen Fehlern. So wie vorher die Kirche sich zu sehr von dem Staat emancipirt, ja über ihn erhoben hatte, so hat man sie seitdem dem Staate zu sehr untergeordnet und die Ansicht, als ob sie nur ein Institut des Staates zu bestimmten Zwekken wäre, hat seitdem immer mehr überhand genommen. Alle kirchlichen Verhältnisse sind daher zu sehr nach Principien des äusseren Rechts und der äusseren Verbindlichkeit beurtheilt worden, wodurch ihr wahrer Geist nothwendig verloren gehen mußte.“[43]

41 Zu Schleiermachers Beiträgen zur Neuordnung des Kirchenwesens in Preußen s. M. Honecker, Schleiermacher u. das Kirchenrecht, München 1968, und W. Huber, Schleiermacher u. die Reform der Kirchenverfassung, in: Festschrift E. R. Huber, Göttingen 1973, 57ff.

42 Schleiermachers „Entwurf einer neuen Kirchenordnung der Preußischen Monarchie“ vom September 1808 ist erschienen in: Doves Zeitschrift für Kirchenrecht 1. 1861, 327ff.

43 Ebd.

Mit diesen Gedanken stieß Schleiermacher jedoch keineswegs nur auf Zustimmung. Stein selber schien Sympathie für sie zu haben, aber schon wenige Wochen nach ihrer Formulierung war er entlassen und ohne Einfluß auf die Verwirklichung.[44] Was Gestalt annahm, war zunächst nur das Stück Kirchenreform, das Bezug zur Reform der obersten Staatsbehörden hatte,[45] und das war weniger als ein Torso. Die Verordnungen vom Dezember 1808 lösten nämlich nur die alten Institutionen des Kirchenwesens in Preußen auf und legten alle Befugnisse – sowohl die der Kirchenaufsicht als auch die der Kirchenleitung – in die Hand einer reinen Staatsbehörde: der Sektion für Kultus im Innenministerium. Noch mehr als die Reformen auf anderen Gebieten sind die Reformen im kirchlichen Bereich steckengeblieben und über eine übersichtliche Regelung der Ressortverhältnisse nicht hinausgekommen. Sie trieben vorerst nur einmal das Staatskirchentum auf die Spitze.[46]

Wenn die Reformen dann schließlich doch noch weitergingen, geschah dies zweifellos, weil Vorgänge der allgemeinen staatlichen und gesellschaftspolitischen Entwicklung ein Stehenbleiben unmöglich machten. Zum einen wirkte sich die stark gewachsene Position der katholischen Kirche infolge der Gebietserwerbungen Preußens in und seit der friderizianischen Zeit in dem Sinne aus, daß das Verhältnis von Staat und Kirche im Hohenzollernstaat nicht mehr fast ausschließlich den protestantischen Bereich betraf. Die nun beteiligte katholische Kirche verlangte stärkere Rücksichten auf kirchliche Eigenbereiche[47] und trug somit zu einer Differenzierung auch des landesherrlichen Kirchenregiments in bezug auf die Protestanten bei. Zum andern zwang der 1803 mit dem Reichsdeputationshauptschluß eingeleitete und 1810 mit dem preußischen Edikt über die Einziehung geistlicher Güter fortgesetzte Prozeß der Säkularisationen zur Neuordnung der kirchlichen Vermögensverhältnisse.[48] Der Besitzverlust drängte die Kirchen, sich um neue Grundlagen der Eigenständigkeit zu bemühen und jedenfalls verstärkt über die Frage nachzudenken, was in dieser Hinsicht Sache des Staates bzw. der Kirche sein sollte.

Schließlich forderte der Fortgang der Verwaltungsreformen unter Hardenberg einen Fortgang der Reformen auch im kirchlichen Bereich, um keine allzu großen institutionellen Divergenzen auftreten zu lassen. Als daher die Neugliederung des preußischen Staatsgebiets im Zusammenhang der terri-

44 Dazu G. Ritter, Stein, Stuttgart 1931, 456f.

45 Publikandum die veränderte Verfassung der obersten Staatsbehörden betreffend vom 16.12.1808, im Auszug abgedruckt bei Huber, Staat u. Kirche, I, 55.

46 Zur Interpretation dieses Vorgangs s. Huber, Verfassungsgeschichte, I, 461. Hier wird betont, daß diese Reform von Anfang an nur als Durchgangsstadium zu einer umfassenden Neuordnung des Kirchenwesens gedacht war.

47 Seit dem Allgemeinen Landrecht bestand eine Parität der drei großen christlichen Bekenntnisgemeinschaften. S. dazu ebd., 397f.

48 Der Text des Edikts vom 30.10.1810 bei Huber, Staat u. Kirche, I, 58.

torialen Neuordnung Mitteleuropas im Wiener Kongreß durchgeführt wurde, erschien eine Erweiterung der Verwaltungseinrichtungen auf provinzialer Ebene unumgänglich, die auch für das Kirchenwesen Folgen haben sollte. So führte die Begründung von Oberpräsidien in den Provinzen – in Ergänzung zu den Regierungen in den Bezirken – zur Einrichtung von Provinzialkonsistorien für die Kirchen, die sowohl für den Kultus als auch für das Schulwesen Zuständigkeit erlangten.[49] Diese Konsistorien neuer Art hatten jedoch nicht mehr viel mit den von Stein abgeschafften Konsistorien alter Art zu tun; sie waren reine Staatsbehörden unter Vorsitz des Oberpräsidenten und entbehrten jeglicher Ansätze zu eigenständiger Kirchenleitung. Aber sie bildeten Elemente einer in sich ausgewogenen regionalen Struktur, die für das kirchliche Zugehörigkeitsbewußtsein vor allem der Protestanten Bedeutung gewinnen sollte.
Die entscheidende Frage aus der Perspektive der Reformer blieb, ob der Neustrukturierung der Kirchenverwaltung auch eine Erneuerung der inneren Struktur der Kirchen folgen würde. Das war im protestantischen Bereich die Frage nach der Einrichtung von Presbyterien und Synoden.[50] Wie im Feld des Staates in jenen Jahren das Thema der lokalen Selbstverwaltung und der Volksrepräsentation auf der Tagesordnung stand, so hatte die Diskussion in der Kirche die Grenzen und Möglichkeiten synodaler Leitungsstrukturen zum Inhalt. Es mußte sich zeigen, wo die Widerstände gegen neue Formen der Partizipation größer waren: in der politischen oder in der kirchlichen Gesellschaft.
Im Bereich des Protestantismus hatte es diese Diskussion nicht nur mit Positionen harter Reaktion, sondern auch mit anders geprägten Reformvorstellungen zu tun. Neben Kräften, die wie Schleiermacher auf eine wirklich synodale Struktur der Kirche mit klaren Kompetenzen der neuen kirchlichen Gremien drängten, verfolgten die Reformer im Kultusministerium, allen voran Nicolovius,[51] eher Ziele einer Konsolidierung des Kirchenwesens auf der Grundlage einer Förderung des Pfarrerstandes und einer Hebung des Bildungsniveaus der Geistlichen. Diese Reformer wollten zwar auch Synoden, aber diese Synoden sollten keinerlei Mitspracherecht in Fragen der Kirchenverwaltung haben und überhaupt nicht als selbsttätige Körper gedacht sein. Für Männer wie Nicolovius war eine sich selber organisierende Kirche undenkbar; sie kannten keine Kirche als Institution mit eigenem Gesetz und eigenem Recht, sondern nur ein „Kirchenwesen" mit der Dignität eines eigenen Amtsauftrages, das in die Fürsorge einer sich allerdings ihrer Grenzen bewußten Staatsmacht gestellt war.

49 Verordnung wegen verbesserter Einrichtung der Provinzial-Behörden vom 30.4.1815, ebd., I, 119f.
50 Vgl. dazu R.W. Dove, Über Synoden in der evangelischen Landeskirche Preußens, in: Doves Zeitschrift für Kirchenrecht 2. 1862, 131ff. u. 4. 1864, 131ff.
51 Wertvoll für das Verständnis dieser Position nach wie vor F. Fischer, L. Nicolovius, Rokoko-Reform-Restauration, Stuttgart 1939, vor allem 354, 365ff., 410ff. u. 433ff.

So kam es zu einer „Verbesserung der evangelischen Kirchenverfassung in Preußen", die mit Schleiermachers Vorstellungen von einer selbstverantwortlichen Kirche nur noch wenig zu tun hatte. Mit Kabinettsordre vom 27. Mai 1816[52] genehmigte der König, „daß die protestantische Geistlichkeit jedes Kreises unter dem Vorsitze des Superintendenten eine Kreissynode bilde". Desgleichen sollten „Provinzialsynoden" aus sämtlichen Superintendenten unter dem Vorsitz eines Generalsuperintendenten gebildet werden, die sich, „nachdem es nöthig ist, ein- oder zweimal im Jahre versammeln und die innern Angelegenheiten der Kirche der ganzen Provinz berathen".[53] Eine Wahl des Vorsitzenden sollte ausgeschlossen sein.
Darüber hinaus genehmigte der König, daß „in jedem Kirchspiel ein Presbyterium oder Kirchen-Collegium aus dem Geistlichen und dem Patron bei Patronats-Kirchen und einigen Gemeindegliedern bestellt werde, welche das Wohl und die Gerechtsame der Kirche wahrzunehmen haben". Um Mißverständnisse im Sinne einer zu weit reichenden Veränderung der sozialen Verhältnisse auszuschließen, wurde jedoch hinzugefügt, daß die bestehenden Wahl- und Patronatsrechte unverändert erhalten bleiben müßten.[54] Ausnahmeregelungen – etwa in den westlichen, von der französischen Herrschaft umgeformten Provinzen – sollten dem König vorbehalten sein.
Nach dieser Ordnung verfügte das evangelische Kirchenwesen in Preußen über Gremien, die eine gewisse Ergänzung zur staatlichen Kirchenverwaltung bilden konnten. Aber in ihrem Charakter unterschieden sie sich doch wesentlich von dem, was die Kirchenreformer um Schleiermacher unter ihnen verstanden.[55] Synoden waren nun praktisch bloße Pfarrerkonferenzen, und die Presbyterien, wenn sie überhaupt zustandekamen, ein Verein von Patron und Ortsgeistlichem. Eine Generalsynode für das gesamte preußische Staatsgebiet blieb genauso aus wie die entsprechenden Generalstände auf politischem Gebiet.
Im Kern litt die gesamte Neuordnung an einer Schwäche, die sich langfristig auf das Grundverhältnis von Kirche und moderner Gesellschaft in Preußen auswirken sollte: am Fehlen eines freien Laienelements im Aufbau der Kirche. Während die Kirche des alten Ständestaates im örtlichen Patron eine zeitentsprechende Laienpräsenz kannte und die Kirche der absoluten Monarchie dazu in Vertretern staatlicher Behörden nichtgeistliche Amtskollegen hatte, gewann die Kirche des frühkonstitutionellen Staates keine weltli-

52 Kabinettsordre betr. die Verbesserung der evangelischen Kirchenverfassung in Preußen vom 27.5.1816, im Auszug abgedruckt bei Huber, Staat u. Kirche, I, 574ff. Diese Kabinettsordre knüpfte teilweise an die Arbeiten einer Geistlichen Kommission an, die ein Jahr zuvor ein Gutachten zur Verfassungslage der Kirche angefertigt hatte.

53 Ebd., 576.

54 Ebd., 575.

55 Schleiermacher bezeichnete die geplanten Generalsuperintendenten scharf als „geistliche Präfekten"; s. Fischer, Nicolovius, 366 u. 412.

chen Partner, die dem Stand der gesellschaftlichen Entwicklung entsprachen. Die „Welt“ trat der Kirche Preußens in dieser Zeit nach wie vor als Staat und als Ständegesellschaft gegenüber. Laien als freie Glieder der bürgerlichen Gesellschaft kamen in den Gremien der Kirche nicht vor. Die Folge war eine doppelte Schwäche: Weil die Kirche keine Repräsentanten der modernen Gesellschaft in ihrer Mitte hatte, wurde sie nach innen klerikaler, als es dem Zeitbewußtsein des Protestantismus entsprach, und nach außen abhängiger vom Staat, als es von den Impulsen der Reformzeit her zu erwarten gewesen wäre. Ein weltoffenes kirchliches Selbstbewußtsein konnte sich auf dem Boden des evangelischen Kirchenwesens Preußens kaum entwickeln.

Diese Schwächen sollten auch durch die praktische Politik der Jahre der Restauration nicht gemildert werden. Im Gegenteil: ähnlich wie auf politischem Gebiet schleppte sich die Verwirklichung der institutionellen Neuansätze hin, wenn sie nicht sogar völlig unterblieb. Erst 1818/19 kam es zur Einberufung von Synoden, zunächst auf Kreisebene und dann in den Provinzen, und auch die Presbyterienbildung schritt nur stockend voran. In beiden Fällen fielen regionale Unterschiede erheblich ins Gewicht: In den westlichen Provinzen mit ihren reformierten Traditionen war es wesentlich leichter, Synoden und Presbyterien zu bilden, als in den ostelbischen Provinzen, die in ihrer lutherischen Prägung derartige Strukturen nicht kannten. Dafür traten im Westen andere Schwierigkeiten auf, die dem landesherrlichen Kirchenregiment zu schaffen machen sollten: Die dort gebildeten Presbyterien und Synoden drängten auf eine Ausweitung der Rechte der neuen Gremien und verlangten vor allem eine Beteiligung von Laien an der Synodalarbeit. Sie gaben sich nicht mit den Zugeständnissen der Kabinettsordre von 1816 zufrieden.[56]

Aber auch in den östlichen Provinzen begehrten einzelne Synoden auf. Hier war es vor allem die brandenburgische Provinzialsynode, zu der Schleiermacher gehörte, die für eine Erlangung voller synodaler Rechte kämpfte und in Konkurrenz zum Konsistorium trat.[57] Sie sah in der Kabinettsordre Ansätze, die es weiterzuentwickeln galt. Genau dies aber wurde den synodalen Bestrebungen zum Verhängnis. Im Klima der Karlsbader Beschlüsse fühlte sich die preußische Regierung veranlaßt, allen konstitutionellen Bestrebungen entgegenzutreten und der synodalen Bewegung in der Kirche ähnlich wie der auf Volksrepräsentation abzielenden im Staat Einhalt zu gebieten. Die Bildung von Presbyterien wurde sogar regelrecht wieder rückgängig gemacht.[58]

56 S. E. Foerster, Die Entstehung der preußischen Landeskirche unter der Regierung König Friedrich Wilhelms III., II, Tübingen 1907, 3f. u. 7ff. Zum Vergleich: Im staatlichen Bereich kam es zur Bildung von Provinzialständen erst seit 1823 und von Kreistagen erst seit 1825. In den Landgemeinden kam es erst in der Regierungszeit Friedrich Wilhelms IV. zu institutionellen Änderungen.

57 Ebd., 9f. u. 23ff.

58 Ebd., 15.

Wenn es trotz dieser Regressionserscheinungen nicht zu einem völligen Stillstand der synodalen Bewegung gekommen ist, ist das nicht zuletzt auch einem kirchenpolitischen Vorgang zuzuschreiben, der das zweite große Thema der evangelischen Kirchengeschichte Preußens im frühen 19. Jahrhundert bildete: der Einführung der Union im Jubiläumsjahr der Reformation 1817.[59] In dieser Frage, der sich mit besonderer Verve König Friedrich Wilhelm III. selber annahm, kamen mehrere Interessen zusammen: das politische Interesse des Staates an der Bildung einer einheitlichen evangelischen Landeskirche, das kirchenpolitische Interesse zahlreicher Verantwortungsträger in beiden evangelischen Bekenntnissen an konfessionellem Frieden und organisatorischer Stärkung des evangelischen Kirchentums im Wettstreit mit der wachsenden Positionsstärke des Katholizismus in Preußen, schließlich das Interesse der Liberalen an Schritten zur Überwindung des fortschrittsfeindlichen Konfessionalismus. Dies letztgenannte Interesse lag nicht im Sinne der herrschenden Promotoren des Unionsgedankens, weil es in die Richtung einer Bundesgenossenschaft mit dem politischen Liberalismus wies. Aber letzten Endes führten doch alle Impulse gleichermaßen dazu, daß das Thema der Neuordnung des evangelischen Kirchenwesens auf der Tagesordnung blieb und nicht wie die Reformbemühungen im politischen Bereich weitgehend aus der öffentlichen Diskussion verdrängt wurde.

Dazu trug insbesondere ein kirchenpolitischer Streit bei, der im Gefolge der Begründung der Union in Preußen aufkam: der Streit um die Einführung einer einheitlichen Liturgie in allen Provinzialkirchen Preußens. Dieser sog. Agendenstreit[60] entfachte mehr Leidenschaften, als die Initiatoren der Liturgiereform für möglich gehalten hatten, und schärfte vor allem in den Gemeinden den Sinn für die Bedeutung kirchlicher Eigenverantwortung in Abgrenzung vom Staat. Auch wenn bei der Abwehr der Einheitsliturgie häufig konfessionspolitischer Provinzialismus im Spiel war, gerieten die Kritiker der Agende in ihrem Widerstand gegen den Dirigismus des Staates doch in eine Kampfgenossenschaft mit den Anhängern der synodalen Bewegung, die ebenfalls den staatskirchlichen Absolutismus einzuschränken bestrebt waren.

Den stärksten Widerhall fand diese Verbindung von Kampf gegen die Agende und Kampf für eine Synodalverfassung in den beiden westlichen Provinzen Rheinland und Westfalen. Dort machten die weithin reformiert geprägten Synoden und zahlreiche Gemeinden ihre Zustimmung zur Liturgiereform abhängig von einer Reform der Kirchenverfassung und erreichten schließlich die Zustimmung des Königs zu einem tragbaren Kompromiß.[61] In der Rheinisch-Westfälischen Kirchenordnung vom 5. März 1835

59 Vgl. dazu G. Ruhbach, Die Religionspolitik Friedrich Wilhelms III. von Preußen, in: Festschrift H. v. Campenhausen, Hg. B. Moeller u. G. Ruhbach, Tübingen 1972, 307 ff.

60 Ebd., 323 ff., u. Foerster, 55 ff.

wurde – nach der vorangegangenen Annahme einer revidierten Agende – eine presbyterial-synodale Struktur der Provinzialkirchen konzediert, die lediglich an der Spitze ein episkopales Element enthielt: An der Spitze stand nicht der gewählte Präses der Provinzialsynode, sondern der – wie in den anderen preußischen Provinzen – vom König ernannte Generalsuperintendent. Sonst waren die wichtigsten Prinzipien des Synodalismus garantiert, insofern als sowohl in den Presbyterien als auch in den Kreis- und Provinzialsynoden gewählte Laienvertreter mit Sitz- und Stimmrecht saßen und die Synoden das Recht zur Wahl ihrer Vorsitzenden erhielten.[62]

Aber auch in einer ostelbischen Provinz gingen die kirchenpolitischen Auseinandersetzungen weiter, wenngleich hier mit anderer Akzentsetzung. In Schlesien setzten sich zahlreiche Gemeinden in lutherischer Bekenntnistreue gegen eine befürchtete Reglementierung durch das Unionskirchentum zur Wehr und versagten der konfessionseinheitlichen Agende ihre Zustimmung.[63] Was bei den rheinisch-westfälischen Gemeinden die Prägung durch reformierte Traditionen bewirkte, trieb im schlesischen Luthertum die aus der Zeit ihrer Zugehörigkeit zu Österreich stammende innere Unabhängigkeit vom landesherrlichen Kirchenregiment Preußens hervor: Widerstand gegen staatskirchliche Bevormundung. Nur führte dieser Widerstand nicht zum selben Erfolg wie im Westen. In Schlesien setzte der König die Agende mit Gewalt durch und ordnete eine Maßnahme an, die in seltsamem Kontrast zur religiösen Toleranzpolitik der Hohenzollern im 17. und 18. Jahrhundert stand: Er zwang die widerstrebenden Altlutheraner zur Auswanderung.[64]

In diesem Zusammenhang der jeweils verschiedenen Auseinandersetzungen mit dem bürokratischen Regiment der preußischen Staatskirche spielte auch eine Bewegung eine Rolle, die eine Erneuerung aus konservativem Geiste anstrebte: die pietistische Erweckungsbewegung.[65] In schlichten Gemeinschaften, die sowohl die konfessionellen als auch die sozialen Schranken durchbrachen und vom bäuerlichen Milieu bis in die Aristokratie reichten, bildeten die Pietisten Kristallisationskerne für Gruppen, die – je nach der sie umgebenden Landschaft – die staatliche Amtskirche von

61 S. dazu neuerdings W. Göbell, Die rheinisch-westfälische Kirchenordnung vom 5. März 1835, 2 Bde. Duisburg 1948ff.; dort auch der Text der Kirchenordnung, I, 173ff.

62 Die rheinisch-westfälische Kirchenordnung schuf die Provinzialkonsistorien nicht ab, sondern ergänzte sie durch die Synoden. Dort lagen auch die Aufsichtsrechte des Staates gegenüber der Kirche. S. Huber, Staat u. Kirche, I, 605.

63 Vgl. dazu T. Hoffmann, Die Einführung der Union in Preußen u. die durch die Union veranlaßte Separation der Altlutheraner, Berlin 1903, u. W. Iwan, Die Altlutherische Auswanderung um die Mitte des 19. Jahrhunderts, Ludwigsburg 1943.

64 Kabinettsordre vom 2.9.1837, abgedruckt bei Foerster, II, 309.

65 Zum Problem der pietistischen Erweckungsbewegung in sozialer Hinsicht finden sich wichtige Absätze in der beachtlichen Arbeit von R.M. Bigler, The Politics of German Protestantism. The Rise of the Protestant Church Elite in Prussia, 1815–1848, Berkeley 1972, 125ff.

„unten" oder von „oben" her in Frage stellten. Im Umkreis der Altlutheraner förderten sie die Entwicklung zur Freikirche, in der Umgebung der rheinischen Reformierten verstärkten sie das gemeindekirchliche Element, und am Berliner Hofe gaben sie denen Auftrieb, die für eine bischöfliche Leitung der Kirche eintraten. Überall waren sie Gegner einer auf Administration beruhenden Kirchlichkeit und einer zu engen Verbindung von Kirche und Staat.

Einen neuen Akzent erhielt die kirchengeschichtliche Entwicklung, als sich das kirchenpolitische Kräftefeld mit dem Regierungsantritt Friedrich Wilhelms IV. (1840) erheblich änderte.[66] Der neue König war entschlossen, sich von der bürokratischen Herrschaftsweise seines Vaters in Staat und Kirche abzuwenden und freieren, nicht absolutistisch geprägten Formen des politischen Lebens Raum zu schaffen. Freilich hing alles davon ab, was unter nicht absolutistischen Formen verstanden wurde; sie konnten ebensowohl vorabsolutistisch-altständisch als auch nachabsolutistisch-liberal gedacht werden. Die Problematik der neuen Politik Friedrich Wilhelms IV. bestand darin, daß sie beiden Deutungen Raum ließ und Erwartungen in beiden Richtungen weckte. Kirchenpolitisch bedeutete dies, daß sich sowohl die synodalen als auch die episkopalen Kräfte ermuntert fühlten und zu einem neuen Angriff auf die bestehende Ordnung ansetzten. Ähnlich wie auf dem Feld der allgemeinen Politik liberale und altkonservative Gegner des Behördenstaates gemeinsam, wenn auch nicht in gleicher Intention, eine Fortbildung der ständischen Landtage forderten und die Verfassungsdebatte neu entfachten,[67] drängten nun im Bereich der Kirche Synodale und Episkopale in seltsamem Verein auf eine Weiterentwicklung eigenständig kirchlicher Institutionen auf Kreis-, Provinz- und Gesamtstaatsebene.[68] Dem Verlangen nach Einberufung von preußischen Generalständen, einem gesamtstaatlichen Landtag, entsprach das Verlangen nach einer Generalsynode, die den Aufbau der gesamtstaatlichen Landeskirche zum krönenden Abschluß bringen sollte.

So kam es 1843 zu einer Reaktivierung der geistlichen Kreissynoden in den östlichen Provinzen und 1844 zur Einberufung der dortigen Provinzialsynoden sogar in erweiterter Form; hier wurden nicht nur – wie 1818 – die Superintendenten eingeladen, sondern auch pro Kirchenkreis ein frei gewählter Geistlicher sowie einige weitere Vertreter kirchlicher Ämter und

66 Über die Religiosität und kirchenpolitischen Grundsätze Friedrich Wilhelms IV. fehlen nach wie vor neuere Arbeiten; immerhin bei Huber, Verfassungsgeschichte, II, 275 f. u. J. Heckel, Ein Kirchenverfassungsentwurf Friedrich Wilhelms IV. von 1847, in: Das blinde, undeutliche Wort ‚Kirche', Ges. Aufsätze, Hg. S. Grundmann, Köln 1964, 434 ff.

67 So etwa Th. v. Schön, Woher und Wohin? Straßburg 1842, u. J. Jacobi, Vier Fragen beantwortet von einem Ostpreußen, Mannheim 1841.

68 Abweichend hiervon B. Bauer, Die evangelische Landeskirche Preußens u. die Wissenschaft, Leipzig 1840², der in bezug auf Freiheitsspielräume mehr auf die Politik des Staates als auf die Entwicklung der Kirche setzte.

der theologischen Fakultät der Landesuniversität. 1845 folgte eine Neuordnung der Konsistorialverwaltung, die eine Verkirchlichung dieser bislang staatlichen Behörde einleitete,[69] und 1846 gipfelte der Erneuerungsprozeß in der Einberufung einer gesamtstaatlichen Generalsynode. Um diesen Vorgang in seiner ganzen Bedeutung ermessen zu können, bedarf es wiederum eines Vergleichs mit der politischen Entwicklung. Hier kam es erst ein volles Jahr später zum Zusammentritt einer gesamtstaatlichen Vertretungskörperschaft: dem Vereinigten Landtag von 1847.[70] Die Kirche spielte also gewissermaßen den Vorreiter auf einem Wege, der schließlich auch allgemeinpolitisch eingeschlagen wurde, dem Wege zur Ausbildung eines repräsentativen Gremiums, das in Ergänzung zu den bestehenden Staatsorganen die gesamtstaatliche Willensbildung förderte. Dies erklärt, warum die Sitzungen der Generalsynode mit so starker öffentlicher Anteilnahme erwartet und begleitet wurden. Es erklärt ebenfalls die Leidenschaftlichkeit der Debatten, die zum Teil eine regelrecht ersatzpolitische Funktion hatten.[71]
Die Berufung der Generalsynode erfolgte – ähnlich wie die der Kreis- und Provinzialsynoden wenige Jahre zuvor – in der Überzeugung, „daß die evangelische Kirche, wenn ihr wahrhaft und dauernd geholfen werden soll, nicht nur von seiten des Kirchenregiments geleitet, sondern vornehmlich aus eigenem, inneren Leben und Antrieb erbaut sein will.“[72] Die Zahl der Mitglieder der Synode belief sich auf 75 – davon die Hälfte Laien –, die entweder aufgrund von Ämtern (Generalsuperintendenten, Konsistorialpräsidenten usw.) oder aufgrund von Vorschlags- oder Wahlverfahren vom König berufen wurden. Im Vergleich mit dem Vereinigten Landtag war die Generalsynode stärker akademisch besetzt (fast die Hälfte Doktoren und Professoren), Vertreter der bäuerlichen Welt fehlten vollständig. Von den 24 Laienmitgliedern, die von den Provinzialsynoden vorgeschlagen waren, sollten sich 10 im kommenden Jahr im Vereinigten Landtag wiederfinden: 1 Mitglied der Herrenkurie, 7 Vertreter der Ritterschaft, 2 der Städte.[73] Faktisch war die Generalsynode also eine Notabelnversammlung. Das änderte aber nichts daran, daß ihre Beratungsergebnisse (Beschlüsse durfte

69 S. Huber, Staat u. Kirche, I, 610ff. Dort auch der Wortlaut der Verordnung vom 27.6.1845.

70 Zum Vereinigten Landtag s. Huber, Verfassungsgeschichte, II, 491ff. Auch die Provinzialstände traten ein Jahr später zusammen als die Provinzialsynoden, nämlich 1845.

71 Vgl. dazu F. Fischer, M.A. v. Bethmann-Hollweg u. der Protestantismus, Berlin 1937, 174, u. allg. H. Rosenberg, Theologischer Rationalismus u. vormärzlicher Vulgärliberalismus, in: HZ 141. 1930, 497ff., u. in: ders., Politische Denkströmungen im deutschen Vormärz, Göttingen 1972, 18ff.

72 Aus dem Berufungserlaß des Königs, in: Verhandlungen der evangelischen General-Synode zu Berlin vom 2. Juni bis zum 29. August 1846, Berlin 1946, 1.

73 Bei den Inhabern von Staatsämtern gab es ohnehin weitere Überschneidungen, allerdings nicht bei den Geistlichen, die im Vereinigten Landtag fehlten.

sie nicht fassen) überraschend fortschrittlich waren. Vor allem im Hinblick auf eine Reform der Kirchenverfassung wurden Forderungen gestellt, die ganz auf der Linie der Synodalbewegung lagen: Einführung des Prinzips der Wahl durchgehend von den Presbyterien bis zur Generalsynode, und zwar in Stufen: Anerkennung der Periodizität für alle Synoden; Ausweitung der Synodalkompetenzen gegenüber den Konsistorien; Bildung eines Oberkonsistoriums als eines kirchlichen Gegenübers zum staatlichen Kultusministerium.[74] Aber der König hielt es für angezeigt, sich dem Begehren der Synode zu versagen.[75] Ähnlich wie im folgenden Jahr beim Vereinigten Landtag enttäuschte er die Erwartungen und trug damit zur politischen Destabilisierung am Vorabend der 48er Revolution bei.

So trat die evangelische Kirche Preußens – trotz zahlreicher Ansätze zur Ausbildung einer zugleich eigenständigen und zeitgemäßen Verfassung – letzten Endes unfertig in das Revolutionsjahr 1848 ein.[76] Gegenüber der auf Säkularisierung drängenden bürgerlichen Gesellschaft war sie sich weder der Formen ihres Kircheseins noch der Formen ihres Weltbezugs sicher, und daher geriet sie – nach einer Phase voller Schwankungen – nur um so tiefer in Abhängigkeit von den herrschenden Mächten. Zwar setzte die Revolution einige Impulse zum Ernstnehmen der sozialen Frage frei – die vielfältige Aktivität Johann Hinrich Wicherns war dafür der lebendigste Ausdruck –,[77] aber im Blick auf eine Verwirklichung der auf die Kirche selber bezogenen Reformbestrebungen löste sie mehr Ängste als positive Antriebe aus. Eigenmächtige Initiativen zur Vollendung des 1846 vorgelegten Reformprogramms oder gar zur Einberufung einer staatsfreien „revolutionären" Generalsynode – in Analogie zur Konstituierung der preußischen Nationalversammlung – gab es nicht, und auch in den Provinzen bildete sich keine Bewegung zur Durchsetzung frei gewählter Synoden.[78] Die einzige kirchliche Versammlung, die ihren Zusammentritt der vom Revolutionsjahr ausgehenden Unruhe verdankte, war der sog. Wittenberger Kirchen-

74 Der genaue Text in: Verhandlungen der evangelischen General-Synode, 118f. Im Blick auf die Bildung von Presbyterien wurden Vorbehalte wegen der Rücksichten auf bestehende Patronatsverfassungen gemacht.

75 Nur in einem Punkt entsprach der König dem Begehren der Synode: In der Bildung eines Oberkonsistoriums für den ganzen Staat. Es wurde durch Verordnung vom 28.1.1848 ins Leben gerufen, aber wegen der folgenden März-Revolution bereits nach drei Monaten wieder aufgelöst. S. dazu Huber, Staat u. Kirche, I, 625ff.

76 Zur Geschichte der evangelischen Kirchen im Revolutionsjahr 1848 gibt es nach wie vor einen Mangel an Arbeiten. Immerhin E. Schubert, Die evangelische Predigt im Revolutionsjahr 1848, Gießen 1913, u. W. Delius, Die Evangelische Kirche u. die Revolution 1848, Berlin 1948.

77 Dazu G. Brakelmann, Kirche u. Sozialismus im 19. Jahrhundert, Witten 1966, v.a. 35ff., u. W.O. Shanahan, Der deutsche Protestantismus vor der sozialen Frage 1815–1871, München 1962, 243ff.

78 Es würde sich lohnen, der kirchlichen Regionalgeschichte im Jahre 1848 etwas genauer nachzugehen. Für das Rheinland und Westfalen s. Göbell, I, 246f.

tag, der sich freilich weniger mit preußischen als mit gesamtdeutschen Fragen befaßte, allen voran mit der Frage einer Gründung eines Deutschen Evangelischen Kirchenbundes.[79]

In der Summe wird man also sagen müssen, daß erst auf dem Felde der politischen Gesellschaft der Durchbruch zum modernen Verfassungsstaat erkämpft werden mußte, ehe die Kirche mit ihrer eigenen Verfassungsentwicklung vorankommen sollte. Dies hing zweifellos mit den starken Bindungen der Kirche an die Strukturen der Ständegesellschaft in den Kernprovinzen des preußischen Ostens zusammen; die Patronatsherrschaft bestand dort überall noch völlig unangefochten. Es war aber auch eine Folge der mangelnden Übung in eigenverantwortlicher Aktivität, welche die Kirche – vor allem im lutherisch geprägten Osten – sich so abwartend verhalten ließ. Dieser Mangel trug auch dazu bei, daß sie nicht einmal aus dem wichtigsten kirchenpolitischen Ergebnis der Revolution etwas Brauchbares für sich zu machen wußte: aus der sowohl in die oktroyierte als auch in die revidierte preußische Verfassung aufgenommenen Trennung von Staat und Kirche,[80] die – richtig verstanden – Spielraum für eine Verwirklichung der synodalen Eigenständigkeitsbestrebungen geboten hätte.

Hier erwies sich das trotz aller revolutionären Veränderungen nicht erschütterte landesherrliche Kirchenregiment als erhebliches Hemmnis. Während die katholische Kirche mit ihren bewährten Strukturen kirchlicher Eigenständigkeit den Trennungsvorgang nicht nur gut überstand, sondern sogar Nutzen aus ihm zu ziehen imstande war,[81] kam die evangelische Kirche nur tiefer in einen Zwiespalt hinein: Sie wurde vom Staat abgekoppelt, ohne wirkliche Eigenständigkeit zu erlangen. Sie blieb auf die helfende Hand des Königs als Summepiscopus angewiesen, die nach dem Scheitern der Revolution alles andere als hilfsbereit in Richtung auf den Aufbau einer Synodalstruktur der Kirche war. Im Gegenteil: Die staatliche Reaktion griff voll auch auf die Kirche über und wirkte sich wegen deren konstitutioneller Schwäche sogar noch schärfer in ihr aus als auf dem politischen Gebiet. Hier in der Kirche bildete der König ausschließlich die Institutionen weiter, die das staatskirchliche Prinzip verkörperten, und ließ trotz eines Anlaufs die presbyterialen und synodalen Gegengewichte fallen. Aus einer Abteilung des Kultusministeriums entwickelte er 1850 den Evangelischen Oberkirchenrat als selbständige Behörde, welche die Geschicke der Evan-

79 Die Verhandlungen der Wittenberger Versammlung für die Gründung eines Deutschen Evangelischen Kirchenbundes im September 1848, Hg. Kling, Berlin 1848, 128.

80 Der entsprechende Artikel 15 der revidierten Verfassung vom 31.1.1850 (= Artikel 12 der oktroyierten Verfassung vom 5.12.1848) lautet: „Die evangelische und die römisch-katholische Kirche, so wie jede andere Religionsgesellschaft, ordnet und verwaltet ihre Angelegenheiten selbständig ..." Huber, Staat u. Kirche, II, 36f.

81 Dazu A.L. Richter, Die Entwicklung des Verhältnisses zwischen dem Staate u. der katholischen Kirche in Preußen seit der Verfassungsurkunde vom 5.12.1848, in: Doves Zeitschrift für Kirchenrecht 1. 1861, 100ff.

gelischen Kirche der altpreußischen Provinzen bis zum Ende des preußischen Staates bestimmen sollte.[82]

Die nachrevolutionäre Entwicklung der evangelischen Kirche Preußens unterschied sich mithin erheblich von der vorrevolutionären. War sie im Vormärz der politischen Entwicklung bisweilen sogar etwas voraus gewesen, hinkte sie nun hoffnungslos hinter ihr her. Der Staat verfügte seit der Revolution in den beiden Kammern des Abgeordnetenhauses und des Herrenhauses über parlamentarische Gremien, die zwar seit 1849 im Wege des Dreiklassenwahlrechts gebildet wurden, aber dennoch zusätzliche Mittel der öffentlichen Willensbildung und Integration des preußischen Staatsvolks darstellten. Zudem förderten sie die Entwicklung politischer Parteien. Die evangelische Kirche verfügte dagegen über keine Vertretungskörperschaften, die ein Gegengewicht zur eigenen bürokratischen Verwaltung hätten bilden können. Weder war sie in der Lage, ihr Kirchenvolk an der Vorbereitung von Entscheidungen adäquat zu beteiligen, noch konnte sie einen eigenen „parlamentarischen" Beitrag zur Integration der preußischen Provinzen leisten. Kirchlich blieb Preußen noch lange in Provinzialismen befangen.[83]

Erst mit dem Beginn der Neuen Ära 1858 kam es zu neuen Anläufen, die Frage der Kirchenstruktur wieder aufzunehmen. Unter dem Einfluß des neuen, liberalkonservativen Kultusministers v. Bethmann-Hollweg[84] ordnete der Prinzregent Wilhelm an, die steckengebliebenen Verhandlungen über eine Fortbildung der evangelischen Kirchenverfassung voranzutreiben und vor allem die Bildung von Presbyterien in Anknüpfung an frühere, nicht verwirklichte Initiativen einzuleiten.[85] Das war in erster Linie im Hinblick auf die östlichen Provinzen der Monarchie nötig, die im Unterschied zu den westlichen nach wie vor ohne kirchliche Vertretungskörperschaften lebten und praktisch auf dem Stand von 1816 waren. Allein schon um der Einheitlichkeit der preußischen Landeskirche willen schien es also geboten zu sein, den östlichen Provinzialkirchen die gleichen presbyterialen und synodalen Entwicklungsmöglichkeiten zu sichern wie den westlichen.

Aber, wie so häufig in der preußischen Kirchengeschichte des 19. Jahrhunderts, war der Weg von der Planung bis zur Wirklichkeit länger als angenommen. Die Bildung von Presbyterien kam wegen der Rücksichten auf die bestehenden Patronatsverhältnisse nur mühsam in Gang, und entsprechend

82 Der entsprechende Erlaß des Königs vom 29.6.1850 (abgedruckt bei Huber, Staat u. Kirche, II, 315ff.) enthielt auch einen Passus über die Grundzüge einer Gemeindeordnung, die jedoch in den folgenden Jahren der Reaktion nicht verwirklicht wurden.

83 E.R. Huber spricht in diesem Zusammenhang von „kirchlichem Spätabsolutismus": Verfassungsgeschichte, IV, 837.

84 Die erwähnte Arbeit von Fischer über Bethmann-Hollweg behandelt diese Phase leider nicht mehr; der angekündigte zweite Band ist ausgeblieben.

85 Erlaß des Prinzregenten Wilhelm an den Kultusminister v. Bethmann-Hollweg betr. die Fortbildung der evangelischen Kirchenverfassung in den östlichen Provinzen der Monarchie vom 27.2.1860, im Auszug abgedruckt bei Huber, Staat u. Kirche, II, 333f.

dauerte es auch lange bis zum wieder gewünschten Zusammentritt der Kreissynoden, da dieser das erste voraussetzte.[86] Zur Versammlung von Provinzialsynoden kam es schließlich erst 1869,[87] so daß folgende absurde Situation entstand: Die Brandenburger, Pommern, Ost- und Westpreußen, Posener, Schlesier und Sachsen (der Provinz Sachsen) erhielten früher das allgemeine, gleiche, geheime Wahlrecht zum Reichstag des Norddeutschen Bundes als eigene Provinzialsynoden und – in den meisten Fällen – funktionsfähige Gemeindekirchenräte! Die kirchliche Verfassungsentwicklung mit all ihren Folgen für das soziale und politische Bewußtsein der Menschen befand sich also in einem kaum faßbaren Rückstand gegenüber der staatlich-politischen.

Den Abschluß dieser überständigen Entwicklung brachte erst der Kulturkampf.[88] Durch die vorübergehende Konstellation eines Bündnisses zwischen der preußischen Staatsregierung und liberalen Kräften des Landes in der Auseinandersetzung mit der katholischen Kirche ergab sich die Möglichkeit eines relativ weitreichenden Ausbaus presbyterial-synodaler Kirchenstrukturen in Preußen, wenngleich auch hier letzten Endes nicht mehr erreicht wurde als das, was 1835 für die beiden westlichen Provinzen mühsam gesichert werden konnte. Konkret bedeutete dies, daß die östlichen Provinzen seit 1873 auch über eine Kirchenordnung verfügten, die Laien ein Mitwirkungsrecht einräumte und das Prinzip der Wahl von kirchlichen Vertretungskörperschaften, in der Stufenfolge von den Gemeinden über die Kreissynoden bis zur Provinzialsynode, sicherte.[89]

Den krönenden Abschluß, der ebenfalls einem Zusammenwirken des liberalen Kultusministers Falk und des liberalkonservativen Präsidenten des Evangelischen Oberkirchenrats Herrmann zu verdanken war, bildete die Einberufung einer alle acht Provinzen der altpreußischen Union umfassenden Generalsynode, die Ende des Jahres 1875 zusammentrat und eine Generalsynodalordnung für die genannten Provinzen der preußischen Landeskirche beschloß.[90]

86 Erlaß für die Provinz Preußen vom 5.6.1861, für die Provinz Posen vom 5.4.1862, für die Provinz Pommern vom 21.6.1862, für die Provinzen Brandenburg, Schlesien und Sachsen vom 13.6.1864; dazu Huber, Verfassungsgeschichte, IV, 846.

87 Erlaß vom 5.6.1869, abgedruckt bei Huber, Staat u. Kirche, II, 335. – Die 1864/66 annektierten Gebiete behielten ihre eigenen Landeskirchen; sie wurden der preußischen nicht einverleibt.

88 Neuerdings liegt eine wichtige Arbeit zu dem lange vernachlässigten Thema der evangelischen Seite der Kirchenpolitik in der Zeit der Reichsgründung und des Kulturkampfes vor: Gerhard Besier, Preußische Kirchenpolitik in der Bismarckära. Die Diskussion in Staat und Evangelischer Kirche um eine Neuordnung der kirchlichen Verhältnisse zwischen 1866 u. 1872, Berlin 1980. Außerdem immer noch brauchbar das 10. Kapitel der biographischen Arbeit von E. Foerster, A. Falk, Gotha 1927, 302ff.

89 Kirchengemeinde- und Synodalordnung vom 10.9.1873, im Auszug abgedruckt bei Huber, Staat u. Kirche, II, 933ff.

90 Generalsynodalordnung für die evangelische Landeskirche der acht älteren Provinzen der Monarchie vom 20.1.1876, ebd., 944ff.

Als die parlamentarische Vertretung des preußischen Staates, das auf Basis des Dreiklassenwahlrechts gewählte Abgeordnetenhaus, bereits in den Schatten des aus gleichen Wahlen hervorgegangenen deutschen Reichstages zu treten begann, erhielt die evangelische Kirche Preußens zum ersten Mal – wenn man von dem Intermezzo von 1846 einmal absieht – eine gesamtstaatliche Vertretungskörperschaft. Dieses Gremium entsprach strukturell im wesentlichen den Vorstellungen der verfassungsstaatlich zu denken gewohnten Zeitgenossen; es umfaßte 150 von den Provinzialsynoden gewählte und 30 vom König berufene Mitglieder, dazu die Generalsuperintendenten und Vertreter der theologischen Fakultäten der 6 alten Landesuniversitäten. Da es jedoch mit der Verspätung mindestens einer Generation zustandekam, war seine Anziehungskraft für aufstrebende Kräfte der neuen Zeit gering. Diese waren längst der Kirche entfremdet und hatten, wenn sie überhaupt auf Formen parlamentarischer Meinungsbildung zu setzen geneigt waren, in dieser Hinsicht keine Erwartungen mehr an die Kirche. Im protestantischen Bereich – von einigen reformiert geprägten Gegenden vielleicht abgesehen – hatte sich mittlerweile die Ansicht zu weit eingefressen, daß Kirche vor allem eine Sache von Pfarrern und Behörden sei, als daß ein im Jahrzehnt der Reichsgründung schleppend aufgebautes Synodalwesen hieran Wesentliches hätte ändern können. In den kirchlichen Vertretungskörperschaften sollte immer ein Mangel an Laien aus der modernen Arbeitswelt herrschen.[91]

Entsprechend waren auch die Synoden immer um einige Grade konservativer als die weltlichen Parlamente. Den rechten Flügel bildeten die „Konfessionellen", die nach wie vor die Union ablehnten und überdies das gesamte Verfassungswerk als Ausdruck der Verweltlichung der Kirche verwarfen. Sie stellten etwa ein Viertel der Mitglieder der Generalsynode und hatten starke Positionen in den östlichen Provinzen.[92] Dann folgten die Anhänger der sog. „Positiven Union", die auf dem Boden der bestehenden Kirchenverfassung gegen die ihnen verderblich erscheinenden Einflüsse des Liberalismus kämpften und für eine Verschärfung der Wahlqualifikation eintraten. Sie bildeten seit Ende der 70er Jahre bis 1914 die Mehrheit in der Generalsynode und hatten vor allem in der Beamtenschaft aller Provinzen starken Rückhalt.[93] Daran schloß sich die sog. „Mittelpartei" an, die politisch einer Mischung von Freikonservativen und Nationalliberalen ent-

91 Vgl. Huber, Verfassungsgeschichte, IV, 852 f. Die Anziehungskraft der Generalsynode wurde auch dadurch gemindert, daß diese nur alle 6 Jahre zusammentreten sollte; faktisch tat sie es dann jedoch alle 3 Jahre.

92 Vgl. hierzu die vorzügliche Arbeit von K. E. Pollmann, Landesherrliches Kirchenregiment u. soziale Frage. Der evangelische Oberkirchenrat der altpreußischen Landeskirche u. die sozialpolitische Bewegung der Geistlichen nach 1890, Berlin 1973, hier v. a. 46 f. u. 57 ff.

93 Ebd., 62 f. In ihren Reihen spielten die Hofprediger Kögel und Stoecker eine hervorragende Rolle.

sprach und in den 70er Jahren die Hauptkraft der kirchlichen Verfassungsbewegung darstellte. Sie war seitdem immer die zweitstärkste Gruppe in der Generalsynode und hatte ihre Schwerpunkte in den städtereichen Gebieten der Rheinprovinz, der Provinz Sachsen, im Berliner Raum Brandenburgs und in Teilen Ostpreußens.[94]

Links von diesen Kirchenparteien gab es kaum noch Kräfte in den Provinzialsynoden und schon gar nicht in der Generalsynode. Der dem Freisinn zugerechnete „Protestantenverein" hatte Anhang nur bei einigen liberalen Professoren, Pastoren und Kreisen des akademisch gebildeten Bürgertums; entsprechend hatte er in der Regel nur in einigen Stadtsynoden Vertreter und konzentrierte sich sonst auf publizistische Arbeit.[95] Auch die Freunde der „Christlichen Welt" Martin Rades und Paul Göhres sowie die Anhänger Friedrich Naumanns waren in der Generalsynode nicht vertreten.

Die soziale Zusammensetzung der Generalsynode entsprach der politischen. Angehörige der einfachen Volksschichten gehörten ihr zu keinem Zeitpunkt vor 1914 an, und auch im Hinblick auf die gehobenen Schichten war die soziale Gliederung einseitig. Unter den nicht-theologischen Mitgliedern dominierten die Vertreter der hohen staatlichen und kirchlichen Bürokratie sowie der Rittergutsbesitzer und des Militärs. Ein Viertel dieser Mitglieder war adlig. Von den theologischen Synodalen waren mehr als die Hälfte Superintendenten und Hofprediger, ein weiteres Viertel Vertreter von Kirchenbehörden, der Rest Theologieprofessoren und eine Handvoll einfache Pfarrer.[96]

Daher kam es, daß die Generalsynode keine kritische Gegenposition zum landesherrlichen Kirchenregiment bildete, sondern eher zu dessen Verstärkung gereichte. Wenn sie gelegentlich in Konflikt mit dem Evangelischen Oberkirchenrat geriet, geschah dies nicht, um der Behördenmacht der Staatskirchenleitung Schranken zu setzen, sondern umgekehrt, um hier gegebenen Neigungen zum innerkirchlichen Ausgleich entgegenzutreten.[97] Auch in der Behandlung der sozialen Frage, des wichtigsten Themas der kirchenpolitischen Diskussion in den 90er Jahren, machte sie keine Anstalten, über die soziale Abwehrhaltung des Oberkirchenrats hinauszugehen und Alternativen der Konfliktlösung wenigstens zu erörtern. Mit der einen Ausnahme des sozialkonservativen Hofpredigers a. D. Adolf Stoecker unterstützte sie rückhaltlos die Maßnahmen des Oberkirchenrats gegen die sozialpolitische Bewegung unter den Geistlichen.[98]

94 Ebd., 60f. Die „Mittelpartei" hieß offiziell „Landeskirchliche evangelische Vereinigung". Ihr prominentester Vertreter war der erwähnte Präsident des Evangelischen Oberkirchenrats Herrmann.

95 Das wichtigste Organ des Protestantenvereins war das Deutsche Protestantenblatt. Es erschien seit 1868 in Bremen.

96 Vgl. dazu Pollmann, 51f.

97 Ebd., 43f. Dasselbe galt übrigens auch für das Verhalten der Provinzialsynoden gegenüber den Provinzialkonsistorien.

98 Zur Stellung der Generalsynode von 1897 zum Erlaß des Evangelischen Oberkirchenrats

Hier zeigte sich besonders sinnfällig, daß zwischen der Binnenstruktur der Landeskirche und ihrer gesellschaftlichen Außenwirkung ein unmittelbarer Zusammenhang bestand. Die vielfältigen Formen gesellschaftlicher Rückständigkeit der Kirche und die zahlreichen Abhängigkeiten vom Staat und seinen herrschenden Schichten hinderten die kirchlichen Institutionen in starkem Maße daran, einen vorwärtsweisenden Beitrag zur Lösung der großen Zeitprobleme zu leisten. Dafür öffneten sie sich um so mehr den politischen Kompensationsströmungen der Zeit, die das Defizit an sozialer Reform durch einen Zuwachs an nationalem Geltungsdrang auszugleichen bestrebt waren. Die Kriegspredigten der evangelischen Kirche nach 1914 lagen auf dieser Linie.[99]

Vor dem Hintergrund dieser Entwicklung mußte der Zusammenbruch der Monarchie die evangelische Landeskirche Preußens schwer treffen. Er brachte nämlich nicht nur den Fortfall des überständigen landesherrlichen Kirchenregiments, was ja einen Schritt nach vorne hätte bedeuten können, sondern auch eine Lösung von manchen Stützen und Hilfen, die der preußische Staat der Kirche in ihrer gesellschaftlichen Existenz gegeben hatte. Nun wurde erschreckend deutlich, daß die evangelische Kirche im Hohenzollernstaat ihre Position weit mehr geborgter staatlicher Macht als eigener institutioneller Stärke verdankt hatte, ja daß sie weitgehend zu einem sozialen Rückzugsgebiet geworden war.[100]

Um so mehr stellte sich die Frage, wie die Veränderungen der politischen Lage aufgenommen werden würden. Sollte der November 1918 nur als Schrecken für die Welt oder auch als Chance der Erneuerung begriffen werden, vor allem auch als Stunde der Reform für die Kirche?[101] Vergleicht man die Reaktionen der evangelischen Kirche Preußens mit denen anderer gesellschaftlicher Institutionen im Reich, wird man sich dem Eindruck nicht entziehen können, daß sie besonders stark von demokratiekritischen Einstellungen geprägt waren.[102] Zwar gab es durchaus Ansätze zur Gewinnung

vom 16. 12. 1895 s. ebd., 226 ff. Der Text des Erlasses sowie ein Auszug aus der Synodaldebatte bei G. Brakelmann, Kirche, soziale Frage u. Sozialismus, I: Kirchenleitungen u. Synoden über soziale Frage u. Sozialismus 1871–1914, Gütersloh 1977, 189 ff. u. 193 ff.

99 Vgl. dazu W. Pressel, Die Kriegspredigt 1914–1918 in der evangelischen Kirche Deutschlands, Göttingen 1967, vor allem 15 ff., 75 ff. u. 346 ff. Ferner R. Wittram, Kirche u. Nationalismus in der Geschichte des deutschen Protestantismus im 19. Jahrhundert, in: ders., Das Nationale als europäisches Problem, ebd. 1954, 109 ff.

100 Dies gilt in vieler Hinsicht auch für andere protestantische Staaten, in Preußen traf es aber wegen der herausragenden Machtstellung der Monarchie in besonderem Maße zu.

101 S. dazu M. Greschat, Der deutsche Protestantismus im Revolutionsjahr 1918/19, Witten 1974, 9 ff.

102 Dies nachgewiesen zu haben, ist das besondere Verdienst der Arbeit von J. Jacke, Kirche zwischen Monarchie u. Republik. Der preußische Protestantismus nach dem Zusammenbruch von 1918, Hamburg 1976, vor allem 328 ff. Weniger ergiebig zu diesem Thema C. Motschmann, Evangelische Kirche u. preußischer Staat in den Anfängen der Weimarer Republik, ebd. 1969.

eines neuen Standorts im demokratischen Staat, auch wurden Schritte zur Revision der Kirchenverfassung unternommen, die schließlich zur Bildung einer Konstituante in Analogie zur Nationalversammlung – freilich mit einem zeitlichen Abstand von 2 Jahren – führten. In der Summe kam jedoch nicht viel mehr als eine notdürftige Anpassung der Leitungsstrukturen der Landeskirche an die neue Rechtslage heraus, d. h. eine Schließung der verfassungsrechtlichen Lücke, die durch den Fortfall des monarchischen Summepiskopats entstanden war.[103] Die oberste Kirchenleitung lag fortan in den Händen eines Kirchensenats, der halbwegs ausbalanciert aus Mitgliedern des Oberkirchenrats, gewählten Synodalen, den Generalsuperintendenten und Präsides der Provinzialsynoden bestand.[104]
Auch auf der Ebene der Synodalwahlen änderte sich weniger, als man nach den verschreckten Reaktionen auf den Zusammenbruch der Monarchie hätte annehmen können. Soweit Verschiebungen im kirchenpolitischen Kräftefeld im Vergleich zur Vorkriegszeit eintraten, waren es vor allem solche nach rechts – mit der Folge, daß die Mittelpartei nur noch knapp über ein Fünftel der Mandate verfügte, ohne daß die Linke auf mehr als 10% kommen konnte.[105] Es blieb dabei, daß die kirchlichen Synoden im Querschnitt weiter rechts angesiedelt waren als die entsprechenden weltlichen Parlamente.
Dem entsprach die auffallend ablehnende Haltung der tonangebenden Kräfte in der Landeskirche gegenüber dem Staat der Weimarer Republik. Während die katholische Kirche durch das Zentrum einen Zugang zur gerade in Preußen herrschenden Weimarer Koalition hatte und sich deswegen kaum zu einer Aktualisierung der auch in ihr vorhandenen demokratiekritischen Kräfte verleiten ließ, fiel es der evangelischen Kirche schwerer, sich auf die republikanische Parteienlandschaft einzustellen und den Positionsverlust auszugleichen, der besonders für sie mit dem Untergang der preußischen Monarchie verbunden war. Die Demokratie der Weimarer Republik wurde hier weitgehend als Bedrohung der eigenen gesellschaftlichen Stellung empfunden, und so setzte man mehr denn je auf kirchenpolitische Sicherungen der alten Sozialverhältnisse.[106] Mehr auch als früher fühlte man sich veranlaßt, die Erscheinungsformen der allgemeinen Säkularisierung zu bekämpfen, so daß die Kirche – aus der Sicht liberaler Demokraten wie Ernst Troeltsch – Gefahr lief, sich zur „konservativen Gegenburg gegen den Staat der Revolution“ zu entwickeln.[107]

103 Jacke, 298ff.
104 Ebd., 265ff.
105 Diese Zahlen gelten für die Wahlen zur Konstituante von 1921. Dabei ist allerdings die allgemeine Entwicklung nach rechts in Rechnung zu stellen, die seit 1920 überall in Deutschland sichtbar wurde. Ebd., 250.
106 Vor allem ließ man keine Ausweitung der Gemeinderechte zu, so daß sich auch innerkirchlich – jedenfalls im Umkreis der Patronate Ostelbiens – keine Formen demokratischer Mitverantwortung entwickelten.
107 E. Troeltsch, Spektatorbriefe, Hg. H. Baron, Tübingen 1924, 80. Diese Äußerung vom

Dieses Urteil sollte sich Anfang der Dreißiger Jahre in erschreckender Weise bestätigen. Als Mitte November 1932 turnusmäßig Kirchengemeinde- und Synodalwahlen im Gebiet der altpreußischen Union stattfanden, eroberten die der NSDAP verbundenen „Deutschen Christen" auf Anhieb ein Drittel aller Sitze, in den östlichen Agrarprovinzen in der Regel bis zu 50%.[108] Das entsprach zwar in etwa dem Stimmenanteil der Nationalsozialisten bei den Reichstagswahlen eine Woche davor, fiel aber insofern mehr ins Gewicht, als es in den kirchlichen Gremien sonst fast nur noch deutschnationale und rechtsliberale Kräfte zum Ausgleich gab, linke Gruppierungen fast vollständig fehlten. Im Unterschied zum preußischen Landtag und Reichstag, in denen bei allen Wahlen des Jahres 1932 die Nationalsozialisten und Deutschnationalen zusammen nie über mehr als 45% der Mandate verfügten, setzten sich die Generalsynode und die meisten Provinzialsynoden der evangelischen Kirche der altpreußischen Union fast nur aus Vertretern rechts orientierter Richtungen zusammen, so daß die Fronten der Auseinandersetzung mit den Anhängern Hitlers weit rechts von den Positionen der Weimarer Koalition verliefen.[109]

Deshalb trat die evangelische Kirche der altpreußischen Union unter schwierigen Bedingungen in die Zeit des Kirchenkampfs im „Dritten Reich" ein. Da sie über fast keine Verbindungen zur Welt der modernen Demokratie verfügte und sich durch ihre langwährende einseitige Abgrenzung gegenüber Gefahren von links von Kraftquellen demokratischer Opposition gegen den totalen Machtanspruch des nationalsozialistischen Staates praktisch abgeschnitten hatte, stand sie nun auf ziemlich schmaler Basis im Kampf gegen ihn. Ihre institutionelle Zerstörung in den folgenden Jahren vermochte sie nicht aufzuhalten, allerdings begann sie gerade damit, Wege für einen Neuansatz kirchlichen Selbstverständnisses freizumachen.[110]

Am Ende der evangelischen Kirchengeschichte Preußens steht mithin ein Fiasko der Institution – sie wurde an ihrer Achillesferse: an ihrer zu starken Obrigkeitsbindung getroffen. Zwar hatten sich die Formen dieser Bindung

10.8.1919 fällt in die Zeit, als Troeltsch Unterstaatssekretär im preußischen Kultusministerium war.

108 S. hierzu J. R. C. Wright, „Über den Parteien". Die politische Haltung der evangelischen Kirchenführer 1918–1933, Göttingen 1977, 161f. u. K. Scholder, Die Kirchen u. das Dritte Reich, I: Vorgeschichte u. Zeit der Illusionen 1918–1934, Berlin 1977, 272f.

109 Dies muß gegen die etwas verharmlosende Darstellung bei Wright und Scholder gesagt werden, die den Stimmenanteil der „Deutschen Christen" in keinen adäquaten Bezugsrahmen setzen. Immerhin findet sich dort eine wichtige Differenzierung zwischen den ostelbischen und den westlichen Provinzen, insofern als hervorgehoben wird, daß in den letzteren mit ihren presbyterial-synodalen Traditionen die Stimmenanteile der Deutschen Christen wesentlich unter denen im Osten lagen.

110 Vgl. vor allem E. Wolf, Zum Verhältnis der politischen u. moralischen Motive in der deutschen Widerstandsbewegung, in: Der deutsche Widerstand gegen Hitler, Köln 1966, 219 u. 230.

im Laufe der Jahrhunderte gewandelt, auch hatte diese je nach der geschichtlichen Situation eine andere Qualität. Aber in dem zentralen Punkt hielt sich doch eine Linie durch: in der unzureichenden Orientierung an anderen Ordnungskategorien als der Staatsautorität. Dieses Defizit trat so lange weniger in Erscheinung, als kirchliche und weltliche Ordnung im Wesentlichen miteinander übereinstimmten. Je mehr sich jedoch Staat und Gesellschaft säkularisierten und im Verfolg der mit der Industrialisierung gegebenen Entwicklung differenzierten, desto bedenklicher mußte es werden. Als besonders folgenschwer sollte sich in diesem Zusammenhang die vornehmlich abwehrende Reaktion der evangelischen Kirche auf die Vorgänge der 1848er Revolution erweisen. Hier wurde nämlich ein Prozeß der Verdrängung gesellschaftlicher Wirklichkeit befördert, der in verstärkte Abhängigkeit vom Staat und seiner Macht führen sollte. Zu dem Defizit an kirchlicher Eigenständigkeit kam fortan auch noch eines an gesellschaftlichem Realitätsbezug hinzu. Als schließlich 1918 mit dem Zusammenbruch der preußischen Monarchie ein Ansatz zur Neuorientierung gegeben war, erwiesen sich die sozialen Verengungserscheinungen der Kirche bereits als so stark, daß die Angst vor den Kräften der Demokratie größer war als das Zutrauen zu ihren Möglichkeiten. Entsprechend ausgeprägt war ihre – jedenfalls anfängliche – Widerstandsschwäche gegenüber den Verführungen des „Führerstaates“.

Wie aufgeklärt war Preußen?

von Horst Möller

Hören Staatsmänner auf den Rat der Intellektuellen? Hörten Könige im 18. Jahrhundert auf den Rat der Aufklärer? Im wohlverstandenen Interesse der Herrschenden liege es, den Rat aufgeklärter Untertanen anzunehmen: Das war die Überzeugung des Anonymus, der 1785 in der BERLINISCHEN MONATSSCHRIFT einen neuen Weg zur „Unsterblichkeit der Fürsten" ausmalte.[1] Wie gefragt im Preußen Friedrichs d. Gr. die Meinung der Aufklärer war, welche Ziele sie hatten, welcher Mittel sie sich bedienten, wie sie sich organisierten, welcher sozialen Lage sie entstammten, bei welchen gesellschaftlichen Schichten sie Resonanz hatten, das alles sind Fragen nach der Spezifik der preußischen Aufklärung. Da sie ihrerseits in die deutsche und europäische Aufklärung eingebettet war, sind einige Differenzierungen erforderlich, bevor das Verhältnis von Aufklärung und Politik in Preußen behandelt werden kann.

I. Die politische Wirkung, welche die Aufklärung in den europäischen Ländern erzielte, war außerordentlich unterschiedlich. Der Vergleich, den die Geschichtsschreiber gelegentlich vornahmen, fiel meist zu ungunsten der deutschen Aufklärung aus: Ihr Beitrag zur politischen Ideengeschichte wurde gering geschätzt, ihre politischen Ziele als halbherzig angesehen, das Verhalten der Aufklärer – besonders der preußischen – als staatsfromm bewertet. Diese Beurteilung ging explizit oder implizit von der Frage aus, warum es in Deutschland am Ende des 18. Jahrhunderts nicht wie in Frankreich eine Revolution gegeben habe.[2] Das Scheitern der Demokratie in Deutschland seit 1930 führte zu dieser Frage, die von der politisch-historischen Erfahrung eines „deutschen Sonderwegs" und einer „deutschen Verspätung" gegenüber England, Frankreich und den Niederlanden stimuliert worden war.

Diese Reflexion ist für die Schärfung des historischen Problembewußtseins außerordentlich folgenreich gewesen, hat aber auch die Perspektive verengt. Um so notwendiger ist es, die politischen Wirkungen der Aufklärung

1 Neuer Weg zur Unsterblichkeit der Fürsten, in: Berlinische Monatsschrift 5. 1785, 239–47 (= BM).

2 Nach dem Zweiten Weltkrieg war der Aufsatz von R. Stadelmann Ausgangspunkt dieser Überlegungen: Deutschland u. die westeuropäischen Revolutionen, in: ders., Deutschland u. Westeuropa, Laupheim 1948, 11–33. Vgl. auch H. Plessners unmittelbar aus der Erfahrung der nationalsozialistischen Diktatur erwachsenes, zuerst 1935 publiziertes Buch: Die verspätete Nation, Stuttgart 1969⁵.

in Deutschland differenziert zu analysieren. Dazu zwingt allein schon die Tatsache der territorialen Zersplitterung des Reiches im 18. Jahrhundert. Noch weniger als in Frankreich konnte die Aufklärung in Deutschland eine „nationale“ Bewegung sein, deren politische Wirkungen das ganze Land ergriffen. Obwohl die Aufklärung der Entwicklung des Nationalbewußtseins vorgearbeitet hat, gewannen der territoriale und der kosmopolitische Bezugspunkt für die deutschen Aufklärer erheblich größere Bedeutung als z.B. in Frankreich. Eine das kulturelle und politische Leben beherrschende Hauptstadt wie Paris oder London fehlte in Deutschland. Das hatte für die Kommunikationsstruktur der Aufklärung gravierende Folgen, die schon Zeitgenossen empfanden.[3] Wenngleich Berlin zunehmend zum kulturellen Zentrum Preußens heranwuchs und so für die preußische Aufklärung eine Ersatzfunktion gewann, änderte das doch nichts am prinzipiell doppelten Bezugspunkt, der die deutsche Staatlichkeit prägte, dem territorialen und dem gesamtdeutschen.

Eine eigentümliche Rollenverteilung war das Ergebnis: Die Herausbildung des frühneuzeitlichen souveränen Staates erfolgte in den Territorien, nicht auf der Reichsebene. In den deutschen Territorialstaaten, den geistlichen Fürstentümern, den Reichsstädten, den Hansestädten, den Grafschaften existierten außerordentlich unterschiedliche politisch-soziale Strukturen. So sehr die politischen Erfahrungen der deutschen Aufklärer voneinander abwichen, so sehr differierten ihre politischen Vorstellungen und Aktivitäten. Demgegenüber blieb der kulturell-ideelle Anspruch und die Kommunikation der Aufklärer untereinander gesamtdeutsch. Das wachsende Nationalbewußtsein war zunächst nur kultureller Natur und ließ politische Implikationen vermissen.

Die regionale Heterogenität, in der die deutsche Aufklärung entstand, bedingte eine zusätzliche Unterscheidung durch die konfessionelle Spaltung seit der Reformation: Sie hat schon deshalb gravierende Auswirkungen gehabt, weil die deutsche Aufklärung über weite Strecken eine kirchenkritische Bewegung gewesen ist, die das Ziel hatte, die Religion nach den Grundsätzen aufgeklärter Vernunft zu reformieren und zu säkularisieren. Die norddeutsche, die preußische Aufklärung wurde in erheblichem Ausmaß vom Protestantismus beeinflußt, ihre Hauptvertreter waren sich dieser reformatorischen Tradition bewußt,[4] selbst wenn sie manchen Erscheinungsformen, beispielsweise die protestantische Orthodoxie oder den Pietismus, negativ beurteilten.

Die Frontstellung gegen die katholische Kirche und den süddeutschen Katholizismus verstärkte die protestantische Komponente der preußischen

3 F. Nicolai, Leben J. Mösers, Berlin 1797, 8.

4 F. Nicolai, Beschreibung einer Reise durch Deutschland u. die Schweiz im Jahre 1781, VI, Berlin 1785, 384 u.ö. Vgl. auch prinzipiell den Essay von L. Goldmann, Der christliche Bürger u. die Aufklärung, Neuwied-Berlin 1968.

Aufklärung, doch komplizierte sich das Verhältnis von Aufklärung und Katholizismus durch die Existenz einer im Rheinland, in Bayern und in Österreich aktiven katholischen Aufklärung, die sich nicht nur in der Akademiebewegung, sondern auch in Klöstern organisierte.[5]

II. Die regionale Heterogenität ist schließlich eine der Ursachen für die differenzierte Sozialstruktur Deutschlands im 18. Jahrhundert gewesen, in der der Sonderfall die Regel war.[6] Infolgedessen waren die sozialen Träger der Aufklärung und ihre Adressaten in den einzelnen Regionen trotz mancher Gemeinsamkeiten keineswegs identisch. Das gilt vor allem für das Bürgertum, bei dem es sich um einen ausgesprochen heterogenen sozialen Stand handelte. So wenig auf den Begriff „bürgerlich" in bezug auf die soziale Ortung der deutschen Aufklärung verzichtet werden kann, so unerläßlich ist die Differenzierung dieses Begriffs und so notwendig ist es auch, auf eine vordergründige soziale Identifikation der Aufklärung zu verzichten. Bürgerliche dominierten in der deutschen Aufklärung, aber sie monopolisierten sie nicht.

Innerhalb des „Dritten Standes" gab es breite Schichten, die weder als „aufgeklärt" gelten konnten noch durch die Aufklärung ansprechbar waren. Das Bürgertum der alten Stadtrepubliken, wie die freien Reichsstädte im 18. Jahrhundert oft genannt wurden, unterschied sich im sozialen Status, in seiner sozialen Mentalität und seiner verfassungspolitischen Stellung sowohl vom Bürgertum der Hansestädte als auch der Residenzstädte.[7] Das galt für die jeweilige bürgerliche Oberschicht, in geringerem Maße aber auch für die kleinbürgerlichen Schichten, die noch weitgehend in die Sozialstruktur des „Ganzen Hauses" integriert und sowohl durch die jeweilige Stadtverfassung als auch die Zunftverfassung sozial in die ständische Gesellschaft eingebunden waren. Charakteristische Unterschiede für die soziale Mobilität und das soziale Normensystem resultierten schließlich aus der Zugehörigkeit zu verschiedenen ökonomischen Sektoren, z.B. Handwerk oder Handel.[8]

5 Vgl. die Arbeiten von L. Hammermayer: Akademiebewegung u. Wissenschaftsorganisation während der zweiten Hälfte des 18. Jahrhunderts, in: Wissenschaftspolitik in Mittel- u. Osteuropa. Hg. E. Amburger u.a., Berlin 1976, 1–84 (mit reicher Lit.) u. A. Kraus, Vernunft u. Geschichte. Die Bedeutung der deutschen Akademien für die Entwicklung der Geschichtswissenschaft im späten 18. Jahrhundert, Freiburg 1963. Zu den Klöstern z.B. W. Forster, Die kirchliche Aufklärung bei den Benediktinern des Klosters Banz, München 1951/52.

6 Vgl. H. Möller, Aufklärung in Preussen. Der Verleger, Publizist u. Geschichtsschreiber F. Nicolai, Berlin 1974, 268ff.; ders., Landeskunde u. Zeitkritik im 18. Jahrhundert. Die Bedeutung der Reisebeschreibung F. Nicolais als regional- u. sozialgeschichtliche Quelle, in: Hess. Jb. für Landesgeschichte 27. 1977, 120ff.

7 Ebd.

8 Das gilt insbes. für die im Geldhandel Tätigen, aber auch für die Kaufleute der Hansestädte, die in der Regel weltoffener und mobiler waren als die Handwerker.

Bedeutsam für die soziale Konstituierung der Aufklärung wurde gerade in Preußen die allmähliche Herausbildung einer neuen Schicht Bürgerlicher, die sich von den differierenden Formen alten Stadtbürgertums in spezifischer Weise unterschied.[9] Diese Schicht, zu der Staatsbedienstete, Gelehrte, Schriftsteller, Verleger zählten, hatte im überkommenen sozialen Gefüge keinen eindeutig fixierten Platz, ihre Dynamik sprengte langfristig die Statik der ständischen Ordnung. Auf die wachsende Gruppe der Beamten war der absolute Staat angewiesen, diese Schicht, die auch den Bürgerlichen begrenzte Aufstiegschancen bot, stand in einem unmittelbaren Verhältnis zum Absolutismus, der ihrer zum Aufbau einer leistungsfähigen Verwaltung und eines effektiven Besteuerungssystems bedurfte und mit dessen Hilfe die landständischen Lokalverwaltungen erst überlagert, dann zunehmend durch die Zentralverwaltungen entmachtet wurden. Dieser Prozess, der schon seit dem letzten Drittel des 17. Jahrhunderts in Vorformen erkennbar ist und durch die Regierung Friedrich Wilhelms I. einen Höhepunkt erreichte,[10] entsprang zwar nicht der Aufklärung, doch korrespondierte er ihren Intentionen: der Rationalisierung der Herrschaft z. B., der antiständischen politischen Zielsetzung, schließlich der erhöhten sozialen Mobilität. Diese Dynamisierung der ständischen Sozialordnung zählte zu den unbeabsichtigten Wirkungen der Sozialpolitik des Absolutismus, der zwar die Landstände auf gesamtstaatlicher Ebene politisch entmachten wollte, jedoch die ständische Sozialordnung und ihr Privilegiensystem kaum antastete oder gar, wie Friedrich II., die soziale Stellung des Adels stabilisierte.[11] Auch in anderen sozial-ökonomischen Sektoren, im Bankwesen etwa und in der Technologie der textilverarbeitenden Manufakturen, benötigte der absolute Staat Bürger, die innovatorische Aktivität entfalteten.[12] Diese partielle Modernisierung bezweckte die Vermehrung der Bevölkerung sowie die Steigerung der Wirtschaftskraft und des Steueraufkommens, um die militär- und außenpolitischen Ziele zu erreichen, die der

9 Vgl. zum Ganzen schon P. E. Schramm, Hamburg, Deutschland u. die Welt, München 1943, 36f., sowie H. Gerth, Bürgerliche Intelligenz um 1800. Zur Soziologie des deutschen Frühliberalismus, Göttingen 1976.

10 Zusammenfassende kritische Sichtung der Lit. bei W. Neugebauer, Zur neueren Deutung der preuss. Verwaltung im 17. u. 18. Jahrhundert, in: Jahrbuch für die Geschichte Mittel- u. Ostdeutschlands 26. 1977, 86ff. Zu speziellen Fragen: H. Möller, Ämterkäuflichkeit in Brandenburg-Preußen im 17. u. 18. Jahrhundert, in: Soziale Mobilität im frühmodernen Staat: Bürgertum u. Ämterwesen, Hg. K. Malettke, Berlin 1980.

11 Vgl. Das Politische Testament von 1752, in: Werke Friedrichs d. Gr., Hg. G. B. Volz, VII, Berlin 1912, 146. Vgl. auch G. Heinrich, Der Adel in Brandenburg-Preußen, in: Deutscher Adel 1555–1740, Hg. H. Rößler, Darmstadt 1965, 259–314, sowie G. Birtsch, Zur sozialen u. politischen Rolle des deutschen, vornehmlich des preußischen Adels am Ende des 18. Jahrhunderts, in: Der Adel vor der Revolution, Hg. R. Vierhaus, Göttingen 1971, 77–95.

12 Zuletzt S. Jersch-Wenzel, Juden u. ‚Franzosen' in der Wirtschaft des Raumes Berlin/Brandenburg, Berlin 1978.

gesamtstaatlichen Integration, der Sicherung des territorialen Besitzstandes und seiner Vergrößerung dienten.

Die vom Absolutismus intendierte zweckgebundene Modernisierung in Teilbereichen bewirkte jedoch mittel- und langfristig eine Erosion des sozialen Gefüges und der Verfassungsstruktur, die in politischer und sozialer Hinsicht die Aufklärung zum Erben des Absolutismus werden ließ, nachdem beide ein Stück Weges gemeinsam zurückgelegt hatten: Die Analyse der sozialen Trägerschichten der preußischen Aufklärung und die Analyse ihrer politischen Aktivitäten verdeutlichen diese Folgen.

Die soziale Herkunft der Autoren des führenden Journals der preußischen Aufklärung, der BERLINISCHEN MONATSSCHRIFT,[13] ist aussagekräftig, wenngleich sie nicht im strengen Sinn als repräsentativ gelten kann. Von den ungefähr dreihundert Autoren waren rund fünfundvierzig adliger, z. T. hochadliger Herkunft: Dieser Prozentsatz von 15 % macht ein Vielfaches des adligen Anteils an der Bevölkerung aus. Der Klerus stellte ungefähr zwanzig höhere Geistliche und dreißig Pfarrer bzw. Prediger. Auch der Theologenanteil ist also mit ungefähr 17 % beachtlich, wobei bedacht werden muß, daß sich bei der stärksten Autorengruppe, den Universitäts- und Gymnasialprofessoren, Rektoren und sonstigen Schulmännern, weitere Theologen befunden haben dürften. Die Gelehrten im weiteren Sinne stellten mehr als achtzig der Autoren, also fast 27 %. Zu den Autoren zählten sechzig höhere und höchste Staatsbeamte, mit einem Prozentsatz von etwa 20 % bildeten diese Autoren der BERLINISCHEN MONATSSCHRIFT die zweitstärkste soziale Gruppierung. Insgesamt wurde die Hälfte der Beiträger aus der Staatskasse besoldet, zumal auch noch zehn Offiziere für das Journal schrieben. Alle anderen sozialen Gruppen außer den Gelehrten, Beamten, Geistlichen, Adligen und Offizieren waren nur vereinzelt vertreten und machten insgesamt nur 20 % der Autoren aus. Allein zwei Gruppen erreichten erwähnenswerte Anteile: Die sieben Kaufleute, unter denen Buchhändler und Bankiers waren[14] sowie die Gruppe der „freien“ Schriftsteller, die keinen anderen Hauptberuf hatten: Sie stellten etwa zehn bis fünfzehn Autoren. Diese Gruppierung ist besonders bemerkenswert, weil ihr vergleichsweise geringer Anteil den hohen Integrationsgrad der aufgeklärten Autoren der BERLINISCHEN MONATSSCHRIFT in öffentliche Ämter bestätigt.

Die Autoren der BERLINISCHEN MONATSSCHRIFT, die zu einem Viertel in Berlin ansässig waren, stammten also überwiegend aus der gebildeten bürgerlichen Oberschicht, zum geringeren, doch nennenswerten Teil aus geistlichen und adligen Kreisen. Eine starke materielle Bindung an den preußischen Staat ist signifikant. Die Autoren gehörten zur Schicht der Etablierten aus Staat und Gesellschaft, sowohl die junge als auch die ältere Genera-

13 Möller, Aufklärung, 252 ff.

14 Unter den Autoren war nur ein Handwerksmeister, der Goethe-Freund K. F. Zelter, der spätere Leiter der Singakademie und Professor der Musik.

tion war kaum vertreten.[15] Angehörige wirtschaftlicher Berufe aus Handwerk, Landwirtschaft und sonstigen Sektoren zählten – mit Ausnahme des Handels – nur selten zu den aktiven Propagandisten der Aufklärung in Preußen. Dieser Tatbestand ist bemerkenswert, da nur die Hälfte der Autoren Hauptberufe hatte, die im weiteren Sinne etwas mit Schriftstellerei oder Wissenschaft zu tun hatten. Unter den Autoren der Monatsschrift waren, soweit das feststellbar ist, zehn Juden und fünf – meist adlige – Frauen. Beide Zahlen sind zwar niedrig, doch indizieren sie prinzipiell einen Fortschritt gegenüber dem vorher üblichen Ausschluß von solchen Unternehmungen.[16] Der niedrige Anteil der Juden war auch durch ihren geringen Bevölkerungsanteil bedingt.

Diese soziographische Skizze über die Autoren der BERLINISCHEN MONATSSCHRIFT kann als exemplarisch für die Trägerschicht der preußischen Aufklärung gelten, insofern sie durch weitere empirische Befunde bestätigt wird: Eine hier nicht im einzelnen vorzuführende Analyse der 433 Mitarbeiter an Friedrich Nicolais ALLGEMEINER DEUTSCHER BIBLIOTHEK, deren 264 Bände von 1765 bis 1806 publiziert wurden,[17] weist einen in der sozialen Zusammensetzung ähnlichen Autorenkreis auf, der allerdings nur zum geringeren Teil in der preußischen Hauptstadt beheimatet war. Auch das Pränumeranten-Verzeichnis von Nicolais BESCHREIBUNG EINER REISE DURCH DEUTSCHLAND UND DIE SCHWEIZ IM JAHRE 1781, in dem sich 1783 ungefähr 800 – nach dem Erscheinen des ersten Bandes etwa doppelt soviel – Namen finden, stützt ebenfalls diese Beurteilung, wobei allerdings schon der Leserkreis einbezogen ist.[18]

Auch die beiden wichtigsten elitären Zirkel der Berliner Aufklärer, der 1749 von einem protestantischen Pfarrer gegründete „Montagsclub" und die von 1783 bis 1797 bestehende geheime „Mittwochsgesellschaft" lassen eine ähnliche soziale Zusammensetzung erkennen. Die „Mittwochsgesellschaft" besaß großen politischen Einfluß, zumal ihr führende preußische Beamte, Staatsmänner und Theologen angehörten, z. B. der Staatsminister v. Struensee, der Geheime Oberjustizrat Svarez und sein Mitarbeiter bei der Vorbereitung des ALLGEMEINEN LANDRECHTS, Ernst Ferdinand Klein, der Geheime Oberfinanzrat Vlömer, der Geheimrat Selle, der Kriegsrat und spätere Gesandte Dohm, die Oberkonsistorialräte Dietrich, Teller, Zöllner und Gedike, der königliche Bibliothekar Biester. Gedike und Biester waren die Herausgeber der BERLINISCHEN MONATSSCHRIFT. Außerdem

15 Die überwiegende Zahl der führenden preußischen Aufklärer dieser Jahre waren in den 1730er und 40er Jahren geboren.

16 Die Beteiligung der Juden und der Frauen am geistigen Leben setzte sich in den romantischen Berliner Salons um 1800 verstärkt fort, vgl. K. Hillebrand, Die Berliner Gesellschaft 1789–1815, in: ders., Unbekannte Essays, Hg. H. Uhde-Bernays, Bern 1955, 13–81, u. Möller, Aufklärung, 233 ff.

17 Ebd., 198 ff.

18 Ebd., 254, Anm. 79.

zählten zur „Mittwochsgesellschaft" die Philosophen Moses Mendelssohn und Engel, die Theologen Spalding und Gebhardt, die königlichen Leibärzte Maier und Möhsen, der Verleger, Publizist, Schriftsteller und Historiker Nicolai sowie weitere wichtige Berliner Aufklärer.[19]

Eine erneute Bestätigung der hier resümierten sozialen Struktur der aktiven Aufklärer erbringt die Auswertung einer Liste der in Berlin, Potsdam und Umgebung ansässigen Gelehrten und Schriftsteller, zu denen eine zeitgenössische Aufstellung 1784 rund 165 durch Veröffentlichungen ausgewiesene Personen rechnete. Wiederum ist die Dominanz der höheren Beamten, professionellen Gelehrten, der Theologen sowie der starke Anteil Adliger augenfällig, auch in dieser aus einer begrenzten Region stammenden Schicht gab es nur wenige freie Schriftsteller, kaum Angehörige gewerbetreibender oder gar agrarischer Schichten.

Eine angemessene sozialgeschichtliche Einordnung der preußischen Aufklärung bedarf einer Analyse der Resonanz und der Adressaten in der Bevölkerung. Wenngleich volkskundliche, buch- und lesergeschichtliche Untersuchungen der letzten Jahre erhebliche Fortschritte gebracht haben,[20] ist die Frage nach der sozialen Struktur des aufgeklärten Publikums sehr viel schwerer zu beantworten als die Frage nach den öffentlich aktiven Aufklärern. Als Rezipienten aufgeklärten Gedankenguts kamen vor allem drei soziale Schichten in Frage: die neue Schicht der Bürgerlichen sowie ein Teil der Theologen und des gebildeten Adels.

Die sozialkulturelle Analyse aufgeklärter Vereinigungen, von Lesegesellschaften und Freimaurerlogen, sowie von Auflageziffern aufgeklärter Schriften und Journale, aber auch zeitgenössische Angaben führen zu weiterer Präzisierung. Ergänzt durch die Untersuchung wiederkehrender sozialer Topoi und Identifikationsmuster, die sich in den Schriften der Aufklärer finden, sind fundierte Ergebnisse über die Sozialstruktur der preußischen Aufklärung zu gewinnen, die jedoch durch eine Vielzahl von Regional- und Spezialstudien vertieft und präzisiert werden müßten.

Die geistesgeschichtliche und politische Bedeutung der Aufklärung darf indes nicht zu dem Fehlschluß verleiten, es habe sich bei ihr um eine Massenbewegung gehandelt,[21] tatsächlich war die Aufklärung – obwohl weitaus populärer als ihre literarischen und philosophischen Gegenströmungen – weitgehend auf die kulturelle Oberschicht der drei genannten sozialen

19 Zum Ganzen ebd., 229ff.

20 Stellvertretend W. Martens, Die Botschaft der Tugend. Die Aufklärung im Spiegel der deutschen Moralischen Wochenschriften, Stuttgart 1971²; R. Schenda, Volk ohne Buch. Studien zur Sozialgeschichte der populären Lesestoffe 1770–1910, München 1977²; R. Engelsing, Zur Sozialgeschichte deutscher Mittel- u. Unterschichten, Göttingen 1978²; H. G. Göpfert, Vom Autor zum Leser. Beiträge zur Geschichte des Buchwesens, München 1977; H. Möller, Die kleinbürgerliche Familie im 18. Jahrhundert, Berlin 1969.

21 Ältere Darstellungen mit dem Titel „Zeitalter der Aufklärung" vermitteln des öfteren diesen irreführenden Eindruck.

Schichten beschränkt. Diese literarisch Gebildeten, die Nicolai in ganz Deutschland auf „20000" Köpfe bezifferte,[22] wobei jedoch auch die intellektuellen Gegner eingeschlossen waren, bildeten das Publikum der Aufklärer. Ein Blick auf die Auflageziffern wichtiger Journale zeigt, daß dieses Publikum in der Tat kaum umfassender gewesen sein dürfte. Die Allgemeine Deutsche Bibliothek erreichte 1777 mit 2548 Exemplaren ihre höchste Auflage, im Schnitt lag sie in den 1770er und 80er Jahren bei 2000 verkauften Exemplaren. Die Auflage von Wielands Teutschem Merkur sank von 1774 bis 1796 von 2000 auf 1000 Exemplare. Von der in Jena verlegten Allgemeinen Literatur-Zeitung wurden 1787 ungefähr 2000 Exemplare verkauft. Einen einmaligen Rekord erzielte der in Hamburg publizierte Patriot, der seinen Absatz auf 6000 Exemplare bezifferte. Eine Spitzenauflage erreichte auch die wichtigste politische Zeitschrift dieser Jahre: August Ludwig Schlözers 1782 bis 1794 in Göttingen herausgegebene Statsanzeigen, die seinen seit 1775 publizierten Briefwechsel meist statistischen Inhalts ablösten. Die Stats-Anzeigen brachten es in ihrer besten Zeit auf 4000 Stück.[23]

Sicher wurden die Journale nicht nur von ihren Käufern gelesen, sondern gingen durch viele Hände, natürlich machten sich die Zeitschriften untereinander Konkurrenz, insofern ist eine Multiplikation der Auflagenziffern erforderlich, um die literate Schicht voll zu erfassen. Doch selbst bei solcher Berechnung bleibt die durch aufklärende Publikation ansprechbare Gruppierung relativ klein. Selbst ein ausgesprochener Bestseller der Aufklärung wie Nicolais Roman Das Leben und die Meinungen des Herrn Sebaldus Nothanker, dessen dreibändige Erstauflage 1773 bis 1776 herauskam und den zeitgenössischen verlegerischen Erfolg der meisten anderen Autoren – z. B. der Klassiker – weit in den Schatten stellte, erreichte im letzten Drittel des 18. Jahrhunderts nur eine verkaufte Auflage von rund 12000 Exemplaren.[24]

22 F. Nicolai, Das Leben u. die Meinungen des Herrn Magisters Sebaldus Nothanker (1773/76), Hg. F. Brüggemann, Darmstadt 1967, 72. Das Publikum teilte Nicolai in zwei Teile, in Leser und Schriftsteller, letztere schätzte er mit Meusel auf 8000, vgl. Nicolai, Beschreibung einer Reise, XI, Berlin 1796, Vorrede, XX,XIII ff. Ähnliche Ausführungen bei F.G. Klopstock, Von dem Publico (1758), in: ders., Ausgewählte Werke, Hg. K.A. Schleiden, München 1962, 930–34. Allerdings liegen andere Schätzungen etwas niedriger, bei 6000 Autoren. Vgl. Göpfert, 37. – Im übrigen stieg der Bevölkerungsanteil, der in Mitteleuropa lesen konnte, von ca. 15% im Jahre 1770 auf ca. 25% im Jahre 1800, vgl. Schenda, 444.

23 Möller, Aufklärung, 203 f. Wenn eine Auflage von 4000 Stück als Spitzenauflage angesehen werden kann und nach zeitgenössischen Angaben von ungefähr 20 Lesern gelesen wurde, erreichten diese Bücher im Höchstfall ca. 0,4% der Bevölkerung: Vgl. R. Engelsing, Analphabetentum und Lektüre. Zur Sozialgeschichte des Lesens zwischen feudaler u. industrieller Gesellschaft, Stuttgart 1973, 56 ff. – Allerdings ist davon auszugehen, daß es sich bei solchen Erfolgsquoten weniger um Werke der Aufklärer handelte, sondern um Trivialliteratur, Erbauungsschriften etc.

24 L.F.G. v. Goeckingk, F. Nicolais Leben u. literarischer Nachlaß, Berlin 1820, 40.

Diese Zahlen beziehen sich indes auf den gesamten deutschen Sprachraum, der preußische Anteil ist also entsprechend niedriger anzusetzen. Auf der anderen Seite muß bedacht werden, in welchem Ausmaß im 18. Jahrhundert die Buchproduktion anstieg – im Jahre 1791 wurden in Deutschland 3200 Titel produziert.[25] Dabei verlagerte sich das Schwergewicht von theologischen Werken und religiösen Erbauungsschriften auf literarische, philosophische, gelehrte und sonstige, nicht-geistliche Schriften.[26] In den vierzig Jahren ihres Bestehens rezensierte die ALLGEMEINE DEUTSCHE BIBLIOTHEK ungefähr 80000 Bücher.[27]

Das Jahrhundert war nicht nur „tintenklecksend", wie Schiller bemerkt hatte, es war auch lesewütig: „Die Lesesucht verbreitet sich allgemein, bis zu der niedrigsten Classe, und verdrängt Religion, Tugend, Industrie, Frugalität, und ihre Folgen, ächte häusliche und Familienglückseligkeit", schrieb der REICHS-ANZEIGER vom 15. Oktober 1795. Doch hatte auch die Ausbreitung der Lesefreudigkeit ihre Grenzen im Analphabetentum und im Bildungsstand, außerdem konnte nur ein Teil der Lektüre die Aufklärer erfreuen.[28]

Um so bedeutsamer war die Möglichkeit, aufgeklärtes Gedankengut auch denen zu vermitteln, die nicht lesen konnten, für die Bücher nicht erschwinglich waren oder die nur Trivialliteratur lasen: Zwar bedienten sich die Aufklärer vorzugsweise des gedruckten Worts, doch ist auch das gesprochene Wort zur Propagierung der Aufklärung eingesetzt worden. Die Kanzel konnte durchaus zum „Katheder der Aufklärung" werden.[29] Auch aus diesem Grunde ist der Anteil der Theologen an der Aufklärung wichtig: Sie konnten soziale Schichten erreichen, die für die Gelehrten und Schriftsteller unerreichbar blieben. Gerade in Preußen hatten die Neologen,[30] die den Protestantismus mit Hilfe der Aufklärung rationalisieren wollten, erheblichen Einfluß auf die theologische Diskussion, sie waren überdies im Oberkonsistorium stark vertreten. Doch hatten sich auch diese aufgeklärten Theologen mit Gegnern in den eigenen Reihen auseinanderzusetzen: mit Orthodoxen, mit Pietisten, vor allem aber mit einer großen Zahl von Gläubigen. Wie stand es in dieser Hinsicht mit Berlin, der Hochburg preu-

25 Die Schätzungen schwanken, vgl. etwa Schenda, 174. In dieser Zahl sind knapp 1300 Zeitschriften inbegriffen.

26 Vgl. G. Ost, F. Nicolais Allg. Deutsche Bibliothek, Nendeln 1967, 43.

27 Ebd., 36.

28 Vgl. Anm. 22, sowie F. Nicolai, Ueber meine gelehrte Bildung, Berlin 1799, 178f.

29 Vgl. Über Berlin, in: BM 2. 1783, 544 Anm., wo ein Zitat aus den Göttingischen Gelehrten Anzeigen kommentiert wird: „um aufgeklärte Begriffe unter Tausenden zu verbreiten, kann nur eben dieser Kanzelvortrag wirksam genug sein, und ohne einen solchen verbesserten Kanzelvortrag wirken alle die Tausend schreibseligen Autoren vergeblich, welche ihr Zeitalter aufzuklären glauben". Vgl. auch W. Schütz, Die Kanzel als Katheder der Aufklärung, in: Wolfenbütteler Studien zur Aufklärung, I, Hg. G. Schulz, Wolfenbüttel 1974, 137–71.

30 Vgl. K. Aner, Die Theologie der Lessingzeit, Hildesheim 1964.

ßischer Aufklärer, die von vielen auswärtigen Protestanten und Katholiken dieser Zeit als Hort des Unglaubens angesehen wurde?
Aufgeklärten Geistlichen, berichtet Nicolai, wurde selbst in Berlin vom „Pöbel" die Fenster eingeworfen.[31] Vom „Pöbel", liest man in zeitgenössischen Schriften immer wieder, kam starker Widerstand gegen die aufgeklärten Modernisierungstendenzen, und das nicht nur in bezug auf die Religion. Das Denken und Handeln der unteren und mittleren Schichten war, daran ist kein Zweifel möglich, in viel größerem Maße traditionsgeleitet als das der kulturellen Oberschicht. Soziale, ideelle Identifikationen und Normen blieben, wie beispielsweise an den Handwerkern, an Meistern und Gesellen, zu zeigen ist, stärker den überkommenen Lebens- und Arbeitsformen verhaftet.[32]

III. Die kulturellen Oberschichten hingegen antizipierten soziales und in geringerem Maße politisches Verhalten, das den übrigen Zeitgenossen weit voraus war, sie hatten Ziele, die erst seit der Revolution in Frankreich und seit den Reformen des 19. Jahrhunderts in Deutschland allmählich und oft nur partiell erreicht werden konnten. Diese kulturelle Elite war sich ihres Wertes bewußt: Auch die auf Publikumswirksamkeit, Verbreiterung ihrer sozialen Basis, soziale Emanzipation und rechtliche Gleichstellung der Stände hinarbeitenden Aufklärer verstanden sich unverhohlen als Vormünder des „großen Haufens". Postulierte Mündigkeit aller Bürger ging auf diese Weise mit der faktischen Unmündigkeit ihrer überwältigenden Mehrheit einher, die Aufklärer machten sich gegenüber den Fürsten zum Sprecher des Großteils der Bevölkerung. So konstatierte Wieland im Jahre 1798, allerdings zu einer Zeit, als bereits die Französische Revolution das politische Bewußtsein geschärft hatte, unter Hinweis auf den Fortschritt, den die Menschheit in Jahrtausenden gemacht habe: „Zehen, zwanzig, dreißig Millionen Menschen *in einem* Staate lassen sich nicht länger als ebenso viele *moralische Nullen* behandeln. Immerhin mag der größere Theil dieser Millionen in einem gewissen Sinne als *unmündig* anzusehen sein; aber sie haben den *allgemeinen Menschenverstand* zum *Vormund,* und man darf darauf rechnen, daß in Sachen, die das Wohl oder Weh der unendlichen Mehrheit unmittelbar betreffen, der *Ausspruch dieses Vormunds* auch *die öffentliche Meinung ist."* Jeder „Ausspruch der Vernunft ... *sollte* die Kraft eines Gesetzes haben und *wird* sie auch sicher erhalten, sobald er sich als die Meinung der Majorität ankündigt ... Das wird sich im neun-

31 Nicolai, Nothanker, 147; vgl. auch Möller, Aufklärung, 176f., 179ff., 248ff.
32 Vgl. R. Wissell, Des alten Handwerks Recht u. Gewohnheit, Hg. E. Schraepler, Berlin 1971/1974, bisher 2 Bde.; W. Fischer u. R. Stadelmann, Die Bildungswelt des deutschen Handwerkers um 1800, Berlin 1955; Herbst des Alten Handwerks. Quellen zur Sozialgeschichte des 18. Jahrhunderts, Hg. M. Stürmer, München 1979; H. Hoffmann, Handwerk u. Manufaktur in Preußen 1769, Berlin 1969.

zehnten Jahrhundert ausweisen."[33] Wielands Schrift ÜBER DIE ÖFFENTLICHE MEINUNG zeigte klar die politischen Konsequenzen, die dem Anspruch der Aufklärer innewohnten, als Vertreter der Mehrheit und als Künder der Vernunft von den Regenten akzeptiert zu werden. Seine Äußerung, die Regenten sollten die öffentliche Meinung respektieren, wenn schon nicht aus „edleren Beweggründen", dann wenigstens „aus bloßer Klugheit und Rücksicht auf die eigene Sicherheit und Selbsterhaltung",[34] bedeutete nach 1789 eine unverschlüsselte Drohung. Sie bewies, in welchem Maße die gelehrte und literarische Diskussion, die schon seit Ende des 17. Jahrhunderts auch in Brandenburg-Preußen Grundfragen von Staat und Gesellschaft thematisiert hatte, politisch funktionalisiert worden war: Die prinzipielle naturrechtliche Reflexion über Politik hatte Tradition, ihre Konkretisierung war erst mit Hilfe der – zunächst noch unpolitischen – öffentlichen Meinung möglich,[35] seit den 1770er Jahren, vor allem aber im Gefolge der Revolution in Frankreich, verstärkte sich diese Politisierung. Das „Publikum" diente als Resonanzboden der Aufklärung und zugleich als Legitimation ihres gesellschaftspolitischen Anspruchs.

Ein angemessener Begriff des Politischen im 18. Jahrhundert muß sowohl den Anspruch der Aufklärer, die Grundsätze der Vernunft öffentlich auf die Gegenstände der Gesetzgebung und des Regierungshandelns anzuwenden, als auch die politische Funktionalisierung der „Gelehrtenrepublik" und ihrer öffentlichen Diskussion berücksichtigen. Das Ziel dieser Aufklärer war es, die Regenten zur Legitimierung ihrer Herrschaft nach den Grundsätzen der Vernunft zu zwingen, wie zuvor die Kirche gezwungen werden sollte, die Religion nach den Prinzipien aufgeklärter Vernunft zu rechtfertigen.

IV. Bevor ein solcher im Kern politischer Anspruch mehr als eine Chimäre sein konnte, bedurfte es vielfältiger Organisationsformen, bedurfte es aber auch der Relativierung und partiellen Durchbrechung der gesellschaftlichen Struktur des Absolutismus. In der zunächst noch prinzipiell sozialphilosophischen oder literarischen Diskussion entwickelten sich die Organisationsformen, wurden die Waffen für öffentliche Auseinandersetzung geschmiedet. Das kommunikative Netz der Gelehrtenrepublik wies vielerlei Formen auf, zu seiner Schaffung hatten die preußischen Könige mehr oder weniger beigetragen, ohne doch die Folgen zu sehen oder gar zu wollen.

33 C. M. Wieland, Gespräche unter vier Augen (1798), in: Wielands Werke, Hg. H. Düntzer, Berlin o. J., Bd. 33, 435f.

34 Ebd., 433.

35 Vgl. zuletzt H. Möller, Friderizianismus, Theresianismus, Josephinismus, in: Deutsche Literatur – Eine Sozialgeschichte, Hg. H. A. Glaser, IV, Hamburg 1980, 27–41. Zur Entwicklung der öffentlichen Meinung: J. Habermas, Strukturwandel der Öffentlichkeit, Neuwied 1965²; E. Manheim, Aufklärung u. öffentliche Meinung, Hg. N. Schindler, Stuttgart 1979.

Die gelehrten Zentren, vor allem die 1700 unter Mitwirkung von Leibniz in Berlin gegründete Königliche Akademie der Wissenschaften,[36] die preußischen Universitäten Halle, Königsberg und Frankfurt/Oder, schließlich die „gelehrten" Schulen in Berlin und Halle, die alle während des 18. Jahrhunderts herausragenden Repräsentanten der Aufklärung Wirkungsstätten boten,[37] wirkten entweder durch ihre Attraktivität oder durch die wahrgenommenen Ausbildungsfunktionen über sich selbst hinaus. Beispielsweise hatte das Naturrecht, hatten Rechtsphilosophen wie Pufendorf, Thomasius, besonders aber Christian Wolff, eminenten Einfluß auf die oben erwähnte neue bürgerliche Beamtenschicht – eine Wirkung, die in ideeller und personeller Hinsicht bis zum ALLGEMEINEN LANDRECHT am Ende des Jahrhunderts im Rechtswesen und der Verwaltung nachweisbar ist.[38]

Allerdings zählten die Universitäten dieser Zeit trotz einigen herausragenden Gelehrten nicht zu den wichtigsten Zentren preußischer Aufklärung. Die Berliner „Mittwochsgesellschaft" diskutierte sogar ernsthaft die Frage, ob die Universitäten nicht aufgehoben werden sollten.[39] Breslau, wohin Garve, einer der führenden Sozialphilosophen der preußischen Aufklärung, nach einem kurzen Zwischenspiel als Nachfolger Gellerts an der Universität Leipzig 1772 zurückgekehrt war, und vor allem Berlin, das Zentrum der Aufklärung in Preußen, hatten im 18. Jahrhundert noch keine Universitäten in ihren Mauern. Berlin erreichte im letzten Drittel des 18. Jahrhunderts den Rang einer wichtigen Buchhandels- und Verlagsstadt, blieb aber in dieser Hinsicht weit hinter Leipzig, dem überragenden Zentrum des deutschen Buchwesens, zurück.

Öffentliche Diskussionen in Journalen und Büchern, Akademien, Universitäten, Buchmessen, bildeten jedoch nur einen Teil derjenigen Institutionen, mit deren Hilfe sich die Aufklärung in Preußen und anderswo organisierte bzw. die sie für die Kommunikation benutzen konnte. Vielfältige persönliche Kontakte, die durch ständigen Briefwechsel und viele Reisen aufrechterhalten wurden, Lesegesellschaften, Patriotische Gesellschaften, vor allem aber Freimaurer-Logen entwickelten sich auch in Preußen zu den Zentren aufgeklärten Denkens. Die Logen gewannen nicht nur durch ihre überregionalen Verflechtungen Bedeutung, sondern in erster Linie in soziopolitischer Hinsicht. Wenngleich in ihnen, wie Lessing kritisch anmerk-

36 A. v. Harnack, Geschichte der Königlich-Preußischen Akademie der Wissenschaften zu Berlin, 4 Bde., Berlin 1900.

37 Zur vorbereitenden Rolle des Halleschen Pietismus für das bürgerliche Normensystem der preußischen Aufklärung vgl. C. Hinrichs, Preußentum u. Pietismus. Der Pietismus in Brandenburg-Preußen als religiös-soziale Reformbewegung, Göttingen 1971.

38 Vgl. den Tagungsband: Humanismus u. Naturrecht in Berlin-Brandenburg-Preußen, Hg. H. Thieme u. a., Berlin 1979.

39 A. Stölzel, Die Berliner Mittwochsgesellschaft über Aufhebung oder Reform der Universitäten (1795), in: Forschungen zur Brandenburgischen u. Preußischen Geschichte 2. 1889, 201–22.

te, in der Tat nur „eine" – und zwar die „gute" – Gesellschaft[40] zusammenkam, bildete doch die Freimaurerei einen Ort sozialer Exterritorialität. Die ständischen Grenzen waren in ihr prinzipiell aufgehoben, da Fürsten, Hochadel, bürgerliche Oberschichten sich hier als Gleichberechtigte trafen, um den Idealen der Vernunft und der Humanität zu huldigen. Die eigentümliche Dialektik der die Freimaurerei prägenden Arkanpraxis ist bemerkenswert: Die Geheimhaltung gegenüber Staat und Gesellschaft hinderte deren führende Vertreter nicht, gleichsam hinter ihrem eigenen Rücken an solchen Organisationen teilzunehmen, auch Friedrich d. Gr. war zeitweise „Meister vom Stuhl".[41]

Die Freimaurerei ist nicht nur unter dem Aspekt sozialer und politischer Wirkungen interessant, sondern überdies wegen der mentalitätsgeschichtlichen Implikationen. Der Kabinettspolitik aufgeklärt-absoluter Herrscher, die öffentlich unangefochten bleiben sollte, wurde insgeheim ein sehr prinzipielles, auf Weltverbesserung sinnendes, durch Humanität und Moral konstituiertes Politik-Verständnis unterschoben. Bezeichnenderweise hoffte Friedrich II., die Nachwelt werde in ihm den anständigen Menschen vom Politiker zu scheiden wissen.[42]

Die Arkanpraxis der Freimaurerei und auch die der „Mittwochsgesellschaft", die allerdings auf vergleichbare Rituale und Hierarchisierung verzichten konnte und sich konkreten politisch-sozialen Fragen zuwandte,[43] ist zureichend nur aus der politisch-sozialen Struktur des Absolutismus erklärbar. Seit den siebziger Jahren, insbesondere aber seit dem Wilhelmsbader Konvent von 1782,[44] verlor die Freimaurerei für die Aufklärung an Bedeutung. Die in der politischen Struktur der Staaten gründende Geheimhaltung, die zur Forderung nach öffentlicher Diskussion in einem eigentümlichen Spannungsverhältnis stand, verkam zusehends zur bloßen Mode und leistete der Irrationalisierung Vorschub. Ausgerechnet in Preußen gelang es den Gegnern der rational-humanitären Ziele der Freimaurerei, sich ihrer Organisation zu bedienen und im Orden der Gold- und Rosenkreuzer ein für kurze Zeit wirkungsmächtiges Instrument der Gegenaufklärung zu schmieden.[45]

Die Politisierung von Geheimgesellschaften ist ein Indiz für die Wandlung

40 G. E. Lessing, Ernst u. Falk, in: Sämtliche Schriften, Hg. K. Lachmann u. F. Muncker, Bd. 13, Leipzig 1897³, 397.

41 Vgl. E. Lennhoff u. O. Posner, Internationales Freimaurer-Lexikon, Wien 1975, 706f.

42 Geschichte meiner Zeit. Denkwürdigkeiten (1742), in: Werke Friedrichs d. Gr., II, Berlin 1912, 2.

43 Vgl. Möller, Aufklärung, 230ff.; zur Dialektik von Arkanpraxis und Öffentlichkeitsforderung, ebd., 238ff. Prinzipiell: R. Koselleck, Kritik u. Krise, Frankfurt 1973³, sowie Habermas.

44 L. Hammermayer, Der Wilhelmsbader Freimaurer-Konvent von 1782, Heidelberg 1980.

45 H. Möller, Die Gold- u. Rosenkreuzer. Struktur, Zielsetzung u. Wirkung einer anti-aufklärerischen Geheimgesellschaft, in: Geheime Gesellschaften, Hg. P. C. Ludz, Heidelberg 1979, 153–202.

des Politischen in den beiden letzten Jahrzehnten des 18. Jahrhunderts: Die Rosenkreuzer, die Illuminaten,[46] in signifikanter Weise auch die Mittwochsgesellschaft – deren Intention freilich die Gewinnung breiterer Schichten ausschloß und die als politisch-gelehrtes Beratungsgremium eingestuft werden kann – gingen über die bis dahin üblichen Versuche, durch öffentliches Räsonnement politische Wirkung zu erzielen, hinaus: Einflußnahme auf Gesetzgebung und Personalpolitik sollte durch festgefügte, politisch-ideologisch relativ homogene Vereinigungen erreicht werden.
Der Begriff des Politischen in dieser Zeit wird verfehlt, wenn die gesetzlich ermöglichte oder vom König tolerierte Beteiligung der Bürger an den öffentlichen Angelegenheiten als konstituierendes Kriterium dient. Unter diesem Aspekt ist nahezu ausschließlich das Regierungshandeln der Fürsten als Politik anzusehen. Gilt kurzschlüssige Pragmatik nicht als Maßstab, wird erkennbar, in welchem Maße die Aufklärung mittel- und langfristig zur Gestaltung des gesellschaftlichen und staatlichen Lebens beitrug. Verfassungsrechtliche Norm und Herrschaftsanspruch des Absolutismus sind zwar im 18. Jahrhundert noch ausschlaggebend für politische Entscheidung und Wirkung, reichen aber zur Konstituierung des Politischen in dieser Zeit keineswegs aus. Vielmehr erlaubt eine perspektivische Definition des Politik-Begriffs für diese Epoche[47] die Erfassung der politischen Intentionen, der aufgeklärten Ziele und Methoden, vor allem aber der Wirkungen, die ihrerseits von der Kommunikationsstruktur abhängig waren, die durch das Spannungsverhältnis von Aufklärern, Publikum und Herrscher geschaffen wurde. Infolge seiner partiellen Übereinstimmung mit der Aufklärung und seines vergleichsweise modernen Verständnisses für das Phänomen der Öffentlichkeit ist das Preußen Friedrichs II. besonders geeignet, die Spezifik des Politischen in dieser Zeit erkennbar werden zu lassen.
Unerläßlicher Bestandteil dieses perspektivischen Politikverständnisses ist der Vergleich mit der Entwicklung im Nachbarland Frankreich, die zur Revolution führte. Jedoch verengt die Dogmatisierung dieser Revolution – implizit werden Revolution, Aufklärung und Politik identifiziert – den Blick.[48] Revolution war eine der möglichen Konsequenzen der Aufklärung,

46 R. van Dülmen, Der Geheimbund der Illuminaten, Stuttgart 1977², sowie im Ganzen ders., Die Aufklärungsgesellschaften in Deutschland als Forschungsproblem, in: Francia Bd. 5. 1977, München 1978, 251–75; T. Nipperdey, Verein als soziale Struktur in Deutschland im späten 18. u. frühen 19. Jahrhundert, jetzt in: ders., Gesellschaft, Kultur, Theorie, Göttingen 1976, 174–205, 439–47; O. Dann, Die Anfänge politischer Vereinsbildung in Deutschland, in: Festschrift W. Conze, Stuttgart 1976, 197–232.

47 Grundsätzlich dazu: C. Schmitt, Der Begriff des Politischen, Berlin 1963; R. Smend, Politisches Erlebnis u. Staatsdenken seit dem 18. Jahrhundert, jetzt in: ders., Staatsrechtliche Abhandlungen, Berlin 1968², 346–62; H. Plessner, Macht u. menschliche Natur, in: ders., Zwischen Philosophie u. Gesellschaft, Bern 1953, 241–317; Koselleck, Kritik, 170, Anm. 93 a; Möller, Aufklärung, 518ff., ders. in: Humanismus, 160f.

48 Vgl. H. Möller, Die Interpretation der Aufklärung in der marxistisch-leninistischen Geschichtsschreibung, in: Zeitschrift für Histor. Forschung 4. 1977, 438–72, insbes. 461f.

Reform eine andere. Die Aufklärung revolutionierte das Denken, hatte soziale Implikationen und politische Wirkungen, sie zielte auf ein neues Staats- und Gesellschaftsverständnis, aber in ihrem Ursprung nicht auf gewaltsame Aktionen. Ob es zu solchen kam, hing von den spezifischen Umständen ab, Preußen befand sich aus vielerlei Gründen nicht in einer revolutionären Situation. Dazu hatte die Aufklärung in Preußen beigetragen.[49]
Außer der in dieser Hinsicht relevanten, noch im einzelnen zu erörternden politischen Zielsetzung der preußischen Aufklärer, zählten folgende Faktoren zu den Ursachen dieser größeren politischen Stabilität:
Staat und Dynastie standen in Preußen nicht wie in Frankreich vor dem finanziellen Ruin. Die zahlreichen Sanierungsversuche, die nur bei Beseitigung der Steuerprivilegierung Erfolgschancen gehabt hätten, verstärkten in Frankreich das seit der Jahrhundertmitte latent vorhandene Krisenbewußtsein.[50] Die Reformversuche bestärkten die Nicht-Privilegierten im Wunsch nach Abschaffung steuerlicher und sozialer Privilegierung, verschärften aber zugleich die Reaktion der Privilegierten. Zwischen beide Schichten eingeklemmt, schwächte sich die Stellung des zaudernden französischen Königs.
Auch in Preußen hatte die Einführung der französischen Akzise-Regie zu großer Unzufriedenheit und nach Friedrichs Tod 1786 zur Beseitigung dieser Art der Steuereintreibung geführt. Doch hatte das Königtum hier eine vergleichsweise starke Stellung. Die soziale Disziplinierung[51] aller Stände, ihre Funktionalisierung für den Staat,[52] die Militarisierung des Zivillebens,[53] die *politische,* auf das gesamtstaatliche Leben bezogene Entmach-

49 Vgl. etwa die von E. Schmitt hg. Sammelbände Die Französische Revolution. Anlässe u. langfristige Ursachen, Darmstadt 1973; Die Französische Revolution, Köln 1976 sowie zuletzt: H. Möller, L. v. Steins Interpretation der Französischen Revolution von 1789, in: Der Staat 18. 1979, 521–48, speziell 530ff. Zur Sozialgeschichte des Ancien Régime u. der Aufklärung in Frankreich die Forschungsberichte von R. Reichhardt, zuletzt den sehr anregenden Aufsatz: Zu einer Sozialgeschichte der französischen Aufklärung, in: Francia 5. 1977, München 1978, 231–49.

50 Vgl. verschiedene Studien von W. Krauss, z.B. Zur Periodisierung der Aufklärung, in: Grundpositionen der französischen Aufklärung, Berlin 1955, VII, sowie zum Vergleich ders., Perspektiven u. Probleme. Zur französischen u. deutschen Aufklärung, Neuwied 1965, vgl. dazu den in Anm. 48 genannten Aufsatz.

51 G. Oestreich, Strukturprobleme des europäischen Absolutismus, in: ders., Geist u. Gestalt des frühmodernen Staates, Berlin 1969, 179–97, insges. zuletzt: P. Baumgart, Epochen der preußischen Monarchie im 18. Jahrhundert, in: Zs. f. Hist. Forschung 6. 1979, 287–316.

52 Möller, Aufklärung, 260ff.

53 O. Büsch, Militärsystem u. Sozialleben im alten Preussen 1713–1807, Berlin 1962. Insgesamt die grundlegenden Untersuchungen von Otto Hintze, Fritz Hartung, Carl Hinrichs, Gerhard Oestreich, Hans Rosenberg, vgl. den in Anm. 10 gen. Aufsatz von Neugebauer. – Zuletzt die materialreiche Darstellung von I. Mittenzwei, Preussen nach dem 7jährigen Krieg. Auseinandersetzungen zwischen Bürgertum u. Staat um die Wirtschaftspolitik, Berlin 1979; zu diesem Thema vgl. S. Skalweit, Die Berliner Wirtschaftskrise von 1763 u.

tung der landständischen Vertretungen bei gleichzeitiger sozialer und regionaler Sicherung adliger Privilegien wirkten stabilisierend. Die ökonomischen und steuerpolitischen Fehlentscheidungen des Königs reichten nicht aus, das politisch-soziale System des aufgeklärten Absolutismus fundamental zu gefährden.

Die Schicht der nicht voll in die ständische Sozialordnung eingebundenen Bürgerlichen war, wie schon gesagt, relativ schmal. Diese Schicht war anderseits in spezifischer Weise an den preußischen Staat gebunden, der ihren Mitgliedern überdies gewisse Aufstiegschancen bot. Ein Zusammengehen mit der ständischen Oberschicht gegen den König war in Preußen undenkbar. Auch eine Verbindung der neuen Bürgerlichen mit dem alten Stadtbürgertum kam nach der oben skizzierten Unterschiedlichkeit beider Schichten nicht in Frage: Weder das soziale Interesse, noch die politisch-ideologischen Ziele, noch das Normensystem beider stimmten überein. Wie wenig das durch die Zunftverfassung beeinflußte Wirtschaftsverhalten mit den ökonomischen Vorstellungen der aufgeklärten Bürgerlichen übereinstimmte, das zeigt anschaulich die Kritik der Aufklärung an den sozialökonomischen Verhältnissen der Reichsstädte, aber auch der Widerstand der preußischen Zünfte gegen die verschiedenen Anläufe der preußischen Könige zur Reform des Zunftwesens.[54] Ebensowenig wie die sozialökonomischen und die ideologischen Voraussetzungen reizte die Persönlichkeit Friedrichs – trotz der gegen Ende seiner Regierungszeit in breiteren Bevölkerungskreisen bemerkbaren Unzufriedenheit[55] – zur Revolution: Er war, verglichen mit dem in Versailles entrückten französischen Monarchen, auf beeindruckende und unbequeme Weise zugleich gegenwärtig, er galt den gebildeten Zeitgenossen als einer der ihren, als Philosoph und homme de lettres, die Literaten sahen ihn als Gesprächspartner und als Mitglied der Gelehrtenrepublik auch dann, wenn er ihre deutschen Mitglieder souverän mißachtete und seine Bewertung der deutschen Literatur von Ignoranz und mangelhaftem ästhetischem Urteilsvermögen zeugte.[56] Ein faszinierender Geist, ein faszinierender politischer Denker und überragender Staatsmann dennoch, jeder Vergleich mit anderen Königen bestätigt dies.[57]

ihre Hintergründe, Stuttgart 1937. Vgl. im Ganzen K. Schwieger, Das Bürgertum in Preußen vor der Französ. Revolution, Diss. Kiel 1971.

54 Vgl. allg. H. Proesler, Das gesamtdeutsche Handwerk im Spiegel der Reichsgesetzgebung 1530–1806, Berlin 1954, sowie die ältere Darstellung von G. Schmoller, Das brandenburgisch-preußische Innungswesen 1640–1800, in: Umrisse u. Untersuchungen zur Verfassungs-, Verwaltungs- u. Wirtschaftsgeschichte, besonders des preußischen Staates im 17. u. 18. Jahrhundert, Leipzig 1898, sowie das (Anm. 32) Buch von M. Stürmer.

55 Vgl. den Bericht von Mirabeau, dazu: R. Koser, Geschichte Friedrichs des Großen, III, Darmstadt 1974, 549ff.

56 Vgl. Friedrich d. Gr., De la littérature allemande, Darmstadt 1969, sowie die dort ebenfalls abgedruckte Gegenschrift von J. Möser, Über die deutsche Sprache und Literatur.

57 Zum zeitgenössischen Bild Friedrichs die Sammlung von G. B. Volz Hg., Friedrich d. Gr.

Friedrichs Geringschätzung des deutschen Geisteslebens hatte unmittelbare Folgen für die Aufklärung in Preußen: Zum einen ließ er sie gewähren, zum anderen etablierte er in der Königlichen Akademie der Wissenschaften, die sich erst gegen Ende des 18. Jahrhunderts in nennenswertem Ausmaß preußischen Gelehrten öffnete, eine Insel französischer Gelehrsamkeit und französischer Aufklärung in Berlin und am Hof in Potsdam. Sieht man vom zeitweiligen Aufenthalt Voltaires und weniger anderer Franzosen von Rang ab, die sich kurzfristig bei Friedrich aufhielten, handelte es sich bei den in der Akademie und am Hof versammelten Gelehrten nicht um die erste Garnitur französischer Aufklärer. Obwohl die Aufklärer am Gedankenaustausch sehr interessiert waren, blieben die Franzosen doch relativ isoliert, von einer nennenswerten Verbindung mit der Berliner Aufklärung kann keine Rede sein.[58]

V. „Preußen zeigte ein Doppelgesicht wie der Januskopf: ein militärisches und ein philosophisches", notierte Madame de Stael[59] und attestierte dem Staat Friedrichs des Großen „civile Gerechtigkeit". In der Tat ließe sich Janusköpfigkeit auf vielen Gebieten preußischer Politik im 18. Jahrhundert konstatieren, sie verstärkte sich noch nach dem Tode Friedrichs, als positive wie negative Seiten seiner Politik nachwirkten. In wesentlicher Hinsicht mußte die Aufklärung jedoch Rückschläge hinnehmen. So schränkte das Zensuredikt von 1788 die Möglichkeit zur Religions- und Kirchenkritik ein: Die „Gedankenfreiheit" gehörte gerade in diesem Bereich zu den zentralen Zielen der Aufklärer. Friedrich war hier tolerant gewesen: Ob aus aufgeklärten Grundsätzen, ob aus Indifferenz, oder wie seine Vorgänger aus bevölkerungspolitischen Erwägungen war schwer zu entscheiden und machte für die Betroffenen keinen Unterschied. Doch war mit der Möglichkeit zur öffentlichen Kritik an der Religion die öffentliche Meinungsfreiheit schon fast erschöpft: Wirkliche Pressefreiheit bestand auch in Preußen nicht, die ohnehin langweiligen Gazetten wurden durchaus „geniert".[60] Es gab allerdings Phasen großzügiger Handhabung der Zensur,

im Spiegel seiner Zeit, 3 Bde., Berlin (1926), insbes. III. Vgl. auch: S. Skalweit, Frankreich u. Friedrich d. Gr. Der Aufstieg Preußens in der öffentlichen Meinung des Ancien Régime, Bonn 1952; M. Schlenke, England u. das friderizianische Preußen 1740–1763, München 1963; W. Bußmann, Friedrich d. Gr. im Wandel des europäischen Urteils, in: Festschrift H. Rothfels, Düsseldorf 1951; G. Heinrich, Friedrich d. Gr. u. die deutsche Geschichte, in: Festschrift W. Heistermann, Hg. G. Heinrich u. a., Berlin 1978, 155–84.

58 Vgl. Die Bemerkungen zur Darstellung Harnacks bei E. Troeltsch, Ueber das Verhältnis der Friderizianischen Akademie zur deutschen Aufklärung u. zum deutschen Idealismus, in: ders., Ges. Schriften, IV, Tübingen 1925. Vgl. auch H. H. Müller, Akademie u. Wirtschaft im 18. Jahrhundert, Berlin 1975.

59 G. de Stael, Über Deutschland, Hg. R. Habs, I, Leipzig o. J., 116 ff.

60 Vgl. zum Ganzen: F. Schneider, Pressefreiheit u. politische Öffentlichkeit. Studien zur politischen Geschichte Deutschlands bis 1848, Neuwied 1966. Vgl. mit anderen Staaten bei W. Wenck, Deutschland vor hundert Jahren, Leipzig 1887, 77 ff.; Möller, Aufklärung, 208 ff.

und der Vergleich mit der Zensurpraxis anderer Staaten fällt keineswegs zu ungunsten Preußens aus. Insofern traf Lessings viel und unkritisch zitiertes Diktum von 1769, die Berlinische Freiheit beschränke sich darauf, soviel Sottisen gegen die Religion zu Markte tragen zu dürfen, wie man nur wolle, lediglich teilweise ins Schwarze. Vor allem aber war seine Schlußfolgerung, Preußen sei das sklavischste Land Europas, unzutreffend.[61]
Die oben erwähnte territoriale Heterogenität brachte den Schriftstellern und Verlegern auch Vorteile: In einer Zeit, da nahezu überall die Zensur herrschte, bot die Unterschiedlichkeit ihrer Handhabung die Möglichkeit, die Zensur im eigenen Land zu umgehen: Was beispielsweise in Berlin oder Leipzig nicht gedruckt werden durfte, wurde häufig im dänischen Altona verlegt, wo in dieser Hinsicht größere Freiheit herrschte als im nachfriderizianischen Preußen. Im Hinblick auf öffentliche Äußerung politischer Kritik aber galt, was Biester in einem offenen Brief an Garve 1785 in der Berlinischen Monatsschrift konstatierte: „Indeß weiß ich schon selbst, daß es mir nicht ziemt, laut über die Handlungen der Fürsten, wie etwa über die Schriften der Gelehrten, zu urtheilen; und Sie und alle Welt wissen, daß jeder Schriftsteller in Deutschland unter *Censur* schreibt."[62] Tatsächlich enthielt diese Äußerung des in königlichen Diensten stehenden Mitherausgebers des Journals deutliche Kritik. Er stellte damit zugleich die Zensur öffentlich als unwirksam und damit sinnlos hin, indem er sich einer indirekten Methode bediente. Dieses Vorgehen läßt die Verschiedenartigkeit schon der zeitgenössischen Urteile über Preußen verständlich erscheinen. So kommentierte Andreas Georg Friedrich Rebmann, ein weitaus radikalerer Aufklärer als es Biester gewesen ist, 1793 die Kritik an Friedrich II. wie folgt: „Mich kränkt es, daß man dabei gewöhnlich vergißt, die Freiheit in Anschlag zu bringen, welche jeder Gelehrte in Preußens Staaten zu Friedrichs Zeiten genoß, über jeden Gegenstand frei reden und schreiben zu dürfen."[63]
Die preußischen Aufklärer perfektionierten die Methode indirekter Kritik in mannigfachen Formen: Sie verwendeten Anspielungen, die jedermann verstand; sie diskutierten Grundsatzfragen von Politik und Gesellschaft, wobei sich die konkreten Schlußfolgerungen geradezu aufdrängten; sie stellten analoge Verhältnisse in anderen Ländern dar; sie lobten oder kritisierten Könige benachbarter Staaten; sie hoben die Verdienste des vorangegangenen Regenten hervor, um den Nachfolger an ihm zu messen; sie stellten, unter Aufnahme der Tradition des „Fürstenspiegels" den idealen

61 Lessing an Nicolai, 25. 8. 1769, in: Lessing, Sämtl. Schriften, Bd. 17, 1904, 298. – Einzelne Urteile dieser Art, positiv oder negativ, reichen für ein begründetes Urteil nicht aus, sie müssen vielmehr nach ihrer Repräsentativität gewichtet werden. Lessings Verhältnis zu Preußen war keineswegs unbefangen.

62 J. E. Biester, Antwort an Herrn Prof. Garve, in: BM 6. 1785, 84.

63 A. F. G. Rebmann, Kosmopolitische Wanderungen durch einen Teil Deutschlands, Hg. H. Voegt, Frankfurt 1968, 121.

Herrscher dar und zeigten, was dieser tun müsse, bzw. nicht tun dürfe.[64] Diese Art politischer Äußerungen wurde in der Regel toleriert, wenn sie nicht außenpolitische Rücksichten des eigenen Landesherrn tangierte.[65] Allerdings beraubte diese Methode die politische Kritik häufig ihres Stachels oder beschränkte die Wirksamkeit auf einen beschränkten Leserkreis. So grundsätzlich der politische Anspruch auch war, die politischen Nahziele reduzierten sich doch weitgehend auf partielle Verbesserungen, die den Rahmen der bestehenden Staats- und Gesellschaftsordnung erst langfristig sprengten.
Allerdings war auch die preußische Aufklärung in ihrer politischen Zielsetzung keineswegs homogen, beispielsweise finden sich in der BERLINISCHEN MONATSSCHRIFT gemäßigte neben vergleichsweise radikalen politischen Forderungen. Doch überwiegt eindeutig die gemäßigte, in den aufgeklärt-absoluten Staat integrierte Richtung. Diese Integration bot Wirkungsmöglichkeiten, setzte zugleich jedoch politische und gesellschaftliche Grenzen.

Naturgemäß differierten die politischen Vorstellungen und Ziele der preußischen Aufklärer in den einzelnen Epochen, waren überdies von konkreten Erfolgen und Mißerfolgen abhängig. Grundsätzliche Diskussionen über Legitimation und Formen der Herrschaft gab es auf dem Boden des Naturrechts schon früh,[66] von einer „Verspätung" der Aufklärung in Preußen kann in dieser Hinsicht bestenfalls im Vergleich zu England und den Niederlanden, die großen Einfluß auf die preußische Geistesgeschichte im 17. Jahrhundert ausübten,[67] gesprochen werden. In dieser naturrechtlichen Tradition standen alle politischen Diskussionen im Preußen des 18. Jahrhunderts bis hin zu den Erörterungen über die Konsequenzen der Französischen Revolution in Ernst Ferdinand Kleins Schrift über FREYHEIT UND EIGENTHUM von 1790. Aber bis in die siebziger Jahre hinein waren das mehr oder weniger gelehrte Dispute und Reflexionen, an denen sich auch Friedrich II. beteiligte.[68] Kleinere und größere Wirkungen während seiner Regierungszeit stellten sich ein: z.B. die grundsätzliche Anerkennung eines Gesellschafts- und Herrschaftsvertrages, aus dem sich Pflichten des Lan-

64 Vgl. z.B. J.J. Engel, Der Fürstenspiegel (1789), in: J.J. Engels Schriften, III, Berlin 1802. – Zum westeuropäischen Traditionszusammenhang: S. Skalweit, Das Herrscherbild des 17. Jahrhunderts, in: Absolutismus, Hg. W. Hubatsch, Darmstadt 1973, 248–67.

65 Vgl. H. Möller, Nachwort zu: A.F. Cranz, Charlatanerien in alphabetischer Ordnung als Beyträge zur Abbildung u. zu den Meynungen des Jahrhunderts (Berlin 1781), Dortmund 1978, 395–410, bes. 398.

66 Vgl. die Sammlung: Staatsdenker im 17. u. 18. Jahrhundert, Hg. M. Stolleis, Frankfurt 1977; sowie zum hier in Frage stehenden Zusammenhang: Möller, Friderizianismus, 28ff., insbes. über Thomasius und Wolff, sowie den in Anm. 38 genannten Band.

67 Vgl. die Studien von G. Oestreich, Geist u. Gestalt, sowie das Buch von E. Winter, Frühaufklärung, Berlin 1966. Zum europäischen Vergleich Möller, Interpretation, 456ff.

68 Vgl. zuletzt P. Baumgart, Naturrechtliche Vorstellungen in der Staatsauffassung Friedrich d.Gr., in: Humanismus u. Naturrecht, 143–54.

desherrn ableiteten; die Abschaffung der Tortur; die Praktizierung religiöser Toleranz gegenüber den christlichen Konfessionen; verschiedene Reformen des Rechtswesens.

VI. In dieser Tradition stand das politische Ziel, das in der preußischen Aufklärung der achtziger Jahre Kontur gewann und auf das 19. Jahrhundert vorauswies: Der König sollte in ein System vernünftiger Zwecke eingebunden werden, seine Herrschaft legalisiert und damit konstitutionell beschränkt werden, Willkür in Recht und Politik sollte es künftig nicht mehr geben. Zu diesem Zweck appellierten die Aufklärer an das aufgeklärte Selbstverständnis Friedrichs: Das mag ein Mißverständnis gewesen sein, ungeschickt war es nicht, zumal der Hinweis auf den Kronprinz, über den sich weder der König noch die Aufklärer Illusionen hingaben, nicht fehlte: „durch Hülfe der Gesetzgebung“ könne ein Regent auf die Nachwelt wirken, hieß es 1785 in der BERLINISCHEN MONATSSCHRIFT.[69]
Ein Jahr zuvor, im Frühjahr 1784, hatte der preußische König auf Vorschlag seines Großkanzlers Carmer einen Beschluß gefaßt, der für einen absoluten Herrscher revolutionär anmutet: Er stellte den Entwurf zum „Allgemeinen Gesetzbuch für die preußischen Staaten“ abschnittweise zur öffentlichen Diskussion. Zwar kam es nicht zu einer „Volksbefragung“, wie einige Jahre später im vorrevolutionären Frankreich, als die Stände seit Beginn des Jahres 1789 in den Cahiers de doléances ihre Beschwerden und Wünsche formulierten. Vielmehr sollten sich in Preußen nur Rechtsgelehrte, „praktische Weltweise“ und Rechtsphilosophen zu konkret genannten Problemen äußern.[70] Einige Monate nach dieser spektakulären Maßnahme Friedrichs II. bezeichnete es das führende Diskussionsorgan der preußischen Aufklärung als einen der größten Vorzüge der preußischen Länder, „daß daselbst wichtige Materien, auch solche, die in Staats- und Regierungsgeschäfte einschlagen, ziemlich frei behandelt werden, selbst von einer Seite, die den angenommenen Grundsätzen des Staates gerade zu widersprechen scheint. Dies beweisen mehrere in diesen Landen erschienene Schriften von Privatpersonen. Fast nichts beweist es aber mehr als das so viel ich weiß einzige Beispiel, womit vor kurzem von einem hohen Departement selbst der Entwurf des allgemeinen Gesetzbuchs für die preußischen Staaten angekündigt ward.“[71] Der schon erwähnte Anonymus forderte ein Jahr später im selben Journal weit mehr als eine Diskussion des Entwurfs durch Sachverständige, sondern meinte, die „Privatrechte der Bürger

69 BM 5. 1785, 240.
70 So der Großkanzler von Carmer am 24. März 1784, abgedr. in: C. Eggers, Sammlung von Urkunden u. Aktenstücken zur Geschichte der neuen Preußischen Gesetzgebung, Kiel 1794, 82.
71 E. v. K., Ueber die neue preußische Justizverfassung, in: BM 3. 1784, 521 f. (Sigle ist nicht zu entschlüsseln!).

(müßten) durch ein bürgerliches Gesetzbuch festgestellet, und die Nation selbst zur Prüfung desselben aufgefordert werden".[72] Der Königsberger Philosoph Kant, auch er ein preußischer Aufklärer, war scheinbar bescheidener geblieben, als er in seinem berühmten Aufsatz öffentlichen und privaten Vernunftgebrauch unterschieden und den öffentlichen Gebrauch der Vernunft zunächst nur den Gelehrten zugestanden hatte.[73]

Wie ist die Zulassung öffentlicher Diskussion über eins der wichtigsten Reformvorhaben des preußischen Staates gegen Ende der Regierungszeit Friedrichs II. zu interpretieren? Beweist dieser Vorgang die aufgeklärten Gesinnungen des Königs oder handelt es sich um ein geschicktes Manöver, um die „öffentliche Meinung" auf seine Seite zu bringen? Die Antwort auf diese Frage trifft das Wesen der preußischen Aufklärung ebenso wie die Beurteilung des aufgeklärten Absolutismus: So umstritten seine Deutung bis heute geblieben ist,[74] so unterschiedlich müssen die Interpretationen des hier zur Debatte stehenden Vorgangs ausfallen.[75]

Die Einholung von Gutachten und Auskünften wurde durch ein Preisausschreiben ergänzt.[76] Dieser Zusammenhang ist für die Beurteilung wichtig, denn das Verfahren erinnert stark an die Preisausschreiben der Akademien im 18. Jahrhundert, insofern ist die Interpretation keineswegs abwegig, aufgeklärte Vernunftgläubigkeit, derzufolge der „Wettbewerb freier Geister die Wahrheit an den Tag bringen werde",[77] habe hier Pate gestanden. Unabhängig von der Frage, welche Motive Friedrich bewogen haben, seine Zustimmung zu geben, müssen die Absichten der Reformer Carmer, Svarez und Klein berücksichtigt werden: Ihnen lag ganz offensichtlich an der öffentlichen Unterstützung durch Gelehrte und Publizisten. Wie stark die Gegnerschaft der Stände gegen das Allgemeine Gesetzbuch gewesen ist,

72 BM 5. 1785, 242.

73 I. Kant, Beantwortung der Frage: Was ist Aufklärung? (1783) in: ders., Werke, Hg. W. Weischedel, IX, Darmstadt 1968, 53ff. Zur Interpretation dieser Stelle heranzuziehen: (E. F. Klein), Ueber Denk- u. Druckfreiheit, in: BM 3. 1784, 312–30; sowie N. Hinske, Einleitung zu: Was ist Aufklärung? Beiträge aus der Berlinischen Monatsschrift, Hg. N. Hinske, Darmstadt 1973, XLVIff.

74 Vgl. den von K.O. v. Aretin hg. Band: Der aufgeklärte Absolutismus, Köln 1974; I. Mittenzwei, Theorie u. Praxis des aufgeklärten Absolutismus in Brandenburg-Preußen, in: Jb. für Wirtschaftsgeschichte 6., Berlin 1972, 53–106; V. Sellin, Friedrich d. Gr. u. der aufgeklärte Absolutismus, in: Festschrift Conze, 83–112; Möller, Aufklärung, 518ff.

75 Kritisch U.J. Heuer, Allg. Landrecht u. Klassenkampf, Berlin 1960, 152ff., u. I. Mittenzwei, Theorie u. Praxis, 94f.; positiv: H. Thieme, Die preußische Kodifikation, in: Zs. d. Savigny-Stiftung f. Rechtsgesch./Germ. Abt. 57. 1937, insbes. 403. Vgl. auch H. Hattenhauer Hg., Einführung zu: Allg. Landrecht für die Preußischen Staaten von 1794, Frankfurt 1970, 21f.

76 Es gab drei Gruppen von Adressaten: bekannte Staatsrechtler und Publizisten wie Pütter und Schlözer, die man direkt aufforderte, spezielle Sachkenner, z.B. für das Verlagsrecht Friedrich Nicolai, sowie die Teilnehmer des Preisausschreibens, in der Regel Rechtsgelehrte und höhere Justizbeamte.

77 So F. Wieacker, Privatrechtsgeschichte der Neuzeit, Göttingen 1967², 325.

verdeutlicht allein die Polemik Friedrich August Ludwigs v. d. Marwitz, der es mit dem Wort „Gleichheitskodex" charakterisierte.[78] Zweifelsfrei schlugen die Aufklärer in den Auseinandersetzungen um das Allgemeine Landrecht ihre wichtigste Schlacht, ging es doch um die Verankerung „natürlicher" Rechte im Gesetzbuch, um das Verbot königlicher „Machtsprüche" in Rechtsstreitigkeiten, um die Konstitutionalisierung der Herrschaft und schließlich um die Aufweichung der ständischen Gesellschaftsordnung, d.h. um „soziale Machtpositionen" (Hattenhauer). Hatte der König aus machtpolitischen Gründen die öffentliche Unterstützung der Aufklärer nötig, um das Gesetzbuch durchsetzen zu können? Diese Interpretation geht jedoch zu weit und berücksichtigt überdies nicht die Position des Königs in den gesellschaftlichen Auseinandersetzungen, in denen er die bürgerlich-aufgeklärte Forderung nach Rechtsgleichheit und Abschaffung adliger Privilegien keineswegs unterstützte. Das zeigte sich selbst in Fragen, wo er aufgeklärte Forderungen bejahte, etwa in der Forderung, die Lage der leibeigenen Bauern in den östlichen Provinzen Preußens grundlegend zu verbessern: Friedrichs diesbezügliche Weisung von 1763 wurde aus staatspolitisch begündeter Rücksicht auf den Adel nur in den staatlichen Domänen durchgeführt, die von ihm selber kritisierte Leibeigenschaft der Bauern und die Gutsherrschaft des Adels blieben bestehen.[79]

Zweifellos aber war die Ermöglichung öffentlicher Diskussion über den Entwurf des Gesetzbuchs ein spektakuläres Indiz für die veränderte Stellung des absoluten Herrschers zu seinen Untertanen im allgemeinen und zur „öffentlichen Meinung" im besonderen. Der König zählte zur damals noch kleinen Schar derjenigen Regenten, welche die wachsende Bedeutung der öffentlichen Meinung erkannten: Durch eigene Schriften und durch Auftragsarbeiten versuchte er, auf die öffentliche Diskussion einzuwirken. Dabei beschränkte er sich keineswegs auf die preußische Innenpolitik, sondern suchte in gleicher Weise seine außenpolitischen Interessen publizistisch zu vertreten, z.B. bei den Gründungsverhandlungen zum Deutschen Fürstenbund von 1785, für die Christian Wilhelm Dohm 1783 eine propagandistische Auftragsarbeit verfaßt hatte.[80]

Die Zulassung öffentlicher Diskussion über staatliche Gesetzgebung muß unter zwei weiteren Aspekten gesehen werden:

1. Auch der König war, welche praktischen Konsequenzen das auch im einzelnen gehabt haben mag, von der Aufklärung geprägt. Das Selbstverständnis des Herrschers wies insofern neben fortbestehenden Gemeinsamkeiten doch auch erhebliche Modifikationen zu dem seiner Vorgänger, insbesondere zu seinem Vater Friedrich Wilhelm I., auf.[81]

78 Zit. bei Hattenhauer, 24.
79 Vgl. Möller, Aufklärung, 259f.
80 Allerdings war Dohms Schrift keineswegs die einzige dieser Art.
81 Zu ihm zuletzt G. Oestreich, Friedrich Wilhelm I. – Preußischer Absolutismus, Merkantilismus, Militarismus, Göttingen 1977.

2. Als Necker in Frankreich 1781 seinen geschönten Staatshaushalt veröffentlichte, war in den absoluten Staaten Europas allein schon die Information der Öffentlichkeit über Interna staatlicher Politik singulär, von partieller Mitbestimmung der Bevölkerung konnte schon gar keine Rede sein.

Wieweit Friedrich der Große die Konsequenzen überblickte, die eine öffentliche Diskussion über staatliche Gesetzgebung haben würde, ist eine offene Frage. Jedenfalls knüpfte die BERLINISCHE MONATSSCHRIFT unmittelbar an die Ankündigung öffentlicher Diskussion über das Allgemeine Gesetzbuch an, als sie bereits ein Jahr später, 1785, Forderungen erhob, die weit über die Verfassungsstruktur Preußens im 18. Jahrhundert hinauswiesen: „Will ein Fürst seinen Gesetzen ... eine ungewöhnliche Dauer verschaffen, so muß er dem Staate eine Verfassung geben, wodurch es seinen Nachfolgern unmöglich wird, die von ihm eingeführten Gesetze willkührlich abzuändern. Er muß bewirken, daß von nun an keine Gesetze anders, als mit Einwilligung des gesammten Staats gegeben werden können; mit einem Worte, er muß den Staat in eine Republik verwandeln, in welcher das Haupt der regierenden Familie den bloßen Vorsitz hat." Mit seherischem Blick konstatierte dieser vorzeitige Vertreter einer konstitutionellen Monarchie, nur eine republikanische Verfassung könne von Dauer sein, „welche nicht in der Gährung bürgerlicher Unruhen durch den Zufall gebildet, sondern von einem weisen Manne ruhig entworfen", durchgesetzt und befestigt worden sei. Den Einwand, „Freiheit ... müsse nicht geschenkt, sondern erkämpft werden", wies der Autor zwar zurück, sprach ihm aber eine gewisse Berechtigung nicht ab: „Nur als Beweise einer edeln Freiheitsliebe können bürgerliche Unruhen Werth haben."[82]
Schon vor 1789 propagierten also preußische Aufklärer eine „Revolution von oben" und bedienten sich schon vor Wieland des Arguments, ohne diese Reformen bestehe Revolutionsgefahr. Diese Argumentationsweise zielte nicht zuletzt auf das Eigeninteresse der Fürsten. Die Pointe sollte sich nur zu bald zeigen: „Reichet also selbst die Hände zur nöthigen Verbesserung, Ihr Regenten! weil es noch Zeit ist!" schrieb Knigge im Jahre 1792.[83] Nie würde ein Monarch uneingeschränkter seine Herrschaft stabilisieren können, als wenn er sie in die „Hände des Volks" lege, hieß es in dem zitierten Artikel der BERLINISCHEN MONATSSCHRIFT.[84] Der Fürst solle „das Volk zur Theilnehmung an den öffentlichen Geschäften stufenweise gewöhnen, und Männer zu bilden suchen, welche fähig wären, als Repräsentanten das Wohl der Nation zu besorgen ... Die beste Vorbereitung wäre, wenn der Fürst dem Volke die Wahl seiner Vorgesetzten überließe."[85]

82 Neuer Weg zur Unsterblichkeit, 241.
83 A. v. Knigge, Josephs von Wurmbrand ... politisches Glaubensbekenntniß mit Hinsicht auf die französische Revolution und ihre Folgen, Hg. G. Steiner, Frankfurt 1968, 105.
84 Neuer Weg zur Unsterblichkeit, 247.
85 Ebd., 242.

Es ist beachtlich, wie weit innerhalb der preußischen Aufklärung die politischen Forderungen reichten, kaum weniger beachtlich ist es, daß sie in der preußischen Hauptstadt publiziert werden konnten. Politisches Räsonnement dieser Art war unter doppelter Voraussetzung im spätfriderizianischen Preußen möglich: Die Meinungsäußerungen mußten relativ abstrakt bleiben und sich negativer Bemerkungen über den König enthalten, sie blieben außerdem ohne *unmittelbare* politische Wirkung. Deshalb konnte Kant unter Anspielung auf Friedrich formulieren: „nur derjenige, der, selbst aufgeklärt, sich nicht vor Schatten fürchtet, zugleich aber ein wohldiszipliniertes zahlreiches Heer zum Bürgen der öffentlichen Ruhe zur Hand hat, – kann das sagen, was ein Freistaat nicht wagen darf: *räsonniert, so viel ihr wollt, und worüber ihr wollt; nur gehorcht!*",[86] ein Satz über das Preußen der 1780er Jahre, wie er konzentrierter wohl kaum sein konnte.

VII. Die Probe aufs Exempel lag für die preußischen Aufklärer in der Antwort auf die Frage, was zu tun sei, wenn der Monarch die Pflichten, die ihm aus dem Herrschaftsvertrag erwuchsen, nicht erfüllte. Kant, Svarez, Klein und andere führende preußische Aufklärer waren sich darüber einig, daß es nicht im Belieben des Königs liege, sich an diesen „Vertrag" zu halten oder ihn zu brechen. Sie unterschieden Despotie und Monarchie. So bemerkte Svarez: „Der Despot handelt ... wider seine Pflicht ... der Souverän hat sein Recht aus dem bürgerlichen Vertrage. Er stößt selbst diesen Vertrag um, wenn er Despot wird."[87] Und Kant betonte, nicht nur das Volk habe gegenüber dem König Pflichten, sondern es habe auch umgekehrt seine „unverlierbare(n) Rechte gegen das Staatsoberhaupt".[88] Zogen die preußischen Aufklärer daraus den Schluß, das Volk habe ein Widerstandsrecht gegen pflichtvergessene Herrscher? Kaum einer der führenden preußischen Aufklärer zog diesen Schluß,[89] insofern blieb ihre politische Haltung ambivalent wie ihr aufgeklärt-absoluter Herrscher selber, der sich mit der von d'Holbach verfochtenen Konsequenz des Herrschaftsvertrages auseinandergesetzt hatte: Aus ihm folge das Recht des Volkes, einen miß-

86 Kant, Aufklärung? 61.

87 C.G. Svarez, Vorteile u. Mängel verschiedener Regierungsformen, in: ders., Vorträge über Recht u. Staat, Hg. H. Conrad u. G. Kleinheyer, Köln 1960, 12 u.ö.

88 I. Kant, Über den Gemeinspruch: Das mag in der Theorie richtig sein, taugt aber nicht für die Praxis, in: Werke, IX, 161.

89 Vgl. J. Droz, L'Allemagne et la Révolution française, Paris 1949, 79–110; Möller, Aufklärung, 575–591, spez. zu Kant: P. Burg, Kant u. die Französische Revolution, Berlin 1974. Aufschlußreich ist ein Brief des alten Kant an Sieyes, in dem Kants eher theoretische Bejahung der Revolution deutlich wird: A. Ruiz, Neues über Kant u. Sieyes, in: Kant-Studien 68. 1977, 446–53. Am Beispiel eines relativ unbekannten Aufklärers: E. Schneider, S.C. Wagener. Ein preußischer Aufklärer im Zeitalter der Französischen Revolution, in: Jb. des Instituts für Deutsche Geschichte der Universität Tel Aviv 6. 1977, 81–130. Vgl. im Ganzen auch die Textsammlung: Die Französische Revolution im Spiegel der deutschen Literatur, Hg. K. Träger, Leipzig 1975.

liebigen Herrscher abzusetzen. Dagegen argumentierte Friedrich II. mit der Beschwörung drohender Anarchie: Eine derartige Regierungsform sei dauernden inneren Kämpfen ausgesetzt, Thronkandidaten würden das Volk ständig gegen die Regenten aufwiegeln, Friedrich verwies auf die Schattenseiten einer jeden Regierungsform und empfahl als Aushilfsmittel gegen unzählige Monarchen, tüchtige Minister und Berater des Königs einzusetzen.[90] Kein Zweifel: Ein König, der im 18. Jahrhundert mit den Aufklärern über die Legitimation monarchischer Herrschaft und das Recht oder Unrecht, Monarchen abzusetzen, diskutierte, war eine Aufsehen erregende Ausnahme, auch wenn seine Argumentation nicht überzeugte.

Viele der von Friedrich in Angriff genommenen Reformvorhaben kamen nicht zum erfolgreichen Abschluß, vor allem trat das Allgemeine Gesetzbuch während seiner Regierungszeit nicht mehr in Kraft: Als es 1794 geschah, waren wesentliche Grundsätze der Aufklärer modifiziert oder gestrichen worden. Anderen Reformforderungen, etwa der Judenemanzipation, stand Friedrich ablehnend gegenüber, und doch trug der König zu ihr durch praktische Schritte bei – nicht aus humanitär-aufgeklärter Überzeugung, sondern aus fiskal- und wirtschaftspolitischen Erwägungen heraus. Und vor allem ließ er es zu, daß in seinem Dienst stehende aufgeklärte Beamte, wie Christian Wilhelm Dohm 1781 und 1783, ein Programm der Judenemanzipation aufstellten und öffentlich propagierten, das seinen eigenen Vorstellungen zuwiderlief.[91] Die wesentlichen Grundsätze der Reformpolitik zu Beginn des 19. Jahrhunderts wurden bereits zur Regierungszeit Friedrichs von den Aufklärern diskutiert, z. T. vom König gebilligt, z. T. von ihm abgelehnt. Die Verwirklichung solcher Ziele gelang erst, als der in eine tiefe Modernisierungskrise geratene preußische Staat[92] durch die Niederlage gegen das napoleonische Frankreich zur inneren Reform gezwungen wurde. Die Aufklärer, die diese Reform schon Jahrzehnte vorher wollten, hatten öffentlich Freiheit des Denkens und der Meinung gefordert, nicht aber Freiheit politischen Handelns. Sie vertrauten auf die Kraft argumentativer Vernunft.

Wie aufgeklärt also war Preußen, bevor der Rückschlag der achtziger Jahre einsetzte und bevor die Französische Revolution die politische Diskussion auf eine neue Ebene hob? Immanuel Kant urteilte: „Wenn denn nun gefragt wird: Leben wir jetzt in einem *aufgeklärten* Zeitalter? so ist die Ant-

90 Kritik des „Systems der Natur“, in: Werke Friedrichs d. Gr., VII, 268.

91 Vgl. H. Möller, Aufklärung, Judenemanzipation u. Staat. Ursprung u. Wirkung von Dohms Schrift ÜBER DIE BÜRGERLICHE VERBESSERUNG DER JUDEN, in: Deutsche Aufklärung u. Judenemanzipation, Hg. W. Grab (= Jb. des Instituts für deutsche Geschichte der Universität Tel Aviv, Beiheft 3), Tel Aviv 1980.

92 Vgl. H. Brunschwig, Gesellschaft u. Romantik in Preußen im 18. Jahrhundert, Frankfurt 1975.

wort: Nein, aber wohl in einem Zeitalter der *Aufklärung*."[93] Dieser zeitgenössischen Einschätzung ist auch heute noch zuzustimmen.

93 Kant, Was ist Aufklärung? 59. – Aufschlußreich ist auch ein angeblich von einem Fremden, möglicherweise jedoch von Gedike verfaßter Artikel der „Berlinischen Monatsschrift" über Berlin: Es gebe dort zwar auch „stockfinstren dicken Aberglauben", aber sein Gesamturteil ist sehr positiv: „So eine Aufklärung, als hier allgemein ist, sah ich in Deutschland nirgends. – Ich sage in *Deutschland;* denn über Paris mag ich nicht streiten; auch heißt, und ist vielleicht in Frankreich Aufklärung etwas anders, als in Deutschland; und das republikanischere England geht freilich jeder Monarchie vor. – Ich meine im *Ganzen.* Denn allerdings giebt es auch hier erstaunliche, und in der That unglaubliche Beispiele vom Gegenteil." BM 2. 1783, 542–57, das Zit. 543.

Reformpolitik in Preußen 1807–1820

von Barbara Vogel

Sich der preußischen Reformzeit seit 1807 im Rahmen einer Bestandsaufnahme preußischer Geschichte in kritischer Perspektive zuzuwenden, verlangt nach einer Begründung. Nicht daß die lange Zeit übliche Glorifizierung der staatspolitischen Leistung nicht inzwischen kritische Anmerkungen erhalten hätte, sogar „Leistung“ in „Versagen“ uminterpretiert worden wäre – eine Begründung ist vielmehr erforderlich, weil neuerdings, angeregt durch modernisierungstheoretische Erklärungsversuche zur Entstehung der „modernen Welt“, die Reformgesetzgebung als ein nicht unerheblicher Modernisierungsfaktor betrachtet wird. Die Reformzeit erhält dadurch eine neue Aufwertung, die über ihre Deutung als erfolgreichen Versuch zur „Reorganisation des Staates“[1] sogar noch hinausreicht, weil jetzt der Anteil der Reformpolitik an der wirtschaftlichen und gesellschaftlichen Modernisierung, also nicht nur der des Staatsapparats, hervorgehoben wird. Die „Erfolge“ und ebenso die „Versäumnisse“ der Reformpolitik erhalten dadurch größere Dimensionen. Bei einer Exemplifizierung dieses Ansatzes stellen sich allerdings noch viele offene Fragen.

Der theoretisch begründete Zweifel an der Wirkungsmöglichkeit des Staates in wirtschaftlichen und gesellschaftlichen Transformationsprozessen ist keineswegs beseitigt.[2] Der preußische Staat blieb nach dem militärisch-politischen Zusammenbruch, was er vorher gewesen war: ein Staat, getragen von der Feudalaristokratie mit einem absolutistischen Regierungssystem. Seine Modernisierungsabsicht und seine Modernisierungserfolge wurden dementsprechend in der Regel nur in den Bereichen, die positiv für die Gutswirtschaft und die Junkerherrschaft bilanzieren, anerkannt. Die Vorstellung eines Nebeneinanders von wirtschaftlicher Modernisierung und soziopolitischer Konservierung, die in dem Begriff der defensiven oder der konservativen Modernisierung zusammengefaßt wird,[3] repräsentiert weithin die herrschende Meinung der Geschichtswissenschaft, die sich als histo-

1 So lautet ein häufig belegter zeitgenössischer Ausdruck; vgl. den Titel der Quellenpublikation: Die Reorganisation des Preußischen Staates unter Stein u. Hardenberg, Hg. G. Winter, Leipzig 1931.

2 Vgl. dazu die Diskussion der Thesen von S. Pollard, Industrialization and Integration of the European Economy, in: Industrialisierung und europäische Wirtschaft. Ein Tagungsbericht, Hg. O. Büsch u.a., Berlin 1976, 7ff.

3 Vgl. dazu H.-U. Wehler, Modernisierungstheorie u. Geschichtswissenschaft, Göttingen 1975.

rische Sozialwissenschaft versteht.[4] Dabei ist zu beachten, daß diese Erklärung nur z. T. aufgrund neuer empirischer Studien zur Reformzeit entstanden ist, daß sie vielmehr – eine generelle Schwäche der Modernisierungstheorien – auf Rückschlüssen aus späteren Erscheinungen der wirtschaftlichen und soziopolitischen Realität basiert und ihr empirisches Material aus den vorhandenen älteren Werken zur Reformzeit bezieht.

Aus dem Fortwirken aristokratischer Vorherrschaft oder feudaler Relikte in der sozialen Rangordnung wie in der Politik und aus der Repression gegen demokratische Tendenzen wird auf die Intentionen und Taten der Reformpolitiker geschlossen. Dahinter steht die Vorstellung, daß der Staatsapparat als Instrument der herrschenden Schichten deren Position zu stärken sucht, daß sich im übrigen der Wandel in Wirtschaft und Gesellschaft außerhalb der staatlichen Einflußsphäre vollzieht. Es könnte jedoch sein, daß sich in dieser Vorstellung die Überbewertung staatlicher Wirkungsmöglichkeit mit umgekehrtem Vorzeichen wiederholt: Wie es geworden ist, war es gewollt und planvoll eingeleitet.

In der Formel „Revolution von oben“ ist diese Ambivalenz enthalten: einerseits der Eindruck, daß es sich um einschneidende und tiefgreifende Veränderungen gehandelt habe; andrerseits die Beobachtung, daß es sich um Maßnahmen der traditionellen Führungsschicht, der Staatsspitze, gehandelt habe, die Grenzen der Modernisierungsabsicht also durch das Interesse an der Herrschaftsstabilisierung gezogen seien. Unter diesem Blickwinkel ist das Phänomen der „Revolution von oben“ im Gegensatz zur „richtigen“ Revolution als Ansatz zur Deutung der Entwicklung und Fehlentwicklung der preußisch-deutschen Geschichte angewandt worden, oftmals für die Fragen der Ungleichmäßigkeit zwischen wirtschaftlicher und soziopolitischer Modernisierung mit weiterführenden Ergebnissen.[5]

Es stellt sich jedoch die Frage, ob die preußische Reformzeit in das Interpretationsschema einer partiellen Anpassung des institutionellen Rahmens an die sozioökonomische Entwicklung vom „Aufgeklärten Absolutismus“ Friedrichs des Großen bis zum „Bonapartismus“ Bismarcks mit graduellen, nicht aber prinzipiellen Unterschieden hineinpaßt.[6] Viele Indizien sprechen dagegen.

Gegen die Kontinuität des „Aufgeklärten Absolutismus“ ins 19. Jahrhundert hinein ist betont worden, daß die Französische Revolution eine Schwelle bedeute, die auch in den deutschen Staaten als Kontinuitätsbruch gewirkt habe.[7] Die Reformen zu Beginn des 19. Jahrhunderts in den

4 Vgl. z. B. H. Schissler, Preußische Agrargesellschaft im Wandel 1763–1847, Göttingen 1978.

5 Besonders anregend, trotz vielfacher Kritik, immer noch: B. Moore, Soziale Ursprünge von Dikatur und Demokratie, Frankfurt 1974.

6 B. Vogel, „Revolution von oben“ – Der „deutsche Weg“ in die bürgerliche Gesellschaft? in: SOWI 8. 1979, 67–74.

7 E. Fehrenbach, Traditionale Gesellschaft u. revolutionäres Recht. Die Einführung des Code Napoléon in den Rheinbundstaaten, Göttingen 1978², 10.

Rheinbundstaaten wie in Preußen sind qualitativ verschieden von den Reformen des Aufgeklärten Absolutismus.[8] Im preußischen Fall zeigt sich der Qualitätssprung in der Begrenztheit der Reformen vor 1806 wie in der anderen Zielsetzung dieser Reformversuche.[9]
Die Kontinuität eines fortdauernden bürokratischen Absolutismus im 19. Jahrhundert wird dagegen selten infragegestellt. Die „Restauration" wird entweder als das folgerichtige Ergebnis der Reformzeit hingestellt oder als „konservative Wende" ein und derselben Führungsschicht gedeutet.[10] Nach dem Selbstverständnis seiner Zeitgenossen vollendete Bismarck mit einer „Revolution von oben", was als „Revolution von oben" zu Beginn des 19. Jahrhunderts eingeleitet worden war.[11] Und in der Historiographie – am prägnantesten in der marxistisch-leninistischen Geschichtswissenschaft der DDR, die den Bogen der „bürgerlichen Revolution" in Deutschland von der preußischen Reformzeit über die 48er Revolution bis zur Reichsgründung spannt[12] – wurde dieser Interpretationsrahmen übernommen.[13] Dabei ist meistens vernachlässigt worden, daß sich die von den Zeitgenossen der Reichsgründung gezogene Kontinuitätslinie allein auf die nationalpolitische Entwicklung gestützt hatte: von den Befreiungskriegen über den 1848/49 gescheiterten Versuch, den Nationalstaat „von unten" zu konstituieren, bis zu Bismarcks kriegerischer Reichsgründung.
Gleichwohl sind auch in der Innenpolitik Kontinuitäten anzuführen: Die erfolgreiche Sanierung der Rittergutsbesitzer als zentrales Reformziel, die Konsolidierung der Staatsfinanzen und die verschleppte Frage einer Konstitution stützen das Theorem einer soziopolitischen Systemstabilisierung von der Reformzeit zu Bismarck. Da jedoch die Reformzeit in der personellen Führung, in ihrer Zielsetzung und ihren Inhalten keine Einheit bildet, muß geklärt werden, wo genau die Kontinuitätslinien entspringen. Ein auffälliges Kennzeichen der historiographischen Tradition ist der breite Kon-

8 E. Weis, Absolute Monarchie u. Reform im Deutschland des späten 18. u. des frühen 19. Jh., in: F. Kopitzsch Hg., Aufklärung, Absolutismus u. Bürgertum in Deutschland, München 1976, 192–219.

9 O. Hintze, Preußische Reformbestrebungen vor 1806, in: ders., Regierung u. Verwaltung, Hg. G. Oestreich, Göttingen 1967², 504–29; H. Harnisch, Die agrarpolitischen Reformmaßnahmen der preußischen Staatsführung in dem Jahrzehnt vor 1806/07, in: JbWG 1977/III, 129–53; G. Birtsch, Zum konstitutionellen Charakter des preußischen Allgemeinen Landrechts von 1794, in: Fs. T. Schieder, München 1968, 97–115.

10 So auch in der breit angelegten, die Jahrzehnte 1790 bis 1848 umfassenden Analyse der bürokratischen Reformen von R. Koselleck, Preußen zwischen Reform u. Revolution, Stuttgart 1975².

11 Beispiele bei E. Engelberg, Über die Revolution von oben. Wirklichkeit u. Begriff, in: ZfG 22. 1974, 1183–212.

12 Ebd.; W. Schmidt, Zu einigen Problemen der bürgerlichen Umwälzung in der deutschen Geschichte, in: Bourgeoisie u. bürgerliche Umwälzung in Deutschland 1789–1871, Berlin 1977, 1–33.

13 W. Sauer, Das Problem des deutschen Nationalstaats, in: Moderne deutsche Sozialgeschichte, Hg. H.-U. Wehler, Königstein 1981⁶, 407–36.

sens über die Reformpolitik des Freiherrn vom Stein, so daß die Vermutung einer Kontinuität seiner Intentionen und Wertvorstellungen naheliegt. Dagegen erweckt das durchgehend negative Urteil über die Hardenbergsche Phase der Reformzeit den Eindruck, daß Hardenbergs politischer Ansatz nicht im Einklang mit den Tendenzen der folgenden Jahrzehnte stand.
Daß die nahezu einhellige Ablehnung Hardenbergs mit den unterschiedlichsten Argumenten begründet wurde, fordert zu einer Überprüfung des Hardenbergbilds und implizit der Reformzeit heraus. Gerade die zeitgenössischen Kritiken lassen darauf schließen, daß die Reformpolitik des Staatskanzlers Hardenberg nach Form und Inhalt nicht mit der herrschenden Strömung in der Bürokratie harmonierte. Soweit die preußische Bürokratie als Träger der Reformen, d.h. als zugleich hochqualifiziert und zukunftsorientiert gilt, ist damit ein Urteil über die Reformbereitschaft Hardenbergs gesprochen. Die Vorstellung einer zukunftsorientierten Bürokratie versagt jedoch bei der Erklärung der „konservativen Wende" oder der „Restauration". Eine größere Wahrscheinlichkeit als die Kehrtwendung einer Mehrheit hat die Überlegung, ob sich mit dem Erstarken der Restauration nicht das Beharrungsvermögen der Mehrheit gegenüber dem revolutionären Aufbruch einer Minderheit durchsetzte.
Die Person Steins hat paradigmatische Bedeutung für den konservativen Grundzug der Bürokratie. Die konservative Einstellung Steins in der Restaurationszeit ist zunächst als Widerspruch zu seiner Tätigkeit 1807/08 verstanden worden.[14] Heute dagegen ist unbestritten, daß Stein ein Konservativer auch vor und während der Reformzeit gewesen ist.[15] Seine Reformtätigkeit läßt sich gut in das Konzept der „defensiven Modernisierung" einordnen. Der Wertschätzung seiner Person und seiner Leistung für die Reorganisation Preußens hat diese Erkenntnis übrigens kaum Abbruch getan.
Wenn ein konservativer Grundzug in der hohen Bürokratie auch für die Reformzeit angenommen werden kann, stellt sich die Frage nach dem Verhältnis zwischen der Bürokratie und dem Staatskanzler Hardenberg neu; und es verlangt die These nach einer Prüfung, daß die „Revolution von oben" nicht die Reformanstrengung der traditionellen Staatsführung selber war, sondern im Konflikt mit ihr erzwungen wurde. Anhaltspunkte für diese These ergeben sich zunächst aus den widersprüchlichen Urteilen über die Hardenbergsche Amtszeit, die den Schluß nahelegen, daß sie sich nur schwer in die politische Entwicklung Preußens einordnen läßt, sodann aus der Beobachtung, daß die zeitgenössische Opposition, die alle späteren historiographischen Urteile vorprägte, in erster Linie von der Bürokratie sel-

14 W. Gembruch, Freiherr vom Stein im Zeitalter der Restauration, Wiesbaden 1960.
15 K. Epstein, Stein in German Historiography, in: History and Theory 5. 1965, 241–74; deutlich schon in der Biographie von G. Ritter, Stein, 2 Bde, Berlin 1931 (in einem Band Stuttgart 1958[3]).

ber ausging; die Anhaltspunkte verdichten sich bei der Analyse seiner Reformpolitik.

Schon die Reaktion der Zeitgenossen auf Hardenbergs Ernennung zum Staatskanzler belegt anschaulich, daß die Reformen, die seit 1810 eingeleitet wurden, einen Bruch nicht nur mit den preußischen Traditionen, sondern auch mit den Ansätzen zu einer Reorganisation des Staates, wie sie seit 1807 vorbereitet wurde, bedeuteten. Begrüßt wurde der Amtsantritt Hardenbergs von der Börse,[16] von den Berliner Großkaufleuten und Kapitalisten,[17] vom König, zunächst auch von Stein, der eine Fortsetzung seiner Politik erwartete; Widerstand regte sich sofort in den Reihen der hohen Verwaltungsbürokratie.[18] Das erscheint umso bemerkenswerter, als Hardenbergs 1807 von Napoleon erzwungener Rückzug aus der Politik noch als großer Verlust beklagt worden war.[19] Theodor v. Schön und Barthold Niebuhr, die 1810 beide besonders schroff die Zusammenarbeit mit Hardenberg ablehnten, hatten 1807 zu seinen engsten Mitarbeitern gezählt. Schöns Tätigkeit in der Kombinierten Immediatkommission stellte im Sommer 1807 eine direkte Verknüpfung zwischen der Hardenbergschen und der Steinschen Amtszeit her.[20] Niebuhr bearbeitete im Sommer 1807 für die Rigaer Denkschrift, in der Hardenberg dem König sein Reformprogramm vorlegte, die Finanzfragen.[21]

Die Opposition innerhalb der hohen Verwaltungsbürokratie ist so offensichtlich, daß es sinnvoll erscheint, die Reformpolitik des Staatskanzlers Hardenberg einmal unter diesem Aspekt zu untersuchen. Die übliche Fixierung auf die Reaktion der adligen Rittergutsbesitzer hat übersehen lassen, daß die aktivsten und erfolgreichsten Opponenten gegen die Gesetzgebungsprojekte des Staatskanzlers aus den Reihen der Bürokratie kamen. Die Quellen der Opposition waren (I.) die Form seiner Regierungsführung mit Hilfe des Staatskanzleramts und (II.) die Richtung, die er der Reformpolitik mit der konsequenten Auflösung der ständischen Wirtschafts- und Gesellschaftsstruktur gab.

I. Die Abschaffung der Kabinettsregierung war ein zentrales Ziel in der innerbürokratischen Diskussion um Rationalisierung und Effektivierung des Regierungsapparats seit den 1790er Jahren gewesen; erreicht wurde dieses Ziel erst nach 1806.[22] Erst jetzt wurde die Regierung aus dem Kabinett

16 H. Haussherr, Die Stunde Hardenbergs, Köln 1965², 116, 122.

17 H. Rachel u. P. Wallich, Berliner Großkaufleute u. Kapitalisten, III, Berlin 1967², 17f.

18 E. Klein, Von der Reform zur Restauration, Berlin 1965, 1ff.

19 Vgl. den Briefwechsel Schön und Altenstein im Juli 1807, Winter Hg., Nr. 159, pass.

20 Vgl. den Entwurf eines Berichts der Kombinierten Immediatkommission an Stein 12.10.1807, H. Scheel Hg., Das Reformministerium Stein, I, Berlin 1966, Nr. 9, 19–23.

21 H. Haussherr, Hardenbergs Reformdenkschrift Riga 1807, in: HZ 157. 1938, 267–308, 269f.

22 H. O. Meissner, Zur neueren Geschichte des preußischen Kabinetts, in: FBPG 36. 1924, 38–66, 180–209.

durch eine verantwortliche Ministerialverwaltung ersetzt; durch die neue Regelung des Geschäftsgangs, durch Delegation von Funktionen und Kompetenzen wurden politische Partizipationsrechte auf einen größeren Kreis von hohen Verwaltungsbeamten ausgedehnt, die bürokratische Herrschaft etablierte sich.[23] Diese Regierungsreform, in der Gedanken einer physiokratischen Staatstheorie wirkten,[24] war systemimmanent: Sie sollte Schwächen des Absolutismus, die sich aus der persönlichen Unzulänglichkeit des Monarchen ergeben konnten, ausschalten, ohne die rechtliche und faktische Entscheidungsgewalt des Monarchen aufzuheben. Das streng auf Gleichberechtigung abzielende Kollegialprinzip stärkte sogar die Stellung des Monarchen als Schiedsrichter gegenüber dem Ministerkollegium.
Demgegenüber forderte Hardenberg, nachdrücklich und wiederholt seit 1807, die Richtlinienkompetenz für einen „ersten Minister“ (Premierminister, Staatskanzler), der nicht nur faktisch, z. B. aufgrund persönlicher Autorität, sondern auch rechtlich abgesichert die oberste Entscheidung und Kontrolle gegenüber allen Zweigen der Administration innehaben sollte.[25] Obwohl formal der Staatskanzler nach den Befehlen des Königs handelte, wurde durch dieses Verfassungsinstitut der monarchische Absolutismus faktisch und rechtlich beendet.
Die Position des Staatskanzlers, der, vom König ernannt, auf das Vertrauen des Königs angewiesen war und von ihm rechtlich jederzeit entlassen werden konnte, hing im besonderen Maße vom Erfolg seiner Politik ab. Das Echo der Öffentlichkeit als Gradmesser für seine Popularität und für die Aufnahme und Wirkung seiner Politik war ein entscheidender Faktor zur Behauptung und Befestigung seiner Stellung gegenüber dem Monarchen und innerhalb der Verwaltung. Dadurch erhielt jetzt in Preußen zum ersten Male die Kategorie der öffentlichen Meinung eine wichtige Funktion zur Legitimierung der Politik.[26] Von diesem Legitimationswandel her ist Hardenbergs immer wiederkehrende Berufung auf den „Zeitgeist“ und auf die „opinion“ zu erklären, ebenso wie seine ständige Bemühung, die „Publizität“ seiner Politik zu erhöhen.[27] Alle großen Gesetzgebungsprojekte von

23 Zur Herausbildung des bürokratischen Absolutismus: H. Rosenberg, Bureaucracy, Aristocracy and Autocracy: The Prussian Experience, 1660–1815, Cambridge/Mass. 1958 u. ö.; vgl. ders.: Die Überwindung der monarchischen Autokratie, in: Der Aufgeklärte Absolutismus, Hg. K. O. v. Aretin, Köln 1974, 182–204.

24 H. Holldack, Der Physiokratismus u. die absolute Monarchie, in: v. Aretin Hg., 137–162; V. Sellin, Friedrich d. Gr. u. der Aufgeklärte Absolutismus, in: Fs. W. Conze, Stuttgart 1976, 83–112, 90ff.

25 Klein, 241ff.

26 Über die „öffentliche Meinung“ als Kategorie der bürgerlichen Gesellschaft: J. Habermas, Strukturwandel der Öffentlichkeit, Neuwied 1962 u. ö., bes. 109ff.

27 Die Belege dafür finden sich in der Diskussion um alle Reformprojekte, am häufigsten bei der Vorbereitung des ersten Schubs von Reformgesetzen: Hardenberg an Schön, 7. 8. 1810, über Steins Stellungnahme zu Hardenbergs Finanzplan: „aber ich teile nicht

den Finanzgesetzen des Herbst 1810 angefangen[28] bis zur Finanzreform von 1820[29] ließ der Staatskanzler durch Presseartikel propagandistisch vorbereiten. Der Plan einer Zeitungsgründung nach dem Vorbild des „Moniteur“ konnte nicht verwirklicht werden.[30] Jedoch schuf sich der Staatskanzler mit der „Gesetzessammlung für die Kgl. Preußischen Staaten“, 1810 bereits gegründet, ein amtliches Organ zur Information der Öffentlichkeit über die Reformpolitik. Außer sämtlichen Behörden waren Magistrate, Patrimonialgerichte (d.h. Gutsherren), Landräte, Superintendenten, Domänenbeamte, Räte, Stabsoffiziere, Assessoren, Referendare zum Bezug der „Gesetzessammlung“ verpflichtet.[31] Die programmatischen, Motive und Zwecke erläuternden Präambeln vieler Reformgesetze bestätigen ihre Funktion, zu informieren und für die inneren Reformen zu werben.[32]

Die „öffentliche Meinung“ war für den Staatskanzler mehr als eine „Mitherrscherin“ der Fürsten, gegen die nichts dauerhaft durchzusetzen sei – wie sich Varnhagen v. Ense in einem Brief an Hardenberg ausdrückte.[33] Sie war ein notwendiger Bundesgenosse des Staatskanzlers, wenn er gegen die Opposition des Hofes und aus den Reihen der Bürokratie einen Reformkurs steuern wollte. Der engagierte Kritiker des bürokratischen Absolutismus im Vormärz, Karl Heinzen, hat diese Abhängigkeit des Kanzlers von der öffentlichen Meinung schon gesehen und daraus gefolgert, daß „gerade die Abschaffung des Staatskanzlers vielleicht ... am meisten zur Befestigung der bürokratischen Gewalt beigetragen“ habe.[34] In Hardenbergs Verfassungsüberlegungen spielte dieser Gesichtspunkt immer hinein.

Die Deputiertenversammlung von 1811 und die Interimistische Nationalrepräsentation 1812/15 sollten auch als Gegengewicht gegen den Widerstand in der Bürokratie wirken. Anschaulich wird diese Vorstellung in dem Bild einer „glücklichen Vereinigung zwischen dem Stellvertreter des Königs und denen des Volks“ gegen die „angemaßte willkürliche Gewalt“ ho-

seine Überzeugung, daß auf die opinion wenig Rücksicht zu nehmen sei“ (ZStA II Rep. 92 Hardenberg K 67, Bl. 6).

28 Aufsatzserie, entstanden im Staatskanzlerbüro, Nov./Dez. 1810, die in allen Berliner Zeitungen sowie den Regierungsdepartementsblättern und regionalen Intelligenzblättern abgedruckt wurde (ZStA II Rep. 74 H I Gen. 8).

29 Hoffmann als Verfasser einiger „populärer Aufsätze“ zur Beruhigung des Publikums, Hoffmann an Hardenberg, 8.1.1820, ZStA II Rep. 92 Hardenberg H 29; vgl. auch Albrecht an Hardenberg, 14.1.1820, ebd., Rep. 92 Hardenberg H 14 b, Bl. 54ff.

30 Haussherr, Stunde Hardenbergs, 227ff.

31 Gesetzessammlung für die Kgl. Preußischen Staaten 1810, 1f. (VO über die Erscheinung und den Verkauf der neuen Gesetzsammlung v. 27.10.1810).

32 Das „Finanzedikt“ vom 27.10.1810 (Edikt über die Finanzen des Staats und die neuen Einrichtungen wegen der Abgaben), Nr. 3 der GS 1810, hat mehr den Charakter eines Regierungsprogramms als eines Gesetzes.

33 Varnhagen an Hardenberg, 9.3.1815, ZStA II Rep. 92 Hardenberg K 72, Bl. 21.

34 K. Heinzen, Die preußische Bureaukratie, Darmstadt 1845, 57.

her Staatsbeamter, zu dem Hardenbergs engster Mitarbeiter im Staatskanzleramt, Scharnweber, ein Mitglied der Nationalrepräsentation inspirierte.[35] Solche Hoffnungen wurden jedoch wegen der rückständigen gesellschaftlichen Verhältnisse in Preußen, die sich in der Zusammensetzung jeder Landesrepräsentation widerspiegelten, in der Regel enttäuscht, was Hardenbergs Einstellung zur Verfassungsfrage nachhaltig beeinflußte. Auch sein letzter Versuch, durch ein Repräsentationsorgan den Ministern einen „Kappzaum anzulegen", der Staatsrat, erfüllte die Erwartungen nicht, schon deshalb nicht, weil es den Ministern mit Unterstützung konservativer Hofkreise gelang, Sitz und Stimme im Staatsrat zu bekommen.[36] Obwohl die Lösung der Verfassungsfrage während der Dauer des Staatskanzleramts nicht gelang, erscheint die spekulative These berechtigt, daß die Staatskanzlerverfassung bessere Voraussetzungen für die Institutionalisierung eines Repräsentativorgans geboten hätte als der sich in Preußen behauptende bürokratische Absolutismus.[37]

Die Ernennung Hardenbergs zum Staatskanzler mit umfassenden legislativen und exekutiven Vollmachten sowie der schrittweise durchgeführte Ausbau des Staatskanzleramts als oberster Regierungsbehörde bedeutete einen Bruch mit den bis dahin vorherrschenden Bestrebungen zur Reform des Regierungssystems.[38] Einige an der bisherigen Reformdiskussion aktiv beteiligte Beamte gingen infolgedessen sogleich auf einen Konfrontationskurs. Das bald kolportierte Wort von der „Staatskanzlerdiktatur" gibt der Erbitterung in der hohen Bürokratie über die Beschneidung ihrer Selbständigkeit und Gleichberechtigung Ausdruck. Die Spannungen zwischen dem Staatskanzleramt, das sich nicht damit begnügte, die Richtlinien der Reformpolitik aufzustellen, sondern deren Durchführung überwachte und daher häufig in die Departements hineinregierte, und den Ressorts wuchsen im Laufe der Zeit, als einerseits der organisatorische Ausbau des Staatskanzleramts perfektioniert wurde und andrerseits die Realisierung der Reformprojekte auf wachsende praktische Schwierigkeiten stieß.[39]

Die Institution des Staatskanzlers blieb in der Organisationsstruktur der preußischen Verwaltung ein Fremdkörper. Stärker noch als durch die institutionelle Sonderstellung des Staatskanzleramts wurde dieser Eindruck in

35 Zastrow an Hardenberg: Denkschrift über die Nationalrepräsentation, 8.7.1813, ZStA II Rep. 74 H IX Nr. 6, Bd 3, Bl. 130 ff. (Zastrow war zu seinem Appell an Hardenberg von Scharnweber aufgefordert worden).

36 H. Schneider, Der preußische Staatsrat 1817–1818, München 1952, 30 ff. (das Wort, den Ministern einen Kappzaum anlegen, entstammt einem Brief Wittgensteins an Hardenberg, 16.3.1817)

37 Vgl. dazu Koselleck, 167.

38 Man vergleiche die auf breitester Ebene vorgesehene bürokratische Mitbestimmung in der obersten Regierungsbehörde „Staatsrat" im Organisationsplan vom 24.11.1808 (H. Scheel Hg., Das Reformministerium Stein, III, Berlin 1968, Nr. 328, 1088–134) mit dem „Staatskanzleredikt" vom 27.10.1810 (GS 1810, Nr. 2, S. 3–23).

39 Klein, 274 ff.

den ersten Jahren seines Bestehens, d.h. zu einer Zeit, als der Regierungsapparat noch klein und überschaubar war, durch seine personelle Zusammensetzung hervorgerufen. Die Mitarbeiter im Büro des Staatskanzlers standen nach Rang und Dienstalter, soweit sie überhaupt ordentliche Mitglieder der Bürokratie waren, weit unter den hohen Verwaltungsbeamten, die bisher an der Reformgesetzgebung federführend beteiligt gewesen waren. Außerdem forderte Hardenberg unter Mißachtung dienstlicher Hierarchien Beamte verschiedener Ressorts zu Gutachten auf. Hardenberg folgte bei der Zusammensetzung seines Beraterkreises dem Stil, den er schon in den 1790er Jahren in Ansbach und Bayreuth entwickelt hatte und der ihn den neuen Beamtentyp eines leistungsorientierten, reformoffenen Fachmanns hatte heranbilden lassen.[40] Hanns Hubert Hofmann spricht von dem damaligen Mitarbeiterstab Hardenbergs als von den „zornigen jungen Männern".[41] Dieser Ausdruck paßt auf die Hauptpersonen bei der Beratung der Reformgesetze im Sommer und Herbst 1810 womöglich noch besser.

Die Verletzung gebräuchlicher Normen der dienstlichen und gesellschaftlichen Rangordnung – ein Vorwurf, der auch dem privaten Hardenberg bis heute angelastet wird[42] – schlug sich in stark emotional gefärbten Angriffen gegen Hardenbergs Personalpolitik nieder. Der Geheimrat Niebuhr empfand Hardenbergs Beraterkreis im Mai 1810 als einen konspirativen Verein und sprach vom „Auswurf des Hofes".[43] Anderthalb Jahre später klagte er in einem Brief an Stein, Hardenberg sei von Gesindel und Räubern umgeben.[44] Der Finanzminister Altenstein verwahrte sich gegen Hardenbergs Rat, sich als Staatsmann zur Lösung der Finanzkrise mit Kaufleuten und Bankiers an einen Tisch zu setzen.[45] Theodor v. Schön erklärte sich in einem Brief an Hardenberg außerstande, mit Hardenbergs Beratern eine Konferenz über Finanzfragen abzuhalten. Scharnweber warf er vor, kein „gebildeter Kopf" zu sein, Raumer nannte er einen „jungen Mann", Beuth kenne er nicht, war aber sicher, mit ihm weder theoretisch noch praktisch übereinzustimmen.[46] Der Justizminister Kircheisen zeigte sich empört, daß Hardenberg den Gesetzentwurf betreffend die Emanzipation der Juden dem Juden David Friedländer, der aufgrund der Städteordnung immerhin

40 H. H. Hofmann, Adelige Herrschaft u. souveräner Staat. Studien über Staat u. Gesellschaft in Franken u. Bayern im 18. u. 19. Jh., München 1962, 176ff.

41 Ebd., 187.

42 Noch in den jüngsten biographischen Nachschlagewerken wird Hardenbergs unstandesgemäßer Lebenswandel erwähnt; vgl. z.B. NDB Bd. 7 (H. Haussherr u. W. Bussmann).

43 Niebuhr an Dore Hensler, 25.5.1810, zit. nach D. Pietschmann, Das preußische Finanzministerium unter Stein u. Hardenberg. Diss. Berlin 1960, 62.

44 Niebuhr an Stein, 10.11.1811, ZStA II Rep. 92 Hardenberg H 5 VII 1/2.

45 Immediatbericht Altensteins, 18.3.1810, ZStA II Rep. 92 Hardenberg H 3 1/2, Bd. 1, Bl. 38.

46 Schön an Hardenberg, 8.8.1810, ZStA II Rep. 92 Hardenberg K 67, Bl. 8f.

das öffentliche Amt eines Berliner Stadtrats bekleidete, zum Gutachten vorgelegt hatte.[47]
Die Militärs waren über die „zivilistischen Umgebungen des Staatskanzlers“ – so Gneisenau[48] – beunruhigt. Tatsächlich hatten Beuth, Raumer und Scharnweber bereits in ihrem ersten Gutachten zum Finanzplan eine Reduktion der Militärausgaben gefordert.[49] Und im Kriegsjahr 1813 setzte Scharnweber trotz der überschwappenden patriotischen Begeisterung bei Hardenberg eine Revision des Landsturmedikts durch,[50] was zu einem Eklat zwischen ihm und Gneisenau führte.[51]
Im Sommer 1812 fühlten sich einige Opponenten schon stark genug zu einer Appellation an den König. Das Memoire, das ein Kammerherr unterzeichnete, gipfelte in dem Vorwurf, daß Hardenbergs graue Haare ihn nicht davor bewahrt hätten, sich von jungen Fremdlingen und verblendeten Theoretikern in eine gefährliche politische Richtung drängen zu lassen.[52] In seiner Entgegnung an den ihm zu dieser Zeit noch wohlwollenden König stellte Hardenberg die Motive der unqualifizierten Angriffe gegen seinen Mitarbeiterstab und gegen ihn selbst auf zwei Ebenen. Zum ersten: „Mehrenteils ist hieran der Neid und kleinliche Eifersucht der Mitdienerschaft, hauptsächlich der Departementschefs Schuld. Diese wähnen bei dem unschuldigsten Anlaß ihre Autorität kompromittiert...“ Zum zweiten: „Das elende Gewäsch der Tadler, daß man bloß Lieblingstheorien befolge, ist wie die Geschichte aller Zeiten lehrt und wie Ew. K. M. höchstselbst bei jeder neuesten Einrichtung erfahren haben, die Sie sowohl im Militär als im Zivil vornahmen, die ewige Sprache der Unwissenheit, die sich gegen alles Bessere, Neue, Große und Gute erhebt.“[53]
In den folgenden Jahren, vor allem seit der territorialen Neugründung Preußens nach dem Wiener Kongreß, komplizierten und verwirrten sich die innerbürokratischen Fronten erheblich, aber ein Grundzug blieb vorherrschend: Alle großen Gesetze zur Wirtschafts- und Gesellschaftsreform wurden nicht von der traditionellen bürokratischen Elite[54] entworfen und

47 A. Stern, Die Entstehung des Ediktes vom 11. März 1812, betreffend die bürgerlichen Verhältnisse der Juden in dem preußischen Staat, in: ders., Abhandlungen u. Aktenstücke zur Geschichte der preußischen Reformzeit, 1807–1815, Leipzig 1885, 225–62, 245; zu Friedländer vgl. S. Wenzel, Jüdische Bürger u. kommunale Selbstverwaltung, 1808–1848, Berlin 1967, 37ff.
48 Gneisenau an Chasot, 2.4.1811, Gneisenau, Ein Leben in Briefen, hg. K. Griewank, Leipzig 1939, Nr. 72, 157.
49 Beuth, Raumer, Scharnweber an Hardenberg, 30.7.1810, ZStA II Rep. 92 Schöll 29, Bl. 122ff.
50 Scharnweber an Hardenberg, 18.5.1813, ZStA II Rep. 92 Hardenberg G 1 1/2, Bl 73ff.; vgl. R. Ibbeken, Preußen 1807–1813, Köln 1970, 401f.
51 Gneisenau, Briefe, 234f., 236f.
52 Der Vorgang in ZStA II Rep. 92 Hardenberg H 7 1/2, das Memoire des Kammerherrn Keith datiert vom 11.6.1812, vom Kg. schon am 12.6. an Hardenberg weitergeleitet.
53 Hardenberg an Fr. W. III., 13.6.1812, ebd.
54 O. Hintze, Der Beamtenstand, in: ders., Soziologie u. Geschichte, Hg. G. Oestreich, Göt-

redigiert, sondern oft gegen deren Einspruch von den bürokratischen Außenseitern und Neulingen im Staatskanzleramt. Gegen die Durchführung der Reformgesetze übten die Zentral- und Provinzialregierungsbehörden oft einen passiven oder aktiven Widerstand aus. Die neuen, eigens zur Durchführung der Agrarreformen geschaffenen und mit proreformerischen Beamten besetzten „Generalkommissionen"[55] waren insofern eine Mißtrauenserklärung gegen die ordentlichen Regierungsbehörden.
Das Regulierungsedikt vom 14. September 1811, mit dem die kapitalistische Phase der Agrarreformen in Preußen begann,[56] stammt im ersten Entwurf von Friedrich v. *Raumer,* in der endgültigen Fassung von Christian *Scharnweber.* Die wirtschaftspolitische Grundsatzentscheidung, „Gewerbefreiheit" einzuführen, und die gesetzliche Regelung von Niederlassungsfreiheit, Aufhebung ständischer Schranken in der Berufswahl, Aufhebung des Zunftzwangs und der exklusiven Gewerbeberechtigungen (Zwangs- und Bannrechte) sind ebenfalls *Scharnweber,* vor allem aber Johann Gottfried *Hoffmann* zuzuschreiben. Das Gendarmerieedikt vom 30. Juli 1812, das die Absicht verfolgte, die gutsherrliche Autonomie in der kommunalen Verwaltung und Ortspolizei abzubauen, stammt aus der Feder *Scharnwebers.* Diese für die soziopolitische Modernisierung entscheidende Reform scheiterte während der faktischen Auflösung der zentralen Regierungsgewalt im Befreiungskrieg. Das Judenemanzipationsedikt vom 11. März 1812, das zwar auf vorhandene ältere Entwürfe zurückgriff, sie aber grundsätzlich erweiterte und das in engem Zusammenhang mit der Wirtschaftsreform und der finanziellen Sanierung des Staates entwickelt wurde, geht auf *Raumer,* auf David *Friedländer* und auf *Hardenberg* selber zurück. Die Finanzreformgesetze vom Herbst 1810 und vom September 1811, die in direktem Zusammenhang mit der Reform der „Grundverfassung" (Scharnweber) von *Beuth, Raumer* und *Scharnweber* entworfen wurden, waren das Ergebnis der Beratungen in Hardenbergs Mitarbeiterstab. Das umstrittene innere Besteuerungssystem der Finanzreformen von 1818/1820 ist, nachdem die Entwürfe Finanzminister Bülows im Staatsrat verworfen worden waren, auf die Initiative *Hoffmanns* und Christian *Rothers* zurückzuführen.

Von Friedländer abgesehen, der nur als Gutachter für das Emanzipationsedikt tätig war und nicht zum Staatskanzleramt gehörte, tauchen fünf Namen auf, die als verantwortlich für die Reformgesetzgebung der Harden-

tingen 1964², 66–125; W. Bleek, Von der Kameralausbildung zum Juristenprivileg, Berlin 1972.

55 Vgl. dazu jetzt H. Harnisch, Kapitalistische Agrarreformen u. Industrielle Revolution. Agrarhistorische Untersuchungen über die Zusammenhänge zwischen den kapitalistischen Agrarreformen u. der Herausbildung des inneren Marktes als Voraussetzung für die Industrielle Revolution, Prom. B (Habil-Schrift) Rostock 1978, 79ff.; Koselleck, 493ff.

56 H. Harnisch, Vom Oktoberedikt des Jahres 1807 zur Deklaration von 1816, in: JbWG, Sonderband 1978, 231–93, 235ff.

bergschen Phase anzusehen sind. Ihr Abstand zu einer durch Herkunft, akademische Bildung und Dienstweg geprägten Bürokratie ist auffällig. Scharnweber[57] und Rother[58] besaßen weder eine Gymnasial- noch eine Universitätsausbildung. Sie stammten aus niedrigen sozialen Verhältnissen und verdankten ihren Aufstieg der Förderung durch Hardenberg. Rother errang später die Anerkennung der von einem hohen Elitebewußtsein erfüllten Bürokratie; aber Scharnweber, der als die Schlüsselfigur der Hardenbergschen Reformpolitik anzusehen ist,[59] blieb zeit seines Lebens mit dem Makel seiner niedrigen Herkunft und seiner „Unebenbürtigkeit" behaftet. Raumer[60] und Beuth[61] bildeten nach Herkunft und Ausbildung keine Ausnahme von der bürokratischen Regel. Sie waren jedoch 1810, als sie eine wichtige, Raumer eine ausschlaggebende Rolle im Büro des Staatskanzlers einnahmen, erst 29 und 28 Jahre alt und verletzten die von Rangordnung und Dienstalter geprägten Ehrbegriffe des bürokratischen Korpsgeistes.

Nur Hoffmann,[62] obwohl auch niedriger sozialer Herkunft und über ein Universitätsstipendium zum sozialen Aufstieg vorbereitet, stieß als der älteste und erfahrenste unter Hardenbergs Mitarbeitern nicht auf einhellige Ablehnung in der hohen Bürokratie – immerhin war er Universitätsprofessor. Sein über viele Stationen führender Berufsweg – er trat erst mit 38 Jahren in den preußischen Verwaltungsdienst – wich jedoch von der üblichen Beamtenkarriere erheblich ab. Hoffmann selber sah in seiner wechselvollen beruflichen Laufbahn eine besondere Legitimation für seine Tätigkeit als Reformer.

57 Biographische Informationen in ADB, 55 (Nachtragsband 1910), 595–98 (F. Meusel); E. Klein, Christian Friedrich Scharnweber, in: Fs. G. Franz, Frankfurt 1967, 197–212; H. Harnisch, Agrarpolitische u. volkswirtschaftliche Konzeption einer kapitalistischen Agrarreform, in: Probleme der Agrargeschichte des Feudalismus u. des Kapitalismus, Rostock 1977, 109–22; ders., Oktoberedikt, 254 ff.

58 Biographische Informationen in ADB 29. 1889, 360 f. (Wippermann); H. Thierfelder, Rother als Finanzpolitiker unter Hardenberg 1778–1822, in: FBPG 46. 1934, 70–111; W. O. Henderson, Christian v. Rother als Beamter, Finanzmann u. Unternehmer im Dienste des preußischen Staates, in: Zeitschrift für die Gesamte Staatswiss. 112. 1956, 523–50.

59 Die Verfass. bereitet eine kleine Studie über Scharnweber sowie die Edition eines Vortrages vor, den Scharnweber am 14. März 1814 vor der Interimistischen Nationalrepräsentation gehalten hat (ZStA II Rep. 77 CCCXX Nr. 35).

60 Biographische Informationen in ADB 27. 1888, 403–14 (F. X. v. Wegele) und Mitteldeutsche Lebensbilder, III, 1928, 318–61 (H. Herzfeld); Fr. v. Raumer, Lebenserinnerungen u. Briefwechsel, Leipzig 1861.

61 Biographische Informationen in NDB 2. 1955, 200 f. (H. Haussherr); I. Mieck, Preußische Gewerbepolitik in Berlin 1806–1844, Berlin 1965; P. Lundgreen, Techniker in Preußen während der frühen Industrialisierung, Berlin 1975.

62 Biographische Informationen in ADB 12. 1880, 598–604 (Inama); K. Mamroth, Geschichte der preußischen Staatsbesteuerung im 19. Jh., I: 1806–1816, Leipzig 1890, 123–26; K. v. Rohrscheidt, Vom Zunftzwange zur Gewerbefreiheit, Berlin 1898, Glashütten 1976, 427 ff., 593 ff.

Das Büro des Staatskanzlers, das im Herbst 1811 zu einer regulären Behörde, dem Staatskanzleramt, ausgebaut wurde,[63] nicht zuletzt um den Räten des Staatskanzlers einen besseren Rückhalt in der Behördenorganisation zu geben, kann als Zentrum der Reformpolitik angesehen werden. Die Räte im Staatskanzleramt standen wegen ihres persönlichen Dienstverhältnisses zu Hardenberg, oft wegen ihrer sozialen Herkunft oder ihres beruflichen Lebenswegs und wegen ihrer politischen Anschauungen in einem Spannungsverhältnis zur ordentlichen Bürokratie, die auf die Herausforderung uneinheitlich reagierte: mit mehr oder weniger ausgeprägter Opposition, mit Anpassung oder auch mit Zustimmung. Die entschiedenste Unterstützung fand die politische Linie des Staatskanzleramts im Gewerbedepartement, dessen Beamte in Fragen ihres Ressorts liberalen Ideen folgten: Aufhebung des Fabrikensystems, des Zunftzwangs, der Akziseverfassung, d.h. Handels- und Gewerbefreiheit waren die Ziele des Gewerbedepartements.

Bis zu den Befreiungskriegen funktionierte der Regierungsstil des Staatskanzlers. Er versagte im Krieg wegen der Dezentralisation der Regierungsgewalt und ebenso nach 1814, weil sich der preußische Staat nach Territorium und Bevölkerungszahl verdoppelt und seine wirtschaftliche und soziokulturelle Homogenität durch den Gewinn von Provinzen mit höherentwickeltem gewerblichen Sektor und mit in der französischen Zeit modernisierten Rechtssystemen eingebüßt hatte. Die Konzeption der Wirtschaftsreform war auf das alte Preußen ausgerichtet gewesen. Das neue Preußen machte eine andere Prioritätensetzung erforderlich. Die Schaffung eines Gesamtstaats zur Wahrung und Sicherung des gewonnenen Besitzstandes hatte Vorrang. Die Reformziele der Gleichheit und Gleichbehandlung auf allen Rechtsebenen verloren angesichts der so ungleichen Ausgangslage der Provinzen an Prägnanz.
Der für den politischen Handlungsspielraum des Staatskanzlers erforderliche Appell an die Öffentlichkeit komplizierte sich. Da Hardenberg als Vertreter liberaler Ideen galt, war er die Hoffnung derjenigen Kräfte in den neuen Provinzen, die ihren Anschluß an das feudal-absolutistische Preußen mit großer Sorge betrachteten.[64] Sowohl die Erwartungen, die von hier auf Hardenberg gerichtet waren, als auch die Fürsprache, die er erhielt, erwiesen ihm in Berlin einen üblen Dienst. Denn seit dem Kriege waren die bis dahin vom Staatskanzleramt unter Kontrolle gehaltenen restaurativen Kräfte am Hofe und in der Bürokratie wieder im Vormarsch, und der König fühlte sich nicht länger in einer so bedrängten Situation, daß er nur mit Hilfe Hardenbergs meinte sich retten zu können. Da der „Krisenmanager" eher entbehrlich war, brauchte der radikale Reformer nicht länger geduldet zu

63 Klein, 257ff.
64 K. G. Faber, Die Rheinlande zwischen Restauration u. Revolution, Wiesbaden 1966, 83ff.; A. Herrmann, Die Rheinländer u. die preußische Verfassungsfrage 1815–1823, in: Annalen des Historischen Vereins für den Niederrhein 120. 1932, 95–135.

werden. Schon der Befreiungskrieg hatte die Reformpolitik in den Hintergrund gedrängt. Scharnweber äußerte gegenüber Hardenberg den Verdacht, die patriotische Kriegsbegeisterung werde von den konservativen Kräften geschürt, um die weitere Durchführung der Reformgesetze zu verhindern; u.a. deshalb bekämpfte Scharnweber das Landsturmedikt als ein „System von Krieg, was mit Zivilisation schlechterdings unverträglich ist".[65]

Hardenberg reagierte auf die angewachsenen Schwierigkeiten nach 1814 mit Anpassung an die bürokratischen Partizipationsforderungen, nicht zuletzt weil ein handlungsfähiger Staatsapparat ihm als wichtigste Bedingung für die Konsolidierung des preußischen Staats galt. Das Staatskanzleramt beschränkte sich mehr als früher auf die Kontrolle der gesamten Verwaltung; es regierte nicht mehr so selbstverständlich in die Ressorts hinein. Durch die Institutionalisierung des Staatsministeriums,[66] durch die Einrichtung der Oberpräsidenten[67] und durch die Errichtung des Staatsrats[68] erhielt die Behördenorganisation einen „quasi-parlamentarischen" Stil[69], so daß sie nicht zu Unrecht als „Ersatzverfassung"[70] bezeichnet worden ist. Diese Anpassungsstrategie hatte für die Fortsetzung der Reformpolitik zwei Konsequenzen: Zum einen begünstigte die Verbreiterung der Basis für politische Partizipation durch die „Ersatzverfassung" die nach wie vor überwiegend konservativ eingestellte Bürokratie; d.h. der innerbürokratische Widerstand gegen radikale Reformen bekam größere Durchsetzungschancen. Zum anderen forderte die innerbürokratische Opposition gegen die „Staatskanzlerdiktatur" trotzdem die Abschaffung des Staatskanzlers überhaupt, da gerade die liberalen Beamten nach ihrem Selbstverständnis die Bevormundung durch einen einzelnen als unerträglich empfanden und nur kollegial gefaßten Beschlüssen sich unterzuordnen bereit waren. Die innerbürokratische Verfassungsgebung förderte deshalb nicht die Befriedung, sondern verbesserte die Ausgangsposition zum Kampf gegen die „Staatskanzlerdiktatur" und gegen die Durchführung der wirtschaftlichen und gesellschaftlichen Reformgesetze. Die noch ausstehenden Reform-

65 Scharnweber an Hardenberg, 15.5.1813, ZStA II Rep. 92 Hardenberg G 1 1/2, Bl. 73ff., 81.

66 W. R. Fann, The Rise of Prussian Ministry 1806–1827, in: Sozialgeschichte Heute. (Fs. H. Rosenberg), Hg. H.-U. Wehler, Göttingen 1974, 119–29; W. Frauendienst, Das preußische Staatsministerium in vorkonstitutioneller Zeit, in: Zeitschrift für die Gesamte Staatswiss. 116. 1960, 104–77; E. Klein, Funktion u. Bedeutung des preußischen Staatsministeriums, in: JbGMO 9/10, 195–261.

67 F. Hartung, Studien zur Geschichte der preußischen Verwaltung III: Der Oberpräsident, in: ders., Staatsbildende Kräfte der Neuzeit, Berlin 1961², 275–344.

68 Schneider, Staatsrat.

69 Koselleck, 261f.; E. Kehr, Zur Genesis der preußischen Bürokratie u. des Rechtsstaats, in: ders., Der Primat der Innenpolitik, Hg. H.-U. Wehler, Berlin 1976³, 31–52, 38.

70 Koselleck, 217ff.

themen, so die Finanzreform, die Konstitution und die Verwaltungsorganisation des Gesamtstaats, standen unter diesem Vorzeichen.

II. Die Institutionalisierung einer verstärkten Mitwirkung der Bürokratie an der Reformgesetzgebung nach 1815 ließ politische Vorstellungen wieder in den Vordergrund treten, die in der ersten Reformphase nach 1807 vorherrschend gewesen waren, wenn auch die Themen wegen der neuen Gestalt des preußischen Staates differierten und sich die ehemals umstürzend wirkenden Vorstellungen in der Konfrontation mit den wirtschaftlich und sozial ganz anders strukturierten westlichen Provinzen als vergleichsweise einseitige Begünstigung der Gutswirtschaft und ihrer Träger, der „Junker", erwiesen.
Der erste Reformschub nach dem Zusammenbruch des ancien régime von 1807/08 gilt traditionell als der eigentliche und der radikalste. Die Fortsetzung oder Wiederaufnahme der Reformpolitik in der Amtszeit Hardenbergs gilt demgegenüber als Abflachung, wenn nicht sogar als Umbiegung dieser Reformansätze. Die Gründe für die fehlende Konsequenz in der Reformpolitik werden in den alles überschattenden Finanzproblemen des Staates, in der etatistischen, adelsfreundlichen Einstellung Hardenbergs und in der allmählichen Konsolidierung der restaurativen Kräfte gesehen.

Was den letzten Grund betrifft, wehte tatsächlich der schärfere Wind der Adelsopposition gegen die von Hardenberg eingeleitete Reformgesetzgebung. Jedoch muß die Erklärung dafür nicht notwendig in der größeren Schwäche des Adels 1807/08 gesucht werden; möglich wäre auch eine größere Übereinstimmung des Adels mit den Zielen und Maßnahmen der Steinschen Reformpolitik.[71] Der weithin erfolgreiche Widerstand des schlesischen Adels gegen das Oktoberedikt[72] ist ein Beispiel für die Funktionsfähigkeit der Adelsopposition schon 1807. Daß die von Stein angestrebte Aufhebung der Patrimoninalgerichtsbarkeit ebenso scheiterte wie Hardenbergs späterer Versuch, mit dem Gendarmerieedikt die lokale Herrschaft des Adels zu beseitigen, ist ein anderes Beispiel. Wenn grundlegende Interessen der adligen Gutsbesitzer bedroht waren, war die organisierte Opposition 1807/08 ebenso entschieden und erfolgreich wie seit 1810. Die Haupttendenzen der Reformpolitik Steins[73] standen jedoch im Einklang mit den Wünschen und Vorstellungen des gutsbesitzenden Adels. Sie tangierte seine Interessen nicht (Reform der Behördenverfassung); sie entsprach seinem Interesse an ständischer Selbstverwaltung (Städteordnung) oder sie erfüllte Forderungen fortschrittlich eingestellter Gutsbesitzer (Agrarreformen). Die seine ökonomische Stellung und seine sozialen

71 Vgl. K. Vetter, Kurmärkischer Adel u. preußische Reformen, Weimar 1979, 123ff.
72 J. Ziekursch, Hundert Jahre schlesischer Agrargeschichte vom Hubertusburger Frieden bis zum Abschluß der Bauernbefreiung, Breslau 1927², Aalen 1978, 285ff.
73 Vgl. Scheel Hg., 3 Bde.

und politischen Privilegien angreifenden Reformen, z.T. als Konkretisierung der Verheißungen des Oktoberedikts, begannen erst im Sommer 1810[74]: Schaffung von bäuerlichem Eigentum und Aufhebung der bäuerlichen Dienste durch die „Regulierung des gutsherrlich-bäuerlichen Verhältnisses", Aufhebung des Gesindezwangdienstes durch die Gesindeordnung, Angriff auf die adligen Steuerprivilegien durch die Aufhebung des Akzisesystems und die Landkonsumtionssteuer, Abschaffung gewerblicher Exklusivrechte im Mühlengewerbe, beim Bierbrauen und Branntweinbrennen, Angriff auf die lokale Herrschaftsposition durch das Gendarmerieedikt, Verweigerung ständischer Vertretung und Interessenwahrung.

Die Reformpolitik aus dem Staatskanzleramt bedeutete nicht nur institutionell und personell einen Bruch mit den vorangehenden Reformansätzen, sondern auch inhaltlich und nach ihrer Zielsetzung. Es ist heute allgemein bekannt, daß sich Steins Reformen an dem Bild einer geläuterten ständischen Gesellschaft ausrichteten. Ein kulturpessimistischer Zug in vielen seiner Schriften und Briefe bestätigt diese konservative Einstellung, so wie hinter seiner Bürokratiekritik und dem dazu komplementären Selbstverwaltungsgedanken das Ideal ständischer Eigenverantwortung stand. Dagegen orientierten sich Hardenberg und die Räte im Staatskanzleramt an den wirtschaftlich und gesellschaftlich fortgeschritteneren Staaten Westeuropas, Frankreich und England. Die Beseitigung ständischer Organisationsprinzipien im Wirtschaftsleben, in der Sozialstruktur und in der politischen Partizipation war der Grundzug ihrer Politik. Die theoretische Begründung, so wortreich sie bei vielen Gesetzen ausfiel, läßt sich nicht eindeutig bestimmten Richtungen zuordnen. Wahrscheinlich ist der Anteil physiokratischer Gedanken neben den wirtschaftsliberalen Ideen, die gewöhnlich als theoretische Basis der Reformpolitik angenommen werden,[75] stärker zu betonen. Darin muß jedoch nicht eine bewußte Bevorzugung physiokratischer Wirtschaftstheorien gesehen werden, sondern es könnte ein Reflex der agrarisch bestimmten Wirtschaftsstruktur des preußischen Staates von 1807 bis 1814 sein.

Daß die Abschaffung ständischer Institutionen in Wirtschaft, Gesellschaft und Regierungsapparat für die wirtschaftliche Modernisierung von großer Bedeutung ist, ist heute allgemein anerkannt.[76] Die entscheidenden Durchbrüche einer wirtschaftlichen Modernisierung in der preußischen Reformzeit wurden in den Jahren 1810 bis 1820 erzielt. Noch das Oktoberedikt hatte sich auf die Aufhebung der anachronistischen Erbuntertänigkeit

74 Vgl. die Reihe der Gesetze und Verordnungen in der „Gesetzessammlung".

75 Physiokratische Einflüsse betont R. Grawert, Historische Entwicklungslinien des neuzeitlichen Gesetzesrechts, in: Studien zum Beginn der modernen Welt, Hg. R. Koselleck, Stuttgart 1977, 218–40, 231 ff.

76 Vgl. D. S. Landes, Die Industrialisierung in Japan u. Europa. Ein Vergleich, in: Wirtschafts- u. sozialgeschichtliche Probleme der frühen Industrialisierung, Hg. W. Fischer, Berlin 1968, 29–117, 92.

konzentriert. Die Frage der Besitz- und Eigentumsrechte am Boden sowie der bäuerlichen Dienste und Leistungen wurde nicht angeschnitten. Die Uminterpretation des feudalen Eigentumbegriffs in den eines Privateigentums, mit dem die Rittergutsbesitzer erzwangen, daß jede Auflösung des gutsherrlich-bäuerlichen Verhältnisses nur durch eine volle „Entschädigung" möglich sei, war im Oktoberedikt bereits angelegt, indem es den Gutsherrn die Dispositionsfreiheit und das Nutzungsrecht auch über das Bauernland zuerkannte (§§ 6, 7). An diesem Punkt setzte die Kritik Scharnwebers am Oktoberedikt an,[77] weil sich dadurch die Ausgangslage der Bauern für die Herstellung kapitalistischer Eigentumsverhältnisse in der Landwirtschaft verschlechtert hatte. Die erste Phase der Agrarreformen hatte Verbesserungen, aber keine Abschaffung der feudalen Rechtsverhältnisse gebracht. Die Phase der kapitalistischen Agrarreformen durch die Verleihung von bäuerlichem Eigentum gegen „Entschädigung" und die Aufhebung feudaler Dienste und Lasten begann mit dem Regulierungsedikt vom 14. September 1811, das gegen die heftigste Opposition des Adels in der Deputiertenversammlung von 1811, zwar mit Modifikationen gegenüber dem ersten Entwurf, im Kern aber unverändert, zustandekam.[78]

Die Gewerbefreiheit war trotz ihrer Ankündigung im Oktoberedikt (§ 2) nicht Gegenstand von Reformüberlegungen in der ersten Reformphase. Stein und mit ihm viele Beamte lehnten die Auflösung korporativer Bindungen im Wirtschaftsleben ausdrücklich ab.[79] Die Einführung der Gewerbefreiheit durch das Gewerbesteueredikt vom 2. November 1810 sowie durch die gleichzeitige Aufhebung aller gewerblichen Zwangs- und Bannrechte schuf eine wichtige Voraussetzung für die privatkapitalistische Entwicklung des Gewerbesektors in den Städten und auf dem platten Lande, indem dadurch alle exklusiven Rechte von Korporationen und Einzelpersonen, seien sie ständischer oder staatlicher Herkunft, abgeschafft wurden. Der seit der Reformzeit erhobene Vorwurf, die Gewerbefreiheit sei „zu früh" gekommen, trifft atmosphärisch zu; er belegt die Radikalität dieser aus physiokratischer und liberaler Wirtschaftstheorie abgeleiteten Idee zum damaligen Zeitpunkt. In der Sache jedoch trifft er nicht zu, weil die Krise der Handwerkswirtschaft durch die Gewerbefreiheit weder ausgelöst noch verschärft worden ist, weil die staatliche Konzessionierungspolitik mit dem Zusammenbruch der staatlichen Finanzen und dem begrenzten Modernisierungseffekt der konzessionierten Unternehmen und Gewerbezweige ohnehin am Ende war und weil die Verbesserung der ländlichen Wirtschaftsstruktur ohne eine gewerbliche Niederlassungsfreiheit undurchführbar schien.

77 Scharnweber, Rechtfertigung der Verwaltung Hardenbergs, o. D., Herbst 1820, ZStA II Rep. 92 Hardenberg H 16 d, Bl. 75.

78 Harnisch, Oktoberedikt, 235 ff.

79 Rohrscheidt, 196 ff.

Eine Finanzreform zur Anpassung der staatlichen Finanzpolitik an die gewandelte Funktion und Substanz des Staates sowie als Vorbedingung für ein auf Gewerbe- und Handelsfreiheit gegründetes Wirtschaftssystem war vor 1810 nicht im Gespräch. Stein hatte die Notwendigkeit radikaler Änderungen in der Finanzverfassung und staatlichen Haushaltspolitik nicht gesehen.[80] Während des Ministeriums Dohna/Altenstein wurde die Hemmung des Nationalwohlstands durch das Akzisesystem und die Ein- und Ausfuhrverbote wohl diskutiert, aber zu konkreten Reformvorschlägen kam es nicht.[81] Der erste Versuch zu einer umfassenden Finanzreform füllte die Amtszeit Hardenbergs aus. In zwei Anläufen 1810/11 und 1817/20 ging es um die Beseitigung des ständischen, auf Ungleichheit beruhenden Steuersystems und um die Sanierung der Staatsfinanzen.[82]
Wenn auch Unklarheiten und Kontroversen über die Rangfolge vieler Faktoren bestehen, wird die Grundfrage nach dem Zusammenhang zwischen Reformpolitik und wirtschaftlicher Modernisierung in der Regel bejaht; ganz anders wird die Funktion der Reformpolitik für die soziopolitische Modernisierung beurteilt. Die Sozialstruktur und das politische System, insbesondere die fortdauernde lokale Herrschaft der Gutsherren und die Herrschaft der Bürokratie, wiesen während des gesamten 19. Jahrhunderts und darüber hinaus feudale und „halbabsolutistische" Züge auf. Aus diesem Tatbestand ist gefolgert worden, entweder daß die soziopolitische Modernisierung durch die staatliche Gesetzgebung gescheitert oder daß die Konservierung der bestehenden sozialen Rang- und Herrschaftsordnung das Reformziel gewesen sei. Zur Begründung dieser Thesen wird entweder stärker die erfolgreiche Abwehr aller Pläne zur Einschränkung ihrer politischen und sozialen Vorrechte durch die adligen Rittergutsbesitzer und die Landstände betont oder das ausdrückliche Reformziel „Rettung der Gutsbesitzer" mit seinen zahlreichen Beispielen einer Begünstigung der Rittergutsbesitzer vor anderen Bevölkerungsgruppen hervorgehoben. Die Gesetzgebungsmaßnahmen, die eine Auflösung ständischer Gesellschaftsstrukturen einleiteten – die Aufhebung ständischer Berufs- und Erwerbsbeschränkungen, die Abschaffung des rechtlichen Sonderstatus für Minderheiten, v.a. für die Juden – traten als minder bedeutsam hinter die erfolgreiche Konservierung des Landadels in den Hintergrund oder wurden als Instrumente für andere Ziele interpretiert, so daß soziopolitische Modernisierung als nicht intendierter Nebeneffekt erschien.
Gemessen am wirtschaftlichen Aufstieg des in Preußen bis dahin unterentwickelten Bürgertums nicht nur in den westlichen Provinzen, unterschätzt

80 Vgl. Steins „Politisches Testament", 24.11.1808, in: Scheel Hg., III Nr. 330, 1136–39, 1139.

81 Vgl. die Vorgänge in ZStA II Rep. 151 III Nr. 2174–2176.

82 Zur Steuerreform vgl. C. Dieterici, Zur Geschichte der Steuerreform in Preußen 1810–1820, Berlin 1875, Glashütten 1972; Mamroth; R. Grabower, Preußens Steuern vor u. nach den Befreiungskriegen, Berlin 1932.

diese Argumentation die gesellschaftlichen Auswirkungen der Reformpolitik. Doch auch die Deutung der Politik gegenüber den Gutsbesitzern als Stabilisierung ihrer sozialen und politischen Führungsrolle verkennt die sozialen Veränderungen, die tatsächlich stattgefunden haben,[83] und irrt hinsichtlich der tatsächlichen Intentionen. Die Landwirtschaft war die Grundlage der preußischen Volkswirtschaft in den östlichen und mittleren Provinzen; ihre Sanierung, und das hieß eben nicht Förderung kleiner und kleinster Betriebsformen, erschien als wirtschaftliche Notwendigkeit. Die kapitalistischen Agrarreformen beschleunigten die Umwandlung des „ersten Standes" in die Rittergutsbesitzerklasse,[84] die aus adligen und bürgerlichen Mitgliedern bestand, und sie begünstigten die Entstehung und Konsolidierung einer Schicht großbäuerlicher und mittelbäuerlicher Betriebe.[85] Dieses Ergebnis der Agrarreformen ist, weil bisher die Klischeevorstellung von der Vernichtung des Bauernstands durch die Reformen vorherrschend war, besonders zu betonen. Mit der Zunahme der Kleinstellenbesitzer und der Änderung der ländlichen Arbeitsverfassung, mit Freizügigkeit und Gewerbefreiheit wurden die Existenzbedingungen für die ehemals unterständischen Schichten auf dem platten Lande wie in den Städten erweitert. Damit entstanden zugleich große soziale und wirtschaftliche Probleme, zumal die Liberalisierung nicht durch sozialpolitische Maßnahmen flankiert wurde, aber es ist gerechtfertigt, von einer Modernisierung der ländlichen Sozialstruktur zu sprechen.

Die Abschaffung der soziopolitischen, ständisch begründeten Vorrangstellung des Landadels dagegen gelang nicht, so daß sie infolge der wirtschaftlichen und sozialen Modernisierung der Rittergutsbesitzer eher noch verstärkt wurde. Die Ansätze in der Reformgesetzgebung, hier Wandel zu schaffen, sind jedoch so offensichtlich, daß ausschließlich von einer Intention zur Konservierung der bestehenden Herrschaftsverhältnisse nicht die Rede sein kann.

Die Versuche zur Beseitigung ständisch begründeter sozialer und politischer Vorrechte reichten von der Herstellung eines freien Bodenmarktes über die Kreisverfassung des Gendarmerieedikts bis zu den Verfassungsprojekten, die eine landständische Vertretung ausschließen wollten. Die Gründe für das Scheitern der Reformpolitik in diesem Punkt liegen in der Identifizierung der Bürokratie mit der ständischen Verfassungspolitik. Erst die fehlende Unterstützung oder der aktive Widerstand in der Bürokratie machte diese Reformversuche undurchführbar, nicht schon die Existenz der Adelsopposition allein. Immerhin hat sich Hardenberg 1811 stark genug gefühlt, die Wortführer der altständischen Opposition, v.d. Marwitz

83 Schissler, 145ff.

84 R. Rosenberg, Die Pseudodemokratisierung der Rittergutsbesitzerklasse, in: Wehler Hg., Moderne deutsche Sozialgeschichte. 287–308.

85 Harnisch, Kapitalistische Agrarreformen, 32ff.

und Graf Finckenstein, für sechs Wochen in Haft zu setzen,[86] und er hat eine Flut von ständischen Protesten und Eingaben ad acta gelegt. Gegen das Interesse an einer Konservierung bestehender Herrschaftsverhältnisse in der Bürokratie konnte sich die Reformabsicht nicht durchsetzen.

Die Gegnerschaft gegen die im Staatskanzleramt projektierten Reformziele und das Bemühen, gegenüber der „Staatskanzlerdiktatur" die Entscheidungskompetenzen der hohen Bürokratie auf zentraler und provinzialer Ebene zu behaupten, wirkten dabei zusammen. Die Provinzialverwaltung vor allem machte sich oft unter dem Stichwort einer Verteidigung der Selbstbestimmung gegenüber dem Zentralismus zum Fürsprecher der ständischen Opposition. Die bürokratische Opposition betraf alle Reformbereiche.

Am weitesten reichte die Übereinstimmung in der Bürokratie in der Frage der Gewerbefreiheit, weil im Gewerbedepartement die Anhänger einer liberalen Wirtschaftsverfassung in der Mehrheit waren.[87] Der Widerstand kam hier von der Abgabenverwaltung, weil die gewerberechtlichen Beschränkungen ein Grundbestandteil des überkommenen Steuersystems waren und die Freizügigkeit sowie die Aufhebung der wirtschaftlichen Arbeitsteilung zwischen Stadt und Land die Kontrolle über eine ordnungsgemäße Steuereinziehung erschwerten.[88] Zuweilen boykottierten auch die örtlichen Verwaltungsinstanzen die neuen gesetzlichen Bestimmungen über die Ausgabe von Gewerbescheinen.[89]

Bei den Agrar- und Steuerreformen waren die Meinungen in der Bürokratie gespalten, die Reserve gegen zu weitgehende Maßnahmen war groß. Vor allem die Provinzialverwaltung in Ost- und Westpreußen mit dem Oberpräsidenten v. Schön identifizierte sich weitgehend mit dem Interessenstandpunkt der Rittergutsbesitzer.[90] Der Liberalismus Schöns konzentrierte sich auf die Herstellung wirtschaftlicher Handlungsfreiheit für die Gutswirtschaft – diesen Standpunkt verfocht Schön bereits bei der Beratung des Oktoberedikts[91] –, im übrigen betrieb er landständische Interessenpolitik: möglichst niedrige Steuerbelastung für die Gutsbesitzer, möglichst nachhaltige Stärkung ständischer Autonomie gegen den Berliner Zentralismus. Der persönliche Machtkampf zwischen Schön und Hardenberg ist ein hervorstechendes Kennzeichen der Reformzeit seit 1810;[92] er

86 F. Meusel, F. A. Ludwig v. d. Marwitz, Berlin 1908/13, Bd. I, XXXVII f.; Bd II/1, 18 ff.

87 W. Treue, Wirtschaftszustände u. Wirtschaftspolitik in Preußen 1815–1825, Stuttgart 1937, 131 ff.

88 Vgl. bes. ZStA II Rep. 151 III, Nr. 2176.

89 Beispiele in ZStA II Rep. 74 K IX: Gewerbe- und Fabrikensachen, Specialia (aufgegliedert nach Provinzen).

90 R. Engels, Die preußische Verwaltung von Kammer u. Regierung Gumbinnen 1724–1870, Köln 1974, 33 ff.

91 G. Winter, Zur Entstehungsgeschichte des Oktoberedikts u. der Verordnung vom 14. Februar 1808, in: FBPG 40/I, 1927, 1–33.

92 Haussherr, Stunde Hardenbergs, 147 ff.

spielte in die Auseinandersetzung um nahezu alle Reformprojekte hinein. In Ostpreußen wurden die meisten Maßnahmen Berlins boykottiert: die Landkonsumtionssteuer von 1810, die Klassensteuer von 1811, die Vermögens- und Einkommensteuer von 1812, die Steuerreform von 1817,[93] das Gendarmerieedikt von 1812,[94] die Aufhebung der exklusiven Brauerei- und Brennereiberechtigung[95], die Beschickung der Interimistischen Nationalrepräsentation mit Deputierten.[96] Nur die Regulierung des gutsherrlich-bäuerlichen Verhältnisses schritt hier, den gutswirtschaftlichen Interessen entsprechend, am schnellsten voran.[97]

In der Verfassungsfrage[98] standen sich Vorstellungen, die bei vielfältigen Modifikationen immer wieder auf eine ständische Verfassung hinausliefen, und der strenge Grundsatz des Staatskanzlers, keine Wiederbelebung oder Stärkung ständischer Vertretung zu dulden, gegenüber. Die Ablehnung eines gebundenen Mandats in der nach Ständen zusammengesetzten Deputiertenversammlung ebenso wie die Überlegungen, unabhängig von ständischen Gliederungsprinzipien, Beratungsgremien aus „einsichtsvollen Männern" zu schaffen, waren die Konsequenz der Erfahrung, daß ständische Vertretungskörperschaften jegliche Wirtschafts- und Sozialreform blockierten.[99]

Als Ersatz für eine landständische Verfassung, zugleich um die innerbürokratischen Störfaktoren zu verringern, experimentierte Hardenberg mit den Möglichkeiten einer verbreiterten politischen Partizipation innerhalb des Beamtenapparats und verbesserte dadurch die Voraussetzungen für den bürokratischen Absolutismus. Die bürokratische „Ersatzverfassung" entsprach den realen Machtverhältnissen in der preußischen Gesellschaft. Sie gelang, während Hardenbergs Versuch, an die liberale Verfassungsbewegung in den neuen Provinzen anzuknüpfen, in Berlin am Hof und in der Bürokratie auf entschiedenen Widerstand stieß. Die Strategie, auf fortschrittliche Kräfte zu setzen, versagte vor der sozialen und politischen Realität. Mit der provinzialständischen Verfassung von 1823 knüpfte die Bürokratie nach der Staatskanzlerära wieder an die Verfassungsdiskussion der ersten Reformphase an.[100]

Die Reformzeit, in der infolge einer vorübergehenden Machtkonstellation

93 Mamroth, 437 ff., 450ff., 616ff., 713ff.

94 Engels, 61f.; vgl. auch Denkschrift über die Mängel der Staatsverwaltung, Oberpräsidenten an Fr. W. III., 30.6.1817, ZStA II Rep. H II Nr. 14, Bl. 2ff.

95 Beispiele in ZStA II Rep. 74 K VIII, K IX Ostpreußen, Rep. 74 H IX Nr. 9.

96 ZStA II Rep. 74 H IX Nr. 6, Bd. 2.

97 Harnisch, Statistische Untersuchungen zum Verlauf der kapitalistischen Agrarreformen in den preußischen Ostprovinzen (1811–1865), in: JbWG 1974/IV, 149–82.

98 E. W. Zeeden, Hardenberg u. der Gedanke einer Volksvertretung in Preußen 1807–1812, Berlin 1940; P. Haake, Der preußische Verfassungskampf vor 100 Jahren, München 1921.

99 Vgl. dazu Koselleck, 171.

100 Ebd., 337.

eine kleine Gruppe von Beamten weitreichende Reformen der Wirtschafts- und Sozialverfassung einleiten konnte, war in der Geschichte des preußischen Staats eine Episode. Wenn die Reformpolitik in der Beamtenschaft auch Unterstützung gefunden hat, stand doch die staatstragende Bürokratie in ihrer Mehrheit den Prinzipien liberaler Modernisierung fremd gegenüber und verhinderte, daß dieser Weg der Reformgesetzgebung fortgesetzt wurde.

Die preußische Verfassung vom 31. Januar 1850

Probleme ihrer Interpretation

von Hans Boldt

I. Die preußische Verfassung vom 31. Januar 1850 gehört zu jenen zwischen 1848 und 1851 entstandenen Konstitutionen, die auf ein Bekenntnis zum monarchischen Prinzip verzichteten und dadurch mit der bisherigen Verfassungsentwicklung in Deutschland brachen. Schon der von der Regierung Camphausen-Hansemann der preußischen Nationalversammlung vorgelegte Verfassungsentwurf knüpfte bekanntlich nicht an deutsche Vorbilder, sondern an die belgische Konstitution von 1831 an. Die darüber beratende Kommission der Nationalversammlung entwickelte ihn, insbesondere durch die Einführung des allgemeinen Wahlrechts und eines nur noch suspensiven Vetos des Königs bei der Gesetzgebung, in der von der Linken gleichzeitig in Frankfurt eingeschlagenen Richtung weiter. Auch die im Gefolge der Verfassungskämpfe am 5. Dezember 1848 oktroyierte Verfassung und die den endgültigen Stand herstellende Revision von 1850 kehrten zur deutsch-konstitutionellen Tradition nicht mehr zurück. Zweierlei ist in diesem Zusammenhang von Belang:

1. Die das deutsche Verfassungsleben bisher prägende Formel des monarchischen Prinzips, daß der König das Oberhaupt des Staates sei, in sich alle Rechte der Staatsgewalt vereinige und nur in ihrer Ausübung durch die Verfassung beschränkt werde, wurde von der neuen Verfassungsurkunde (VU) nicht übernommen. Ihr Artikel 43 wies nur noch darauf hin, daß die Person des Monarchen unverletzlich sei. Dagegen zählte die Verfassung die Rechte des Königs nunmehr im einzelnen auf. Zwar handelte es sich hierbei um die herkömmlichen, auch von der Staatslehre im Vormärz immer wieder genannten monarchischen Befugnisse, doch die Abwendung von der bisherigen Vorgehensweise, die Zuständigkeit des Monarchen stillschweigend und grundsätzlich vorauszusetzen, war auffällig genug. Wenn Artikel 45 VU dem König die „vollziehende Gewalt" speziell einräumte, war das zumindest terminologisch weniger als § 84 der Frankfurter Reichsverfassung dem Kaiser („Regierungsgewalt") oder gar die ältere konstitutionelle Musterverfassung, die Charte von 1814, dem französischen Monarchen in ihrem Artikel 14 zugestanden hatte.

2. Die preußische Verfassung brach mit dem bisher üblichen ständischen Repräsentationsprinzip für die zweite Kammer und ging zum allgemeinen Wahlrecht, wenn auch seit 1849 in drei Klassen nach Steuereinkommen abgestuft, über. Darüber hinaus bestimmte sie, unter Aufnahme einer in

Westeuropa gebräuchlichen Formulierung, daß die Gesetzgebung durch die beiden Kammern, das spätere Herrenhaus und das Haus der Abgeordneten, und den Monarchen gemeinsam auszuüben sei (Art. 62 VU). Auch die Gesetzesinitiative und das Recht, an der jährlichen Feststellung des Budgets mitzuwirken, erhielten die Kammern (Art. 64, 99). Das Recht, Erscheinen und Auskünfte von den Ministern zu fordern, Untersuchungsausschüsse einzusetzen, sich ihren Präsidenten selber zu wählen und eine Geschäftsordnung zu geben, sowie die Verpflichtung des Monarchen zur Einberufung des Parlaments mindestens einmal im Jahr stellten ebenfalls deutliche Abweichungen vom älteren Verfassungsstil dar (vgl. Art. 60, 76, 78, 82 VU). Das Bild wird abgerundet durch signifikante Veränderungen im Abschnitt über die Rechtsprechung (Öffentlichkeit der Gerichtsverhandlungen und Einführung von Geschworenengerichten Art. 93, 94 VU) und durch eine Erweiterung des Grundrechtskatalogs, in dem nun auch die Vereins- und Versammlungsfreiheit gewährt wurde (Art. 29, 30 VU).[1]
Wie sehr die preußische Verfassungsurkunde in ihrem Wortlaut von der deutschen konstitutionellen Tradition abwich, hat kein geringerer als Friedrich Julius Stahl deutlich gemacht. In seiner Philosophie des Rechts bemerkt er, daß die „Ausdrucksweisen von 1848, die in der V.U. stehen geblieben, keineswegs etwas Gleichgültiges“ seien. Auch habe man in ihr „manche bedenkliche Einrichtungen“ der Revolutionszeit konserviert.[2]
Das war von seinem Standpunkt aus richtig gesehen, hatte er doch selber 1845 in seiner bekannten Abhandlung über das monarchische Prinzip darzulegen versucht, wie die künftige preußische Verfassung zu gestalten sei. Entscheidend war es ihm darum gegangen, daß der König selber regiere und sich seine Minister nach freien Stücken aussuchen könne. Von den von ihm genannten Bedingungen zur Absicherung der monarchischen Position, nämlich der ständischen Repräsentation des Volkes, der Vorenthaltung des Gesetzesinitiativrechts und Restringierung des Budget- und Steuerbewilligungsrechts der Volksvertretung, der Einengung des Gesetzgebungsrechtes zu Gunsten einer selbständigen monarchischen Verordnungstätigkeit sowie dem Verzicht auf das Ministeranklagerecht hatte die preußische Ver-

1 Text der preuß. Verf. bei E. R. Huber, Dokumente zur Deutschen Verfassungsgeschichte, Stuttgart 1967, 385ff. (oktr. Verf.) u. 401ff. (revid. Verf.). Die einzelnen Entstehungsstufen bei G. Anschütz, Die Verfassungsurkunde für den preußischen Staat, I, 1912. Zur Entstehungsgeschichte vgl. vor allem F. Frahm, Entstehungs- u. Entwicklungsgeschichte der preußischen Verfassung, in: Forschungen zur Brandenburgischen u. Preußischen Geschichte 41. 1928, 248ff.; s. auch E. R. Huber, Deutsche Verfassungsgeschichte seit 1789, II, Stuttgart 1960, 571ff., 724ff., u. III, 1963, 35ff., 54ff.

2 F. J. Stahl, Die Philosophie des Rechts in geschichtlicher Perspektive, II/2, Heidelberg 1878^5, 426f. Auch H. Zöpfl, Grundsätze des gemeinen deutschen Staatsrechts, II, 1863^5, 246f. betonte das Bedenkliche des Wegfalls der Formel vom monarchischen Prinzip in den zwischen 1848 und 1850 entstandenen Verfassungen, insbesondere der preußischen. Beide Autoren führten die dennoch erfolgte Stabilisierung der monarchischen Stellung in Preußen auf die Politik in der sog. Reaktionszeit der fünfziger Jahre zurück.

fassung jedoch keine einzige voll erfüllt. Vor allem aber hatte man Stahls Rat, daß der König selber Richter bei Streitigkeiten über die Auslegung der Verfassung bleiben solle, damit die „immer zweifelhafte Grenze" zwischen seinen Kompetenzen und denen des Parlamentes durch ihn allein gezogen werden könne, in den Wind geschlagen.[3] Es verwundert daher nicht, daß Stahl seine Beurteilung des Zustandes der preußischen Monarchie 1856 dahingehend skeptisch zusammenfaßt, daß sie bisher „nur einen Beweis ihrer Möglichkeit unter solcher Verfassung, nicht aber ihrer Dauerhaftigkeit" gegeben habe.[4]

Mit dieser Betonung einer Differenz zwischen der preußischen Verfassung und dem sog. deutschen Konstitutionalismus soll nun nicht behauptet werden, daß jene der westeuropäischen Entwicklung angehörte, wie es ihre Ähnlichkeit mit dem belgischen Vorbild einer oberflächlichen Betrachtung erscheinen lassen könnte. Zwar ist die belgische Verfassung aus wohlerwogenen Gründen und nicht nur äußerlich kopiert worden,[5] doch fehlen der Kopie, wie man mit Recht betont hat, einige wesentliche Züge wie z.B. das Bekenntnis zur Volkssouveränität und die strikte Beschränkung des Monarchen auf die ihm von der Verfassung zugestandenen Befugnisse.[6] Demgegenüber verstärkten in Preußen das Notverordnungsrecht des Art. 63 VU und der Ausnahmezustand des Art. 111 VU die königliche Regierungsgewalt beträchtlich. Auch die Umstellung der Verfassungsabschnitte (in der belgischen Verfassung rangierten die Kammern vor dem König, in der preußischen war die Reihenfolge umgekehrt) zeigt, daß man hier dem Monarchen eine Vorzugsposition einzuräumen geneigt war. Darüber hinaus gab es eine Reihe von Artikeln mit feinen, aber nicht zu übersehenden Unterschieden in der Formulierung der königlichen Rechtsstellung (z.B. im Hinblick auf das monarchische Verordnungsrecht und die ministerielle Gegenzeichnung). Aufs Ganze gesehen wird man sagen können, daß die preußische Verfassung weder der deutschen monarchisch-konstitutionellen, noch der westeuropäischen demokratisch-gewaltenteilenden Tradition folgte. Infolgedessen nahm sie sich in den Augen ihrer zeitgenössischen Beurteiler auch eigentümlich widersprüchlich aus. In einem ganz anderen

3 F. J. Stahl, Das monarchische Prinzip, Heidelberg 1845, 30f. Stahl hatte diesen Ratschlag noch in die 2. Aufl. seiner „Philosophie des Rechts" 1847 aufgenommen. Seit der 3. Aufl. (1856) fehlt er mit dem Bemerken, daß er nunmehr als gegenstandslos weggefallen sei (vgl. S. 413, Anm.).

4 Stahl, 428.

5 a.A. R. Smend (u. Anm. 35), 5 u. 9. Es bestand aber ein erhebliches Interesse der preußischen Krone daran, dem politischen Liberalismus entgegenzukommen und ihm die Oktroyierung der Verfassung annehmbar zu machen, nicht zuletzt im Hinblick auf damit verbundene gesamtdeutsche Wirkungen. Vgl. Frahm.

6 Vgl. bes. Art. 25 u. 78 belg. Verf. und insgesamt zu ihr: J. Gillissen, Die belgische Verfassung von 1831, in: W. Conze Hg., Beiträge zur deutschen u. belgischen Verfassungsgeschichte im 19. Jh., Stuttgart 1967, 38ff.

Sinne als die Verfassungen mit deutlichem Bekenntnis zum monarchischem Prinzip galt sie als interpretationsbedürftig.[7] Worum ging es dabei?
Die Frage lautete nicht, ob Volkssouveränität oder Fürstensouveränität vorherrschte. Selbstverständlich galt der preußische Monarch auch weiterhin als das Oberhaupt des Staates, als Souverän in einem formellen, symbolischen Sinne. Er selber bezeichnete sich als „von Gottes Gnaden", und Gesetze und Verordnungen wurden unter diesem Hinweis publiziert; auch ergingen die Urteile der Gerichte in seinem Namen. Es ging auch nicht darum, ob der König selber regieren dürfe oder nicht. Das Recht, Minister zu ernennen und zu entlassen, an der Gesetzgebung mitzuwirken, das absolute Veto, die Befugnis, Beamte und Offiziere zu ernennen u.ä.m. gaben ihm unstreitig beträchtliche Chancen, seinen Willen in der Regierung des Landes durchzusetzen. Die Frage war vielmehr, ob er seine Position durch Reklamation des monarchischen Prinzips ausbauen, anders ausgedrückt: ob er noch als Träger der gesamten Staatsgewalt gelten konnte, insbesondere der Gesetzgebungsgewalt, und das Parlament hier nur als teilhabend an der Ausübung dieser ihm dann fremden Staatsgewalt zu betrachten war. Die Verfassung schwieg sich, wie gesagt, darüber aus. Andererseits war der Monarch auch nicht ausdrücklich auf die ihm von ihr eingeräumten Rechte beschränkt worden (wie in Belgien).
Legte man das monarchische Prinzip zugrunde, konnte man daraus folgern, daß im Zweifel das Recht auf der Seite des Königs sei und die verfassungsmäßigen Mitwirkungsbefugnisse der Kammern restriktiv auszulegen seien. Die in der Konstitution aufgezählten Befugnisse des Monarchen hatten mithin nur exemplarischen, keinen limitativen Charakter. Unter der Gesetzgebung, an der das Parlament teilnahm, war dann ein enger Bereich von Regelungen zu verstehen, neben den ein selbständiges Verordnungsrecht des Monarchen trat, z.B. in Fragen der Heeresorganisation. (Ein Fall, der während des preußischen Verfassungskonfliktes von Bedeutung wurde). Auch die freie militärische Kommandogewalt des Königs ließ sich auf diese Weise rechtlich absichern und eine Beeinträchtigung in seiner freien Ministerwahl durch parlamentarische Mitspracheforderungen leichter abwehren. Auch ein einseitiges Vorgehen im Fall eines nicht überbrückbaren Dissenses z.B. bei der Verabschiedung des Budgets, wie es sich ebenfalls im

7 Die Widersprüchlichkeit der preußischen Verfassung betonten u.a. H. v. Treitschke, Das constitutionelle Königthum in Deutschland (1869–1871), in: ders., Historische u. politische Aufsätze, III, Leipzig 1903[6], 449; J. C. Bluntschli, Allg. Staatsrecht, München 1868[4], 427. Auf die Interpretationsbedürftigkeit der Verfassung wurde schon von E. Lasker (Zur Verfassungsgeschichte Preußens, Leipzig 1874, 7) hingewiesen, in einem Aufsatz aus dem Jahre 1861. Besonders klar C. Bornhak, Preußische Staats- u. Rechtsgeschichte, 1908, 469 (Auslegung entweder nach allgemeinem konstitutionellen Staatsrecht oder nach dem historischen Recht der preußischen Monarchie), und O. Hintze, Das monarchische Prinzip u. die konstitutionelle Verfassung (1911), in: ders., Staat u. Verfassung, Ges. Abh., I, Göttingen 1962[2], 373, 376 (Interpretation – eine Frage der Praxis und des Parteistandpunktes).

späteren Verfassungskonflikt ergab, mochte auf diese Weise auf ein in der Verfassung nicht näher genanntes Notrecht zu gründen sein, eventuell sogar eine einseitige Abänderung der Verfassung überhaupt in Frage kommen.
Ging man dagegen von der in der Verfassung verankerten Idee der gemeinsamen Gesetzgebung aus, war der König durchaus nicht in allen Fällen, in der sie sich ausschwieg, freigestellt oder die parlamentarische Position von vornherein restriktiv auszulegen. Es kam dann auf die Interpretation der Verfassung im jeweiligen Falle an – und die war von der gesetzgebenden Gewalt, d.h. von König und Kammern zusammen vorzunehmen. Das macht deutlich, welch schwierige Fragen das Schweigen der Verfassung aufwarf und wie bedenklich es erscheinen mochte, daß ihre Entscheidung auf diese Weise in die Hände von Personen gelegt wurde, die, zum Kompromiß gezwungen, sich möglicherweise ebenso gegensätzlich zueinander verhielten wie jene Akteure, die 1848–1850 kein eindeutiges Verfassungskonzept zustande gebracht hatten.

II. Die Unentschiedenheit der preußischen Verfassung lag offenbar nicht nur, gleichsam versehentlich, in ihrem Wortlaut, sondern in ihrer Entstehungsgeschichte selber begründet. Ursprünglich auf das Vereinbarungsprinzip zwischen Fürsten und Nationalversammlung gegründet, erlebte sie dennoch ihre Entstehung als monarchischer Oktroi 1848, dies aber doch nur vorbehaltlich einer späteren endgültigen parlamentarischen Revision. Weder war damit der Standpunkt einseitiger monarchischer Machtvollkommenheit noch der einer Vereinbarung zwischen Fürst und Volk klar gewahrt. Wie heikel diese Thematik war, zeigt die folgende Episode während der Verfassungsrevision:
Im September 1849 legte die Revisionskommission der 2. Kammer einen Antrag vor, dem Passus des Art. 41 der oktroyierten Verfassung, daß die Person des Königs unverletzlich sei, einen Satz des Wortlautes: „Der König ist das Oberhaupt des Staates“, voranzustellen, der „die verschiedenen in der Verfassung enthaltenen Attribute des Königs in einem Ausdrucke bezeichne und das eigentliche Wesen der Monarchie mit Bestimmtheit ausspreche“. Dagegen wurde jedoch sofort eingewandt, daß nicht klar sei, was „Oberhaupt des Staates“ eigentlich besage. Auch der französische Präsident der Republik nenne sich so. Wieso solle daher durch einen solchen Ausdruck das wahre Wesen der Monarchie besser zum Ausdruck kommen? Mit der Bezeichnung ‚König‘ sei schon alles gesagt. Der neue Passus erlaube hingegen die Mißdeutung, daß der König erst durch die Verfassung Oberhaupt des Staates geworden sei wie in Belgien, und daß man das durch Verfassungsänderung eventuell auch anders regeln könne. Diese Äußerung provozierte sofort eine entgegengesetzte Stellungnahme dahingehend, daß eine Verfassungsurkunde nicht nur Rechte konstituieren, sondern auch mögliche Zweifel beseitigen solle. Die Einfügung des vorgeschlagenen Sat-

zes sei ratsam, um der Idee der Volkssouveränität vorzubeugen und die Kontinuität der königlichen Stellung auch unter den neuen Verhältnissen zum Ausdruck zu bringen. Das wiederum rief den Berichterstatter der Kommission auf den Plan, der betonte, man habe mit der Ergänzung nur die Attribute des Monarchen „natürlich in der Art, wie diese Verfassung sie gibt", in einem Ausdruck zusammenfassen wollen.[8]

Dem Amendment wurde in der 2. Kammer zugestimmt, ohne daß geklärt wurde, welche Bedeutung ihm nun eigentlich zukomme. Es wurde von der 1. Kammer jedoch aus oben genannten Gründen abgelehnt. (Man hatte dort sich nicht einmal dazu durchringen können, der Verfassung eine Erklärung, daß es sich bei ihr um eine „erblich-monarchische" handele, voranzustellen).[9] In der späteren kommentierenden Literatur ist die genannte Passage häufig wiedergegeben worden zum Beweis, daß auch bei der Revision der Verfassung vollkommene Klarheit über die Fortgeltung des monarchischen Prinzips geherrscht habe. Durch Ablehnung der Aufnahme des Staatsoberhaupts-Passus in den Text der Verfassungsurkunde hätten die Kammern bekundet, daß sie das Prinzip als stillschweigend vorausgesetzt erachteten. Tatsächlich zeigt die Debatte in der 2. Kammer wohl eher, daß man sich zwar darüber einig war, daß dem König die Oberhauptswürde gebühre, nicht aber, was dies eigentlich beinhalte, ob nur eine formelle Zusammenfassung der in der Verfassung ihm gewährten Rechte oder aber eine darüber hinausgehende Position. Von einer Formulierung im älteren Stil, daß der Monarch als Staatsoberhaupt alle Rechte der Staatsgewalt in sich vereinige, war ohnehin nicht mehr die Rede. Der Gang der Diskussion erweckt eher den Eindruck, man habe sich um eine klare Stellungnahme drücken wollen, um schlafende Hunde nicht zu wecken; insofern blieb alles auch weiterhin in das absichtsvolle Dunkel gehüllt, das die Verfassung von Anfang an umgab.

Diese Eigentümlichkeit der preußischen Verfassung, zu vermitteln und die Entscheidung in einem dilatorischen Kompromiß zu vertagen, weist auch ihr erster Kommentierungsversuch durch Ludwig v. Rönne auf.[10] Rönne bezeichnet es in seinem umfangreichen und mehrfach aufgelegten Kommentar als seine Aufgabe, sowohl dem Staatsgrundgesetz als auch dem monarchischen Prinzip gerecht zu werden. Beides gilt ihm als Rechtsgrundlage. Das erlaubt ihm, bei der Interpretation der Verfassung sowohl „philosophisch" zu argumentieren unter Rückgriff auf die Theorie der konstitutionellen Monarchie, als deren Gewährsmänner er Autoren wie Montesquieu, Constant, Aretin-Rotteck, nicht aber Stahl nennt, zugleich aber

8 Stenographische Berichte der Verhandlungen der 2. preußischen Kammer 1849, 329–34.

9 Stenographische Berichte der Verhandlungen der 1. preußischen Kammer 1849, 1214 f. u. 634.

10 L. v. Rönne, Das Staatsrecht der preußischen Monarchie, 1856[1], hier benutzt in der 3. Aufl. 1869. Vgl. dort das Vorwort zur 1. Aufl., XI f u. 64 f., 83 f., 134 f., 166, 172, 176.

auch „historisch“ auf die älteren Formeln des monarchischen Prinzips, insbesondere auf Art. 57 der Wiener Schlußakte (WSA) von 1820 und darüber hinaus sogar auf das preußische Allgemeine Landrecht (ALR) von 1794, zurückzugreifen. Beide Traditionsstränge gelingt es ihm deshalb zusammenzufassen, weil er das monarchische Prinzip selber sehr weit faßt. Er sieht es nur, wie die liberale Tradition, auf Bundesebene damals etwa durch H. A. Zachariä repräsentiert, im Gegensatz zum republikanischen stehen. Es besage nur, daß im Staate nichts ohne und nichts gegen den Willen des Königs geschehen dürfe. Über die Festlegung des absoluten Vetorechts des Königs hinausgehende Folgerungen aus dem monarchischen Prinzip zu ziehen, wie es etwa die Überlegungen Stahls zu dem Thema nahegelegt hatten, lehnt er dagegen ausdrücklich ab. So kann er auch das parlamentarische Mitbestimmungsrecht bei der Gesetzgebung nach Art. 62 VU als Teilnahme an der Ausübung der an sich dem König zustehenden Staatsgewalt interpretieren und im selben Atemzug die Gleichrangigkeit der Gesetzgebungsfaktoren betonen, die auch eine authentische Interpretation der Gesetze nur auf gemeinschaftlicher Basis zulasse. Fast unnötig zu sagen, daß v. Rönne auch eine einseitige Rücknahme der Verfassung durch den Monarchen aufgrund ihres Vereinbarungscharakters ablehnt.
Auch Autoren, die andere Ansichten als v. Rönne vertraten, haben die Zuverlässigkeit seines Werkes gelobt.[11] In der Tat sind in diesem wahren Kompendium des preußischen Staatsrechts alle erdenklichen Materialien und Gesichtspunkte zur Verfassungsauslegung versammelt und getreulich wiedergegeben, allerdings um den Preis, daß die Entscheidung wesentlicher Fragen auch hier in der Schwebe bleibt. Rönne erweist sich damit als ein typischer Autor der gemäßigt liberalen Richtung jener Zeit, der zwischen Monarch und Volk (Parlament) zu vermitteln sucht, ohne einer Seite zu nahe zu treten und alles weitere der organischen Entwicklung der als unfertig (!) erachteten Verfassung anheimstellt. Denn keineswegs sei es die Aufgabe einer Systematisierung des positiven Staatsrechts, „sich einseitig auf einen Parteistandpunkt zu stellen“.[12] Die Entwicklung der Verfassung sieht v. Rönne in Richtung eines weiteren Ausbaus der Ministerverantwortlichkeit vor sich gehen.

III. Andere Parteistandpunkte sind bei der Auslegung der preußischen Verfassung in jener Zeit eben nicht selten gewesen. So versicherte z. B. der Bonner Staatsrechtler Perthes seinem Freund und Briefpartner, dem Kriegsminister v. Roon im Juni 1863, als der Verfassungskonflikt zwischen dem Monarchen und dem Abgeordnetenhaus seinen Höhepunkt entgegenstrebte, daß nur der Landtag seine Rechte der Verfassungsurkunde verdanke, nicht aber der König; dessen Recht sei historisch gewachsen und

11 Bornhak, (s. u. Anm. 29) 122.
12 V. Rönne, X f.

durch die Verfassung lediglich in bestimmter Hinsicht begrenzt worden.[13] Damit war ein für die konservative Interpretation der Verfassung wesentlicher Auslegungsstandpunkt markiert. Konnte man nachweisen, daß die königliche Rechtsstellung sich nicht nach dem Staatsgrundgesetz bemesse, sondern aus vorkonstitutionellen Quellen stamme, ließ sich jenes in fast beliebiger Weise im monarchischen Sinne ausdeuten – bis hin zu einem (historischen) Recht des Königs zur Aufhebung der Verfassung selber, wie es die preußischen Ultras in der Konfliktszeit anstrebten.

Die von Perthes, einem gemäßigten Konservativen, zum Ausdruck gebrachte Auffassungsweise fand zunächst jedoch energischen Widerspruch. Am eindringlichsten hat ihn Eduard Lasker, einer der führenden Theoretiker der progressiv-liberalen Opposition ebenfalls im Jahre 1863 formuliert.[14] Die Verfassung sei das „Staatsgrundgesetz" und damit der „Uranfang" aller Rechte, nicht nur des Volkes, sondern auch des Königs. Sie habe alle absolutistischen Quellen des ALR und der monarchischen Historie zum Versiegen gebracht. Nicht das preußische Königtum selber, wohl aber seine Befugnisse seien eine „positive Schöpfung der Verfassung". Dies sei gegenüber der „neuen Lehre" der royalistischen Partei, die die Verfassung nur als eine eng auszulegende Einschränkung weiterbestehender vorkonstitutioneller Rechte des Monarchen betrachte und im Zweifel für den König entscheide, festzuhalten. Konsequenterweise rügt Lasker denn auch die Praxis eines weitgehenden, von der Gesetzgebung nicht gedeckten Verordnungs- und Erlaßwesens seiner Zeit als einen mit der Verfassung (Art. 45, 62) nicht übereinstimmenden „Scheinkonstitutionalismus". Die neue Ordnung beruhe auf einer Harmonie zwischen König und Volk. Der Monarch vereinige nicht mehr alle Rechte in sich, nur der zwischen ihm und dem Parlament vereinbarte Wille sei Gesetz. Im Falle eines Dissenses, der, wie in Budgetfragen, keinen Aufschub duldete, empfahl Lasker eine Auflösung des Abgeordnetenhauses und Neuwahlen, damit das Volk selber entscheiden könne; denn die Finanzkontrolle sei der „Eckstein der populären Macht", gegen den erprobten Volkswillen gebe die Verfassung auch dem König kein Mittel des Widerstandes. Dies aber sei dadurch gerechtfertigt, daß so „dem Volke keine Lasten aufgedrängt werden, um vermeintlich dringende Bedürfnisse zu befriedigen."[15]

Was Lasker in der Konfliktzeit formulierte, ist typisch für das progressiv-liberale Verfassungsverständnis jener Jahre gewesen. Daß der König seine Rechte der Verfassung verdanke und nicht seiner vorkonstitutionell-abso-

13 Vgl. die Denkwürdigkeiten aus dem Leben des General-Feldmarschall Kriegsminister Graf v. Roon, II, 1897⁴, 144 ff.

14 E. Lasker, Verfassungsgeschichte. Der Band enthält eine Reihe von Aufsätzen aus den Konfliktjahren. Zum Folgenden vgl. 361, 371 ff., 385 (verfassungsmäßige Stellung des Königtums) u. 16, 40 (zum Scheinkonstitutionalismus).

15 Lasker, 317, 355.

lutistischen Vergangenheit, wurde häufig betont.[16] Daß das monarchische Prinzip der Vereinigung aller Staatsgewalt in seiner Person damit erledigt war, ist ebenfalls immer wieder vorgetragen worden. Von Lasker und anderen wurde sogar behauptet, daß anstelle des monarchischen jetzt das parlamentarische Prinzip getreten sei.[17] Unter ihm aber verstand man nicht wie die konservativen Anhänger Stahls die völlige Depossedierung des Monarchen und eine absolute Herrschaft des Parlaments über die Regierung, sondern die gemeinschaftliche und gleichrangige Rechtsausübung, insbesondere im Bereich der Gesetzgebung. Die Einstellung der parlamentarischen Linken, wie sie hier zum Ausdruck kommt, war also nicht sehr weit von der der gemäßigten Liberalen, etwa v. Rönnes, entfernt. Beide betonten die Notwendigkeit eines einvernehmlichen Zusammenhangs von Fürst und Volk, Regierung und Parlament. Beide sahen den Ausweg bei einem Dissens in Budgetfragen in der Appellation an das Volk, d.h. an die Wählerschaft. Im weiteren allerdings unterschieden sie sich. Während die Gemäßigten dieses Vorgehen nach dem Vorbild Dahlmanns als eine Aufforderung des Königs an die Wählerschaft interpretierten, die Konfliktspolitik der bisherigen Volksvertretung zu mißbilligen, und den Ausdruck „Appellation an das Volk" vermieden, um nicht den Eindruck zu erwecken, daß der König sich hier an eine höhere Instanz wende, wurde von den Progressiven gerade der Appellationscharakter dieses Vorgehens betont. Das hatte zur Folge, daß nach Auffassung der Gemäßigten ein erfolgloser Appell des Königs den Konflikt nicht zu einem Ende führte; denn die Konsequenz, daß der Monarch dann zum Einlenken gezwungen sei, wurde zumindest nicht als eine verfassungsrechtlich gebotene angesehen; die Dinge blieben weiter in der Schwebe. Für die Progressiven dagegen sollte der Appell zu einer Entscheidung führen, unter Umständen gegen die Meinung des Monarchen und seiner Regierung. Gerechtfertigt wurde dies mit dem Hinweis, daß in finanziellen Angelegenheiten der steuerzahlende Bürger das letzte Wort haben müsse, und darauf war ja auch das preußische Wahlrecht angelegt. Denn: „In Geldfragen hört die Gemütlichkeit auf."[18]

16 Vor allem im Organ der progressiv Liberalen, den „Deutschen Jahrbüchern für Politik u. Literatur" (vgl. z.B. die Abhandlung von F. Gutsmuths im 2. Bd., 1862, 40ff.). Es handelte sich hierbei um eine allgemeine liberale Anschauung jener Zeit, wie z.B. auch die Einlassungen von Bluntschli (447) und G. Waitz (Das Königtum u. die verfassungsmäßige Ordnung, in: ders., Grundzüge der Politik, Kiel 1862, 129ff.) beweisen.

17 Lasker, 376. Übereinstimmend auch F. Ilse, Geschichte der deutschen Bundesversammlung, Marburg 1861, IXf.

18 So äußerte sich Hansemann, der spätere preußische Finanzminister, im Vereinigten preußischen Landtag am 5.6.1847. Zur Appellationsfigur vgl. H. Boldt, Deutsche Staatslehre im Vormärz, Düsseldorf 1976, 192, Anm. 229 u. passim. Dort auch weiteres über die Vorformung der hier behandelten Theorien der preußischen Staatslehre im vormärzlichen Staatsrecht.

IV. Die progressiv-liberale Interpretation der preußischen Verfassung hatte ihre hohe Zeit während des Konflikts zwischen Regierung und Abgeordnetenhaus in den sechziger Jahren. Sie tritt danach ganz zurück, obwohl sie eine theoretisch immerhin mögliche Interpretation der Verfassung darstellte. Möglicherweise hätte ihre Entwicklung zu parlamentarischen Systemusancen in Preußen geführt. Man kann das um so eher annehmen, als sich die in der „Deutschen Fortschrittspartei" sammelnde Opposition um eine Ausgestaltung des Ministerverantwortlichkeitsrechts, der parlamentarischen Adresse an den König und der Befugnis, einen Minister zu tadeln, bemühte. Aber auch das wäre nichts Absonderliches gewesen. Auch ohne die ausdrückliche Aufnahme eines parlamentarischen Mißtrauensvotums in die Verfassung oder einer Bestimmung, daß die Regierung nach der Mehrheit in der Volksvertretung zu bilden sei, ist vielfach der Weg zum parlamentarischen Regierungssystem beschritten worden. Das Vorbild der preußischen Konstitution, die belgische, ist das beste Beispiel hierfür. Das lag nicht etwa in deren Bekenntnis zur Volkssouveränität begründet. Auch Staaten, deren Verfassungen eine ausdrückliche Formulierung des monarchischen Prinzips im Sinne von Art. 57 WSA enthielten, waren gegen eine solche Entwicklung nicht gefeit, wie die Vorgänge z.B. in Baden in den sechziger Jahren zeigen.[19] Um ein parlamentarisches System zu verhindern, bedurfte es mehr als eines Hinweises, daß der König alle Staatsgewalt in sich vereine und nach Maßgabe der Verfassung ausübe. Das hatte Stahl betont. Aber die preußische Verfassung wies noch nicht einmal die übliche Formel des monarchischen Prinzips als Schutz gegen parlamentarische Intentionen auf.

Daß es auch bei ihr „natürlich ... schließlich alles auf die Praxis der Regierung" ankomme und daß die „preußische Verfassung selbst ... ja weder eine ausdrückliche Anweisung zur monarchischen noch zur parlamentarischen Regierungsweise" enthalte, sondern „jede Partei sie nach ihren Neigungen interpretieren" konnte, hat ein so unverdächtiger Zeuge wie der konservative Historiker Otto Hintze zugegeben.[20] Wenn dennoch ein bestimmter Interpretationsstandpunkt allmählich ganz zurücktrat, lag das offenbar weniger an seiner theoretischen Unzulänglichkeit als an anderen Faktoren, in unserem Fall am Ausgang des preußischen Verfassungskonflikts. Er hat alle Ansätze einer Verfassungsinterpretation in parlamentarischer Richtung zunichte gemacht. Daß der Ausgang des Verfassungskonfliktes den Widerspruch der preußischen Verfassung behoben und sich damit das monarchische Prinzip in der Praxis bewährt habe, wird von vielen

19 L. Gall, Der Liberalismus als regierende Partei. Das Großherzogtum Baden zwischen Restauration u. Reichsgründung, Wiesbaden 1968. Vgl. auch die Ansicht Treitschkes zum Verhältnis von Parlament und Regierung in seiner oben genannten Abhandlung aus der Reichsgründungszeit, 495f.

20 Hintze, 376.

zeitgenössischen Autoren bestätigt.[21] Bornhak, einer der führenden konservativen Staatslehrer der späteren Jahre, hielt danach sogar die vermittelnde Sichtweise v. Rönnes für überholt. Der Ausbau der preußischen Verfassung im konstitutionell-monarchischen Sinne habe es mit sich gebracht, daß die „wissenschaftliche Ansicht v. Rönnes (sich) nicht mehr auf dem Boden des positiven Rechtes" befinde.[22] Das war jedoch nicht ganz richtig, wie zu zeigen ist.

Auch nach der Konfliktszeit hielt sich die gemäßigte Anschauungsweise durchaus noch. Sie wurde insbesondere von dem bedeutenden Staatsrechtler Schulze-Gävernitz in den siebziger und achtziger Jahren nachdrücklich vertreten.[23] Schulzes Vorgehensweise ist die historische eines gemäßigten, sich an der Idee einer organischen Entwicklung orientierenden Liberalen. Das ermöglicht ihm, zunächst die preußische Monarchie in aller Breite zu würdigen. Schon bei Schulze begegnet das Argument, daß der preußische König den preußischen Staat geschaffen habe. Sowohl der Auffassung des allgemeinen deutschen Staatsrechts als auch der preußischen Staatsentwicklung entspreche es, den Satz, daß der König das Oberhaupt des Staates sei und alle Rechte der Staatsgewalt in sich vereinige, weiterhin als einen Fundamentalsatz des preußischen Staatsrechts gelten zu lassen. Die allgemeine deutsche konstitutionelle Entwicklung und die spezielle preußische Tradition, das monarchische Prinzip im Sinne der älteren deutschen Verfassungen und des Art. 57 WSA sowie das ALR werden bei ihm zusammen zur Grundlage der Verfassungsinterpretation. Ihr Prinzip aber findet Schulze im Leitgedanken der konstitutionellen Monarchie, die ein „organisches Zusammenwirken" zwischen Regierung und Volksvertretung vorsehe. Falsch sei es daher und eine willkürliche Folgerung, daß das monarchische Prinzip eine Rechtsvermutung für den König begründe. Davon wisse die preußische Verfassung nichts, und eine solche Auslegung sei auch durch Art. 57 WSA nicht geboten. Vorrangig bleibt auch für Schulze immer der Gedanke eines gleichberechtigten Zusammenwirkens der Verfassungsfaktoren. Im Falle eines Dissenses könne der Monarch entweder zum Ministerwechsel oder zur Auflösung und zu Neuwahlen schreiten, um auf diese Weise die öffentliche Meinung der Nation zu hören. Unter ausdrücklichem Bezug auf Dahlmann leugnet aber auch Schulze, daß es sich hierbei um eine appellatio principis ad populum handele; denn die Wählerschaft sei keine

21 Vgl. z.B. die in Anm. 7 genannten Autoren Bluntschli (427), Bornhak (470), Hintze (375). Allgemein auch R. Wahl, Der preußische Verfassungskonflikt u. das konstitutionelle System des Kaiserreichs, in: E. W. Böckenförde u. R. Wahl Hrsg., Moderne Deutsche Verfassungsgeschichte, Köln 1972, 171ff.

22 Bornhak (s.u. Anm. 29), 122.

23 H. Schulze-Gävernitz, Das preußische Staatsrecht, 2 Bde, 1872–1877, hier benutzt in der 2. Aufl., Leipzig 1888–1890; s. bes. I, 609ff. Knapper Überblick auch ders., Das Staatsrecht des Königreichs Preußen, in: Handbuch des öffentlichen Rechts der Gegenwart, II/2, 1884.

dem König übergeordnete Instanz. Mit der Wahl biete er nur die Möglichkeit, zu einer friedlichen Einigung zu kommen. Staatsrechtlich(!) könne er durch ein Wählervotum nicht gezwungen werden, ein Ministerium zu entlassen.[24]

Schulzes Darlegungen ähneln denen v. Rönnes offensichtlich sehr. Auch ohne das konstitutionelle Staatsrecht zu bemühen, um die Forderungen des monarchischen Prinzips auszugleichen, gelingt es ihm, zu einem abgewogenen Urteil über das Verhältnis von Monarch/Regierung zu Volk/Parlament zu kommen. Dazu befähigt ihn ersichtlich die Art seiner historischen Betrachtungsweise. Sie setzt ihn einerseits instand, die Vorrangigkeit des preußischen Königtums zu betonen, andrerseits aber auch jene „organische" Entwicklung nicht zu übersehen, die letztlich zum Zusammenwirken von Regierung und Volksvertretung als dem Grundgedanken des neuen Staates unter Fortfall überholter königlicher Prärogativen geführt habe. Auch später noch sind unter Berufung auf ihn und Dahlmann alle Versuche, die preußische Verfassung als eine freiwillige Gabe des Königs an sein Volk zu begreifen und daher alle Rechte, in denen er durch die Verfassung nicht beschränkt worden sei, dem Monarchen vorzubehalten, als „Interpretationskunststücke" abgetan worden.[25] Aber es ist richtig, daß sich die Verteidiger dieses Standpunktes inzwischen auf dem Rückzug befanden.

V. Seit den achtziger Jahren, etwa gleichzeitig mit einem allgemeinen politischen Stimmungsumschwung, gewinnt eine neue Interpretationsweise der preußischen Verfassung an Boden, die vor allem von konservativen Staatsrechtlern wie Adolf Arndt und Conrad Bornhak vorgetragen wird. Besonders Arndt ist sich seiner Rolle als Neuerer in der Staatsrechtswissenschaft bewußt gewesen. Er beginnt seine Ausführungen mit der Beteuerung, daß er sich gegen die besten Namen in dieser Wissenschaft zu wenden habe, aber dies nur im Streben nach der Wahrheit tue und ohne jede politische Tendenz.[26] Das grundlegende Problem wird von ihm noch einmal in aller Schärfe gestellt. Drei Möglichkeiten gebe es, das Verhältnis von Krone und Volksvertretung zu bestimmen. Nach der ersten habe die Krone nur die Befugnisse, die ihr von der Verfassung ausdrücklich übertragen worden seien.

24 Schulze-Gävernitz, Staatsrecht, 633 f.

25 So im Kommentar zur Verfassungsurkunde für den preußischen Staat von E. Schwartz, 1896, 42; vgl. auch ebd., 123, 305. Die vermittelnde Anschauungsweise der organologischen Richtung in der Staatslehre findet sich auch bei O. v. Gierke, z.B. in seiner Kritik von „Labands Staatsrecht und die deutsche Rechtswissenschaft" (1883), Darmstadt 1961, 50 f. u. passim.

26 A. Arndt, Das Verordnungsrecht des deutschen Reichs, 1884, V. Dort ist die Lehre vom selbständigen monarchischen Verordnungsrecht systematisch entwickelt worden. Vgl. auch den Kommentar dess. zur Verfassungsurkunde für den preußischen Staat, 1886 (hier benutzt in der 7. Aufl. 1911). Im Kommentar werden die drei Möglichkeiten des Verhältnisses von Monarch und Volksvertretung expliziert (34 f.). Zur älteren Lehre der ‚praesumptio pro rege' bei Zweifelsfragen der Verfassungsauslegung vgl. Boldt, 44 ff.

Dies sei so in der belgischen Verfassung, nicht aber in der preußischen verfügt und komme damit für diese nicht in Betracht. Nach der zweiten seien die Rechte von Krone und Volksvertretung in der Verfassung erschöpfend dargestellt und somit jeweils aus ihr zu ermitteln. Das sei die bisher herrschende, insbesondere von Schulze vertretene Lehre gewesen. Ihr stellt Arndt eine dritte gegenüber, nach der die Krone alle Befugnisse habe, die ihr durch die Verfassung nicht entzogen worden seien, die Volksvertretung aber nur die, welche ihr von der Verfassung eingeräumt wurden.
Ersichtlich befindet sich Arndt hier in Übereinstimmung mit der uns schon bekannten, früher z. B. von Stahl, vor allem aber auch von Gerber geäußerten Meinung, daß bei der Auslegung der deutschen Verfassungen die Vermutung gegen die Volksvertretung und für eine alleinige Rechtsausübung des Monarchen spreche und im Zweifel die Mitwirkungsrechte der Volksvertretung restriktiv auszulegen seien. Diese Ansicht versucht Arndt systematisch zu entwickeln. Ihm geht es dabei in erster Linie um den Nachweis, daß die Praxis, die ein selbständiges, nicht von gesetzlichen Ermächtigungen abgeleitetes Verordnungsrecht des Monarchen kannte, rechtens sei, was eine entsprechende Auslegung des Gesetzesbegriffes bedingte. Es mußte nachgewiesen werden, daß die gemeinschaftliche Gesetzgebung von Monarch und Parlament nach Art. 62 VU nur wenige Fälle, insbesondere den von der Verfassung ausgesprochenen Gesetzesvorbehalt bei staatlichen Eingriffen in die Grundrechtssphäre der Untertanen, umfaßte, für alle anderen Regelungen aber ein selbständiges, vorkonstitutionelles Verordnungsrecht des Monarchen auch nach Erlaß der Verfassung weiterhin bestand. (Auf dieselbe Weise ließ sich z. B. auch nachweisen, daß die Thronfolgeordnung des Hauses Hohenzollern, obwohl in die Verfassung aufgenommen, sich dennoch nicht nach dieser, sondern nach den dort in Art. 53 genannten Hausgesetzen richte, die mithin ebenfalls als extrakonstitutionelles Recht anzusehen waren).[27]
Bei seiner Beweisführung bediente sich Arndt wie vor ihm die älteren royalistischen Lehren und später besonders auch Bornhak des historischen Arguments. Im Gegensatz zum belgischen sei das preußische Königtum älter als die Verfassung, die Verfassung von ihm durch Oktroi erst geschaffen, daher nicht selber Rechtsgrundlage der königlichen Gewalt. Sie regele den öffentlichen Rechtszustand nicht erschöpfend, sondern beschränke die Rechtsausübung des Monarchen nur in mancherlei Hinsicht. Das schien ein klarer Ansatz zu sein. Aber die historische Argumentationsweise war doppeldeutig. Verband man sie mit einem organischen Entwicklungsschema,

27 Vgl. Arndt, 1911, 213 f. Ähnlich (Hausgesetze des Hauses Hohenzollern als Privatfürstenrecht) auch v. Rönne, 61 f. Der Verweis auf die Hausgesetze als extrakonstitutionelles Recht in Art. 53 VU entsprach einem ausdrücklichen Wunsch Friedrich Wilhelms IV. Dagegen stand die Auffassung liberaler Autoren wie Bluntschli, daß die monarchischen Rechte einschließlich der Thronfolgeordnung reines Verfassungsrecht geworden seien.

wie wir es bei Schulze und vorher auch schon bei v. Rönne antrafen, ließ sich die historische Vorrangigkeit des Monarchen ebenfalls akzeptieren und dennoch kraft des Zauberwortes der organischen Entwicklung zu einer anderen Ansicht über die Rechtsstellung des Monarchen und sein Verhältnis zur Volksvertretung kommen. Auch der Hinweis auf deutschrechtliche Traditionen, auf das monarchische Prinzip im Sinne von Art. 57 WSA, half dabei offensichtlich nicht wirklich weiter. Denn damit bewegte man sich schon immer in gefährlicher Nähe zu jenen Auslegungsweisen, die vom Ideal einer konstitutionellen Harmonie zwischen Monarch und Parlament, einem Zusammenwirken beider auf möglichst allen Gebieten ausgingen. Unverkennbar ist deshalb in den jüngeren promonarchischen Interpretationen die Bemühung, nicht mehr in erster Linie auf gemeindeutsche Traditionen zu bauen, sondern auf die preußische Geschichte speziell, nicht auf die seit der Reichsgründung ohnehin überholte Wiener Schlußakte, sondern auf das Allgemeine Landrecht. Es lohnt sich, dieser Argumentation einen Moment zu folgen.[28]

Bezugspunkt der Argumentation war § 1 II 13 ALR. Er lautete: »Alle Rechte und Pflichten des Staates gegen seine Bürger und Schutzverwandte vereinigen sich in dem Oberhaupte desselben.« Dieser Passus wurde mit dem monarchischen Prinzip im Sinne des Art. 57 WSA gleichgesetzt, ohne Rücksicht darauf, was er im historischen Kontext bedeutete, und ohne Rücksicht darauf, daß es im ALR um die Rechte und Pflichten des Staatsoberhauptes gegenüber seinen Untertanen ging, beim monarchischen Prinzip dagegen um dessen konstitutionelle Beziehungen zur Volksvertretung. Die Absicht dieses Vorgehens war deutlich. Auf diese Weise hatte man nicht nur die Gültigkeit des monarchischen Prinzips auch für Preußen nachgewiesen und sich dabei den Umweg über das gemeindeutsche Staatsrecht süddeutscher Provenienz erspart, sondern auch, daß Preußen schon vor anderen Staaten eine konstitutionelle Monarchie gewesen sei und Friedrich der Große ihr eigentlicher Ahnherr, was der Idee eines eigenen preußischen Weges zum Konstitutionalismus durchaus von Nutzen war.

Eine gewisse Schwierigkeit bereitete der Staatsrechtslehre allerdings die juristisch korrekte Verbindung von § 1 II 13 ALR mit der neuen Verfassung von 1850. Das Weitergelten des ALR verstand sich nicht von selbst. Art. 109 VU schrieb vielmehr vor, daß nur die „Bestimmungen der bestehenden Gesetzbücher, einzelnen Gesetze und Verordnungen, welche der gegenwärtigen Verfassung nicht zuwiderlaufen“ in Kraft bleiben sollten. Es mußte also erst einmal die Verfassungsmäßigkeit von 1 II 13 ALR nachgewiesen werden. Dies geschah, indem man diesen Passus als eine frühe Formulierung jenes modernen, konstitutionellen Staatsgedankens auffaßte, der nach Meinung ihrer Interpreten auch die neue preußische Verfassung beseelte. So gesehen konnte 1 II 13 ALR der preußischen Verfassung in der

28 Vor allem Arndt, 1911, 37, u. Hubrich (u. Anm. 42), 194, 205f.

Tat nicht zuwiderlaufen. Auf die Frage, ob das monarchische Prinzip auch für die preußische Verfassung gelte, gab nunmehr 1 II 13 ALR, verstanden als frühe Formulierung dieses Prinzips, die gewünschte bejahende Antwort und konnte sie geben, weil 1 II 13 auch nach der neuen Verfassung weiter galt – eben deswegen, weil sie auf dem monarchischen Prinzip gründete – die klassische Struktur eines Zirkelschlusses. Letztlich konnte so eine vorkonstitutionelle Bestimmung, deren Weitergeltung nach Kriterien zu beurteilen war, die man aus der Verfassung selber zu nehmen hatte, ihrerseits zur „rechtlichen Urvoraussetzung" dieser Verfassung werden und den Maßstab dafür setzen, was als verfassungsmäßig anzuerkennen war und was nicht. Alles weitere aber folgte daraus nach Belieben.
Wollte man diesen Zirkelschluß vermeiden und dennoch an der Vorrangigkeit der monarchischen Position vor der Verfassung festhalten, in einem nicht nur historisch deskriptiven, sondern pointiert rechtlichen Sinne, dann blieb eigentlich nur noch ein einziger Ausweg offen, nämlich der Rekurs auf den Oktroi. Entscheidend wurde dann die Frage, ob man wirklich davon ausgehen konnte, daß die preußische Verfassung, rechtlich gesehen, einem „Akt freier Gnade" des Monarchen ihre Existenz verdanke, ein Geschenk von ihm an das Volk darstelle und ihn mithin nur in dem binde, was er dargebracht habe. Diesen Punkt hat Bornhak in aller Schärfe erkannt:
„Nur der Umstand, daß die Verfassung oktroyiert wurde, erhielt dem Königtume seine wesentlichen Befugnisse und bewahrte es davor, ein bloßes Ornament des parlamentarischen Systems zu werden."[29]
War dem aber wirklich so? Im Unterschied zu den süddeutschen Verfassungen, bei denen – mit Ausnahme Württembergs – in der Tat am Ende der Verhandlungen und Vereinbarungen des Monarchen mit den Ständen ein königlicher Oktroi stand, dem die Verfassungen ihre rechtliche Existenz verdankten, war der preußische Oktroi erfolgt, weil eine an sich beabsichtigte Vereinbarung unmöglich erschien, aber er war nur „vorbehaltlich" einer späteren Revision „im ordentlichen Wege der Gesetzgebung" gegeben worden. So formulierte es die Präambel der Verfassungsurkunde vom 5. Dezember 1848 ausdrücklich. Als endgültig festgestellt aber, und zwar „in Übereinstimmung mit beiden Kammern endgültig festgestellt", galt die Verfassung erst durch ihre Revision.[30] Das legte nahe, den rechtlichen Akzent eher auf die Revision und den Umstand der Mitwirkung der Kammern bei ihr zu legen als auf den vorangegangenen Oktroi. So gesehen aber nahm die preußische Verfassung die Züge einer Vereinbarung an, und so haben sie auch die älteren Autoren wie z. B. v. Rönne verstanden. Ganz unstreitig galt sie vom 31. Januar 1850 an in ihrer mit den Kammern revidierten Fassung weiter, nicht aber mehr in der 1848 oktroyierten Form. Daß auch diese

29 O. Bornhak, Preußisches Staatsrecht, 1888, hier benutzt in der 2. Aufl., Breslau 1911, 51.
30 Vgl. die Präambel zur Preußischen Verfassungsurkunde v. 31.1.1850.

– politisch gesehen – alles andere als freiwillig erfolgt war, sei nur am Rande vermerkt.
Aber war dies alles wirklich so wesentlich? Immerhin zeigte doch die württembergische Verfassung von 1819, daß auch eine vertraglich vereinbarte Konstitution das monarchische Prinzip anerkennen konnte. Umgekehrt hielt der Oktroi die Möglichkeit einer monarchistischen Auslegung der Verfassung zwar offen, führte sie jedoch nicht zwingend herbei. Das hing offenbar davon ab, wie weit die durch den Oktroi erfolgte Selbstbindung des Monarchen ging, und dies war wiederum eine Interpretationsfrage. Wer aber hatte das Recht zur Interpretation? Der Monarch als Herr der von ihm gegebenen Verfassung oder nicht doch er und die Kammern zusammen, deren Übereinstimmung die Verfassung ihre endgültige inhaltliche Ausgestaltung verdankte und die auch für die weitere Gesetzgebung sowie eine künftige Änderung der Verfassung notwendig war? Daß das Recht zur authentischen Interpretation bei der gesetzgebenden Gewalt, also bei Monarch und Parlament zusammen lag, war generell anerkannt.[31] Was aber war dann für die Auslegung der Verfassung, die Weiterexistenz extrakonstitutioneller monarchischer Rechte zu erwarten?
Angesichts dieser ein wenig verqueren Situation nimmt es nicht wunder, daß ein Autor wie Bornhak mit allem Nachdruck die Vorrangigkeit der monarchischen Position betonte und dem entgegenlaufende Ansichten zurückwies. Nicht einmal als „Organ", d.h. Teil des Staates, mochte er den Monarchen betrachtet wissen, wie dies die neuere Staatslehre tat; denn schließlich seien es doch die preußischen Herrscher gewesen, die den preußischen Staat und das preußische Volk erst geschaffen hätten. Konnte es daher überhaupt wirksame Bindungen für das (preußische) Königtum geben? Auch diese Frage hat Bornhak sich gestellt und kam dabei zu folgendem Schluß:
„Die natürliche Folge des monarchischen Prinzips scheint einzig und allein der Grundsatz des absoluten römischen Kaisertums zu sein: ‚Princeps legibus solutus est'."[32]
Damit war endlich die naheliegende absolutistische Konsequenz aus den historischen Interpretationsansätzen gezogen. Damit war aber gleichzeitig auch ein für die Konstruktion der Verfassungsmonarchie grundlegendes Problem formuliert. Wenn der König Schöpfer des Staates und der Verfassung war, wie konnte er an das, was er freiwillig gegeben hatte, auf Dauer und unter allen Umständen gebunden sein? Wieso sollte der König, der sich freiwillig beschränkt hatte, sich nicht ebenso freiwillig dieser Beschränkung entledigen können? Nach der herrschenden Lehre, die an der Verfassungsbindung des Monarchen festhielt, erschien der König als eine Art Pudel-

31 Vgl. z.B. Arndt, 1911, 256. Vorher u.a. schon v. Rönne, 176.
32 Bornhak, Staatsrecht, 133, vgl. auch 127ff. (zur historischen Vorrangigkeit des preußischen Königtums und zu 1 II 13 ALR).

Mephisto, der aus freien Stücken zu Faust, dem Volk, in die Stube gekommen war, um seine Vereinbarungen mit ihm zu treffen, den aber der Drudenfuß der Selbstbeschränkung auf der Türschwelle daran hinderte, sie ohne des Volkes Hilfe wieder zu verlassen. Diese Transsubstantiation des Königtums vom absoluten zum konstitutionell gebundenen hatte, wenn man den Vorgang als einen einseitig-freiwilligen auffaßte, etwas Mystisches an sich, das nicht recht erklärbar war. War es dann nicht konsequenter zu folgern: „Das Königtum hat das konstitutionelle Whistspiel mit dem preußischen Volk begonnen und die Spielregeln unter dem Vorbehalt, sie selbst ändern zu können, festgesetzt."[33]

Freilich, eine solche Behauptung machte die konstitutionellen Zusagen letztlich wertlos. Wie aber war diese Folgerung zu umgehen, ohne daß man gleichzeitig die These von der Freiwilligkeit und Einseitigkeit der Verfassungsgebung aufgab? Allem Anschein nach haben Überlegungen dieser Art der Staatstheorie keine großen Sorgen bereitet. Nur Bornhak ist ihnen nicht ausgewichen. Allerdings nimmt sich seine Auskunft einigermaßen unbefriedigend aus. Da die Verfassung, meinte er, Ausdruck des Willens des Königs sei, sei auch die in ihr aufgezeichnete Modalität ihrer Abänderung nach Art. 107 VU Ausdruck seines Willens. Nur auf verfassungsmäßigem Wege wolle er sie fürderhin ändern oder gar wieder aufheben. Daraus aber ergebe sich, daß verfassungswidrige Akte, also auch eine Aufhebung der Verfassung abweichend von der in ihr selbst vorgeschriebenen Form, nicht als Ausdruck seines Willens gelten könnten, selbst wenn sie von ihm gewollt seien. Das sei die Lösung „des Rätsels des monarchischen Königtums innerhalb verfassungsmäßiger Schranken"(!)[34]

VI. Die Neuauflage der promonarchischen Interpretationsweise ist hier mit ihren Bedenklichkeiten etwas ausführlicher dargestellt worden, um zu zeigen, daß sie keineswegs selbstverständlich war. Dennoch scheint sie eine schlechthin überzeugende Plausibilität besessen zu haben. Obwohl Arndt und Bornhak eher als Außenseiter in ihrer Zunft galten und die quasi-absolutistischen Folgerungen aus ihrem Ansatz durchaus nicht allgemein geteilt wurden, fand dieser selbst doch erheblichen Zuspruch. Es steht zu vermuten, daß diese Ansichtsweise nicht zuletzt durch das hohe Ansehen der preußischen Monarchie nach der Reichsgründung gefördert wurde. Hatte sie sich doch nicht nur gegen den politischen Liberalismus im eigenen Lande durchgesetzt, sondern überdies die Überlegenheit des monarchischen Gedankens durch die Schöpfung eines neuen, gesamtdeutschen Kaisertums demonstriert.

Die Wirkung des Neomonarchismus in der Staatslehre ist spürbar nicht nur

33 So E.A.C. Stockmar, Studien zum preußischen Staatsrecht, in: Aegidis Zeitschrift für Deutsches Staatsrecht u. Deutsche Verfassungsgeschichte 1. 1867, 192.

34 Bornhak, Staatsrecht, 134ff.

in den einschlägigen Lehrbüchern und Kommentaren jener Zeit, sondern äußerte sich auch in den Werken der nachrückenden Gelehrtentradition. So ging z. B. Rudolf Smend in seiner Dissertation über die Preußische Verfassungsurkunde im Vergleich mit der Belgischen im Jahre 1904 ganz selbstverständlich davon aus, daß alle deutschen Verfassungen nicht den Anspruch erhöben, die gesamte staatliche Ordnung von Grund auf neu zu konstituieren, sondern nur eine Selbstbeschränkung des Königtums darstellten, „das sich im übrigen in seiner alten Machtvollkommenheit erhalten hat und seinen Rechtsgrund nach wie vor nicht aus der Verfassungsurkunde herleitet, wie in den romanischen Monarchien." Arndt habe daher sehr zu recht die Selbstbeschränkung des Königtums als wesentlichen Inhalt, „ja geradezu als die ‚Generalidee' der preußischen Verfassung im Gegensatz zur belgischen hingestellt." Die rechtliche Begründung dafür, daß man das könne, aber liege allein im Historischen, in der unterschiedlichen Entstehungsgeschichte beider Verfassungen.[35] Es ist nicht ohne Reiz, sich zu überlegen, welche Erkenntnisse die Staatsrechtslehre über das ‚Wesen' der preußischen Verfassung wohl gesammelt hätte, wenn der Verfassungskonflikt der sechziger Jahre anders ausgegangen wäre!

Auch der nach der Reichsgründung allmählich eine beherrschende Stellung gewinnende Rechtspositivismus im Staatsrecht zeigte sich von den Ergebnissen der konservativ-historischen Auslegungsweise nicht unberührt. Es fällt auf, daß in den Lehrbüchern und Kommentaren jetzt mehr und mehr der Versuch gemacht wird, aus der preußischen Verfassung selber, d. h. aus ihren einzelnen Verfassungsartikeln, die überragende Stellung des Königs, oder – wie man es nun nennt –, daß er der „Träger" der gesamten Staatsgewalt sei, zu erweisen.[36] Das ist eine typisch positivistische Vorgehensweise, nur war sie der preußischen Verfassung offenbar nicht angemessen. Denn was bedeutete es schon, daß man aufzählen konnte, der Monarch verfüge allein über die vollziehende Gewalt, über die gesetzgebende mit den Kam-

35 R. Smend, Die preußische Verfassungsurkunde im Vergleich mit der Belgischen, 1904, 1, 49, 82. Entsprechend auch die Neuauflage des „Staatsrechts des Königreichs Preußen" in: Handbuch des öffentlichen Rechts der Gegenwart, II/3, 1894, durch K. Frhr. v. Stengel (35f.: preuß. Verf. nur Selbstbeschränkung; 82: Rechtsvermutung spricht für unbeschränkte Zuständigkeit des Königs; 173: Bejahung eines selbständigen Verordnungsrechts des Monarchen). Auch v. Rönnes Kommentar wurde von P. Zorn, den neuen Ansichten entsprechend, umgeschrieben; vgl. die 5. Aufl. 1899 (dort I, XI, die ‚praesumptio pro rege', so auch 357 mit Hinweis auf das monarchische Prinzip als alleinige Rechtsquelle für die Befugnisse des Königs auch nach Erlaß der Verfassung. Rönnes Bezugnahme auf das philosophische [konstitutionelle] Staatsrecht fehlt dagegen).

36 Z. B. bei G. Meyer u. G. Anschütz, Lehrbuch des deutschen Staatsrechts, I, 1919, 272, oder bei H. Rehm, Allg. Staatslehre, 1899, 350 (wo der monarchische Charakter Preußens u. a. sogar aus Art. 1 VU, das Staatsgebiet betreffend, abgeleitet wird). Schon Stockmar führte die überkonstitutionelle Gewalt des preußischen Königs nicht mehr auf seine historische Stellung oder ein überpositives Staatsnotrecht zurück, sondern auf eine Unvollkommenheit in der Verfassung, den Art. 106 VU selbst.

mern aus, von ihm leite sich auch die richterliche Gewalt ab, ihm stehe der militärische Oberbefehl zu, er ernenne die Beamten usw. usw.? Dies alles galt für den belgischen König auch – und doch kam niemand auf die Idee, daß er der alleinige Träger der Staatsgewalt sei. Zu allem Unglück war auch in der preußischen Verfassung von der gesetzgebenden Gewalt nur im Abschnitt über die Kammern die Rede, nicht bei dem über den König selber. Eine buchstabengetreue Verfassungsinterpretation hätte daraus lesen können, daß diese Gewalt eigentlich dem Parlament zustehe, dem König aber nur ein Vetorecht. Verständlich daher, daß 1903 in einer Festrede zur Feier des Geburtstages Seiner Majestät, des Kaisers Wilhelm II., alle Überlegungen dieser Art kurzerhand zurückgewiesen wurden mit dem Bemerken, die Stellung des preußischen Königs folge beileibe nicht aus den Rechten, die ihm die Verfassung zuteile, sondern er habe diese Rechte, weil er König sei: „Er ist dies alles, weil er König ist.“[37] Damit war der petitio principii der positivistischen Rekonstruktion der monarchischen Gewalt aus dem Verfassungswortlaut aus dem Wege gegangen. Verblüffend nur, in welcher lapidaren Weise man offenbar 1903 noch oder wieder aus dem Wesen des Königtums seine Rechtsstellung ableiten konnte, als wäre gerade das im Laufe des 19. Jahrhunderts angesichts der zahlreichen Übergänge zu parlamentarischen und demokratischen Monarchien und angesichts der Bemühungen Stahls, das monarchische Prinzip aus seiner prekären Situation zu erlösen, nicht fragwürdig geworden.

Wie wurde der Rechtspositivismus mit der mißlichen Lage, offensichtlich nicht einfach aus dem Verfassungswortlaut deduzieren zu können, fertig? Einfach auf irgendwelche politischen und historischen Theorien zu rekurrieren, verbot sich für ihn. Ganz deutlich ist hingegen sein Bemühen, mit rechtslogischen und formalen Einlassungen Interpretationsfragen zu lösen. Daß die Entscheidung eines Auslegungsproblems aus allgemeinen Rechtsprinzipien abgeleitet werden müsse, hatte schon Paul Laband, das Haupt der neuen Richtung, für die Lösung des hochpolitischen preußischen Budgetkonfliktes gefordert, also für die Frage, was zu geschehen habe, wenn sich monarchische Regierung und Landtag nicht über die jährliche Feststellung des Haushaltsplans einigen könnten. Vor diesem Problem hatte die Rechtslehre, abgesehen von progressiven Autoren wie Lasker, die Waffen gestreckt. Laband dagegen versuchte es, mit allgemeinen Überlegungen darüber zu bewältigen, was ein Gesetz sei, daß der Staatshaushaltsplan logischerweise kein Gesetz sei, und was daraus folge, wenn er trotzdem in Gesetzesform verabschiedet werde. Er kam dabei zu der für eine Regierung im Konflikt komfortablen Lösung, daß „notwendige“ Ausgaben auch bei nicht vom Parlament akzeptiertem Budget zu leisten, durchaus rechtens sei.[38]

37 F. v. Martitz, Die Monarchie als Staatsform, 1903, 28.

38 P. Laband, Das Budgetrecht nach den Bestimmungen der Preußischen Verfassungsurkunde unter Berücksichtigung der Verfassung des Norddeutschen Bundes, in: Zeitschrift

Dieses Resultat war nicht ganz so rechtslogisch ermittelt worden, wie Laband es vermutet hatte; denn augenscheinlich hing das Ergebnis davon ab, wie man das Gebot der preußischen Verfassung, den Haushaltsplan als Gesetz zu verabschieden, bewertete, gleichgültig, ob es sich dabei um ein eigentliches oder uneigentliches Gesetz handelte. In Bewertungen solcher Art gingen immer schon Vorstellungen nicht nur „rein rechtlicher" Art ein. Für den staatsrechtlichen Positivismus spielten dabei häufig logifizierte Formen von Theorien eine Rolle, die weniger einen historisch-spezifischen als einen generellen Charakter besaßen und sich aus diesem Grunde besser als Ansatzpunkt für eine formal-allgemeine Theorie unter Vernachlässigung ihrer politischen Implikationen eigneten als andere. Damit geriet die promonarchische historische Auslegungsweise der preußischen Verfassung wieder in Gefahr. Dennoch ist die durch sie vermittelte Anschauungsweise damals so stark gewesen, daß sie sich letztlich auch in rechtspositivistischen Abhandlungen durchsetzte, wie man nicht nur an Labands Budgettheorie zeigen kann. Sehr viel drastischer zeigt es noch die Zurückweisung der Arndtschen Theorie eines monarchischen Verordnungsrechts praeter legem durch Gerhard Anschütz.[39]

An ihr ist zweierlei bezeichnend, der Versuch, ein dem positiven Recht der Verfassung immanentes Ergebnis mit Hilfe allgemeiner Lehren zu gewinnen, und die selbstverständliche Übernahme promonarchischer und praxisrelevanter Auslegungsweisen zugleich. Auch für Anschütz stellt die preußische Verfassung eine, wenn auch unwiderrufliche, Selbstbeschränkung des Monarchen dar. Logisches und historisches prius der konstitutionellen sei die absolute Monarchie. Daraus folge, daß der Monarch nur insoweit in seinen Rechten beschränkt sei, als es die Verfassung ausdrücklich formuliere, in allen Zweifelsfällen streite für ihn die Vermutung, daß er alleiniger Rechtsinhaber geblieben sei. Man sieht, soweit befindet sich Anschütz durchaus in Übereinstimmung mit seinem Kontrahenten Arndt. Dann aber folgen zwei interessante Abweichungen: Die gesetzgebende Gewalt, die der Monarch mit den Kammern zusammen ausübe, bezieht sich nach Anschütz nicht nur auf einige ausdrückliche Gesetzesvorbehalte der preußischen Verfassung, sondern sei gemäß der angeblich allgemeinen „konstitutionellen Theorie" gleichzusetzen der rechtssetzenden Gewalt überhaupt.

für die Gesetzgebung u. Rechtspflege in Preußen 4. 1870, 625 ff., bes. 627, 635, 699 ff. Überblick über die verschiedenen Theorien zur Frage des budgetlosen Regiments, in: ders., Das Staatsrecht des Deutschen Reichs, IV, 1914, S. 577 ff. Vgl. dagegen Gierke, 53 ff.

39 G. Anschütz, Die gegenwärtigen Theorien über den Begriff der gesetzgebenden Gewalt u. den Umfang des königlichen Verordnungsrechts nach preußischem Staatsrecht, 1901², bes. 1 ff., 9 f., 12, 18, 62. Grundsätzlich zum staatsrechtlichen Positivismus vgl. W. Wilhelm, Zur juristischen Methodenlehre im 19. Jh. Die Herkunft der Methode P. Labands aus der Privatrechtswissenschaft, Frankfurt 1958, u. P. v. Oertzen, Die soziale Funktion des staatsrechtlichen Positivismus, Frankfurt 1974.

Das Gesetz sei mithin Rechtsnorm, Rechtssatz schlechtin. Das habe insbesondere Laband deutlich gemacht. Darüber hinaus aber gelte in der preußischen Verfassung auch das Prinzip der Gewaltenteilung, wie ihr Aufbau zeige und wie Otto Mayer nachgewiesen habe. (Anschütz hat offenbar keine Schwierigkeiten, diese Erkenntnis mit dem anfänglichen Bekenntnis zum monarchischen Prinzip zu verbinden.) Daraus wiederum folge, daß die vollziehende Gewalt nur mehr noch durch Verordnungen intra legem gebieten und verbieten dürfe, der Monarch aber kein selbständiges Verordnungsrecht praeter legem mehr besitze.

Ausweitung des Gesetzesbegriffes und Akzeptierung des Gewaltenteilungsprinzips führen bei Anschütz also beide zu einer von der Arndtschen Generalidee abweichenden Folgerung. In beiden Fällen handelt es sich eingestandenermaßen um Versatzstücke der älteren konstitutionellen Ansichtsweise, die bei der Interpretation der preußischen Verfassung schon geraume Zeit keine Rolle mehr spielten; auch v. Rönne hatte sich gegen die Gewaltenteilungstheorie ausgesprochen. Sie werden nunmehr in einer die Position der Volksvertretung aufwertenden Weise wieder herangezogen, jedoch ohne daß es dabei zu irgendwelchen Abstrichen vom monarchischen Prinzip kommt. Wie wenig dies der Fall ist, zeigt vielmehr die Art und Weise, in der Anschütz die Frage der königlichen Verordnungsgewalt schließlich einer Lösung zuführt: Zwar gelte aus obigem folgend der Satz, daß die vollziehende Gewalt nur aufgrund einer Ermächtigung durch die gesetzgebende sog. Rechtsverordnungen erlassen dürfe; eine solche Ermächtigung sei aber auch in Art. 45 VU, der dem König die vollziehende Gewalt inklusive des zum Gesetzesvollzug gehörenden Verordnungrechtes eingeräumt habe, gegeben. Alle in diesem Bereich erlassenen Verordnungen, z.B. in den besonderen Gewaltverhältnissen des Schul- und Militärwesens, seien daher gültig auch ohne spezielle gesetzliche Ermächtigung und dennoch „intra legem"(!). Mit diesem promonarchischen Schlenker schließt Anschütz zur preußischen Praxis und zu Arndt wieder auf und umgeht die von Arndt an seinem Ansatz nicht unberechtigter Weise gerügten „demokratischen" Konsequenzen.[40]

40 Vgl. A. Arndt, Das selbständige Verordnungsrecht, 1902, 13. – Wie Labands Stellungnahme zum Budgetrecht und die davon beeinflußte zum Verordnungsrecht durch Anschütz verlief auch die ihrerseits von Anschütz inspirierte Darstellung der militärischen Kommandogewalt durch Marschall v. Bieberstein, Verantwortlichkeit u. Gegenzeichnung bei Anordnungen des obersten Kriegsherrn, 1911. Auch Bieberstein kam aufgrund der von ihm konsultierten allgemeinen konstitutionellen Theorie zunächst zu einer der Praxis nicht entsprechenden Feststellung, nämlich daß das Gebot der ministeriellen Gegenzeichnung alle Akte des Monarchen betreffe, auch die der Kommandogewalt. Um dennoch ein der Praxis gemäßes Resultat zu erzielen, schlug er vor, zwischen der Rechtmäßigkeit und der Rechtsgültigkeit (d.h. der rechtlichen Wirksamkeit) von monarchischen Anordnungen zu unterscheiden. In allen drei Fällen, dem Nichtzustandekommen des Budgets, dem selbständigen Verordnungsrecht und der Gegenzeichnungspflichtigkeit von Akten der Kommandogewalt handelte es sich um zentrale und für die Praxis relevante Fragen des

VII. Mit den Versuchen des Rechtspositivismus, aus rechtslogischen Figuren und allgemeinen Theorien dem Verfassungswortlaut gerecht werdende und zugleich mit der Regierungspraxis übereinstimmende Interpretationen der preußischen Konstitution zu finden, endet die Geschichte ihrer Auslegung. Es setzt nun, vor allem seit der Jahrhundertwende, die Geschichte ihrer Historiographie ein. Auch sie zeigt sich vom alles überragenden Gedanken des monarchischen Prinzips beherrscht. Auch für Otto Hintze war „das monarchische Prinzip ... in der neuen Verfassung ... auf das nachdrücklichste bewahrt“ worden, schreibt er im Rückblick auf 1850, obwohl er sich über die unterschiedlichen Interpretationsmöglichkeiten dieser Verfassung im klaren gewesen ist.[41] Kurz vorher hatte Eduard Hubrich noch einmal in einem großangelegten Aufsatz versucht, der preußischen Verfassung einen lupenreinen Ahnennachweis in puncto monarchisches Prinzip zu verschaffen – veranlaßt durch niemand anderen als Erich Kaufmann, der in einer rechtshistorischen Abhandlung über das monarchische Prinzip die Unvorsichtigkeit besessen hatte, es als eine französische Importware aus der Charte von 1814 zu deklarieren.[42] Dies rief energischen Widerspruch hervor; denn augenscheinlich handelte es sich bei einer solchen Feststellung nicht einfach um eine harmlose historische Ansicht, sondern um einen Angriff auf das herrschende Verfassungsverständnis. Sollte der preußische Monarch seine Rechtsstellung tatsächlich einer französischen Restaurationscaprice verdankt haben? Das war offensichtlich undenkbar und macht die intensive Bemühung Hubrichs verständlich, das monarchische Prinzip noch ein letztes Mal im preußischen ALR zu entdecken und 1 II 13 zur „rechtlichen Urvoraussetzung“ aller preußischen Verfassungsvorschriften avancieren zu lassen. Nur so blieb die preußische Verfassung ein echtes preußisches Erzeugnis und das monarchische Prinzip eine deutsche Errungenschaft über allen Zweifel hinaus.

Auch für die neuere Verfassungsgeschichtsschreibung beruht die preußische Verfassung offenbar auf dem monarchischen Prinzip, nicht nur als Ergebnis ihrer Geschichte, sondern aufgrund einer alle ihre Rechtsprobleme in eindeutiger Weise lösenden Bestimmtheit von Anfang an – trotz ihrer prekären Entstehungssituation, trotz Verfassungskonflikt und liberaler

monarchischen Prinzips. In allen drei Fällen entschieden die rechtspositivistischen Analysen aufgrund der von ihnen bemühten, nicht mehr als Politikum empfundenen generellen Theorie zunächst gegen das monarchische Prinzip und mußten mit Hilfe zusätzlicher Überlegungen der Praxis angemessen umgebogen werden.

41 Hintze, 371.

42 E. Kaufmann, Studien zur Staatslehre des monarchischen Prinzips 1906. Dazu E. Hubrich, Das monarchische Prinzip in Preußen, in: Zeitschrift für Politik 1. 1908, 193 ff. (1 II 13 ALR als „rechtliche Urvoraussetzung“ der preußischen Verfassungsartikel, 194). Vgl. dagegen Gierke zum konstitutiven Charakter jedes, das Wesen eines Staates ändernden Aktes, was die Berufung auf eine vorangehende Rechtsordnung ausschließt, a. a. O. (Anm. 25) S. 59.

Verfassungsanschauung.[43] Vielleicht aber sollte die Verfassungsgeschichte nicht nur die von ihr auf die Anfänge zurückdatierten Ergebnisse einer Entwicklung mitteilen, sondern auch die Umstände, durch die sie es wurden, und den Preis, den der Erfolg kostete. Sie vergibt sich dabei nichts: „victrix causa diis placuit, sed victa Catoni."

43 So bei E. Huber, 55. Huber meint (52), daß die Verfassungsrevision 1850 das monarchische Prinzip durch eine Rückwärts-Wendung gestärkt habe. Die Revision erfolgte jedoch nicht nur im promonarchischen Sinne, wie die Änderungen in den Notstandsartikeln 63 und 111 VU zeigen; sie genügte zudem den Ansprüchen Friedrich Wilhelms IV. nicht. Bei Huber gewinnt außerdem (343) Art. 57 WSA den Charakter unmittelbar geltenden Rechtes auch für Preußen. Die preußische Staatsrechtslehre zitierte diese Bestimmung der Wiener Schlußakte hingegen nur als Ausdruck eines gesamtdeutsch geltenden Prinzips; denn das Recht des Deutschen Bundes war nicht direkt in den zu ihm gehörenden Staaten anwendbar. Verstieß eine einzelstaatliche Verfassung dagegen, hätte das beim Bund gerügt werden müssen. Im preußischen Fall erfolgte natürlich keine Rüge. Damit aber blieb die Frage, inwieweit die preußische Verfassung mit Art. 57 WSA übereinstimmte, offen.

Obrigkeitsstaat, Koalitionsrecht und Landarbeiterschaft

Zur Entwicklung des ländlichen Arbeitsrechts in Preußen
zwischen Vormärz und Reichsgründung

von Jens Flemming

I. „Die Verhältnisse der in der städtischen Industrie beschäftigten Arbeiter sind der Beobachtung verhältnismäßig leicht zugänglich und daher durch die Behörden und die Wissenschaft ziemlich klar gelegt. Die Verhältnisse der ländlichen Arbeiter, wenn auch in neuerer Zeit Gegenstand lebhafter und entgegengesetzter Besprechungen, sind nach Örtlichkeit, Klima, Wirtschaftsbetrieb und Herkommen außerordentlich verschieden und liegen der Beobachtung weniger offen." Mit diesen Sätzen begründete im Mai 1875 Reichskanzler Bismarck gegenüber dem preußischen Staatsministerium seinen Wunsch nach Berufung einer amtlichen Enquête-Kommission, die Material zur Beurteilung der wirtschaftlichen Lage von Tagelöhnern, Dienstpersonal und Grundbesitzern bereitstellen sollte.[1] Der Plan selber fand zwar keine Resonanz, er wurde vermutlich nach dem ersten Abflauen der vehementen Auswanderungswellen insbesondere aus einigen der ostelbischen Provinzen auch nicht mehr als dringlich empfunden. Die Vorstellung aber, aus der sich die zitierten Bemerkungen speisten, erwies sich als dauerhaft. In kaum einer der großen agrarpolitischen Kontroversen des späten 19. und beginnenden 20. Jahrhunderts fehlte es an solchen, ähnlichen oder noch zugespitzten Hinweisen. Die Rede von den gegensätzlichen Erscheinungsformen und Bedingungen der Produktion in den Fabriken und Gutshöfen verfestigte sich ebenso sehr zur Standardformel wie die von einer nur schwer überschaubaren Mannigfaltigkeit der ländlichen Lebens- und Arbeitswelt. All dies waren Argumente, die nicht nur als Reflex auf reale Entwicklungstendenzen begriffen werden dürfen. Denn sie dienten zugleich immer auch dazu, jede Veränderung, jeden Versuch einer Vereinheitlichung oder gar der Modernisierung der komplizierten, in mancher Hinsicht überständigen und reformbedürftigen Rechtsverhältnisse von Landarbeitern zum Scheitern zu bringen.[2]

1 GStA Berlin, Rep. 84a, Nr. 11406, Schreiben vom 14.5.1875.

2 Vgl. in diesem Zusammenhang etwa die Motive zum Entwurf eines Bürgerlichen Gesetzbuches von 1888: „Eine Regelung des Gesinderechts durch Reichsgesetz ist unausführbar ... Auch in Preußen ist von der Erlassung einer einheitlichen Gesindeordnung für den ganzen Umfang der Monarchie abgesehen worden. Bei der Erwägung dieser Frage hat man nicht nur das Vorhandensein eines praktischen Bedürfnisses für eine einheitliche Regelung des Gesindewesens verneint, sondern auch anerkannt, daß eine solche Regelung bei der verschiedenartigen Gestaltung der Verhältnisse zwischen Dienstherrschaften und

Damit soll nicht bestritten werden, daß die ländliche Arbeiterschaft eine in sich vielfach gegliederte, nach Rechts- und Sozialstatus deutlich abgestufte Sozialgruppe war. Regionale, teilweise lokale Überlieferungen spielten eine bedeutende Rolle, und es war durchaus von Belang für den Arbeiter, ob er in einem großräumigen, rationalisierten Rittergut oder in einem kleineren, überwiegend als Familienbetrieb geführten Bauernhof beschäftigt war. Das Eindringen des Kapitalismus in die Agrarwirtschaft, die um die Mitte des Jahrhunderts einsetzende Mechanisierung, hier vor allem die Nutzung der Dampfkraft, dynamisierten zwar die sozialen Beziehungen auf dem Lande und schärften hier und da sicherlich auch ein Bewußtsein von Klassenspannungen. Aber dieser Prozeß verlief langsam und außerordentlich ungleichzeitig. Politisierung und Polarisierung erreichten hier bei weitem nicht die Intensität wie in den Industriebezirken. Die Arbeitsverfassung in den Dörfern und Gütern behielt ein ausgesprochen schillerndes Antlitz. Sie blieb geprägt durch ein Gewirr vorkapitalistischer Traditionalismen, durch eine eigentümliche Mischung natural- und geldwirtschaftlicher Momente. In ihr verwoben sich patriarchalische Abhängigkeit mit Mobilität und Bindungslosigkeit, individuelle Vertragsfreiheit mit Unterwerfung auf Grund feudal bestimmter Herrenrechte.[3]

Ebensowenig wie *den* Industriearbeiter oder *den* Bauern gab es *den* Landarbeiter. Die ländliche Arbeiterschaft in den einzelnen Provinzen der preußischen Monarchie zerfiel in zahlreiche Kategorien, jeweils geschieden nach den Funktionen im Arbeitsprozeß, der Stellung zur Familie des Dienstherrn, nach Lohnformen und Lebensweisen. Jeder Versuch einer Verallgemeinerung muß sich daher seiner Grenzen bewußt sein und kann ein nur grobes Raster bieten. Definiert man nach dem Charakter der Arbeitsverträge, lassen sich zwei Großgruppen bilden, die in sich wiederum in mehrere Schichten mit teilweise fließenden Übergängen zerfielen: diejenige der ‚kontraktlich gebundenen' und die der ‚freien' Arbeiter. Zur ersteren sind die Knechte, Mägde und das Aufsichtspersonal, also das überwiegend ledige Gesinde zu rechnen sowie die verheirateten Gutstagelöhner (die Insten, Deputatisten, Drescher oder wie immer ihre Bezeichnungen in den verschiedenen Agrarlandschaften lauteten). Beide Arten von Arbeitskräften wurden für einen längeren Zeitraum, meistens ein Jahr gemietet und waren eng in den Betrieb integriert. Sie wohnten auf den Höfen der Arbeitgeber, das Gesinde in den Kammern und ‚Leutestuben', häufig auch unmittelbar in den Kuh- und Pferdeställen, die Tagelöhner in ‚Werkswoh-

Gesinde in den verschiedenen Landesteilen auf unüberwindliche Schwierigkeiten stoßen möchte." Zit. nach: W. Kähler, Gesindewesen u. Gesinderecht in Deutschland, Jena 1896, 192f.

3 Hierfür wie zum folgenden vgl. J. Flemming, Die Landarbeit in der Zeit der Industrialisierung, in: Eggebrecht u. a., Geschichte der Arbeit. Vom Alten Ägypten bis zur Gegenwart, Köln 1980, 243–301, dort auch die wichtigste ältere und neuere Literatur, weswegen hier auf detaillierte Nachweise verzichtet wird.

nungen', in der Regel dürftig ausgestatteten ebenerdigen Katen, die bei Auflösung des Arbeitsverhältnisses geräumt werden mußten. Das Gesinde erhielt neben Kost und Logis einen festen, vor Dienstantritt vereinbarten Geldbetrag, der viertel-, halb-, bisweilen auch nur jährlich ausgezahlt wurde. Das Einkommen der Tagelöhner wurde üblicherweise von der gesamten Familie erwirtschaftet und war eine Mischung aus Bar- und Naturallohn, wobei zu beachten ist, daß die Relationen zwischen diesen beiden Komponenten regional stark differierten. Sieht man vom Sonderfall Schlesien ab, lag der Anteil der Naturalien in den östlichen Gebieten der Monarchie durchweg höher als in den mittleren und westlichen, wo der Typus des kontraktlich gebundenen Arbeiters ohnehin sehr viel seltener anzutreffen war. Nach Erhebungen, die 1872/74 im Auftrag des *Congresses deutscher Landwirte* veranstaltet wurden, belief sich in Preußen, Pommern und Brandenburg die Quote des unbaren Lohnes auf 50 bis 80 Prozent (Schlesien: ca. 20 Prozent). Während im Regierungsbezirk Königsberg bei einem jährlichen Gesamteinkommen von 283 Talern nur 30 Taler in Geld ausgeschüttet wurden, waren es etwa im sächsischen Regierungsbezirk Merseburg 258 Taler in Geld und 45 Taler in Naturalien.[4]

Neben der eigenen, täglich zu erbringenden Arbeitsleistung mußte der Tagelöhner in Preußen, Pommern, Posen und Brandenburg jeweils noch eine zweite Arbeitskraft stellen, den sog. Hofgänger oder Scharwerker. Dies waren entweder seine bereits schulentlassenen Kinder oder aber fremde, nicht zur Familie gehörende Jugendliche, die ihrerseits den Status von Dienstboten hatten. Sie waren Arbeiter minderer Klasse, und der Tagelöhner geriet dadurch in eine eigentümliche Doppelrolle als Arbeitnehmer und Arbeitgeber. Auf Verlangen des Gutsherrn mußte darüber hinaus auch die Ehefrau zur Arbeit erscheinen; dies galt vor allem in der Ernteperiode und für spezifisch ‚weibliche' Tätigkeiten wie Melken und Waschen. Allgemein verbreitet war, daß die schulpflichtigen Kinder der Dienstleute mithalfen, die schmalen Haushaltsbudgets aufzubessern, freilich nur „in dringenden Arbeitszeiten" und „insofern sie arbeitsfähig und schulfrei" hatten, wie es in der erwähnten Umfrage hieß.[5] Grundsätzlich mit Geld abgegolten wurde der Einsatz der Ehefrau und des Scharwerkers; dieser bekam seinen Verdienst allerdings nicht selber ausgehändigt, sondern über seinen ‚Dienstherrn', den Tagelöhner, in Form von Naturalien zur Bestreitung seiner Lebensnotwendigkeiten. Der Naturallohn, der den Familien zugewiesen wurde, berechnete sich aus der Wohnung, aus Brennstoff, ärztlicher Betreuung, Weide und Futter für eine Kuh, ein bis zwei Schweine, aus einem Stück Land zum Anbau von Kartoffeln sowie anfänglich aus einem bestimmten Prozentsatz des erdroschenen Getreides, dem sog. Drescherlohn. Wollten

4 T. Frhr. v. d. Goltz Hg., Die Lage der ländlichen Arbeiter im Deutschen Reich, Berlin 1875, Tabellen A 1–32, 2–65 sowie 455.

5 Ebd., 455.

die Tagelöhner aus den Naturalien Nutzen ziehen, waren sie in erheblichem Umfang zu zusätzlichen Mühen gezwungen. Den Acker mit einer Fläche bis zu 5 Morgen, der ihnen vom Gutsherrn überlassen wurde, mußten sie gemeinsam mit ihren Frauen bestellen, wofür in aller Regel nur die spärlich bemessene Freizeit und die Sonn- und Feiertage blieben – kurzum, die Einkünfte waren nicht fest kalkulierbar, sondern zu einem beträchtlichen Teil abhängig von der persönlichen Leistungsfähigkeit des Arbeiters und seiner Familie sowie von den Schwankungen der Ernte und der Konjunktur.
Deutlich abgehoben von dieser Schicht der ländlichen Arbeiterbevölkerung war der Typus des ‚freien' Arbeiters. Er ist als Tagelöhner im eigentlichen Sinne des Wortes anzusprechen, als ein Mann, der ohne dauerhafte vertragliche Bindungen auf Tagelohn ging. Er arbeitete häufig im Akkord und wurde dafür in Geld, gar nicht oder ganz selten darüber hinaus auch noch in Naturalien entlohnt. Um Verpflegung und Wohnung hatte er sich zumeist selber zu kümmern. Gegenüber den Instleuten und Deputatisten erfreute er sich größerer Unabhängigkeit und Mobilität, erkaufte dies aber durch ein höheres Maß an existentieller Unsicherheit. Beschäftigung fand er im allgemeinen nur während der Sommermonate. Den Rest des Jahres mußte er sich, sofern er nicht anderweitig unterkam, mit dem zuvor Ersparten mehr schlecht als recht durchschlagen. Dies galt insbesondere für die Gruppe der Einlieger, die keinen Grund und Boden besaßen und bei den Bauern oder in den Dörfern und Landstädten ‚einlagen', d.h. zur Miete wohnten. Ihre Situation wird in der zeitgenössischen Literatur übereinstimmend als überaus kümmerlich geschildert. Sie galten als Leute, die „von der Hand in den Mund" lebten,[6] als „die unterste Stufe, gewissermaßen das Proletariat in der ländlichen Arbeiterklasse".[7] Besser gestellt waren dagegen diejenigen Arbeiter, die auf ein Haus und ein kleines Grundstück zurückgreifen konnten, auf dem sie sich als Nebenerwerbslandwirte betätigten. Die Erträge, die ihre Parzellen abwarfen, reichten nicht aus, um sich und ihre Familien das ganze Jahr hindurch zu ernähren. Sie waren daher auf Zubrot angewiesen, das die Männer durch Lohnarbeit bei Bauern und Gutsherrn einbrachten. Frau und Kinder besorgten unterdes daheim die eigene Wirtschaft. Je nach Gegend waren für diese Schicht von Landarbeitern die verschiedensten Bezeichnungen üblich: Kleinstellenbesitzer, Büdner, Kossäth, Häusler, Kätner. Eine Mittelposition zwischen Gutstagelöhnern und Freiarbeitern hielten die Heuerlinge oder Kötter im nordwestlichen Deutschland, in den Regierungsbezirken Osnabrück, Minden und Münster.[8] Sie hatten den Charakter teils von Kleinpächtern, teils von land-

6 Landwirtschaftliches Centralblatt für Deutschland 16,2. 1868, 210 (Acker- u. Wiesenbau in der Provinz Preußen).
7 V. d. Goltz, Geschichte der deutschen Landwirtschaft, II. Stuttgart 1903, 197.
8 Vgl. dazu als Überblick: Enquête-Ausschuß, Untersuchungen über Landarbeitsverhältnisse. Verhandlungen u. Berichte des Unterausschusses für Landwirtschaft, Bd. 7, Berlin 1929, 522ff.

wirtschaftlichen Arbeitern. Als Gegenleistung für langfristig abgeschlossene Pachtverträge mußten sie sich zu regelmäßiger Arbeitshilfe beim Verpächter, meistens einem größeren Bauern, verpflichten. Der Pachtzins wurde also durch Arbeit, nicht durch Geld abgegolten. Auf diese Weise bewahrten sich in den Heuerlingsverhältnissen starke naturalwirtschaftliche Momente, deren Ursprünge bis in das 16. Jahrhundert zurückreichten und deren Kern auch die forcierte Industrialisierung seit der Mitte des 19. Jahrhunderts nicht aufzubrechen vermochte.[9]

Schematisierungen, wie hier vorgenommen, wirken naturgemäß statisch und sind in Gefahr, den Blick auf Elemente des Wandels zu verstellen. Diese lagen jedoch auf dem Lande nicht so offen zutage wie in den Städten und Industrierevieren, sie sind auch von der Forschung bislang recht stiefmütterlich behandelt worden und traten selten in der Reinheit auf, wie sie die nachträgliche Analyse idealtypisch zu bündeln sucht.[10] Stillstand und Dynamik waren in den Dörfern und Gütern häufig nicht weit voneinander entfernt. Neben traditionellen Mentalitäten, Produktions- und Reproduktionsformen, die in ihrer vermeintlich unerschütterlichen Stabilität vielen der Zeitgenossen als das eigentliche Wesen der ländlichen Zustände erschienen, wurden jedoch im Verlauf der Modernisierung und Kapitalisierung der Agrarwirtschaft Entwicklungen freigesetzt, die eben diese Traditionen von innen her aushöhlten, umformten und zum Teil zerstörten. Bei aller Differenzierung, die sich überaus zäh behauptete und die soziale und politische Identität von Landarbeitern nachhaltig geprägt haben dürfte, wurden ungefähr seit den 1840er Jahren, hier und da früher, Tendenzen einer Vereinheitlichung sichtbar, die wohl die Unterschiede zwischen den einzelnen Arbeiterkategorien nicht gänzlich einebneten, aber doch abschliffen und eine gewisse Nivellierung der Lebensumstände und Arbeitsbedingungen mit sich brachten, – wenn man so will, einen Übergang von der „Klasse an sich“ zur „Klasse für sich“ überhaupt erst möglich machten. Dazu gehört, daß sich im Zuge der Agrargesetzgebung nicht nur die Bauern von den Gutsherren separierten, sondern parallel dazu auch die Arbeiter von den Bauern, eine Trennung, die das 18. Jahrhundert in dieser Schroffheit nicht gekannt hatte, weder ökonomisch noch gesellschaftlich. Zwar gab es bereits vor der Reformära eine breite landarme oder landlose unterbäuerliche Schicht von Gesindepersonen, die sich aus sich selber rekrutierte und nicht mehr bäuerlichen Ursprungs war, daneben von Tagelöhnern und

9 Zur Kategorie der freien Arbeiter wären auch die Wanderarbeiter zu rechnen, die jedoch im hier gewählten Untersuchungszeitraum noch nicht die Bedeutung hatten wie seit den 1890er Jahren. Allg. dazu J. Nichtweiß, Die ausländischen Saisonarbeiter in der Landwirtschaft der östlichen u. mittleren Gebiete des Deutschen Reiches, Berlin 1959.

10 Immer noch unübertroffen in dieser Hinsicht die Untersuchungen M. Webers, etwa: Die ländliche Arbeitsverfassung, sowie: Entwicklungstendenzen in der Lage der ostelbischen Landarbeiter, beide in: ders., Ges. Aufsätze zur Sozial- u. Wirtschaftsgeschichte, Tübingen 1924, 444–507.

Einliegern. Insofern sind die Thesen der älteren nationalökonomischen Literatur, allen voran Knapps und von der Goltz', zu revidieren, die allzu einseitig die Ursprünge der ländlichen Arbeiterklasse in der „Bauernbefreiung" lokalisiert hatten.[11] Die Konstituierung der Landarbeiterschaft als einer von den übrigen Schichten der Landbevölkerung klar geschiedenen sozialen Gruppe war indes das Ergebnis der Umwandlung der Fron- in Lohnarbeit und der allmählichen Entfaltung kapitalistischer Produktionsverhältnisse. Dieser Ablösungsprozeß war um die Jahrhundertmitte sicher nicht überall abgeschlossen, aber doch weit vorangeschritten. Die Bauern waren zu selbständigen kleineren oder mittleren Agrarproduzenten geworden, die ihre Wirtschaften mit fremden Arbeitskräften oder nur mit den Familienangehörigen betrieben; das reduzierte vor allem außerhalb der Arbeit die Gemeinsamkeiten mit ihren Arbeitern, hob etwa die Tischgemeinschaft mit den Knechten und Mägden auf, und je nach Wohlhabenheit suchten die Bauern auch äußerlich ihren von den Besitzlosen abgehobenen Status zu dokumentieren, in den ertragreichen Rübenanbaugebieten der Magdeburger Börde beispielsweise durch Errichtung prunkvoller Wohnhäuser, die den feudalen Herrensitzen an Prätention und Aufwand in nichts nachstanden.[12] Sowohl Bauern als auch Großgrundbesitzer betätigten sich im Prinzip als rational kalkulierende, Markt- und Profitchancen abwägende Unternehmer und wuchsen, zumindest was die ökonomischen Interessen anbelangt, mehr und mehr zusammen. Zugleich wurde damit die „Klassenscheidung, welche die städtische Bevölkerung beherrscht, auch auf das flache Land übertragen".[13] Die zu Beginn des 19. Jahrhunderts noch fließenden Grenzen innerberuflicher Mobilität verfestigten sich zusehends, und die Aussichten für Landarbeiter, in eine Bauernstelle einzurücken, tendierten vor allem in den östlichen Provinzen gegen Null, was selbst einen der Landwirtschaft so wohlgesonnenen Mann wie den Agrarwissenschaftler

11 G. F. Knapp, Die Bauernbefreiung u. der Ursprung der Landarbeiter in den älteren Teilen Preußens, Leipzig 1887; Knapps Thesen noch zuspitzend: v. d. Goltz in seinen zahlreichen agrarpolitischen Schriften, u. a. Beitrag zur Geschichte der Entwicklung ländlicher Arbeiterverhältnisse im nordöstlichen Deutschland, Berlin 1864; Die ländliche Arbeiterfrage u. ihre Lösung, Danzig 1872; Die ländliche Arbeiterklasse u. der preußische Staat, Jena 1893. Kritisch setzte sich damit bereits auseinander A. Neumann, Die Bewegung der Löhne der ländlichen „freien" Arbeiter im Zusammenhang mit der gesamtwirtschaftlichen Entwicklung Preußens gegenwärtigen Umfangs vom Ausgang des 18. Jahrhunderts bis 1850, Berlin 1911, 31 ff. Zu den im folgenden skizzierten Entwicklungstendenzen vgl. neuerdings auch H. Schissler, Preußische Agrargesellschaft im Wandel, Göttingen 1978, bes. 173 ff.

12 Reich dokumentiert in den volkskundlichen Studien von H. J. Rach, Bauernhaus, Landarbeiterkaten u. Schnitterkaserne. Zur Geschichte von Bauen u. Wohnen der ländlichen Agrarproduzenten in der Magdeburger Börde des 19. Jahrhunderts, Berlin 1974, sowie H. Plaul, Landarbeiterleben im 19. Jahrhundert, Berlin 1979, hier v. a. 99 ff.

13 E. Lederer u. J. Marschak, Die Klassen auf dem Arbeitsmarkt u. ihre Organisationen, in: Grundriß der Sozialökonomik, IX, 2. Tübingen 1927, 226.

Max Sering 1892 zu der resignierenden Bemerkung nötigte: „Heute trennt den Tagelöhnerstand im Osten von den übrigen Volksschichten seiner Heimat eine tiefe Kluft, die zu überschreiten auch den besten kaum möglich ist.“[14]

Die patriarchalischen Bindungen zwischen Dienstherren und Arbeitern waren bereits um 1850, auch im Bewußtsein der Zeitgenossen[15], in voller Auflösung begriffen. An ihre Stelle traten nach und nach ‚objektivierte‘ Arbeitnehmer-Arbeitgeber-Beziehungen. Ausgelöst und vorangetrieben wurde dieser Prozeß durch Mechanisierung und Intensivierung, als deren Chiffren gemeinhin Dreschmaschine und Zuckerrübe gelten. An seinem Ende stand die Zerstörung der traditionellen Insten- und Drescherverfassung. Zunächst auf die Gutswirtschaften beschränkt, begann sich die Dreschmaschine seit den 50er und 60er Jahren einen festen Platz im landwirtschaftlichen Betriebsinventar zu erobern. Zuvor hatte man die Getreideernte jahrhundertelang mit dem Dreschflegel ausgedroschen, was normalerweise einen Zeitraum von ungefähr 30 Wochen, von Ende September bis Anfang Mai in Anspruch nahm. Gegen einen festen, vertraglich vereinbarten Prozentsatz an ausgedroschenem Korn, meistens dem 16. bis 18. Scheffel, war das Dreschen gewohnheitsmäßig ein Vorrecht der Gutstagelöhner, das ihnen dauernde Beschäftigung im Winter sicherte und sie darüber hinaus an den Bruttoerträgen der Güter beteiligte. Dieser „Drescherlohn“ machte in ihrem Verdienst den größten Posten aus, deckte ihren Eigenbedarf und warf je nach Ausfall der Ernte einen Überschuß ab zum freien Verkauf auf dem Markt oder – je nach den Klauseln der Verträge – an die Gutsverwaltungen, was freilich die erzielten Preise häufig herabdrückte.

Mit der Einführung der Dreschmaschine wurde diese Arbeitsordnung von Grund auf erschüttert. Da die Maschine die monatelange Dreschperiode auf wenige Wochen, je nach Ausdehnung der Getreideschläge sogar auf wenige Tage zusammendrängte, veränderte sich das überlieferte Auf und Ab von Sommer- und Winterarbeit. Die Leidtragenden waren die Tagelöhner, die dadurch für den Rest des Winters entweder arbeitslos oder gegen geringen Barlohn anderweitig verwendet wurden. Auf diese Weise geriet das zuvor recht stabile Einkommensgefüge der Arbeiterfamilien in Bewegung, zumal der Drescherlohn wegen der höheren Ausdruschquoten bald drastisch reduziert wurde, im allgemeinen auf den 24. bis 25. Scheffel, später noch weiter, und gegen Ende des Jahrhunderts verschwand er als eine für den Typus des Tagelöhners spezifische Lohnform fast völlig. Die Anteilslöhne wurden in vertraglich normierte, in Geld und Naturalien ge-

14 M. Sering, Arbeiterfrage u. Kolonisation in den östlichen Provinzen Preußens, Berlin 1892, 8.

15 Beispiele etwa bei Plaul, 101 ff., oder auch in den Verhandlungen des Baltischen Vereins für Förderung der Landwirtschaft, 7.7.1847, Greifswald 1848, 65 ff.

zahlte Lohnsätze umgewandelt. Dadurch wurde der Charakter des Gutstagelöhners ein anderer. Er glich sich tendenziell dem ‚freien' Arbeiter an, eine Beobachtung, die sich an einer Reihe weiterer Indizien erhärten läßt. Die fortschreitende Technisierung und die Umstellung der Feldsysteme machten die Landwirtschaft in hohem Maß zu einem Saisongewerbe. Neben der Dreschmaschine hat die seit Mitte des Jahrhunderts enorme Ausdehnung des Zuckerrübenanbaus am nachhaltigsten in diese Richtung gewirkt. Wegen der Verlagerung der Arbeitsschwerpunkte auf saisonale Spitzenzeiten weitete sich eine kontinuierliche Differenz zwischen dem Kräftebedarf im Sommer und im Winter. Wohl verlangten die Hackfruchtkulturen kurzfristig eine größere Anzahl von Arbeitern; deren Beschäftigung das ganze Jahr hindurch aber war unrentabel. Als gleichsam logische Folge wurden kontraktlich gebundene Arbeiter nicht mehr in altem Umfang benötigt und nach und nach durch billigeres, nur noch saisonal gemietetes Personal verdrängt. Hinzu kam, daß steigende Bodenpreise den Besitzern einen Anreiz boten, das Lohnland ihrer Tagelöhner an sich zu ziehen und diesen als Entgelt für die dort sonst erwirtschafteten Erträge fest Kontingente an Naturalien, das „Deputat", zu verabreichen. Für die Unternehmer war das überaus profitabel, denn ausgerüstet mit besserer Technik und besserem ‚know how' konnten sie aus den Parzellen sehr viel mehr herausholen als die Tagelöhner. Zu den Folgen des Verlustes an ‚eigenem' Acker gehörte es, daß die Arbeiterfamilien die Viehhaltung, besonders die Großviehhaltung einschränken mußten. Zwar wurde deren Kuh zunächst noch im herrschaftlichen Stall versorgt und im Sommer auf eine eigene Leutewiese getrieben. Im Laufe der Jahre bürgerte es sich jedoch immer mehr ein, die Kuh durch ein bestimmtes Quantum an Frischmilch zu ersetzen. All diese Maßnahmen erleichterten einerseits das beschwerliche Dasein der Tagelöhner und wurden von manchem Betroffenen vermutlich auch so empfunden. Andrerseits aber schwand damit die Möglichkeit, an den Roheinkünften, und d.h. letztlich am Aufschwung der Landwirtschaft insgesamt zu partizipieren. Aus dem Instmann alter Art, dem noch die Schalen des hörigen Bauerntums anhafteten, wurde sozusagen ein „Instmann ohne Anteil am Erdrusch"[16], aus einem Tagelöhner, der nebenher ein Kleinproduzent war, wurde mit der Zeit ein Deputatist, bei Licht besehen ein reiner Lohnarbeiter, getrennt von den Produktionsmitteln und entlassen aus dem gemeinsamen Interesse, das ihn zuvor wenigstens partiell mit dem Gutsherrn verbunden hatte.

II. Ähnlich vielschichtig wie die geschilderten Entwicklungstendenzen hinsichtlich der sozialen Gliederung und wirtschaftlichen Stellung waren

16 So die Formulierung bei P. Schütze, Studien über die Entwicklung der Lohnverhältnisse ländlicher Arbeiter in Norddeutschland seit 1870, Diss. Königsberg 1914, 44; für die Provinz Sachsen vgl. auch die sehr eindringliche Studie von Plaul, 111ff.

die Rechtsvorschriften, mit denen sich die Landarbeiter in den einzelnen Gebieten der preußischen Monarchie konfrontiert sahen. Auch hier läßt sich eine eigentümliche Mischung wenn nicht widerstreitender, so doch verschiedenartiger Traditionen beobachten, ein Mit- und Gegeneinander von ‚modernem' Vertragsdenken und ‚feudal' bestimmter patriarchalischer Verfügungsmacht. Das ländliche Arbeitsrecht war, darin dem Heerwesen verwandt, eine der Bastionen, von denen aus sich der agrarisch geprägte vorkonstitutionelle Obrigkeitsstaat am beharrlichsten gegen die Herausforderungen des Liberalismus und den Einfluß der heraufziehenden Industriegesellschaft zu verteidigen suchte. Umfassende, für Tagelöhner und Gesinde gleichermaßen gültige Regularien existierten nicht, und selbst das Gesinderecht war nicht mehr als ein buntscheckiger Flickenteppich mit zahlreichen voneinander abweichenden regionalen Varianten. Die über ein Dutzend Gesindeordnungen entstammten durchweg dem Anfang oder der Mitte des 19., das Lauenburgische Dienstbotenedikt gar dem 18. Jahrhundert. Das Bürgerliche Gesetzbuch, das nach 1900 das Allgemeine Landrecht von 1794 ablöste, fand zwar Anwendung auf die Verträge von Gutstagelöhnern und Freiarbeitern, nicht jedoch auf Knechte, Mägde und Scharwerker, da aus seiner Zuständigkeit ausdrücklich diejenigen landesgesetzlichen Bestimmungen ausgeschlossen waren, die Gesindematerien zum Inhalt hatten (Einführungsgesetz, Art. 95). An Anläufen, diese komplizierte Situation zu vereinfachen, hat es nicht gefehlt. Aber weder im Reich noch in Preußen konnte man sich über entsprechende Grundlinien verständigen, eine Konstellation, die in wechselnden Erscheinungsformen bis hin zur Revolution von 1918/19 konstant blieb und die im folgenden ausschnittartig für die Jahrzehnte zwischen Vormärz und Reichsgründung beleuchtet werden soll.

Mit der Aufhebung der Erbuntertänigkeit fiel 1807 im Königreich Preußen auch der Zwangsgesindedienst. Seither beruhte das Verhältnis von Dienstpersonal und Herrschaft, zumindest nominell, auf dem freien Arbeitsvertrag. Dessen Einzelheiten regelte die im November 1810 erlassene „Gesindeordnung für sämtliche Provinzen der preußischen Monarchie", die an die Stelle der einschlägigen Paragraphen des Allgemeinen Landrechts trat (§§ 1–176 T. II Tit. 5)[17] und, ergänzt durch Publikationspatente von 1814 und 1826 in Preußen, Posen, Schlesien, Pommern (ausgenommen Neuvorpommern und Rügen), Brandenburg und Berlin, Sachsen und Westfalen Rechtskraft hatte. Für das ehemals schwedische Neuvorpommern mit der Insel Rügen und die Rheinprovinz wurden 1845 bzw. 1844 gesonderte, in einigen Punkten leicht modifizierte Vorschriften verfügt. Wegen ihrer zahlreichen restriktiven, die Mobilität und die Persönlichkeitsrechte einengenden Klauseln wird man das Gesetz von 1810 als ein Kompromißangebot an

17 Beides abgedruckt bei H. Hübner u. H. Kathe Bearb., Lage u. Kampf der Landarbeiter im ostelbischen Preußen, Vaduz 1977, 22–47 u. 55–76.

die Grundherrn bewerten müssen, konzipiert als „Korrektiv der freiheitlichen Bestimmungen des Oktoberedikts“[18] mit dem Ziel, im Zuge des von der Bürokratie initiierten gesellschaftlichen Transformationsprozesses „soviel an Leibeigenschaft zu retten, als noch zu retten war“[19], die „Rechtsverluste des Gutsadels mittelbar zu kompensieren und den ländlichen Arbeitsmarkt fest im Griff zu behalten.“[20]

Zwischen den Pflichten und Rechten des Herrn und denen des Gesindes bestand ein ins Auge springendes Ungleichgewicht. Die Dienste, für die neben Lohn und Kleidung, Kost „bis zur Sättigung“ und in begrenztem Umfang Fürsorge bei Krankheit gewährt wurden (§§82, 83 86–88), waren grundsätzlich ungemessen, d.h. weder zeitlich noch sachlich limitiert, und mußten „treu, fleißig und aufmerksam“ verrichtet werden (§64). Bei Streitigkeiten über die Modalitäten von Lohn, Kostgeld und Beköstigung fungierte die lokale Polizeiobrigkeit – und d.h. auf den meisten Gütern der Gutsherr selber – als Schiedsinstanz (§§33 und 83). Nicht nur während, sondern auch außerhalb der Arbeitszeit galt als Maxime: „der Herrschaft Bestes zu befördern, Schaden und Nachteil aber ... abzuwenden“ (§70), was Denunziation gegenüber den Arbeitsgenossen einbezog, denn „bemerkte Untreue des Nebengesindes“ sollte gemeldet werden (§71), bei Unterlassung war für den „Schaden, welcher durch die Anzeige hätte verhütet werden können, bei dem Unvermögen des Hauptschuldners“ aufzukommen (§72). Allen „häuslichen Einrichtungen und Anordnungen“ mußten sich die Dienstboten widerspruchslos „unterwerfen“ (§73), und „ohne Vorwissen und Genehmigung der Herrschaft“ durften sie sich „auch in eigenen Angelegenheiten vom Hause nicht entfernen“ (§74). „Befehle“ und „Verweise“ sollten sie „mit Ehrerbietung und Bescheidenheit annehmen“ (§ 76). Dem Arbeitgeber wurde zwar kein unbeschränktes, aber mit einem weiten Ermessensspielraum ausgestattetes Züchtigungsrecht eingeräumt. Dazu hieß es in den Paragraphen 77 bis 81: „Reizt das Gesinde die Herrschaft durch ungebührliches Betragen zum Zorn und wird in selbigem von ihr mit Scheltworten oder geringen Tätlichkeiten behandelt, so kann es keine gerichtliche Genugtuung fordern (§77). Auch solche Ausdrücke oder Handlungen, die zwischen anderen Personen als Zeichen der Geringschätzung anerkannt sind, begründen gegen die Herrschaft noch nicht die Vermutung, daß sie die Ehre des Gesindes dadurch habe kränken wollen (§78). Außer dem Falle, wo das Leben oder die Gesundheit des Dienstboten durch Mißhandlungen der Herrschaft in gegenwärtige und unvermeidliche Gefahr gerät, darf er sich der Herrschaft nicht tätlich widersetzen

18 Schissler, 129.

19 K. Kautsky, Die Agrarfrage. Eine Übersicht über die Tendenzen der modernen Landwirtschaft u. die Agrarpolitik der Sozialdemokratie, Stuttgart 1899, 341.

20 K. Tenfelde, Ländliches Gesinde in Preußen. Gesinderecht u. Gesindestatistik 1810–1861, in: Archiv für Sozialgeschichte 19. 1979, 199.

(§ 79). Vergehungen des Gesindes gegen die Herrschaft müssen durch Gefängnis oder öffentliche Strafarbeit nach den Grundsätzen des Kriminalrechts geahndet werden (§ 80). Für die Zeit, durch welche das Gesinde wegen Erleidung solcher Strafe seine Dienste nicht verrichten kann, ist die Herrschaft befugt, dieselben durch andere auf dessen Kosten besorgen zu lassen" (§ 81). Der umgekehrte Fall bedurfte indes der Strafandrohung nicht: „Ist aber der Dienstbote durch Mißhandlungen der Herrschaft ohne sein grobes Verschulden an seiner Gesundheit beschädigt worden, so hat er ihr vollständige Schadlosigkeit nach den allgemeinen Vorschriften der Gesetze zu fordern (§ 96)." Für Schäden, die das Gesinde „vorsätzlich oder aus groben oder mäßigen Versehen" anrichtete, war es haftbar (§ 65). Knechte und Mägde, die vor Ablauf der vertraglich vereinbarten Dienstzeit „ohne gesetzmäßige Ursache den Dienst" verließen oder diesen gar nicht erst antraten, sich also eines einseitigen Vertragsbruches schuldig machten, konnten durch polizeiliche „Zwangsmittel" zur Fortsetzung oder zur Aufnahme des Dienstes angehalten werden (§§ 51 und 167). Sofern die Herrschaft das entlaufene Personal nicht wieder einstellen wollte, war sie berechtigt, gegen Erstattung der Kosten für Ersatz zu sorgen, und die vertragsbrüchigen Dienstboten hatten dann eine Strafe von zwei bis zehn Talern oder entsprechend Gefängnis zu gewärtigen (§ 168). Während der Arbeitgeber über eine breite Palette von Entlassungsgründen verfügte (§§ 117–135), durfte das Gesinde nur in Ausnahmefällen vorzeitig und ohne fristgerechte Kündigung den Dienst quittieren. Dazu gehörten u. a. „Mißhandlungen" mit „Gefahr des Lebens oder der Gesundheit" (§ 136), „ausschweifende und ungewöhnliche Härte" von Seiten des Dienstherrn (§ 137), Verleitung zu gesetz- oder sittenwidrigen Handlungen (§ 138), Vorenthaltung des Kostgeldes oder Verweigerung der „notwendigen Kost" (§ 140).

All diese Kautelen, von etlichen Gutsbesitzern in überaus restriktiven Dienstreglements konkretisiert[21] und 1846 durch die obligatorische Einführung von Gesindedienstbüchern komplettiert,[22] sorgten dafür, daß der

21 Beispiele dafür bei Plaul, 134 f., und W. Löbe, Das Dienstbotenwesen unserer Tage, Leipzig 1852, 65 ff. Im Dienstreglement eines Ritterguts im Regierungsbezirk Erfurt hieß es u. a.: „Es werden folgende Disziplinarstrafen für die Armenkasse festgesetzt: Für Betrunkensein 4 Gr., für Brotverkaufen 12 Gr., für verbotenes Füttern 2 Gr., für den Fall, daß ein unterhabendes Stück Vieh durch grünes Futter aufläuft und crepiert oder totgeschlagen werden muß, 1 Tlr., wenn sonst durch offenbare Schuld des behandelnden Dienstboten ein Stück Vieh crepiert, 8 Gr. Die Strafe für die Trunkenheit bezieht sich nur auf das Vergehen, etwaige Schadenvergütung ist noch für sich. Außerdem steht es der Herrschaft frei, auch noch für andere Fälle ähnliche Strafen zu bestimmen." (68)

22 Verordnung vom 29. 9. 1846, Gesetz-Sammlung, 467–69, in Auszügen bei Hübner/Kathe, 101 f. Danach war jeder Dienstbote verpflichtet, gegen einen Preis von 10 Sgr. ein solches Buch zu erwerben (§ 2, Kostenfreiheit erst ab 1872), vor Antritt des Dienstes der lokalen Polizeibehörde „zur Ausfertigung" (§ 3) und der Dienstherrschaft „zur Einsicht" (§ 4) vorzulegen. Bei Entlassung hatte der Arbeitgeber „ein vollständiges Zeugnis" über

Gesindedienst seinen „Zwangscharakter" behielt.[23] Die freie Übereinkunft der Vertragsparteien, die der § 1 der Gesindeordnung statuierte, war so frei eben nicht, vielmehr überwölbt von einer Auffassung, die das Gesindeverhältnis als „Machtverhältnis" begriff,[24] es nicht allein auf das kontraktliche Element im Sinne einer gegenseitigen Gewährung „äußerer Leistungen" beschränkt sehen wollte, sondern ihm darüber hinaus ethische Qualitäten beimaß. Mit dem Eintritt in die „häusliche Gesellschaft der Herrschaft", kommentierte 1853 das Innenministerium,[25] gebe das Gesinde seine „freie Selbstbestimmung" auf und unterwerfe sich der hausväterlichen Gewalt des Herrn. Als deren „natürlicher Ausdruck"[26] galten spezifische Überwachungs- und Erziehungsaufgaben. Vor allem die pädagogische Komponente des Dienstes ist in der zeitgenössischen Gesindeliteratur immer wieder beschworen worden, die den Arbeitgebern in beredten Worten die Sorge um die „geistige Veredelung", die „religiöse Bildung" und den „sittlichen Lebenswandel"[27] der ihnen Anvertrauten ans Herz legte, um so der vielfach konstatierten Zersetzung der patriarchalischen Hausgemeinschaft Paroli zu bieten.[28]

Trotz des unstreitig von den Interessen der Arbeitgeber diktierten Tenors, der das Gesetz von 1810 durchzog, rissen die Klagen über Unbotmäßigkeiten von Knechten und Mägden sowie über fehlende oder unzureichende Instrumente der Disziplinierung nicht ab. So beantragten im Februar 1834 die Provinzial-Stände vom König eine authentische Deklaration über das „Fortbestehen des Züchtigungsrechtes gegen faules, unordentliches und widerspenstiges Gesinde" gemäß § 227 T. II Tit. 7 des Allgemeinen Landrechts. Das Staatsministerium, obwohl „geteilter Meinung", kam dieser

„Führung und Benehmen" einzutragen (§ 5). Mit dieser Verfügung entsprach die Staatsverwaltung im wesentlichen einem seit Mitte der 30er Jahre als dringlich geäußerten Bedürfnis der Gutsbesitzer, vgl. dazu das Votum des Innenministers für das Staatsministerium, 20.4.1846, GStA Berlin, Rep. 84a, Nr. 11393, sowie die Materialien bei Hübner/Kathe, 96–99.

23 Tenfelde, 207.

24 So Kähler, 221.

25 Motive zu dem Entwurfe eines Gesetzes, betr. die Verletzung der Dienstpflichten des Gesindes u. der ländlichen Arbeiter, 12.12.1853, Sammlung sämtlicher Drucksachen der Ersten Kammer, III. Legislatur-, 2. Sitzungsperiode, Berlin 1854, No. 13, 5.

26 Kähler, 208.

27 Löbe, 56; vgl. daneben v. a. v. d. Goltz, Die soziale Bedeutung des Gesindewesens, Danzig 1873, 43 ff.

28 Diesem Ziel hatten sich auch etliche Dienstboten-Besserungsvereine verschrieben, die seit 1837/38 insbesondere in der Provinz Sachsen ins Leben gerufen wurden. Neben der moralischen Ertüchtigung der Knechte und Mägde sollten sie offensichtlich dazu dienen, den Gesindemarkt einer effektiveren Kontrolle zu unterwerfen, etwa dadurch, daß die Mitglieder der Vereine sich verpflichteten, ihre Dienstboten zu jeweils „gleichmäßigen" Bedingungen zu behandeln und zu entlohnen und vor schlechtem Personal öffentlich zu warnen, vgl. dazu die Statuten des Vereins zu Ranis im Regierungsbezirk Erfurt bei Löbe, 42 ff., und allg. Plaul, 131 ff.

Forderung nicht nach, hielt jedoch die durch die Gesindeordnung „gebotenen Mittel nicht für geeignet, die Übelstände, welche aus dem Wegfall des Züchtigungsrechtes entstehen könnten, zu beseitigen“ und erkannte ebenso wie der Staatsrat 1837 das „Bedürfnis an, wegen des Rechts der Dienstherrschaften zur häuslichen Zucht gegen das Gesinde nähere Vorschriften zu erteilen.“[29] Das Ergebnis eines langwierigen Beratungs- und Abstimmungsprozesses war der Entwurf einer Verordnung, der im September 1846 dem Staatsrat zur Begutachtung zugeleitet wurde.[30] Danach wurde den Arbeitgebern und deren Stellvertretern, den Inspektoren und Verwaltern, ein eigentliches Züchtigungsrecht zwar nicht zugebilligt, wohl aber waren „Scheltworte und geringe Tätlichkeiten“ als spontane Reaktion auf „ungebührliches Betragen“ weiterhin statthaft; gerichtliche Genugtuung konnte das Gesinde nur dann erwarten, wenn der Nachweis gelang, daß es seinerseits keinen Anlaß zur Unzufriedenheit gegeben hatte (§4), d.h. die Beweislast, die nach den Paragraphen 77 und 78 der Gesindeordnung wenigstens theoretisch der Herrschaft aufgenötigt war, wurde dadurch gewissermaßen umgekehrt.

Wurde hier im wesentlichen nur der Rechtszustand von 1810 bestätigt bzw. leicht modifiziert, erfolgten in zwei anderen Punkten wichtige Präzisierungen und Weiterentwicklungen. Bei Streitigkeiten zwischen den Kontrahenten sollte nun die lokale Polizeiobrigkeit in sämtlichen Vertragsangelegenheiten als Schiedsinstanz fungieren. Ein Rekurs an die übergeordneten Verwaltungsbehörden war nicht statthaft, allein der Rechtsweg blieb offen, ohne daß dies für die vorläufige Vollstreckung der Entscheidung aufschiebende Wirkung hatte. Kontraktbrüchiges Personal sollte entweder entlassen oder auf Antrag des Dienstherrn von der örtlichen Polizei mit einer Geldbuße bis zu drei Talern bzw. Gefängnis von höchstens 48 Stunden belegt werden. Die Strafe war sofort zu vollstrecken ohne Möglichkeit der Berufung. Diese Befugnis hatten grundsätzlich auch diejenigen Gutsbesitzer, die persönlich die Polizeigerichtsbarkeit oder Polizeiverwaltung ausübten. Sie durften allerdings das eigene Gesinde nicht länger als 24 Stunden einsperren, mußten außerdem unverzüglich den Landrat über die getroffenen Maßnahmen benachrichtigen, der dann das definitive Strafmaß zu bestimmen hatte. (§§1–3).

Die zweite, überaus einschneidende Weiterung zielte darauf, den Differenzierungsprozeß, der sich seit der Publikation der Gesindeordnung von 1810 in der ländlichen Arbeiterschaft vollzogen hatte, in der Sphäre des Rechts wieder einzufangen und die Verhältnisse von Gesinde und Tagelöhnern einheitlich zu definieren. Denn die Klauseln der geplanten Verfügung soll-

29 Relation über den Entwurf einer Verordnung zur näheren Feststellung des Verhältnisses zwischen Dienstherrschaften u. ihrem Gesinde, o.D., S. 12, GStA Berlin, Rep. 84a, Nr. 11393.

30 Entwurf einer Verordnung wegen näherer Feststellung, ebd.

ten auf alle diejenigen „Dienstleute" ausgedehnt werden, die „zur Bewirtschaftung des Guts gegen Gewährung einer Wohnung" in den Gebäuden des Dienstherrn und „gegen einen im voraus bestimmten Tagelohn" beschäftigt wurden (§ 5), also, wie aus diesen umständlich, aber mit Bedacht formulierten Kriterien abzulesen ist, auf sämtliche Schichten der vertraglich gebundenen, nicht jedoch auf die der ‚freien' Arbeiter. Das Votum, das die Staatsratsabteilung für Inneres dem Plenum unterbreitete, erklärte diesen Schritt damit, daß die herrschaftlichen Tagelöhner „dem Gesinde in Hinsicht auf ihre kontraktlichen Leistungen fast vollkommen gleich" stünden und fuhr dann fort: „Sie ersetzen da, wo in Folge der agrarischen Gesetzgebung die früheren Dienstverpflichtungen der Guts-Einsassen abgelöst worden sind, das ehemals zur Hofearbeit geschickte Gesinde der dienstpflichtigen bäuerlichen Wirte. In den letzten Dezennien ist die Benutzung solcher fest angesetzter Tagelöhner für die Bewirtschaftung der größeren Güter in allen Provinzen fast allgemein geworden. Der Betrieb der Wirtschaft gründet sich auf die Aushilfe, die sie gewähren, und Störungen in diesem Betriebe sind unvermeidlich, wenn diese Tagelöhner zur pünktlichen Leistung ihrer Verpflichtungen nicht auf dem kürzesten Wege angehalten werden können."[31]

Wegen des schleppenden Ganges der Beratungen im Staatsrat wurde der Entwurf von den Ereignissen des Jahren 1848 eingeholt und zunächst fallen gelassen. Obwohl Teil der Protest- und Petitionsbewegung des flachen Landes, rangierten die Landarbeiter nicht im Zentrum der öffentlichen Aufmerksamkeit. Zwar wurden ihre Aktivitäten und Forderungen nach wirtschaftlicher und sozialer Besserstellung von den Behörden aufmerksam registriert,[32] die Berliner Nationalversammlung jedoch beschäftigte sich nur ein einziges Mal ausführlicher mit ihren Problemen und folgte mit knapper Mehrheit einem Antrag auf Einsetzung von Kreiskommissionen, beschickt von gewählten Vertretern der Gutsbesitzer, Bauern und Tagelöhner, die sich einen Überblick über die vielfache Bedrückung der ländlichen Arbeiterklassen verschaffen und der Staatsverwaltung Vorschläge zur Beseitigung von Mißständen unterbreiten sollten.[33] Die Bürokratie rea-

31 Relation, 26 (wie Anm. 29). Vorstufen dieser Rechtsauffassung finden sich bereits in der Kabinettsorder für die Provinz Preußen vom 8.8.1837, die zwar ausdrücklich die Verschiedenartigkeit der Gesinde- und Instenverhältnisse anerkannte, beide Kategorien aber dadurch anglich, daß sie die Schiedskompetenz der Ortspolizeibehörde bei Vertragsunstimmigkeiten auch auf die Insten ausdehnte, Text bei Hübner/Kathe, 92. Diese Gleichstellung nimmt auch die Gesindeordnung für Neu-Vorpommern und Rügen vom 11.4.1845 vor, Gesetz-Sammlung 1845, 391 ff., dort auch schon dieselben Kriterien für den Tagelöhnerstatus wie im hier zit. Entwurf von 1846 (§ 174, 409).

32 Aufschlußreiche Materialien dazu bei Hübner/Kathe, 110ff.

33 40. Sitzung, 16.8.1848, Sten. Berichte über die Verhandlungen der zur Vereinbarung der preußischen Staats-Verfassung berufenen Versammlung, II Berlin 1848, 830ff., der Antrag des pommerschen Abgeordneten Baumstarck auch bei Hübner/Kathe, 146–49.

gierte auf diese Bestrebungen mit äußerster Reserve und verstand es, sie auf ein totes Gleis zu schieben. Das Ministerium für landwirtschaftliche Angelegenheiten hielt die Regierungen erst zwei Monate später zur Berichterstattung an, nicht ohne sie präventiv zu ermahnen, mit „großer Vorsicht zu verfahren", um „unter der ärmeren Bevölkerung" keine „Hoffnungen" zu erwecken, „deren Erfüllung unmöglich" sei.[34] Kein Wunder, daß bei derartigen Vorgaben die einlaufenden Äußerungen programmgemäße Resultate zeitigten und bis auf eine Ausnahme (Oppeln) ein Bedürfnis nach solchen Einrichtungen nicht anerkennen mochten.[35]
In auffallendem Kontrast zu dem hier bekundeten Desinteresse stand das Wohlwollen, mit dem man den Wünschen der Arbeitgeber begegnete. Aufgeladen durch die Erfahrungen der Revolution, überschwemmten diese seit 1849 die Ministerien und die beiden Kammern mit einer Flut von Denk- und Bittschriften, die allesamt angefüllt waren mit Klagen über „vagabondierendes, arbeitsscheues und ungehorsames Gesinde",[36] über wachsende und überhandnehmende „Widerspenstigkeit und Zügellosigkeit",[37] der nur durch eine Verschärfung der einschlägigen Rechtsvorschriften beizukommen sei. Wie breit dabei die Palette der erörterten Reformvorstellungen war, mögen zwei Beispiele verdeutlichen. Im Mai 1850 diskutierte eine vom Landes-Ökonomie-Kollegium einberufene Konferenz von Abgeordneten der landwirtschaftlichen Vereine außer agrartechnischen, wirtschafts- und vereinspolitischen auch Fragen des Gesindewesens. Vor allem mit dem Blick auf die in der Verfassungsurkunde vom Januar 1850 in der Schwebe gelassenen gutsherrlichen Polizeibefugnisse (Art. 42 und 114), wurde von konservativer Seite die Befürchtung laut, „daß die Trennung der Polizeistrafgewalt von der Polizeiverwaltung" eine rasche und kostengünstige Ahndung „geringfügiger Vergehen" verhindern und infolgedessen unter den Knechten und Mägden „Zucht und Ordnung zerstören werde." Zur Abwehr solchermaßen prognostizierter Gefahren empfahl man in Anlehnung an den liegengebliebenen Entwurf von 1846, den „Dienstherrschaften in gewissen Grenzen eine Strafgewalt" über ihr Personal einzuräumen und parallel dazu „in jeder Gemeinde eine Autorität" mit „Strafbefugnis über kleine Vergehen des ländlichen Gesindes" zu schaffen. Es spricht für die Stärke des damals in den landwirtschaftlichen Vereinen noch lebendigen liberalen Elements, daß die Majorität der Delegierten die Notwendigkeit von gesetzlichen Regelungen im Prinzip bejahte, sich aber scheute, wie angeregt, „das Richteramt in die Hand einer Partei zu legen".

34 ZStA Merseburg, Rep. 87 B, Nr. 153, Min. f. landw. Angelegenheiten an die Regierungen, 14.10.1848.

35 Ebd., zusammenfassender Bericht des Min. f. landw. Angelegenheiten an die Ministerien d. Innern sowie für Handel und Gewerbe, 17.3.1849, Hübner/Kathe, 162f.

36 Motive, 12.12.1853, 9 (wie Anm. 25).

37 So die Formulierungen in einer Verfügung des Innenministers an die Oberpräsidenten der östlichen Provinzen, 18.5.1851, ZStA Merseburg, Rep. 87 B, Nr. 27.

Auch hielt man eine Revision der geltenden Gesindeordnungen in restriktivem Sinne nicht für „dringend“, sondern plädierte stattdessen für die Errichtung von Gemeindegerichten analog einem Beschluß der Ersten Kammer vom Februar.[38] Daß dies jedoch nicht mit den reaktionären Grundströmungen unter den Landwirten korrespondierte, zeigte sich etwa an einer Petition der Provinzial-Stände, die 1852 „ernstesten Besorgnissen“ über die „Arbeitsunlust der Arbeiter, Tagelöhner, Instleute und Gärtner“ Ausdruck verlieh und energisch darauf drängte, die Koalitionsbeschränkungen, Streikverbote und Strafandrohungen gegen Kontraktbruch in der Gewerbeordnung von 1845 auch auf die landwirtschaftlichen Arbeiter auszudehnen.[39]

Das Staatsministerium kam diesen Postulaten weit entgegen. 1853 verabschiedete es einen Entwurf, der Elemente aus dem geplanten Gesetz von 1846 mit Formulierungen aus der Gewerbeordnung kombinierte.[40] Seine drei Paragraphen enthielten Strafbestimmungen, umrissen deren Anwendungsbereich und suchten den Arbeitsmarkt zugunsten der Landwirte durch ein generelles Streikverbot zu regulieren. Koalitionen waren zwar dem Buchstaben nach erlaubt, mußten aber auf Kampfmittel verzichten, denn jede Verabredung zu gemeinschaftlicher Arbeitseinstellung bzw. schon die Aufforderung zu einer solchen Verabredung mit dem Ziel, vom Dienstherrn oder der „Obrigkeit“ höhere Löhne und bessere Arbeitsbedingungen zu erlangen, wurde mit Gefängnis bis zu einem Jahr bedroht (§3). Faktisch lief das auf eine drastische Beschneidung des Koalitionsrechts hinaus und wurde von den Beteiligten auch stets so begriffen. Darüber hinaus sollten Kontraktbruch sowie „hartnäckiger Ungehorsam oder Widerspenstigkeit gegen die Befehle der Herrschaft“ auf deren Antrag hin mit Geldstrafen bis zu fünf Talern[41] oder Gefängnis bis zu drei Tagen ge-

38 Annalen der Landwirtschaft in den Königlich Preußischen Staaten VIII, Suppl., 1. Abtlg. 1850, 122ff.

39 Die Petition bat darum, „eine Gesetzes-Vorlage anzuordnen, welche die angeregten Übelstände beseitigt und analog den Bestimmungen der §§ 182–184 der Gewerbe-Ordnung vom 17. Januar 1845 das aufgelockerte Dienstverhältnis zwischen dem Gesinde, den Instleuten, den in festem kontraktlichen Dienstverhältnis stehenden Tagelöhnern wie der zeitweise angenommenen Arbeiter zu ihren Brot-, Dienst- resp. Gutsherrschaften, Arbeitsgebern und deren Stellvertretern regelt, gleichzeitig auch die Bestrafung der Injurien und der tätlichen Widersetzlichkeit jener Personen auf den Antrag der beteiligten Brot-, Dienst- resp. Gutsherrschaft und ihrer Stellvertreter als Vergehen von Amtswegen zu verfolgen, vorschreibt“, zit. nach den Motiven vom 12.12.1853 (wie Anm. 25).

40 Entwurf und Motive, ebd.

41 Das entsprach je nach Verhältnissen ungefähr einem Drittel bis einem Fünftel des gesamten baren Jahreslohnes, den das Gesinde erhielt. Im Kreis Stuhm, Regierungsbezirk Marienwerder, wurden Anfang der 50er Jahre die Knechte mit 20 bis 30 Talern, die Mägde mit 10 bis 16 Talern entlohnt. Tagelöhnerfamilien brachten es dagegen auf durchschnittlich 40 bis 60 Taler Barlohn im Jahr. Vgl. A. v. Lengerke, Die Provinz Preußen in landwirtschaftlicher Beziehung, Beiträge zur Kenntnis der Landwirtschaft in den Königl. Preußischen Staaten IV, Berlin 1852, 141 u. 455.

ahndet werden (§ 1). Dieser Passus galt für Gesinde, Tagelöhner und Freiarbeiter gleichermaßen (§ 2). Vertragsverletzungen, die an sich zivilrechtlicher Natur waren, stempelte man auf diese Weise zu einer Materie des Strafrechts. Dahinter verbarg sich die Auffassung, daß das Verhältnis zwischen landwirtschaftlichen Arbeitgebern und Arbeitnehmern „nicht ein rein privatrechtliches" sei, sondern „vielmehr eine tiefere Grundlage und eine allgemeinere Bedeutung" habe. In der regierungsamtlichen Begründung hieß es dazu: „Trägheit, Ungehorsam und Zuchtlosigkeit des Gesindes und der ihm gleichgestellten Arbeiter beeinträchtigen nicht den andern Kontrahenten, die Herrschaft, allein, sie gefährden das gemeine Wohl und zwar in erheblichem Maße. Nicht allein, daß die häusliche Gesellschaft und Familie, also die wichtigste Grundlage des Staates, dadurch gestört wird, daß Ordnung und Sitte im Allgemeinen und der Begriff der Autorität durch Zuchtlosigkeit des Gesindes leiden, es wird dadurch auch der National-Wohlstand, insbesondere das landwirtschaftliche Gewerbe in nicht geringem Maße gefährdet, und eine ungehemmte, immer weiter greifende Verwilderung des Gesindes und der ihm gleichgestellten Arbeiter wird nicht nur Frivolität, Genußsucht und falsches Selbstbewußtsein einer Volksschicht, die dergleichen am wenigsten vertragen kann, immer weiter und tiefer einimpfen, sondern auch der Verdienstlosigkeit, dem Müßiggange mit allen ihren Folgen zahlreiche Opfer zuführen und dem Verbrechen ein weiteres Feld eröffnen. Dem darf und muß der Staat durch Strafe gegen die Ursachen dieser Übel entgegenwirken."

Einige der Einwände, die im Verlauf des Entscheidungsprozesses vorgebracht wurden, sind es wert, nachgezeichnet zu werden, nicht zuletzt deshalb, weil sich daran ablesen läßt, wie sehr der Entwurf von den Interessen des östlichen Grundbesitzes diktiert war. Richtungsweisend waren hier vor allem Pommern, Preußen und Posen, denn nur die Oberpräsidenten dieser drei Provinzen urteilten uneingeschränkt positiv.[42] Brandenburg und Westfalen votierten gänzlich dagegen, weil „Klagen über die Zuchtlosigkeit des Gesindes" offenbar nicht laut geworden waren, wie bereits 1851 eine gutachtliche Äußerung aus Brandenburg notiert hatte.[43] Sachsen und Schlesien sprachen sich gegen die Paragraphen 1 und 2, aber für das Streikverbot des Paragraphen 3 aus. Von einem „Einschreiten überhaupt Abstand" zu nehmen,[44] sah man im Staatsministerium trotz eines nur regional begrenz-

42 Sofern nicht anders vermerkt, stützen sich diese Ausführungen auf den zusammenfassenden Bericht des Innenministeriums an die Fachressorts 31.10.1853, GStA Berlin, Rep. 84a, Nr. 11394.

43 Zit. in den Motiven zum Entwurf eines Gesetzes betr. die Übertretungen des Gesindes im Dienste u. den Schutz der landwirtschaftlichen Arbeit, ebd.; der Entwurf wurde am 17.4.1853 dem Staatsministerium zugeleitet und am 5.5. erstmals beraten; in Auszügen auch bei Hübner/Kathe, allerdings mit abweichender Überschrift und Datierung (23.4.1853), 183ff.

44 So in den Motiven vom 12.12.1853 (wie Anm. 25).

ten Bedürfnisses freilich keinen Anlaß. Die Fachressorts erklärten sich mit den Grundlinien des Vorhabens einverstanden, meldeten aber in einzelnen Punkten Vorbehalte an, so der Finanzminister, der mit Erfolg für eine Reduzierung des ursprünglich vorgesehenen Strafmaßes von 20 Talern bzw. 14 Tagen Gefängnis plädierte.[45] Nach den Vorstellungen des federführenden Innenministeriums sollten die örtlichen Polizeibehörden die Strafen festsetzen und exekutieren. Dagegen wurden von verschiedenen Seiten Bedenken erhoben, denn überall da, wo der Gutsherr zugleich die Polizeiverwaltung in Händen hielt, hätte er als „Kläger und Richter in einer Person" auftreten können, eine Argumentation, die im Staatsministerium keine Mehrheit fand, in den Beratungen der Zweiten Kammer aber aufgegriffen und in der endgültigen Fassung des Gesetzes verankert wurde, das für diese Fälle den Landrat mit der Aufgabe des Strafvollzugs betraute.[46] Das Justizministerium schließlich regte an, den Herrschaften definitiv das Züchtigungsrecht zu entziehen,[47] konnte sich jedoch ebensowenig wie später die Linke im Parlament durchsetzen,[48] so daß die umstrittene Frage über die Rechtmäßigkeit der Prügelstrafe weiterhin in der Schwebe blieb. Die Konservativen begrüßten die Vorlage als lange entbehrtes Korrektiv gegen die „Errungenschaften des Jahres 1848", gegen den „Geist der Widerspenstigkeit und des Aufruhrs",[49] die Linke wertete sie als „Rückkehr zu einem mittelbaren Züchtigungsrechte", als „Rückschritt gegen alle, seit mehr als einem Menschenalter ... geltenden Rechtsgrundsätze."[50] Während der Entwurf die Erste Kammer ohne nennenswerte Abstriche beinahe einstimmig passierte,[51] mußte er sich in der Zweiten Kammer einer außerordentlich kritischen Diskussion stellen, zumal die Kommission, die mit seiner Vorberatung befaßt war, ein ablehnendes Votum abgab. Vor allem der Paragraph 3, den die Opposition als Verbeugung vor dem „Polizeistaat" einstufte, unvereinbar mit den „Lebensgewohnheiten und dem

45 Entwurf vom 17.4.1853 (wie Anm. 43), der die Strafdrohung gegen kontraktbrüchige Arbeiter aus der Gewerbeordnung von 1845 (§ 184) übernahm.

46 § 1, Absatz 2, Gesetz-Sammlung 1854, 214–16; zu den Motiven der Kammer vgl. auch den Bericht der Kommission zur Vorberatung des Gesetz-Entwurfs, betr. die Verletzung der Dienstpflichten des Gesindes u. der ländlichen Arbeiter, 15.2.1854, Drucksachen Nr. 123, 11 ff.

47 Votum, 30.6.1853, GStA Berlin, Rep. 84a, Nr. 11394. Der Innenminister antwortete darauf am 23.7.1853, ebd.: „Ich bin nicht der Meinung, daß es zeitgemäß ist, auch diesen letzten Rest naturgemäßer Grundsätze über das Verhältnis zwischen Herrschaft und Gesinde wegzuräumen. Wenn dies 1848–1850 nicht geschehen ist, so mag ich am wenigsten dazu raten, es jetzt aufzuheben."

48 Kommissions-Bericht, S. 23, sowie Sten. Berichte 2. Kammer, 28. Sitzung, 28.2.1854, 473.

49 Sten. Berichte 2. Kammer, 28. Sitzung, 28.2.1854, 474 (Bayer-Frankenstein).

50 Sten. Berichte 1. Kammer, 8. Sitzung, 23.1.1854, 58 (v. Sybel).

51 Ebd., S. 66, sowie Drucksachen 1. Kammer, III. Legislatur-, 2. Sitzungsperiode, Nr. 43 (Kommissionsbericht).

Rechtsbewußtsein des Volkes", konnte sich im Plenum mit 6 Stimmen Vorsprung nur knapp behaupten.[52]
Der leitende Gedanke, aus dem sich die Strafvorschriften des Gesetzes legitimierten, definierte das „Verhältnis der Herrschaft zum Gesinde" als ein „Verhältnis des Familienrechts", als begrenzte Analogie zur Unterordnung des Kindes unter die Disziplinargewalt des Vaters.[53] Das mochte beim Gesinde hingehen, da es, zumindest der Theorie nach, in die Familie des Arbeitgebers integriert war. Für Tagelöhner und Freiarbeiter dasselbe zu postulieren, war jedoch gewagt und wurde von liberaler Seite mit guten Argumenten moniert, denn diese Arbeiterkategorien führten einen eigenen Haushalt und lebten in räumlicher Trennung von ihren Brotherrn. Sie der hausväterlichen Verfügungsmacht zu unterwerfen, war in der Tat ein Versuch, „eine Art von mäßiger Guts- oder Erbuntertänigkeit" wieder zum Leben zu erwecken,[54] eine Auffassung, für die der Appell des Abgeordneten für den Wahlkreis Stralsund, des Landrats v. Bärenfels, eine mehr oder weniger offene Bestätigung lieferte: „Die Bande der alten Untertänigkeit sind gelöst, mit ihnen aber doch auch die Garantien des ländlichen Arbeiterstandes für eine sorgenfreie Existenz, und schutzlos ist er dem Umsichgreifen des Proletariats preisgegeben. Helfen Sie daher eine Schutzwehr errichten gegen dies Übel, indem Sie zur Begründung einer Einrichtung beitragen, welche wohl geeignet ist, jene Garantien wieder hervorzurufen, ohne die Freiheit und Selbständigkeit des Arbeiters irgendwie zu beeinträchtigen, erheben Sie dieses Verhältnis über die Sphäre eines reinen Kontrakts-Verhältnisses, bekleiden Sie den Gutsherrn mit dem Charakter eines Oberhauptes der ganzen großen Gutsfamilie..."[55]

III. Obwohl der Paragraph 3 des Gesetzes von 1854, anders als die Strafandrohungen gegen Widerspenstigkeit und Kontraktbruch,[56] „kaum je ein Daseinszeichen geäußert hat",[57] blieb er bis zum November 1918 in Kraft. Man mag dies dem „Mangel eines durchgreifenden Organisationsbedürfnisses bei der ländlichen Arbeiterschaft" zuschreiben,[58] mindestens ebenso sehr verweist es auf das Beharrungsvermögen obrigkeitsstaatlicher, antigewerkschaftlicher Reglementierungen. Nichts dokumentiert das eindring-

52 Sten. Berichte 2. Kammer, 28. Sitzung, 28.2.1854, 470 (Kommissionsberichterstatter Wentzel und v. Hennig) u. 472 (Abstimmung).

53 Ebd., 27. Sitzung, 25.2.1854, 439 (v. Keller).

54 Ebd., 454 (Riedel).

55 Ebd., 28. Sitzung, 461 f.

56 Beispiele für die Anwendung des Gesetzes von 1854 bei F. Faaß, Die Rechtsverhältnisse der land- u. forstwirtschaftlichen Arbeiter, Berlin 1913, 73 ff.

57 H. Kollmann, Die Entstehungsgeschichte der deutschen Koalitionsgesetzgebung, Breslau 1916, 140.

58 W. Ritscher, Koalitionen u. Koalitionsrecht in Deutschland bis zur Reichsgewerbeordnung, Stuttgart 1917, 201.

licher als die im Sommer 1918 eingeleiteten Ressortberatungen, die zwar die Notwendigkeit einer Neuformulierung des Gesinderechts anerkannten, an den für „unentbehrlich" erachteten Koalitionsbeschränkungen jedoch nicht rütteln mochten.[59] Im Grunde genommen gab es nach 1854 nur ein einziges Mal eine wirkliche Chance zu einer Reform, als nämlich aus Anlaß der Novellierung der Gewerbeordnung von 1845 in den Jahren 1865/66 auch im Staatsministerium die Einsicht wuchs, daß die freiheitshemmenden Kautelen der Gewerbeordnung und des Dienstpflichtgesetzes ohne „innere Berechtigung" und „praktisch gegenüber der modernen Gestaltung der industriellen und sozialen Verhältnisse ihre Zwecke zu erreichen nicht geeignet" seien.[60] Nachdem die Koalitionsdebatte im Abgeordnetenhaus im Februar 1865 wegen eines Verfahrensfehlers bei der Abstimmung nicht das gewünschte Resultat brachte,[61] sprachen sich eine vom Handelsminister einberufene Kommission mit großer Mehrheit[62] sowie der darauf folgende Regierungsentwurf für die Aufhebung jeglicher Verbindungsverbote, aber für die Beibehaltung der Strafbestimmungen gegen Vertragsverletzungen aus. Gestützt auf die überwiegend ablehnende Haltung der landwirtschaftlichen Vereine, meldete prinzipielle Bedenken allein der Agrarminister an,[63] der zuvor vergeblich versucht hatte, das Verfahren durch Einschaltung des Landes-Ökonomie-Kollegiums zu verzögern.[64]

Aber all dies blieb Episode. Die Schließung des Landtages im Februar 1866 wegen des Konflikts um die Militärvorlage und der im Juni ausbrechende Krieg gegen Österreich verhinderten einen endgültigen Beschluß. In der Folgezeit verlagerte sich die wirtschafts- und sozialpolitische Gesetzgebung auf den Reichstag, der 1869 mit der Verabschiedung einer neuen Gewerbeordnung auf dem industriell-gewerblichen Sektor liberalen Postulaten zum Durchbruch verhalf – für Koalitionsfreiheit, gegen Koalitionszwang –,

59 Besprechung unter Vorsitz des Innenministeriums, 16.7.1918, in Auszügen bei Hübner/Kathe, 543ff. (Zitat: 548).

60 ZStA Merseburg, Rep. 120 BB I 1, Nr. 12, Bd. 2, Ministerium f. Handel u. Gewerbe an die Oberpräsidenten, 10.11.1865.

61 Einzelheiten bei Ritscher, 241ff., Kollmann, 191ff. sowie H. Volkmann, Die Arbeiterfrage im preußischen Abgeordnetenhaus 1848–1869, Berlin 1968, 167ff.

62 Für die Aufhebung des § 3 hatte als Repräsentant der Landwirtschaft auch der sächsische Rittergutsbesitzer v. Nathusius gestimmt: Verhandlungen der zur Beratung der Koalitionsfrage berufenen Kommission. Nach den amtlichen Protokollen u. stenographischen Aufnahmen, Berlin 1865, 10.

63 Der Gesetzentwurf sah die Aufhebung der §§ 181 bis 183 der Gewerbeordnung vor, des § 3 des Dienstpflichtgesetzes von 1854 und der §§ 16 und 17 des Gesetzes, die Aufsicht der Bergbehörden und das Verhältnis der Berg- und Hüttenarbeiter betreffend vom 21.5.1860, Drucksachen des Abgeordnetenhauses, 8. Legislaturperiode, III. Session, Nr. 56. Das Staatsministerium stimmte am 23.1.1866 zu, ZStA Merseburg, Rep. 120 BB I 1, Nr. 12, Bd. 2. Zur Haltung der Vereine vgl. etwa die Stellungnahme des landw. Zentralvereins für Schlesien, 7.8.1865, Hübner/Kathe, 196ff.

64 ZStA Merseburg, Rep. 120 BB I 1, Nr. 12, Bd. 2, Ministerium f. landw. Angelegenheiten an Ministerium f. Handel u. Gewerbe, 1.12.1865.

Landarbeiter aus diesen Regelungen aber aussparte. Sie hatten nach wie vor die einzelstaatlichen Rechtsvorschriften zu beachten, in Preußen die verschiedenen Gesindeordnungen, das Dienstpflichtgesetz von 1854, ferner Polizeistrafgesetze, etwa in Hannover das von 1847. Das preußische Gesinderecht war besonders nach der Expansion von 1864/66 unübersichtlicher denn je, denn in den annektierten Provinzen galten eigene Reglements, die durch die in den altpreußischen Gebietsteilen nicht automatisch aufgehoben wurden. Eine Anpassung wurde nur insoweit vollzogen, als 1878 der § 1 des Gesetzes von 1854 mit leichten Modifikationen in Schleswig-Holstein und 1886 in Hessen-Nassau eingeführt wurde,[65] auch dies war ein Zeichen dafür, daß das Streikverbot des Paragraphen 3 unzeitgemäß und seine Ausdehnung im Abgeordnetenhaus nicht mehr durchsetzbar war.[66] An der Aufgabe, ein einheitliches ländliches Arbeitsrecht zu schaffen, ist die preußische Staatsverwaltung gescheitert. Die Versuche, die während der 70er Jahre dazu unternommen wurden, waren nicht in der Lage, eine tragfähige Diagonale zwischen den divergierenden Interessen der einzelnen Erwerbsklassen und ihren parlamentarischen Repräsentanten zu finden. Das Ergebnis war ein unentschiedenes Fortschreiben des Status Quo.

Zufrieden war damit niemand, weder waren es die Liberalen noch die Arbeiter, und schon gar nicht die Landwirte, die seit Mitte der 60er Jahre erneut ihren Unmut über den Stand der Gesetzgebung zu artikulieren begannen. „Gegenüber dem Ungehorsam, der Widerspenstigkeit, der Liederlichkeit und dem Verlassen des Dienstes der Dienstboten und Arbeiter", resümierte im Dezember 1865 ein Immediatgesuch aus Ostpreußen, „stehen wir Gutsbesitzer und Landleute geradezu schutzlos da." Bemängelt wurde vor allem, daß die nach Paragraph 1 des Gesetzes von 1854 verhängten Strafen nicht vollstreckt werden konnten, wenn die Arbeiter Rechtsmittel einlegten. Bis zum richterlichen Entscheid aber sei „meistens das Interesse der Dienstherrschaft an Bestrafung geschwunden" oder der Tatbestand sei so „verdunkelt, daß Bestrafung kaum noch herbeizuführen" sei. Überdies seien Geldstrafen bei der „Vermögenslosigkeit" der Landarbeiterschaft selten einzutreiben. All dies wecke ein „Bewußtsein der Straflosigkeit", provoziere „in den Arbeitern den Geist des Ungehorsams, der Widersetzlichkeit und der Desertion in einem Maße, daß der ordnungsmä-

65 Faaß, 60f.

66 Davon ging der Minister für landwirtschaftliche Angelegenheiten bereits im Sommer 1873 aus. In kommissarischen Verhandlungen betr. die ländliche Arbeiterfrage, die am 30.7.1873 unter seinem Vorsitz stattfanden, führte er dazu aus: „Der gestellte Antrag auf Einführung des Gesetzes vom 24. April 1854 für die Provinz Schleswig-Holstein sei, obschon die dortigen Verhältnisse denen in den Ostprovinzen im allgemeinen naheständen, sehr bedenklich, weil schon das Gesetz bekanntlich mit großen Schwierigkeiten zustande gekommen sei." ZStA Merseburg, Rep. 87 B, Nr. 156.

ßige und intelligente Betrieb" der Landwirtschaft immer weniger zu gewährleisten sei.[67]

Klagen wie diese gehörten gewiß zum Standardrepertoire agrarischer Selbstdarstellung. Zugleich aber waren sie Reflex einer gewandelten Position auf dem Arbeitsmarkt. Denn verglichen mit den 40er oder 50er Jahren, sahen sich die ländlichen Arbeitgeber zunehmend in der Defensive. Die Löhne zogen im Verlauf des Industrialisierungsprozesses spürbar an, die Quoten der in die Städte und nach Übersee abwandernden Arbeiter stiegen und erreichten im Zuge der Gründerkonjunktur einen in den Agrarregionen Ostelbiens als bedrohlich empfundenen Höhepunkt.[68] Hinzu trat die Befürchtung, daß die Losungen der sozialistischen Agitation auch in den Landbezirken auf fruchtbaren Boden fallen könnten.[69] Bei den Landwirten verdichteten sich diese Momente zu einem Gefühl der Vernachlässigung, dem im März 1873 eine Petition von landwirtschaftlichen Vereinen aus Pommern beredten Ausdruck verlieh: „Auf dem Gebiete der Industrie und des Gewerbes hat die Königliche Staatsregierung mehrfach Fürsorge für die gesetzliche Ordnung des Rechtsverhältnisses zwischen dem Arbeitgeber und Arbeitnehmer getroffen. Leider hat die Landwirtschaft, das wichtigste Gebiet der Volkswirtschaft, sich bisher nicht dieser Fürsorge zu erfreuen."[70]

Hand in Hand damit ging die Aufforderung nach „energischem" Eingreifen des Staates, um den vielfach beschworenen gesellschaftlichen Auflösungstendenzen entgegenzutreten, die um „fünfzig Jahre vorausgeeilte Gesetzgebung" wieder auf den Boden der Tatsachen zurückzuholen und statt Liberalität die „Liebe zum Vaterland und zur Herrschaft" zu befestigen.[71] Zu

67 ZStA Merseburg, Rep. 87 B, Nr. 28, Immediatgesuch des Grafen Schlieben und Genossen, 29.12.1865. Die darin erhobenen Forderungen – sofortige Bestrafung „mit Ausschluß des Rechtsmittels", Verschärfung der Strafen, Dienstbücher auch für Instleute – wurden am 30.3.1867 durch Allerhöchste Order abschlägig beschieden, GStA Berlin, Rep. 84a, Nr. 11394, dort auch die Voten der konsultierten Ministerien sowie der Abschlußbericht an den König, 26.2.1867.

68 ZStA Merseburg, Rep. 87 B, Nr. 155, Haupt-Direktorium der Pommerschen ökonomischen Gesellschaft an Minister f. landw. Angelegenheiten, 23.3.1873. Ausführliches Zahlenmaterial bei T. Bödiker, Die Preußische Auswanderung u. Einwanderung seit dem Jahre 1844, Düsseldorf 1879, sowie H. Thümmler, Zum Problem der Auswanderung aus dem Deutschen Reich zwischen 1871 und 1900, in: Jahrbuch für Wirtschaftsgeschichte 1975/III, 73–97.

69 Diese Besorgnis wurde vielfach geäußert, etwa im Promemoria des preußischen Ministerpräsidenten, Die Lage der ländlichen Arbeiter, 4.2.1873, GStA Berlin, Rep. 84a, Nr. 11406. Sicher hat dabei stets auch eine taktische Dimension mitgespielt, um den eigenen Vorstellungen Nachdruck zu verleihen, denn die tatsächlichen Erfolge der sozialistischen Agitation waren regional außerordentlich begrenzt, vgl. dazu v.d. Goltz, Lage der ländlichen Arbeiter, 1875, passim.

70 ZStA Merseburg, Rep. 87 B, Nr. 155.

71 Formulierungen aus einem Schreiben des Rittergutsbesitzers v. Wedell-Cremzow an Bismarck, 16. 7. 1872, GStA Berlin, Rep. 84a, Nr. 11406.

erreichen glaubte man das weniger durch sozialpolitische Anstöße wie die Förderung des Erwerbs von Grundeigentum für Tagelöhner und Einlieger,[72] als vielmehr durch eine Verfeinerung des Repressionsinstrumentariums. Am radikalsten äußerte sich in dieser Hinsicht der pommersche Rittergutsbesitzer von Knebel-Doeberitz, der 1875 im Plenum des Kongresses deutscher Landwirte den Antrag einbrachte, das Gesetz von 1854 auf das gesamte Reichsgebiet auszudehnen, „zeitgemäß zu verschärfen" und die „böswillige Verleitung zum Arbeits- und Kontraktbruch" unter Strafe zu stellen. Aber solche Vorschläge erschienen sogar den anwesenden Berufsgenossen zu weitreichend.[73] Sie wurden abgelehnt, hätten zudem auch keine Chance gehabt, im Staatsministerium ernsthaft Gehör zu finden. Dort hatte man sich Anfang 1873 auf eine neue Initiative eingelassen, für die Arbeitgeber-Arbeitnehmer-Beziehungen auf dem Land einheitliche Rechtsnormen zu entwerfen. Als Vorreiter agrarischer Belange betätigte sich dabei wie üblich das Ministerium für landwirtschaftliche Angelegenheiten, diesmal unter Leitung des Grafen Königsmarck, selber Gutsherr im Regierungsbezirk Bromberg. Ihm kam es wesentlich darauf an – und hier zeichneten sich in der Verknüpfung von Rechts-, Sozial- und Wirtschaftspolitik die Konturen einer Argumentation ab, die fortan immer stärker in den Vordergrund rücken sollte –, die staatlichen Aktivitäten in erster Linie auf „Hebung und Ermutigung der Landwirtschaft" zu konzentrieren, konkret, sie durch Subventionen, steuerliche Entlastungen, Betriebs- und Meliorationskredite, in den Stand zu versetzen, gegen die Industrie auf dem Arbeitsmarkt konkurrieren zu können.[74] Von juristischen Maßregeln allein erwartete er keinen durchschlagenden Erfolg. Davon versprach er sich bestenfalls eine „Erweckung des gesunkenen Rechtsbewußtseins",[75] nicht aber eine völlige Beseitigung der agrarischen Kalamitäten.

72 Für diesen Vorschlag machte sich insbesondere Ministerpräsident Roon stark, Promemoria, 4.2.1873 (wie Anm. 69). Als hinderlich wertete Roon die Verschuldung der großen Güter und die dadurch bedingte Notwendigkeit, bei Dismembrationen mit sämtlichen Hypothekengläubigern verhandeln zu müssen, um die Parzellen schuldenfrei abgeben zu können. Die Hauptschwierigkeit aber sah er in der Mentalität der Gutsbesitzer: „Sie können oder wollen nun einmal sich von dem ihnen vorschwebenden Ideal eines patriarchalischen Verhältnisses zwischen ihnen und ihren Arbeitern nicht losreißen und an den Gedanken sich nicht gewöhnen, daß ihre untergebenen Dienstleute künftighin ebenso wie sie freie Grundbesitzer sein, und daß sie selbst hierzu von ihrem eigenen Gute den nötigen Boden abtreten sollen."

73 Bericht über die Verhandlungen des Sechsten Congresses Deutscher Landwirte zu Berlin, 22.–26.2.1875, Berlin 1875, 275 u. 282f.

74 GStA Berlin, Rep. 84a, Nr. 11406, Königsmarck an Roon, 11.2. und 14.3.1873.

75 Formulierung aus dem Einleitungsreferat des Geheimen Oberregierungsrates Marcard, Min. f. landw. Angelegenheiten, in den kommissarischen Verhandlungen betr. die ländlichen Arbeiterverhältnisse, 30.7.1873, ZStA Merseburg, Rep. 87 B, Nr. 156; ähnlich schon in der Denkschrift des Ministeriums, betr. den Mangel an ländlichen Arbeitern, Mai 1873, GStA Berlin, Rep. 84a, Nr. 11406.

Die Beratungen, die im Sommer 1873 über diese Fragen aufgenommen wurden, zeigten jedoch, daß sich schon im Staatsministerium endgültige Klarheit über die Grundlinien einer künftigen Rechtspolitik gegenüber den ländlichen Arbeiterklassen nur schwer erzielen ließ. Im September präsentierte eine von Königsmarck berufene Kommission von Ressortvertretern neben einem umfangreichen Resümee der Verhandlungen zwei Gesetzentwürfe, einen für das Reich und einen für Preußen, die alles in allem keine umfassende Neuformulierung der Rechtsbeziehungen in den landwirtschaftlichen Betrieben brachten, sondern sich auf Präzisierungen des bestehenden Zustandes beschränkten.[76] Zwei Punkte vor allem verdienen Hervorhebung. Der eine betraf die Form der Arbeitsverträge. Während die Gesindeordnung von 1810 keine bindenden Vorschriften enthielt (§§ 22 und 23), galten für die übrigen Landarbeiterkategorien die Bestimmungen des Allgemeinen Landrechts (§§ 109, 131, 155, T. I, Tit. 5), die Schriftlichkeit verlangten, sofern sich der Vertragswert auf mindestens 50 Taler belief. Mündliche Vereinbarungen waren danach unverbindlich und nicht einklagbar. Abgesehen davon, daß die bei vielen Arbeitern unterentwikkelte Schreibfähigkeit dieser Vorschrift sozusagen ‚natürliche' Grenzen setzte, waren offenbar zahlreiche Fälle zu verzeichnen, in denen die Arbeiter schriftliche Verträge verweigerten, aus Furcht vor Verpflichtungen, deren Tragweite sie nicht überschauen konnten. „Ein Arbeitgeber, welcher auf schriftlichen Vertragsschluß" dringe, wurde dazu in der Runde der Ministerialbeamten argumentiert, „verliere seine Arbeiter, und die Arbeiternot zwinge jeden Arbeitgeber, sich mit mündlichen Verabredungen zu begnügen." Die Konsequenz sei, daß jeder der Kontrahenten „willkürlich" davon zurücktreten könne und „kein Klagerecht auf Erfüllung" der gegenseitigen Leistungen bestehe. Trotz der Einwände aus dem Handelsministerium, daß damit für die ländlichen Arbeiter ein Sonderrecht geschaffen würde, einigte man sich schließlich auf einen entsprechenden Passus, der jeweils als Paragraph 1 in den beiden Entwürfen die Schriftlichkeit als Bedingung für die Rechtsgültigkeit von Verträgen aufhob.
Umstritten blieb dagegen der Vorschlag, eingebracht vor allem vom Landwirtschaftsministerium, bei Streitigkeiten über die Modalitäten der Vertragsverhältnisse die lokale Polizeibehörde zur Schiedsinstanz zu erheben, deren Entscheidungen unbeschadet möglicher Rechtsmittel sofort vollstreckt werden sollten. Von den Verfechtern dieses Gedankens, der erkennbar an den bereits zitierten Entwurf von 1846 anknüpfte, wurde dazu hervorgehoben: „Die Maßregel habe keinen andern Zweck, als den, auf kürzestem Wege eine vorläufige Ordnung herzustellen, welche den Arbeit-

76 Ebd., Verhandlungen der Konferenz zur Beratung über die ländliche Arbeiterfrage, September 1873, Auszüge bei Hübner/Kathe, 212 ff., die Niederschriften der insgesamt 6 Plenarsitzungen zwischen dem 30.7. und dem 9.9. in ZStA Merseburg, Rep. 87 B, Nr. 156.

gebern und Arbeitnehmern gegen willkürliche Verletzungen des Arbeitsvertrages so lange Schutz gewähre, bis der Spruch des Richters erfolgt sei. Bei der jetzigen Stimmung des Arbeiterstandes werde eine solche Einrichtung mehr und mehr zur Lebensfrage, namentlich für solche Landwirtschaften, welche in weiterer Entfernung von volkreichen Orten und vom Sitze des Gerichts gelegen sind. Wenn hier in den eiligen Zeiten des landwirtschaftlichen Betriebes die Arbeiter vertragswidrig den Antritt oder die Fortsetzung der Arbeit versagen, so helfe es dem Arbeitgeber wenig, den Richter anzurufen und auf Entschädigung zu klagen; die günstigste Entscheidung des Richters werde ihn nicht vor den empfindlichsten Vermögensverlusten schützen." Auch hier opponierte das Handelsministerium, das damit „ein Prinzip" zum Leben erweckt sah, das „in der Gewerbegesetzgebung bereits ein überwundener Standpunkt sei", da die Streitigkeiten, die auf diese Weise beendet werden sollten, „rein privatrechtlicher Natur" seien und „ausschließlich vor den Richter" gehörten: „Jede Mitwirkung der Verwaltungsbehörden dabei bleibe immer eine Anomalität, welche dazu dienen werde, diese selbst zu kompromittieren und in den Arbeiterkreisen zu verstimmen." Eine Überbrückung der divergierenden Positionen war in der Kommission nicht möglich, mit dem Ergebnis, daß in den beiden Gesetzentwürfen unterschiedliche Modelle favorisiert wurden, ein polizeistaatliches für Preußen und ein liberales für das Reich. Während dort die lokalen Polizeibehörden als Schlichtungsorgane fungieren sollten, dachte man hier an Gewerbegerichte, bestehend aus einem zum Richteramt oder zur Advokatur befähigten Beamten als Vorsitzenden und je zwei Arbeitnehmern und Arbeitgebern als Beisitzer.[77]

Das Staatsministerium beriet die Konferenzresultate im Oktober und wies sämtliche Ressorts an, sich gutachtlich zu äußern.[78] Im Zuge des konjunkturellen Einbruchs seit Ende des Jahres verloren diese Fragen allerdings ihren „besonders akuten Charakter". Der wirtschaftliche Umschwung entspannte den Arbeitsmarkt und „bewirkte unter den ländlichen Arbeitern eine wohltätige Ernüchterung", wie im April 1876 das Landwirtschaftsministerium beifällig vermerkte.[79] Die veränderte Situation hatte für den staatlichen Willensbildungsprozeß zur Folge, daß eine Einigung über die strittigen Probleme schwerer denn je wurde.[80] Der Entwurf von 1873 konnte nicht zur Entscheidungsreife gebracht werden. Zwar wurde er 1876

77 Ähnlich ungelöst blieb die Frage, ob die Koalitionsparagraphen 152 und 153 der Gewerbeordnung auf das flache Land übertragen werden sollten. Der Justizminister etwa plädierte dafür, wollte das aber nur im Wege der Reichsgesetzgebung, die sich in dieser Frage freilich bis zur Revolution von 1918 untätig verhielt. Votum vom 7. 1. 1874, GStA Berlin, Rep. 84a, Nr. 11406.

78 ZSta Merseburg, Rep. 87 B, Nr. 156, 24. 10. 1873.

79 GStA Berlin, Rep. 84a, Nr. 11407, Entwurf und Motive eines Gesetzes betr. die Verhältnisse der land- und forstwirtschaftlichen Arbeiter, 11.4.1876.

80 Ebd., Nr. 11406, Staatsministerium, 4.3.1874.

noch einmal aufgegriffen, aber auch dieser Versuch versandete ebenso wie später die vielfachen Ansätze, ein Strafgesetz gegen den Kontraktbruch über die parlamentarischen Hürden zu bringen. Hier manifestierten sich die Grenzen einer repressiven Arbeiterpolitik, die in Preußen für den Agrarsektor nur um den Preis einer völligen Abweichung von der Reichsgesetzgebung zu haben war und mit den interessenpolitischen Konstellationen auf Reichsebene kollidierte, die im Zweifelsfall den Vorrang behielten.[81] Der preußische Staat war in der Lage, läßt sich das Fazit der Analyse ziehen, die Landarbeiter, die ihren Beruf ausübten, restriktiven Normen zu unterwerfen, die Politisierung des flachen Landes zu verzögern und damit das Potential konservativer Beharrung zu behaupten. Er war jedoch nicht in der Lage, Formen des passiven Streiks und der Verweigerung, das Abwandern in die Städte und damit das Überwechseln in Verhältnisse zu verhindern, die der individuellen und politischen Entfaltung geringere Barrieren setzten.

81 Das zeigte sich etwa im Zusammenhang mit den Beratungen des Zolltarifs von 1902. Um diesen nicht zu gefährden, stellte das Staatsministerium den Entwurf eines Gesetzes gegen den Kontraktbruch zurück, 27.4.1901, ebd., Nr. 11396.

Politik und Ökonomie der Ausländerbeschäftigung im preußischen Osten 1885–1914

Die Internationalisierung des Arbeitsmarkts im „Rahmen der preußischen Abwehrpolitik"

von Klaus J. Bade

Im späten 19. und frühen 20. Jahrhundert glich Deutschland, wie Werner Sombart schrieb, „einem Ameisenhaufen in den der Wanderer seinen Stock gestoßen hat".[1] Das Wanderungsgeschehen auf dem Arbeitsmarkt stand im Zeichen transnationaler und interner Massenbewegungen: In der dritten Auswanderungswelle, in der 1880 bis 1893 fast 1,8 Mill. auswanderten, erreichte die deutsche Überseeauswanderung des 19. Jahrhunderts, die zu 90% Amerikaeinwanderung war, ihr säkulares Maximum.[2] Die Binnenwanderung über größere Distanzen, in der neben den vielgestaltigen Formen der Land-Stadt- und der Stadt-Stadt-Wanderung[3] die interne Ost-West-Wanderung aus dem Landproletariat der deutschen Nordostgebiete ins Industrieproletariat Mittel- und Westdeutschlands[4] als internes Pendant der Überseeauswanderung hervortrat, entwickelte sich im hektisch beschleunigten Urbanisierungsprozeß der Hochindustrialisierungsperiode zur „größten Massenbewegung der deutschen Geschichte".[5] Nach der Ablösung der Trendperiode wirtschaftlicher Wachstumsstörungen durch die industrielle Hochkonjunktur und der strukturellen Agrarkrise

1 W. Sombart, Die deutsche Volkswirtschaft im 19. Jh. u. im Anfang des 20. Jh. (1903), Berlin 1927⁷, 408.

2 Zur vergleichenden Wirtschafts- und Sozialgeschichte von Überseeauswanderung, Binnenwanderung und kontinentaler Einwanderung anhand deutscher und amerikanischer Daten über das transatlantische Wanderungsgeschehen, unveröffentlichter Erhebungen über Ausländerbeschäftigung und Wanderungsbewegungen in Preußen sowie der Aktenbestände über Arbeitsmarkt und Wanderung im Zentralen Staatsarchiv, Potsdam (ZSTA I) und Merseburg (ZSTA II): K. J. Bade, Land oder Arbeit. Massenwanderung und Arbeitsmarkt im Kaiserreich, Habil. Schr. Erlangen 1979 (1981).

3 Neben den richtungweisenden Beiträgen von W. Köllmann (Bevölkerung in der industriellen Revolution. Studien zur Bevölkerungsgeschichte Deutschlands, Göttingen 1974) hierzu jetzt: D. Langewiesche, Wanderungsbewegungen in der Hochindustrialisierungsperiode. Regionale, interstädtische und innerstädtische Mobilität in Deutschland 1880–1914, in: VSWG 64. 1977, 1–40.

4 Für das Ruhrgebiet neben den noch immer hilfreichen Studien von E. Franke, Das Ruhrgebiet u. Ostpreußen, Essen 1936, u. W. Brepohl, Der Aufbau des Ruhrvolkes im Zuge der Ost-West-Wanderung, Recklinghausen 1948, jetzt: C. Kleßmann, Polnische Bergarbeiter im Ruhrgebiet 1870–1945, Göttingen 1978.

5 W. Köllmann, Bevölkerungsgeschichte 1800–1970, in: H. Aubin u. W. Zorn Hg., Handbuch der deutschen Wirtschafts- u. Sozialgesch., II, Stuttgart 1976, 20.

durch die lange Agrarkonjunktur vor dem Weltkrieg stieg seit den 1890er Jahren, in denen die überseeische Massenauswanderung auslief, die kontinentale Zuwanderung ausländischer Arbeitskräfte zur Massenbewegung auf und strebte im Vorkriegsjahrzehnt zügig der Millionengrenze zu.[6] Der landwirtschaftliche Arbeitsmarkt im preußischen Osten wurde vom Beginn der 1880er Jahre bis zum Weltkrieg in besonderem Maße von transnationalen und internen Massenwanderungen betroffen: Die Ostprovinzen waren Hauptausgangsräume der dritten Auswanderungswelle, der internen Abwanderung in die Städte und die industriellen Ballungsräume Mittel- und Westdeutschlands und dann erste Hauptzielräume der über die Ostgrenzen nachrückenden kontinentalen Zuwanderung, die hier im Mittelpunkt steht.

Hohe und z.T. extreme Wanderungsverluste hatten die preußischen Ostprovinzen in den Jahrzehnten vor dem Ersten Weltkrieg allesamt zu verzeichnen. Wo die Überseeauswanderung kaum ausgeprägt war, lagen – wie in Ostpreußen – die Verluste durch interne Abwanderung um so höher. Die Tatsache, daß die Wanderungsverluste über das Ende der dritten Auswanderungswelle hinweg unvermindert anhielten, zeigt, daß Aus- und Abwanderung hier vor allem von Schubkräften (push-Faktoren) im Ausgangsraum selbst angetrieben wurden und die konkurrierenden Anziehungskräfte (pull-Faktoren) des sozialökonomischen Chancenangebots der USA und des internen städtisch-industriellen Erwerbsangebots mehr richtungsbestimmend als ursächlich wanderungsbestimmend wirkten.[7] Je nach Wanderungsabsicht (Landnahme/Arbeitnahme), den materiellen Möglichkeiten, sie zu realisieren (Auswanderungskosten), nach gruppenspezifischen Kollektivmentalitäten (Tagelöhner mit Arbeiterbewußtsein/proletaroide Subsistenzproduzenten mit kleinbäuerlichem Selbstverständnis) und regionalen Entwicklungsbedingungen (transatlantische oder interregionale Wanderungstradition) setzte sich die Wanderungsbereitschaft sozial und regional ganz unterschiedlich um: in überseeische Auswanderung, definitive intersektorale Abwanderung („Landflucht"), temporäre intersektorale Arbeitswanderung (Zeitwanderung der „Ruhrmasuren"), in Berufswechsel ohne Ortswechsel im Nahbereich nichtlandwirtschaftlicher Erwerbsangebote („berufliche Landflucht") und in die intrasektorale Etappenwanderung in Ost-West-Richtung, die im Einzugsbereich städtisch-industrieller Ballungsräume aus dem Primärsektor austreten konnte. Hinzu

6 Einzige größere und erstmals auch auf Archivforschungen gestützte neuere Regionalstudie zur Ausländerbeschäftigung in den Vorkriegsjahrzehnten: J. Nichtweiss, Die ausländischen Saisonarbeiter in der Landwirtschaft der östlichen und mittleren Gebiete des Deutschen Reiches, Berlin 1959; vgl. daneben noch L. Schofer, The Formation of a Modern Labor Force: Upper Silesia, 1865–1914, Berkeley 1975, 22 ff. Bibliographie der umfangreichen älteren Literatur in der in Anm. 2 genannten Arbeit.

7 Hierzu und zum Folgenden: K. J. Bade, Massenwanderung u. Arbeitsmarkt im deutschen Nordosten von 1880 bis zum Ersten Weltkrieg: überseeische Auswanderung, interne Abwanderung und kontinentale Zuwanderung, in: AfS 20.1980.

kamen die sprunghaft ansteigenden, alle herkömmlichen Dimensionen von „Sachsengängerei" und „Schnitterzügen" bei weitem übersteigenden intrasektoralen Saisonwanderungen aus noch extensiv produzierenden Niedriglohngebieten in saisonale Spitzenlöhne bietende Distrikte und Großbetriebe mit intensivem Fruchtwechsel und starkem Hackfruchtbau. Im ersten Jahrfünft der 1890er Jahre begann das sozialökonomische Chancenangebot der USA hinter dem der expandierenden Industriezentren Mittel- und Westdeutschlands zurückzutreten: Während der Traum von der freien Farmgründung im Familienverband auf amerikanischem Regierungsland zusehends zur agrarromantischen Sozialutopie geriet, wurde die amerikanische Wirtschaft von der dritten und letzten Phase der seit 1873 anhaltenden Krisenzeit bei weitem härter getroffen („panic of 1893") als die deutsche. Fortan waren die Wanderungsverluste im preußischen Osten fast ausschließlich Ergebnis interner Abwanderung.

Folge überseeischer Auswanderung und interner Abwanderung war auf dem landwirtschaftlichen Arbeitsmarkt des Ausgangsraums die vor allem von großbetrieblichen Marktproduzenten der Körnerwirtschaft vielstimmig beklagte, einseitig als absoluter Arbeitskräftemangel vorgestellte und ganz auf den direkten Lohnsog „der Stadt", „der Industrie" und „des Westens" zurückgeführte „Leutenot", die in Wirklichkeit drei durchaus verschiedene Erscheinungsformen hatte: 1. absolute „Leutenot" in noch extensiv wirtschaftenden Distrikten, die von definitiven Wanderungsverlusten durch Aus- und Abwanderung getroffen wurden und zusätzlich durch temporäre Wanderungsverluste als Folge der saisonalen „Rübenwanderungen" in Gebiete mit intensivem Fruchtwechsel und starkem Hackfruchtbau; 2. relative „Leutenot" dort, wo definitive und saisonale Wanderungsverluste nicht zu absolutem Arbeitskräftemangel, sondern nur zum Schrumpfen des herkömmlichen Überangebots an billiger Arbeitskraft und deswegen zu Lohnsteigerungen führten, welche die Betriebskosten erhöhten und die Reinerträge drücken; 3. relative „Leutenot" schließlich auch dort, wo dieser Abbau des Überangebots im Nahbereich zusammentraf mit dem, von der Intensivierung der Bodenkultur ausgelösten, abrupten Anstieg des saisonalen Zusatzbedarfs.

Den billigsten Weg, die Folgen absoluter und relativer „Leutenot" für Roh- und Reinertragslage großbetrieblicher Marktproduzenten zu bewältigen, bot die Rekrutierung ausländischer Arbeitskraft. Weit über den herkömmlichen kleinen Grenzverkehr der russisch-polnischen Erntehelfer und „Kartoffelbuddler" hinaus wurden die preußischen Ostgrenzen seit den 1890er Jahren zur Arbeiterschleuse für die übervölkerten landwirtschaftlichen Arbeitsmärkte im östlichen Ausland, vor allem in Kongreßpolen und Galizien. 1885 war dieser Zustrom im Zusammenhang von Polenausweisung und Einwanderungsverbot für ein Jahrfünft abgeschnitten, auf das massive Drängen landwirtschaftlicher Arbeitgebervertretungen hin ab 1890 schrittweise wieder zugelassen worden und stieg seither rasch zur

Massenbewegung auf.[8] Bei scharfem Abfall der überseeischen Massenauswanderung Mitte der 1890er Jahre und nachgerade umgekehrt proportionalem Anstieg der Ausländerbeschäftigung auch im übrigen Reichsgebiet schien sich Deutschland (Schaubild 1) im Sinne der Statistik vom Aus- zum Einwanderungsland zu verwandeln.[9] In Preußen wurde dieser Trend auf dem Verordnungsweg gebrochen: Von den im Geltungsbereich des preußischen „Legitimationszwangs" – mit seinem jährlichen „Rückkehrzwang" für ausländisch-polnische Arbeitskräfte – entwickelten restriktiven Steuerungsinstrumentarien wurde der starke Strom der osteuropäischen Zuwanderung, im Gegensatz zur übrigen Ausländerbeschäftigung in Preußen und im Reich, weitgehend in den Bahnen transnationaler Saisonwanderung gehalten. Ergebnis war die in Schaubild 2 im Spiegel der preußischen Legitimationsdaten wiedergegebene jährliche Fluktuation der kontinentalen Zuwanderung aus dem östlichen Ausland.[10] Die Gesamtzahl der – im preußischen Osten vorwiegend polnischen und ruthenischen – „ausländischen Wanderarbeiter", die auf dem ausländischen „Menschenmarkt" rekrutiert und im Inland vermittelt wurden,[11] stieg nach den Erhebungen des preußischen Innenministeriums allein auf dem landwirtschaftlichen Arbeitsmarkt in Preußen bis 1906 auf 236 068 und über 308 953 im Jahr 1908 kontinuierlich weiter auf 383 258 im Jahr des Kriegsausbruchs. Davon entfielen die stärksten Anteile auf die Ostprovinzen.[12]

Wirtschaftsgeschichtlich hatte die Ausländerbeschäftigung in der Landwirtschaft des preußischen Ostens verschiedene Pufferfunktionen: Sie balancierte durch Wanderungsverluste ausgelöste Störungen der Angebot-

8 Nichtweiss, 27 ff., 35 ff., 79 ff., 93 ff.

9 Datenquelle: Wanderungsbilanz nach der Reichsstatistik bei F. Burgdörfer, Die Wanderungen über die deutschen Reichsgrenzen im letzten Jahrhundert, in: Allg. Stat. Archiv 20.1930, 161–96, 383–419, 536–51, hier 539 (gekürzte Fassg. in: W. Köllmann u. P. Marschalck Hg., Bevölkerungsgeschichte, Köln 1972, 281–322).

10 Denkschrift über die Ein- und Auswanderung nach bzw. aus Deutschland in den Jahren 1910 bis 1920, in: Sten. Berr. 1920/I, Bd. 372, 4382 ff. Die Daten, die nicht nur landwirtschaftliche, sondern alle legitimierten Arbeitskräfte (auch solche, die nicht dem jährlichen Rückkehrzwang unterlagen) erfassen, sind nicht zu verwechseln mit der erheblich höher liegenden tatsächlichen Ausländerbeschäftigung in Preußen und im Reich insgesamt (Neuberechnung in der in Anm. 2 genannten Arbeit).

11 Die in der zeitgenössischen Publizistik wie in der Forschung undifferenziert als „ausländische Wanderarbeiter" angesprochenen transnationalen Arbeitswanderer waren eine nach ökonomischer Stellung und Soziallage in den Herkunftsgebieten, nach Selbstverständnis und Selbstwertgefühl heterogene landwirtschaftliche Reservearmee, die auf dem inländischen Arbeitsmarkt nur äußerlich, durch die Gleichschaltung vor Ausländer- und Arbeitsrecht, zum landwirtschaftlichen Subproletariat auf Zeit geriet.

12 Datenquelle: ZSTA II, Rep. 87B, Nr. 261. Die amtlichen Zahlen sind Mindestangaben, weil es auch nach der Verdichtung des „Legitimationszwangs" zum System der vermeintlich totalen Kontrolle für ausländische Arbeitskräfte noch immer hinreichend Wege gab, sich unter Führung ihrer Inlandsagenten oder ausländischen Kolonnenführer („Vorschnitter") und im stillschweigenden Einvernehmen mit inländischen Arbeitgebern dem Zugriff der Ausländerkontrolle zu entziehen.

Schaubild 1: Deutsche Wanderungsbilanz 1871–1910

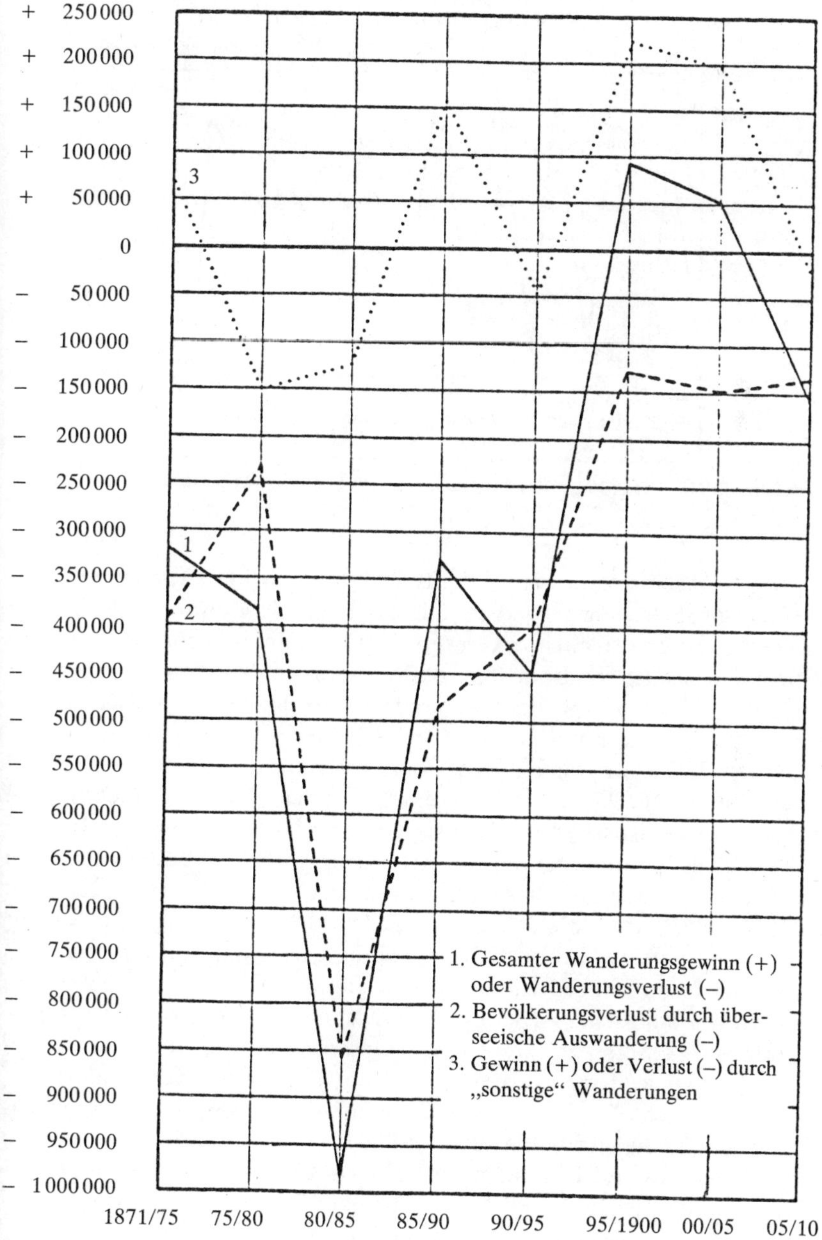

Schaubild 2: Jährliche Fluktuation der kontinentalen Zuwanderung im Spiegel der Legitimationsdaten der Feldarbeiterzentrale/Deutschen Arbeiterzentrale 1910–1920

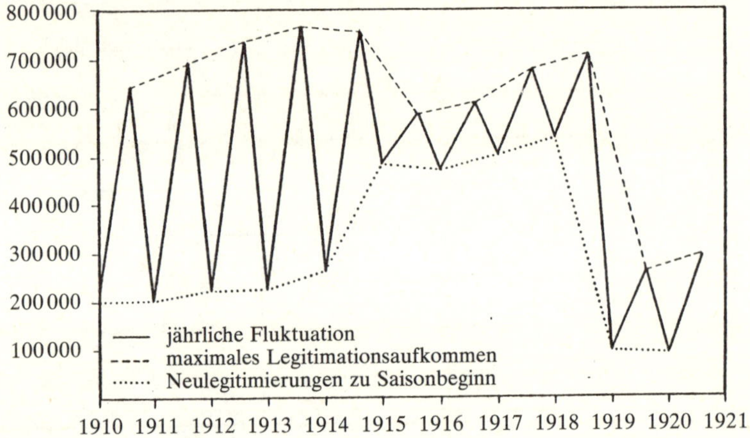

Nachfrage-Relation auf dem Arbeitsmarkt und deckte zugleich den steigenden saisonalen Zusatzbedarf. Die kontinentale Zuwanderung rettete damit die großbetriebliche Agrarproduktion während der strukturellen Agrarkrise aus der seit Ende der 1880er Jahre rapide wachsenden absoluten und relativen „Leutenot“ und beschleunigte dann ihren Aufschwung in der langen Agrarkonjunktur vor dem Weltkrieg, die den entscheidenden, unter dem Zollschutz verzögerten Modernisierungsschub brachte. Darüber hinaus konnte die hochmobile landwirtschaftliche Reservearmee in dem von agrarkapitalistischer Rationalisierung, von Intensivierung und Mechanisierung bestimmten Wandel von Betriebsorganisation, Bodenkultur und Produktionsformen mittelfristig forcierendes und retardierendes Moment zugleich sein, Motor wie Bremse partieller Modernisierung: Wo Bodenqualität, Reinertrag und Betriebskapital die Umstellung auf intensive Bodenkultur noch nicht gestatteten, konnte angesichts des unbegrenzten Angebots an ausländischer Arbeitskraft und der damit ermöglichten Saisonalisierung der Lohnkosten extensiv weitergewirtschaftet werden, bis der erneute Anstieg der Erzeugerpreise über den Markt selbst jene Reinertragssteigerung brachte, welche die kapitalintensive Modernisierung ermöglichte. Hier spielte die disponible ausländische Einsatzreserve deswegen eine so große Rolle, weil ihr Einsatz genau an der schwankenden Grenze der betriebswirtschaftlichen Arbeitskapazität kalkuliert werden konnte, ohne außerhalb der Saison unproduktive Lohnkosten zu verursachen. Ähnliches galt für den – vom Maschinendrusch abgesehen – zur Zeit der strukturellen Agrarkrise im preußischen Osten erst zögernd voranschreitenden und erst in der anschließenden Agrarkonjunktur sprunghaft zunehmenden Maschineneinsatz: Wo die Reinerträge nur knapp über der Rentabilitätsgrenze gehalten werden konnten, Investitionskapital fehlte, produktive und unproduktive Verschuldung eine kreditäre Investitionsfinanzierung blockierten und den kapitalintensiven ‚großen Spurt' zum arbeitssparenden, roh- und reinertragssteigernden Maschineneinsatz verzögerten, war hinreichend ausländische Arbeitskraft verfügbar, deren Saisoneinsatz eine indirekte Reinertragssteigerung auf dem Umweg über relative Lohnkostensenkung ermöglichte. Das aber minderte von der Arbeitsmarktseite her den Rationalisierungsdruck und konnte den Übergang zum kapitalintensiven Einsatz arbeitssparender Einrichtungen gerade deswegen verzögern, weil ausländische Arbeitskraft mittelfristig billiger war als ein Maschinenpark: Beim Maschineneinsatz fielen hohe Startinvestitionen an, Wartungskosten außerhalb der Saison und Reparaturkosten während der Saison. Beim Einsatz ausländischer Arbeiterkolonnen lagen die vom Arbeitgeber zu übernehmenden Anreise- und Vermittlungskosten unvergleichbar niedriger, entfielen nicht nur außerhalb, sondern sogar innerhalb der Saison unproduktive Lohnkosten, denn auf unfall- oder krankheitsbedingte anhaltende Arbeitsunfähigkeit folgte Rücktransport zur Grenze.[13] Disponibilität und Kalkulierbarkeit des Kostenfaktors Arbeitskraft erreichten ein bis dahin nicht gekanntes Ausmaß.

Darum war, wie zuerst Max Weber erkannte, im ‚Saisongewerbe' Landwirtschaft ausländische Arbeitskraft grundsätzlich „immer billiger" als einheimische. Deswegen auch stieg das Interesse landwirtschaftlicher Arbeitgeber im preußischen Osten an den teils absolut (Niedriglöhne), teils relativ (Saisonverträge) „billigen" und zugleich „willigen", weil „prekär gestellten Fremden" zusehends über die Grenzen des Ersatzbedarfs hinaus. Das war der ökonomische Hintergrund der zeitgenössischen ‚Verdrängungstheorie' in den Kontroversen über die „Polonisierung des Ostens" durch kontinentale Zuwanderung.[14] Die in dieser Diskussion mit dem Hinweis auf unterschiedliche Lohnansprüche und Bedürfnisstrukturen von einheimischen und ausländischen Arbeitskräften vorgestellte unmittelbar-direkte internationale Verdrängungskonkurrenz in einzelnen Bereichen des landwirtschaftlichen Arbeitsmarkts war jedoch nur von untergeordneter Bedeutung. Die Lohnlage der ausländischen glich sich schon in den 1890er Jahren weitgehend derjenigen einheimischer Arbeitskräfte an, zumal die ausländi-

13 Über Anwerbung und Vermittlung, arbeits- und sozialrechtliche Stellung ausländischer Arbeitskräfte neben der in Anm. 2 genannten Arbeit noch: A. Mytkowicz, Ausländische Wanderarbeiter in der deutschen Landwirtschaft, Posen 1914, 122–45; Nichtweiss, 216ff., 236ff.

14 M. Weber, Die Verhältnisse der Landarbeiter im ostelbischen Deutschland, Leipzig 1892, 491f., 793, 802f.; ders., Die ländliche Arbeitsverfassung, in: Schriften VfS, Bd. 58, Leipzig 1893, 62–86, hier 70ff.

schen, auf Lohngeldtransfer ausgehenden Arbeiter gerade Tätigkeitsbereiche und Arbeitsbedingungen bevorzugten, die deswegen vergleichsweise lohnintensiv waren, weil sie – wie der Ernteakkord – von einheimischen häufig gemieden wurden. Der dialektische Wirkungszusammenhang zwischen Abwanderung einheimischer und Zuwanderung ausländischer Arbeitskräfte lag tiefer. Wichtiger war hier die Tatsache, daß der zunehmende Einsatz ausländischer Saisonarbeiter bei nur ausnahmsweise zugestandener Dauerbeschäftigung 1. den Verfall der gutswirtschaftlichen Arbeitsverfassung und 2. die im Gefolge von Rationalisierung der Produktionsorganisation und Übergang zu intensiver Bodenkultur fortschreitende Saisonalisierung von Arbeitsmarkt und Erwerbsangebot forcierte. Beides aber wirkte dahin, einheimische, auf dauerhafte Beschäftigung angewiesene Arbeitskräfte zu mobilisieren und zur Abwanderung zu bestimmen: Weniger unmittelbar und direkt, über die Lohnkonkurrenz auf dem Arbeitsmarkt, als mittelbar und indirekt, auf dem Umweg über die Arbeitsverfassung, verstärkte die kontinentale Zuwanderung bei ihrem Aufstieg zur Massenbewegung schließlich im preußischen Osten die wanderungsbestimmenden Ursachen, deren Folge sie war.[15]

Vor diesem Hintergrund kollidierten in Preußen in der Polenpolitik einerseits, in der Arbeitsmarkt- und Wanderungspolitik andererseits das politische Interesse an einer Abdämmung der vorwiegend polnischen Einwanderung aus dem östlichen Ausland und das ökonomische Interesse an einer Deckung des Ersatz- und Zusatzbedarfs an billiger Arbeitskraft. Daraus resultierte der Versuch, den nötigen Arbeitskräftezustrom in eine mobile und disponible Einsatzreserve zu verwandeln, welche die ökonomischen Interessen befriedigen sollte, ohne die Strategie der antipolnischen Sicherheitspolitik zu gefährden. Vorausgegangen waren 1885 mit Polenausweisung und Einwanderungsverbot die ersten direkten Interventionen in das transnationale Wanderungsgeschehen im preußischen Osten. Der 1885 entworfene, in seiner Grundkonzeption über Jahrzehnte hinweg stabile „Rahmen der preußischen Abwehrpolitik“ stand einerseits im langen Schatten des Kulturkampfs, andererseits im Zeichen der schwelenden politischen Skepsis gegenüber dem nicht zu erstickenden Traum preußischer, russischer und österreichisch-ungarischer Polen von der Auferstehung eines polnischen Nationalstaats: „Diese Vorschriften sind seitdem, also seit mehr als 25 Jahren, abgesehen von der besonderen Behandlung der Saisonarbeiter, ununterbrochen gehandhabt worden und sind heute noch in Kraft“, hieß es ein Jahrfünft vor dem Weltkrieg in einer mahnenden Rückbesinnung auf die Axiomatik der antipolnischen Sicherheitspolitik. „Die geschilderten Abwehrvorschriften verfolgen ein doppeltes Ziel, einmal die Fernhaltung stamm- oder gesinnungsverwandter ausländischer Elemente von der ein-

15 Hierzu sowie über ökonomische und ideologische Aspekte der zeitgenössischen ‚Verdrängungstheorie‘ und deren Rezeption in der Forschung s. Anm. 7.

heimischen polnischen Bevölkerung in den Grenzprovinzen und sodann die Abwehr der Massenansiedelung ausländisch-polnischer Arbeiter auch innerhalb des übrigen Staatsgebiets. Sie rechtfertigen sich aus der unabweisbaren Erwägung, daß die mühsam eingeleitete Überführung der einheimischen Polen in das deutsche Volkstum durch den fortgesetzten Zuzug fremder Elemente unmöglich gemacht werden würde. Sie stehen und fallen daher mit der gesamten preußischen Polenpolitik, deren ganzes, in jahrzehntelanger Arbeit aufgebautes Ergebnis mit einem Schlage in Frage gestellt wäre, sobald der Widerstand gegen eine von außen her erfolgende Vermehrung der ansässigen polnischen Bevölkerung nachlassen würde".[16]

Der „Widerstand gegen eine von außen her erfolgende Vermehrung der ansässigen polnischen Bevölkerung" fand sein internes Pendant im preußischen Ansiedlungsgesetz von 1886, das ins Grenzgebiet einen antipolnischen ‚Cordon sanitaire' von kleinen Parzellenbauern vorzuschieben strebte. Er sollte die wanderungshemmende mentale Schollenbindung stärken, damit gegen den Sog der internen Ost-West-Wanderung wirken und war zugleich gedacht als Arbeitskräftereservoir von auf abhängigen Nebenerwerb angewiesenen proletaroiden Subsistenzproduzenten im Nahbereich großbetrieblicher Marktproduzenten.[17]

Bei den Polenausweisungen von 1885[18] rangierten die politischen noch eindeutig über den ökonomischen Interessen: „Von den Auszuweisenden gehören", warnte der Oberpräsident der Provinz Posen im Juni 1885, „etwa 90% dem ländlichen Arbeiterstande an".[19] Selbst der aller Polensympathie unverdächtige Kulturminister Goßler, der beharrlich darauf verwiesen hatte, „wie die fortgesetzte Verstärkung des polnischen Elements in unseren östlichen Provinzen die Germanisierung dieser Landesteile unmöglich macht und die Verbreitung revolutionärer Ideen befördert", vermochte das „Bedürfnis der Landwirtschaft nach billigen Arbeits-

16 Vorschriften über die Beschäftigung ausländisch-polnischer Arbeiter, ZSTA I, AA 30004, 16f.; Erläuterungen, ebd., 18–21.

17 Zur Kritik der von der Ansiedlungskommission vorgelegten Berichte: P. Quante, Die Flucht aus der Landwirtschaft, Berlin 1933, 196f., 373; vgl. H.-J. Puhle, Agrarische Interessenpolitik und preußischer Konservativismus im wilhelminischen Reich 1890–1914, Bonn-Bad Godesberg 1966², 246–54.

18 Während von der ersten, gegen „russisch-polnische Überläufer" ohne Aufenthaltsgenehmigung gerichteten Ausweisungsverfügung (26.3.1885) erst rund 8000 Polen getroffen wurden, gerieten mit der zweiten, gegen sämtliche „Ausländer polnischer Zunge" gerichteten Verordnung (26.7.1885) rund 40000 nichtnaturalisierte Polen in den vier Ostprovinzen unter die Ausweisungsverfügung. Ins Einwanderungsverbot eingeschlossen wurden 1885 auch gewisse „Russen nichtpolnischer Zunge", die, wie die von ökonomischem Antisemitismus bestimmte Gruppenbeschreibung lautete, „erfahrungsgemäß die Not der Nebenmenschen zu ihrem Vorteile ausbeuten"; Bericht Goßlers an Bismarck, 12.2.1885, ZSTA II, Rep. 77, Tit. 1176, Nr. 2a, Bd. 5, 25–32; Erlaß vom 26.7.1885, Rep. 120, VIII, 1, Nr. 106, Bd. 1, 35–38; vgl. J. Mai, Die preußisch-deutsche Polenpolitik 1885/87, Berlin 1962, 38 ff., 75 ff., 89ff.

19 ZSTA, II, Rep. 77, Tit. 1176, Nr. 2a, Bd. 5, 210–13.

kräften" nicht zu leugnen. „Der Schaden ist größer als der Nutzen", entschied Bismarck. „Wir halten es bei aller Anerkennung der Landwirtschaft als des wichtigsten aller Gewerbe doch für ein geringeres Übel, daß einzelne Gebiete Mangel an Arbeitskräften haben, als daß der Staat und seine Zukunft leidet."[20] Der unbedingte Primat der Politik indes vermochte dem bald wachsenden Druck ökonomischer Interessen nicht lange standzuhalten. Aller antipolnischen Agitation im preußischen Osten zum Trotz durchbrach das ökonomische Interesse ihrer Träger schon ein Jahrfünft später die Barrieren der antipolnischen Sicherheitspolitik.
Ende der 1880er Jahre wurde das Drängen von Arbeitgebern, landwirtschaftlichen Vereinen und Landwirtschaftskammern, „während der Sommermonate die Öffnung der östlichen Grenze für ländliche Arbeiter aus Russisch-Polen" zu genehmigen,[21] unüberhörbar: Während die rapide wachsenden Verluste durch Überseeauswanderung von denjenigen durch definitive „Landflucht" noch bei weitem übertroffen wurden, gerieten Wanderungsgeschehen, Lohnkostenkalkulation und schließlich die Sicherung der Ernte selbst zunehmend außer Kontrolle, als die ganz allgemein als „Sachsengängerei" angesprochene saisonale intrasektorale Arbeitswanderung weit über den Umfang der traditionsreichen „Schnitterzüge" hinaus zur Massenbewegung aufstieg. Damit aber schlugen in der durch späte Frühjahrsbestellung und frühe Herbstfröste begrenzten Saison im Osten neben den definitiven noch wachsende temporäre Wanderungsverluste zu Buche. Im Spätsommer 1890 sandte Puttkamers Nachfolger im preußischen Innenministerium, v. Herrfurth, seinen Ministerialdirektor Lodemann in die Ostprovinzen, um die Lage vor Ort und in Rücksprache mit den Oberpräsidenten klären zu lassen. Diese Recherchen begannen zwei Jahre vor dem Erscheinen des umstrittenen Bandes von Max Weber zur Landarbeiterenquête des „Vereins für Socialpolitik", in der Weber in der Wendung gegen die Ausländerzulassung auf dem landwirtschaftlichen Arbeitsmarkt im „ostelbischen Deutschland" seine ökonomische ‚Verdrängungstheorie' entfaltete. Dem empirischen Sozialwissenschaftler war nicht bekannt, daß hinter jener Internationalisierung des Arbeitsmarkts, deren Folgen er in ersten Erscheinungsformen der internationalen Verdrängungskonkurrenz glaubte strukturanalytisch erfassen zu können, aber nur funktional interpretieren konnte, ein strategisches Konzept der gezielten Ausländerzulassung stand. Seine unmittelbare Vorgeschichte begann mit Lodemanns Recherchen. Sie führten zu dem Ergebnis, „daß bei Fortdauer der Sachsengängerei unter gleichzeitiger Ausführung der durch den Ministerialerlaß vom 26. Juli 1885 zur Abwehr des Zuzuges russisch-polnischer Arbeiter" getroffenen Verordnungen „sich ein schon jetzt fühlbarer und

20 Goßler an Bismarck, 12.2.1885 (Marg. Bismarck); Bismarck, Goßler an Puttkamer, 11., 14.3.1885, ebd., 88f., 100.

21 Zit. bei Nichtweiss, 33.

voraussichtlich sich bis zur Lebensunfähigkeit der Landwirtschaft in den östlichen Provinzen der preußischen Monarchie entwickelnder Arbeitermangel ausgebildet hat."[22] Lodemanns Lagebericht gab den entscheidenden Anstoß zu folgenreichen „Modifikationen" im „Rahmen der preußischen Abwehrpolitik" aus dem Jahr 1885: „Gegen zwingende wirtschaftliche Bedürfnisse komme man mit polizeilichen Maßregeln nicht auf", hieß es lakonisch im Protokoll der Sitzung des Staatsministeriums vom 11. November 1890, in der über diese „Modifikationen" beraten und beschlossen wurde.[23] Sie hatten zwei Seiten. In der zeitgenössischen Diskussion und in der Forschung wurde nur die eine, offensichtliche, erkannt. Sie umfaßte direkte Steuerungsversuche:

Am 26. November 1890 bereits gestattete ein Erlaß den Oberpräsidenten in Ost-, Westpreußen, Posen und Schlesien ab 1. Januar 1891 für eine mehrjährige Probezeit den befristeten „Aufenthalt russischer Arbeiter zum Zwecke der Beschäftigung in den landwirtschaftlichen und in den industriellen Betrieben" der Grenzprovinzen. „Mit Rücksicht darauf", lautete die Anweisung zur Steuerung der transnationalen Bewegung, „daß ein großer Teil der Sachsengänger im Frühjahr ihre Heimat verlassen, um im Herbst wieder in dieselbe zurückzukehren, wird tunlichst dahin zu streben sein, daß auch die russischen Arbeiter in der eine regelmäßige Arbeit ausschließenden Jahreszeit ihren Aufenthalt im Inlande nicht fortsetzen". Am 18. April 1891 schließlich wurde die befristete Beschäftigung ausländisch-polnischer Arbeiter auch in den übrigen Provinzen zugelassen, hier allerdings beschränkt auf landwirtschaftliche Betriebe und deren Nebenbetriebe. Die jährliche „Karenzzeit", innerhalb derer russisch-polnische Arbeitskräfte preußisches Staatsgebiet wieder zu verlassen hatten, wurde zunächst auf die Zeit vom 15.11. bis 1.4. festgelegt, dann auf Drängen landwirtschaftlicher, vor allem aber industrieller Arbeitgeber zweimal – vom 1.12. bis 1.3. und schließlich vom 20.12. bis 1.2. – verkürzt.[24]

Die „Karenzzeit" als Strombrecher gegen die gefürchtete „große Flutwelle slawischer Nationen" erzwang auf dem Verordnungsweg den erwähnten Strukturwandel von der Einwanderung ausländisch-polnischer Arbeitskräfte zur umfassend organisierten und kontrollierten, jährlich fluktuierenden transnationalen Saisonwanderung. Das „Damoklesschwert der Ausweisung" sollte die in ihrer transnationalen Bewegung mobil gehaltene

22 Reisebericht Lodemann, 9.9.1890, ZSTA II, Rep. 120, VIII, 1, Nr. 106, Bd. 1, 19–29, hier: 23; vgl. die Stellungnahmen: 30–34, 40–55.

23 Abschrift ebd., 58–63, hier: 60; zu Weber s. Anm. 14f.

24 Erlaß vom 26.11.1890, ebd., 66f.; die schon in das Einwanderungsverbot von 1885 (s. Anm. 18) einbezogene „jüdische Einwanderung aus Rußland, welche erfahrungsmäßig nicht, um solche Arbeit zu suchen, nach Deutschland kommt", blieb weiter ausgeschlossen; Denkschrift Reg.Ass. Huber, Die Beschäftigung ausländisch-polnischer Arbeiter in Landwirtschaft und Industrie, o.D. (1906), ZSTA II, Rep. 120, VIII, 1, Nr. 106, Bd. 6, 112–32, hier: 114; Mytkowicz, 34.

ausländische Reservearmee auf dem inländischen Arbeitsmarkt im permanenten Ausnahmezustand halten: Als vorwiegend antipolnische Assimilationsbarriere bilde, lautete die interne Interpretation, „die Karenzzeit das einzige Mittel, den ausländischen Arbeitern und auch der heimischen Bevölkerung immer wieder zum Bewußtsein zu bringen, daß sie nur geduldete Fremdlinge seien und ihre dauerhafte Seßhaftmachung ausgeschlossen sei. Dadurch allein könne es vermieden werden, daß die ausländisch-polnischen Arbeiter zu einer Eheschließung mit einer deutschen Staatsangehörigen und Gründung einer Familie schritten, die natürlich dann der Ausweisung ebenso anheimfalle, wie der Ehegatte und Vater."[25] „Diese Verordnungen haben nach den Berichten der Oberpräsidenten im großen und ganzen ihren Zweck erfüllt", konstatierte das Innenministerium im Februar 1895 im Generalbericht über den mehrjährigen Probelauf: „Den Arbeitern wird das Bewußtsein erhalten, daß sie sich in einem fremden Land befinden, in dem sie nur vorübergehend geduldet sind". Das gab Anlaß, an Stelle einer befristeten Verlängerung dieser Probezeit „nunmehr von der Bestimmung eines Endtermins abzusehen und dies solange vorzubehalten", bis sich zeige, „daß die Heranziehung ausländischer Arbeiter entbehrlich geworden oder vom nationalen Standpunkte nicht länger geduldet werden kann".[26]

Weil die „Fremdlinge" aus ökonomischen Gründen immer weniger „entbehrlich" wurden, ging es fortan aus „nationalen" Gründen um so mehr darum, die Überwachungsvorschriften zu perfektionieren. Dies war der Weg zur ständigen Verdichtung des preußischen Systems der Ausländerkontrolle, das als „Legitimationszwang" in die Geschichte von Arbeitsmarkt-, Wanderungspolitik und Ausländerrecht in Preußen-Deutschland einging und mit der Übertragung des „Legitimationsmonopols" auf die halbamtliche preußische Feldarbeiterzentrale und spätere Deutsche Arbeiterzentrale 1907 seinen institutionellen Abschluß fand.[27] Weil Preußen die höchste Ausländerbeschäftigung zu verzeichnen hatte und die stärksten – aus dem östlichen Ausland stammenden – Kontingente hier und in den Bundesstaaten, die das preußische Modell übernahmen,[28] dem jährlichen „Rückkehrzwang" unterlagen, war die preußische Regelung von außerordentlicher Bedeutung für das Reich insgesamt: Nicht allein dem im kontinentalen Wanderungsgeschehen seit den 1890er Jahren allgemein zu beobachtenden Aufrücken temporärer transnationaler Arbeitswanderungen auf Kosten definitiver Aus- und Einwanderungsbewegungen, sondern auch diesen direkten staatlichen Interventionen war es zuzuschreiben, daß sich

25 Denkschrift Huber, 120–22.
26 Vorlage 3.2.1895, ZSTA II, Rep. 120, VIII, 1, Nr. 106, Bd. 1, 132–35.
27 Nichtweiss, 93 ff.
28 Vergleichende Zusammenstellung bei O. Becker, Die Regelung des ausländischen Arbeiterwesens in Deutschland, Berlin 1918, 114–19.

das Reich – im Gegensatz zur Tradition klassischer Einwanderungsländer, daß Arbeit für das Einwanderungsland nach angemessener Frist auf Antrag zur Einbürgerung führen konnte – im Vorkriegsjahrzehnt nicht vom Aus- zum Einwanderungsland wandelte, sondern nur zum unter den „arbeiterimportierenden Staaten“ nach den USA „zweitgrößten Arbeitseinfuhrland der Erde“.[29] Das war die eine, im Wanderungsgeschehen selber offenkundige Seite der Ende 1890 eingeleiteten „Modifikationen“ im „Rahmen der preußischen Abwehrpolitik“.

Die innenpolitisch brisante andere Seite blieb in der zeitgenössischen Diskussion unbekannt, war bestenfalls funktional zu erschließen und konnte gegen das demonstrative amtliche Dementi nur blindlings behauptet, aber nicht bewiesen werden. Sie beinhaltete indirekte Steuerungsversuche gegenüber dem internen und transnationalen Wanderungsgeschehen auf dem landwirtschaftlichen und industriellen Arbeitsmarkt, deren Bekanntwerden in der zeitgenössischen Diskussion um die ‚Verdrängungstheorie‘ eine unerhörte Sprengkraft gehabt hätte, denn diese Konzeption der Arbeitsmarkt- und Wanderungspolitik stellte selbst die kühnsten Spekulationen der „sozialistischen Agitation“ über die Funktion der Ausländerbeschäftigung in den Schatten. „Aus politischen Gründen“ wurde deswegen auch das dieser Konzeption zugrundeliegende Beobachtungsmaterial – das die nervös dementierte Abhängigkeit der Agrarproduktion im preußischen Osten von ausländischer Arbeitskraft auch quantitativ belegte – den nur auf statistische Daten ausgehenden Anfragen der zeitgenössischen Wanderungsforschung gegenüber strikt „geheim gehalten“.[30]

Auffällig war, daß die Wiederzulassung ausländischer Arbeitskräfte 1. in ihrer Befristung bemerkenswert an die saisonale Fluktuation der intrasaisonalen „Sachsengänger“ angepaßt wurde und 2. in den preußischen Ostprovinzen für landwirtschaftliche und industrielle, in allen anderen Provinzen aber nur für landwirtschaftliche Beschäftigungsbereiche galt: Es ging dabei nicht nur um billigen Ersatz für Wanderungsverluste auf dem landwirtschaftlichen Arbeitsmarkt im preußischen Osten und um die „Erwägung, daß die Verwendung von Arbeitern polnischer Nationalität in den landwirtschaftlichen Betrieben im Innern des Landes weniger bedenklich erscheine“,[31] sondern auch darum, die Anziehungskraft westlicher landwirtschaftlicher Zielgebiete auf das Arbeitskräftepotential im Osten durch gezielte Ausländerzulassung zu mindern. Die strategischen Kalkulationen im Staatsministerium kreisten um eine von oben lancierte internationale Verdrängungskonkurrenz in einzelnen Bereichen des Arbeitsmarkts.

29 Frhr. v. d. Bussche-Kessel (Direktor der Feldarbeiterzentrale) in: Verh. d. Budapester Konf. betr. Organisation des Arbeitsmarkts (7./8. 10. 1910), Leipzig 1911, 81; I. Ferenczi, Kontinentale Wanderungen und die Annäherung der Völker, Jena 1930, 21.

30 F. Stutzke, Innere Wanderungen, die Ursachen des Arbeitermangels in der preußischen Landwirtschaft und des Zuzuges ausländischer Wanderarbeiter, Berlin 1903, 41.

31 Denkschrift Huber, 114.

Ein erster Steuerungsversuch ging dahin, die einheimischen „Sachsengänger“ durch die Konkurrenz ausländischer „Preußengänger“ aus den westlicher gelegenen, intensiv wirtschaftenden Zielgebieten ihrer Saisonwanderungen abzudrängen: Er war mit der Erwartung verbunden, „daß, wenn durch diese Konkurrenz im Angebot von Arbeitskräften den in den östlichen Provinzen heimischen Arbeitern die Gelegenheit zur sogenannten Sachsengängerei erschwert werde, zu erwarten stehe, daß dieselben auch in der Zeit vom Frühjahr bis zum Herbst in den landwirtschaftlichen Betrieben ihrer Heimat tätig sein würden“. Trotz aller argwöhnischen Reserve gegenüber jener vielbeklagten „Pflege der polnischen Nationalität“ im Inland und aller Barrieren gegen die definitive Einwanderung ausländischer „polnischer Elemente“, konnte so 1895 sogar vom Innenministerium an die Provinzialbehörden der Hinweis gehen: „Im Innern des Landes kann es sogar erwünscht sein, auf diese Weise den ungenügenden Bestand an seßhaften Arbeitern durch einzelne tüchtige Elemente aus dem Auslande zu ergänzen.“[32]

Ein zweiter Steuerungsversuch zielte auf den Bausektor und zwar weniger auf den Hochbau (bes. Festungsbau) als auf den Tiefbau, der in Gestalt von Kanal-, Eisenbahn- und Straßenbau außerordentlich expandierte, ortlose Wanderarbeiter, aber auch temporäre Arbeitswanderer mit festem Wohnsitz aus der Landwirtschaft abzog. Das Hauptkontingent unter den hier tätigen ausländischen Arbeitskräften stellten die Italiener, die dem jährlichen „Rückkehrzwang“ in der „Karenzzeit“ nicht unterlagen.[33] 1898 zirkulierte in den preußischen Ressorts dieser, im Handelsministerium erarbeitete Vorschlag: „Es würde aber der Landwirtschaft mittelbar geholfen werden können, wenn Staat und Provinzen in größerem Umfange Italiener mit geeigneten Arbeiten wie Eisenbahn-, Kanal-, Tunnel-, Brückenbauten und dergleichen mehr beschäftigen wollten. Auch zum Bau von Kleinbahnen und zu den laufenden Unterhaltungsarbeiten an den Bahnstrecken der Hauptbahnen, bei denen zur Zeit etwa 64 000 Arbeiter dauernd tätig sind, könnten sie wohl herangezogen werden“. Der strategische Grundgedanke war der gleiche, der Anlaß gegeben hatte zu dem Versuch, einheimische intrasektorale „Sachsengänger“ durch ausländische „Preußengänger“ abzudrängen: „Durch Maßregeln der Art würden nicht nur in Provinzen mit Mangel an landwirtschaftlichen Arbeitskräften zahlreiche Arbeiter für die Landwirtschaft erhalten, sondern auch dem Zuzuge von Arbeitern aus den östlichen Provinzen nach den westlichen Landesteilen ein Teil des Reizes entzogen werden können“.[34]

Ein dritter Steuerungsversuch galt der intersektoralen Ost-West-Fernwan-

32 Ebd., S. 114f.

33 Hierzu A. Sartorius Frhr. v. Waltershausen, Die italienischen Wanderarbeiter, in: Festschr. A. S. Schultze, Leipzig 1903, 51–94.

34 Zirkular 10.4.1898, ZSTA II, Rep. 120, VIII, 1, Nr. 106, Bd. 2, 222ff., hier: 223f.

derung aus der Landwirtschaft im Osten in den montan-industriellen Ballungsraum des Ruhrgebiets. Er zielte vor allem darauf ab, die mißliebige Expansion jener „polnischen" Distrikte im Ruhrgebiet zu drosseln, deren Wachstum sich allem voran aus dem Zustrom polnisch sprechender Preußen aus den Ostprovinzen speiste. Die Furcht vor einer weiteren „Polonisierung des Westens" schloß den Einsatz ausländisch-polnischer Arbeitskräfte in diesen „Kolonien inländisch-polnischer Arbeiter" aus.[35] Hier schienen stattdessen Sprachverordnungen einen geeigneten Ansatzpunkt zu bieten: „Wenn ein Teil dieser Personen ... nach und nach zur Rückkehr bewogen und dem weiteren Abströmen aus dem Osten in die industriereichen Bezirke des Westens einige Hindernisse bereitet werden könnten, so würde dies sicherlich der Landwirtschaft zugute kommen", erwog das Handelsministerium 1898 und gab im Umlauf bekannt, daß eben an entsprechenden Bergpolizeiverordnungen gearbeitet werde.[36] Die Sprachklausel diente nicht nur der Betriebssicherheit, sondern auch dazu, deutschsprachige Arbeitskräfte gegenüber fremdsprachigen zu bevorzugen und die letzteren in Beschäftigungsbereichen zu konzentrieren, die von den ersteren weniger geschätzt wurden. Fremdsprachige Arbeiter durften in Bergwerken, den angeschlossenen Aufbereitungsanlagen und Brikettfabriken nur eingestellt werden, wenn sie der deutschen Sprache so weit mächtig waren, „daß sie mündliche Anweisung ihrer Vorgesetzten und Mitarbeiter richtig auffassen und wiedergeben" konnten. Bei allen Spezialarbeiten und in Leitungsfunktionen als Aufseher, Maschinenführer, Pumpen- und Kesselwärter, als Schieß- und Spritzmeister, Ortsälteste und Schachtreparaturhauer, als Anschläger, Abnehmer und Bremser an Schächten und Bremsbergen durften fremdsprachige Arbeiter nur dann beschäftigt werden, „wenn sie deutsch sprechen und in Schrift und Druck lesen können". Zur Kontrolle war in jedem Betrieb eine besondere Liste zu führen, „die für jeden dieser Arbeiter jederzeit erkennen läßt, daß er den für seine Beschäftigung vorgesehenen Bedingungen genügt". Die dazu „notwendigen Feststellungen und Eintragungen" oblagen der Betriebsleitung.[37] Damit wurde die ohnehin beschränkte vertikale soziale Mobilität fremdsprachiger Arbeitskräfte und vor allem der preußischen „Ruhrpolen" noch weiter eingeengt, die persönliche Abhängigkeit von der Betriebsführung weiter gestärkt: Von durch die materielle Lage in den Herkunftsgebieten bestimmten Prädispositionen des Sozialverhaltens abgesehen, war die – nicht nur in der nationalistischen und kulturideologisch-antipolnischen Propaganda,

35 Denkschrift Huber, 121.

36 Zirkular 10.4.1898, 225.

37 Becker, 52; vgl. H.-U. Wehler, Die Polen im Ruhrgebiet bis 1918, in: ders. Hg., Moderne deutsche Sozialgeschichte, Königstein 1980[6], 437–55, hier: 452f.; K. Tenfelde, Sozialgeschichte der Bergarbeiterschaft an der Ruhr im 19. Jahrhundert, Bonn-Bad Godesberg 1977, 228f.

sondern auch im Arbeitskonflikt – vielgeschmähte und aus ethnisch bedingten Kollektivmentalitäten abgeleitete „kriecherische" Haltung preußisch-polnischer Arbeitskräfte am montanindustriellen ebenso wie die „Unterwürfigkeit" ausländisch-polnischer am landwirtschaftlichen Arbeitsplatz wesentlich Ausdruck besonderer Abhängigkeitsverhältnisse der „dummen Polacken".[38] Daß es sich bei der Sprachklausel auch um den Versuch einer gezielten Abschreckung preußisch-polnischer Zuwanderer handelte, wurde im Staatsministerium offen ausgesprochen: „Daß eine solche Polizeiverordnung neben ihrem Hauptzweck auch den Erfolg haben würde, mit der Zeit die Rückkehr zahlreicher Arbeiter in die ländlichen Bezirke des Ostens zu veranlassen, glaube ich nicht bezweifeln zu dürfen."[39]

Umgekehrt funktionierte die soziale Degradierung ausländischer Arbeitskräfte im oberschlesischen Montandistrikt, wo im Gegensatz zum Ruhrgebiet von Anbeginn an auch ausländisch-polnische Arbeitskräfte zugelassen waren. Hier ging es nicht darum, die einheimischen, zum großen Teil preußisch-polnischen Arbeitskräfte abzuschrecken, sondern im Gegenteil darum, sie durch die Förderung gegenüber ausländisch-polnischen aus dem Sog der Ost-West-Wanderung herauszuhalten: 1911 berichtete das Königliche Oberbergamt in Breslau dem Regierungspräsidenten in Oppeln rückblickend, man habe sich bei der Ausländerbeschäftigung bislang „streng" an gewisse „Grundsätze" gehalten, nämlich daran, „die ausländischen Arbeiter, da sie ungeübt und wenig intelligent sind, ausschließlich zu den schlechter bezahlten, nur geringe oder gar keine Geschicklichkeit erfordernden Arbeiten zu verwenden, den einheimischen Leuten dagegen die lohnenderen, aber auch mehr Überlegung und Gewandtheit erfordernden Arbeiten zu übertragen". Beiläufig wurde angemerkt, „daß infolge der Heranziehung der Ausländer zu ausschließlich einfacheren und daher schlechter bezahlten Arbeiten die einheimischen Arbeiter in einem verhältnismäßig jungen Lebensalter bei besser bezahlten Arbeiten beschäftigt werden, demzufolge größere Verdienste erzielen und in eine günstigere materielle Lage kommen".[40]

In Preußen bildete sich so in den beiden Jahrzehnten vor dem Weltkrieg in Landwirtschaft, Tiefbau und Montanindustrie bereichsweise jener doppelte Arbeitsmarkt mit einer internationalisierten unteren Ebene heraus, der Anlaß gab für die verstärkte Agitation vor allem der Freien Gewerkschaften gegen die „Ausbeutung" ausländischer Arbeitskräfte und fremd-

38 E. Franke, Die polnische Volksgruppe im Ruhrgebiet 1870–1940, in: Jb. des Arbeitswiss. Inst. der DAF 2.1940/41, 319–404, hier: 347f.; Weber, Landarbeiter, pass.; vgl. Nichtweiss, 231 ff.; Kleßmann, 44., 68ff.; zum Vergleich der Lage preußisch-polnischer und ausländisch-polnischer Arbeitskräfte in den Herkunfts- und Zielgebieten ihrer Wanderung s. Anm. 2.

39 Zirkular 10.4.1898, 225f.

40 ZSTA II, Rep. 120, VIII, 1, Nr. 106, Bd. 10, 111f.

sprachiger preußischer Minderheiten als „Lohndrücker", „Streikbrecher" und „Schmutzkonkurrenten".[41] Auf der unteren, Ausländern und fremdsprachigen preußischen Minderheiten zugeschobenen Ebene dieses doppelten Arbeitsmarkts freilich gab es solche Verdrängungskonkurrenz nur sehr bedingt. Selbst O. Becker, Geschäftsführer der Deutschen Gesellschaft zur Bekämpfung der Arbeitslosigkeit, mußte in seiner 1918 als Auftragsarbeit dieser Gesellschaft vorgelegten, stark auf eine Restriktion der Ausländerbeschäftigung abstellenden Studie über die „Regelung des ausländischen Arbeiterwesens in Deutschland" zugestehen: „Die Tatsache, daß inländische Arbeitslose vorhanden sind, darf keineswegs von vornherein die Einführung von Ausländern in allen Fällen ausschließen; es gibt gewisse schwere und schmutzige Arbeiten, z.B. im Tiefbau, denen im allgemeinen inländische Arbeitskräfte auf die Dauer nicht gewachsen sind, und die auch von ihnen überhaupt nicht oder doch nur vorübergehend angenommen werden".[42]

Ein vierter Steuerungsversuch zielte darauf ab, die schließlich zögernd und begrenzt auch im Westen zugelassene Reservearmee ausländischer Arbeitskräfte, die den wachsenden industriellen Arbeitskräftebedarf abdekken und zugleich den Sog des industriellen Beschäftigungsangebots auf den landwirtschaftlichen Arbeitsmarkt im Osten drosseln sollte, aus arbeitsmarkt- und sicherheitspolitischen Gründen auf Pufferfunktionen als disponible Konjunkturreserve zu beschränken: „Endlich verlange die Industrie bei dem Wechsel zwischen Hoch- und Tiefkonjunktur eine gewisse Ausdehnungsmöglichkeit in bezug auf die Arbeiterzahl", gab der Vertreter des Handelsministeriums in den Beratungen des Staatsministeriums über Arbeitsmarkt- und Wanderungspolitik 1895 zu Protokoll. „Beschränke man die Industrie auf inländische Arbeiter, so würde bei einem Rückgang der Industrie eine größere Anzahl von Arbeitern brotlos und vermehrten sie dadurch die unzufriedenen Elemente. Dagegen könne man ausländische Arbeiter in solchem Falle ohne weiteres abstoßen". Ganz entsprechend konnte das Breslauer Oberbergamt 1911 rückblickend bestätigen: „Insoweit eine Reduktion der Belegschaft zu gewissen Zeiten oder in gewissen

41 Vgl. hierzu einmal: Heranziehung u. Ausbeutung russischer Arbeiter als Schmutzkonkurrenten durch deutsche Industrielle, in: Vorwärts, 7.2.1906 (Beil.); M. Schippel, Die Konkurrenz der fremden Arbeitskräfte. Zur Tagesordnung des Stuttgarter Internationalen Kongresses, in: Sozialist. Monatshefte 1906/II, 736–44; ders., Die fremden Arbeitskräfte und die Gesetzgebung der verschiedenen Länder. Materialien für den Stuttgarter Internationalen Kongreß, in: Neue Zeit, 1907/II (Beil. zu Nr. 41, 63 S.); Die Lohndrücker des Auslandes u. die Internationale, ebd., 511ff.; Ausländische Arbeiter als Lohnsklaven, in: Correspondenzblatt der Generalkommission der Gewerkschaften Deutschlands 18.1908, 17–19; Ausländische Arbeiter bei öffentlichen Arbeiten, ebd., 486f.; Die Konkurrenz ausländischer Arbeitskraft beim Erweiterungsbau des Nord-Ostsee-Kanals, in: Deutscher Maschinist u. Heizer 18.1913, 229f.

42 Becker, 112.

Industriezweigen sich als notwendig herausstellte, erfolgte zunächst ausschließlich die Abstoßung der Ausländer".[43]
Das war, auf seine Grundlinien reduziert, das Konzept der preußischen Arbeitsmarkt- und Wanderungspolitik gegenüber dem kontinentalen Zustrom aus dem östlichen Ausland. Es war kein geschlossener und vom Ressortkonsens getragener Entwurf, sondern ein Komplex von Vorschlägen und Kalkulationen, der Gegenstand scharfer Ressortkontroversen wurde. In den Konfrontationen im Staatsministerium stand vor allem das Kultusministerium, das aus „nationalen" Gründen auf Restriktion drängte, gestützt durch das Kriegsministerium, das „vom militärischen Standpunkt" her Einwände gegen den Aufenthalt russischer Polen gerade in den „einem feindlichen Einfall am meisten ausgesetzten Landstrichen" der östlichen Grenzprovinzen geltend machte, gegen Landwirtschafts- und Handelsministerium. Die beiden Wirtschaftsressorts lagen ihrerseits in Dauerfehde, weil das Handelsministerium in der durch rapide Produktionsexpansion gekennzeichneten Hochkonjunkturphase auf die Gleichstellung der westlichen Industrie mit der östlichen Landwirtschaft in der Ausländerzulassung drängte, während das Landwirtschaftsministerium hinter einer solchen Gleichstellung de facto eine Benachteiligung der Landwirtschaft vermutete. Clearingstelle für die im Staatsministerium konfligierenden Ressortinteressen war dabei nicht selten das Innenministerium, von dem die entsprechenden Verordnungen auszugehen hatten und nach außen hin zu vertreten waren.[44]
Wie sich bald zeigen sollte, hatten die Berliner Strategen dreierlei unterschätzt: 1. die Eigendynamik des internen Wandergeschehens, das sich nicht auf dem Verordnungsweg kanalisieren ließ, 2. diejenige der kontinentalen Zuwanderung, die auf dem inländischen Arbeitsmarkt Funktionen entfaltete, die den ihr abverlangten zum Teil diametral entgegenwirkten, 3. den massiven Druck agrarischer und industrieller Interessen, der schließlich sogar den sicherheitspolitischen „Rahmen der preußischen Abwehrpolitik" selbst gefährdete. Sehr voreilig waren deshalb schon Mitte der 1890er Jahre zusammengestellte Erfolgsnachweise: Im Februar 1895 bereits glaubte das Innenministerium Hohenlohe-Schillingsfürst als Präsidenten des Staatsministeriums und Handelsminister Berlepsch im Blick auf die gegen die „Sachsengängerei" gezielte internationale Verdrängungskonkurrenz „Erfolg der Maßnahme" melden zu können: „Was die Auswanderung betrifft, die sich bei einer Berücksichtigung der neuerdings zahlreich wieder in die Heimat Zurückkehrenden noch niedriger stellen würde, so ist der sehr erhebliche Rückgang vorwiegend durch die ungünstigere Gestaltung der Erwerbsverhältnisse in Amerika zu erklären. Um so bemerkenswerter erscheint es jedoch, daß trotz dieses Rückganges die ‚Sachsengängerei' sich

43 Denkschrift Huber, 121f.; s. Anm. 40.
44 ZSTA II, Rep. 120, VIII, 1, Nr. 106, Bd. 2, 150ff., 231; Bd. 5, 119–32.

nicht, wie in den früheren Jahren, gesteigert, sondern ebenfalls, wenn auch nicht so bedeutend, abgenommen hat. Man darf hieraus wohl folgern, daß die Erwägung, welche dazu führte, die den Oberpräsidenten der vier östlichen Provinzen erteilte Ermächtigung auf diejenigen der übrigen Landesteile auszudehnen, keine irrige war und in der Tat durch die Zulassung ausländischer Arbeiter auch im Innern des Landes dort den ‚Sachsengängern' der östlichen Provinzen eine wirksame Konkurrenz geschaffen worden ist, welche es den Arbeitern im Osten nicht mehr so verlockend erscheinen läßt, ihre Heimat während der Sommermonate zu verlassen und nur für den Winter in dieselbe zurückzukehren."[45]

Scharfsichtig und treffend war die Interpretation des transatlantischen Wanderungsgeschehens, die den abrupten Rückgang der Überseeauswanderung nicht vorwiegend auf das faktische Ende der freien Siedlung auf Regierungsland in den USA zurückführte, sondern auf die „schlechtere Gestaltung der Erwerbsverhältnisse" im überseeischen Haupteinwanderungsland; denn die deutsche Amerikaauswanderung war, trotz der Dominanz ländlicher Ausgangsräume, schon zur Zeit der dritten Auswanderungswelle im Wanderungsergebnis mehr industriegewerbliche Arbeitswanderung als ländliche Siedlungswanderung.[46] Der Hinweis auf den vermeintlich durchschlagenden Erfolg der gezielten internationalen Verdrängungskonkurrenz gegen die „Sachsengänger" aus den preußischen Ostprovinzen aber beruhte, wie sich bald zeigte, auf einem Trugschluß: Während die intrasektorale „Sachsengängerei" in der Tat abflaute, stiegen die Verluste durch intersektorale Abwanderung im Osten nur um so stärker an, wie denn auch schon 1895 beiläufig zugestanden werden mußte, daß zwar „die Beschäftigung ausländischer Arbeiter in den vier östlichen Provinzen allmählich zugenommen hat, daß durch diese Arbeiter aber der alljährlich eintretende Verlust an einheimischen Arbeitskräften bei weitem nicht ausgeglichen worden ist".[47] Was sich hier abzeichnete, war der Übergang der intrasektoralen temporären Arbeitswanderung der „Sachsengänger" bzw. „Rübenwanderer" in temporäre und definitive intersektorale „Landflucht": Als einzige Gruppen auf dem landwirtschaftlichen Arbeitsmarkt gerieten temporäre intrasektorale Arbeitswanderer und die hochmobilen ortlosen Wanderarbeiter, deren Bewegung dem reinen Lohnsog folgte, seit den 1890er Jahren in ihren Zielgebieten bereichsweise in der Tat unter den Druck der direkten internationalen Verdrängungskonkurrenz, die hier höchst unerwünschte Folgen zeitigte.[48]

Im gleichen Maße aber, in dem die intersektorale Ost-West-Wanderung zunahm, stieg die von Provinzialbehörden und landwirtschaftlichen Inter-

45 Vorlage 3.2.1895, 133.
46 Zur Erwerbsstruktur der „German born population" auf dem Arbeitsmarkt der USA s. Anm. 7.
47 S. Anm. 45.
48 Hierzu die in Anm. 2 genannte Arbeit.

essenvertretungen in dringenden Hilfeersuchen, Warnungen und schließlich Drohungen gemeldete „Leutenot“ im Osten weiter an. Im Februar 1895 noch hatte das Innenministerium darauf hinweisen können, daß die Öffnung der Ostgrenze die „Leutenot“ zwar nicht behoben, aber doch beträchtlich gedämpft habe und daß „ohne diese Erleichterung die Landwirte vielfach in die größte Bedrängnis geraten sein würden“.[49] Drei Jahre später bereits verdichteten sich die Meldungen aus dem preußischen Osten über diese „Bedrängnis“ und den damit ständig steigenden Bedarf an ausländischer Arbeitskraft zu ausgesprochenen Katastrophennachrichten. So sehr die in Berlin besorgt verfolgte wachsende Abhängigkeit der Agrarproduktion von ausländischer Arbeitskraft Anlaß gab zu Bestrebungen, den sprunghaften Anstieg der Ausländerbeschäftigung aus politischen Erwägungen zu drosseln, so wenig ließ die Unabweisbarkeit der ökonomischen Argumente den nurmehr tastenden restriktiven Versuchen Raum: Den „Notstand“ auf dem landwirtschaftlichen Arbeitsmarkt verkündeten im Frühjahr 1898 die schlesischen Provinzialbehörden in einem in Landwirtschaft-, Handels- und Innenministerium kursierenden Notruf. Er drohte mit „Stillstand und Ruin der landwirtschaftlichen Produktion“ und kehrte die längst erschütterte Gewichtsverteilung zwischen politischen und ökonomischen Interessen schlichtweg um: „Es kommt hier geradezu darauf an, abzumessen, nach welcher Richtung hin dem staatlichen Interesse die größeren Schädigungen zugefügt werden würden und ob nicht die Nachteile, welche der Landwirtschaft durch eine Versagung der unentbehrlichen Vermehrung ausländischer Arbeitskräfte erwachsen würden ... im gegenwärtigen Augenblicke mehr Rücksicht erfordern, als die Befürchtungen vor politischen und konfessionellen Schäden und die nationalen Gesichtspunkte deshalb nicht schärfer geltend gemacht werden dürfen, als es eben unbedingt erforderlich ist“.[50] Es könne „ohne ernstliche Schädigung wertvoller materieller Interessen unseres Landes auf die Heranziehung fremder Arbeitskräfte noch nicht verzichtet werden“, bestätigte das Innenministerium in einer auf die Erhebungen über das Wanderungsgeschehen auf dem Arbeitsmarkt gestützten Stellungnahme, „denn der Mangel an einheimischen Arbeitskräften, wesentlich auf dem platten Lande, hat sich seit dem Jahre 1895 allen Anzeichen nach nicht vermindert, sondern gesteigert ... Dabei hat die früher erheblich ins Gewicht fallende Auswanderung aus den vier östlichen Grenzprovinzen in keinem der angeführten Jahre die Summe von 5000 Personen erreicht, so daß der weit überwiegende Teil der abgegangenen Arbeiter sich nach den westlichen Provinzen gewandt hat. Der Mangel an ländlicher Arbeitskraft macht sich indessen auch in diesen immer empfindlicher fühlbar und hat auch dort zu einer von

49 Vorlage 3.2.1895, 132.

50 Eingabe vom 8.3.1898 betr. Mangel landwirtschaftlicher Arbeitskräfte im Regierungsbezirk Breslau, ebd., Bd. 2, 115.

Jahr zu Jahr steigenden Annahme von Arbeitern aus Rußland und Galizien geführt. Überall verläßt unsere einheimische Arbeiterbevölkerung das platte Land und zieht nach den Städten und Industriebezirken".[51]
Zugleich aber stieg in der Hochkonjunkturphase der Bedarf auch auf dem industriellen Arbeitsmarkt im Westen weit über das durch die interne Ost-West-Wanderung aus der Landwirtschaft zuströmende Angebot hinaus. Schon 1898 begann auch das Drängen industrieller Interessengruppen, in kluger Einschätzung der Axiomatik der preußischen Arbeitsmarkt- und Wanderungspolitik, den Charakter kaum mehr verhüllter Pressionen anzunehmen. Als etwa im Frühjahr 1898 der Bielefelder Verband Deutscher Leinenindustrieller dem Handelsministerium „die ergebenste Bitte" unterbreitete, Arbeitskräfte aus dem östlichen Ausland auch in den westlichen Industriegebieten zuzulassen, stand hinter dem gefällig formulierten Ersuchen eine unmißverständliche Drohung: „Unsere ergebene Bitte befürwortet nur scheinbar das Sonderinteresse der Industrie der westlichen Provinzen. Letztere, welche sich in immer zunehmendem Maße gezwungen sieht, die in der Nähe fehlenden Arbeitskräfte durch Werbung in Ostpreußen, Posen und Schlesien zu ersetzen, wird hiervon in einem gewissen Maße absehen können, wenn ihr ermöglicht wird, teilweise Ersatz in ausländischen Arbeitern zu finden. Bleibt ihr dieser Ausweg verschlossen, so ist sie bei ihrer weitergehenden Entwicklung und zunehmenden Ausdehnung gezwungen, in noch höherem Grade als bisher dem Osten der Monarchie Arbeitskräfte zu entziehen und der dortigen Landwirtschaft die Arbeitslöhne zu verteuern".[52]
Der wachsende Druck industrieller Interessen nötigte das Handelsministerium, auf eine Überprüfung der preußischen Arbeitsmarkt- und Wanderungspolitik zu drängen. Sie brachte in den harten Auseinandersetzungen im Staatsministerium eine der tragenden Säulen der ganzen Konzeption ins Wanken: die Zulassung von Arbeitskräften aus dem östlichen Ausland in Landwirtschaft, Berg- und Hüttenwerken im Osten und ihre Beschränkung auf die Landwirtschaft im Westen. Da es nicht angehe, „die Industrie bei gleichen wirtschaftlichen Voraussetzungen anders zu behandeln als die Landwirtschaft", protestierte das Handelsministerium, sei es „geboten, auch die Zulassung jener Arbeiter in der Industrie des Westens in gleicher Weise in Erwägung zu ziehen, wenn der Arbeitermangel einen solchen Grad erreicht habe, daß dadurch ernsthafte Schädigungen zu befürchten seien". Das Argument des Landwirtschaftsministeriums, „eine formelle Gleichstellung der Industrie mit der Landwirtschaft bedeute bei der größeren wirtschaftlichen Stärke der Industrie tatsächlich eine Zurücksetzung der Landwirtschaft", konnte in den Ressortkontroversen um die Ausländerzulassung beim Handelsministerium „nicht durchschlagen ..., weil bei

51 Innenmin. v. d. Recke an Handelsmin. Brefeld, 10.3.1898, ebd., 137f.
52 Verband Deutscher Leinenindustrieller an Brefeld, 23.4.1898, ebd., 311–14.

dem großen Menschenmaterial, das zur Verfügung stünde, ein merkbares Abwandern der ausländisch-polnischen Arbeiter aus der Landwirtschaft in die Industrie nicht zu befürchten sei. Andererseits werde allerdings der Zug der ansässigen inländischen Arbeiter nach dem Westen dadurch erheblich zurückgedrängt, daß den Industrien des Westens hinreichendes ausländisches Material zur Verfügung gestellt werde. Es werde also gerade die Leutenot im Osten auf diese Weise am ehesten bekämpft werden". Die schließlich auch vom Landwirtschaftsministerium zögernd geteilte Auffassung, „der Mangel an ländlichen Arbeitern werde am ehesten dadurch bekämpft werden, daß auch in nichtlandwirtschaftlichen Betrieben ausländische Arbeiter beschäftigt würden", drohte die Grundkonzeption der „Abwehrvorschriften" aus den Angeln zu heben.[53] Deswegen wurden ausländisch-polnische Arbeitskräfte in der westlichen Industrie nur in Ausnahmefällen zugelassen, industrielle Arbeitgeber zur verstärkten Anwerbung anderer ausländischer Arbeitskräfte animiert.[54] Umsomehr auch sollte bei der auf Ausnahmefälle beschränkten Zulassung ausländischer Polen in der westlichen Industrie auf die Einhaltung der – hier im Gegensatz zum ‚Saisongewerbe' Landwirtschaft höchst mißliebigen – „Karenzzeit" geachtet werden, obgleich auch dabei wiederum von den Provinzialbehörden zu verantwortende Ausnahmen einkalkuliert wurden. Es war so abwegig nicht, wenn die „Kölnische Volkszeitung" 1900 in einer Artikelserie über den alle ökonomischen Interessengruppen, Verwaltungsebenen und politischen Instanzen durchziehenden „Streit über die Beschäftigung russisch-polnischer Arbeiter" bissig anmerkte: „Die Landwirte des Ostens verlangen polnische Arbeiter, die Industriellen verlangen polnische Arbeiter. Was hat da der Hakatismus überhaupt noch für einen Sinn?"[55] Hier trat auch im Bereich industrieller Interessen jener aller „national"- und wirtschaftspolitischen Prinzipienfreude ferne, scheinbare Widerspruch von Produzenten- und Arbeitgeberinteressen zutage, den Max Weber im agrarischen schon während der probeweisen Wiederzulassung ausländisch-polnischer Arbeitskräfte im preußischen Osten Anfang der 1890er Jahre polemisch anvisiert hatte: Den agrarischen Großbesitz, der im Produzenteninteresse die agrarprotektionistische Stabilisierung der Erzeugerpreise auf Kosten der Verbraucher mit „nationalen" Argumenten zu legitimieren und zugleich im Arbeitgeberinteresse die „nationale" antipolnische Sicherheitspolitik mit freihändlerisch bestimmten ökonomischen Argumenten zu relativieren suchte, klagte Weber als „größten Polonisator" im Osten an.[56]

53 Denkschrift Huber, 119f., 124.

54 v. d. Recke an Oberpräs. in Münster, 6. 7. 1898, ZSTA II, Rep. 120, VIII, 1, Nr. 106, Bd. 2, 317f.

55 Kölnische Volkszeitung, 4. 8. 1900; vgl. 21. 9. 1900; über die Landtags- und Reichstagsverhandlungen über die Ausländerbeschäftigung in der Landwirtschaft vgl. Nichtweiss, 66ff.

56 Weber, Arbeitsverfassung, 73, vgl. 71: „Wenn im Reichstag oder Abgeordnetenhaus ein

Die indirekten Steuerungsversuche konnten ihr Primärziel, die Massenbewegung der intra- und intersektoralen Ost-West-Wanderung zu bremsen, nicht erreichen, weil sie in dem im Zeitalter der Freizügigkeit und bei erst ansatzweise ausgebildeter Arbeitsmarktbeobachtung und öffentlicher Arbeitsverwaltung aussichtslosen Bemühen zentrierten, der immensen Schubkraft struktureller und konjunktureller Bestimmungsfaktoren des internen Wanderungsgeschehens auf dem Verordnungsweg zu begegnen. Aber auch in dem Bemühen, die im Strukturwandel des Arbeitsmarkts notgedrungen über die Grenzen gerufene ausländische Reservearmee über Ersatz- und Pufferfunktionen hinaus zu instrumentalisieren, geriet das Staatsministerium schließlich in die Rolle des Zauberlehrlings im Kampf um die Bändigung der selber entfachten Kräfte: In Berlin mußte ad acta genommen werden, daß sich die kontinentale Zuwanderung in ihrem Aufstieg zur Massenbewegung nicht nur in den westlichen, sondern auch in den östlichen Provinzen jenen Funktionen gegenüber zu verselbständigen tendierte, die ihr im Konzept der indirekten Steuerung zugedacht gewesen waren: „Die Nachfrage nach ausländischen Arbeitern ist auf Seiten der Arbeitgeber eine andauernd wachsende", bestätigte ein Lagebericht des Innenministeriums über die Entwicklung auf dem industriellen und landwirtschaftlichen Arbeitsmarkt in Preußen im ersten Jahrzehnt des 20. Jahrhunderts. Daß sich diese wachsende Nachfrage durchaus nicht nur aus absoluter „Leutenot" speiste, war in Berlin ein offenes Geheimnis: „Das liegt einerseits an der fortschreitenden Entwickelung der Industrie, deren absolute Produktion auch in Zeiten rückgängiger Prosperität steigt, andererseits in den mannigfachen Vorteilen, welche die Einstellung slawischer Arbeiter sowohl dem Landwirt als dem Industriellen trotz aller Ableugnung bietet". Eben diese „Vorteile" der Ausländerbeschäftigung für die Betriebskostenrechnung landwirtschaftlicher Arbeitgeber im preußischen Osten schlugen ebenso unerwartet wie unerwünscht auch auf die Entwicklung jener inneren Kolonisation in den Grenzdistrikten zurück, die mit dem Ansiedlungsgesetz von 1886 im Gegenzug zu Polenausweisung und Einwanderungsverbot eröffnet worden war: Nach dem Urteil des Innenministeriums war der zunehmende „Widerstand eines großen Teiles unseres Großgrundbesitzes gegen eine intensive Kleinsiedlung auf dem Lande unzweifelhaft mit auf den Umstand zurückzuführen, daß er zur Zeit die fehlenden Arbeitskräfte viel billiger und bequemer in Gestalt von ausländischen Arbeitern aus Osteuropa als durch Ansiedlung von inländischen Arbeitern erhält".[57]

schlesischer Besitzer sagen kann: Es versteht sich von selbst, daß wir Großgrundbesitzer unsere Arbeiter nehmen können, woher wir wollen und sie billig bekommen, und deshalb die Aufhebung derjenigen Schranken verlangt, welche jetzt noch dem Zuzug der fremden Arbeiter entgegenstehen, nun, so ist das ein Manchester-Standpunkt, der damit im schroffsten Widerspruch steht, daß derselbe Herr der Nation untersagen will, ihr Brot daher zu nehmen, woher sie will und es billig erhalten kann."

57 Zirkular 24.12.1910, ZSTA II, Rep. 120, VIII, 1, Nr. 106, Bd. 10, 87–91.

1905 schon wurden in Preußen außerhalb der vier Ostprovinzen, wo die Beschäftigung ausländisch-polnischer Arbeiter in Bergbau und Industrie nach wie vor „generell" verboten und nur „im Ausnahmefalle" gestattet war, insgesamt 22 164 Arbeiter aus dem östlichen Ausland erfaßt, vor allem Polen aus Rußland und Galizien, in geringem Umfang auch Ruthenen und Tschechen.[58] Je mehr die Zahl der „Ausnahmen" wuchs, desto nachdrücklicher wurden die „generellen" Vorschriften abgesichert. Je mehr sich jedoch das Innenministerium auf „generelle" Verordnungen beschränkte und die Genehmigung von „Ausnahmen" auf die Verantwortungsebene der Provinzialbehörden herabschob, desto mehr bildeten sich im durchlöcherten „Rahmen der preußischen Abwehrpolitik" zwei verschiedene Systeme der Ausländerzulassung auf dem Arbeitsmarkt in Preußen heraus: Das eine enthielt sperrige „generelle" Rahmenvorschriften, an denen bedingungslos festgehalten wurde und die alles zu verbieten schienen, was nicht ausdrücklich erlaubt war. In der Praxis freilich regierte ein flexibles Subsystem, das zahllose Ausnahmeverfügungen und Sondergenehmigungen umfaßte, nach denen alles erlaubt schien, was nicht ausdrücklich verboten war.

Das Staatsministerium hatte Mühe, sich selbst durch periodische Aufarbeitung und Zusammenfassung der einschlägigen Akten in den einzelnen Ressorts immer wieder den Stand der im übergreifenden „Rahmen" erlassenen „Abwehrschriften" in Erinnerung zu halten, zumal selbst diese übergeordneten Verfügungen immer wieder in die Kollisionszone politischer und ökonomischer Interessen und innerhalb der ökonomischen wiederum ins Konfliktfeld agrarischer und industrieller Interessen geraten konnten: „Generell" blieb etwa die Beschäftigung ausländisch-polnischer Arbeitskräfte in den westlichen Provinzen in landwirtschaftlichen Betrieben und deren Nebenbetrieben erlaubt, in industriellen und gewerblichen Betrieben sowie deren Nebenbetrieben hingegen verboten. Das aber war, wie das Handelsministerium im Staatsministerium zu Protokoll gab, eine „von den gewerblichen Kreisen tief empfundene Härte", weil „in Betrieben, die sowohl als landwirtschaftliche Nebenbetriebe wie als gewerbliche vorkommen, die Beschäftigung solcher Arbeiter nur dem Landwirt gestattet" sei: „In einer Ziegelei oder Brennerei, die landwirtschaftlicher Nebenbetrieb sei, dürften solche Arbeiter beschäftigt werden, während in der vielleicht benachbarten gewerblichen Ziegelei oder Brennerei die Beschäftigung verboten sei. Eine derartige Differenzierung ... werde in der Öffentlichkeit überhaupt nicht verstanden und als Willkür der Behörden ausgelegt". Nach der Leitlinie, daß eine Vorschrift „im Einzelfall nicht mit Härten für den Unternehmer verbunden sein darf, welche in keinem Verhältnis zu dem politischen Erfolg stehen", konnten von den Provinzialbehörden zu verant-

58 Denkschrift Huber, 118.

wortende Sondergenehmigungen das System in solchen Fällen flexibel halten, ohne die „generelle" Norm zu stürzen.[59]

Wie jedoch dieses flexible Subsystem der Arbeitsmarkt- und Wanderungspolitik innerhalb des scharf überwachten äußeren „Rahmens" funktionierte, war von Berlin aus spätestens nach dem ersten Jahrfünft des 20. Jahrhunderts nicht mehr annähernd überschaubar. Das trat offen zutage, als der Präsident des Deutschen Handelstages angesichts der Klagen verschiedener Handelskammern über die Ausweisung verbotswidrig beschäftigter ausländisch-polnischer Arbeiter Ende 1904 mehrmals im Innenministerium nachdrücklich um „Mitteilung der geltenden Bestimmungen" nachsuchte. Er mußte mit der Übersendung der hinlänglich bekannten „generellen Bestimmungen über die Zulassung ausländischer Arbeiter" abgefunden werden und mit dem vielsagenden, im Organ des Deutschen Handelstages veröffentlichten Eingeständnis: „Die für diese Kategorie von Arbeitern ergangenen Vorschriften sind jedoch dem jeweiligen Bedürfnisse entsprechend vielfach geändert und der Verschiedenheit der wirtschaftlichen Verhältnisse in den einzelnen Provinzen angepaßt. Ich bin daher nicht in der Lage, dem Handelstage eine Zusammenstellung der zur Zeit in den verschiedenen Provinzen gültigen Bestimmungen mitzuteilen".[60]

Was jenseits der von oben oktroyierten jährlichen Fluktuation der kontinentalen Zuwanderung aus dem östlichen Ausland von den Funktionen blieb, die ihr in der frühen Konzeption der preußischen Arbeitsmarkt- und Wanderungspolitik zugedacht wurden, waren allem voran Ersatz- und Pufferfunktionen einer landwirtschaftlichen und industriellen Reservearmee auf einem weithin doppelten Arbeitsmarkt: Auf seiner internationalisierten unteren Ebene verrichteten ausländische Arbeitskräfte – von der vielgestaltigen Sondergruppe zum Teil hochqualifizierter Fach- und Spezialarbeiter abgesehen – häufig die am wenigsten geschätzten Schwerstarbeiten, bei denen zweierlei zusammentraf: mäßige Anforderungen an fachliche Qualifikation und Arbeitsbedingungen, die einheimische Arbeitskräfte abschreckten. Das galt für den im Dauerakkord stehenden Kanalarbeiter, „Rübenzieher", „Schnitter" und „Kartoffelbuddler" wie für den „Schlepper" zwischen Abbauort und Strecke unter Tage und den „Feuermann" in Kokerei und Hochofenglut. Schranken gegen beruflichen und sozialen Aufstieg taten ein übriges, sie auf diesen Ebenen zu halten – in die einzutreten jedoch für viele von ihnen eine erhebliche ökonomische Verbesserung bedeutete, weil ihre Lage in den Herkunftsgebieten so geartet war, daß Bedingungen, die für einheimische Arbeitskräfte zu wanderungsbestimmen-

59 Ebd., 123f., 131.

60 Deutscher Handelstag an Innenmin., 28.11.1904, ZSTA II, Rep. 120, VIII, 1, Nr. 106, Bd. 4, 302; Antwort, 10.12.1904, ebd., 303f. Die hier mehrfach zitierte Denkschrift Huber (s. Anm. 24) gehört in den Kontext der durch diese Anfrage ausgelösten Orientierungsversuche (ebd. 124).

den Schubkräften gerieten, für sie noch eine beträchtliche Anziehungskraft entfalten konnten. Zudem war dies durchaus nicht immer gleichbedeutend mit schlechter Lohnlage. Gerade in Landwirtschaft, Tiefbau und Montanindustrie waren die am wenigsten geschätzten Tätigkeitsbereiche häufig relativ hoch bezahlt. Das war ein zusätzlicher Grund dafür, daß sich die aus dem östlichen Ausland stammenden „Wulacker" (Wühler) gerade hier konzentrierten: Im Geltungsbereich von „Legitimationszwang" und jährlichem „Rückkehrzwang" in der „Karenzzeit" kamen sie über die östlichen Reichsgrenzen nicht, um einzuwandern, sondern um nach befristetem Arbeitsaufenthalt möglichst hohe Ersparnisse ins ausländische Herkunftsgebiet zu transferieren. Jenseits solcher Ersatzfunktionen auf einem doppelten Arbeitsmarkt, auf dem der deutschsprachige ‚Ungelernte' als eine Art ‚gelernter Deutscher' noch immer einen Startvorsprung vor dem fremdsprachigen ‚Ungelernten' hatte, erfüllte die kontinentale Zuwanderung Pufferfunktionen in dem durch strukturelle Agrarkrise und lange Agrarkonjunktur, industrielle Stockungsspanne und anhaltende Hochkonjunktur gekennzeichneten Wechsel von Krise und Aufschwung. Sie trug dazu bei, auf dem Arbeitsmarkt die Folgen jener gewaltigen Verschiebung von Wertschöpfungs- und Beschäftigungsanteilen zwischen ländlichen Primär- und städtischen Sekundärbereichen zu balancieren, die in den Jahrzehnten vor dem Ersten Weltkrieg den Umbruch brachte vom Agrarstaat mit starker Industrie zum Industriestaat mit starker agrarischer Basis.

Und selbst im Krieg, der Überseeauswanderung und kontinentale Zuwanderung abschnitt und das interne Wanderungsgeschehen einschränkte, erfüllte die ausländische Reservearmee entscheidende Ersatzfunktionen: Zu Beginn der letzten landwirtschaftlichen Arbeitssaison noch war die „russische Drohung", die Abschnürung der für die Agrarproduktion im preußischen Osten lebenswichtigen transnationalen Saisonwanderung, in furchterregende Nähe gerückt, bestätigte doch eine eigens eingesetzte Studienkommission: „Ein Ausbleiben der ausländischen Wanderarbeiter stellt die Volksernährung in Frage".[61] Darum spielte der Einschluß der landwirtschaftlichen Reservearmee aus dem östlichen Ausland innerhalb der deutschen Reichsgrenzen in der strategischen Planung eine nicht zu unterschätzende Rolle. Es war 1914 ein durchaus geplantes „Glück für die deutsche Landwirtschaft, daß sie damals die größte überhaupt erreichte Zahl ausländischer Wanderarbeiter beschäftigte".[62] Die Kriegswirtschaft aber sprengte den „Rahmen der preußischen Abwehrpolitik": Der jährliche

61 Bisherige Hauptergebnisse der Studienkommission für Erhaltung des Bauernstandes, für Kleinsiedlung und Landarbeit, Rostock 1916, 3 f., zit. bei S. Wygodzinski, Die Landarbeiterfrage in Deutschland, Tübingen 1917, 60.

62 W. Radetzki, Der gegenwärtige Stand der landwirtschaftlichen Wanderarbeiterfrage in Deutschland, in: Landwirtsch. Jb. 63.1926, 305–38, hier: 312 (im Anschluß an: A. Skalweit, Agrarpolitik, Berlin 1924², 288).

„Rückkehrzwang" in der „Karenzzeit" für russisch-polnische Saisonarbeiter wurde aufgehoben, ihnen und allen anderen Arbeitswanderern aus dem „feindlichen Ausland" zunächst die Rückkehr untersagt; Saisonarbeitern österreichisch-ungarischer Staatsangehörigkeit wurde sie, von Militärpflichtigen abgesehen, administrativ erschwert. Ohne diese auf dem landwirtschaftlichen Arbeitsmarkt zurückgehaltene ausländische Reservearmee (im Oktober 1918 noch 374000), die rasch durch Kriegsgefangene (Oktober 1918: 900000) verstärkt wurde, wäre im ersten totalen Krieg die ‚Heimatfront', von deren Stabilität das ‚Durchhalten' an den Fronten der Materialschlacht abhing, sehr viel früher zusammengebrochen.[63]

63 Zur Ausländerbeschäftigung im Weltkrieg im Anschluß an Nichtweiss: L. Elsner, Die ausländischen Arbeiter in der Landwirtschaft der östlichen u. mittleren Gebiete des Deutschen Reiches während des 1. Weltkrieges, Diss. Rostock 1961, MS; ders., Sicherung u. Ausbeutung ausländischer Arbeitskräfte. Ein Kriegsziel im 1. Weltkrieg, in: ZfG 24.1976, 530–46; ders., Liberale Arbeiterpolitik oder Modifizierung der Zwangsarbeitspolitik? Zur Diskussion u. zu den Erlassen über die Behandlung polnischer Landarbeiter in Deutschland 1916/17, in: Jb. für die Gesch. der sozialist. Länder Europas, 22/II, Berlin 1978, 85–105; vgl. dagegen F. Zunkel, Die ausländischen Arbeiter in der deutschen Kriegswirtschaftspolitik des 1. Weltkriegs, in: Festschrift H. Rosenberg, Berlin 1970, 280–311; zur Ausländerbeschäftigung in der Weimarer Republik: K.J. Bade, Arbeitsmarkt, Bevölkerung und Wanderung in der Weimarer Republik, in: M. Stürmer Hg., Die Weimarer Republik (1981).

Zur Rolle industrieller Interessenorganisationen in Preußen und Deutschland bis zum Ersten Weltkrieg

von Hans-Peter Ullmann

Der prägende Einfluß, den Preußen auf die wirtschaftliche Integration und nationale Einigung Deutschlands ausgeübt hat, sowie seine führende Stellung im Deutschen Reich nach 1871 werfen zwei Fragen auf: 1. Hat der Hegemonie Preußens auch ein Übergewicht seiner Unternehmer beim Aufbau der Industrieverbände entsprochen, und in welchem Ausmaß haben die preußischen Organisationen das aufkommende deutsche Verbandswesen bestimmt? 2. Welche Gegenbewegung ist in den nichtpreußischen Regionen Deutschlands zu beobachten gewesen, und wie weit sind diese Bestrebungen zum Zuge gekommen?
Bei der Entstehung der Industrieverbände mischten sich eine Anzahl politischer und wirtschaftlicher Faktoren. Drei von ihnen werden hier herausgestellt und mit den Gegensatzpaaren preußisch/nichtpreußisch, bürokratisch/parlamentarisch, schwerindustriell/fertigindustriell gekennzeichnet. Diese Momente lassen sich zu zwei idealtypischen Entwicklungssträngen verknüpfen: einem preußisch-bürokratisch-schwerindustriellen und einem konkurrierenden, nichtpreußisch-parlamentarisch-fertigindustriellen. Die Rolle der industriellen Interessenorganisation in Preußen und Deutschland bis zum Ersten Weltkrieg wird entlang dieser beiden Stränge in vier verschiedenen Entwicklungsphasen untersucht.

I. Die Frühformen gewerblich-industrieller Interessenvertretung entstanden in Deutschland parallel zur Auflösung ständisch-korporativer Einrichtungen. Sie knüpften dabei teils an staatsfrei-assoziative, teils an staatlich-bürokratische Gründungen an. Beide Arten früher Interessenwahrnehmung können nur begrifflich scharf getrennt werden. In der historischen Wirklichkeit waren die Übergänge zwischen ihnen fließend. Dennoch kann man bis zur Jahrhundertmitte von einer unterschiedlich starken Ausprägung assoziativer bzw. öffentlich-rechtlichter Formen in den einzelnen deutschen Staaten sprechen.[1]

1 G. Schulz, Über Entstehung u. Formen von Interessengruppen in Deutschland seit Beginn der Industrialisierung, in: PVS 2. 1961, 124–54; H. Schmitt, Entstehung u. Wandlungen der Zielsetzungen, der Struktur u. der Wirkungen von Berufsverbänden, Berlin 1966; F. Müller, Korporation u. Assoziation, ebd. 1965; H. A. Winkler, Pluralismus oder Protektionismus? Verfassungspolitische Probleme des Verbandswesens im deutschen Kaiserreich, in: ders., Liberalismus u. Antiliberalismus. Studien zur politischen Sozialgeschichte des 19. und 20. Jahrhunderts, Göttingen 1979, 163–74.

In Preußen bildeten die Handelskammern und kaufmännischen Korporationen das Hauptscharnier zwischen Gewerbe und Industrie auf der einen, der Staatsverwaltung auf der anderen Seite. Die Kammern in den Rheinlanden gingen auf die französischen, nachrevolutionären „Conseils de commerce“ bzw. „Chambres consultatives de manufactures, fabriques, arts et métiers“ zurück. Diese waren als reine Hilfsorgane staatlicher Wirtschaftslenkung gedacht und ließen den Fabrikanten, Kaufleuten und Gewerbetreibenden deshalb nur wenig Raum für eigenverantwortliche Tätigkeit. Bei ihrer Einführung auf dem linken Rheinufer hatten sie zwar Abänderungen erfahren, der staatliche Einfluß blieb jedoch stark ausgeprägt. Die kaufmännischen Korporationen in den östlichen Provinzen standen dagegen in der Selbstverwaltungstradition der preußischen Reformzeit. Sie stellten freie Zusammenschlüsse dar, denen die Wahrnehmung staatlicher Aufgaben übertragen worden war. Beide Organisationsformen konkurrierten zunächst miteinander. Seit den 1830er Jahren bevorzugte die preußische Bürokratie bei Neugründungen indes immer deutlicher das Kammermodell. Darin zeigte sich wie auf vielen anderen Gebieten auch ihre nachlassende Reformneigung in der Zeit des Vormärz. Die Vereinheitlichung und der Ausbau des preußischen Kammerwesens folgten deshalb stärker dem französischen Vorbild als der eigenen Selbstverwaltungstradition. Sie wurde jedoch nicht völlig beiseite geschoben. Die preußischen Handelskammern entwickelten sich so zu öffentlich-rechtlichen Institutionen mit korporativen Versatzstücken.[2] Dadurch gewannen sie organisatorisch eine größere Anpassungsfähigkeit an die sich wandelnden Bedürfnisse gewerblich-industrieller Interessenvertretung. Dieser Zug verstärkte sich noch in der praktischen Arbeit der Kammern. Ihre führenden Mitglieder ließen sich nicht in die Rolle von staatlichen Hilfsbeamten abdrängen. Sie trugen vielmehr dazu bei, daß sich die Handelskammern von „Gutachter- und Informationsanhängseln“ der Bürokratie zu streitbaren Vertretern ihrer Wirtschaftsregion entwickelten.[3] Die Ausweitung des Arbeitsbereiches und die Einbeziehung in den bürokratischen Instanzenweg beschworen immer wieder Konflikte zwischen Kammern und Administration herauf. Sie stellten aber die öffentlich-rechtliche Organisationsform selber nicht grundsätzlich in Frage. Aus ihr zogen beide Seiten unbestreitbare Vorteile. Der Verwaltung ermöglichten die Kammern eine genaue, stetige Informationsbeschaffung, die Delegation von Aufgaben sowie die Einbindung der

2 W. Fischer, Unternehmerschaft, Selbstverwaltung u. Staat. Die Handelskammern in der deutschen Wirtschafts- u. Sozialverfassung des 19. Jahrhunderts, Berlin 1964, 11ff.; J. M. Diefendorf, Businessmen and Politics in the Rhineland, 1789–1834, Diss. Berkeley 1975, 215ff.; R. Koselleck, Preußen zwischen Reform u. Revolution. Allgemeines Landrecht, Verwaltung u. soziale Bewegung 1791–1848, Stuttgart 1975², 337ff.

3 H. Kaelble, Industrielle Interessenverbände vor 1914, in: W. Rüegg u. O. Neuloh Hg., Zur soziologischen Theorie u. Analyse des 19. Jahrhunderts, Göttingen 1971, 180–92, hier 182.

gewerblich-industriellen Wirtschaft in staatlich kontrollierte Organe. Den Fabrikanten und Gewerbetreibenden öffneten sie einen fest eingerichteten Zugang zum politischen Entscheidungsprozeß und gewährten damit obrigkeitliche Hilfen für die Organisierung und Vertretung ihrer Interessen. Gerade in Preußen, wo eine gesamtstaatliche Repräsentation fehlte, war dies von entscheidendem Wert. Die „inneradministrative Konstitutionalisierung" im Behördenaufbau, die zum Teil an ihre Stelle trat, wirkte sich nur dann zugunsten der industriellen Interessen aus, wenn diese selber in die bürokratische Entscheidungsfindung einbezogen wurden.[4] Die Kehrseite der Handelskammerorganisation bestand darin, daß sie die Gründung freier Vereinigungen zum Teil überflüssig machte, zum Teil sogar verhinderte.[5] Besonders in der Frühphase industrieller Interessenvertretung ging von den öffentlich-rechtlichen Organen eine starke Sogwirkung aus. Sie beruhte gegenüber den assoziativen Vereinsbildungen auf dem ausgewogenen Verhältnis von Selbstverwaltung und staatlicher Förderung im Rahmen eines nichtkonstitutionellen politischen Systems.

In den süd- und mitteldeutschen Staaten war trotz des weitreichenden französischen Einflusses während der rheinbündischen Reformzeit ein Kammerwesen kaum ausgebildet. Dies hing mit der durchweg geringer entwickelten Wirtschaft jener Regionen, der noch wenig liberalisierten Gewerbeverfassung und dem Fortbestand zünftischer Organisationsformen zusammen. Deshalb hielten es die Staatsverwaltungen nicht für erforderlich, besondere Vertretungsorgane einzurichen.[6] Die staatsfreien Vereinigungen, die während des Vormärz von den aufblühenden Gewerbe- und Industriebranchen ins Leben gerufen wurden, mußten aus diesem Grund nicht mit öffentlich-rechtlichen Institutionen konkurrieren. Sie entwickelten sich zunächst innerhalb des entstehenden bürgerlichen Vereinswesens, später dann neben ihm.

Die Anfänge der Vereine reichten, im Unterschied zu den englischen „voluntary associations", nicht weit in die Vormoderne zurück: Die freie Vereinigung stellte einen neuen Typ sozialer Organisation dar. Die unspezifischen, gesamtgesellschaftlichen Ziele der frühen Vereine begannen sich auszudifferenzieren. Die Vertretung wirtschaftlicher Interessen wurde so

4 Koselleck, 230.

5 H. Kaelble, Berliner Unternehmer während der frühen Industrialisierung. Herkunft, sozialer Status u. politischer Einfluß, Berlin 1972, 218ff., 263ff.; F. Zunkel, Der Rheinisch-Westfälische Unternehmer 1834–1879. Ein Beitrag zur Geschichte des deutschen Bürgertums im 19. Jahrhundert, Opladen 1962, 152f.

6 Fischer, 52ff.; ders., Der Staat u. die Anfänge der Industrialisierung in Baden 1800–1850, Berlin 1962, 180ff.; E. Stürmer, Die Geschichte des Instituts der Handelskammern in Bayern, Diss. Erlangen 1911; F. C. Huber, Die württembergischen Handelskammern 1856–1906. Festschrift zur Feier des 50jährigen Jubiläums der württembergischen Handelskammern, 2 Bde., Stuttgart 1906/10; W. Conze Hg., Staat u. Gesellschaft im deutschen Vormärz 1815–1848, Stuttgart 1978[3].

Neben-, dann Hauptzweck bestehender oder neu gegründeter Vereinigungen. Als Selbstorganisationen bürgerlicher Öffentlichkeit beanspruchten die Assoziationen am Anfang nur ein von staatlicher Aufsicht freies Organisations- und Tätigkeitsfeld. Von hier wuchsen sie dann langsam in den öffentlichen Bereich hinein und begannen, die politischen Entscheidungen in ihrem Sinne zu beeinflussen.[7] Diese Entwicklung wurde unterschiedlich stark durch staatliche Eingriffe gehemmt und gelenkt. Neben die Beschränkungen der Restaurationszeit traten Versuche, die Vereine durch öffentliche Unterstützung in den Arbeits- und Einflußbereich der Verwaltungen zu ziehen. Aber auch die frühen Vereinigungen entwickelten selber ein starkes Anlehnungsbedürfnis an staatliche Stellen. Vor allem die lokalen und regionalen Gewerbe- und Fabrikantenvereine, die seit den 1820er Jahren in Württemberg und Baden entstanden, gerieten auf diese Weise in eine mehr oder minder große Abhängigkeit von der Administration.[8] Erst als sich die Restriktionspolitik in den Staaten des Deutschen Bundes Anfang der 1840er Jahre zu lockern begann und die gewerblich-industrielle Entwicklung voranschritt, bildeten sich größere und beständigere freie Interessenvertretungen. Sie organisierten schwerpunktmäßig die wachstumsintensiven Branchen der Frühindustrialisierung, vor allem den Textil- und Metallsektor. Der Sächsische Industrieverein von 1828 blieb noch in enger Verbindung mit der Verwaltung; der Württembergische Fabrikantenverein und der Badische Industrieverein, beide im Jahr 1841 gegründet, vermochten sich schon vom staatlichen Einfluß freizumachen.[9]

Auch bei den frühen Interessenvertretungen Süd- und Mitteldeutschlands standen als Ansprechpartner die Staatsverwaltungen im Vordergrund. Nicht anders als in Preußen bewahrten sie einen beherrschenden Einfluß auf das Wirtschaftsleben. Neben ihnen hatten aber die süd- und mitteldeutschen Verfassungen einen zweiten Strang legalisierter politischer Willensbildung geschaffen. Ihn wußten die Interessenvereine von Anfang an zu nutzen. Die Landtage übernahmen in den konstitutionellen Staaten die

7 A. M. Birke, Voluntary Associations – Aspekte gesellschaftlicher Selbstorganisation im frühindustriellen England, in: Gesellschaftliche Strukturen als Verfassungsproblem (= Der Staat, Beih. 2), Berlin 1978, 79–91; Th. Nipperdey, Der Verein als soziale Struktur in Deutschland im späten 18. u. frühen 19. Jahrhundert, in: ders., Gesellschaft, Kultur, Theorie, Göttingen 1976, 174–205; J. Baron, Das deutsche Vereinswesen u. der Staat im 19. Jahrhundert, Diss. Göttingen 1962.

8 Fischer, Staat, 172ff.; D. Langewiesche, Liberalismus u. Demokratie in Württemberg zwischen Revolution u. Reichsgründung, Düsseldorf 1974, 35ff.; E. Kast, Entstehung u. Wandlungen der Zielsetzungen, der Struktur u. der Wirkungen von Fachverbänden der Textilindustrie von ihrer Gründung bis zum Jahre 1933, Diss. Erlangen 1966, 112ff.

9 F. Miethke, Die organisatorische Zusammenfassung der sächsischen Industrie bis zur Begründung des Verbandes Sächsischer Industrieller unter besonderer Berücksichtigung der Tätigkeit des Industrievereins für das Königreich Sachsen, Dresden 1926; H. Best, Interessenpolitik u. nationale Integration 1848/49. Handelspolitische Konflikte im frühindustriellen Deutschland, Göttingen 1980, 81ff.

Vertretung wirtschaftlicher Interessen gegenüber der Verwaltung und neben den industriellen Vereinigungen; an ihre Adresse wandten sich aber auch die Vereine mit den verschiedensten Forderungen.[10] Diese Ausrichtung auf Repräsentativorgane als Ansprechpartner verstärkte sich noch durch die Programmatik der frühindustriellen Interessenvertretungen. Eines ihrer Hauptziele waren höhere Zölle. Gerade bei der Textilbranche, die in den ersten Verbänden dominierte, wirkte die Schutzzollforderung in hohem Grad organisationsbildend. Sie verband sich mit dem Wunsch nach einer gesamtdeutschen Repräsentativverfassung. Nur so bestand eine Möglichkeit, die Vorherrschaft der preußischen Bürokratie bei den Zollvereinskongressen zu mildern sowie die wirtschafts- und handelspolitischen Entscheidungsprozesse von nichtpreußischer Seite her beeinflußbarer zu machen.[11] Solange die Zollvereinspolitik wesentlich vom nichtkonstitutionellen Preußen bestimmt wurde, brachen sich die Interessen der süd- und mitteldeutschen Industrie gleich doppelt: am Übergewicht Preußens und an seinem bürokratischen Staatsaufbau. Diese „Ferne" vom Machtzentrum des Zollvereins wurde zu einem Strukturproblem der nichtpreußischen Fabrikanten. Von daher erklärten sich auch ihre Bemühungen, durch einen nationalen Industrieverein über die Einzelstaaten hinaus auf Preußen einzuwirken.

Die Entwicklungsunterschiede zwischen den süd- und mitteldeutschen Staaten auf der einen, Preußen auf der anderen Seite dürfen in dieser ersten, frühen Phase gewerblich-industrieller Interessenvertretung nicht überschätzt werden. Auch in Preußen gab es freie Industriellen- und Fabrikantenvereine, in Bayern bestanden seit 1842 Handelskammern mit einem ausgeprägten „verwaltungsstaatlichen Charakter" in französischer Tradition, in Sachsen schließlich gingen freie Vereine in staatliche Organe über.[12] Trotz dieses regional stark wechselnden Bildes und der noch fließenden Organisationsformen vermag man die Anfänge zweier unterschiedlicher Entwicklungsrichtungen zu erkennen. In Süd- und Mitteldeutschland konzentrierten sich die staatsfrei-assoziativen Vereinsgründungen. Diese frühen Verbände richteten ihre Einflußversuche nicht allein auf die Verwaltungen, sondern standen mit den Landtagen in Verbindung und wirkten über die öffentliche Publizistik. Von diesen nichtpreußischen Regionen

10 H. Brandt, Ansätze zu einer Selbstorganisation der Gesellschaft in Deutschland im 19. Jahrhundert, in: Strukturen, 51–67; L. Gall, Der Liberalismus als regierende Partei. Das Großherzogtum Baden zwischen Restauration u. Reichsgründung, Wiesbaden 1968, 23ff.; W. Fischer, Ansätze zur Industrialisierung in Baden 1770–1870, in: ders., Wirtschaft und Gesellschaft im Zeitalter der Industrialisierung, Göttingen 1972, 358–91, bes. 374ff.; Langewiesche, 71ff.

11 Ausführlich Best, 16ff.

12 Zunkel, 142ff.; Best, 94ff. Die freien Vereinsgründungen lagen in Preußen zeitlich später. Sie entwickelten sich kurz vor und während der Revolution. Zu den Kammern in Bayern Fischer, Unternehmerschaft, 53ff. (Zitat, 53); zu Sachsen Miethke, 40f.

gingen auch starke Anstöße zur Bildung nationaler Interessenvereinigungen aus. In den, mit Ausnahme Sachsens, wirtschaftlich entwickelteren preußischen Gebieten waren dafür die öffentlich-rechtlichen Vertretungsformen stärker ausgeprägt. Die Handelskammern, so scheint es, erfüllten einen Großteil der Organisationswünsche des gewerblich-industriellen Bürgertums und leiteten sie in eine direkte Verbindung zur Verwaltung um. Die abweichenden Reformrichtungen im Deutschland der napoleonischen Zeit und die sich daran knüpfende ungleiche Entwicklung Preußens bzw. Süd- und Mitteldeutschlands im Vormärz schlugen sich auch im beginnenden Verbandswesen nieder. Hier brach in gleicher Weise der Gegensatz auf „zwischen einem sozialökonomisch-liberalen und politisch-obrigkeitsstaatlich strukturierten Preußen und den sozialökonomisch-konservativen und politisch-konstitutionellen süddeutschen Staaten".[13] Für diese Überlegung spricht zumindest, daß die frühindustriellen Interessenvertretungen stärker als in späteren Phasen von politischen Faktoren beeinflußt wurden. Wirtschaftliche Fragen, wie Konjunkturentwicklung, Zollforderungen u.ä., waren zwar organisationsbildend; die politischen Rahmenbedingungen blieben jedoch entscheidend. Die Hemmnisse der Restaurationszeit, das Mißtrauen der Staatsverwaltungen gegenüber freien Vereinigungen und unbequemen Handelskammern, schließlich die Auswirkungen der deutschen „Kleinstaaterei" sind in ihrer Bedeutung für die frühen Verbände unschwer auszumachen. An diesen politischen Schwierigkeiten scheiterten weniger die einzelstaatlichen als vielmehr die zollvereinsweiten oder nationalen Vereinigungen im Vormärz: vom Listschen Deutschen Handels- und Gewerbsverein aus dem Jahre 1819 angefangen, über die frühen Branchenverbände, bis hin zu den Versuchen, im Anschluß an die süd- und mitteldeutschen Industrievereine einen nationalen Verband aufzubauen.[14]

Die Revolution von 1848 beseitigte diese politischen Hemmnisse und näherte kurzzeitig die Interessenvertretungsformen einander an. Sie schuf zugleich die wesentlichsten Voraussetzungen für eine überregionale Tätigkeit gewerblich-industrieller Organisationen. Mit Nationalversammlung, Reichsregierung und den Ansätzen zu einer eigenständigen Reichsbürokratie entstanden erstmals zentrale Einflußadressaten im Rahmen eines konstitutionell angelegten politischen Systems. Der Allgemeine deutsche Verein zum Schutze der vaterländischen Arbeit stellte unter diesen Bedin-

13 E. Fehrenbach, Verfassungs- u. sozialpolitische Reformen und Reformprojekte in Deutschland unter dem Einfluß des napoleonischen Frankreich, in: HZ 228. 1979, 288–316, hier 316.

14 H. P. Olshausen, Friedrich List u. der deutsche Handels- u. Gewerbsverein, Jena 1935; H. Born, Friedrich Lists Kampf um die ökonomische Reform Deutschlands unter besonderer Berücksichtigung des Handels- und Gewerbsvereins, Diss. Graz 1968; Best, 81ff.; M. Erdmann, Die verfassungspolitische Funktion der Wirtschaftsverbände in Deutschland 1815–1871, Berlin 1968, 129ff.

gungen den Höhe- und Endpunkt frühindustrieller, staatsfreier Interessenvertretung dar.[15] Er organisierte die Fabrikanten Süd- und Mitteldeutschlands sowie jetzt auch die Unternehmer aus den preußischen Westprovinzen. Zugleich vereinte er als nationaler Verband der schutzzöllnerischen Industrien fast alle Branchen unter einem Dach. Die schon damals aufscheinenden Interessengegensätze zwischen den einzelnen Industriesektoren und Produktionsstufen wurden noch innerhalb des Verbandes und nicht zwischen konkurrierenden Organisationen ausgetragen. Sein „interessenpolitisches Instrumentarium" war auf ein „zentrales Entscheidungssystem mit weitgehenden demokratischen Freiheitsrechten" zugeschnitten: Im Mittelpunkt seiner Einflußbemühungen standen Reichsverwaltung und Nationalversammlung, teils direkt, teils vermittelt über die handelspolitische Petitionsbewegung.[16]

II. Das Scheitern der Revolution und die einsetzende politische Reaktion wirkten nachhaltig auf das frühindustrielle Vereinswesen ein. Der Entwicklungsschub, den die freien Vereinigungen in den Jahren 1848/49 erhalten hatten, brach ab. Die Interessenvertretungen wurden wieder auf ihren einzelstaatlichen Rahmen zurückgeworfen. Der Allgemeine deutsche Verein zum Schutze der vaterländischen Arbeit löste sich auf; seine organisatorischen Strukturen zerfielen bis auf informelle, personale Verbindungen. Zugleich verstärkten die Einzelstaaten in den 1850er und 1860er Jahren den Ausbau öffentlich-rechtlicher Vertretungsorgane. Die Erfahrungen der gescheiterten Revolution lähmten vorübergehend den Organisationsdrang des gewerblich-industriellen Bürgertums. Auch der einsetzende konjunkturelle Aufschwung ließ, ausgenommen die Krisenjahre 1857–59, ein freies Vereinswesen weniger dringend erscheinen. Die „Reichsgründungszeit" war so von einer gegenläufigen Entwicklung gekennzeichnet: Während in den nichtpreußischen Regionen sich das Kammerwesen ausdehnte, auf nationaler Ebene gemischte Organisationsformen entstanden, übernahm die preußische Schwerindustrie bei den freien Verbandsbildungen die Führung.

Die meisten süd- und mitteldeutschen Staaten beschleunigten nach der

15 Zuletzt M. Botzenhart, Deutscher Parlamentarismus in der Revolutionszeit 1848–1850, Düsseldorf 1977; zum ADV vgl. A. Finger, Die Schutzzollfrage u. der Allgemeine deutsche Verein zum Schutze der vaterländischen Arbeit, Diss. Gießen 1937 und jetzt Best, 209ff.

16 Best, 239; G. Ziebura, Ausschußwesen u. Interessenvertretung in der ersten deutschen Nationalversammlung, in: H. J. Varain Hg., Interessenverbände in Deutschland, Köln 1973, 55–64. H. Best, Die regionale Differenzierung interessenpolitischer Orientierungen im frühindustriellen Deutschland. Ihre Ursachen u. ihre Auswirkungen auf politische Entscheidungsprozesse, in: R. Fremdling u. R. H. Tilly Hg., Industrialisierung u. Raum. Studien zur regionalen Differenzierung im Deutschland des 19. Jahrhunderts, Stuttgart 1979, 251–76.

Jahrhundertmitte die Einrichtung von Handels- und Gewerbekammern. Sie begannen damit, die vormärzliche Entwicklung in Preußen nachzuholen. Das auf breiterer Grundlage einsetzende gewerblich-industrielle Wachstum in diesen Gebieten und die schrittweise Liberalisierung der Gewerbeverfassung ließen nun auch hier das Bedürfnis nach öffentlich-rechtlichen Vertretungsformen wachsen.[17] Diese sollten nicht nur wie die freien Industrie- und Fabrikantenvereine vor 1848 die wachstumsintensiven Branchen umfassen, sondern eine Verbindung von allen Industrie- und Gewerbezweigen mit den Staatsverwaltungen herstellen. Zugleich dienten sie dazu, die sich immer freier entfaltende Wirtschaftstätigkeit obrigkeitlich einzubinden. In Württemberg verdrängten zum Beispiel die seit 1855 eingerichteten Handels- und Gewerbekammern die staatsfreien Organisationen. Aber auch in anderen Staaten waren „Verkammerungstendenzen" zum Teil nach preußischem Vorbild erkennbar. Bayern reorganisierte sein Kammerwesen im Jahre 1853, Sachsen folgte 1860/61. In den meisten Fällen vergrößerte sich dabei der staatliche Einfluß. Lediglich in Baden blieben die starken korporativen Bestandteile erhalten. Auch in Preußen wurde das Kammersystem nach den im Jahre 1848 vereinheitlichten Grundsätzen weiter ausgebaut. Insgesamt entstanden auf dem Gebiet des späteren Deutschen Reiches allein zwischen 1848 und 1870 nicht weniger als 39 neue Handels- bzw. Handels- und Gewerbekammern.[18]

Diese Verschiebung der industriellen Interessenvertretung hin zu öffentlich-rechtlichen Formen zeigte sich auch bei den überregionalen und nationalen Organisationen. Sie knüpften kaum noch wie vor und während der Revolution an die freien Vereinigungen an. Statt dessen bildeten die Handels- und Gewerbekammern der einzelnen deutschen Staaten die organisatorische Grundlage für übergreifende Zusammenschlüsse. Seit 1860 bemühte sich der Preußische Handelstag um die Koordination der Kammerpolitik in seinem Einzugsbereich. Ab 1861 tagte der Deutsche Handelstag. Er verstand sich als „Organ des gesamten deutschen Handels- und Fabrikantenstandes".[19] Die mit der „Neuen Ära" einsetzende Politisierung, die Belebung der Nationalbewegung und die Diskussionen um den Anschluß des Deutschen Zollvereins an das westeuropäische Freihandelssystem führ-

17 Fischer, Staat, 34ff.; Gall, 171ff.; Langewiesche, 27ff., 231ff.; J. Kaizl, Der Kampf um Gewerbereform u. Gewerbefreiheit in Bayern 1799–1868, Leipzig 1879.

18 R. v. Kaufmann, Die Vertretung der Wirthschaftlichen Interessen in den Staaten Europas, die Reorganisation der Handels- und Gewerbekammern u. die Bildung eines volkswirthschaftlichen Centralorgans in Deutschland, Berlin 1879, 62ff.; Langewiesche, 238ff.; Fischer, Unternehmerschaft, 53ff.; H. Adam, Der Einfluß der Industrie- u. Handelskammern auf politische Entscheidungsprozesse, Frankfurt 1979, 13ff.

19 Der Deutsche Handelstag 1861–1911, 2 Bde., Berlin 1911, hier I, 14; zum DHT außerdem J. Gensel, Der Deutsche Handelstag in seiner Entwicklung u. Tätigkeit 1861–1901, ebd. 1902; D. Schäfer, Der Deutsche Industrie- u. Handelstag als politisches Forum der Weimarer Republik, Hamburg 1966, 11ff.; Fischer, Unternehmerschaft, 63ff.

ten also nicht zum Wiederaufbau eines staatsfreien, nationalen Interessenverbandswesens. Sie mündeten vielmehr in eine merkwürdige Spaltung der industriellen Vertretungsformen ein. Für die Handelstage war die Verbindung von halbstaatlichen und freien Organisationselementen typisch: Sie stellten den staatsfrei-assoziativen Zusammenschluß öffentlich-rechtlicher Institutionen dar. Diesem zweistufigen Aufbau entsprach eine Teilung der Tätigkeitsbereiche. Die Handels- und Gewerbekammern vertraten die wirtschaftlichen Interessen ihres Bezirks gegenüber den einzelstaatlichen Verwaltungen; der Deutsche Handelstag nahm sich mehr der allgemeinen wirtschaftspolitischen Forderungen an. Diese Aufspaltung der industriellen Interessenvertretung in stetig arbeitende Kammern und periodisch tagende Kongresse spiegelte die besonderen Probleme der Interessenartikulation in der „Reichsgründungszeit" wider. Die binnenwirtschaftliche Verflechtung innerhalb des Zollvereins wies über die Grenzen der Kammerbezirke und auch über den einzelstaatlichen Rahmen schon hinaus. Nach wie vor fehlten aber auf nationaler Ebene bürokratische und parlamentarische Einflußadressaten. Die Spannung zwischen fortschreitender wirtschaftlicher Integration und ausbleibender nationaler Einigung kam vor allem dem ökonomisch und politisch stärksten deutschen Staat zugute. Der Deutsche Handelstag wie im übrigen auch der Kongreß deutscher Volkswirte gerieten zunehmend in das Fahrwasser der preußischen, freihändlerischen Zollvereins- und Handelspolitik.[20]

Die geringe Bedeutung des freien Verbandswesens war zugleich Ursache und Folge der Verschiebung industrieller Interessenvertretung zu öffentlich-rechtlichen Organisationsformen. Die vielfach sich kreuzenden Konfliktlinien während der „Reichsgründungszeit" erschwerten assoziative Vereinsgründungen und verstärkten die Anziehungskraft des Kammersystems. Vor allem wirkte sich organisationshemmend aus, daß der Streit um eine klein- oder großdeutsche Lösung der nationalen Frage die wirtschaftlichen Forderungen überlagerte. Hinzu kam die insgesamt günstige konjunkturelle Entwicklung seit der Weltwirtschaftskrise von 1857–59. Sie verminderte bei den organisationsaktiven, protektionistischen Industriebranchen die Neigung zu größeren Verbandsgründungen. So kam etwa der Verein für deutsche Industrie, den Textilunternehmer aus Süddeutschland zu gründen versuchten, über erste Anfänge nicht hinaus.[21] Die Schutzzöllner hatten in diesen Jahren kaum Erfolgschancen. Den Freihändlern dagegen arbeitete die preußische Politik und die wirtschaftliche Prosperität in die

20 Ausführlich T. S. Hamerow, The Social Foundations of German Unification 1858–1871, 2 Bde., Princeton 1969/72; H. Böhme, Deutschlands Weg zur Großmacht. Studien zum Verhältnis von Wirtschaft u. Staat während der Reichsgründungszeit 1848–1881, Köln 1972²; E. Franz, Der Entscheidungskampf um die wirtschaftspolitische Führung Deutschlands (1856–1867), München 1933/Aalen 1973; V. Hentschel, Die deutschen Freihändler u. der volkswirtschaftliche Kongreß, 1858–1885, Stuttgart 1975.

21 Zunkel, 199f.; Hentschel, 63ff.

Hände; außerdem fanden sie Rückhalt beim Deutschen Handelstag sowie beim Volkswirtschaftlichen Kongreß.[22]
Die Eingliederung industrieller Interessenvertretung in staatlich-bürokratische Organisationsformen hatte zumindest drei längerfristige Wirkungen: Erstens wurde der preußische Kammertyp, wie er sich bis 1848 herausgebildet hatte, für die Entwicklung des deutschen Handelskammerwesens insgesamt prägend. Zwar erfolgte auf diesem Gebiet weder im Zollverein noch später im Deutschen Reich eine einheitliche gesetzliche Regelung; die einzelstaatlichen Besonderheiten in der Kammerorganisation blieben so erhalten; die Tendenz zur Angleichung der verschiedenen Kammerarten verlief jedoch zugunsten des preußischen Vorbildes.[23] Auch in Süd- und Mitteldeutschland konkurrierten jetzt öffentlich-rechtliche Organe mit staatsfreien Industrieverbänden. Hier war die Sogwirkung wegen der klein- und mittelbetrieblichen Wirtschaftsstruktur sogar noch größer als in Preußen. Zweitens blieben die Handelskammern auch im entwickelten freien Verbandssystem des Deutschen Reiches die unterste Ebene industrieller Interessenvertretung.[24] Dies führte zu einer Fülle organisatorischer und personeller Verflechtungen. Das Führungspersonal der Industrievereine setzte sich zu einem großen Teil aus Unternehmern und Syndici zusammen, die über öffentlich-rechtliche Institutionen zur Verbandspolitik gekommen waren. Drittens schließlich sind die Auswirkungen auf andere Wirtschaftsbereiche zu bedenken. Die Einrichtung von Landwirtschaftskammern in Preußen, die reichseinheitlichen Handwerkskammern sowie die vielfältigen berufsständischen Pläne und Organisationsansätze standen mit dem preußischen Kammerwesen in Beziehung. Die starke Stellung der Bürokratie wirkte im „staatlich gestifteten Pluralismus" fort. Die „Verkammerung" präformierte bestimmte Einflußkanäle und taktische Vorgehensweisen. Sie erhöhte die ohnehin vorhandene Neigung, in der Staatsverwaltung den Hauptansprechpartner für wirtschaftliche Forderungen zu sehen.[25]
Während die „Verkammerung" von Preußen her auf die süd- und mitteldeutschen Staaten übergriff und hier die freien Vereine zurückdrängte, begann die preußische Schwerindustrie aus dem Kammersystem auszubrechen und sich in Fachverbänden zu organisieren. Diese gegenläufige Entwicklung ging nicht mehr so stark wie in vormärzlicher Zeit auf politische

22 I. N. Lambi, Free Trade and Protection in Germany 1868–1879, Wiesbaden 1963, 2ff., und die Lit. in Anm. 20.

23 S. Tschierschky, Die Organisation der Industriellen Interessen in Deutschland, Göttingen 1905, 10ff.; Fischer, Unternehmerschaft, 69ff.

24 W. Fischer, Staatsverwaltung u. Interessenverbände im Deutschen Reich 1871–1914, in: ders., Wirtschaft, 194–213, bes. 195ff.

25 Kaelble, Interessenverbände, 185f.; Winkler, 171ff. (Zitat, 163); U. Nocken, Corporatism and Pluralism in Modern German History, in: D. Stegmann u. a. Hg., Industrielle Gesellschaft u. politisches System. Beiträge zur politischen Sozialgeschichte, Bonn 1978, 37–56.

Faktoren zurück. Bestimmend wurde jetzt der regional und sektoral ungleichmäßig verlaufende Industrialisierungsprozeß.[26]
Bis zur Jahrhundertmitte blieb in Deutschland das vorindustrielle Raummuster noch weitgehend erhalten. Es war durch gleichmäßig verteilte Grund- und regional konzentrierte Exportgewerbe gekennzeichnet. Die Frühindustrialisierung setzte zunächst in diesen schon entwickelteren Gebieten ein: entlang des Rheines sowie im sächsisch-böhmisch-schlesischen Raum.[27] Damit nahm die regionale Differenzierung im frühindustriellen Deutschland zwar zu; die Raumwirtschaftsstruktur verschob sich jedoch noch nicht grundlegend. Hier trat erst mit dem Aufstieg des Ruhrgebietes seit der Mitte des 19. Jahrhunderts eine Änderung ein. Rheinland-Westfalen wandelte sich immer mehr zur „leading aera". In Süd- und Mitteldeutschland blieb demgegenüber das industrielle Wachstum zurück. Sogar der Abstand zum traditionell hoch entwickelten Sachsen verminderte sich zunehmend. Um die Jahrhundertwende lief die Ruhr Sachsen den Rang als industrialisierteste Region im Deutschen Reich ab.[28] Dieser regionalen lief eine zunehmende sektorale Differenzierung parallel. Die Investitionsgüterindustrie verdrängt im Zusammenhang mit dem Eisenbahnbau die Konsumwarenproduktion, vor allem die Textilbranche, als „leading sector" der wirtschaftlichen Entwicklung. Während sich der neue schwerindustrielle Führungssektor rohstoff- und produktionsbedingt in Rheinland-Westfalen konzentrierte, verteilten sich die verarbeitenden Branchen auf Süd- und Mitteldeutschland.[29] Diese Überschneidung von regional und sektoral ungleichmäßigem Wachstum wurde für das industrielle Verbandswesen von entscheidender Bedeutung. Seit den 1860/70er Jahren übernahm die in Preußen angesiedelte Montanindustrie die Führung in den neu entstehenden Industrieverbänden.
Das langsame Ausscheren der rheinisch-westfälischen Unternehmer aus den Handelskammern hing mit drei Nachteilen dieser Vertretungsform zusammen: Zunächst blieben die Kammern, weil sie auf persönlicher Mit-

26 Die Untersuchung regionaler Differenzierungen im Industrialisierungsprozeß kommt jetzt stärker in Gang. Vgl. R. Fremdling u. a., Regionale Differenzierung in Deutschland als Schwerpunkt wirtschaftshistorischer Forschung, in: Fremdling u. Tilly Hg., 9–26; G. Zang Hg., Provinzialisierung einer Region, Frankfurt 1978; F. B. Tipton, Regional Variations in the Economic Development of Germany During the Nineteenth Century, Middletown 1976.

27 K. Borchardt, Wirtschaftliches Wachstum u. Wechsellagen 1800–1914, in: Handbuch der Deutschen Wirtschafts- u. Sozialgeschichte, II, Stuttgart 1976, 198–275, hier 230ff.

28 Tipton, 63ff.

29 R. Fremdling, Modernisierung u. Wachstum der Schwerindustrie in Deutschland, 1830–1860, in: GG 5. 1979, 201–27; H. Wagenblaß, Der Eisenbahnbau u. das Wachstum der deutschen Eisen- und Maschinenbauindustrie 1835–1860, Stuttgart 1973; R. Fremdling, Eisenbahnen u. deutsches Wirtschaftswachstum 1840–1879, Dortmund 1975; Tipton, 63ff.

gliedschaft aufbauten, bis 1870 den Gewerken des Ruhrbergbaus sowie den Aktiengesellschaften verschlossen. Gerade die großen Montanbetriebe konnten deshalb ihre Interessen in den Handelskammern nicht direkt vertreten. Sie waren statt dessen auf freie Vereinigungen angewiesen wie den Verein für die bergbaulichen Interessen im Oberbergamtsbezirk Dortmund oder den kurzlebigen Zentralverein zur Wahrung der gemeinsamen Interessen der Aktiengesellschaften in Rheinland-Westfalen.[30] Ein weiterer Grund für das Ausbrechen aus den Handelskammern entstand mit den wachsenden Interessengegensätzen zwischen den schwerindustriellen Unternehmern und den übrigen Mitgliedern. Die Kammern waren verpflichtet, das Gesamtinteresse von Industrie, Handel und Gewerbe ihres Bezirkes zu bilden und gegenüber der Verwaltung zu vertreten. Obgleich die Montanindustrie die Politik der Ruhrgebietskammern immer deutlicher bestimmte, stieß sie doch an die regionalen und strukturellen Grenzen dieser Interessenvertretungsform. Aus diesen Beschränkungen führten die Fachverbände heraus. Sie organisierten die Unternehmer nicht gegen die Handelskammern, sondern sektoral spezialisiert und lokal nicht mehr begrenzt, ergänzend zu ihnen. Hierbei knüpfte die Schwerindustrie an die informellen Strukturen der frühen Branchenverbände sowie der Industriellen- und Fabrikantenvereine an. Der Zollvereinsländische Eisenhütten- und Bergwerksverein bildete zum Beispiel die Vorstufe des Vereins Deutscher Eisen- und Stahlindustrieller, der Verein zur Wahrung der gemeinsamen wirtschaftlichen Interessen in Rheinland und Westfalen (Langnam-Verein) nahm Bestrebungen des Rheinisch-Westfälischen Handels- und Gewerbevereins wieder auf.[31] Ein drittes Motiv für die freien Verbandsgründungen rührte von den veränderten Verfassungsverhältnissen in Preußen her. Die Verfassungsurkunde vom Jahre 1850 hatte auch hier wie in den konstitutionellen Staaten Süd- und Mitteldeutschlands endgültig einen zweiten Einflußkanal über das Abgeordnetenhaus geöffnet. Ihn vermochten die Fachverbände, etwa der Bergbauverein, weit besser zu nutzen als die vorrangig auf die Verwaltung ausgerichteten Handelskammern.[32] Die freien Verbände waren zudem von der Administration unabhängiger. Auch für sie blieb aber die Bürokratie der mit weitem Abstand wichtigste Ansprechpartner. Hier wirkten die Kammertradition und die enge Zusammenarbeit zwischen Ruhrindustrie und Staat unter dem Direktionsprinzip fort. Bei den preußischen Industrieverbänden war deshalb die all-

30 Fischer, Unternehmerschaft, 37ff.; K. Tenfelde, Sozialgeschichte der Bergarbeiterschaft an der Ruhr im 19. Jahrhundert, Bonn 1977, 212ff.; Zunkel, 201; E. Jüngst, Festschrift zur Feier des Fünfzigjährigen Bestehens des Vereins für die bergbaulichen Interessen im Oberbergamtsbezirk Dortmund in Essen, Essen 1908.

31 Tschierschky, 10ff.; Erdmann, S. 213ff.; W. Däbritz u. H. Dickmann, 75 Jahre Verein deutscher Eisenhüttenleute 1860–1935, Düsseldorf 1935; Zunkel, 229ff., und die Lit. in Anm. 38 u. 39.

32 Zunkel, 202f.

gemein zu beobachtende Vorliebe der Interessenorganisationen für die Exekutive besonders stark.[33]

III. Die verschiedenen Entwicklungsstränge der industriellen Vertretungsformen begannen sich seit den 1870er Jahren immer mehr organisatorisch zu verfestigen. Die Bildung eines deutschen Nationalstaates, die entstehende Reichsbürokratie und der Reichstag bewirkten eine Zentralisierung der Verbandsarbeit. Zugleich gingen von der Wirtschaftsentwicklung kräftige Anstöße zur Spezialisierung der Interessen aus. So bildete sich ein vertikal und horizontal vielfach gegliedertes Interessenverbandssystem.[34] Dieses wies zwei Hauptmerkmale auf: zunächst ein deutliches sektorales Organisations- und Einflußgefälle von der Montanindustrie zu den verarbeitenden Branchen; sodann regionale Unterschiede zwischen dem enger geknüpften Netz der Verbände in Preußen, besonders in Rheinland-Westfalen, und dem noch sehr weitmaschigen Vereinswesen in Süd- und Mitteldeutschland. Darin spiegelten sich das ungleichmäßige Wirtschaftswachstum und die Unterschiede in der Industriestruktur wider. Die Verfassung des Reiches und die Gewichtsverteilung zwischen seinen Gliedstaaten verstärkte diese interessenorganisatorische Differenzierung. Unterschiedliche Einflußmöglichkeiten leiteten sich von ungleichen Zugangschancen zu den Entscheidungsträgern her und entstammten besonderen politischen, vorparlamentarischen Koalitionen. Aus allen diesen Faktoren ergab sich bis etwa zur Jahrhundertwende ein kaum angefochtenes Übergewicht der preußischen Schwerindustrie. Sie bestimmte weitgehend die industrielle Verbandspolitik, drängte abweichende Interessen der nichtpreußischen, verarbeitenden Industrien zurück und „verpreußte" das entstehende, reichsübergreifende Interessenverbandswesen.
Ausgangspunkt und Machtgrundlage für diese interessenorganisatorische Vereinnahmung des Reiches durch Preußen bildete die schwerindustrielle Verbandshochburg in Rheinland-Westfalen. Ihr Aufbau hatte sich von der Dynamik der Ruhrindustrie getragen im Rhythmus der Konjunktur seit 1858 vollzogen.[35] Entscheidende Anstöße gingen dann von der Reichsgründung sowie der wirtschafts- und innenpolitischen Umorientierung in

33 Tenfelde, 63 ff.; W. Fischer, Die Bedeutung der preußischen Bergrechtsreform (1851–1865) für den industriellen Aufbau des Ruhrgebiets, in: ders., Wirtschaft, 161–78; ders., Staatsverwaltung, 198 ff.

34 Vgl. die Übersichten bei F. Schomerus, Die freien Interessenverbände für Handel u. Industrie u. ihr Einfluß auf die Gesetzgebung u. Verwaltung, in: Sch. Jb. 22. 1901, 439–520; Handbuch der wirtschaftlichen Vereine u. Verbände des Deutschen Reiches. Hg. Hansa-Bund für Gewerbe, Handel u. Industrie, Berlin 1913; F. Blaich, Staat u. Verbände in Deutschland 1871–1945, Wiesbaden 1979.

35 H. E. Krueger, Historische u. kritische Untersuchungen über die freien Interessenvertretungen von Industrie, Handel u. Gewerbe insbesondere die Fach-, Zweck- u. Zentralverbände, in: Sch. Jb. 32/33. 1908, 325–58/189–240, hier bes. 346 ff.; W. Fischer, Kon-

den Krisenjahren nach 1873 aus. Hierbei wuchsen die verschiedenen Vereine zu einem gestuften und geschachtelten Verbund zusammen. Dieser immer weiter ausgreifende Verbandspool sicherte den Einfluß der Schwerindustrie und zog zugleich andere Branchen als Bündnispartner heran. Er löste das grundlegende Problem der Montanindustrie, als zahlenmäßig zwar kleine, dafür aber regional konzentrierte und wirtschaftlich mächtige Gruppe ihre Interessen in Preußen und im Reich durchzusetzen. Auf der untersten Stufe dieses Interessenverbundsystems stand das einzelne schwerindustrielle Unternehmen. Es besaß genügend eigenes wirtschaftliches Gewicht, um seine Forderungen direkt oder durch angestellte Lobbyisten in Berlin zur Geltung zu bringen.[36] Die erste organisatorische Ebene bildeten die Ruhrhandelskammern. Sie gerieten ab 1870 immer stärker unter den Einfluß der Industrie. Die Kammern stellten die ständige, offizielle Verbindung zu den preußischen Ministerien her.[37] Eine Stufe höher arbeiteten die Fachverbände: seit 1858 der Bergbauverein, 1871 kam der Langnam-Verein hinzu. Er galt bis zum Ende der Weimarer Republik als einflußreichster, regionaler Unternehmerverband und stand, obgleich branchenübergreifend organisiert, unter schwerindustrieller Führung.[38] Vom „Verein mit dem langen Namen" gingen die Impulse zu den weiteren, jetzt reichsweiten Vereinsgründungen der Montanindustrie aus. Über die Nordwestliche Gruppe des Vereins Deutscher Eisen- und Stahlindustrieller beteiligte er sich maßgeblich an der Errichtung des zentralen Eisenverbandes. Der Langnam-Verein war auch das Vorbild für den Centralverband Deutscher Industrieller. Diese erste Dachorganisation stellte auf einer dritten Stufe die Spitze des montanindustriellen Verbandssystems dar.[39]
Die nichtpreußischen Industrieregionen des Reiches und die fertigindustriellen Branchen fielen gegenüber dieser regional und sektoral konzentrierten Machtbildung zurück. In Süd- und Mitteldeutschland, selbst im

junkturen u. Krisen im Ruhrgebiet seit 1840 u. die wirtschaftspolitische Willensbildung der Unternehmer, in: ders., Wirtschaft, 179–93. Die Verbandsgründungen häuften sich in Krisenjahren.

36 Vgl. die Überlegungen von G. D. Feldman, The Large Firm in the German Industrial System: The M.A.N. 1900–1925, in: Stegmann Hg., 241–58.

37 1898 schlossen sich die Ruhrhandelskammern zur Vereinigung von Handelskammern des niederrheinisch-westfälischen Industriebezirks zusammen.

38 J. Winschuh, Der Verein mit dem langen Namen. Geschichte eines Wirtschaftsverbandes, Berlin 1932. Die Reorganisation des schwerindustriellen Verbandswesens in der Weimarer Republik ging auch vom Langnam-Verein aus. Vgl. B. Weisbrod, Schwerindustrie in der Weimarer Republik. Interessenpolitik zwischen Stabilisierung u. Krise, Wuppertal 1978, 143ff.

39 C. Klein, Aus der Geschichte des Vereins Deutscher Eisen- u. Stahlindustrieller, Düsseldorf 1924; Lambi, 113ff.; Böhme, 359ff.; H. A. Bueck, Der Centralverband Deutscher Industrieller, 1876–1901, 3 Bde., Berlin 1902–05; H. Nußbaum, Zentralverband Deutscher Industrieller (ZDI) 1876–1919, in: D. Fricke Hg., Die bürgerlichen Parteien in Deutschland, II, Leipzig 1970, 204–15; D. Stegmann, Art. Unternehmerverbände (Geschichte), in: HdWW, Bd. 8, Stuttgart 1980, 155–71.

wirtschaftlich entwickelteren Sachsen, blieben die Handels- und Gewerbekammern das Hauptmedium industrieller Einflußnahme. Hier war die Neigung, aus dem Kammersystem auszubrechen, weniger stark als in Rheinland-Westfalen, da die Unternehmer in größerem Umfang von staatlichen Organisationshilfen abhingen. Mit der Bildung freier Vereine taten sich die in diesen Gebieten vorherrschenden Klein- und Mittelbetriebe schwerer: ihre Zahl war größer, die regionale Streuung weiter, der Interessenunterschied zwischen ihnen ausgeprägter; personelle und finanzielle Mittel standen kaum zur Verfügung. Der Aufbau regionaler Unternehmerverbände verzögerte sich deshalb bis zum Beginn des 20. Jahrhunderts. Auch die Branchenverbände gewährten nur begrenzt Ersatz. Sie entstanden zunächst in Industriezweigen mit großbetrieblichen Produktionsformen und dehnten sich erst in den 1890er Jahren zögernd auf größere Teile der Fertigindustrie aus; zudem zersplitterten sie sich je nach Produktionsstufe und -sparte.[40] Auf diese wenig homogenen, nichtpreußischen Verbände und die reichsweiten Fachvereine übte der Centralverband Deutscher Industrieller lange Zeit eine große Anziehungskraft aus. Er war der erste und blieb vorläufig auch der einzige industrielle Dachverband; während der Zollauseinandersetzungen unterwanderte und verdrängte er sodann den Deutschen Handelstag als konkurrierende, nationale Interessenvertretung; schließlich verfügte der Centralverband über bekannt gute Verbindungen zur preußischen Bürokratie. Erfolg und Einfluß verstärkten die Integrationsfähigkeit des schwerindustriell geführten Spitzenverbandes. Als „Gesamtvertretung der deutschen Industrie" trat er für die Interessen der verschiedensten, in ihm organisierten Branchen ein. Gerade dies erlaubte es, im Konfliktfall die montanindustriellen Forderungen allen anderen voranzustellen.[41]

Das Übergewicht der Ruhrindustrie im deutschen Interessenverbandssystem wurde von der Verfassungsstruktur des Reiches und seiner Verfassungswirklichkeit während der Kanzlerschaft Bismarcks begünstigt. Die vielfach abgesicherte hegemoniale Stellung Preußens im föderativen Reichsaufbau arbeitete den rheinisch-westfälischen Unternehmern in die Hände. Sie verfügten von allen Industriellen über die langjährigsten und am besten eingespielten Verbindungen zu den preußischen Ministerien. Solange Preußen das Reich über den Bundesrat „regierte", im Staatsministerium Reichspolitik gemacht wurde und die preußische Verwaltung Aufgaben der erst langsam entstehenden Reichsbürokratie übernahm, solange erhöhte das „Ineinanderfließen" politischer Institutionen sowie die Verflechtung von Entscheidungsprozessen und Führungseliten auch die Wirkung schwerindustrieller Interessen im Reich.[42] Die Kompetenzverlage-

40 A. Kuhlo, Die Organisation der deutschen Industrie, Berlin 1928, 61ff.; Tschierschky, 18ff.

41 H. Kaelble, Industrielle Interessenpolitik in der Wilhelminischen Gesellschaft. Centralverband Deutscher Industrieller 1895–1914, Berlin 1967, 21ff.

42 Vgl. u.a. H.-O. Binder, Reich u. Einzelstaaten während der Kanzlerschaft Bismarcks

rung von den Einzelstaaten zur Zentrale brachte ihnen deshalb die meisten Vorteile. Die nichtpreußischen Unternehmer hatten wie schon zur Zeit preußischer Vorherrschaft im Deutschen Zollverein größere Hürden zu überwinden. Es fehlten ihnen sowohl der direkte Kontakt über die Handelskammern als auch die eingespielten Beziehungen zur Ministerialbürokratie. Der Weg über die einzelstaatlichen Regierungen war lang und führte häufig nicht zum Ziel. Die „Ferne" der nichtpreußischen Industrien – geographisch von Berlin, politisch-einflußmäßig vom preußisch-deutschen Machtzentrum – wirkte sich restriktiv auf ihre Interessenpolitik aus.

Diese unterschiedlichen Zugangschancen zu den politischen Entscheidungsprozessen rührten auch von der Einflußtaktik der Verbände her und verstärkten diese zugleich. Die deutsche Industrie, ihre öffentlich-rechtlichen Organe und freien Vereinigungen versuchten grundsätzlich auf alle Entscheidungsträger Einfluß zu nehmen.[43] Dennoch lassen sich verschiedene Hauptansprechpartner unterscheiden. Die nichtpreußischen Unternehmer glichen die rückständige Verbandsbildung und die fehlende „Nähe" zur preußisch-deutschen Bürokratie teilweise über die liberalen Parteien in den einzelstaatlichen Landtagen und im Reichstag aus. Diese Verbindungen wirkten nach der Gründung fertigindustrieller Vereinigungen fort und verdichteten sich noch.[44] Bei den schwerindustriell geführten Fach- und Spitzenverbänden dagegen verfestigte sich die bewährte enge Zusammenarbeit mit der Verwaltung. Trotz ihrer Kontakte zur Nationalliberalen und Freikonservativen Partei blieben die Achse Verbände – Bürokratie und die Strategien der „old lobby" Grundlagen sowie Erfolgskonzept ihrer Interessenpolitik. Die „persönliche Fühlungnahme" mit den politisch-administrativen Entscheidungsträgern herrschte vor: bei Verwaltungsmaßnahmen, im Vorfeld der Beratungen von Bundesrat und Reichstag sowie bei der Ausführung von Gesetzen.[45]

Diese engen Beziehungen beruhten auf einer weitgehenden politischen „Harmonie mit den Anschauungen der Staatsregierung" und besonders mit Bismarck.[46] Sie entstand während der Krisenjahre nach 1873 und bewährte sich erstmals bei der innen- und zollpolitischen Wende von 1878/79. Der Kanzler benutzte dabei mit Erfolg die wirtschaftliche Depression, um das liberale Übergewicht seit der Reichsgründung zurückzudrängen und die konservativen Kräfte zu stärken. Dieser Rechtsruck strahlte als Entliberali-

1871–1890, Tübingen 1971; E. Klein, Funktion u. Bedeutung des preußischen Staatsministeriums, in: JGMO 10/11. 1961, 195–261; R. Morsey, Die oberste Reichsverwaltung unter Bismarck, 1867–1890, Münster 1957.

43 Th. Nipperdey, Interessenverbände u. Parteien in Deutschland vor 1918, in: ders., Gesellschaft, 319–337; Fischer, Staatsverwaltung, 198ff.

44 Vgl. unten .

45 Kaelble, Interessenpolitik, 3ff.; F. Hauenstein, Die ersten Zentralverbände, in: Der Weg zum industriellen Spitzenverband, Darmstadt 1956, 1–73, bes. 23ff.

46 Tschierschky, 73.

sierung folgenreich auf das politische Herrschaftssystem sowie auf weite Bereiche von Gesellschaft und Wirtschaft aus. Die rheinisch-westfälische Schwerindustrie trieb vornehmlich aus wirtschaftspolitischen Gründen diese Kursänderung voran und trug sie durch ihre Interessenorganisationen mit.[47] Es gelang ihr, auch nichtpreußische Industrielle heranzuziehen. Bei den von Preußen auf das Reich ausgreifenden Verbandsgründungen der Montanindustrie entfalteten die schutzzöllnerischen Interessen wieder ihre starke organisationsbildende Kraft. Sie waren gleichsam das Vehikel, mit dem die Schwerindustrie das entstehende deutsche Verbandssystem unter ihren Einfluß brachte. Der Centralverband Deutscher Industrieller knüpfte mit seiner Parole vom „Schutz der nationalen Arbeit“ und durch das Zusammenwirken mit der Textilbranche um den Verein süddeutscher Baumwollindustrieller an den Allgemeinen deutschen Verein zum Schutze der vaterländischen Arbeit an. Zwar überbrückten nur wenige direkte organisatorische Stränge die Zeitspanne von dreißig Jahren zwischen beiden Gründungen; die Kontinuität protektionistischer Interessenpolitik und ihr Zusammenhang mit den freien industriellen Vereinsbildungen ist dennoch unverkennbar.[48] Diese Linie wurde jetzt wiederbelebt, allerdings mit umgekehrtem Vorzeichen. Die Anstöße kamen nicht mehr von der Textilindustrie Süd- und Mitteldeutschlands, sondern von der Montanindustrie Preußens. Die zweite Gründungswelle nationaler, staatsfreier Vereinigungen zielte auch nicht mehr auf einen deutschen Einheitsstaat mit parlamentarischer Verfassung, sondern trug deutliche antiliberale, zum Teil sogar antiparlamentarische Akzente. In dieser besonderen politischen Konstellation der späten 1870er Jahre rückten die freien Industrieverbände zu Mitakteuren der Bismarckschen Politik auf. Sie füllten zusammen mit den konservativ-agrarischen Interessen ein Machtvakuum, das durch den Zerfall der liberalen Mehrheit im Reichstag und durch die breite Diskreditierung des Liberalismus entstanden war. Die Koalition von rheinisch-westfälischer Montanindustrie, ostelbischem Grundbesitz und preußischer Bürokratie bildete ein Macht- und Einflußdreieck, in dem sich die schwerindustrielle Verbandspolitik trotz verschiedener Brüche und Gegensätze seit dem Ende der 1870 Jahre vorzüglich bewegte.[49]

Der Aufstieg der Interessenorganisationen und ihre vorparlamentarischen

47 H. Rosenberg, Große Depression u. Bismarckzeit. Wirtschaftsablauf, Gesellschaft u. Politik in Mitteleuropa, Berlin 1976², 58 ff.; H. A. Winkler, Vom linken zum rechten Nationalismus: Der deutsche Liberalismus in der Krise von 1878/79, in: ders., Liberalismus, 36–51; Böhme, 421 ff.

48 Best, 280 ff.

49 D. Stegmann, Wirtschaft u. Politik seit Bismarcks Sturz. Zur Genesis der Miquelschen Sammlungspolitik 1890–1897, in: I. Geiß u. B. J. Wendt Hg., Deutschland in der Weltpolitik des 19. u. 20. Jahrhunderts, Düsseldorf 1973, 161–184; ders., Die Erben Bismarcks. Parteien u. Verbände in der Spätphase des Wilhelminischen Deutschlands. Sammlungspolitik 1897–1918, Köln 1970.

Koalitionen beeinflußten nachhaltig das Verhältnis von Verbänden und politischen Parteien. Durch die Politisierung der Verbände auf der einen, die Verwirtschaftlichung der Parteien auf der anderen Seite gabelten sich beide Wege gesellschaftlicher Interessenartikulation und gerieten in Konkurrenz miteinander. Die Rivalität der Verbände vergrößerte die in der Reichsverfassung und der fehlenden Regierungsverantwortung angelegte Strukturschwäche der politischen Parteien im Herrschaftssystem des Kaiserreiches.[50] Zunächst stärkten die Interessenorganisationen das Gewicht der Staatsverwaltung. Lief die politische Willensbildung weniger integrativ über die Parteien als vielmehr segmentierend über die Verbände, fiel der Bürokratie in den Auseinandersetzungen der Interessen eine Schiedsrichterrolle zu. Sodann erweiterte die Zusammenarbeit mit der Administration den Spielraum der Verbände auf Kosten der Parteien. Die Neigung der Industrievereine nahm zu, sie mit dem Argument fehlenden Sachverstandes vor allem aus dem wirtschaftspolitischen Entscheidungsprozeß hinauszudrängen und mit der Administration direkt zu kooperieren. Schließlich wirkten die Konflikte und Koalitionen der Interessenverbände vielfach desintegrierend auf die politischen Parteien zurück, begünstigten Abspaltungen sowie Flügelbildungen und erschwerten damit die Meinungsbildung im Reichstag.[51]

IV. Die Vorherrschaft der preußischen Montanindustrie im deutschen Interessenverbandssystem wurde seit der Jahrhundertwende zunehmend in Frage gestellt. Dafür war eine Reihe von Faktoren richtungsgebend: Das sektorale und regionale wirtschaftliche Übergewicht der Ruhrindustrie nahm, wenn auch nur geringfügig, im Verhältnis zu anderen Branchen und Industriebezirken ab; interessenorganisatorisch zeigte sich ein größerer Pluralismus der Verbände; die Gewichtsverschiebungen im Herrschaftssystem des Kaiserreiches wirkten nachteilig und begünstigten alternative Einflußwege; schließlich kamen im vorparlamentarischen Raum neue Koalitionen auf. Die Entwicklung industrieller Interessenvertretung stand bis 1912/14 im Zeichen einer Gegenbewegung der nichtpreußischen Fertigindustrie.

Das wirtschaftliche Übergewicht des rheinisch-westfälischen Montansektors blieb bis zum Ersten Weltkrieg bestehen; seit den 1890er Jahren

50 G. A. Ritter, Politische Parteien in Deutschland vor 1918, in: ders., Arbeiterbewegung, Parteien u. Parlamentarismus, Göttingen 1976, 102–15; Th. Nipperdey, Grundprobleme der deutschen Parteigeschichte im 19. Jahrhundert, in: ders., Gesellschaft, 89–112; E. Lederer, Klasseninteressen, Interessenverbände u. Parlamentarismus (1912), in: ders., Kapitalismus, Klassenstruktur u. Probleme der Demokratie in Deutschland 1910–1940, Göttingen 1979, 33–50.

51 H.-J. Puhle, Parlament, Parteien u. Interessenverbände 1890–1914, in: M. Stürmer Hg., Das kaiserliche Deutschland. Politik u. Gesellschaft 1870–1918, Kronberg 1977[2], 143–67; Nipperdey, Interessenverbände, 329ff.; Fischer, Staatsverwaltung, 209ff.

schwächte sich die Dynamik technologischer Innovationen jedoch deutlich ab: Die Rationalisierung der Produktion, eine zunehmende horizontale und vertikale Konzentration sowie überbetriebliche Zusammenschlüsse in Kartellen und Syndikaten trugen jetzt stärker das immer noch überdurchschnittliche Wachstum.[52] Gesamtwirtschaftlich gesehen zeichnete sich indessen ein Wechsel der Führungssektoren ab. Die Schwerindustrie trat als Motor wirtschaftlicher Entwicklung zurück, die chemische, elektrotechnische und Maschinenindustrie rückten langsam an ihre Stelle. Das ökonomische Gewicht der neuen Wachstumsbranchen erhöhte sich bis 1914 beträchtlich.[53] Neben diesen Industriebereichen mit unterschiedlichen, insgesamt aber über dem Durchschnitt liegenden Zuwachsraten und großbetrieblichen Unternehmensformen stand eine weitverzweigte klein- und mittelbetriebliche Produktionsgruppe. In der Leder-, Nahrungs- und Genußmittelbranche, Metallverarbeitung, bei den Industrien der Holz- und Schnitzstoffe, Steine und Erden sowie der forstwirtschaftlichen Nebenprodukte fielen die Steigerungsraten durchschnittlich, im Textilbereich unterdurchschnittlich aus. Ihre Entwicklung blieb verglichen mit den alten und neuen Wachstumssektoren zurück; absolut gesehen dehnte sich diese breite Palette von Verbrauchsgüterindustrien aber auf Kosten von Handwerk und Hausindustrie aus. Besonders in Teilen von Süd- und Mitteldeutschland kam es zu einem nachholenden industriellen Wachstum. Ähnlich wie schon früher in Sachsen entstanden jetzt auch in Württemberg, Baden und Bayern sowie in anderen Regionen spezialisierte, arbeitsintensive Klein- und Mittelbetriebe mit großer Rohstoff- und Exportabhängigkeit. Die wirtschaftliche Bedeutung jedes einzelnen dieser Unternehmen war meist gering; zusammen bildeten sie aber innerhalb der deutschen Industrie einen beachtlichen Block.[54]

Die Gründung eigener Verbände setzte in diesen Branchen mit den 1890er Jahren ein. Für sie waren drei Merkmale kennzeichnend: die fehlenden Verbindungslinien zu den frühen Fabrikantenvereinen, eine scharfe Frontstellung gegenüber der preußischen Montanindustrie und eine Regionalisierung der Organisationsformen. Die Verbände der verarbeitenden Wirtschaftsbereiche standen mit den frühindustriellen, freien Vereinigungen in kaum einem Zusammenhang. Lediglich in Sachsen gab es einige Beziehun-

52 T. Pierenkämpfer, Die westfälischen Schwerindustriellen 1852–1913. Soziale Struktur u. unternehmerischer Erfolg, Göttingen 1979, 122ff.

53 H. Pogge v. Strandmann, Widersprüche im Modernisierungsprozeß Deutschlands. Der Kampf der verarbeitenden Industrie gegen die Schwerindustrie, in: Stegmann Hg., 225–40.

54 Tipton, 122ff.; K. Megerle, Regionale Differenzierung des Industrialisierungsprozesses: Überlegungen am Beispiel Württembergs, in: Fremdling u. Tilly Hg., 105–27; H. Schäfer, Konjunkturdifferenzierung mit Hilfe quantitativer u. qualitativer Indikatoren: Das Beispiel Baden 1900–1914/18, in: ebd., 132–160; D. Warren, The Red Kingdom of Saxony. Lobbying Grounds for Gustav Stresemann 1901–1909, Den Haag 1964.

gen. Durchweg erfaßten sie Betriebe, die bis dahin zwar den Handelskammern, kaum aber freien Vereinen angehört hatten. Organisationsbildend wirkten in diesem Fall die Gegensätze zur Schwerindustrie. Die verarbeitenden Branchen waren an niedrigen Rohstoffzöllen interessiert. In den Auseinandersetzungen mit den Kartellen stieß die geballte Anbietermacht der Montanzusammenschlüsse auf das zersplitterte Abnehmerinteresse der Fertigindustrien. Beide Wirtschaftsgruppen verfolgten eine abweichende Gewerkschaftspolitik. Die streikanfälligen Klein- und Mittelbetriebe lehnten einen starren „Herr-im-Haus-Standpunkt" ab und befürworteten statt dessen ein beweglicheres Vorgehen. Diese Interessenunterschiede schlugen sich auch verbandsorganisatorisch nieder. Teile der Verarbeitungsindustrien sahen ihre Forderungen im Centralverband Deutscher Industrieller nicht genügend berücksichtigt. Sie bauten deshalb den 1895 gegründeten und zunächst sehr schwächlichen Bund der Industriellen zu einem konkurrierenden Spitzenverband der Fertigindustrie aus. Sein Erfolg beruhte auf der Zusammenfassung regional verankerter Unternehmerverbände nach dem Vorbild des Langnam-Vereins. Diese Landesorganisationen, allen voran der Verband Sächsischer Industrieller, knüpften mit ihrem verzweigten Netz von Ortsgruppen an die lokalen, provinziellen und einzelstaatlichen Beziehungsgeflechte der Unternehmer zu Kommunen, Handelskammern, Landtagen und Regierungen an. Sie zogen die Interessenvertretung also unternehmernah von der Provinz her auf und erreichten damit eine größere Mobilisierung der Industriellen. Die Regionalverbände der verarbeitenden Branchen drängten so den Einfluß des Centralverbandes und seiner Mitgliedsvereine in Sachsen, Thüringen, Württemberg, Baden, Hessen, vorübergehend auch in Bayern, nicht aber in Preußen zurück.[55]

In den Jahren nach 1870 hatte die rheinisch-westfälische Schwerindustrie das deutsche Interessenverbandswesen von Preußen her aufgebaut und geleitet; jetzt organisierten sich die süd- und mitteldeutschen Unternehmer vom Reich her gegen Preußen und die Montanverbände an der Ruhr. Die Überschneidung von sektoraler und regionaler Differenzierung führte auf diese Weise zu zwei rivalisierenden Verbandsgruppen, die sich in ihrem Einzugsbereich, Aufbau und Mitgliederkreis voneinander unterschieden. Die Grenzen zwischen ihnen blieben allerdings fließend und offen für Verbandskoalitionen wie den Deutschen Industrierat oder die Interessengemeinschaft der deutschen Industrie. Dies hing auf der einen Seite mit den Fraktionsbildungen im schwerindustriellen Verbandspool zusammen, die ebenfalls seit der Jahrhundertwende stärker hervortraten. Sie sprengten den Centralverband nicht, zwangen die führenden Ruhrunternehmer hin-

55 H.-P. Ullmann, Der Bund der Industriellen. Organisation, Einfluß und Politik klein- u. mittelbetrieblicher Industrieller im Deutschen Kaiserreich 1895–1914, Göttingen 1976, 34ff.

gegen zu größerer Rücksichtnahme auf die Belange der mit ihnen verbundenen Verarbeitungsindustrien.[56] Auf der anderen Seite vermochte der Bund der Industriellen weder alle verarbeitenden Branchen noch die neuen Wachstumssektoren dauerhaft an sich zu binden. Der Verein Deutscher Maschinenbau-Anstalten zum Beispiel blieb Mitglied des Centralverbandes, der Verein zur Wahrung der Interessen der chemischen Industrie Deutschlands und der Zentralverband der elektrotechnischen Industrie wahrten ihre verbandspolitische Unabhängigkeit.[57] Die größere Pluralität im Interessenverbandssystem verminderte zwar die Vorherrschaft der preußischen Montanindustrie; die Koalition ihrer Gegner blieb indes zu heterogen und organisatorisch zu zersplittert, um ihr Übergewicht brechen zu können.

Ganz ähnliche Wirkungen zeigten die Gewichtsverschiebungen im Herrschaftssystem des Kaiserreiches. Auch sie schlugen zuungunsten der Schwerindustrie aus, kehrten die Machtverteilung zwischen ihr und den anderen Industriegruppen jedoch nicht um. Die Bedeutung Preußens als Hegemonialstaat ging zurück, ein Prozeß der „Verreichung" setzte ein, „Reichsregierung" und Reichstag erweiterten ihre Aufgabenbereiche erheblich.[58] Der Aufbau einer eigenständigen Reichsbürokratie und die größere Unabhängigkeit der Reichsleitung erschwerten die Umsetzung montanindustrieller Interessen. Die engen Verbindungen der Ruhrunternehmer zur preußischen Verwaltung blieben zwar erhalten, sie wirkten aber nicht mehr so stark auf die Reichspolitik fort. Außerdem konnten sich Ministerien und Reichsämter jetzt, als es zwei rivalisierende Spitzenverbände gab, auf unterschiedliche Meinungen innerhalb der deutschen Industrie berufen. Durch dieses „System der Rückendeckung" verlagerten sich manche Auseinandersetzungen zwischen den Industriegruppen in die Administra-

56 Kaelble, Interessenpolitik, 51 ff.; D. Stegmann, Hugenberg contra Stresemann. Die Politik der Industrieverbände am Ende des Kaiserreichs, in: VfZG 24. 1976, 329–87, bes. 333 ff.

57 G. D. Feldman u. U. Nocken, Trade Associations and Economic Power: Interest Group Development in the German Iron and Steel and Machine Building Industries 1900–1933, in: BHR 49. 1975, 413–445; ders., Iron and Steel in the German Inflation 1916–1923, Princeton 1977, 27 ff.; C. Ungewitter, Ausgewählte Kapitel aus der Chemisch-Industriellen Wirtschaftspolitik 1877–1927, Berlin 1927; M. Kassera, Die elektrotechnischen Fachverbände. Entstehung u. Entwicklung bis zum Jahre 1933, Diss. Erlangen 1967.

58 Auf die Parlamentarisierungsdiskussion kann hier nur hingewiesen werden. Zuletzt mit der neusten Lit. der Forschungsbericht von D. Langewiesche, Das Deutsche Kaiserreich – Bemerkungen zur Diskussion über Parlamentarisierung u. Demokratisierung Deutschlands, in: AfSG 19. 1979, 628–442; S. Schöne, Von der Reichskanzlei zum Bundeskanzleramt. Eine Untersuchung zum Problem der Führung u. Koordination in der jüngeren deutschen Geschichte, Berlin 1968, S. 18 ff.; R. Morsey, Zur Geschichte der obersten Reichsverwaltung im Wilhelminischen Deutschland (1890–1900), in: Deutsches Verwaltungsblatt 1971, 8–16; H. Jacob, German Administration since Bismarck. Central Authority versus Local Authority, New Haven 1963, 26 ff.

tion hinein und wurden dort als innerbürokratische Konflikte ausgetragen.[59] Dabei verliefen die Frontlinien häufig zwischen den Reichsämtern auf der einen, den preußischen Ministerien auf der anderen Seite. Kompetenzzuwachs der Reichsleitung und Aufgabenausweitung des Reichstages gingen Hand in Hand und verstärkten sich gegenseitig. Während der preußische Einfluß über die Ministerien und den Bundesrat zurückging, wurde die Zusammenarbeit zwischen „Reichsregierung", Reichstag und politischen Parteien enger. Der Dualismus zwischen dem Reich und Preußen nahm zu, nicht zuletzt als Folge der unterschiedlichen Zusammensetzung von Abgeordnetenhaus und Reichstag. Diese Veränderungen im Herrschaftssystem erhöhten den Einfluß der Interessenverbände. Daraus zog die Fertigindustrie mehr Nutzen als die Schwerindustrie.

Die Ruhrunternehmer und ihre Verbände vertrauten auch nach der Jahrhundertwende weithin den bewährten Methoden der „old lobby". Ihre Kontakte zu Parlamenten und Parteien, die traditionell schon ein geringeres Gewicht besessen hatten, verschlechterten sich mit Ausnahme von Preußen eher noch.[60] Die verarbeitenden Branchen bemühten sich dagegen, die Gewichtsverlagerungen zwischen den Entscheidungsträgern durch eine modernere Einflußtaktik zu nutzen. Dabei drängten sie jedoch weder auf eine Parlamentarisierung der Reichsverfassung noch erkannten sie den Primat der politischen Parteien vor den Interessenverbänden grundsätzlich an. Auch der Weg über Landtage und Reichstag war im Grunde eine Ersatzlösung. Sie wurde erst aufgegriffen, als die Kontakte zur Verwaltung in der Kammertradition und nach dem Vorbild der Montanverbände erfolglos geblieben waren. In den Jahren nach 1900 begannen deshalb die Fertigindustriellen, ihre Verbindungen zu Parlamenten und Parteien auszubauen.[61] Die Mobilisierung der Unternehmer durch die „halbpolitischen" Landesverbände verdichtete die Beziehungen zunächst im lokalen, provinziellen und einzelstaatlichen Rahmen. Statt ihre Forderungen von außen und auf Reichsebene an die Fraktionen heranzutragen, gingen die Industriellen zunächst tastend, dann gezielt dazu über, ihre Interessen in den Parteiorganisationen von der Provinz her zur Geltung zu bringen. Wegen der Regionalisierung des deutschen Parteiwesens konnten sie auf diesem Weg ihren Einfluß in den Fraktionen des Reichstages erhöhen.[62] Besonders deutlich zeigte sich die Taktik bei der Nationalliberalen Partei. Die verarbeiten-

59 (L. Schücking), Die Reaktion in der inneren Verwaltung Preußens, Berlin 1908, 18f.

60 Kaelble, Interessenpolitik, 136ff., 189ff.; D. Guratzsch, Macht durch Organisation. Die Grundlegung des Hugenbergschen Presseimperiums, Düsseldorf 1974, 70ff.; P. Wulf, Hugo Stinnes. Wirtschaft u. Politik 1918–1924, Stuttgart 1979, 132ff.

61 Die Einflußstrategie der Fertigindustrie wurde am klarsten von Gustav Stresemann formuliert. Vgl. Ullmann, 138ff.

62 Nipperdey, Grundprobleme, 100ff.; Ritter, 106f.; am Beispiel der Nationalliberalen Partei: D. S. White, The Splintered Party. National Liberalism in Hessen and the Reich, Cambridge/Mass. 1976.

den Industriebranchen Süd- und Mitteldeutschlands trugen, teilweise mit den dortigen Provinzialorganisationen zusammen, den Mitte-Links-Kurs der Nationalliberalen im Reichstag. Auch der Bund der Industriellen schwenkte nach 1908 auf diese Linie ein. Die Verankerung in den einzelnen Regionen sowie die Übereinstimmung in wichtigen politischen, wirtschaftlichen und sozialpolitischen Fragen sicherten den Fertigindustriellen einen maßgeblichen Einfluß in der Fraktion. Hier verlor die Montanindustrie ihren Rückhalt fast völlig. Dafür konnte sie im Gegenzug ihre Verbindungen zu den Nationalliberalen im Preußischen Abgeordnetenhaus verstärken. Die Konfliktlinien zwischen den wichtigsten Provinzialorganisationen der Partei näherten sich damit den Einzugsbereichen der rivalisierenden industriellen Spitzenverbände an. Ihre Auseinandersetzungen schlugen deshalb voll auf die Nationalliberale Partei durch und verstärkten ihre Flügelbildung.[63]
Ein vergleichbares Muster zeigten auch die vorparlamentarischen Verbandskoalitionen. Die Gründung des Hansa-Bundes[64] als bürgerlich-antifeudaler Sammlungsbewegung im Jahre 1909 vergrößerte das Gewicht der verarbeitenden Branchen: Der Hansa-Bund stellte die bis dahin fehlende Verbindung zum Handels- und Bankkapital sowie zu den Wachstumsindustrien her, unterstützte die liberalen Parteien erfolgreich bei den Reichstagswahlen von 1912 und drängte die Koalition von Schwerindustrie und Agrariern zurück. Auch dem Hansa-Bund fehlte es aber an politischer und organisatorischer Geschlossenheit. Die Montanindustrie ließ sich nicht dauerhaft in eine Sammlung der Mitte einfügen, sie erneuerte vielmehr ihre Zusammenarbeit mit der Landwirtschaft im Kartell der schaffenden Stände. Der Wahlsieg der Sozialdemokratie verschärfte obendrein seit 1912 die Gegensätze im Hansa-Bund. Vor allem die organisatorische Schwäche der fertigindustriellen Verbände und ihr gebrochener Reformimpuls lähmten die Schlagkraft der antifeudalen Sammlung.[65]

Aus den bisherigen Überlegungen lassen sich zwei Schlußfolgerungen ableiten:
1. Die freien Vereinsbildungen setzten im wirtschaftlich entwickelteren, nichtkonstitutionellen Preußen später ein als in den ökonomisch zumeist rückständigeren, politisch aber fortgeschritteneren Staaten Süd- und Mit-

63 Th. Eschenburg, Das Kaiserreich am Scheideweg. Bassermann, Bülow u. der Block, Berlin 1929; B. Heckart, From Bassermann to Bebel. The Grand Bloc's Quest for Reform in the Kaiserreich, 1900–1914, New Haven 1974; J. Thiel, Die Großblockbildung der Nationalliberalen Partei Badens 1905–1914. Ein Beitrag zur Zusammenarbeit von Liberalismus u. Sozialdemokratie in der Spätphase des Wilhelminischen Deutschlands, Stuttgart 1975; Ullmann, 143ff.; Stegmann, Erben, 305ff.
64 S. Mielke, Der Hansa-Bund für Gewerbe, Handel u. Industrie 1909–1914. Der gescheiterte Versuch einer antifeudalen Sammlungspolitik, Göttingen 1976.
65 Ullmann, 75ff., 222ff.; Stegmann, Hugenberg, 346ff.

teldeutschlands. Hier zeigten sich die Anfänge einer nichtpreußisch-parlamentarisch-fertigindustriellen Entwicklungsrichtung. Sie erreichte in der Revolution ihren Gipfel, brach dann aber ab. Erst nach 1860 ging die Führung bei den freien Vereinsgründungen auf die Industrie Preußens über. Die Montanunternehmer organisierten und prägten von ihrer Hochburg in Rheinland-Westfalen aus das entstehende deutsche Interessenverbandssystem. Dabei kam ihnen die preußische Hegemonie im kleindeutschen Reich zugute. Bis zur Jahrhundertwende überwog die preußisch-bürokratisch-schwerindustrielle Linie.

2. Die Fertigindustrie Süd- und Mitteldeutschlands organisierte sich seit etwa 1900 in Frontstellung gegen die preußische Schwerindustrie. Zu den frühindustriellen, freien Vereinen in diesen Regionen bestanden kaum Verbindungen. Die nichtpreußisch-parlamentarisch-fertigindustrielle Entwicklungslinie wies aber nicht nur diesen Bruch auf, sondern erschien auch in veränderter Form wieder: Die neuen Verbände standen jetzt ebenfalls unter dem Einfluß des preußisch-montanindustriell geprägten Verbandswesen im Deutschen Kaiserreich. Zwar gelang es den verarbeitenden Branchen, das Gewicht der Schwerindustrie im Reich zurückzudrängen; in Preußen jedoch blieben die Ruhrunternehmer unangreifbar. Auf dieser Grundlage konnten sie ihre Machtposition verteidigen. Den nichtpreußischen Industriellen fehlte eine vergleichbare regionale und sektorale Geschlossenheit sowie die „Nähe“ zum Machtzentrum „Preußen-Deutschlands“.